2025

"똑똑하게 한 권으로 끝내는 검정고시"

700찜 고졸 검정고시

타임검정고시연구회

700 기본서 쩜

고졸 검정고시

인쇄일 2025년 1월 1일 10판 1쇄 인쇄
발행일 2025년 1월 5일 10판 1쇄 발행
등 록 제17-269호
판 권 시스컴2025

ISBN 979-11-6941-479-1 13370
정 가 20,000원

발행처 시스컴 출판사
발행인 송인식
지은이 **타임**검정고시연구회

주소 서울시 금천구 가산디지털1로 225, 514호(가산포휴) | **홈페이지** www.nadoogong.com
E-mail siscombooks@naver.com | **전화** 02)866-9311 | **Fax** 02)866-9312

발간 이후 발견된 정오사항은 나두공(시스컴) 홈페이지 도서정오표에서 알려드립니다(나두공 홈페이지→자격증→도서정오표).

머리말 PREFACE

"교육과정이 변해도 핵심 내용은 유사하다"

검정고시는 정규 학교에 진학하지 않은 이들에게 계속 교육받을 기회를 제공하고 교육의 평등 이념을 구현하고자 국가에서 시행하는 제도입니다. 현재 시험은 일 년에 두 번 시행되며 배움의 때를 놓친 분들에게 기회의 손길을 내밀고 있습니다.

한국교육과정평가원에서 공개한 출제 계획을 보면, 가급적 최소 3종 이상의 교과서에서 공통으로 다루고 있는 내용을 바탕으로 최근 5년간의 평균 합격률을 고려하여 적정 수준에서 출제할 것임을 알 수 있습니다. 즉, 시험에 출제되는 핵심 내용은 크게 바뀌지 않았다는 것입니다. 따라서 시험에 반복 출제되는 부분들을 완벽히 이해하고, 새롭게 추가된 교과 내용을 공고히 익힌다면 평균 60점 이상을 획득하는 데에 큰 어려움이 없을 것입니다.

시스컴에서 선보이는『700점 고졸 검정고시 기본서』는 군더더기 없이 시험에 자주 출제되는 핵심 이론과 예상문제만을 담은 기본서입니다. 또한 가장 최근의 기출문제를 상세한 해설과 함께 수록하여 '이론 + 예상문제 + 기출문제'의 탄탄한 짜임을 자랑합니다. 따라서 처음 검정고시를 시작하는 수험생도, 마무리 학습을 원하는 수험생도 모두 만족시킬 수 있으리라고 생각합니다.

"배움에 있어서 늙음이란 없다"

청춘이란 인생의 어느 기간을 말하는 것이 아니라 마음의 상태를 말하는 것이라는 어느 시인의 말처럼 배움의 열정을 놓지 않은 여러분의 지금 이 순간이 청춘입니다. 이 책이 여러분의 꿈을 이루는 데 도움이 되기를 바라며, 수험생 여러분 모두의 건투를 빕니다.

고졸 검정고시 국가고사 안내

검정고시 안내

검정고시란?

검정고시는 정규 학교에 진학하지 않은 사람들에게 계속 교육받을 기회를 제공하고 국가의 교육수준 향상을 위하며 교육의 평등 이념 구현에 기여하고자 국가에서 시행하는 제도를 말한다.

시험관리기관

– 시 · 도 교육청 : 시행공고, 원서교부 · 접수, 시험실시, 채점, 합격자발표
– 한국교육과정평가원 : 출제 및 인쇄 · 배포

시험 분야

– 초등학교 졸업학력(초등학교 과정)
– 중학교 졸업학력(중학교 과정)
– 고등학교 졸업학력(고등학교 과정)

검정고시 시험 안내

시행횟수 : 연2회

분 류	공고일	접수일	시 험	합격자 발표	공고 방법
제1회	2월 초순	2월 중순	4월 초 · 중순	5월 초 · 중순	각 시 · 도 교육청 홈페이지
제2회	6월 초순	6월 중순	8월 초 · 중순	8월 하순	

고시과목

고졸학력	필수	국어, 수학, 영어, 사회, 과학, 한국사 (6과목)	총 7과목
	선택	도덕, 기술 · 가정, 체육, 음악, 미술 중 1과목 선택	

시험시간표

교 시	과 목	시 간		문항수	비 고
1	국 어	09:00~09:40	40분	25	각 과목별 100점 만점
2	수 학	10:00~10:40	40분	20	
3	영 어	11:00~11:40	40분	25	
4	사 회	12:00~12:30	30분	25	
중식(12:30~13:30)					
5	과 학	13:40~14:10	30분	25	
6	한국사	14:30~15:00	30분	25	
7	선 택	15:20~15:50	30분	25	

》》 위의 내용은 한국교육과정평가원에서 발표한 내용을 바탕으로 하였습니다.

문제출제수준

고등학교 졸업 정도의 지식과 그 응용 능력을 측정할 수 있는 수준으로 적정량의 학습을 해온 학생이면 누구나 답할 수 있는 평이한 문제로 출제

응시자격 및 응시제한

응시자격

1) 중학교 졸업자
2) 3년제 고등기술학교 및 고등학교에 준하는 각종학교 졸업자 또는 졸업예정자와 중학교 또는 동등이상의 학력이 있는 자를 대상으로 하는 3년제 직업훈련과정의 수료자
3) 「초 · 중등교육법 시행령」 제97조, 제101조, 제102조에 해당하는 자
4) 「보호소년 등의 처우에 관한 법률 시행령」 제69조 제3호에 해당하는 자

응시자격 제한

1) 「고등학교 또는 초 · 중등교육법 시행령」 제98조 제1항 제2호의 학교를 졸업한 자 또는 재학 중인 자(휴학 중인 자 포함)
2) 공고일 이후 중학교 또는 「초 · 중등교육법 시행령」 제97조 제1항 제2호의 학교를 졸업한 자
3) 고시에 관하여 부정행위를 한 자로서 2년이 경과되지 아니한 자
4) 고등학교 또는 초 · 중등교육법 시행령 제98조 제1항 제2호의 학교에서 퇴학된 사람으로서 퇴학일부터 공고일까지의 기간이 6개월이 되지 않은 사람(다만, 장애인복지법 제32조에 따라 등록한 장애인으로서 신체적 · 정신적 장애로 학업을 계속하는 것이 불가능하여 퇴학된 사람은 제외)
5) 공고일 전(前) 당해연도 졸업자는 졸업식 일자와 관계없이 2월말까지 재학생의 신분을 가지므로 당해연도 제1회 검정고시 응시를 제한함

공통제출서류

- 응시원서(소정서식) 1부
- 동일원판 탈모 상반신 컬러 사진(3.5㎝×4.5㎝, 3개월 이내 촬영) 2매
- 본인의 해당 최종학력증명서 1부
- 응시수수료 : 무료
- 신분증 필히 지참(주민등록증, 운전면허증, 대한민국 여권, 청소년증 중 택 1)

학력인정 서류

〈현장 · 온라인 접수 추가 제출 서류〉

과목면제 대상자	
해당자	제출 서류
기능사 이상의 자격 취득자(이용사, 미용사 자격증 포함)	– 자격증 사본(원본 지참)

3년제 고등공민학교, 기술학교, 고등기술학교 및 중 · 고등학교에 준하는 각종학교 졸업(예정)자와 직업훈련원의 졸업(수료, 예정)자	– 졸업(수료, 예정)증명서
평생학습계좌제가 평가 인정한 학습과정 중 시험과목에 관련된 과정을 90시간 이상 이수한 자	– 평생학습이력증명서 * 발급안내 : 국가평생교육진흥원 평생학습계좌제(http://www.all.go.kr), 02–3780–9986

※ 과목면제 신청을 하지 않고 응시한 자는 본 고시에서 과목면제 혜택을 받을 수 없음

※ 관련 : 초 · 중등교육법 시행규칙 제37조(시험과목의 면제)

장애인 편의 제공 대상자		
대상자	대상자 편의 제공 내용	제출 서류
시각 장애, 뇌병변 장애	대독, 대필, 확대문제지	– 복지카드 또는 장애인등록증 사본(원본 지참) – 장애인 편의 제공 신청서(소정 서식) – 상이등급 표시된 국가유공자증(국가유공자 확인원)
상지지체 장애	대필	
청각 장애	시험 진행 안내 (시험시작 · 종료안내)	

※ 장애인 편의 제공은 원서접수 기간 내 편의 제공 신청자에 한하여 제공함

합격기준

전체 과목 합격

각 과목을 100점 만점으로 하여 평균 60점(소수점 셋째 자리에서 절사) 이상 취득한 자를 전체 과목 합격자로 결정함 단, 평균이 60점 이상이라 하더라도 결시 과목이 있을 경우에는 불합격 처리함

일부 과목 합격

- 검정고시 불합격자(일부 과목 합격자) 중 고시성적 60점 이상인 과목에 대하여는 합격을 인정하고, 본인이 원할 경우 다음 차수의 시험부터 해당과목의 고시를 면제하며 그 면제되는 과목의 성적은 최종 고시성적에 합산함
- 기존 과목 합격자가 해당과목을 재응시할 경우 기존 과목합격 성적과 상관없이 재응시한 과목 성적으로 합격 여부를 결정함

››› 고시에 합격한 자의 수험번호는 시 · 도의 공보 또는 시 · 도교육청의 홈페이지에 게재

››› 고등기술학교 등의 졸업예정자로서 과목면제를 받아 고시에 합격한 자에 대하여는 졸업할 때까지 최종합격 여부를 홈페이지에 게재하는 것을 보류함

- 합격증서 수여

››› 고시 합격자에 대하여는 합격증서를 수여하고, 신청에 의하여 성적증명서 및 합격증명서를 교부

››› 고등기술학교 등의 졸업예정자로서 과목 면제를 받아 고시에 합격한 자에 대하여는 졸업할 때까지

합격증서의 수여 또는 성적증명서의 교부를 보류하고 졸업하지 못하였을 경우에는 고시에 응시한 과목에 대하여 과목 합격으로 인정

합격취소

- 자격에 결격이 있는 자
- 제출 서류를 위조 또는 변조한 자
- 부정행위자
- 학력조회 결과 허위사실이 발견된 자

》》 전 과목 합격자의 학력을 합격자 발표일부터 80일 이내에 조회 확인하고, 학력조회의 결과 학력과 관련하여 허위의 사실이 발견된 때에는 지체 없이 합격을 취소함

응시자 시험 당일 준비사항

준비물

수험표, 신분증, 컴퓨터용 수성사인펜, 아날로그 손목시계(선택), 점심도시락

수험표, 주민등록증 분실자 준비 사항

- 수험표 분실자 : 응시원서에 부착한 동일원판 사진 1매를 지참하고 시험 당일 08시 20분까지 해당 시험장 시험본부에서 수험표를 재교부 받기 바람
- 주민등록증 분실자 : 주민등록증 발급확인서(주민자치센터에서 발급) 지참하기 바람

기타

- 주민등록증 미발급 청소년 : 청소년증 또는 대한민국여권 지참(청소년증은 주소지 관할 주민자치센터에 신청, 15~20일 소요).
- 시험당일 시험장 운동장이 협소하므로 가급적 대중교통을 이용하기 바람

응시자 유의사항

구비 서류 미비

- 본인 신분 확인이 불가능할 경우에는 접수하지 않으며, 접수된 서류는 일체 반환하지 않음
- 사실과 다르게 기재한 서류, 응시원서의 기재사항 착오 등으로 발생된 모든 책임은 전적으로 응시자에게 있음

시험 중 퇴실 금지

- 수험자는 시험 중 시험시간이 끝날 때까지 퇴실할 수 없음
  다만, 긴급한 사유 등으로 불가피한 경우에는 퇴실할 수 있으나, 퇴실 후 재 입실이 불가능하며 소지 물품(문제지 포함) 없이 별도의 장소에서 대기하여야 함
- 퇴실 시에는 휴대전화 등 무선통신기기나 물품 등을 소지할 수 없으며 지정된 별도의 장소에서 시험 종료 시까지 대기하여야 함
- 퇴실 시 감독관의 조치 및 지시에 불응하거나 휴대전화, 전자 담배 등 무선통신 기기 등을 소지한 경우 부정행위로 간주함
- 시험장 내에는 수험생 이외 가족, 친지, 친구, 학원 관계자 등은 출입할 수 없음

부정행위

시험장에서 다음과 같은 행위는 부정행위로 간주하고, 부정행위를 한 자는 「초 · 중등교육법」 시행규칙 제40조에 의거 고시를 정지하고 처분일로부터 응시자격 제한기간 동안 응시를 제한할 수 있으며, 교육부 및 전국 시 · 도교육청에 그 명단을 통보함

- 다른 수험생의 답안지를 보거나 보여주는 행위
- 다른 수험생과 손동작, 소리 등으로 서로 신호를 하는 행위
- 대리로 시험을 보는 행위
- 시험시간 중 휴대전화 등 무선통신기기를 소지하거나 사용하는 행위
- 다른 수험생에게 답을 보여주기를 강요하거나 폭력으로 위협하는 행위
- 시험 감독관의 지시에 불응하는 행위
- 기타 시험 감독관이 부정행위로 판단하는 행위

기타

- 공고문에 명시되지 않거나 내용의 해석에 관한 사항, 연락불능 등으로 인하여 발생된 불이익은 수험생의 귀책사유이며 그에 따른 결과 처리는 교육청별 검정고시위원회의 결정에 따라야 함
- 과목합격자는 별도 대기실에서 대기함
- 검정고시 응시자가 퇴학자일 경우 퇴학자는 응시일로부터 대략 8개월 이전에 학교를 그만둔 상태여야 함
- 교육기관 입학상담 시 최종학력증명서 확인 후 교육 실시
- 학적 정정 신청 : 출신 학교에서 증명, 통 · 폐합된 경우는 교육지원청에서 문의 · 발급

*상기 자료는 서울특별시 교육청의 안내 자료와 한국교육과정평가원(www.kice.re.kr)과 국가평생교육진흥원의 공고를 기준으로 하고 있습니다.

*시험일정 및 기타 사항은 변경될 수 있으므로 시험 전 반드시 각 시 · 도 교육청의 홈페이지 공고를 참조하여 접수하시기 바랍니다.

고졸 검정고시 Q&A

Q1 고졸 검정고시의 출제 범위는 어떻게 되나요?

2021년도 제1회 검정고시부터 2015 개정 교육과정에서 출제됩니다.

〈고졸 검정고시 출제 범위 비교〉

구분		이전 고졸 검정고시 출제 범위	현재 고졸 검정고시 출제 범위
필수	국어	국어 Ⅰ, 국어 Ⅱ	국어
	수학	수학 Ⅰ, 수학 Ⅱ	수학
	영어	실용영어 Ⅰ	영어
	사회	사회	통합사회
	과학	과학	통합과학
	한국사	한국사(2009 개정 교육과정)	한국사
선택	도덕	생활과 윤리	생활과 윤리

Q2 출제 기준은 무엇인가요?

각 교과의 검정(또는 인정)교과서를 활용하는 출제 방식입니다.

- 가급적 최소 3종 이상의 교과서에서 공통으로 다루고 있는 내용으로 출제합니다. (단, 국어와 영어 지문의 경우 공통으로 다루고 있는 교과서 종수와 관계없으며, 교과서 외 지문도 활용 가능)

Q3 과목별로 공부방법은 어떻게 해야 하나요?

- 국어와 영어는 교과서 외의 지문과 작품이 활용 가능하므로, 폭넓게 공부해야 합니다.
- 수학은 2009 개정 교육과정에서 2015 개정 교육과정으로 바뀌면서 '수열', '지수와 로그' 단원이 사라지고 '경우의 수' 단원이 들어오므로, 사라지거나 변경된 개념 및 내용은 한 번 더 꼼꼼히 봐야 합니다.
- 사회 출제 범위 교과서는 2015 개정 교육과정에서 '통합사회'에서 출제되므로, 새로운 개념 및 내용을 숙지해야 합니다.
- 과학은 '통합과학'에서 전 영역이 출제되는데, 대체로 기본 지식 내용을 묻는 문제가 출제되므로, 기본 내용을 충실히 다져놓는 것이 좋습니다.
- 한국사 출제 범위 교과서는 2009 개정 교육과정 고시 이후 개발된 '한국사' 교과서입니다.
- 도덕은 '생활과 윤리' 문제가 출제되므로 새로운 개념 및 내용을 숙지해야 합니다.

검정고시 시험 출제 범위 교과서

국 어
- 출제 교과서 : 국어(교육부 검정(2017. 09. 08))

수 학
- 출제 교과서 : 수학(교육부 검정(2017. 09. 08))

영 어
- 출제 교과서 : 영어(교육부 검정(2017. 09. 08))

사 회
- 출제 교과서 : 통합사회(교육부 검정(2017. 09. 08))

과 학
- 출제 교과서 : 통합과학(교육부 검정(2017. 09. 08))

한국사
- 출제 교과서 : 한국사(교육부 검정(2013. 08. 30))

※ 2009 개정 교육과정에 근거한 교과서

도 덕
- 출제 교과서 : 생활과 윤리(교육부 검정(2017. 09. 08))

>>> 출제 범위 및 출제 범위 교과서는 시험 전 반드시 한국교육과정평가원 또는 각 시 · 도 교육청의 홈페이지 공고를 참조하여 주시기 바랍니다.

이 책의 구성과 특징

1. 핵심 이론.ZIP

개정 교육과정 내용과 기출문제를 분석하여 시험에 출제될 이론만을 쏙쏙 뽑아 정리했습니다.

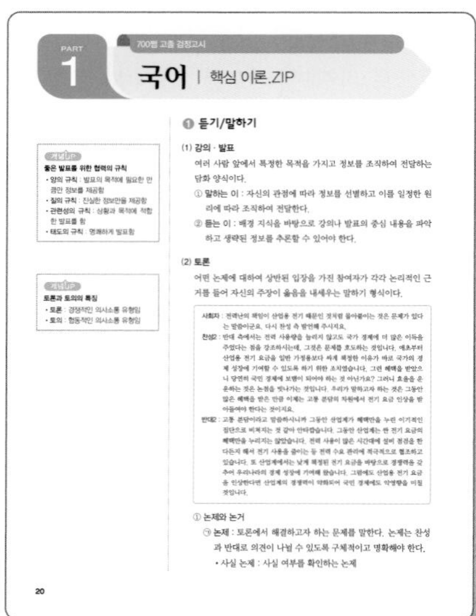

700점 고졸 검정고시

PART 1 국어 | 핵심 이론.ZIP

❶ 듣기/말하기

(1) 강의 · 발표

여러 사람 앞에서 특정한 목적을 가지고 정보를 조직하여 전달하는 담화 양식이다.

① 말하는 이 : 자신의 관점에 따라 정보를 선별하고 이를 일정한 원리에 따라 조직하여 전달한다.

② 듣는 이 : 배경 지식을 바탕으로 강의나 발표의 중심 내용을 파악하고 생략된 정보를 추론할 수 있어야 한다.

(2) 토론

어떤 논제에 대하여 상반된 입장을 가진 참여자가 각각 논리적인 근거를 들어 자신의 주장이 옳음을 내세우는 말하기 형식이다.

① 논제와 논거

㉠ 논제 : 토론에서 해결하고자 하는 문제를 말한다. 논제는 찬성과 반대로 의견이 나뉠 수 있도록 구체적이고 명확해야 한다.

• 사실 논제 : 사실 여부를 확인하는 논제

개념UP

좋은 발표를 위한 협력의 규칙
- 양의 규칙 : 발표의 목적에 필요한 만큼만 정보를 제공함
- 질의 규칙 : 진실한 정보만을 제공함
- 관련성의 규칙 : 상황과 목적에 적합한 발표를 함
- 태도의 규칙 : 명쾌하게 발표함

개념UP

토론과 토의의 특징
- 토론 : 경쟁적인 의사소통 유형임
- 토의 : 협동적인 의사소통 유형임

20

개념 UP

중요 교과 내용을 콕 집어서 개념을 이해할 수 있도록 도와드립니다.

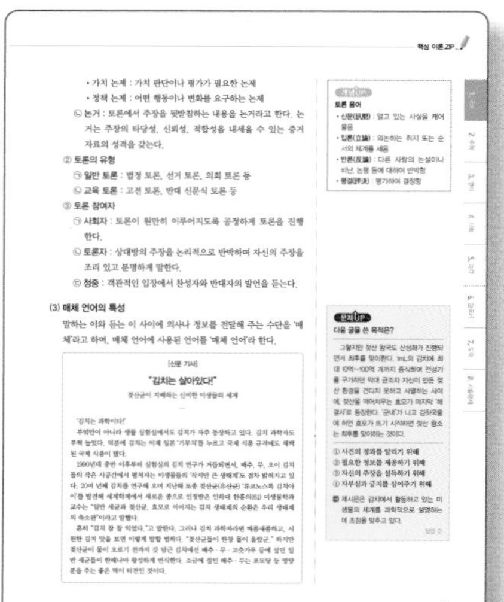

핵심 이론.ZIP

• 가치 논제 : 가치 판단이나 평가가 필요한 논제

• 정책 논제 : 어떤 행동이나 변화를 요구하는 논제

㉡ 논거 : 토론에서 주장을 뒷받침하는 내용을 논거라고 한다. 논거는 주장의 타당성, 신뢰성, 적합성을 내세울 수 있는 증거 자료의 성격을 갖는다.

② 토론의 유형

㉠ 일반 토론 : 법정 토론, 선거 토론, 의회 토론 등

㉡ 교육 토론 : 고전 토론, 반대 신문식 토론 등

③ 토론 참여자

㉠ 사회자 : 토론이 원만히 이루어지도록 공정하게 토론을 진행한다.

㉡ 토론자 : 상대방의 주장을 논리적으로 반박하며 자신의 주장을 조리 있고 분명하게 말한다.

㉢ 청중 : 객관적인 입장에서 찬성자와 반대자의 발언을 듣는다.

(3) 매체 언어의 특성

말하는 이와 듣는 이 사이에 의사나 정보를 전달해 주는 수단을 '매체'라고 하며, 매체 언어에 사용된 언어를 '매체 언어'라 한다.

[신문 기사]

"김치는 살아있다!"

개념UP

토론 용어
- 신문(訊問) : 알고 있는 사실을 캐어 물음
- 입론(立論) : 의논하는 취지 또는 순서의 체계를 세움
- 반론(反論) : 다른 사람의 논설이나 비난, 논평 등에 대하여 반박함
- 평결(評決) : 평가하여 결정함

문제UP

다음 글을 쓴 목적은?

① 사건의 경과를 알리기 위해
② 필요한 정보를 제공하기 위해
③ 자신의 주장을 설득하기 위해

21

문제 UP

학습한 내용을 바로 적용하여 실력을 점검할 수 있는 확인문제입니다.

2. 시험에 반드시 출제되는 문제

시험 빈출도가 높은 문제들로만 구성된 예상 문제입니다.

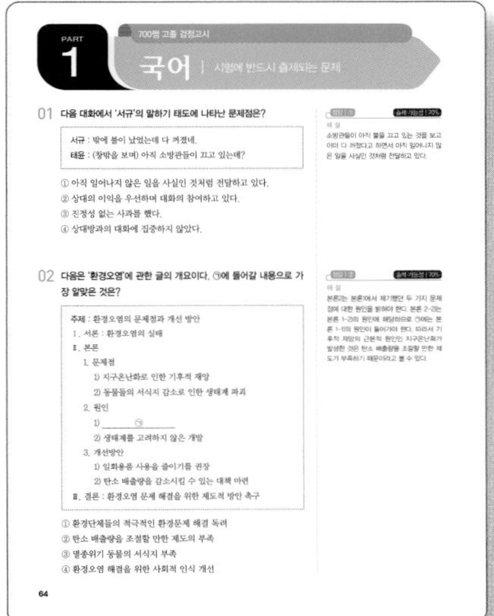

PART 1

700쩜 고졸 검정고시

국어 | 시험에 반드시 출제되는 문제

01 다음 대화에서 '서규'의 말하기 태도에 나타난 문제점은?

> 서규 : 밖에 불이 났었는데 다 꺼졌네.
> 태윤 : (창밖을 보며) 아직 소방관들이 끄고 있는데?

① 아직 일어나지 않은 일을 사실인 것처럼 전달하고 있다.
② 상대의 이익을 우선하며 대화의 참여하고 있다.
③ 진정성 없는 사과를 했다.
④ 상대방과의 대화에 집중하지 않았다.

출제 가능성 | 70%

해설
소방관들이 아직 불을 끄고 있는 것을 보고 이미 다 꺼졌다고 하면서 아직 일어나지 않은 일을 사실인 것처럼 전달하고 있다.

02 다음은 '환경오염'에 관한 글의 개요이다. ㉠에 들어갈 내용으로 가장 알맞은 것은?

> 주제 : 환경오염의 문제점과 개선 방안
> Ⅰ. 서론 : 환경오염의 실태
> Ⅱ. 본론
> 1. 문제점
> 1) 지구온난화로 인한 기후적 재앙
> 2) 동물들의 서식지 감소로 인한 생태계 파괴
> 2. 원인
> 1) ㉠
> 2) 생태계를 고려하지 않은 개발
> 3. 개선방안
> 1) 일회용품 사용을 줄이기를 권장
> 2) 탄소 배출량을 감소시킬 수 있는 대책 마련
> Ⅲ. 결론 : 환경오염 문제 해결을 위한 제도적 방안 촉구

① 환경단체들의 적극적인 환경문제 해결 독려
② 탄소 배출량을 조절할 만한 제도의 부족
③ 멸종위기 동물의 서식지 부족
④ 환경오염 해결을 위한 사회적 인식 개선

출제 가능성 | 70%

해설
본론2는 본론1에서 제기했던 두 가지 문제점에 대한 원인을 밝혀야 한다. 본론 2-2)는 본론 1-2)의 원인에 해당하므로 ㉠에는 본론 1-1)의 원인이 들어가야 한다. 따라서 기후적 재앙의 근본적 원인인 지구온난화가 발생한 것은 탄소 배출량을 조절할 만한 제도가 부족하기 때문이라고 볼 수 있다.

64

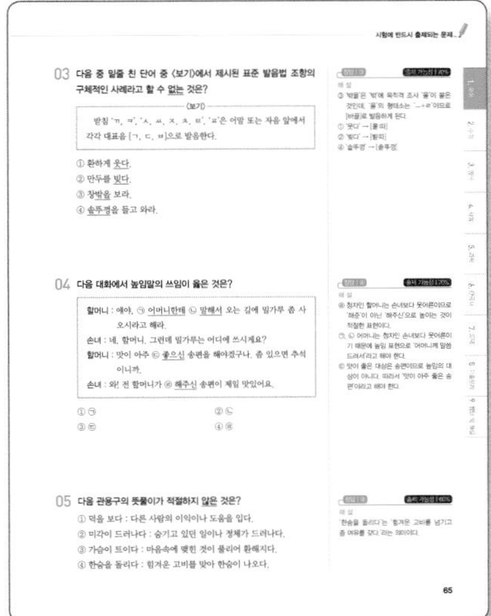

시험에 반드시 출제되는 문제

03 다음 중 밑줄 친 단어 중 〈보기〉에서 제시된 표준 발음법 조항의 구체적인 사례라고 할 수 없는 것은?

> 〈보기〉
> 받침 'ㄲ, ㅋ', 'ㅅ, ㅆ, ㅈ, ㅊ, ㅌ', 'ㅍ'은 어말 또는 자음 앞에서 각각 대표음 [ㄱ, ㄷ, ㅂ]으로 발음한다.

① 환하게 웃다.
② 만두를 빚다.
③ 창밖을 보라.
④ 솥뚜껑을 들고 와라.

해설
③ '밖을'은 '밖'에 목적격 조사 '을'이 붙은 것인데, '을'의 형태소는 'ㅡ+ㄹ'이므로 [바끌]로 발음하게 된다.
① '웃다' → [욷따]
② '빚다' → [빋따]
④ '솥뚜껑' → [솓뚜껑]

04 다음 대화에서 높임말의 쓰임이 옳은 것은?

> 할머니 : 얘야, ㉠ 어머니한테 ㉡ 말해서 오는 길에 밀가루 좀 사 오시라고 해라.
> 손녀 : 네, 할머니. 그런데 밀가루는 어디에 쓰시게요?
> 할머니 : 맛이 아주 ㉢ 좋으신 송편을 해야겠구나. 좀 있으면 추석이니까.
> 손녀 : 와! 전 할머니가 ㉣ 해주신 송편이 제일 맛있어요.

① ㉠ ② ㉡
③ ㉢ ④ ㉣

해설
㉣ 청자인 할머니는 손녀보다 웃어른이므로 '해준'이 아닌 '해주신'으로 높이는 것이 적절한 표현이다.
㉠, ㉡ 어머니는 청자인 손녀보다 웃어른이기 때문에 높임 표현으로 '어머니께 말씀드려서'라고 해야 한다.
㉢ 맛이 좋은 대상은 송편이므로 높임의 대상이 아니다. 따라서 '맛이 아주 좋은 송편'이라고 해야 한다.

05 다음 관용구의 뜻풀이가 적절하지 않은 것은?

① 덕을 보다 : 다른 사람의 이익이나 도움을 입다.
② 미각이 드러나다 : 숨기고 있던 일이나 정체가 드러나다.
③ 가슴이 트이다 : 마음속에 맺힌 것이 풀리어 환해지다.
④ 한숨을 돌리다 : 힘겨운 고비를 맞아 한숨이 나오다.

출제 가능성 | 60%

해설
'한숨을 돌리다'는 '힘겨운 고비를 넘기고 좀 여유를 갖다'라는 의미이다.

65

Contents

PART 5 | 과학

PART 6 | 한국사

PART 7 | 도덕

35일 만에 검정고시 정복하기 PLAN

과 목	국 어				
날 짜	1	2	3	4	5
Check	☐	☐	☐	☐	☐

과 목	수 학				
날 짜	6	7	8	9	10
Check	☐	☐	☐	☐	☐

과 목	영 어				
날 짜	11	12	13	14	15
Check	☐	☐	☐	☐	☐

과 목	사 회				
날 짜	16	17	18	19	20
Check	☐	☐	☐	☐	☐

과 목	과 학				
날 짜	21	22	23	24	25
Check	☐	☐	☐	☐	☐

과 목	한국사				
날 짜	26	27	28	29	30
Check	☐	☐	☐	☐	☐

과 목	도덕				
날 짜	1	2	3	4	5
Check	☐	☐	☐	☐	☐

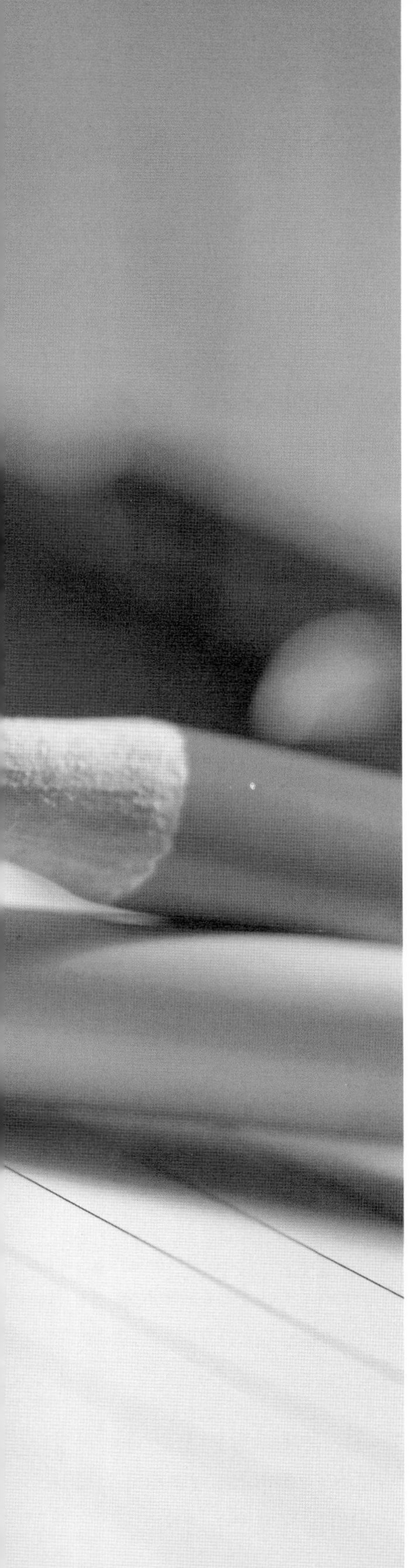

PART 1

국어

STEP1. 핵심 이론.ZIP

STEP2. 시험에 반드시 출제되는 문제

국어 | 핵심 이론.ZIP

❶ 듣기/말하기

(1) 강의 · 발표

여러 사람 앞에서 특정한 목적을 가지고 정보를 조직하여 전달하는 담화 양식이다.

① **말하는 이** : 자신의 관점에 따라 정보를 선별하고 이를 일정한 원리에 따라 조직하여 전달한다.

② **듣는 이** : 배경 지식을 바탕으로 강의나 발표의 중심 내용을 파악하고 생략된 정보를 추론할 수 있어야 한다.

> 개념UP
> **좋은 발표를 위한 협력의 규칙**
> - **양의 규칙** : 발표의 목적에 필요한 만큼만 정보를 제공함
> - **질의 규칙** : 진실한 정보만을 제공함
> - **관련성의 규칙** : 상황과 목적에 적합한 발표를 함
> - **태도의 규칙** : 명쾌하게 발표함

(2) 토론

어떤 논제에 대하여 상반된 입장을 가진 참여자가 각각 논리적인 근거를 들어 자신의 주장이 옳음을 내세우는 말하기 형식이다.

> 개념UP
> **토론과 토의의 특징**
> - **토론** : 경쟁적인 의사소통 유형임
> - **토의** : 협동적인 의사소통 유형임

사회자 : 전력난의 책임이 산업용 전기 때문인 것처럼 몰아붙이는 것은 문제가 있다는 말씀이군요. 다시 찬성 측 발언해 주시지요.

찬성2 : 반대 측에서는 전력 사용량을 늘리지 않고도 국가 경제에 더 많은 이득을 주었다는 점을 강조하시는데, 그것은 문제를 호도하는 것입니다. 애초부터 산업용 전기 요금을 일반 가정용보다 싸게 책정한 이유가 바로 국가의 경제 성장에 기여할 수 있도록 하기 위한 조치였습니다. 그런 혜택을 받았으니 당연히 국민 경제에 보탬이 되어야 하는 것 아닌가요? 그러니 효율을 운운하는 것은 논점을 빗나가는 것입니다. 우리가 말하고자 하는 것은 그동안 많은 혜택을 받은 만큼 이제는 고통 분담의 차원에서 전기 요금 인상을 받아들여야 한다는 것이지요.

반대2 : 고통 분담이라고 말씀하시니까 그동안 산업계가 혜택만을 누린 이기적인 집단으로 비쳐지는 것 같아 안타깝습니다. 그동안 산업계는 싼 전기 요금의 혜택만을 누리지는 않았습니다. 전력 사용이 많은 시간대에 설비 점검을 한다든지 해서 전기 사용을 줄이는 등 전력 수요 관리에 적극적으로 협조하고 있습니다. 또 산업계에서는 낮게 책정된 전기 요금을 바탕으로 경쟁력을 갖추어 우리나라의 경제 성장에 기여해 왔습니다. 그럼에도 산업용 전기 요금을 인상한다면 산업계의 경쟁력이 약화되어 국민 경제에도 악영향을 미칠 것입니다.

① 논제와 논거

㉠ **논제** : 토론에서 해결하고자 하는 문제를 말한다. 논제는 찬성과 반대로 의견이 나뉠 수 있도록 구체적이고 명확해야 한다.

- 사실 논제 : 사실 여부를 확인하는 논제

- 가치 논제 : 가치 판단이나 평가가 필요한 논제
- 정책 논제 : 어떤 행동이나 변화를 요구하는 논제

㉡ **논거** : 토론에서 주장을 뒷받침하는 내용을 논거라고 한다. 논거는 주장의 타당성, 신뢰성, 적합성을 내세울 수 있는 증거 자료의 성격을 갖는다.

② **토론의 유형**

㉠ **일반 토론** : 법정 토론, 선거 토론, 의회 토론 등

㉡ **교육 토론** : 고전 토론, 반대 신문식 토론 등

③ **토론 참여자**

㉠ **사회자** : 토론이 원만히 이루어지도록 공정하게 토론을 진행한다.

㉡ **토론자** : 상대방의 주장을 논리적으로 반박하며 자신의 주장을 조리 있고 분명하게 말한다.

㉢ **청중** : 객관적인 입장에서 찬성자와 반대자의 발언을 듣는다.

(3) 매체 언어의 특성

말하는 이와 듣는 이 사이에 의사나 정보를 전달해 주는 수단을 '매체'라고 하며, 매체 언어에 사용된 언어를 '매체 언어'라 한다.

> [신문 기사]
>
> **"김치는 살아있다!"**
>
> 젖산균이 지배하는 신비한 미생물의 세계
>
> …
>
> '김치는 과학이다!'
>
> 부엌만이 아니라 생물 실험실에서도 김치가 자주 등장하고 있다. 김치 과학자도 부쩍 늘었다. 덕분에 김치는 이제 일본 '기무치'를 누르고 국제 식품 규격에도 채택된 국제 식품이 됐다.
>
> 1990년대 중반 이후부터 실험실의 김치 연구가 거듭되면서, 배추, 무, 오이 김치들의 작은 시공간에서 펼쳐지는 미생물들의 '작지만 큰 생태계'도 점차 밝혀지고 있다. 20여 년째 김치를 연구해 오며 지난해 토종 젖산균(유산균) '류코노스톡 김치아이'를 발견해 세계학계에서 새로운 종으로 인정받은 인하대 한홍의(61) 미생물학과 교수는 "일반 세균과 젖산균, 효모로 이어지는 김치 생태계의 순환은 우리 생태계의 축소판"이라고 말했다.
>
> 흔히 "김치 참 잘 익었다."고 말한다. 그러나 김치 과학자라면 매콤새콤하고, 시원한 김치 맛을 보면 이렇게 말할 법하다. "젖산균들이 한창 물이 올랐군." 하지만 젖산균이 물이 오르기 전까지 갓 담근 김치에선 배추 · 무 · 고춧가루 등에 살던 일반 세균들이 한때나마 왕성하게 번식한다. 소금에 절인 배추 · 무는 포도당 등 영양분을 주는 좋은 먹이 터전인 것이다.

개념UP

토론 용어

- **신문(訊問)** : 알고 있는 사실을 캐어 물음
- **입론(立論)** : 의논하는 취지 또는 순서의 체계를 세움
- **반론(反論)** : 다른 사람의 논설이나 비난, 논평 등에 대하여 반박함
- **평결(評決)** : 평가하여 결정함

문제UP

다음 글을 쓴 목적은?

> 그렇지만 젖산 왕국도 산성화가 진행되면서 최후를 맞이한다. 1mL의 김치에 최대 10억~100억 개까지 증식하며 전성기를 구가하던 막대 균조차 자신이 만든 젖산 환경을 견디지 못하고 사멸하는 사이에, 젖산을 먹어치우는 효모가 마지막 '해결사'로 등장한다. '군내'가 나고 김칫국물에 허연 효모가 뜨기 시작하면 젖산 왕조는 최후를 맞이하는 것이다.

① 사건의 경과를 알리기 위해
② 필요한 정보를 제공하기 위해
③ 자신의 주장을 설득하기 위해
④ 자부심과 긍지를 심어주기 위해

해 제시문은 김치에서 활동하고 있는 미생물의 세계를 과학적으로 설명하는 데 초점을 맞추고 있다.

정답 ②

> 개념UP
> **방송 보도**
> 우리 주위에서 발생되는 사실이나 사건에 관한 정보를 수집하고 이를 재구성하여 수용자에게 전파를 통해 전달하는 과정과 전달되는 메시지

① 매체의 특성 중요

㉠ 인쇄 매체(신문 기사)
- 사실성, 보도성, 시사성을 특징으로 하며 육하원칙(5W1H)을 이용한다.
- 주로 문자 또는 문자와 이미지가 결합된 형태로 전달된다.
- 편집 과정을 통해 주관이 개입될 수 있다.
- 신속성과 현장성이 떨어지는 반면 심층성을 추구한다.

㉡ 방송 매체
- 말(문자)과 소리, 영상 등이 복합적인 관계를 맺으면서 정보를 제시한다.
- 발신자와 수신자 간의 관계가 일방향적이다.
- 이해하기 쉽도록 간결한 구어체의 단문을 사용한다.
- 과장된 정보가 많이 포함될 수 있다.

㉢ 인터넷 매체
- 시 · 공간의 제약을 적게 받는다.
- 가치 있는 정보 선별 능력이 요구된다.
- 쌍방향적이어서 정보를 보내는 이와 받는 이 간의 상호작용이 쉽게 이루어진다.

> 문제UP
> 인터넷 매체 언어의 특징으로 알맞은 것은?
> ① 각각의 정보가 독립적이다.
> ② 고도의 개방성과 유연성을 갖는다.
> ③ 정보가 체계적으로 분류되어 있다.
> ④ 객관적인 사실과 정보만을 전달한다.
>
> 해 인터넷 매체는 발신자와 수신자 간의 상호 작용이 수월하게 이루어지며, 하나의 정보가 다양한 정보와 여러 갈래로 연결되어 있다. 이런 면에서 인터넷 매체 언어는 고도의 개방성과 유연성을 지닌다.
>
> 정답 ②

② 매체 활용 시 주의사항

㉠ 인쇄 매체(신문 기사) : 사실과 의견의 구분, 비판적인 태도, 정보의 재조직과 활용

㉡ 방송 매체(광고) : 숨겨진 의도 파악, 광고와 현실의 구분, 비판적인 태도

㉢ 인터넷 매체 : 정보의 취사 선택, 사이버 중독증의 경계

❷ 쓰기/읽기

(1) 규약문

피보험자 성명		주민 등록 번호		발행 번호	
보험 대상자(피보험자)에 관한 다음 사항은 회사가 보험 계약을 인수하는 데 필요한 자료이므로 보험 계약자 및 대상자는 사실대로 알리셔야 합니다. 만약, 사실대로 알리시지 않거나 사실과 다르게 알리신 경우에는 보험 가입이 거절될 수					

수 있으며 그 내용이 중요한 사항에 해당하는 경우에는 보험 계약자 또는 피보험자의 의사와 관계없이 보험 약관상 "계약 전 알릴 의무 위반의 효과"조항에 의해 계약이 해지되거나 보장이 제한될 수 있습니다.
중요한 사항이란 회사가 그 사실을 알았더라면 보험 계약의 청약을 거절하거나 보험 가입 금액한도 제한, 일부 담보 제외, 보험금 삭감, 보험료 할증과 같이 조건부로 인수하는 등 계약 인수에 영향을 미치는 사항을 말합니다.

(질문 생략)

청약 일자　　년　월　일	구분	성명	서명

① **개념** : 사회나 조직 안에서 서로 협의하여 지키기로 정한 규칙을 명문화한 것이다.

② **특성**
- ㉠ 단정적 진술로 표현된다.
- ㉡ 정확한 용어를 사용한 간결한 문장으로 작성된다.
- ㉢ 구성원들이 준수할 사항을 규정하기 위한 목적으로 만들어진다.

③ **규약문을 읽을 때 유의할 점**
- ㉠ 각 조항에 사용된 용어의 의미를 바르게 이해한다.
- ㉡ 필요한 조항이 모두 포함되어 있는지 확인한다.
- ㉢ 각 조항의 내용이 공정하고 합리적인지 평가한다.

개념UP

규약문의 종류
- **조례** : 국가의 헌법이나 지방 자치 단체의 조례
- **협약** : 국가 간의 약속인 국제 인권 규약이나 각종 선언과 협약
- **규정** : 학교의 각종 규정
- **이용약관** : 회원 가입을 할 때 동의 의사를 표해야 하는 이용약관
- **계약서** : 사업자와 고객과의 계약서
- **회칙** : 친목 단체의 회칙
- **향약** : 과거 향촌의 규약으로 쓰인 향약 등

(2) 식사문

[취임사]

존경하는 국제 연합 총회의 의장님, 사무총장님, 안전 보장 이사회, 경제 사회 이사회, 신탁 통치 이사회의 의장님들, 총회 부의장단 여러분, 내외 귀빈과 신사 숙녀 여러분, 친애하는 새로운 동료 여러분, 저의 사무총장 취임을 축하해 주셔서 진심으로 감사합니다.

오늘 저는 막 낭독을 끝낸 선서를 마음 깊이 새기며 여러분 앞에 서 있습니다. 성실과 분별과 양심. 앞으로 사무총장의 직무를 수행하면서 이 세 가지 원칙과 국제 연합 헌장을 항상 명심하겠습니다.

코피 아난 사무총장님, 저는 이제 당신이 '세상에서 가장 영예로운 직업'이라고 말씀하셨던 그 일을 더욱 겸손한 마음으로 계승하려 합니다. 그 존경스러운 발자취를 따르는 것은 영광스러운 일입니다. 오늘 사무총장님이 받으신 수많은 찬사에 저의 목소리도 보탭니다.

– 반기문, 「국제 연합 사무총장 취임을 수락하며」 中

① **개념** : 여러 가지 의식이나 행사에서 낭독하기 위한 글을 의미한다.

개념UP

식사문의 종류
- **축사** : 경사스러운 자리에서 기쁨과 축하의 마음을 드러내는 글
  예 기념사, 치사, 주례사 등
- **조사** : 안타까운 상황에서 애달픈 마음을 드러내는 글
  예 추도사, 고별사, 영결사 등

문제UP

식사문의 종류와 그 기능이 바르게 연결되지 않은 것은?

① 축사 : 좋은 일이 있을 때 축하의 뜻을 나타내는 글
② 개회사 : 집회 또는 회합 등을 시작할 때 인사로 낭독하는 글
③ 조사 : 떠나는 사람을 기쁘게 보내는 뜻이 담긴 글
④ 환영사 : 오는 사람을 반갑게 맞이하는 뜻이 담긴 글

해 떠나는 사람을 기쁘게 보내는 뜻이 담긴 글은 환송사이다.
- 조사(弔辭) : 죽은 사람에 대하여 슬픈 뜻을 표하는 글

정답 ③

② 특성

㉠ 청중 앞에서 낭독할 것을 염두에 두고 쓰인다.

㉡ 낭독하는 의식 또는 행사의 성격에 따라 글의 목적이 정해진다.

③ **식사문 작성 시 유의사항** : 청중, 행사 목적(의도), 형식 및 내용을 고려해야 한다.

(3) 비평문

육사(陸史)가 시를 쓰기 시작한 것은, 그의 40평생의 마지막 10년 동안이었고 그의 나이 서른이 넘어서였다. 그 때 이미 그는 옥고를 치른 바 있는 독립 투사요, 일경의 이른바 요시찰 인물이었다. 따라서, 육사는 그 무렵 이 땅의 다른 시인들처럼 문학 청년 시절을 가졌거나 20 전후에 시단에 등장한 경력을 갖지 않은 만성(晩成)의 시인이라 할 수 있다.

다시 말하면, 그는 시인이기 전에 지사요, 투사였던 것이다. 글을 쓴다는 것도 행동임에 틀림없으나 젊은 육사에게는 그보다도 더욱 절박한 목표가 있었고, 따라서 더욱 직접적인 행동이 필요했던 것이다. 그러나 만년에 시작된 그의 시작(詩作)은 문재(文才)가 있는 투사나 혁명가가 때로 써 본 글귀로 보기에는 너무나 본격적인 수련의 자취와 성과를 보이고 있다. 시작을 계속한 기간에는 그가 부단한 감시와 검속을 겪고 있었다는 사실을 생각할 때, 그것은 그가 남달리 초강한 기질을 타고난 사람임을 절감케 한다.

왜냐하면, 시작(詩作)이라는 정신 활동은 심리적인 불안이나 불안정 가운데서는 극난한 일이기 때문이다. 그러나 육사는 그러한 심리적인 불안정 가운데서도 능히 시작에 집중할 수 있을 만큼 정신의 여유를 유지할 수 있었으니 그것은 널리 알려져 있는 그의 아호의 유래에서도 짐작할 수 있다. 감옥에서의 자신의 죄수 번호로써 아호를 삼을 만큼 그에게는 여유와 풍류가 있었던 것이다.

– 김종길, 「육사(陸史)의 시」 中

① **개념** : 예술 작품을 적절한 근거를 들어 평가한 글로 예술이 지닌 본질적 측면에 입각하여 예술이 지닌 가치를 발견하고 그것을 글로써 표현해 놓은 것을 말한다.

② **비평문의 요건** : 문학 작품을 비평하기 위해서는 객관적 근거와 타당성을 갖춰야 한다.

③ **비평문과 감상문**

비평문	감상문
• 독자의 설득을 목적으로 함 • 논증의 방법으로 작품을 분석 · 평가함 • 해석을 뒷받침하는 객관적 근거가 제시됨	• 감상자의 생각과 느낌을 가볍게 표현함 • 주관적인 경험을 바탕으로 서술함 • 형식과 내용이 비교적 자유로움

문제UP

비평문에 대한 설명으로 옳지 않은 것은?

① 독자를 설득하는 것을 목적으로 한다.
② 논증의 방법으로 작품을 분석 · 평가 한다.
③ 주관적인 경험을 바탕으로 서술한다.
④ 해석을 뒷받침하는 객관적 근거가 제시된다.

해 주관적인 경험을 바탕으로 서술하는 것은 감상문이다.

정답 ③

(4) 면담

① 개념 : 어떤 인물을 알고자 할 때 사용하는 대화의 한 방식이다.

② 특성

㉠ 직접적인 방법으로 깊이 있는 정보를 얻을 수 있다.

㉡ 바로바로 의문을 해소할 수 있다.

③ 면담 질문의 종류

㉠ 의견 청취 질문 : 피면담자의 의견을 묻는 질문

예 "그것에 대하여 어떻게 생각하십니까?"

㉡ 감정 확인 질문 : 감정적 반응을 묻는 질문

예 "그것에 대해 어떻게 느끼셨습니까?"

㉢ 탐색 질문 : 자세하고 분명한 정보를 얻으려는 전략적 질문

㉣ 공감적 반응 질문 : 피면담자의 말에 공감하면서 계속적인 답변을 유도하는 질문

예 "좀 더 말씀해 주시겠습니까?", "아! 그렇군요. 그 다음에는 어떻게 되었습니까?"

> 개념UP
> **담화**
> 일정한 목적을 달성하기 위해 사용된 구어적 언어 형식을 가리키는 용어로 사용된다.

❸ 우리말과 우리글

(1) 국어의 역사

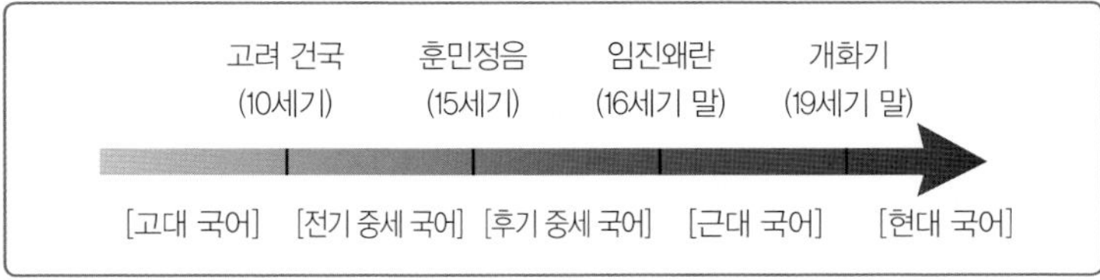

① 고대 국어(고대~9세기) : 삼국 시대의 언어가 통일 신라에 이르러 신라어를 중심으로 통일되었다.

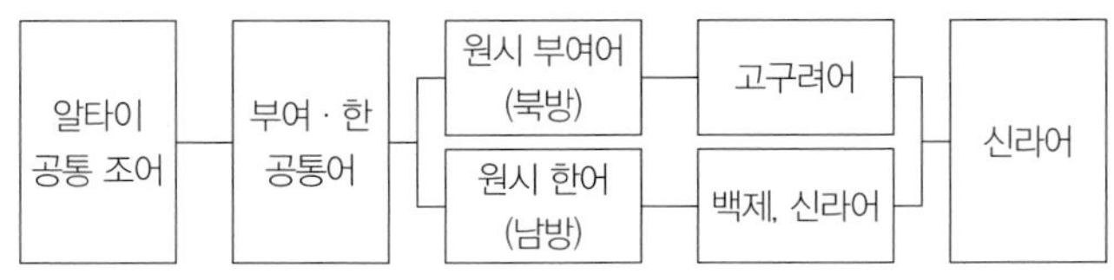

㉠ 고대 국어의 표기법 : 한자 차용 표기법을 사용하였다.

• 음독(音讀) : 한자의 뜻을 버리고 소리만 이용하여 표기하는 방법

> 개념UP
> **알타이 어족**
> 알타이 공통 조어에서 분화된 어족으로 국어는 몽골 어군, 만주-퉁구스 어군, 튀르크 어군 등과 함께 알타이 어족에 속한다.

예 우리말 '소나' → 한자 표기 '素那'[흴 소(素), 어찌 나(那)]

- 석독(釋讀) : 한자의 소리를 버리고 뜻만 이용하여 표기하는 방법

예 우리말 '소나' → 한자 표기 '金川'[쇠 금(金), 내 천(川)]

- 한자 차용 표기법

이두(吏讀)	구결(口訣)	향찰(鄕札)
한문을 우리말 어순으로 바꿈 예 愛國 → 國乙愛	한문으로 쓰고 중간에 우리말의 토를 담 예 天地之間厓 唯人是 最貴羅(천지지간에 오직 사람이 가장 귀하다.)	한자의 음과 훈을 이용한 문자로 실질적 의미는 훈으로, 문법적 의미는 음으로 나타냄 예 石乙 投多(돌을 던지다.)

ⓛ 언어 자료

- 인명, 지명의 표기

> **永同郡 本吉同郡 景德王改名 今因之**
>
> '永'의 뜻은 '길-'이고, '吉'의 음은 '길'이다. 원래 우리말로 '길동'이라고 부르던 지명을 한자식으로 '영동'이라고 부르게 되었다는 의미이다.

- 「처용가」: 신라 시대에 불린 향가의 하나로 처용이 역신(疫神)을 쫓기 위해 지어 부른 노래이다. 이 노래를 적는 데 사용된 표기법을 '향찰'이라고 한다.

> **東京明期月良 夜入伊游行如可**
>
> 「처용가」에서 '東京(동경-경주), 明(밝-), 月(달), 夜(밤), 入(들-), 游行(노닐-) 등은 뜻으로 읽고, '期(기), 良(에), 伊(이), 可(가)' 등은 음으로 읽었다.

② 중세 국어(10~16세기)

전기(10~14세기)	후기(15~16세기 말)
고려의 건국으로 수도가 개성으로 옮겨지면서 국어의 중심이 남동 지역에서 중부 지역으로 옮겨졌다.	한글 창제로 우리말을 온전히 기록할 수 있게 되었다.

㉠ 중세 국어의 특징

- 전기 중세 국어 시기에 된소리 계열과 마찰음 ㅿ, ㅸ이 등장

문제UP

「서동요」에 대한 설명으로 적절하지 않은 것은?

① 『삼국유사』에 실려 있다.
② 향찰로 된 우리 노래이다.
③ 작자가 누구인지 알 수 없다.
④ 선화공주와 서동의 이야기이다.

해 「서동요」는 『삼국유사』에 실려 전하는 이야기로 향찰로 표기되었다. 백제 무왕(서동)이 진평왕의 셋째 딸 선화공주가 예쁘다는 소문을 듣고 사모하여 신라에 와서 이 노래를 지어 아이들에게 부르도록 하였다고 전해진다.

정답 ③

개념UP

향찰

- **개념** : 한자의 음과 뜻을 빌려 우리말의 형태와 의미 요소를 전면적으로 기록하는 표기 체계
- **표기방법** : 실질적 의미를 가진 부분을 뜻을 빌려 표기하는 훈독을, 조사나 어미와 같은 문법적 요소는 음을 빌려 표기하는 음독을 사용함
- **특징** : 문장 전체를 적을 수 있으며, 우리말의 어순으로 글자를 배열한다는 점에서 고유명사를 표기하는 방식보다 진일보한 표기 방식이었음

하였다.

- 모음 조화 현상이 잘 지켜졌으나 후기에는 부분적으로 지켜지지 않았다.
- 소리의 높이로 단어의 뜻을 구별하는 성조가 있었으며 글자 왼쪽에 방점을 찍어 표시하였다.
- 중세 특유의 주체 높임법, 객체 높임법, 상대 높임법 등이 있었다.
- 어두에는 자음군이 올 수 있었다.
- 고유어와 한자어의 경쟁이 계속되었고, 앞 시기에 비해서 한자어의 쓰임이 증가하였다.

㉡ 언어 자료

- 「용비어천가(龍飛御天歌)」: 훈민정음으로 기록된 최초의 문헌이자 한글로 기록된 최초의 장편 서사시이다. 조선 건국을 기리는 송축가이자 국문학 갈래상 악장이다.

제1장
海東(해동) 六龍(육룡)이 ᄂᆞᄅᆞ샤 일마다 天福(천복)이시니
古聖(고성)이 同符(동부)ᄒᆞ시니

제2장
불휘 기픈 남ᄀᆞᆫ ᄇᆞᄅᆞ매 아니 뮐ᄊᆡ, 곶 됴코 여름 하ᄂᆞ니
ᄉᆡ미 기픈 므른 ᄀᆞᄆᆞ래 아니 그츨ᄊᆡ, 내히 이러 바ᄅᆞ래 가ᄂᆞ니

| 현대어 풀이 |

제1장
해동(우리나라)의 여섯 용(임금)이 날으시어서, 그 하시는 일마다 모두 하늘이 내린 복이시니, (이것은) 중국 고대의 여러 성군이 하신 일과 부절을 맞춘 것처럼 일치하십니다.

제2장
뿌리가 깊은 나무는 바람이 불어도 흔들리지 아니하므로, 꽃이 좋고 열매가 많습니다. 원천이 깊은 물은 가뭄에도 끊이지 아니하므로, 내를 이루어 바다까지 흘러갑니다.

㉠ 갈래 : 악장 가사
㉡ 연대 : 세종 27년(1445) 완성, 세종 29년(1447) 간행
㉢ 주제 : 세종의 선조인 목조에서 태종에 이르는 여섯 대의 행적 찬양과 후대 임금에 대한 경계
㉣ 구성
- 서사(1~2장) : 개국송(開國頌)
- 본사(3~109장) : 사적찬(事蹟讚)
- 결사(110~125장) : 계왕훈(戒王訓)

문제UP

다음 중 중세 국어의 특징으로 옳지 <u>않은</u> 것은?

① 성조 표시를 위한 방점을 사용하였다.
② 어두 자음군이 사용되었다.
③ 이전 시기에 비해 한자어의 쓰임이 증가하였다.
④ 된소리가 차츰 사라지기 시작하였다.

해 전기 중세 국어 시기에 된소리가 등장하기 시작하였다.

정답 ④

개념UP

악장(樂章)
종묘 제향이나 공사 연향에 불리어지던 조선 초기의 송축가로 임금의 만수무강과 왕가의 번창을 기원하며 후대 왕들에 대한 권계와 귀감을 그 내용으로 하고 있다.

문제UP

다음 중 ㉠에 해당하지 않는 것은?

·내 ·이·롤 爲·윙·ᄒᆞ·야 :어엿·비 너·겨·새·로 ㉠ ·스·믈여·듧字·쭝·롤 ·밍·ᄀᆞ노·니:사ᄅᆞᆷ:마·다 :ᄒᆡ·ᅇᅧ:수·ᄫᅵ니·겨·날·로 ·ᄡᅮ·메 便뼌安한·킈 ᄒᆞ·고·져 ᄒᆞᇙ ᄯᆞᄅᆞ·미니·라.

① ㅸ ② ㅿ
③ ㆁ ④ ㆆ

해 훈민정음의 28자
- 자음(초성) 17자 : ㄱ, ㄴ, ㄷ, ㄹ, ㅁ, ㅂ, ㅅ, ㅇ, ㅈ, ㅊ, ㅋ, ㅌ, ㅍ, ㅎ, ㆆ, ㆁ, ㅿ
- 모음(중성) 11자 : ·, ㅡ, ㅣ, ㅗ, ㅏ, ㅜ, ㅓ, ㅛ, ㅑ, ㅠ, ㅕ

정답 ①

문제UP

다음 중 ㉠~㉣의 뜻을 현대어로 풀이한 것으로 옳지 않은 것은?

나·랏:말ᄊᆞ·미 中듕國·귁·에 ㉠ 달·아 文문字·쫑·와·로 서르 ㉡ ᄉᆞᄆᆞᆺ·디 아·니홀·ᄊᆡ·이런 젼·ᄎᆞ·로 ㉢ 어·린 百·ᄇᆡᆨ姓·셩·이 니르·고·져 ·홇 ·배 이·셔·도 ᄆᆞ·ᄎᆞᆷ:내 제 ·ᄠᅳ·들 시·러 펴·디 :몯홇 ·노·미 하·니·라 ·내 ·이·롤 爲·윙·ᄒᆞ·야 ㉣ :어엿·비 너·겨·새·로 ·스·믈여·듧字·쭝·롤 ·밍·ᄀᆞ노·니:사ᄅᆞᆷ:마·다 :ᄒᆡ·ᅇᅧ:수·ᄫᅵ니·겨·날·로 ·ᄡᅮ·메 便뼌安한·킈 ᄒᆞ·고·져 ᄒᆞᇙ ᄯᆞᄅᆞ·미니·라.

① ㉠ 달아 – 달라
② ㉡ ᄉᆞᄆᆞᆺ디 – 통하지
③ ㉢ 어린 – 어리석은
④ ㉣ 어엿비 – 예쁘게

해 어엿비는 '불쌍히'로 해석된다.

정답 ④

㉤ 특징
- 음운상의 특징
  - 모음 조화 현상이 잘 지켜짐
  - 구개음화가 일어나지 않음
- 표기상의 특징
  - 방점의 사용 : 성조가 엄격히 적용됨
  - 이어적기(연철) 위주의 표기
- 문법상의 특징
  - 주격 조사로 'ㅣ'가 쓰임
  - '아니'에 의한 짧은 부정이 쓰임

- 「세종 어제 훈민정음」 : 「훈민정음 언해본」이라고도 하며, 한문으로 된 『훈민정음』에서 어제 서문과 예의 부분만을 한글로 풀이하여 간행한 것이다. 중요

世·솅宗·종御·엉·製·졩訓·훈民·민正·졍音·ᅙᅳᆷ
나·랏:말ᄊᆞ·미 中듕國·귁·에 달·아 文문字·쫑·와·로 서르 ᄉᆞᄆᆞᆺ·디 아·니홀·ᄊᆡ·이런 젼·ᄎᆞ·로 어·린 百·ᄇᆡᆨ姓·셩·이 니르·고·져 ·홇 ·배 이·셔·도 ᄆᆞ·ᄎᆞᆷ:내 제 ·ᄠᅳ·들 시·러 펴·디 :몯홇 ·노·미 하·니·라 ·내 ·이·롤 爲·윙·ᄒᆞ·야 :어엿·비 너·겨·새·로 ·스·믈여·듧字·쭝·롤 ·밍·ᄀᆞ노·니:사ᄅᆞᆷ:마·다 :ᄒᆡ·ᅇᅧ:수·ᄫᅵ니·겨·날·로 ·ᄡᅮ·메 便뼌安한·킈 ᄒᆞ·고·져 ᄒᆞᇙ ᄯᆞᄅᆞ·미니·라.

| 현대어 풀이 |

제1장
우리나라 말이 중국과는 달라 한자와는서로 통하지 아니하여서 – 자주(自主) 사상(창제의 동기)
이런 까닭으로 어리석은 백성들이 말하고자 하는 바가 있어도 마침내 제 뜻을 능히 펴지 못하는 사람이 많다. 내가 이것을 가엾게 생각하여 새로 스물여덟 자를 만드니, – 애민(愛民) 사상(창제의 취지)
모든 사람들로 하여금 쉽게 익혀서 날마다 쓰는 데 편하게 하고자 할 따름이다. – 실용(實用) 사상(창제의 취지)

㉠ 연대 : 세조 5년(1459)
㉡ 출전 : 『월인석보』
㉢ 주제 : 훈민정음 창제의 취지
㉣ 특징
- 음운상의 특징
  - 모음 조화 현상이 잘 지켜짐
  - 'ㅸ, ㆆ, ㅿ, ㆁ, ·' 등이 사용됨
  - 어두자음군이 사용됨
- 표기상의 특징
  - 방점의 사용 : 성조가 엄격히 적용됨
  - 이어적기(연철)의 사용

  - 8종성법을 적용시킴
- 문법상의 특징
  - 명사형 어미 '-옴/-움'이 규칙적으로 사용됨
  - 관형사형 어미 '-ㄹ'에 'ㆆ'을 병기하여 경음부호의 역할을 함

- 「소학언해(小學諺解)」: 중국의 주자가 쓴 『소학』을 우리말로 쉽게 풀이한 책으로 16세기 국어의 모습을 알 수 있는 귀중한 자료이다.

孔·공子·ᄌᆞㅣ 曾증子·ᄌᆞ다·려 닐·러 ᄀᆞᆯ·ᄋᆞ·샤·ᄃᆡ, ·몸·이며 얼굴·이며 머·리털·이·며·ᄉᆞᆯ·ᄒᆞᆫ 父·부母:모·씌 받ᄌᆞ·온 거·시·라. :감·히 헐·워 샹히·오·디 아·니:홈·이:효·도·ᄋᆡ 비·르·소미·오, ·몸·을 셰·워 道:도·를 行ᄒᆡᆼ·하·야 일:홈·을 後:후世:세·예:베퍼·ᄡᅧ 父·부母:모ᄅᆞᆯ:현·뎌케:홈·이:효·도·ᄋᆡ ᄆᆞ·ᄎᆞᆷ·이니·라.

| 현대어 풀이 |

공자께서 증자에게 일러 말씀하시기를 몸과 형체와 머리털과 살은 부모께 받은 것이라, 감히 헐게 하여 상하게 하지 아니함이 효도의 시작이며, 입신(출세)하여 도를 행하며 이름을 후세에 날려 이로써 부모를 드러나게 함이 효도의 끝이니라.

㉠ **연대** : 선조19년(1586)

㉡ **구성** : 입교(가르침을 베풂), 명륜(인륜을 밝힘), 경신(몸가짐을 삼감), 계고(옛일을 상고함), 가언(아름다운 말), 선행(착한 행실)

㉢ **주제** : 효의 본질과 친교의 도

㉣ **특징**
- 음운상의 특징
  - 모음 조화의 문란
  - 'ㅸ'과 'ㅿ'이 거의 소실되고 'ㆁ', 'ㆍ'는 사용됨
- 표기상의 특징
  - 이어적기(연철)와 끊어적기(분철)의 사용
  - 8종성법의 사용
  - 한자음은 현실음을 토대로 표기함
- 문법상의 특징
  - 명사형 어미 '-옴/-움'의 혼란
  - 명사형 어미 '-기'가 사용됨

③ 근대 국어(17~19세기 말) : 임진왜란이 끝난 직후인 17세기 초부터 19세기 말까지의 국어를 이른다.

㉠ 중세 국어에 비해 경제적이고 효율적인 체계로 변화하였다.

㉡ 중세 국어에 있었던 유성 마찰음(ㅸ · ㅿ)이 소멸되었다.

문제UP

다음 글에 나타난 중세 국어의 모습으로 알맞지 않은 것은?

:유·익ᄒᆞᆫ ·이 :세 가·짓:벋·이:오, 해·로온 ·이 :세 가·짓 벋·이니, 直·딕ᄒᆞᆫ ·이·ᄅᆞᆯ :벋ᄒᆞ·며, :신·실ᄒᆞᆫ ·이·ᄅᆞᆯ :벋ᄒᆞ·며, 들:온 것 한 ·이·ᄅᆞᆯ :벋ᄒᆞ·면 :유·익ᄒᆞᆫ·고, :거·동·만 니·근 ·이·ᄅᆞᆯ :벋ᄒᆞ·며, 아:당ᄒᆞ·기 잘·ᄒᆞᄂᆞᆫ·이·ᄅᆞᆯ :벋ᄒᆞ·며, :말ᄉᆞᆷ·만 니·근·이·ᄅᆞᆯ :벋ᄒᆞ·면 해·로·온이·라.

① 방점으로 성조를 나타내었다.
② 명사형 어미 '-기'가 사용되었다.
③ 끊어적기 방식만 사용되고 있다.
④ 현재 사용되지 않는 모음이 사용되었다.

해 「소학언해」에서는 끊어적기와 이어적기 방식이 혼용되어서 사용되었다.

정답 ③

> **문제UP**
>
> 다음 중 근대국어의 언어적 특징으로 옳지 않은 것은?
>
> ① 방점이 소멸되었다.
> ② 음운 'ㆍ'(아래 아)가 여전히 음가를 지니고 있었다.
> ③ 문자 'ㆁ', 'ㆆ', 'ㅿ' 등이 사라지는 등 문자 체계에 변화가 생겼다.
> ④ 중세 국어에 비해 한글 사용의 폭이 확대되었고, 보다 효율적인 체계로 변화하였다.
>
> 해 'ㆍ'는 표기상으로만 남아 있었을 뿐 이미 그 음가는 사라져 발음되지 않았다.
>
> 정답 ②

> **개념UP**
>
> **「노걸대언해(老乞大諺解)」**
>
> 「번역 노걸대」 다음으로 현종 11년(1670)에 언해되어 나온 것으로서, 이미 근대국어로 넘어온 17세기 후반 국어의 모습을 보여 준다. '老乞大(노걸대)'는 몽골어로 '중국'을 의미하며 원문 한자에 중국의 정음과 속음을 달고 번역하여 중국어 회화 교재로 이용되었다.

㉢ 어두 자음군이 된소리로 변하는 경향을 보였고, 모음 'ㆍ'는 어두 음절에만 남아 있었다.

㉣ 성조와 방점이 사라졌으며 상성은 장음이 되었다.

㉤ 모음 조화의 파괴, 높임법을 비롯한 문법 현상 등이 현대 국어에 가까워졌다.

㉥ 언어 자료

- 「노걸대언해(老乞大諺解)」: 「노걸대(老乞大)」는 고려 때부터 중국어 교습을 위하여 역관들이 사용한 책으로 이를 언해한 「노걸대언해」는 17세기 후반 국어의 모습을 보여 주는 귀중한 자료이다.

> 너ᄂᆞᆫ 高麗 人 사람이어니 ᄯᅩ 엇디 漢語 니ᄅᆞᆷ을 잘 ᄒᆞᄂᆞ뇨
> 내 漢ㅅ 사ᄅᆞᆷ 의손ᄃᆡ 글 ᄇᆡ호니 이런 젼ᄎᆞ로 져기 漢 ㅅ 말을 아노라.
> 네 뉘손ᄃᆡ 글 ᄇᆡ혼다.
> 내 漢 ᄒᆞᆨ당의셔 글 ᄇᆡ호라.
> 네 ᄆᆞᄉᆞᆷ 글을 ᄇᆡ혼다.
> 倫語 孟子 小學을 닐그롸.
> 네 每日 무슴 공부ᄒᆞᄂᆞᆫ다
> 每日 이른 새배 니러 學堂의 가 스승님 글 ᄇᆡ호고 學堂의셔 노하든 집의 와 밥 ᄆᆞᆺ고 ᄯᅩ ᄒᆞᆨ당의 가 셔품ᄡᅳ기 ᄒᆞ고 셔품ᄡᅳ기 ᄆᆞᆺ고 년구ᄒᆞ기 ᄒᆞ고 년구ᄒᆞ기 ᄆᆞᆺ고 글읇기 ᄒᆞ고 글읇기 ᄆᆞᆺ고 스승 앏픠셔 글을 강ᄒᆞ노라
> ᄆᆞᄉᆞᆷ 글을 강ᄒᆞᄂᆞ뇨
> 小學 倫語 孟子를 강ᄒᆞ노라
>
> **| 현대어 풀이 |**
>
> 너는 고려 사람인데 어떻게 중국말을 잘 하는가? / 내가 중국 사람에게 글을 배웠으니 이런 까닭으로 조금 중국말을 아노라. / 너는 누구에게 글을 배우는가? / 나는 중국 학당에서 글을 배우노라. / 너는 무슨 글을 배우는가? / 논어 맹자 소학을 읽노라. / 네 매일 무슨 공부를 하는가? / 매일 이른 새벽에 일어나 학당에 가서 스승님께 글을 배우고, 방과 후면 집에 와서 밥 먹기를 마치고, 또 학당에 가서 글씨쓰기를 하고, 글씨쓰기를 마치고는 연구하기 하고, 연구하기 마치고는 글읊기를 하고 글읊기를 마치고는 스승님 앞에서 그를 강하노라. / 무슨 글을 강하는가? / 소학, 논어, 맹자를 강하노라.
>
> ㉠ 갈래 : 번역문
> ㉡ 연대 : 현종 11년(1670)
> ㉢ 주제 : 한어(중국어) 학습 일과
> ㉣ 특징
> - 음운상의 특징
>   - 모음 조화 문란
>   - 어두자음군의 사용 감소

- 표기상의 특징
  - 끊어적기(분철)와 거듭적기(중철) 표기를 사용함
  - 동국정운식 한자음 표기가 사라짐
  - 종성 표기에 있어 7종성법이 사용됨
  - 방점 소실, 상성이 긴소리로 변화함
- 문법상의 특징
  - 2인칭 의문형 어미의 혼란
  - 명사형 어미 '-옴/움'과 '-기'를 사용함

• 「동명일기」 : 조선 후기 의유당(意幽堂)이 지은 기행 수필로 해가 솟아오르는 장면을 순수한 우리말을 사용하여 생동감 있고 다채롭게 묘사한 것으로 유명하다.

그 ᄇᆞᆰ은 우흐로 흘흘 움즉여 도ᄂᆞᆫ듸 처엄 낫던 ᄇᆞᆰ은 긔운이 ᄇᆡᆨ지 반 쟝 너ᄇᆡ만치 반ᄃᆞ시 비최며 밤 ᄀᆞᆺ던 긔운이 ᄒᆡ되야 ᄎᆞᄎᆞ 커 가며 큰 졍반만 ᄒᆞ여 ᄇᆞᆰ읏ᄇᆞᆰ읏 번듯번듯 쒸놀며 젹ᄉᆡᆨ이 왼 바다희 씨치며 몬져 ᄇᆞᆰ은 기운이 ᄎᆞᄎᆞ 가ᄉᆡ며 ᄒᆡ 흔들며 쒸놀기 더욱 ᄌᆞ로 ᄒᆞ며 항 ᄀᆞᆺ고 독 ᄀᆞᆺᄒᆞᆫ 것이 좌우로 쒸놀며 황홀이 번득여 냥목이 어즐ᄒᆞ며 ᄇᆞᆰ은 긔운이 명낭ᄒᆞ야 첫 홍ᄉᆡᆨ을 헤앗고 텬듕의 졍반 ᄀᆞᆺᄒᆞᆫ 것이 수레박희 ᄀᆞᆺᄒᆞ야 믈 속으로셔 치미러 밧치ᄃᆞ시 올나 븟흐며 항독 ᄀᆞᆺᄒᆞᆫ 긔운이 스러디고 처엄 ᄇᆞᆰ어 것츨 빗최던 거ᄉᆞᆫ 모혀 소혀텨로 드리워 믈 속의 풍덩 ᄲᆞ디ᄂᆞᆫ듯 시브더라 일ᄉᆡᆨ이 됴요ᄒᆞ며 믈결의 ᄇᆞᆰ은 긔운이 ᄎᆞᄎᆞ 가ᄉᆡ며 일광이 쳥낭하니 만고 텬하의 그런 장관은 ᄃᆡ두할ᄃᆡ 업슬 ᄃᆞᆺᄒᆞ더라

㉠ 갈래 : 고전 수필, 기행문

㉡ 연대 : 영조 48년(1772)

㉢ 구성
- 기 : 귀경대에 올라 추위를 참으며 일출을 기다림
- 승 : 동틀 무렵의 장관과 일출 여부에 대한 논쟁
- 전 : 일출의 장관(회오리밤 – 쟁반 – 수레바퀴)
- 결 : 일출을 본 후의 주관적인 감상

㉣ 특징
- 음운상의 특징
  - 모음 조화 문란
  - 'ㅿ'의 소멸로 '처ᅀᅥᆷ'이 '처엄'으로 바뀜
- 표기상의 특징
  - 끊어적기(분철)와 거듭적기(중철) 표기를 사용함
  - 방점 소실
  - 재음소화(거센소리를 'ㅎ'과 'ㄱ, ㄷ, ㅂ, ㅈ'의 예사소리로 나누어 표기)가 나타남
- 문법상의 특징 : 명사형 어미 '-기'가 활발하게 쓰임

문제UP

다음 글이 창작된 시기의 국어를 근대 국어라 하는데, 근대 국어의 특징으로 알맞지 않은 것은?

ᄎᆞᄎᆞ 나오더니 그 우흐로 젹은 회오리밤 ᄀᆞᆺ한것이 ᄇᆞᆰ기 호박 구슬 ᄀᆞᆺ고 ᄆᆞᆰ고 통낭ᄒᆞ기ᄂᆞᆫ 호박 도곤 더 곱더라

(…)

일ᄉᆡᆨ이 됴요ᄒᆞ며 믈결의 ᄇᆞᆰ은 긔운이 ᄎᆞᄎᆞ 가ᄉᆡ며 일광이 쳥낭하니 만고 텬하의 그런 장관은 ᄃᆡ두할ᄃᆡ 업슬 ᄃᆞᆺᄒᆞ더라

① 방점이 완전히 소실되었다.
② 된소리와 거센소리의 사용이 현저히 줄어 들었다.
③ 한글 사용 계층이 확대되면서 한글 사용의 폭이 넓어졌다.
④ 문자 'ㆁ, ㆆ, ㅿ' 등이 사라지는 등 문자 체계에 변화가 생겼다.

해 「동명일기」는 18세기에 쓰여져 근대 국어의 특징을 잘 보여준다. 이 시기에는 어두자음군이 'ㅅ' 계열의 된소리 표기로 바뀌어 된소리 사용이 줄어들지 않았다.

정답 ②

문제UP

다음 글에서 언급한 「독립 신문」의 표기상 특징으로 알맞은 것은?

우리신문이 한문은 아니쓰고 다만 국문으로만 쓰는거슨 상하귀쳔이 다보게 홈이라 또 국문을 이러케 귀졀을 떼여 쓴즉 아모라도 이신문 보기가 쉽고 신문속에 잇는 말을 자세이 알어 보게 홈이라
각국에셔는 사름들이 남녀 무론ᄒ고 본국 국문을 몬저 ᄇ화 능통ᄒ 후에야 외국 글을 ᄇ오는 법인ᄃ 죠션셔는 죠션 국문은 아니 ᄇ오드리도 한문만 공부 ᄒ는 ᄶ돍에 국문을 잘아는 사름이 드물미라

① 우리말을 씀, 띄어쓰기를 함
② 띄어쓰기를 함, 방점을 쓰지 않음
③ 방점을 쓰지 않음, 끊어적기를 함
④ 한문을 쓰지 않음, 끊어적기를 함

해 「독립 신문」 표기 방식의 의의
- 국문 전용 : 넓은 독자층 확보
- 띄어쓰기 : 독해의 용이성 보장

정답 ①

- 「독립 신문 창간사」 : 『독립 신문』은 1896년 4월 7일에 창간되어 1899년 12월 4일에 폐간된 최초의 민간 신문으로 「독립 신문 창간사」는 『독립 신문』의 창간 취지와 의의를 밝힌 글이다.

우리신문이 한문은 아니쓰고 다만 국문으로만 쓰는거슨 샹하귀쳔이 다보게 홈이라 또 국문을 이러케 귀졀을 ᄯᅦ여 쓴즉 아모라도 이신문 보기가 쉽고 신문속에 잇는말을 자세이 알어 보게 홈이라
각국에셔는 사름이 남녀 무론ᄒ고 본국 국문을 몬저 ᄇ화 능통ᄒ 후에야 외국 글을 ᄇ오는 법인ᄃ 죠션셔는 죠션 국문은 아니 ᄇ오드리도 한문만 공부 ᄒ는 ᄶ돍에 국문을 잘아는 사름이 드물미라 죠션 국문ᄒ고 한문ᄒ고 비교ᄒ여 보면 죠션국문이 한문 보다 얼마가 나흔거시 무어신고ᄒ니 쳣ᄌ는호기가 쉬흔이 됴흔 글이요 둘ᄌ는 이글이 죠션글이니 죠션 인민 들이 알어셔 ᄇᆡᆨ스을 한문ᄃ신 국문으로 써야 샹하 귀쳔이 모도 보고 알어보기가 쉬흘터이라 한문만 늘써 버릇ᄒ고 국문은 폐ᄒ ᄶ돍에 국문만쓴 글을 죠션 인민이 도로혀 잘 아러보지 못ᄒ고 한문을 잘알아보니 그게 엇지 한심치 아니ᄒ리요

㉠ 갈래 : 논설문, 신문 사설
㉡ 연대 : 1896년
㉢ 작가 : 서재필
㉣ 주제 : 『독립 신문』을 한글 전용으로 창간하는 취지
㉤ 특징
- 음운상의 특징
  - 모음 조화 문란
  - ㅅ계 합용 병서가 여전히 쓰임
- 표기상의 특징
  - 거듭적기(중철)가 보이며 부분적으로 이어적기(연철) 방식이 남아 있음
  - 현대 국어보다 띄어쓰기 의식이 덜 발달됨
  - 재음소화 표기가 나타남
- 문법상의 특징
  - 명사형 종결과 '-라' 형식의 종결이 많이 쓰임
  - 한문의 구조를 직역한 문투를 반영함

(2) 한글의 창제 원리와 독창성 중요

① 훈민정음의 창제 : 세종대왕이 집현전 학자들의 도움을 받아 1443년 창제, 1446년 반포하였다.

② 훈민정음의 창제 원리

㉠ 초성(자음 17자)의 제자 원리 : 발음 기관의 상형(ㄱ, ㄴ, ㅁ, ㅅ, ㅇ) 후 가획과 병서의 원리가 적용되었다.

개념UP

한글의 창제 목적
- 모든 백성들이 자기 의사를 쉽게 표현할 수 있게 하기 위함(애민정신)
- 우리 정서에 맞는 우리말을 가지게 하기 위함(주제정신, 자주정신)
- 한자음의 정리와 통일된 표기를 위함(실용정신)

구분	기본자	상형	가획자	이체자
아음(牙音)	ㄱ	혀뿌리가 목구멍을 막는 모양을 본뜸	ㅋ	ㆁ
설음(舌音)	ㄴ	혀가 윗잇몸에 붙은 모양을 본뜸	ㄷ, ㅌ	ㄹ (반설음)
순음(脣音)	ㅁ	입의 모양을 본뜸	ㅂ, ㅍ	
치음(齒音)	ㅅ	이가 잇몸에 붙은 모양을 본뜸	ㅈ, ㅊ	ㅿ (반치음)
후음(喉音)	ㅇ	목구멍의 모양을 본뜸	ㆆ, ㅎ	

㉡ 중성(모음 11자)의 제자 원리 : 성리학에서 말하는 우주의 기본 요소인 삼재(천, 지, 인)를 상형하여 초출, 재출, 합용의 원리를 적용하였다.

구분	기본자	초출자	재출자	합용자
天(양성 모음)	·	ㅗ, ㅏ	ㅛ, ㅑ	ㅘ, ㆇ
地(음성 모음)	ㅡ	ㅜ, ㅓ	ㅠ, ㅕ	ㅝ, ㆊ
人(중성 모음)	ㅣ			

㉢ 종성(받침)의 제자 원리 : 종성을 따로 만들지 않고 초성을 다시 종성에 사용하였다.(終聲復用初聲, 종성부용초성)

③ 훈민정음의 문자 체계

23자 초성 체계

구분	전청	차청	전탁	불청불탁
	예사소리	거센소리	된소리	울림소리
아음(牙音)	ㄱ	ㅋ	ㄲ	ㆁ
설음(舌音)	ㄷ	ㅌ	ㄸ	ㄴ
순음(脣音)	ㅂ	ㅍ	ㅃ	ㅁ
치음(齒音)	ㅅ, ㅈ	ㅊ	ㅆ, ㅉ	
후음(喉音)	ㆆ	ㅎ	ㆅ	ㅇ
반설음(半舌音)				ㄹ
반치음(半齒音)				ㅿ

㉠ 전탁음은 훈민정음 28자에 속하지 않는다(ㄲ, ㄸ, ㅃ, ㅆ, ㅉ, ㆅ).

㉡ 순경음은 훈민정음 28자에 속하지 않는다(ㅸ, ㆄ, ㅹ, ㅱ).

㉢ 'ㆆ, ㆁ'은 한자음을 표기하기 위한 것이었으므로 음운 단위로 볼 수 없다.

㉣ 'ㆅ'은 의미 분화의 기능이 없었으므로 음운 단위가 될 수 없다.

개념UP

훈민정음의 종류

- **해례본(한문본)** : 원본, 세종 28년(1446년)
- **언해본(한글본)** : 번역본, 세조 5년(1459년)

개념UP

소실문자

소실문자	명칭	소멸시기
ㆆ	여린히읗	세조 이후
ㅸ	순경음 비읍	세조 이후
ㆅ	쌍히읗	세조 이후
ㆀ	쌍이응	세조 이후
ㅿ	반치음	임란 이후
ㆁ	옛이응	임란 이후
·	아래아	음가 18C 문자 1933

④ 훈민정음의 글자 운용

㉠ 연서법(이어쓰기) : 순음(ㅂ, ㅍ, ㅃ, ㅁ) 아래에 'ㅇ'을 붙이면 순경음 'ㅸ, ㆄ, ㅹ, ㅱ'이 된다. → 15세기에 소멸, 현대 국어에서는 적용되지 않는다.

ㅸ(순수 국어에 사용) / ㆄ, ㅹ, ㅱ(동국정운식 한자음에 사용)

㉡ 병서법(나란히 쓰기) : 초성을 합하여 사용할 때는 나란히 쓴다. 종성도 같다.

- 각자병서 : 같은 자음을 나란히 쓴다. 예 ㄲ, ㄸ, ㅃ, ㅆ
- 합용병서 : 서로 다른 자음을 나란히 쓴다. 예 ㅺ, ㅼ, ㅽ, ㅳ, ㅶ, ㄺㅅ, ㄻㅅ

㉢ 부서법(붙여쓰기) : 자음에 모음을 붙여 쓴다.

- 하서(下書) : 초성+ㆍ, ㅡ, ㅗ, ㅜ, ㅛ, ㅠ 예 ᄀᆞ롬, 구름
- 우서(右書) : 초성+ㅣ, ㅏ, ㅑ, ㅓ 예 바다, 당샹

㉣ 성음법 : 초성, 중성, 종성을 갖추어야 음절을 이룬다는 규정이다. 이에 따라 받침 없는 한자에 소릿값 없는 'ㅇ'을 붙여 종성을 갖추게 하였다. 예 世 솅, 虛 헝

㉤ 종성 표기법

8종성가족용	• 훈민정음 해례 종성해에 있는 규정 • 체언과 용언의 기본 형태를 밝히지 않고 소리 나는 대로 적음 • 종성에서는 'ㄱ, ㆁ, ㄷ, ㄴ, ㅂ, ㅁ, ㅅ, ㄹ'의 8자만 허용됨
8종성법의 예외	• 「용비어천가」와 「월인천강지곡」에 주로 나타남 • 체언과 용언의 기본 형태를 밝혀 적음
초성독용8자	• 『훈몽자회』(중종 22년)의 권두에 있는 범례(凡例)의 규정 • 'ㅋ, ㅌ, ㅍ, ㅈ, ㅊ, ㅿ, ㅇ, ㅎ'의 8자는 초성에만 쓰고 종성에 사용할 수 없다는 규정
7종성법	• 17세기 말부터 20세기 초(1933년 「한글 맞춤법 통일안」)까지 적용됨 • 'ㄱ, ㄴ, ㄹ, ㅁ, ㅂ, ㅅ, ㅇ'의 7자만 받침으로 사용됨 • 'ㄷ'은 'ㅅ'과 발음이 구별되지 않으므로, 'ㅅ'으로 통일시켜 적음

개념UP

동국정운식 한자음 표기

세종 당시의 현실적인 우리 한자음을 중국의 한자 '원음'에 가깝도록 개신(改新)한 한자음

예 便뼌 安한, 洪퐝, 上썅

개념UP

이어적기 · 거듭적기 · 끊어적기

- **이어적기(연철)** : 앞말의 종성을 뒷말의 초성에 내려 적는 것
  예 기픈, 니믈
- **거듭적기(중철)** : 앞말의 종성을 적고 뒷말의 초성에도 내려적는 것
  예 깁픈, 님믈
- **끊어적기(분철)** : 앞말의 종성을 적고 뒷말의 초성에는 'ㅇ'을 적는 것
  예 깊은, 님을

ⓑ 방점 : 글자의 왼쪽에 방점을 찍어 음의 높낮이를 나타낸 것으로, 16세기 말에 완전히 소멸되었다. 현대 국어에서는 상성이 소리의 장단으로 변화하였다.

개념UP

성조(聲調)

- **평성** : 낮은 소리로 점을 찍지 않음
- **거성** : 높은 소리로 점을 하나 찍음
- **상성** : 낮다가 높아지는 소리로 점을 두 개 찍음

❹ 국어의 음운 규칙

(1) 음운의 개념과 체계

① 음운의 개념 : 말의 뜻을 구별해 주는 최소의 소리 단위이다.

㉠ 분절 음운(음소) : 자음, 모음처럼 분절되는 음운을 뜻한다.

- 자음 : 발음 기관에서 장애를 받으면서 나는 소리이다.
- 모음 : 발음 기관의 장애를 받지 않고 나는 소리이다.

㉡ 비분절 음운(운소) : 소리마다 경계가 분명히 그어지지 않는 음운으로 소리의 강약, 고저, 장단 등이 해당한다.

② 자음 체계(19개)

소리 내는 방법 \ 소리 내는 자리		입술소리(순음)	혀끝소리(치조음, 설단음)	센입천장 소리(구개음)	여린입천장 소리(연구개음)	목청소리(후음)
안울림 소리(무성음)	파열음	ㅂ, ㅃ, ㅍ	ㄷ, ㄸ, ㅌ		ㄱ, ㄲ, ㅋ	
	파찰음			ㅈ, ㅉ, ㅊ		
	마찰음		ㅅ, ㅆ			ㅎ
울림 소리(유성음)	비음	ㅁ	ㄴ		ㅇ	
	유음		ㄹ			

③ 모음 체계(21개)

㉠ 단모음(10개) : 발음하는 동안 입 모양이 일정한 모음이다.

구분	전설 모음		후설 모음	
	평순 모음	원순 모음	평순 모음	원순 모음
고모음	ㅣ	ㅟ	ㅡ	ㅜ
중모음	ㅔ	ㅚ	ㅓ	ㅗ
저모음	ㅐ		ㅏ	

개념UP

원순 모음 · 평순 모음

- **원순 모음** : 입술을 둥글게 오므려서 발음하는 모음
- **평순 모음** : 입술을 둥글게 오므리지 않고 발음하는 모음

㉡ 이중 모음(11개) : 발음하는 동안 입술 모양이나 혀의 위치가 달라지는 모음이다.

상향 이중 모음	'j' + 단모음	ㅑ, ㅕ, ㅛ, ㅠ, ㅒ, ㅖ
	'w' + 단모음	ㅘ, ㅝ, ㅙ, ㅞ
하향 이중 모음	단모음 + 'j'	ㅢ

(2) 음운 규칙 중요

① 두음 법칙(한글 맞춤법 제10~12항) : 한자어의 첫머리에 'ㄹ'이나 구개음화된 'ㄴ'이 발음되지 않거나 다른 음운으로 바뀌는 음운 규칙이다.

조건	원래의 첫소리	교체된 말	예시
한자음 '녀, 뇨, 뉴, 니'가 단어의 첫머리에 올 때	ㄴ	ㅇ[Ø]	녀자 → 여자(女子), 년세 → 연세(年歲), 닉명 → 익명(匿名)
한자음 '랴, 려, 례, 료, 류, 리'가 단어의 첫머리에 올 때	ㄹ	ㅇ[Ø]	량심 → 양심(良心), 룡궁 → 용궁(龍宮), 력사 → 역사(歷史)
한자음 '라, 래, 로, 뢰, 루, 르'가 단어의 첫머리에 올 때	ㄹ	ㄴ	락원 → 낙원(樂園), 래일 → 내일(來日), 로인 → 노인(老人)

② 음절의 끝소리 규칙(표준 발음법 제8~16항) : 음절의 끝에서 발음될 수 있는 자음은 'ㄱ, ㄴ, ㄷ, ㄹ, ㅁ, ㅂ, ㅇ' 7개 중의 하나로 제한된다.

㉠ 음절의 끝에 7개 자음 이외의 다른 자음이 올 경우 이 자음은 7개 자음 중의 하나로 바뀌어 발음된다.

- ㄲ, ㅋ → ㄱ
- ㅅ, ㅆ, ㅈ, ㅊ, ㅌ, ㅎ → ㄷ
- ㅍ → ㅂ

㉡ 7개 자음의 받침이 모음으로 시작되는 형식 형태소와 결합할 경우에는 뒤 음절의 첫소리로 옮겨 발음한다. 예 밥이[바비]

㉢ 7개 자음 이외의 받침이 모음으로 시작되는 실질 형태소와 결합할 경우에는, 대표음으로 바뀌어서 뒤 음절의 첫 소리로 옮겨 발음한다. 예 꽃 위[꼬뒤]

개념UP

음운 변동과 음운 변화

- **음운 변동** : 어떤 음운이 놓이는 음성 환경에 따라 다른 음운으로 말소리가 바뀌는 현상
- **음운 변화** : 음운 체계 안의 어떤 음운 또는 그 체계 자체가 시간의 흐름에 따라 말소리가 바뀌는 현상

개념UP

두음 법칙의 예외

고유어나 한자어의 의존 명사에는 두음 법칙이 적용되지 않는다.
예 금 한 냥(兩), 몇 리(里)냐?

개념UP

겹받침의 발음

- 첫째 자음이 남는 경우 : ㄳ, ㄵ, ㄽ, ㄾ, ㅄ 예 넋[넉], 값[갑]
- 둘째 자음이 남는 경우 : ㄻ, ㄿ 예 젊다[점따]
- 불규칙하게 남는 경우 : ㄺ, ㄼ 예 맑다[막따], 맑게[말께]

③ 자음 동화(표준 발음법 제18~20항) : 음절의 끝 자음이 그 뒤에 나오는 자음과 만날 때, 어느 한쪽이 다른 쪽 자음을 닮아서 그와 비슷하거나 같은 소리로 바뀌기도 하고, 앞뒤 자음이 서로 닮아 두 소리가 다 바뀌기도 하는 현상을 말한다.

㉠ 비슷한 자음으로 바뀌는 경우 : 국물[궁물], 정릉[정능]

㉡ 같은 소리로 바뀌는 경우 : 신라[실라], 칼날[칼랄], 광한루[광할루]

㉢ 두 소리 모두 변하는 경우 : 백로[뱅노], 십리[심니]

④ 구개음화(한글 맞춤법 제6항, 표준 발음법 제17항) : 끝소리가 'ㄷ, ㅌ'인 음운이 'ㅣ' 모음을 만나 센입천장 소리 'ㅈ, ㅊ'으로 바뀌어 발음되는 현상이다. 예 굳이[구지], 미닫이[미다지], 밭이[바치]

⑤ 모음 조화(한글 맞춤법 제16, 18항) : 양성 모음(ㅏ, ㅗ …)은 양성 모음끼리, 음성 모음(ㅓ, ㅜ, ㅡ, ㅣ…)은 음성 모음끼리 어울리는 현상을 뜻한다. 예 알록달록/얼룩덜룩, 촐랑촐랑/출렁출렁

⑥ 축약과 탈락(한글 맞춤법 제18, 28, 32~40항, 표준 발음법 제12항)

㉠ 축약 : 두 소리가 이어질 때, 두 소리의 성질을 모두 가진 소리로 줄어드는 현상을 말한다.

자음 축약	'ㄱ, ㄷ, ㅂ, ㅈ'이 'ㅎ'과 이어질 경우 'ㅋ, ㅌ, ㅍ, ㅊ'으로 축약됨 예 좋고[조코], 많다[만타]
모음 축약	모음이 앞뒤로 바로 이어질 경우, 'ㅣ+ㅓ → ㅕ, ㅜ+ㅓ → ㅝ, ㅚ+ㅓ → ㅙ'와 같이 축약됨 예 뜨 + 이다 → 띄다, 되 + 어 → 돼

㉡ 탈락 : 두 소리가 이어질 때, 한 소리가 발음되지 않는 현상을 말한다.

- 자음 탈락 예 울- + -는 → 우는, 딸 + 님 → 따님
- 모음 탈락 예 가- + -아서 → 가서
- 'ㅡ' 탈락 예 쓰- + -어 → 써
- 'ㄹ' 탈락 예 불나비 → 부나비
- 'ㅎ' 탈락 예 좋은[조은]

⑦ 경음화(표준 발음법 제23~28, 30항) : 'ㄱ, ㄷ, ㅂ, ㅅ, ㅈ'이 'ㄲ, ㄸ, ㅃ, ㅆ, ㅉ'과 같은 된소리로 발음되는 현상을 말한다.

㉠ 받침소리 'ㄱ, ㄷ, ㅂ' 뒤에 'ㄱ, ㄷ, ㅂ, ㅅ, ㅈ'이 올 때 된소리로 발음된다. 예 국밥[국빱], 뻗대다[뻗때다]

문제UP

단어의 발음이 바르게 표기되지 <u>않은</u> 것은?

① 닫히다[다티다]
② 먹히다[머키다]
③ 잡히다[자피다]
④ 꽂히다[꼬치다]

해 '닫히다'는 음절의 끝소리 'ㄷ, ㅌ'이 'ㅣ'로 시작되는 조사나 접미사를 만나 구개음 'ㅈ, ㅊ'으로 바뀌는 음운 현상인 구개음화에 따라 [다치다]로 발음해야 한다.

정답 ①

문제UP

단어의 발음이 바르게 표기된 것은?

① 꽃다발[꼳따발]
② 한여름[한여름]
③ 앞마당[압마당]
④ 공권력[공꿜녁]

해 ② 한여름[한녀름]
③ 앞마당[암마당]
④ 공권력[공꿘녁]

정답 ①

개념UP

사잇소리 현상

두 개의 형태소 또는 단어가 합쳐져서 합성어가 될 때, 앞 단어의 끝소리가 울림소리이고 뒤 단어의 첫소리가 예사소리이면 뒤의 예사소리가 된소리로 변하는 현상

예 초 + 불 → 촛불[초뿔], 논 + 둑 → 논둑[논뚝]

개념UP

한자 합성어

한자어만으로 이루어진 합성어는 사이시옷 소리 현상이 일어나더라도 사이시옷을 받쳐 적지 않되 다음 6개의 한자어만 사이시옷을 붙인다.

곳간(庫間), 셋방(貰房), 숫자(數字), 찻간(車間), 툇간(退間), 횟수(回數)

개념UP

복합어

- **합성어** : 파생 접사 없이 어근과 어근이 합쳐져서 만들어진 단어
  예 밤낮(통사적 합성어), 늦잠(비통사적 합성어)
- **파생어** : 어근의 앞이나 뒤에 파생 접사가 붙어서 만들어진 단어
  예 군말, 구경꾼, 풋내기

㉡ 사이시옷 뒤에 'ㄱ, ㄷ, ㅂ, ㅅ, ㅈ'이 올 때 된소리로 발음된다.
예 고갯짓[고개찓/고갣찓], 뱃속[배쏙/밷쏙]

㉢ 한자어에서 'ㄹ' 받침 뒤에 연결되는 'ㄷ, ㅅ, ㅈ'은 된소리로 발음된다. 예 발사[발싸], 물질[물찔]

㉣ 용언에서 어간 받침 'ㄴ(ㄵ), ㅁ(ㄻ), ㄼ, ㄾ'의 뒤에 결합되는 어미의 첫소리 'ㄱ, ㄷ, ㅅ, ㅈ'은 된소리로 발음된다. 예 넓고[널꼬], 떫지[떨찌]

⑧ **음의 첨가(표준 발음법 제29~30항)** : 형태소가 합성되거나 파생될 때 앞뒤 형태소 사이에 음운이 덧붙는 현상을 뜻한다.

㉠ 앞 단어나 접두사의 끝이 자음이고 뒤 단어나 접미사의 첫음절이 '이, 야, 여, 요, 유'인 경우에는 'ㄴ' 소리를 첨가하여 [니, 냐, 녀, 뇨, 뉴]로 발음한다. 예 내복약[내복냑], 담요[담뇨]

㉡ 사이시옷이 붙은 합성어에서 사이시옷 뒤에 'ㄴ, ㅁ'이 결합되는 경우에는 [ㄴ] 소리가 덧난다. 예 콧날[콘날], 깻잎[깬닙]

㉢ 사이시옷이 붙은 합성어에서 사이시옷 뒤에 뒤에 '이' 또는 '야, 여, 요, 유' 등이 결합되는 경우에는 [ㄴㄴ] 소리가 덧난다.
예 베갯잇[베갠닏], 아랫니[아랜니]

❺ 외래어 표기법과 로마자 표기법

(1) 외래어 표기법

① 외래어 표기법의 기본 원칙

㉠ **제1항** : 외래어는 국어의 현용 24자모만으로 적는다.

㉡ **제2항** : 외래어의 1음운은 원칙적으로 1기호로 적는다.
예 fighting : 화이팅(×) 파이팅(○), family : 훼밀리(×) 패밀리(○)

㉢ **제3항** : 받침에는 'ㄱ, ㄴ, ㄹ, ㅁ, ㅂ, ㅅ, ㅇ'만을 쓴다.
예 chocolate : 초콜릳(×) 초콜릿(○), biscuit : 비스킫(×) 비스킷(○)

㉣ **제4항** : 파열음 표기에는 된소리를 쓰지 않는 것을 원칙으로 한다.
예 Paris : 빠리(×) 파리(○), bus : 뻐스(×) 버스(○)

ⓜ 제5항 : 이미 굳어진 외래어는 관용을 존중하되, 그 범위와 용례는 따로 정한다.

예 camera : 캐머러(×) 카메라(○), radio : 레이디오(×) 라디오(○)

② 주의해야 할 외래어 표기법

단어	바른 표기	틀린 표기	단어	바른 표기	틀린 표기
accessory	액세서리	악세사리	fresh	프레시	후레쉬
ad lib	애드리브	애드립	frypan	프라이팬	후라이팬
air conditioner	에어컨	에어콘	gas	가스	까스
barbecue	바비큐	바베큐	giant	자이언트	자이안트
battery	배터리	빠떼리	juice	주스	쥬스
biscuit	비스킷	비스켓	junior	주니어	쥬니어
blind	블라인드	브라인드	Las Vegas	라스베이거스	라스베가스
blouse	블라우스	브라우스	mania	마니아	매니아
body	보디	바디	massage	마사지	맛사지
buffet(프)	뷔페	부페	motor	모터	모타
business	비즈니스	비지니스	network	네트워크	네트웍
cake	케이크	케익	nonsense	난센스	넌센스
cardigan	카디건	가디건	pamphlet	팸플릿	팜플렛
catalog	카탈로그	카다로그	panda	판다	팬더
center	센터	센타	placard	플래카드	프래카드
centimeter	센티미터	센치미터	plastic	플라스틱	프라스틱
collection	컬렉션	콜렉션	sausage	소시지	소세지
color	컬러	칼라	service	서비스	써비스
curtain	커튼	커텐	sofa	소파	쇼파
data	데이터	데이타	sunglass	선글라스	썬그라스
digital	디지털	디지탈	talent	탤런트	탈렌트
family	패밀리	훼미리	total	토털	토탈
fighting	파이팅	화이팅	Valentine Day	밸런타인 데이	발렌타인 데이
flute	플루트	플룻	workshop	워크숍	워크샵

개념UP

외래어와 외국어

- **외래어** : 외국에서 들어온 말로 국어처럼 쓰이는 말(중국의 한자에서 온 말은 제외)
- **외국어** : '모국어'와 대립되는 개념으로 다른 나라의 말

문제UP

외래어 표기가 잘못된 것은?

① 피자　② 리더쉽
③ 서비스　④ 액세서리

해 리더쉽 → 리더십

정답 ②

문제UP

로마자 표기법에 따라 표기한 것으로 잘못된 것은?

① 울산 Ulsan
② 묵호 Mukko
③ 백암 Baegam
④ 해운대 Hae-undae

해 묵호 Mukko → Mukho

정답 ②

개념UP

행정구역의 로마자 표기

예 충청북도 Chungcheongbuk-do
의정부시 Uijeongbu-si
양주군 Yangju-gun
도봉구 Dobong-gu
신창읍 Sinchang-eup
삼죽면 Samjuk-myeon
인왕리 Inwang-ri
당산동 Dangsan-dong
종로 2가 Jongno 2(i)-ga

(2) 로마자 표기법

① 로마자 표기법의 기본 원칙

㉠ 제1장 제1항 : 국어의 로마자 표기는 국어의 표준 발음법에 따라 적는다. 예 종로[종노] : Jongro(×) Jongno(○)

㉡ 제1장 제2항 : 로마자 이외의 부호는 되도록 사용하지 않는다.

자음	로마자	모음	로마자
ㄱ	g, k	ㅏ	a
ㄲ	kk	ㅓ	eo
ㅋ	k	ㅗ	o
ㄷ	d, t	ㅜ	u
ㄸ	tt	ㅡ	eu
ㅌ	t	ㅣ	i
ㅂ	b, p	ㅐ	ae
ㅃ	pp	ㅔ	e
ㅍ	p	ㅚ	oe
ㅈ	j	ㅟ	wi
ㅉ	jj	ㅑ	ya
ㅊ	ch	ㅕ	yeo
ㅅ	s	ㅛ	yo
ㅆ	ss	ㅠ	yu
ㅎ	h	ㅒ	yae
ㄴ	n	ㅖ	ye
ㅁ	m	ㅘ	wa
ㅇ	ng	ㅙ	wae
ㄹ	r, l	ㅝ	wo
		ㅞ	we
		ㅢ	ui

② 국어 로마자 표기상의 유의점

㉠ 음운 변화가 일어날 때에는 변화의 결과에 따라 적는다.

예 백마[뱅마] Baengma, 해돋이[해도지] haedoji, 좋고[조코] joko

㉡ 고유 명사는 첫 글자를 대문자로 적는다.

예 부산 Busan, 세종 Sejong

㉢ 인명은 성과 이름의 순서로 띄어 쓰고, 이름은 붙여 쓰는 것을 원칙으로 하되 음절 사이에 붙임표(-)를 쓰는 것을 허용한다.

예 송나리 Song Nari 또는 Song Na-ri

㉣ 인명, 회사명, 단체명 등은 그동안 써 온 표기를 쓸 수 있다.

⑥ 문학의 이해

(1) 시의 이해

① 시의 정의 : 인간의 사상과 감정을 운율이 있는 언어로 압축하여 형상화한 문학이다.

② 시의 특성

㉠ 함축성 : 절제된 언어와 압축된 형태로 사상과 감정을 표현한다.

㉡ 운율성 : 운율로써 음악적 효과를 나타낸다.

㉢ 정서성 : 독자에게 특정한 정서를 환기시킨다.

㉣ 사상성 : 의미 있는 내용으로서 시인의 인생관, 세계관이 깔려 있다.

㉤ 고백성 : 시는 내면화된 세계의 주관적 · 고백적 표현이다.

③ 시의 갈래

㉠ 형식상 : 자유시, 서정시, 산문시 등

㉡ 내용상 : 서정시, 서사시, 극시 등

㉢ 목적상 : 순수시, 참여시(사회시) 등

④ 시의 표현

㉠ 이미지(심상) : 시를 읽을 때 마음속에 떠오르는 느낌이나 상(象), 체험을 바탕으로 감각 기관을 통해 형상화된 사물의 감각적 영상이다.

시각적 / 청각적 / 후각적 / 미각적 / 촉각적 / 공감각적 이미지

㉡ 비유 : 말하고자 하는 사물이나 의미를 다른 사물에 빗대어 표현하는 방법으로 두 사물의 유사점에 근거하여 원관념과 보조관념의 결합으로 이루어진다.

㉢ 상징 : 어떤 사물이 그 자체의 뜻을 유지하면서 더 포괄적이고 내포적인 다른 의미까지 나타내는 표현 방법이다.

개념UP

시의 3요소

- 운율(음악적 요소)
- 심상(회화적 요소)
- 주제(의미적 요소)

개념UP

공감각적 이미지

두 가지 감각이 동시에 지각되는 표현, 또는 한 감각이 다른 감각으로 전이되어 나타나는 표현

예 분수처럼 흩어지는 푸른 종소리
(청각의 시각화)
매운 계절의 채찍에 갈겨
(촉각의 미각화)

⑤ **시적 화자** : 시 속에서 말하는 사람으로, 시인의 정서와 감정 등을 전달해주는 매개체이다.

⑥ **시의 어조** : 시적 자아에 의해 표출되는 목소리의 성향으로 제재 및 독자 등에 대한 시인의 태도를 말한다.

(2) 소설의 이해

① **소설의 정의** : 작가의 상상력에 의해 꾸며 낸 이야기로 산문 문학의 한 형태이다.

② **소설의 특징**

㉠ **허구성** : 작가의 상상력에 의해 새롭게 창조된 개연성 있는 이야기이다(fiction).

㉡ **산문성** : 줄글로 표현되는 대표적 산문 문학이다.

㉢ **진실성** : 인생의 진실을 추구한다.

㉣ **서사성** : 일정한 시간의 흐름에 따라 전개된다.

㉤ **예술성** : 형식미와 예술미를 지닌 창조적인 언어 예술이다.

③ **소설의 구성(plot)**

㉠ **이야기 수에 따라** : 단순 구성과 복합 구성

㉡ **구성 밀도에 따라** : 극적 구성과 삽화적 구성

㉢ **사건 진행 방식에 따라** : 평면적 구성과 입체적 구성

㉣ **이야기 틀에 따라** : 액자식 구성과 피카레스크식 구성

④ **소설의 인물**

㉠ **성격 변화에 따라** : 평면적 인물과 입체적 인물

㉡ **특성에 따라** : 전형적 인물과 개성적 인물

㉢ **역할에 따라** : 주동 인물과 반동 인물

⑤ **소설의 시점**

1인칭	주인공 시점	• 소설 속 주인공이 자기 자신의 이야기를 서술한다. • 독자에게 신뢰감과 친밀감을 주는 반면 객관성을 유지하기 어렵다.
	관찰자 시점	• 작품 속에 등장하는 '나'가 주인공의 이야기를 서술한다. • 객관적인 관찰자의 눈에 비친 인간의 내면세계를 그리는 데 효과적이다.

> **개념UP**
>
> **시조**
>
> ㉠ **정의** : 우리 민족 고유의 대표적 정형시
>
> ㉡ **발생** : 향가와 고려 속요의 영향을 받아 고려 중엽에 발생, 고려 말 국문학의 한 장르로 정립됨
>
> ㉢ **기본 형식**
> - 초장, 중장, 종장의 3장 6구 45자 내외임
> - 각 장은 2구, 4음보, 15자 내외로 구성됨
> - 3 · 4조 또는 4 · 4조의 기본 음수열
> - 종장 첫 음보는 3음절로 고정, 제2음보는 5음절 이상

> **개념UP**
>
> **소설의 3요소**
>
> 주제(theme), 구성(plot), 문체(style)

> **개념UP**
>
> **액자식 구성과 피카레스크식 구성**
>
> - **액자식 구성** : 하나의 이야기(외화) 안에 또 하나의 이야기(내화)가 포함되어 있는 구성
>
>   예 현진건의 「고향」, 박지원의 「허생전」
> - **피카레스크식 구성** : 각기 독립된 이야기들을 동일 주제로 구성하거나 동일 주인공을 다른 이야기에 등장시키는 구성
>
>   예 박태원의 「천변풍경」

3인칭	관찰자 시점	• 작가가 관찰자의 입장에서 객관적 태도로 이야기를 서술한다. • 서술자와 인물의 거리가 멀고, 작중 인물과 독자의 거리는 가깝다.
	전지적 작가 시점	• 작가가 인물의 행동, 대화, 내면 심리까지 서술한다. • 서술자의 지나친 관여로 독자의 상상적 참여가 제한될 수 있다.

⑥ **소설의 주제** : 작가가 작품을 통해 나타내고자 하는 중심 내용이다.

㉠ **직접적 제시** : 서술자나 작중 인물의 직접적 진술로 명확하게 제시한다.

㉡ **간접적 제시** : 작중 인물의 행동, 배경, 분위기, 갈등 구조와 그 해소, 플롯의 진행, 비유와 상징, 이미지 등을 통해 암시적으로 제시한다.

⑦ **소설의 배경** : 사건이 일어나는 시간 및 공간 또는 소설 창작 당시의 시대 · 사회적 환경을 말한다.

㉠ **시간적 배경** : 사건이 일어나는 구체적인 시간이나 시대로 사건의 구체성을 확보한다.

㉡ **공간적 배경** : 행동과 사건이 일어나는 공간적인 무대로 인물의 성격과 심리를 부각한다.

⑧ **소설의 문체와 어조**

㉠ **문체** : 주제를 효과적으로 나타내기 위한 작가의 개성적 언어 표현을 뜻한다.

㉡ **어조** : 언어 배열에 의해 전달되는 화자의 태도 · 느낌 또는 작품 전체를 지배하는 분위기를 뜻한다.

(3) 기타 산문 문학

① **수필**

㉠ **수필의 정의** : 인생이나 자연의 모든 사물에서 보고, 듣고, 느낀 것이나 경험한 것을 형식 · 내용상의 제한을 받지 않고 쓴 글이다.

㉡ **수필의 종류**

- 태도에 따라 : 경수필과 중수필
- 진술 방식에 따라 : 서정적 수필, 서사적 수필, 교훈적 수필, 희곡적 수필 등

개념UP

소설 인물의 유형

- **평면적(정적) 인물** : 성격이 변하지 않음 예 「삼대」의 조의관
- **입체적(극적) 인물** : 사건의 진전에 따라 성격이 변함 예 「동백꽃」의 '나'
- **전형적 인물** : 사회 집단이나 계층을 대표하는 인물 예 「치숙」의 아저씨
- **개성적 인물** : 특정 부류나 계층에 속하지 않는 인물 예 「별」의 아이
- **주동적 인물** : 주인공 예 「메밀꽃 필 무렵」의 허 생원
- **반동적 인물** : 주인공과 대립하는 인물 예 「오발탄」의 영호

개념UP

수필의 특징

- 내용 제한이 없고 형식이 자유로운 글
- 자기 표현의 글
- 개성이 강한 글
- 비교적 길이가 짧은 산문
- 비전문적인 글
- 멋과 운치가 곁들어진 글

> 개념UP
> **기행문의 구성 요소**
> 여정, 견문, 감상

> 개념UP
> **전기문의 구성 요소**
> 인물, 사건, 배경, 비평

> 개념UP
> **희곡의 종류**
> - **비극** : 인생의 슬픔과 비참함을 제재로 하고 주인공의 파멸, 패배, 죽음 등의 불행한 결말을 맞는 극
> - **희극** : 행복한 결말이 일반적이며, 현실의 한계를 과장, 희화화하거나 인간의 결점이나 사회 병리를 풍자하여 독자에게 웃음을 줌

② **기행문** : 여행을 하는 동안 체험한 견문이나 감상을 시간적 순서나 여정에 따라 적은 글을 말한다.

③ **전기문** : 실제 있거나 있었던 특정한 인물의 생애, 업적, 일화 등을 기록하여 독자에게 감동과 교훈을 주기 위한 글이다.

④ 희곡과 시나리오

구분	희곡	시나리오
목적	연극 상연 대본	영화(드라마) 상영 대본
구성 요소	해설, 대사, 지시문	해설, 대사, 지시문, 장면 표시
내용 단위	막과 장	장면(S#)
차이점	• 무대 상연 • 등장인물 수, 시 · 공간의 제약 많음	• 스크린 상영 • 등장인물 수, 시 · 공간의 제약 적음
공통점	• 갈등과 대립을 통해 인생을 표현함 • 대사와 행동으로 사건이 전개됨 • 현재형으로 진행됨	

❼ 교과서 속 작품 들여다보기_운문

(1) 고전운문

① 백제 무왕, 「서동요(薯童謠)」

善花公主主隱
他密只嫁良置古
薯童房乙
夜矣卯乙抱遣去如

| 현대어 풀이 |

善花公主님은	선화공주니믄
남 몰래 짝 맞추어 두고	놈그스지 얼어두고
薯童 방을	맛둥방올
알을 안고 간다.	바믹 몰 안고가다

– 양주동 해석

㉠ **갈래** : 향가(향찰)
㉡ **형식** : 4구체
㉢ **성격** : 민요적, 예언적, 참요적(잠재적 소망을 얹어 부른 노래)
㉣ **주제** : 선화 공주와 서동의 은밀한 사랑

> 개념UP
> **「서동요」의 의의**
> - 현전하는 최초의 향가 작품
> - 향찰로 표기된 기록 문학
> - 배경설화에 신화적인 요소가 있는 향가
> - 향가 중 민요체를 대표하는 작품

② 작자 미상, 「가시리」

가시리 가시리잇고 나ᄂᆞᆫ
ᄇᆞ리고 가시리잇고 나ᄂᆞᆫ
위 증즐가 大平盛代

날러는 엇디 살라 ᄒᆞ고
버리고 가시리잇고 나ᄂᆞᆫ
위 증즐가 大平盛代

잡ᄉᆞ와 두어리마ᄂᆞᄂᆞᆫ
선ᄒᆞ면 아니 올셰라
위 증즐가 大平盛代

셜온님 보내ᄋᆞᆸ노니 나ᄂᆞᆫ
가시ᄂᆞᆫ ᄃᆞᆺ 도셔 오쇼셔 나ᄂᆞᆫ
위 증즐가 大平盛代

| 현대어 풀이 |

가시려 가시렵니까
버리고 가시렵니까
위 증즐가 태평성대

날러는 어찌 살라하고
버리고 가시렵니까
위 증즐가 태평성대

님 잡아 둘 것이지만
서운하면 아니 올까봐
위 증즐가 태평성대

서러운 님 보내옵나니
가시는 듯 돌아 오소서
위 증즐가 태평성대

㉠ **갈래** : 고려 속요(고려 가요)
㉡ **형식** : 전 4연의 분연체, 한시의 기승전결 형식
㉢ **운율** : 3 · 3 · 2조의 3음보
㉣ **표현** : 반복법 사용, 간결하고 소박한 함축적인 시어로 이별의 감정을 절묘하게 표현함
㉤ **주제** : 이별의 정한
㉥ **출전** : 『악장가사』, 『악학편고』, 『시용향악보』

개념UP

'이별의 정한(情恨)'을 다룬 작품

- 「황조가」의 정한 : '꾀꼬리'라는 매개체로 부각되고 있음
- 「가시리」의 정한 : 자기 희생과 감정의 절제를 통한 기다림의 정서를 담고 있음
- 「서경별곡」의 정한 : 이별을 거부하며 임을 따라 함께하는 행복과 애정을 강조함
- 「진달래꽃」의 정한 : 감정의 절제 및 자기 희생적 자세를 역설적으로 보임

③ 작자 미상, 「청산별곡」 중요

살어리 살어리랏다
靑山애 살어리랏다
멀위랑 ᄃᆞ래랑 먹고
청산애 살어리랏다
얄리얄리 얄라셩 얄라리 얄라

우러라 우러라 새여
자고니러 우러와 새여
널라와 시름한 나도
자고니러 우러니와
얄리얄리 얄라셩 얄라리 얄라

가던새 가던새 본다
물아래 가던새 본다
잉무든 장글란 가지고
믈아래 가던새 본다
얄리얄리 얄라셩 얄라리 얄라

어듸라 더디던 돌코
누리라 마치던 돌코
믜리도 괴리도 업시
마자셔 우니노라
얄리얄리 얄라셩 얄라리 얄라

살어리 살어리랏다
바ᄅᆞ래 살어리랏다
ᄂᆞᄆᆞ자기 구조개랑 먹고
바ᄅᆞ래 살어리랏다
얄리얄리 얄라셩 얄라리 얄라

가다가 가다가 드로라
에졍지 가다가 드로라
사ᄉᆞ미 지마대에 올아셔
奚琴을 혀거를 드로라
얄리얄리 얄라셩 얄라리 얄라

개념UP

「청산별곡」의 화자

- 청산에 들어가 살겠다는 민중(유랑민)
- 실연의 아픔을 지닌 사람
- 청산에서 위안을 찾으면서도 삶을 집요하게 추구하는 지식인

문제UP

밑줄 친 ㉠과 의미가 통하는 것끼리 묶인 것은?

살어리 살어리랏다 ㉠ 청산(靑山)애 살어리랏다.
멀위랑 ᄃᆞ래랑 먹고 청산(靑山)애 살어리랏다.
얄리얄리 얄랑셩 얄라리 얄라
어듸다 더디던 돌코 누리라 마치던 돌코.
믜리도 괴리도 업시 마자셔 우니노라.
얄리얄리 얄라셩 얄라리 얄라

ㄱ. 자연	ㄴ. 속세
ㄷ. 현실	ㄹ. 이상향

① ㄱ, ㄴ　② ㄱ, ㄹ
③ ㄴ, ㄷ　④ ㄴ, ㄹ

해 ㉠ '청산'은 '바다'라는 시어와 함께 '이상세계, 현실도피처'의 의미를 지니고 있다. 따라서 자연의 공간이면서 비속세적인 '청산'은 ㄱ의 '자연', ㄹ의 '이상향'과 의미가 통한다고 볼 수 있다.

정답 ②

이링공 뎌링공 ᄒᆞ야
나즈란 디내와숀뎌
오리도 가리도 업슨
바므란 ᄯᅩ엇디 호리라
얄리얄리 얄라셩 얄라리 얄라

가다니 ᄇᆡ브른 도긔
설진 강수를 비조라
조롱곳 누로기 ᄆᆡ와
잡ᄉᆞ와니 내엇디 ᄒᆞ리잇고
얄리얄리 얄라셩 얄라리 얄라

| 현대어 풀이 |

살겠노라 살겠노라 청산에 살겠노라.
머루와 다래를 먹고 청산에 살겠노라.

어디다 던지는 돌인가 누구를 맞히려는 돌인가
미워할 이도 사랑할 이도 없이 맞아서 울고 있노라.

우는구나 우는구나 새여, 자고 일어나 우는구나 새여.
너보다 시름 많은 나도 자고 일어나 울고 있노라.

살겠노라 살겠노라 바다에 살겠노라
나문재, 굴, 조개를 먹고 바다에 살겠노라.

가는 새 가는 새 본다. 물 아래로 날아가는 새 본다.
이끼 묻은 쟁기(농기구)를 가지고 물 아래로 날아가는 새 본다.

가다가 가다가 듣노라 외딴 부엌을 지나가다가 듣노라
사슴이 장대에 올라가서 해금(奚琴)을 켜는 것을 듣노라.

이럭저럭 하여 낮은 재내 왔건만
올 사람도 갈 사람도 없는 밤은 또 어찌할 것인가.

가더니 불룩한 술독에 진한 술을 빚는구나.
조롱박꽃 모양의 누룩(냄새)이 매워 (나를) 붙잡으니 나는 어찌하리오.

㉠ **갈래** : 고려 속요(고려 가요)
㉡ **형식** : 전 8장의 분절체, 각 장은 4구로 이루어짐
㉢ **운율** : 3 · 3 · 2조의 음수율, 3음보
㉣ **성격** : 애상적, 현실 도피적
㉤ **표현**
- 어구의 반복을 통해 의미를 강조함
- 'ㄹ, ㅇ'음의 연속 사용으로 리듬감이 뛰어남
- 의인화, 비교법, 감정 이입의 수법을 통해 주제를 형상화함

㉥ **구성**

장	주제(소재)	장	주제(소재)
1	청산에 대한 동경(청산)	5	생에 대한 체념(돌)
2	삶의 비애와 고독(새)	6	새로운 세계에 대한 동경(바다)
3	속세에 대한 미련(새)	7	생의 절박감과 고독(사슴)
4	고독과 괴로움(밤)	8	고뇌의 해소(강술)

㉦ **주제** : 현실적 삶의 비애와 고독
㉧ **출전** : 『악장가사』, 『시용향악보』(제1장만 수록됨)

④ 황진이, 「동짓달 기나긴 밤을」

冬至(동지)ㅅ 돌 기나긴 밤을 한 허리를 버혀 내여,
春風(춘풍) 니블 아릐 서리서리 너헛다가,
어론님 오신 날 밤이여든 구뷔구뷔 펴리라.

| 현대어 풀이 |

동짓달 기나긴 밤의 한가운데를 베어 내어
봄바람처럼 따뜻한 이불 속에다 서리서리 넣어 두었다가
정든 임이 오시는 날 밤이면 굽이굽이 펴리라.

㉠ **갈래** : 평시조, 단시조
㉡ **성격** : 감상적, 낭만적, 서정적
㉢ **표현** : 은유법, 의태법
㉣ **주제** : 임을 향한 그리움과 사랑
㉤ **출전** : 『청구영언』

⑤ 윤선도, 「만흥」

산슈간 바회아래 뛰집을 짓노라 ᄒᆞ니
그 몰론 ᄂᆞᆷ들은 웃ᄂᆞᆫ다 ᄒᆞᆫ다마ᄂᆞᆫ
어리고 햐암의 뜻ᄃᆡᄂᆞᆫ 내 분인가 ᄒᆞ노라
…

| 현대어 풀이 |

산과 시내 사이 바위 아래에 움막을 지으려 하니,
나의 뜻을 모르는 사람은 비웃는다고 한다마는
어리석고 시골뜨기인 내 마음에는 이것이 분수에 맞는 것이라 생각하노라.
…

㉠ **갈래** : 평시조, 연시조(전6수)
㉡ **성격** : 자연 친화적, 한정가(閑情歌)
㉢ **특징**
- 한자어를 적게 사용하여 우리말의 아름다움을 살림
- '자연'과 '속세'를 상징하는 시어들을 통해 대조적 이미지를 형성함

㉣ **구조**

구분	내용	구분	내용
제1수	안분지족(安分知足)의 삶	제4수	자연 속에서 느끼는 흥취(江湖閑情)
제2수	안빈낙도(安貧樂道)의 삶	제5수	자연에 귀의하는 삶
제3수	자연과의 혼연일체(渾然一體)	제6수	임금의 은혜에 대한 감사

㉤ **주제** : 자연 속에서 자연과 친화하며 사는 삶의 즐거움

문제UP

「동짓달 기나긴 밤을」에 대한 설명으로 옳지 않은 것은?

① 의태어를 사용하여 상황을 생동감 있게 묘사하였다.
② 은유법을 사용하여 추상적 개념을 구체적으로 표현하여 나타낸다.
③ 임에 대한 사랑과 그리움을 주제로 한다.
④ 여성 화자의 진솔한 감정 표현을 통해 해학성을 부각시킨다.

해 여성 화자를 앞세워 섬세하고 진솔한 감정을 드러내지만, 해학성을 부각시키는 것은 아니다.

정답 ④

문제UP

「만흥」에 대한 설명으로 옳지 않은 것은?

① '전6수'의 연시조이다.
② 「산중신곡」 중의 일부이다.
③ 『청구영언』에 수록되었다.
④ 제재는 '자연 속에서의 생활'이다.

해 「만흥(漫興)」은 『고산유고(孤山遺稿)』에 실려 있다.

정답 ③

1. 국어 2. 수학 3. 영어 4. 사회 5. 과학 6. 한국사 7. 도덕

개념UP

「어부사시사」의 여음과 후렴구

㉠ 출항
- 1수 : ᄇᆡ 떠라 ᄇᆡ 떠라
  → 배 띄워라
- 2수 : 닫 드더라 닫 드더라
  → 닻 올려라
- 3수 : 돋 ᄃᆞ라라 돋 ᄃᆞ라라
  → 돛 달아라
- 4수 : 이어라 이어라 → 저어라
- 5수 : 이어라 이어라 → 저어라

㉡ 귀향
- 6수 : 돋 디여라 돋 디여라
  → 돛 내려라
- 7수 : ᄇᆡ 셰여라 ᄇᆡ 셰여라
  → 배 세워라
- 8수 : ᄇᆡ ᄆᆡ여라 ᄇᆡ ᄆᆡ여라
  → 배 매어라
- 9수 : 닫 디여라 닫 디여라
  → 닻 내려라
- 10수 : ᄇᆡ 브텨라 ᄇᆡ 브텨라
  → 배 대어라

문제UP

「어부사시사」의 후렴구의 기능으로 가장 적절한 것은?

① 반복을 통해 시적 긴장감을 높이고 있다.
② 시적 화자의 정서를 집약적으로 드러낸다.
③ 공간적 배경과 내용이 조화롭게 어우러져 흥취를 돋우고 있다.
④ 시적 화자의 행동을 순차적으로 제시하면서 시상을 매듭짓고 있다.

해 후렴구는 공간적 배경과 조화를 이루며 시적 화자의 흥취를 돋우고 있다. 또한 각 연은 대등적으로 나열되어 있으며 '강호 한정'이라는 동일한 주제를 형상화하고 있다.

정답 ③

⑥ 윤선도, 「어부사시사」 중요

춘사(春詞)1

압개예 안ᄀᆡ 것고 뒫뫼희 ᄒᆡ 비췬다
ᄇᆡ 떠라 ᄇᆡ 떠라
밤믈은 거의 디고 낟믈이 미러 온다
至지匊국悤총 至지匊국悤총 於어思사臥와
江강村촌 온갓 고지 먼 빗치 더옥 됴타

하사(夏詞)2

蓮년닙희 밥 싸 두고 飯반饌찬으란 쟝만 마라
닫 드러라 닫 드러라
靑청蒻약笠립은 써 잇노라 綠녹蓑사衣의 가져 오냐
至지匊국悤총 至지匊국悤총 於어思사臥와
無무心심ᄒᆞᆫ 白ᄇᆡᆨ鷗구ᄂᆞᆫ 내 좃ᄂᆞᆫ가 제 좃ᄂᆞᆫ가

| 현대어 풀이 |

춘사(春詞)1

앞 포구에 안개 걷히고 뒷산에 해 비친다. / 배 띄워라 배 띄워라. / 썰물은 거의 빠지고 밀물이 밀려온다. / 찌그덩 찌그덩 어여차 / 강촌의 온갖 꽃이 먼 빛으로 바라보니 더욱 좋다.

하사(夏詞)2

연잎에 밥을 싸서 준비하고 반찬은 준비하지 마라. / 닻 들어라 닻 들어라. / 푸른 갈대로 만든 삿갓은 이미 쓰고 있노라. 도롱이는 가지고 왔느냐? / 찌그덩 찌그덩 어여차 / 무심한 갈매기는 내가 저를 좇는 것인가, 제가 나를 좇는 것인가.

㉠ 갈래 : 연시조, 평시조, 정형시
㉡ 운율 : 3 · 4(4 · 4)조의 4음보
㉢ 성격 : 탈속적, 전원적, 강호한정(江湖閑情)
㉣ 특징
- 반복법, 대구법, 은유법 등 다양한 표현법을 사용함
- 환경의 변화와 시간의 흐름(계절의 변화)에 따른 전개를 보임
- 여음을 배치하여 작품의 흥을 돋우고 내용에 사실감을 더함

㉤ 구성(추보식 구성)

구분(40수)	내용
춘(春)	배에서 바라본 어촌의 풍경 – 유유자적(悠悠自適)
하(夏)	배 위에서의 흥취 – 물아일체(物我一體)
추(秋)	추강에 배 띄우는 흥취 – 안빈낙도(安貧樂道)
동(冬)	눈 덮인 강촌의 아름다움 – 만경유리(萬頃琉璃)

㉥ 주제 : 자연 속에서 한가롭게 살아가는 여유와 즐거움
㉦ 출전 : 『고산유고(孤山遺稿)』

⑦ 정철, 「관동별곡(關東別曲)」 중요

江湖(강호)에 病(병)이 깁퍼 竹林(듁님)의 누엇더니
關東(관동) 八百里(팔빅니)에 方面(방면)을 맛디시니
어와 聖恩(셩은)이야 가디록 罔極(망극)ᄒᆞ다
延秋門(연츄문) 드리ᄃᆞ라 慶會(경회) 南門(남문) ᄇᆞ라보며
하직하고 믈러나니 玉節(옥졀)이 알픠 셧다
平丘驛(평구역) ᄆᆞᆯ을 ᄀᆞ라 黑水(흑슈)로 도라드니
蟾江(셤강)은 어드메오, 雉岳(티악)이 여긔로다

| 현대어 풀이 |

자연을 사랑하는 마음이 깊어서 고질병이 되어, 은신처인 전라남도 담양군 창평에서 지내고 있었는데, 임금님께서 8백리나 되는 강원도 관찰사의 직분을 맡겨 주시니, 아아, 임금님의 은혜야말로 갈수록 끝이 없도다. 경복궁의 서쪽문인 연추문으로 달려 들어가 경회루와 남쪽문을 바라보며 임금님께 하직 인사를 드리고 물러나니, 옥으로 된 관직의 신표가 앞에 서 있다. 경기도 양주에 있는 평구역에서 말을 갈아타고 여주에 있는 흑수로 돌아 들어가니, 섬강은 어디인가? 치악산이 여기로구나.

㉠ **연대** : 조선 선조 13년(1580)
㉡ **갈래** : 양반 가사, 기행 가사, 정격 가사
㉢ **운율** : 3 · 4(4 · 4)조, 4음보의 연속체
㉣ **특징** : 대구법, 생략법, 적절한 감탄사 사용
㉤ **구성** : 서사, 본사, 결사의 3단 구성
㉥ **주제** : 관동 지방의 절경과 풍류
㉦ **출전** : 『송강가사 이선본』

개념UP

작가의 여정

전라도 창평 → 연추문 → 평구역 → 흑수 · 섬강 · 치악산 → 소양강 → 동주 · 북관정 → 회양 → 만폭동 → 금강대

개념UP

가사

㉠ **발생** : 경기체가의 쇠퇴와 확산되던 산문 정신의 영향으로 조선조에 발생
㉡ **특징**
- 운문에서 산문으로 넘어가는 과도기적 형태의 장르
- 조선 전기 : 유교적 이념에 근거한 서정적 가사가 주류를 이룸
- 조선 후기 : 실학 사상에 근거한 서사적 가사가 주류를 이룸

㉢ **형식** : 3 · 4조 또는 4 · 4조의 4음보 연속체 운문

(2) 현대시

① 김소월, 「진달래꽃」 중요

나 보기가 역겨워
가실 때에는
말없이 고이 보내 드리오리다.

영변(寧邊)에 약산(藥山)
진달래꽃,
아름 따다 가실 길에 뿌리오리다.

가시는 걸음 걸음
놓인 그 꽃을
사뿐히 즈려 밟고 가시옵소서.

나 보기가 역겨워
가실 때에는
죽어도 아니 눈물 흘리오리다.

문제UP

「진달래꽃」의 형식적 특징으로 적절하지 않은 것은?

① 각운의 사용
② 수미상관의 구조
③ 선경 후정의 구성
④ 민요조 3음보 사용

해 선경후정(先景後情)은 작품의 전반부에 대상의 외적 요소를 묘사하고 후반부에 대상을 통한 시적 화자의 정서를 표출하는 방식인데, 「진달래꽃」에서는 이러한 표현이 나타나지 않는다.

정답 ③

㉠ 갈래 : 서정시, 민요시
㉡ 운율 : 7 · 5조의 음수율, 3음보 민요조
㉢ 특징
- 반어(irony)법을 사용함 예 죽어도 아니 눈물 흘리오리다.
- 수미상관 전개
- 점강법 : 영변 → 약산 → 진달래꽃

㉣ 구성
- 1연(기) : 체념
- 2연(승) : 축복
- 3연(전) : 희생적 사랑
- 4연(결) : 극복

㉤ 주제 : 이별의 슬픔과 기다림

② 이육사, 「광야」

까마득한 날에
하늘이 처음 열리고
어디 닭 우는 소리 들렸으랴

모든 산맥들이
바다를 연모해 휘달릴 때도
차마 이곳을 범하던 못하였으리라

끊임없는 광음을
부지런한 계절이 피어선 지고
큰 강물이 비로소 길을 열었다
지금 눈 내리고
매화 향기 홀로 아득하니
내 여기 가난한 노래의 씨를 뿌려라

다시 천고(千古)의 뒤에
백마(白馬) 타고 오는 초인(超人)이 있어
이 광야에서 목놓아 부르게 하리라

㉠ 갈래 : 자유시, 서정시
㉡ 성격 : 상징적, 의지적, 남성적
㉢ 특징
- 설의법, 의인법, 상징법 등 다양한 수사법을 사용함
- 기승전결 형식과 선경후정 방식 표현

㉣ 구성(추보식 구성)
- 1연 : 광야의 원시성
- 2연(기) : 광야의 광활함
- 3연(승) : 역사의 태동
- 4연(전) : 암담한 현실과 극복의 의지
- 5연(결) : 미래에 대한 전망

㉤ 주제 : 미래에 대한 신념과 의지

문제UP

「광야」의 시상 전개상 (　) 안에 들어갈 시어로 적절한 것은?

매화 향기 → 노래의 씨 → (　)

① 강물　② 천고
③ 백마　④ 초인

해 「광야」에서 '매화 향기'는 '어려운 시대에 지조를 잃지 않는 애국지사, 조국 광복의 징조, 독립의 의지'를 나타내는 시어이다. 이를 위해 화자는 지금의 자신은 미약한 존재이지만 자기희생적인 의지, 즉'노래의 씨'를 뿌려서 구세주라는 의미를 내포하고 있는 매개물인 '초인'을 기다리겠다고 말한다. 따라서 '매화 향기 아득한 때 – 노래의 씨를 뿌려 – 광복을 달성할 초인을 기다리겠다'로 완성할 수 있다.

정답 ④

③ 윤동주, 「서시」

죽는 날까지 하늘을 우러러
한점 부끄럼이 없기를
잎새에 이는 바람에도
나는 괴로와했다
별을 노래하는 마음으로
모든 죽어가는 것들을 사랑해야지
그리고 나한테 주어진 길을
걸어가야겠다.

오늘 밤에도 별이 바람에 스치운다.

㉠ **갈래** : 자유시, 서정시
㉡ **율격** : 내재율
㉢ **성격** : 고백적, 반성적, 성찰적, 의지적
㉣ **구성** : 과거 – 미래 – 현재
- 1~4행(과거) : 부끄러움 없는 삶에 대한 소망
- 5~8행(미래) : 미래의 삶에 대한 결의와 의지
- 9행(현재) : 현실 인식과 시적 화자의 의지

㉤ **특징**
- 대조적 심상의 부각
- 서술과 묘사에 의한 표현
- 자연적 소재에 상징적 의미를 부여함

㉥ **주제** : 부끄러움이 없는 순결한 삶에의 소망
㉦ **출전** : 『하늘과 바람과 별과 시』

④ 정호승, 「슬픔이 기쁨에게」

나는 이제 너에게도 슬픔을 주겠다.
사랑보다 소중한 슬픔을 주겠다.
겨울밤 거리에서 귤 몇 개 놓고
살아온 추위와 떨고 있는 할머니에게
귤값을 깎으면서 기뻐하던 너를 위하여
나는 슬픔의 평등한 얼굴을 보여 주겠다.
…

㉠ **갈래** : 자유시, 서정시
㉡ **운율** : 내재율
㉢ **성격** : 의지적, 설득적, 교훈적
㉣ **주제** : 소외된 이웃에 대한 사랑과 관심 촉구

문제UP

ⓐ와 ⓑ에 대한 설명으로 가장 적절한 것은?

죽는 날까지 하늘을 우러러
한 점 부끄럼이 없기를,
잎새에 이는 ⓐ 바람에도
나는 괴로워했다.
별을 노래하는 마음으로
모든 죽어 가는 것을 사랑해야지.
그리고 나한테 주어진 길을
걸어가야겠다.
오늘 밤에도 별이 ⓑ 바람에 스치운다.

① ⓑ는 화자가 처한 외적 상황을 암시한다.
② ⓐ는 화자가 긍정적으로 인식하는 대상이다.
③ ⓐ는 화자에게 가해지는 폭력적 상황을 상징한다.
④ ⓐ와 ⓑ 모두 화자의 비관적 세계 인식을 부각한다.

해 ⓐ는 시적 화자의 양심을 어지럽히는 사소한 오점, 또는 내적인 유혹을 의미하고, ⓑ는 시적 화자에게 시련과 고난을 안겨 주는 외적 상황을 의미한다.

정답 ①

문제UP

다음 시에 대한 설명으로 적절하지 않은 것은?

우리가 물이 되어 만난다면
가문 어느 집에선들 좋아하지 않으랴.
우리가 키 큰 나무와 함께 서서
우르르 우르르 비오는 소리로 흐른다면.

흐르고 흘러서 저물녘엔
저 혼자 깊어지는 강물에 누워
죽은 나무뿌리를 적시기도 한다면.
아아, 아직 처녀인
부끄러운 바다에 닿는다면.

그러나 지금 우리는
불로 만나려 한다.
벌써 숯이 된 뼈 하나가
세상에 불타는 것들을 쓰다듬고 있나니.

만 리 밖에서 기다리는 그대여
저 불 지난 뒤에
흐르는 물로 만나자.
푸시시 푸시시 불 꺼지는 소리로 말하면서
올 때는 인적 그친
넓고 깨끗한 하늘로 오라.

① 대립적 속성을 지닌 시어를 통해 주제를 형상화한다.
② 가정법을 반복적으로 사용하여 화자의 소망에 대한 절실함을 드러낸다.
③ 의성어를 통해 상반된 이미지를 구체화하고 있다.
④ 현재 인간의 삶을 긍정적으로 인식하고 있다.

해 화자는 현재 인간의 삶을 부정적으로 인식하고 있다.

정답 ④

⑤ 강은교, 「우리가 물이 되어」

우리가 물이 되어 만난다면
가문 어느 집에선들 좋아하지 않으랴.
우리가 키 큰 나무와 함께 서서
우르르 우르르 비오는 소리로 흐른다면.

흐르고 흘러서 저물녘엔
저 혼자 깊어지는 강물에 누워
죽은 나무 뿌리를 적시기도 한다면,
아아, 아직 처녀(處女)인
부끄러운 바다에 닿는다면.
…

㉠ **갈래** : 자유시, 서정시
㉡ **운율** : 내재율
㉢ **성격** : 상징적, 의지적, 주지적
㉣ **구성** : 미래와 현재, '물'과 '불'의 이미지를 축으로 한 대비적 구성
- 1~2연 : 물이 되어 만나고 싶은 소망
- 3연 : 불이 되어 만나야 하는 현재의 상황
- 4연 : 불의 시기를 거친 뒤에 물로 만나자는 다짐
- 5연 : 완전하고 충만한 만남에 대한 소망

㉤ **주제** : 순수하고 생명이 가득한 세상이 되기를 바라는 소망

❽ 교과서 속 작품 들여다보기_산문

(1) 고전산문

① 김만중, 「구운몽」

설법함을 장차 마치매 네 귀 진언(眞言)을 송(誦)하여 가로되,

일체유위법(一切有爲法) 여몽환포영(如夢幻泡影)
여로역여전(如露亦如電) 응작여시관(應作如是觀)

이라 이르니, 성진과 여덟이고(尼姑)가 일시에 깨달아 불생 불멸(不生不滅)할 정과(正果)를 얻으니, 대사 성진의 계행(戒行)이 높고 순숙(純熟)함을 보고, 이에 대중을 모으고 가로되,
"내 본디 전도(傳道)함을 위하여 중국에 들어왔더니, 이제 정법을 전할 곳이 있으니 나는 돌아가노라."
하고 염주와 바리와 정병(淨甁)과 석장과 금강경 일 권을 성진을 주고 서천(西天)으로 가니라.

이후에 성진이 연화 도량 대중을 거느려 크게 교화(敎化)를 베푸니, 신선과 용신과 사람과 귀신이 한 가지로 존숭(尊崇)함을 육관대사와 같이하고 여덟 이고가 인하여 성진을 스승으로 섬겨 깊이 보살 대도를 얻어 아홉 사람이 한 가지로 극락(極樂) 세계로 가니라.

㉠ **갈래** : 국문 소설, 한문 소설, 염정 소설, 전기 소설, 양반 소설, 몽자류 소설
㉡ **연대** : 조선 숙종 15년(1689)
㉢ **배경**
- 현실 : 남악 형산의 연화봉, 동정호
- 꿈 : 당나라 수도 경사, 변방

㉣ **인물**
- 양소유 : 성진의 후신, 양처사와 유씨 부인의 아들
- 정경패 : 정사도의 딸, 양소유의 제1부인
- 이소화 : 황제의 여동생, 난양 공주, 양소유의 제2부인
- 진채봉 : 진어사의 딸, 양소유의 1첩
- 가춘운 : 정경패의 몸종, 양소유의 2첩
- 계섬월 : 낙양의 명기, 양소유의 3첩
- 적경홍 : 낙양의 명기, 양소유의 4첩
- 심요연 : 토번의 자객, 양소유의 5첩
- 백능파 : 동정 용왕의 막내딸, 양소유의 6첩

㉤ **시점** : 전지적 작가 시점
㉥ **특징**
- '현실-꿈-현실'의 이중적 환몽 구조

구분	인물	사건	사상	공간의 의미
현실	성진, 8선녀	세속의 부귀공명으로 번뇌함	불교	형이상학적, 초월적, 영원, 불변, 천상계
꿈	양소유, 2처6첩	부귀영화의 무상함을 느낌	유교	형이하학적, 세속적, 찰나, 가변, 인간계
현실	성진, 8선녀	깨달음을 얻음	불교	형이상학적, 초월적, 영원, 불변, 천상계

- 꿈이 현실 같고, 현실이 꿈같은 역설적 구조
- 꿈 부분의 양소유의 삶은 영웅 소설의 구조를 지님
- 우연적, 전기적, 비현실적 내용이 많이 나타남
- 유교, 불교, 도교 사상이 나타나며, 그 중 불교의 공(空) 사상이 핵심 사상임

㉦ **주제** : 인생무상의 자각을 통한 허무의 극복

개념UP

「구운몽」의 의의
- 조신설화의 영향을 받음
- 몽자류 소설의 효시(嚆矢)임
- 김만중의 국문 의식이 반영됨
- 조선 중기 양반 사회의 이상을 반영한 양반 소설의 대표작으로 평가 받음

문제UP

㉠~㉣ 중 '호승'과 같은 인물은?

호승이 소왈, "평생 고인을 몰라보시니 귀인이 잊음 헐탄 말이 옳도소이다." ㉠ 승상이 다시 보니 과연 낯이 익은 듯하거늘, 홀연 깨쳐 능파 낭자를 돌아보며 왈, "㉡ 소유, 전일 토번을 정벌할 제 동정 용궁에 가 잔치하고 돌아올 길에 남악에 가 노니, 한 화상이 법좌에 앉아서 경을 강론하더니 ㉢ 노부가 노화상이냐?" 호승이 박장대소하고 가로되, "옳다. 비록 옳으나 몽중에 잠간 만나 본 일은 생각하고 십년을 동처하던 일을 알지 못하니 뉘 ㉣ 양 장원을 총명타 하더뇨?"

① ㉠ 승상 ② ㉡ 소유
③ ㉢ 노부 ④ ㉣ 양 장원

해 '호승'은 육관대사를 가리키고, 꿈속에서 본 '노부(늙은 남자)' 역시 육관대사이다.
㉠, ㉡, ㉣ 모두 양소유(성진)를 지칭한다.

정답 ③

② 「춘향전(春香傳)」 중요

본관이 하는 말이,
'운봉소견대로 하오마는.'
하니, 마는 소래 홋입맛이 사납것다. 어사 속으로,
'오냐 도적질은 내가 하마, 오래는 네가 져라.'
운봉이 분부하야,
'제 양반 듭시래라.'
어사도 들어가 단좌하야 좌우를 살펴보니 당상에 모든 수령 다담을 앞우 노코 진양조가 양양할제, 어사도 상을 보니 어찌 아니 통분하랴. 떨어진 개상판에 닥채저붐 콩나물 깍대기 목걸리 한사발 노왓구나. 상을 발길로 탁 차 던지며 운봉의 갈비를 직신,
'갈비 한대 먹고지거.'
'다라도 잡수시요.'
하고, 운봉이 하는 말이,
'이러한 잔채에 풍류로만 놀아서는 맛이 적사오니 차운 한수씩 하여보면 어떠하오.'
그 말이 올타 하니, 운봉이 운을 낼제, 어사도 하는 말이 걸인도 어려서 추구권이나 읽엇더니 조은 잔채 당하여서 주효를 포식하고 그저 가기 무렴하니 차운 한 수 하사이다. 운봉이 반겨 듣고 필연을 내어주니 좌중이 다 못하야 글 두 귀를 지엇스되 민정을 생각하고 본관정체를 생각하야 지엇것다.

금준미주는 천인혈이요,
옥반가효는 만성고라.
촉루낙시민루낙이요,
가성고처원성고라.

이 글 뜻은 금동우의 아름다운 술은 일천백성의 피요, 옥소반의 아름다운 안주는 일만백성의 기름이라. 촛불 눈물 떨어질 때 백성 눈물 떨어지고, 노래 소리 높은 고대 원망 소래 높앗더라.

㉠ 갈래 : 고전 소설, 판소리계 소설, 염정 소설
㉡ 성격 : 해학적, 풍자적
㉢ 구성
- '사랑 – 이별 – 시련 – 재회'의 구조
- 봄(만남) – 여름(사랑, 성숙) – 가을(이별) – 겨울(시련) – 봄(재회)

㉣ 시점 : 전지적 작가 시점
㉤ 배경
- 시간 : 조선 숙종(창작 시기는 영 · 정조 때)
- 공간 : 전라남도 남원, 한양
- 사상적 : 인간 평등사상, 자유연애 사상, 사회 개조 사상, 열녀불경이부 사상

㉥ 인물
- 춘향 : 유교적 정절의 전형적 인물
- 이몽룡 : 입체적 인물(경솔한 성격 → 신중한 성격으로 변화), 민중의 열망을 실현하는 인물
- 변학도 : 부패한 탐관오리의 전형, 풍자와 조롱의 대상

개념UP

「춘향전」의 갈등 구조
- **춘향(인물) ↔ 변사또(인물)** : 탐관오리에 대한 저항
- **이몽룡(인물) ↔ 변사또(인물)** : 권선징악
- **춘향(인물) ↔ 사회** : 신분적 제약을 넘어선 인간 해방

개념UP

작품 속 한시의 기능
- 탐관오리 풍자
- 극적 위기감 조성
- 인간 존중의 전통적 사상 반영

개념UP

판소리계 소설의 특징
- **적층 문화적 성격** : 많은 이본이 있음
- **문체의 이중성** : 양반층의 언어와 서민층의 언어가 혼재
- **장면의 극대화** : 관객이 관심을 보이는 대목을 집중적으로 확장하고 부연함
- **작가의 개입(편집자적 논평)** : 서술자가 개입하여 사건의 상황이나 인물의 성격에 대해 직접 평가함
- **판소리 사설 문체** : 관객을 앞에 두고 얘기하는 듯한 문체
- 근원설화 → 판소리 → 판소리계 소설의 발전 과정을 거침

- 방자 : 양반을 풍자하는 도전적 인물

ⓢ 특징
- 4 · 4조의 운문체와 산문체의 결합(구어체 사용)
- 해학적, 풍자적 표현이 많음
- 서술자의 개입이 두드러짐
- 열거, 반복, 과장 등을 통한 확장적 표현으로 장면을 극대화함

ⓞ 주제
- 표면적 : 순종과 정절
- 이면적 : 탐관오리에 대한 저항과 신분적 제약을 넘어선 인간 해방

③ 박지원, 「양반전」

양반(兩班)이란 사족(士族)을 높여 부르는 말이다. 정선(旌善) 고을에 한 양반이 있었는데 어질고 글 읽기를 좋아하였으므로, 군수(郡守)가 새로 도임(到任)하게 되면 반드시 몸소 그의 오두막집에 가서 인사를 차렸다. 그러나 집이 가난하여 해마다 관청의 환곡을 빌려 먹다 보니, 해마다 쌓여서 그 빚이 일천 섬에 이르렀다. 관찰사가 고을을 순행하면서 환곡 출납을 조사해 보고 크게 노하여,

"어떤 놈의 양반이 군량미를 축냈단 말인가?"

하고서 그 양반을 잡아 가두라고 명했다. 군수는 그 양반이 가난하여 보상을 할 길이 없음을 내심 안타깝게 여겨 차마 가두지는 못하였으나, 그 역시도 어찌할 수 없는 일이었다. 양반이 어떻게 해야 할 줄을 모르고 밤낮으로 울기만 하고 있으니, 그의 아내가 몰아세우며,

"당신은 평소에 그렇게 글 읽기를 좋아하더니만 현관(縣官)에게 환곡을 갚는 데에는 아무 소용이 없구려. 쯧쯧, 양반이라니, 한 푼짜리도 못 되는 그놈의 양반."

그때 그 마을에 사는 부자가 식구들과 상의하기를,

"양반은 아무리 가난해도 늘 높고 귀하며, 우리는 아무리 잘 살아도 늘 낮고 천하여 감히 말도 타지 못한다. 또한 양반을 보면 움츠러들어 숨도 제대로 못 쉬고 뜰아래 엎드려 절해야 하며 코를 땅에 박고 무릎으로 기어가야 하니, 우리는 이와 같이 욕을 보는 신세다. 지금 저 양반이 환곡을 갚을 길이 없어 이만저만 군욕(窘辱)을 보고 있지 않으니 진실로 양반의 신분을 보존하지 못할 형편이다. 그러니 우리가 그 양반을 사서 가져 보자."

하고서 그 집 문에 나아가 그 환곡을 갚아 주겠다고 청하니, 양반이 반색하며 그렇게 하라고 했다. 그래서 부자는 당장에 그 환곡을 관에 바쳤다.

㉠ 갈래 : 한문 소설, 단편 소설, 풍자 소설

㉡ 시점 : 전지적 작가 시점

㉢ 배경
- 시간 : 18세기
- 공간 : 강원도 정선군

㉣ 구성 : '발단 – 전개 – 결말'의 3단 구성

㉤ 인물
- 양반 : 강원도 정선의 양반으로 무기력하고 무능력한 인물
- 양반의 아내 : 남편의 무기력함을 원망하고, 양반 권위를 부정하는 인물

㉥ 특징
- 독특한 풍자와 해학으로 근대 의식을 보여 줌

문제UP

다음 작품을 창작한 궁극적인 의도로 알맞은 것은?

군수는 감탄해서 말했다.

"군자로구나 부자여! 양반이로구나 부자여! 부자이면서도 인색하지 않으니 의로운 일이요, 남의 어려움을 도와주니 어진 일이요, 비천한 것을 싫어하고 존귀한 것을 사모하니 지혜로운 일이다. 이야말로 진짜 양반이로구나. 그러나 사사로 팔고 사고서 증서를 해 두지 않으면 송사(訟事)의 꼬투리가 될 수 있다. 내가 너와 약속을 해서 군민으로 증인을 삼고 증서를 만들어 미덥게 하되 본관이 마땅히 거기에 서명할 것이다."

① 양반의 권위를 지켜야 한다.
② 신분 제도는 철폐되어야 한다.
③ 양반을 사고 팔 수 없게 해야 한다.
④ 허식이나 위장을 버리고 양반의 본분을 다해야 한다.

해 「양반전」은 양반의 무능력과 부패를 비판한 작품이다.

정답 ④

• 소재를 현실 생활에서 취하고 사실적인 태도로 묘사함
ⓢ 주제 : 양반의 무능력과 위선에 대한 풍자
ⓞ 출전 : 『연암집』 제8권 「방경각외전」

(2) 현대소설

① 김유정, 「봄봄」

"장인님! 인제 저……"

내가 이렇게 뒤통수를 긁고, 나이가 찼으니 성례를 시켜줘야 하지 않겠느냐고 하면 대답이 늘,

"이자식아! 성례구 뭐구 미처 자라야지!"하고 만다.

이 자라야 한다는 것은 내가 아니라 내 아내가 될 점순이의 키 말이다.

내가 여기에 와서 돈 한푼 안 받고 일하기를 삼 년하고 꼬바기 일곱 달 동안을 했다. 그런데도 미처 못 자랐다니까 이 키는 언제야 자라는 겐지 짜장 영문 모른다. 일을 좀더 잘해야 한다든지, 혹은 밥을 많이 먹는다고 노상 걱정이니까 좀 덜 먹어야 한다든지 하면 나도 얼마든지 할말이 많다. 허지만 점순이가 아직 어리니까 더 자라야 한다는 여기에는 어째 볼 수 없이 고만 빙빙하고 만다.

이래서 나는 애최 계약이 잘못된 걸 알았다. 이태면 이태, 삼년이면 삼년, 기한을 딱 작정하고 일을 해야 원할 것이다. 덮어놓고 딸이 자라는 대로 성례를 시켜 주마, 했으니 누가 늘 지키고 섰는 것도 아니고, 그 키가 언제 자라는지 알 수 있는가. 그 리고 난 사람의 키가 무럭무럭 자라는 줄만 알았지 붙배기 키에 모로만 벌어지는 몸도 있는 것을 누가 알았으랴. 때가 되면 장인님이 어련하랴 싶어서 군소리없이 꾸벅 꾸벅 일만 해왔다.

㉠ **갈래** : 단편 소설, 농촌 소설
㉡ **성격** : 향토적, 토속적
㉢ **문체** : 향토적 어휘, 희극적 어투
㉣ **배경** : 1930년대 강원도 산골마을
㉤ **구성** : 단순 구성, 사건의 시간과 서술의 순서가 바뀌어 있는 역순행적 구성
㉥ **시점** : 1인칭 주인공 시점
㉦ **인물**
• 나 : 작중 화자로 남의 말을 잘 믿고 어리숙하나 순박함
• 점순 : '나'의 배필감으로 결혼에 대해 '나'를 조종하는 적극적인 성격을 지닌 인물
• 장인 : 혼인을 핑계로 데릴사위를 들여 노동력을 착취하는 교활한 성격, 희화적 인물로 설정되어 웃음을 유발함
㉧ **특징**
• 과장된 희극적 상황 설정
• 토속적 언어와 구어체 사용

문제UP

다음 작품에 대한 설명으로 적절하지 않은 것은?

"이 자식! 잡아먹어라, 잡아먹어!"

"아! 아! 할아버지! 살려 줍쇼, 할아버지!" 하고 두 팔을 허둥지둥 내절 적에는 이마에 진땀이 쭉 내솟고 인젠 참으로 죽나 보다 했다. 그래두 장인님은 놓질 않더니 내가 기어이 땅바닥에 쓰러져서 거진 까무러치게 되니까 놓는다. 더럽다, 더럽다. 이게 장인님인가? 나는 한참을 못 일어나고 쩔쩔맸다. 그러나 얼굴을 드니(눈엔 참 아무것도 보이지 않았다.) 사지가 부르르 떨리면서 나도 엉금엉금 기어가 장인님의 바짓가랭이를 꽉 움키고 잡아 나꿨다.

① '나'가 주인공이 되어 이야기를 전개시켜 나가고 있다.
② 토속적인 언어를 사용하여 향토적 정감을 불러일으키고 있다.
③ 해학적 문체를 사용하여 독자로 하여금 웃음을 자아내게 하고 있다.
④ 호흡이 짧은 문장을 사용하나 사건 전개가 다소 지루하게 펼쳐지고 있다.

해 제시된 작품은 간결한 문장으로 되어 있고, 사건의 전개가 빠르게 이뤄지고 있다.

정답 ④

② 채만식, 「태평천하」

2. 무임승차 기술(無賃乘車奇術)

윤 직원 영감은 명창 대회를 무척 좋아합니다. 아마 이 세상에 돈만 빼 놓고는 둘째 가게 그 명창 대회란 것을 좋아할 것입니다.

윤 직원 영감은 본이 전라도 태생인 관계도 있겠지만, 그는 워낙 남도 소리며 음률 같은 것을 이만저만찮게 좋아합니다.

그렇게 좋아하는 깐으로는, 일 년 삼백예순 날을 밤낮으로라도 기생이며 광대며를 사랑으로 불러다가 듣고 놀고 하고는 싶지만, 그렇게 하자면 일왈 돈이 여간만 많이 드나요!

아마 일 년을 붙박이로 그렇게 하기로 하고, 어느 권번이나 조선 음악 연구회 같은 데 교섭을 해서 특별 할인을 한다더라도 하루에 소불하 10원쯤은 쳐주어야 할 테니, 하루에 10원이면 한 달이면 3백 원이라, 그리고 일 년이면 3천…… 아유! 그건 윤 직원 영감으로 앉아서는 도무지 생각할 수도 없게시리 큰돈입니다. 천문학적 숫자란 건 아마 이런 경우에 써야 할 문잘걸요.
한즉, 도저히 그건 아주 생심도 못 할 일입니다.

그런데 그거야말로 사람 살 곳은 골골마다 있다든지, 윤 직원 영감의 그다지도 뜻 두고 이루지 못하는 대원(大願)을 적이나마 풀어 주는 게 있으니, 라디오와 명창 대회가 바로 그것입니다.

㉠ **갈래** : 장편 소설
㉡ **성격** : 풍자적, 비판적
㉢ **문체** : 해학적이고 풍자적인 판소리 사설 문체
㉣ **배경** : 1930년대 서울, 한 평민 출신의 대지주 집안
㉤ **구성**
- 발단 : 인력거를 타고 와서 그 삯을 깎으려고 하는 윤 직원 영감의 행태
- 전개 : 윤 직원 영감 집안의 내력과 치부(致富) 과정
- 위기 : 윤 직원 영감의 아들 '창식'과 큰손자 '종수'의 방탕한 생활, 둘째 손자 '종학'에 대한 윤 직원 영감의 기대
- 절정 · 결말 : 둘째 손자 '종학'이 피검되었다는 전보에 충격을 받는 윤 직원 영감

㉥ **시점** : 전지적 작가 시점
㉦ **특징**
- 15개의 장으로 이루어져 있고, 소제목이 붙어 있음
- 서술자가 독자와 작중 인물 중간에 서서 작중 인물을 평함
- 반어를 통한 희화화와 풍자가 나타남

㉧ **주제** : 개화기에서 일제 강점기에 이르는 윤 직원 일가의 타락한 삶과 몰락 과정

개념UP

「태평천하」의 문체
- 서술자는 끊임없이 작품에 등장하여 작품 속의 세계와 독자의 중간에 서서 작중 인물을 비꼬고 조롱함
- "~입니다요", "~겠다요" 등의 경박한 경어체를 사용하여 작중 인물을 조롱하고 경멸하는 느낌을 줌

문제UP

다음 글의 서술상의 특징으로 적절하지 않은 것은?

망진자(亡秦者)는 호야(胡也)니라

일찌기 윤직원 영감은 그의 소싯적 윤두꺼비 시절에 자기 부친 말대가리 윤용구가 화적의 손에 무참히 맞아 죽은 시체 옆에 서서 노적이 불타느라고 화광이 충천한 하늘을 우러러,

"이놈의 세상 언제 망하러느냐?"

"우리만 빼놓고 어서 망해라!"

하고 부르짖은 적이 있겠다요.

이미 반세기(半世紀) 전, 그리고 그것은 당시의 나한테 불리한 세상에 대한 격분된 저주요 겸하야 웅장한 투쟁의 선언이었습니다.

해서 윤직원 영감은 과연 승리를 했겠다요. 그런데……

① 서술자가 독자와의 거리를 일정하게 유지하고 있다.
② 서술자가 사건 전개에 개입하여 논평을 가하고 있다.
③ 생동감 있는 언어의 사용으로 인물의 개성을 살리고 있다.
④ 서술자가 사건을 현장에서 전달해 주는 수법을 취하고 있다.

해 경어체는 독자와의 거리를 좁히면서 작중 인물에 대한 풍자와 조롱을 극대화한다.

정답 ①

개념UP

'눈길'의 의미

- 나 : 기억하고 싶지 않은 과거의 쓰라린 추억과 몰락해 버린 집안에서 자수성가해야만 하는 운명을 상징함
- 어머니 : 스스로 받아 들여야 하는 혹독한 시련이면서도 따스한 자식에 대한 사랑의 이미지를 의미함

문제UP

문맥상 ㉠ 에 들어갈 말은?

"그래도 한 며칠 쉬어 가지 않고……. 난 해필 이런 더운 때를 골라 왔길래 이참에는 며칠 좀 쉬어 갈 줄 알았더니……."

"그래도 그 먼길을 이렇게 ㉠ 에 되돌아가기야 하겄냐? 넌 항상 한동자로만 왔다가 선걸음에 새벽길을 나서곤 하더라마는……. 하룻밤이나 차분히 좀 쉬어 가도록 하거라."

① 게걸음 ② 소걸음
③ 단걸음 ④ 반걸음

해 ㉠은 '나'가 급한 일이 있다는 핑계로 시골집에 온 지 얼마 되지 않아 돌아가겠다고 하는 상황이므로 '쉬지 않고 곧장'이라는 뜻의 '단걸음'이 적절하다.

정답 ③

③ 이청준, 「눈길」

"내일 아침 올라가야겠어요."

점심상을 물러나 앉으면서 나는 마침내 입 속에서 별러 오던 소리를 내뱉어 버렸다. 노인과 아내가 동시에 밥숟가락을 멈추며 나의 얼굴을 멀거니 건너다본다.

"내일 아침 올라가다니. 이참에도 또 그렇게 쉽게?"

노인은 결국 숟가락을 상 위로 내려놓으며 믿기지 않는다는 듯 되묻고 있었다.

나는 이제 내친걸음이었다. 어차피 일이 그렇게 될 바엔 말이 나온 김에 매듭을 분명히 지어 두지 않으면 안 되었다.

"네, 내일 아침에 올라가겠어요. 방학을 얻어 온 학생 팔자도 아닌데, 남들 일할 때 저라고 이렇게 한가할 수가 있나요. 급하게 맡아 놓은 일도 한두 가지가 아니고요."

"그래도 한 며칠 쉬어 가지 않고……. 난 해필 이런 더운 때를 골라 왔길래 이참에는 며칠 좀 쉬어 갈 줄 알았더니……."

"제가 무슨 더운 때 추운 때를 가려 살 여유나 있습니까."

"그래도 그 먼 길을 이렇게 단걸음에 되돌아가기야 하겄냐. 넌 항상 한동자로만 왔다가 선걸음에 새벽길을 나서곤 하더라마는……. 이번에는 너 혼자도 아니고……. 하룻밤이나 차분히 좀 쉬어 가도록 하거라."

"오늘 하루는 쉬었지 않아요. 하루를 쉬어도 제 일은 사흘을 버리는 걸요. 찻길이 훨씬 나아졌다곤 하지만 여기선 아직도 서울이 천릿길이라 오는 데 하루, 가는 데 하루……."

"급한 일은 우선 좀 마무리를 지어 놓고 오지 않구선……."

㉠ **갈래** : 단편 소설, 귀향 소설, 순수 소설, 액자 소설
㉡ **성격** : 회상적, 서정적, 상징적
㉢ **배경**
- 시간 : 1970년대 여름(현재), 1950년대 겨울(과거)
- 공간 : 시골 고향집

㉣ **시점** : 1인칭 주인공 시점
㉤ **구성** : '발단 – 전개 – 위기 – 절정 · 결말'의 구성
㉥ **특징**
- 액자 구성 : 외화는 '나'를 주인공으로 한 이야기이며, 내화는 '노인'을 주인공으로 함
- 상징적 시어를 사용하여 내면적 의미를 전달함
- 함축적 어휘, 이미지의 활용 등을 통해 시적 분위기를 형성함

㉦ **주제** : 어머니의 무한한 사랑에 대한 깨달음과 인간적 화해

④ 이효석, 「메밀꽃 필 무렵」

허 생원은 오늘 밤도 또 그 이야기를 끄집어내려는 것이다.

조 선달은 친구가 된 이래 귀에 못이 박히도록 들어 왔다. 그렇다고 싫증을 낼 수도 없었으나 허 생원은 시침을 떼고 되풀이할 대로는 되풀이하고야 말았다.

"달밤에는 그런 이야기가 격에 맞거든."

조 선달 편을 바라는 보았으나 물론 미안해서가 아니라 달빛에 감동하여서였다. 이지러는 졌으나 보름을 가제 지난 달은 부드러운 빛을 흐붓이 흘리고 있다. 대화까지는 칠십 리의 밤길, 고개를 둘이나 넘고 개울을 하나 건너고 벌판과 산길을 걸어야 된다.

달은 지금 긴 산허리에 걸려 있다. 밤중을 지난 무렵인지 죽은 듯이 고요한 속에서 짐승 같은 달의 숨소리가 손에 잡힐 듯이 들리며, 콩 포기와 옥수수 잎새가 한층 달에 푸르게 젖었다. 산허리는 온통 메밀밭이어서 피기 시작한 꽃이 소금을 뿌린 듯이 흐뭇한 달빛에 숨이 막힐 지경이다. 붉은 대궁이 향기같이 애잔하고 나귀들의 걸음도 시원하다.

길이 좁은 까닭에 세 사람은 나귀를 타고 외줄로 늘어섰다. 방울 소리가 시원스럽게 딸랑딸랑 메밀밭께로 흘러간다. 앞장선 허 생원의 이야기 소리는 꽁무니에 선 동이에게는 확적히는 안 들렸으나, 그는 그대로 개운한 제 멋에 적적하지는 않았다.

㉠ **갈래** : 단편 소설, 순수 소설
㉡ **성격** : 낭만적, 유미주의적
㉢ **문체** : 시적 분위기 연출, 사실적 묘사 문체
㉣ **배경**
- 시간 : 여름 낮부터 밤중까지
- 공간 : 봉평 장터에서 대화 장으로 가는 산길

㉤ **시점** : 전지적 작가 시점
㉥ **특징**
- 암시와 여운을 주는 결말의 처리 방식을 택함
- 인물 간의 대화에 의한 과거 처리 방법을 사용함
- 과거의 사건은 요약적으로 서술하고, 현재의 사건은 장면적으로 제시함
- 세련된 언어와 시적 분위기 속에서 낭만적인 정서의 세계를 이야기 함

㉦ **주제** : 장돌뱅이의 고단한 삶에 담긴 애환

문제UP

다음 글의 배경이 되는 ㉠의 역할을 가장 잘 나타낸 것은?

"㉠ 달밤에는 그런 이야기가 격에 맞거든."

조선달 편을 바라는 보았으나 물론 미안해서가 아니라 달빛에 감동하여서였다. 이지러는 졌으나 보름을 갓 지난달은 부드러운 빛을 흐뭇이 흘리고 있다. 대화까지는 팔십리의 밤길, 고개를 둘이나 넘고 개울을 하나 건너고 벌판과 산길을 걸어야 된다. 길은 지금 긴 산허리에 걸려 있다. 밤중을 지난 무렵인지 죽은 듯이 고요한 속에서 짐승 같은 달의 숨소리가 손에 잡힐 듯이 들리며, 콩포기와 옥수수 잎새가 한층 달에 푸르게 젖었다. 산허리는 온통 메밀밭이어서 피기 시작한 꽃이 소금을 뿌린 듯이 흐뭇한 달빛에 숨이 막힐 지경이다. 붉은 대궁이 향기같이 애잔하고 나귀들의 걸음도 시원하다.

① 암울한 자아의 표상이다.
② 감정의 기복이 심함을 나타낸다.
③ 삶의 어려움을 달래주는 역할을 한다.
④ 부당한 현실에 저항하는 공간의 의미를 가진다.

해 일반적으로 밤은 어둠으로 인해서 길을 가는데 방해가 되는 것에 비해, '부드러운 빛을 흐뭇히 흘리는' 달밤은 오히려 환하고 강렬한 낮보다 팔십 리나 되는 먼 길을 가기에 더 좋다. 즉, 현실의 장애를 극복하기에 더없이 편안한 공간인 것이다.

정답 ③

개념UP

「봉산탈춤」

「봉산 탈춤」은 중요 무형 문화제 제17호로 '목중, 노장, 양반, 미얄'의 독립된 네 개의 놀이에 사당춤, 사자춤, 원숭이놀이가 곁들여 7개의 과장으로 전체를 구성하고 있으며, 등장인물들은 희화되어 있고 서민의 삶과 양반에 대한 풍자가 나타나 있다.

- **제1과장(사상좌춤)** : 놀이를 시작하는 의식무
- **제2과장(팔목중춤)** : 중을 희화하고 풍자하는 마당
- **제3과장(사당춤)** : 사당과 거사들이 나와 춤을 추며 흥겹게 노는 마당
- **제4과장(노장춤)** : 중의 허위성을 풍자함
- **제5과장(사자춤)** : 파계승을 징계하고 놀이판을 정비하는 마당
- **제6과장(양반춤)** : 말뚝이가 양반을 희롱하는 마당
- **제7과장(미얄춤)** : 서민들의 삶의 모습과 남성의 횡포를 표현한 마당

(3) 극/수필

① 작자 미상, 「봉산 탈춤」 중요

미얄, 영감, 덜머리집 세 명이 굿거리장단에 맞추어 춤추며 등장한다. 미얄은 검은 얼굴에 하얀색 점이 여럿 박혀 있는 탈을 쓰고 한 손에는 부채를 들었으며 다른 손에는 방울을 들었다. 영감은 좀 험상스러운 표정의 탈을 쓰고 이상한 모자를 썼으며 회색 웃옷을 입고 지팡이를 짚었다. 영감과 덜머리집은 한쪽에 서 있다.

미얄 : (악공 앞에 가서 운다.) 에에 에에 에에 에에 에에.
악공 : 웬 할멈이오?
미얄 : 웬 할멈이라니. 덩덩쿵 하기에 볼거리 많은 굿판으로 여기고 한 거리 놀고 가려고 들어온 할멈일세.
악공 : 그럼 한 거리 놀고 가소.
미얄 : 놀든지 말든지, 허름한 영감을 잃고 찾아다니는 할미가 영감을 찾아야 놀지 않겠소.
악공 : 할멈 고향은 어디오?
미얄 : 내 고향은 전라도 제주 망막골일세.
악공 : 그러면 영감을 잃었소?
미얄 : 우리 고향에서 난리가 나서 목숨을 구하려고 서로 도망을 치다 그만 잃었소.
악공 : 그러면 영감 모습이나 한번 말해 보오.
미얄 : 우리 영감은 말 모습이지.
악공 : 그러면 말 새끼란 말이오?
미얄 : 아니, 소 모습일세.
악공 : 그러면 소 새끼란 말이오?
미얄 : 아니, 말 모습도 아니고 소 모습도 아닐세. 우리 영감의 모습은 알아 무엇하오? 영감 모습을 대기만 하면 영감이 여기 나타나기라도 한단 말이오?

㉠ 갈래 : 구비 희곡 문학, 민속극(탈춤), 가면극 각본
㉡ 성격 : 해학적, 풍자적, 서민적, 비판적
㉢ 배경
- 시간 : 조선 후기(18세기 무렵)
- 공간 : 황해도 봉산 지역
- 사회 : 봉건적 신분 질서가 와해되던 시기

㉣ 문체 : 대화체
㉤ 표현
- 반어적 어법을 통해 대상을 풍자함
- 일상적인 언어와 한문구가 혼용되어 있음
- 열거와 대구, 인용, 언어 유희, 익살, 과장 등이 풍부하게 나타남
- 무대와 객석, 배우와 관객이 엄격히 구분되지 않음

㉥ 주제 : 양반의 위선에 대한 풍자와 조롱

② 이강백, 「결혼」

남자 : 덤, 난 가진 것 하나 없습니다. 모두 빌렸던 겁니다. 그런데 덤, 당신은 어떻습니까? 당신이 가진 건 뭡니까? 무엇이 정말 당신 겁니까? (넥타이를 빌렸었던 남성 관객에게) 내 말을 들어 보시오. 그럼 당신은 나를 이해할 거요. 내가 당신에게서 넥타이를 빌렸을 때, 그때 내가 당신 물건을 어떻게 다뤘었소? 마구 험하게 했었소? 어딜 망가뜨렸소? 아니요, 그렇진 않았습니다. 오히려 빌렸던 것이니까 소중하게 아꼈다가 되돌려 드렸지요. 덤, 당신은 내 말을 들었어요? 여기 증인이 있습니다. 이 증인 앞에서 약속하지만, 내가 이 세상에서 덤 당신을 빌리는 동안에, 아끼고, 사랑하고, 그랬다가 언젠가 시간이 되면 공손하게 되돌려 줄 테요. 덤! 내 인생에서 당신은 나의 소중한 덤입니다. 덤! 덤! 덤!

남자, 하인의 구둣발에 걷어챈다. 여자, 더 이상 참을 수 없다는 듯 다급하게 되돌아와서 남자를 부축해 일으키고 포옹한다.

여자 : 그만해요!
남자 : 이제야 날 사랑합니까?
여자 : 그래요! 당신 아니구 또 누굴 사랑하겠어요!
남자 : 어서 결혼하러 갑시다, 구둣발에 차이기 전에!
여자 : 이래서요, 어머니도 말짱한 사기꾼과 결혼했었다던데…….
남자 : 자아, 빨리 갑시다!
여자 : 네, 어서 가요!

– 막.

㉠ 갈래 : 희곡(단막극, 창작극, 실험극)
㉡ 배경 : 현대의 어느 저택
㉢ 성격 : 풍자적, 사회 비판적, 희극적
㉣ 구성

단계	내용
발단	빈털터리 사기꾼인 남자는 결혼을 결심하고 부자로 보이기 위한 물건들을 빌린 후 맞선을 보기로 함
전개	남자는 미모의 여자와 맞선을 보게 되고, 정해진 시간이 되자 하인에게 자신이 빌렸던 물건들을 하나둘씩 되돌려 주게 됨
위기	남자가 부자가 아니라 빈털터리임이 드러나자 여자는 남자의 청혼을 거절하고 남자에게 작별을 고함
절정	남자는 여자에게 진정한 소유의 의미를 일깨우며 자신의 사랑을 받아 줄 것을 설득함
결말	여자는 남자의 진심과 진정한 사랑의 의미를 깨닫고 그의 청혼을 받아들여 둘은 함께 결혼하러 감

㉤ 특징
- 특별한 무대 장치가 없고 관객을 극중으로 끌어들임
- 상징적이고 우의적인 표현 등 여러 기법을 사용함
- 익명성을 통해 남자, 여자, 하인의 모습이 우리들의 모습임을 드러냄

㉥ 주제 : 소유의 본질과 사랑의 의미

개념UP

희곡의 구성 요소
- **대사** : 무대 위에서 배우가 하는 말로 등장인물의 성격과 신분을 드러냄
- **지시문** : 무대의 배경이나 배우의 동작을 지시하는 글
  - 무대 지시문 : 등장인물, 시간, 장소, 무대 장치 등을 설명함
  - 동작 지시문 : 등장인물의 동작 · 표정 · 말투, 인물의 등장과 퇴장을 지시함

문제UP

두 장면을 겹쳐 표현하고자 할 때 ㉠에 들어갈 시나리오 용어는?

장면6 광도의 거실(밤)
흥수 : (순간 본다. 눈빛에 반항심이 생긴다.)
광도 : 너, 오늘부터 수능 보는 날까지 컴퓨터 만질 생각하지 마. 알았어? (다시 들고 나가려는데)
흥수 : (㉠) 언제부터 저한테 그렇게 관심을 갖기 시작하셨어요?
광도 : 뭐?
흥수 : 언제나, 뭐든지 혼자 결정하게 내버려 두셨잖아요. 그렇게 팽개쳐 둘 때는 언제고, 언제부터 나한테 열렬한 관심을 갖기 시작하셨냐고요.

① F.I.　　② F.O.
③ C.U.　　④ O.L.

해 두 장면이 겹쳐지면서 장면이 바뀌는 것은 O.L.(Over Lap)이다.

정답 ④

③ 진수완, 「어느 날 심장이 말했다」

장면 1 약수터(이른 아침)
운동하고 있는 사람들, 약수 뜨고 있는 사람들로 활기찬 약수터 풍경인데, 그 위로 쩌렁쩌렁하게 들리는,
흥수 : (E.) 세상에 이런 법이 어딨어요!
사람들이 하던 일들 멈추고 돌아보면, 언덕 끝에서 이제 막 도착하고 있는 흥수와 광도의 모습.
광도 가볍게 맨손 체조하며 오고 있고, 그 옆에 흥수 '이건 말도 안 된다.'는 표정으로 항의하며 따라오고 있다.
흥수 : 이건 말도 안 돼요, 진짜. 저번 주에도 저――번 주에도 제가 대신 했었잖아요?
광도 : (옆의 학생에게) 학생, 거 물컵 좀 빌립시다.
남학생 : (모자 써서 얼굴 잘 안 보이는) 네, 여기. (컵 건네 주고 한쪽으로 가서 몸풀며 운동하는)
흥수 : 이건 직무 유기에 책임 회피라구요! 전 분명히 저번 주에 식사 당번 끝냈고, 이번 주는 분명히 아버지가 당번이시잖아요? 근데 그걸 왜 또 제가 대신……. (하며 광도 보면)
광도 : (노려보고 있다) 그래서?
흥수 : (그 눈빛에) 아, 아니, 그러니까 제 말은, 저도 이제 곧 수험생이 되는데 허구한 날 집 안 살림만 붙잡고 있을 수는 없지 않느냐…….
광도 : 그래서…….
흥수 : (마지못해서)아, 아니 해, 해요. 하긴 하는데…….
광도 : 자식, 진작에 그렇게 말할 것이지. 힘들어도 이번 주만 좀 봐 줘. 내가 일이 많아 그래. 밀린 서류며 공문 처리해야지, 일본 자매 결연 학교 애들 오늘 마지막 날이라 환송해 줘야지…….
흥수 : (입이 한 자는 나와서) 알았어요. 한다잖아요.
광도 : 알았으면 입 좀 집어 넣어, 임마. (픽 웃고는 약수통 들고 물가 쪽으로 가는)
흥수 : …… (멀어지는 아버지 봤다가) …… (발끝으로 괜히 돌부리 툭툭 차며 혼잣소리처럼) 에잇, 나도 고3인데. 어유, 내 팔자야.

㉠ 갈래 : 시나리오(TV 드라마 대본)
㉡ 성격 : 극적, 교훈적, 상징적
㉢ 배경 : 약수터, 학교, 집 등
㉣ 표현
- 구어체 대화, 통신어 사용
- 비언어적 표현(행동, 표정)을 통해 심리 표현

㉤ 주제 : 부자간의 갈등과 화해를 통한 가족의 소중함 확인

④ 이상, 「권태」

어서—차라리—어둬 버리기나 했으면 좋겠는데, 벽촌(僻村)의 여름날은 지리해서 죽겠을 만치 길다. 동(東)에 팔봉산(八峯山), 곡선은 왜 저리도 굴곡이 없이 단조로운고? 서를 보아도 벌판, 남을 보아도 벌판, 북을 보아도 벌판, 아—이 벌판은 어쩌라고 이렇게 한이 없이 늘어 놓였을고? 어쩌자고 저렇게까지 똑같이 초록색 하나로 되어 먹었노?

농가(農家)가 가운데 길 하나를 두고 좌우로 한 10여 호씩 있다. 휘청거린 소나무 기둥, 흙을 주물러 바른 벽, 강낭대로 둘러싼 울타리, 울타리를 덮은 호박 넝쿨, 모두가 그게 그것같이 똑같다. 어제 보던 댑싸리나무, 오늘도 보는 김 서방, 내일도 보아야 할 흰둥이, 검둥이.

해는 백 도(百度) 가까운 볕을 지붕에도, 벌판에도, 뽕나무에도, 암탉 꼬랑지에도 내려 쪼인다. 아침이나 저녁이나 뜨거워서 견딜 수가 없는 염서(炎署)가 계속이다.

나는 아침을 먹었다. 할 일이 없다. 그러나 무작정 널따란 백지 같은 '오늘'이라는 것이 내 앞에 펼쳐져 있으면서 무슨 기사(記事)라도 좋으니 강요한다. 나는 무엇이고 하지 않으면 안 된다. 무엇을 해야 할 것인가 연구해야 된다. 그럼—나는 최 서방네 집 사랑 툇마루로 장기나 두러 갈까. 그것 좋다.

㉠ 갈래 : 경수필

㉡ 성격 : 지적, 사념적, 심리적, 초현실주의적

㉢ 문체 : 만연체

㉣ 구성

구분	내용
제1장	변함없는 자연, 의미 없는 장기두기
제2장	한없는 초록색 자연, 흥분이 없는 농민
제3장	짖지 않는 개들
제4장	개의 생식 활동, 세수하는 행위
제5장	소의 되새김질
제6장	돌과 풀을 가지고 노는 아이들
제7장	멍석 위에서 잠자는 사람들

㉤ 특징
- 역설적인 표현 방식을 쓰고 있음
- 사물을 주관적으로 인식함
- 하루의 일과가 순차적으로 나타남
- 내면세계에 대한 묘사가 두드러짐

㉥ 주제 : 권태(환경의 단조로움과 일상적인 생활의 연속 속에 느끼는 권태로움)

개념UP

'권태'의 의미

지은이가 '권태를 인식하는 신경마저 버리고 완전히 허탈해 버리길' 간구할 만큼 극한적임
- **표면적 원인** : 초록 일색의 풍경과 날마다 이어지는 똑같은 일상의 반복
- **내면적 원인** : 당시의 암울한 현실 속에서 삶의 목표와 적극적 가치 의식이 없는 데서 기인함

개념UP

경수필
- 문장의 흐름이 가벼움
- 주관적, 개성적
- 예술적 가치를 추구함
- 자기고백적임
- '나'가 겉으로 드러나 있음
- 내용 전개가 개인적 감성과 정서를 바탕으로 하고 있어, 신변잡기적임

01 다음 대화에서 '서규'의 말하기 태도에 나타난 문제점은?

> 서규 : 밖에 불이 났었는데 다 꺼졌네.
> 태윤 : (창밖을 보며) 아직 소방관들이 끄고 있는데?

① 아직 일어나지 않은 일을 사실인 것처럼 전달하고 있다.
② 상대의 이익을 우선하며 대화의 참여하고 있다.
③ 진정성 없는 사과를 했다.
④ 상대방과의 대화에 집중하지 않았다.

정답 | ① 출제 가능성 | 70%

해 설
소방관들이 아직 불을 끄고 있는 것을 보고 이미 다 꺼졌다고 하면서 아직 일어나지 않은 일을 사실인 것처럼 전달하고 있다.

02 다음은 '환경오염'에 관한 글의 개요이다. ㉠에 들어갈 내용으로 가장 알맞은 것은?

> 주제 : 환경오염의 문제점과 개선 방안
> Ⅰ. 서론 : 환경오염의 실태
> Ⅱ. 본론
> 1. 문제점
> 1) 지구온난화로 인한 기후적 재앙
> 2) 동물들의 서식지 감소로 인한 생태계 파괴
> 2. 원인
> 1) ㉠
> 2) 생태계를 고려하지 않은 개발
> 3. 개선방안
> 1) 일회용품 사용을 줄이기를 권장
> 2) 탄소 배출량을 감소시킬 수 있는 대책 마련
> Ⅲ. 결론 : 환경오염 문제 해결을 위한 제도적 방안 촉구

① 환경단체들의 적극적인 환경문제 해결 독려
② 탄소 배출량을 조절할 만한 제도의 부족
③ 멸종위기 동물의 서식지 부족
④ 환경오염 해결을 위한 사회적 인식 개선

정답 | ② 출제 가능성 | 70%

해 설
본론2는 본론1에서 제기했던 두 가지 문제점에 대한 원인을 밝혀야 한다. 본론 2-2)는 본론 1-2)의 원인에 해당하므로 ㉠에는 본론 1-1)의 원인이 들어가야 한다. 따라서 기후적 재앙의 근본적 원인인 지구온난화가 발생한 것은 탄소 배출량을 조절할 만한 제도가 부족하기 때문이라고 볼 수 있다.

03 다음 중 밑줄 친 단어 중 〈보기〉에서 제시된 표준 발음법 조항의 구체적인 사례라고 할 수 없는 것은?

〈보기〉

받침 'ㄲ, ㅋ', 'ㅅ, ㅆ, ㅈ, ㅊ, ㅌ', 'ㅍ'은 어말 또는 자음 앞에서 각각 대표음 [ㄱ, ㄷ, ㅂ]으로 발음한다.

① 환하게 웃다.
② 만두를 빚다.
③ 창밖을 보라.
④ 솥뚜껑을 들고 와라.

정답 | ③ 출제 가능성 | 70%

해 설

③ '밖을'은 '밖'에 목적격 조사 '을'이 붙은 것인데, '을'의 형태소는 'ㅡ+ㄹ'이므로 [바끌]로 발음하게 된다.
① '웃다' → [욷:따]
② '빚다' → [빋따]
④ '솥뚜껑' → [솓뚜껑]

04 다음 대화에서 높임말의 쓰임이 옳은 것은?

할머니 : 얘야, ㉠ 어머니한테 ㉡ 말해서 오는 길에 밀가루 좀 사 오시라고 해라.
손녀 : 네, 할머니. 그런데 밀가루는 어디에 쓰시게요?
할머니 : 맛이 아주 ㉢ 좋으신 송편을 해야겠구나. 좀 있으면 추석이니까.
손녀 : 와! 전 할머니가 ㉣ 해주신 송편이 제일 맛있어요.

① ㉠ ② ㉡
③ ㉢ ④ ㉣

정답 | ④ 출제 가능성 | 70%

해 설

㉣ 청자인 할머니는 손녀보다 웃어른이므로 '해준'이 아닌 '해주신'으로 높이는 것이 적절한 표현이다.
㉠, ㉡ 어머니는 청자인 손녀보다 웃어른이기 때문에 높임 표현으로 '어머니께 말씀드려서'라고 해야 한다.
㉢ 맛이 좋은 대상은 송편이므로 높임의 대상이 아니다. 따라서 '맛이 아주 좋은 송편'이라고 해야 한다.

05 다음 관용구의 뜻풀이가 적절하지 않은 것은?

① 덕을 보다 : 다른 사람의 이익이나 도움을 입다.
② 미각이 드러나다 : 숨기고 있던 일이나 정체가 드러나다.
③ 가슴이 트이다 : 마음속에 맺힌 것이 풀리어 환해지다.
④ 한숨을 돌리다 : 힘겨운 고비를 맞아 한숨이 나오다.

정답 | ④ 출제 가능성 | 60%

해 설

'한숨을 돌리다'는 '힘겨운 고비를 넘기고 좀 여유를 갖다.'라는 의미이다.

06 다음 작품에 대한 설명으로 적절하지 않은 것은?

> 내 님믈 그리ᅀᆞ와 우니다니
> 山(산) 졉동새 난 이슷ᄒᆞ요이다
> 아니시며 거츠르신ᄃᆞᆯ 아으
> 殘月曉星(잔월효성)이 아ᄅᆞ시리이다
> 넉시라도 님은 ᄒᆞᆫᄃᆡ 녀져라 아으
> 벼기더시니 뉘러시니잇가
> 過(과)도 허믈도 千萬(천만) 업소이다
> ᄆᆞᆯ힛마리신뎌
> ᄉᆞᆯ읏븐뎌 아으
> 니미 나ᄅᆞᆯ ᄒᆞ마 니ᄌᆞ시니잇가
> 아소 님하 도람 드르샤 괴오쇼셔
>
> – 정서, 「鄭瓜亭(정과정)」

① 유배문학의 효시가 되는 작품이다.
② 임금에 대한 원망을 노래한 작품이다.
③ 향가와 고려가요의 과도기적 형태를 띠고 있다.
④ 자연물에 빗대어 화자의 심정을 간접적으로 표현하고 있다.

정답 | ② 출제 가능성 | 60%

해 설
정서는 신하들의 모함으로 귀양하게 된 자신의 결백을 주장하면서 임에 대한 충성을 다짐하며, 임이 자신을 다시 사랑해줄 것을 호소하고 있다. 따라서 이 작품에서는 임금에 대한 원망은 드러나지 않는다.

07~08 다음 글을 읽고 물음에 답하시오.

> 내 마음의 어딘 듯 한편에 끝없는
> 강물이 흐르네.
> 돋쳐 오르는 아침 날 빛이 빤질한
> 은결을 도도네.
> 가슴엔 듯 눈에 듯 또 핏줄엔 듯
> 마음이 ㉠ 도른도른 숨어 있는 곳
> 내 마음의 어딘 듯 한편에 끝없는
> 강물이 흐르네.
>
> – 김영랑, 「끝없는 강물이 흐르네」

07 위 시에 대한 설명으로 옳지 않은 것은?

① '강물'은 화자 자신의 평화롭고 아름다운 내면을 나타내는 시어이다.
② 3음보를 기본 율격으로 하고 있으나, 변칙적인 행 구분을 통해 음보수에 변화를 주고 있다.
③ 각 행의 끝을 '–ㄴ', '–네', '–ㅅ'으로 끝나게 하여 각운의 효과를 주고 있다.
④ 순우리말 시어를 주로 사용하여 화자 자신과 자연과의 일체감을 형상화하고 있다.

정답 | ④ 출제 가능성 | 60%

해 설
감각적이고 고유한 우리말을 사용함으로써 순수한 화자의 내면세계를 강물의 깨끗하고 평화로운 이미지에 비유하여 나타내고 있다.

08 다음 밑줄 친 시어 가운데 ㉠과 같은 성격으로 쓰인 것을 고르면?

① 포도는 달빛이 스며 고웁다.
② 산 너머 남촌에는 누가 살길래 / 해마다 봄바람이 남(南)으로 오네.
③ 불러도 주인 없는 이름이여! / 부르다가 내가 죽을 이름이여!
④ 밤에 홀로 유리를 닦는 것은 / 외로운 황홀한 심사이어니

정답 | ① 출제 가능성 | 60%

해 설
㉠ '도른도른'은 '여럿이 나직한 목소리로 서로 정답게 이야기하는 소리 또는 그 모양'을 의미하는 의태어인 '도란도란'의 시적 허용어로 쓰였다.
① '고웁다'는 '곱다'의 시적 허용어로 쓰였다.

09~10 다음 글을 읽고 물음에 답하시오.

世·솅宗·종 御엉·製·졩 訓·훈民·민正·졍音·음

나·랏:말ᄊᆞ·미 中듕國·귁·에 달·아 文문字·ᄍᆞᆼ·와·로 서르 ᄉᆞᄆᆞᆺ·디 아·니ᄒᆞᆯ·ᄊᆡ·이런 젼·ᄎᆞ·로 어·린 百·ᄇᆡᆨ姓·셩·이 니르·고·져 ·홇 ·배 이·셔·도 ᄆᆞ·ᄎᆞᆷ:내 제 ·ᄠᅳ·들 시·러 펴·디 :몯홇 ·노·미 하·니·라 ·내 ·이·ᄅᆞᆯ 爲·윙·ᄒᆞ·야 :어엿·비 너·겨·새·로 ·스·믈 여·듧 字·ᄍᆞᆼ·ᄅᆞᆯ ·ᄆᆡᆼ·ᄀᆞ노·니:사ᄅᆞᆷ:마·다 :ᄒᆡ·ᅇᅧ:수·ᄫᅵ 니·겨·날·로 ·ᄡᅮ·메 便뼌安한·킈 ᄒᆞ·고·져 홇 ᄯᆞᄅᆞ·미니·라.

–『훈민정음』, 세조(世祖) 5년(1459)

09 윗글에 담겨 있는 뜻으로 볼 수 없는 것은?

① 실용정신
② 창조정신
③ 애민정신
④ 자주정신

정답 | ② 출제 가능성 | 70%

해 설
훈민정음의 창제 정신은 '자주정신, 애민정신, 실용정신'이다.

10 윗글에 언급된 내용이 아닌 것은?

① 창제 배경
② 창제 방법
③ 창제 동기
④ 창제 목적

정답 | ② 출제 가능성 | 70%

해 설
훈민정음의 창제 배경과 동기, 목적은 드러나 있으나 창제 방법에 대한 내용은 언급되지 않았다.

11 다음 중 ㉠과 의미가 통하는 것은?

살어리 살어리랏다 ㉠ 청산(靑山)애 살어리랏다.
멀위랑 ᄃᆞ래랑 먹고 청산(靑山)애 살어리랏다.
얄리얄리 얄라셩 얄라리 얄라

어듸라 더디던 돌코 누리라 마치던 돌코.
믜리도 괴로도 업시 마자셔 우니노라.
얄리얄리 얄라셩 얄라리 얄라

– 작자 미상, 「청산별곡」

① 속세
② 현실
③ 풍진
④ 이상향

정답 | ④ 출제 가능성 | 70%

해 설
이 시에서 '청산'은 '자연, 이상세계, 현실도피처'의 의미를 지니고 있다. 또한 괴로운 현실을 살아가는 객관적 상관물인 '새'와 대조되는 시어이기도 하다.

12~13 다음 글을 읽고 물음에 답하시오.

(가) 江강湖호애 病병이 깁퍼 竹듁林님의 누엇더니, 關관東동 八팔百빅 里니에 方방面면을 맛디시니, 어와 聖셩恩은이야 가디록 罔망極극ᄒᆞ다.

(중략)

(나) 圓원通통골 ᄀᆞᄂᆞᆫ 길로 獅ᄉᆞ子ᄌᆞ峰봉을 ᄎᆞ자가니, 그 알ᄑᆡ 너러바회 化화龍룡쇠 되여셰라. ㉠ 千쳔年년 老노龍룡이 구ᄇᆡ구ᄇᆡ 서려 이셔, 晝듀夜야의 흘녀 내여 滄창海히예 니어시니, 風풍雲운을 언제 어더 三삼日일雨우를 디련ᄂᆞ다. 陰음崖애예 이온 플을 다 살와 내여ᄉᆞ라.

– 정철, 「관동별곡」

12 (가)의 내용을 바르게 이해한 것은?

① 백성을 사랑하는 마음이 드러난다.
② 임금의 은혜에 감사하는 마음이 드러난다.
③ 관직에 나아가고자 하는 출세욕이 드러난다.
④ 임금 곁을 떠나는 안타까운 심정이 드러난다.

정답 | ② 출제 가능성 | 70%

해 설
(가)에는 자연친화적인 태도와 관찰사의 임무를 준 임금의 은혜에 감사하는 글쓴이의 마음이 드러나 있다.

13 다음 중 ㉠이 비유하고 있는 원관념은?

① 바위 ② 물
③ 바람 ④ 구름

정답 | ② 출제 가능성 | 70%

해 설
㉠ '천년 노룡'은 '화룡소에 굽이치고 있는 물'을 비유한 표현이다.

14 다음 시에 드러난 시적 화자의 정서와 가장 유사한 것은?

> 物믈外외예 조흔 일이 漁어父부 生생涯애 아니러냐.
> 빈 떠라 빈 떠라
> 漁어翁옹을 욷디 마라, 그림마다 그렷더라.
> 至지匊국悤총 至지匊국悤총 於어思사臥와
> 四사時시興흥이 한가지나 秋츄江강이 은듬이라.
>
> – 윤선도, 「어부사시사」

① 십년(十年)을 경영(經營)ᄒᆞ여 초려삼간(草廬三間) 지여 내니, / 나 ᄒᆞᆫ 간 ᄃᆞᆯ ᄒᆞᆫ 간에 청풍(淸風) ᄒᆞᆫ 간 맛져 두고, / 강산(江山)은 들은 ᄃᆡ 업스니 둘러 두고 보리라. – 송순
② 국화야, 너난 어이 삼월동풍(三月東風) 다 지내고 / 낙목한천(落木寒天)에 네 홀로 피었나니 / 아마도 오상고절(傲霜孤節)은 너뿐인가 하노라. – 이정보
③ 지당(池塘)에 비 뿌리고 양류(楊柳)에 ᄂᆡ 씨엿ᄂᆞᆫ고. / 석양(夕陽)에 ᄲᅡᆨ 일흔 ᄀᆞᆯ며기ᄂᆞᆫ 오락가락 ᄒᆞ노매. – 조헌
④ 어져 내 일이야 그릴 줄을 모르ᄃᆞ냐 / 이시라 ᄒᆞ더면 가랴마ᄂᆞᆫ 제 구ᄐᆞ여 / 보내고 그리ᄂᆞᆫ 정(情)은 나도 몰라 ᄒᆞ노라. – 황진이

정답 | ① 출제 가능성 | 70%

해 설
「어부사시사」의 화자는 자연과 하나되어 유유자적한 삶을 살고 있다. 송순의 시조 또한 자연과 어우러진 안빈낙도(安貧樂道)의 삶을 추구하고 있다.

15 다음 중 밑줄 친 ㉠과 관련 깊은 한자성어는?

> 스스로 제 몸을 보니 일백여덟 낱 염주(念珠)가 손목에 걸렸고, 머리를 만지니 갓 깎은 머리털이 가칠가칠하였으니 완연히 소화상의 몸이요, 다시 대승상의 위의(威儀) 아니니, 정신이 황홀하여 오랜 후에 비로소 제 몸이 연화 도량(道場) 성진(性眞) 행자인 줄 알고 생각하니, 처음에 스승에게 수책(受責)하여 풍도(酆都)로 가고, 인세에 환도하여 양가의 아들 되어 장원 급제 한림학사 하고, 출장 입상(出將入相)하여 공명 신퇴(功名身退)하고, 양 공주와 육 낭자로 더불어 즐기던 것이 다 ㉠ 하룻밤 꿈이라.
>
> – 김만중, 「구운몽」

① 금지옥엽(金枝玉葉) ② 동상이몽(同床異夢)
③ 남가일몽(南柯一夢) ④ 조변석개(朝變夕改)

정답 | ③ 출제 가능성 | 70%

해 설
㉠은 인간 세상에서 누린 온갖 부귀영화가 하룻밤 꿈처럼 덧없음을 말하는 부분이다. 따라서 이와 관련 깊은 한자성어는 꿈과 같이 헛된 한때의 부귀영화를 이르는 말인 '남가일몽(南柯一夢)'이다.

16 밑줄 친 ㉠에 대한 설명으로 적절하지 않은 것은?

> 운봉이 반겨 듣고 필연(筆硯)을 내어 주니 좌중(座中)이 다 못하여 글 두 귀(句)를 지었으되, 민정(民情)을 생각하고 본관의 정체(政體)를 생각하여 지었것다.
>
> ㉠ "금준미주(金樽美酒)는 천인혈(天人血)이요, 옥반가효(玉盤佳肴)는 만성고(萬姓膏)라. 촉루낙시(燭淚落時) 민루낙(民淚落)이요, 가성고처(歌聲高處) 원성고(怨聲高)라."
>
> 이 글 뜻은, "금동이의 아름다운 술은 일만 백성의 피요, 옥소반의 아름다운 안주는 일만 백성의 기름이라. 촛불 눈물 떨어질 때 백성 눈물 떨어지고, 노랫소리 높은 곳에 원망 소리 높았더라.
>
> – 작자 미상, 「춘향전」

① 작품의 주제를 형상화하고 있다.
② 긴장감을 고조시키는 역할을 한다.
③ 탐관오리의 횡포를 빗대어 표현하고 있다.
④ 양반들의 비위를 맞추려는 의도가 숨어 있다.

정답 | ④ 출제 가능성 | 60%

해 설
어사또가 '민정(民情)을 생각하고 본관의 정체(政體)를 생각'하며 지은 한시는 백성들을 착취하여 화려한 생일 잔치를 하는 사또에 대한 비판이므로 양반의 비위를 맞추려는 의도로 지은 시가 아님을 알 수 있다.

17 다음 글에 대한 설명으로 적절하지 않은 것은?

> 생원 : 이놈, 말뚝아.
>
> 말뚝이 : 예에.
>
> 생원 : 나랏돈 노랑돈 칠 푼 잘라먹은 놈, 상통이 무르익은 대초빛 같고, 울룩줄룩 배미 잔등 같은 놈을 잡아들여라.
>
> 말뚝이 : 그놈이 심(힘)이 무량대각(無量大角)이요, 날램이 비호(飛虎) 같은데, 샌님의 전령(傳令)이나 있으면 잡아 올는지 거저는 잡아올 수 없습니다.
>
> 생원 : 오오, 그리 하여라. 옛다. 여기 전령 가지고 가거라. (종이에 무엇을 써서 준다.)
>
> 말뚝이 : (종이를 받아들고 취발이한테로 가서) 당신 잡히었소.
>
> 취발이 : 어데, 전령 보자.
>
> 말뚝이 : (종이를 취발이에게 보인다.)
>
> 취발이 : (종이를 보더니 말뚝이에게 끌려 양반의 앞에 온다.)
>
> 말뚝이 : (취발이 엉덩이를 양반 코 앞에 내밀게 하며) 그놈 잡아들였소.
>
> – 작자 미상, 「봉산 탈춤」

① 양반 계층이 주도한 연극이다.
② 비속어와 한자어가 섞여 사용된다.
③ 풍자와 해학으로 평민 의식을 드러낸다.
④ 황해도 봉산 지역에 구비 전승된 탈춤이다.

정답 | ①　　출제 가능성 | 70%

해 설

「봉산 탈춤」은 언어유희, 익살, 과장 등의 기법을 통해 양반의 허세와 무지함을 풍자하고 있는 작품이다. 서민들에 의해 주도되어 온 탈춤은 풍자와 해학을 통해 평민 의식을 표현한 예술이다.

18 ㉠의 역할로 가장 적절한 것은?

나 보기가 역겨워
가실 때에는
말없이 고이 보내 드리우리다.

영변(寧邊)에 약산(藥山)
㉠ 진달래꽃
아름 따다 가실 길에 뿌리우리다.

가시는 걸음 걸음
놓인 그 꽃을
사뿐히 즈려 밟고 가시옵소서.

나보기가 역겨워
가실 때에는
죽어도 아니 눈물 흘리우리다.

– 김소월, 「진달래꽃」

① 배경의 암시　　② 화자의 분신
③ 그리움의 대상　　④ 회상의 매개체

정답 | ②　　출제 가능성 | 70%

해 설
'진달래꽃'은 이별의 정한을 형상화한 화자의 분신으로, 임에 대한 정성과 희생적 사랑을 나타내는 소재이다.

19 다음 시의 표현상 특징으로 적절하지 않은 것은?

풀이 눕는다.
비를 몰아오는 동풍에 나부껴
풀은 눕고
드디어 울었다.
날이 흐려져 더 울다가
다시 누웠다.

정답 | ③　　출제 가능성 | 70%

해 설
김수영의 시 「풀」은 일상적인 시어와 단순한 형태의 표현으로 그 의미를 심화하고 있다.

풀이 눕는다.
바람보다도 더 빨리 눕는다.
바람보다도 더 빨리 울고
바람보다도 먼저 일어난다.

– 김수영, 「풀」

① 비슷한 어구를 반복 사용해 의미를 강조한다.
② 대구를 통해 운율감을 형성하고 있다.
③ 비일상적인 시어를 사용해 낯선 느낌을 준다.
④ 현재형 어미를 사용해 대상을 생동감 있게 그려낸다.

20 ㉠~㉣의 상징적 의미를 잘못 이해한 것은?

죽는날까지 ㉠ 하늘을 우러러
한 점 부끄럼이 없기를.
잎새에 이는 ㉡ 바람에도
나는 괴로워했다.
㉢ 별을 노래하는 마음으로
모든 죽어가는 것을 사랑해야지.
그리고 나한테 주어진 ㉣ 길을
걸어가야 겠다.

오늘 밤에도 별이 바람에 스치운다.

– 윤동주, 「서시」

① ㉠ 하늘 : 절대적 윤리의 표상
② ㉡ 바람 : 식민지 상황에서의 시련
③ ㉢ 별 : 희망, 이상의 세계
④ ㉣ 길 : 암담한 식민지 현실

정답 | ④ 출제 가능성 | 70%

해 설
㉣ '길'은 시적 화자의 의지를 상징하는 시어이다. 화자에게 '주어진 길'이란 현실의 고통을 회피하지 않는 삶, 살아 있는 모든 것을 사랑하는 삶을 말한다.

21~22 다음 글을 읽고 물음에 답하시오.

(가) 윤 직원 영감은 마치 묵직한 뭉치로 뒤통수를 얻어맞은 양, 정신이 멍— 해서 입을 벌리고 눈만 휘둥그랬지, 한동안 말을 못하고 꼼짝도 않습니다.

그러다가 ㉠ 이윽고 으르렁거리면서 잔뜩 쪼글뜨리고 앉습니다.

"거, 웬 소리냐? 으응? 으응?……거 웬 소리여? 으응? 으응?"

"그놈 동무가 친 전본가 본데, 전보가 돼서 자세히는 모르겠습니다."

윤 주사는 조끼 호주머니에서 간밤의 그 전보를 꺼내어 부친한테 올립니다. 윤 직원 영감은 채이듯 전보를 받아 쓰윽 들여다보더니, 커다랗게 읽습니다. ㉡ 물론 원본은 일문이니까 몰라보고 윤 주사네 서사 민 서방이 번역한 그대로지요.

(나) "종학, 사 — 상 관계 — 로, 경 — 시청에 피검! ……이라니? 이게 무슨 소리다냐?"

㉢ "종학이가 사상 관계로, 경시청에 붙잽혔다는 뜻일 테지요!"

"사상 관계라니?"

"그놈이 사회주의에 참예를……"

"으엉?"

㉣ 아까보다 더 크게 외치면서 벌떡 뒤로 나동그라질 뻔하다가 겨우 몸을 가눕니다.

윤 직원 영감은 먼점에는 뭉치로 뒤통수를 얻어맞은 것같이 멍했지만, 이번에는 앉아 있는 땅이 지함을 해서 수천 길 밑으로 꺼져 내려가는 듯, 정신이 아찔했습니다.

– 채만식, 「태평천하」

채만식, 「태평천하」
- **갈래** : 중편소설, 사회소설, 풍자소설
- **성격** : 비판적, 풍자적
- **시점** : 전지적 작가시점
- **배경** : 1930년대, 서울 어느 대지주 집안
- **주제** : 개화기에서 일제 강점기에 이르는 윤직원 일가의 타락한 삶과 몰락 과정

21 ㉠~㉣ 가운데 풍자적인 성격이 가장 강하게 드러나는 것은?

① ㉠ ② ㉡
③ ㉢ ④ ㉣

정답 | ② 출제 가능성 | 70%

해 설

㉡은 부정적 인물을 깎아내려 웃음거리로 만드는 풍자적 수법이 사용되었다. 풍자는 기본적으로 풍자하는 대상보다 우월한 위치에서 행해진다.

22 이 작품의 서술자와 가장 가까운 것은?

① 판소리의 광대
② 판소리의 고수
③ 봉산 탈춤의 악공
④ 신파극의 변사

정답 | ① 출제 가능성 | 70%

해 설
이 작품의 서술자는 판소리의 광대처럼 사건을 직접 알려 주기도 하고, 작중 인물, 내용에 대해 주관적으로 비평하기도 한다.

23~24 다음 글을 읽고 물음에 답하시오.

그러나 내겐 장인님이 감히 큰 소리할 계제가 못 된다.

뒷생각은 못 하고 뺨 한 개를 딱 때려 놓고는 장인님은 무색해서 덤덤히 쓴 침만 삼킨다. 난 그 속을 퍽 잘 안다. 조금 있으면 갈도 꺾어야 하고 모도 내야 하고, 한참 바쁜 때인데 나 일 안 하고 우리 집으로 그냥 가면 고만이니까. 작년 이맘때도 트집을 좀 하니까 늦잠 잔다고 돌멩이를 집어던져서 자는 놈의 발목을 삐게 해 놨다. 사날씩이나 건숭 끙끙, 앓았더니 종당에는 거반 울상이 되지 않았는가…….

"㉠ 얘, 그만 일어나 일 좀 해라. 그래야 올 갈에 벼 잘 되면 너 장가 들지 않니."

그래 귀가 번쩍 뜨여서 그 날로 일어나서 남이 이틀 품 들일 논을 혼자 삶아 놓으니까 장인님도 눈깔이 커다랗게 놀랐다. 그럼 정말로 가을에 와서 혼인을 시켜 줘야 온 경우가 옳지 않겠나. 볏섬을 척척 들여 쌓아도 다른 소리는 없고 물동이를 이고 들어오는 점순이를 담배통으로 가리키며,

"이 자식아, 미처 커야지. 조걸 무슨 혼인을 한다구 그러니 원!"
하고 남 낯짝만 붉혀 주고 고만이다.

골김에 그저 이놈의 장인님, 하고 댓돌에다 메꼰코 우리 고향으로 내뺄까 하다가 꾹꾹 참고 말았다. 참말이지 난 이 꼴 하고는 집으로 차마 못 간다. 장가를 들러갔다가 오죽 못났어야 그대로 쫓겨 왔느냐고 손가락질을 받을 테니까…….

논둑에서 벌떡 일어나 한풀 죽은 장인님 앞으로 다가서며,

"㉡ 난 갈 테야유. 그 동안 사경 쳐 내슈, 뭐."

"너, 사위로 왔지 어디 머슴 살러 왔니?"

김유정, 「봄봄」
- **갈래** : 단편소설, 농촌소설
- **성격** : 해학적, 토속적, 향토적
- **시점** : 1인칭 주인공시점
- **배경** : 1930년대 봄, 강원도 산골 마을
- **주제** : 교활한 장인과 우직한 데릴사위 사이의 해학적 갈등과 대립

"그러면 얼찐 성례를 해 줘야 안 하지유. ㉢ 밤낮 부려만 먹구 해 준다, 해 준다……."

"글쎄, 내가 안 하는 거냐, 그년이 안 크니까……."

하고 어름어름 담배만 담으면서 늘 하는 소리를 또 늘어 놓는다.

이렇게 따져 나가면 언제든지 늘 나만 밑지고 만다. 이번엔 안 된다, 하고 대뜸 구장님한테로 판단 가자고 소맷자락을 내끌었다.

"㉣ 아, 이 자식이 왜 이래 어른을."

안 간다구 뻗디디고 이렇게 호령은 제맘대로 하지만 장인님 제가 내 기운은 못 당한다. 막 부려 먹고 딸은 안 주고, 게다 땅땅 치는 건 다 뭐야…….

– 김유정, 「봄 · 봄」

23 윗글의 서술상 특징에 대한 설명으로 옳지 않은 것은?

① 서술자와 독자 간의 거리가 매우 가깝다.
② 주인공의 심리가 간접적으로 드러나 있다.
③ 주인공이 처한 상황을 해학적으로 표현하고 있다.
④ 비어, 속어, 방언을 사용하여 생동감을 주고 있다.

정답 | ② 출제 가능성 | 70%

해 설
'나'가 자신의 속마음을 직접 설명하고 있기 때문에 주인공의 심리가 직접 드러난다.

24 ㉠~㉣ 중 자신의 속뜻과 다르게 말한 것은?

① ㉠ ② ㉡
③ ㉢ ④ ㉣

정답 | ② 출제 가능성 | 60%

해 설
㉡에서 '나'는 성례를 시켜주지 않는 장인에게 떠나겠다며 으름장을 놓는 것처럼 보인다. 하지만 속마음은 점순이와 혼례를 올리지 못하고 고향으로 가면 사람들에게 손가락질 받을 것을 걱정하고 있다. 이러한 상황을 볼 때 ㉡의 말은 '나'의 속뜻과 다름을 알 수 있다.

25~26 다음 글을 읽고 물음에 답하시오.

"내일 아침 올라가야겠어요."

점심상을 물러나 앉으면서 나는 마침내 입 속에서 별러 오던 소리를 내뱉어 버렸다. 노인과 아내가 동시에 밥숟가락을 멈추며 나의 얼굴을 멀거니 건너다본다.

"내일 아침 올라가다니. 이참에도 또 그렇게 쉽게?"

노인은 결국 숟가락을 상위로 내려놓으며 믿기지 않는다는 듯 되묻고 있었다.

나는 ㉠ 이제 내친걸음이었다. 어차피 일이 그렇게 될 바엔 말이 나온 김에 매듭을 분명히 지어 두지 않으면 안 되었다.

"네, 내일 아침에 올라가겠어요. 방학을 얻어 온 학생 팔자도 아닌데, 남들 일할 때 저라고 이렇게 한가할 수가 있나요. 급하게 맡아 놓은 일도 한두 가지가 아니고요."

"그래도 한 며칠 쉬어 가지 않고……. 난 해필 이런 더운 때를 골라 왔길래 ㉡ 이참에는 며칠 좀 쉬어 갈 줄 알았더니……."

"제가 무슨 더운 때 추운 때를 가려 살 여유나 있습니까."

"그래도 그 먼 길을 이렇게 단걸음에 되돌아가기야 하겄냐. 넌 항상 ㉢ 한동자로만 왔다가 선걸음에 새벽길을 나서곤 하더라마는……. 이번에는 너 혼자도 아니고……. 하룻밤이나 차분히 좀 쉬어 가도록 하거라."

"오늘 하루는 쉬었지 않아요. 하루를 쉬어도 제 일은 사흘을 버리는 걸요. 찻길이 훨씬 나아졌다곤 하지만 여기선 아직도 서울이 천리 길이라 오는 데 하루 가는 데 하루……."

"급한 일은 우선 좀 마무리를 지어 놓고 오지 않구선……."

노인 대신 이번에는 아내 쪽에서 나를 원망스럽게 건너다보았다. 그건 물론 나의 주변머리를 탓하고 있는게 아니었다. 내게 그처럼 급한 일이 없다는 걸 그녀는 알고 있었다. 서울을 떠나올 때 급한 일들은 미리 다 처리해 둔 것을 그녀에게는 내가 말을 해 줬으니까. 그리고 이번에는 좀 홀가분한 기분으로 여름 여행을 겸해 며칠 동안이라도 노인을 찾아보자고 내 편에서 먼저 제의를 했었으니까. 그녀는 나의 참을성 없는 심경의 변화를 나무라고 있는 것이었다. 그리고 그 매정스런 결단을 원망하고 있는 것이었다. 까닭 없는 연민과 애원기 같은 것이 서

이청준, 「눈길」
- **갈래** : 단편소설, 귀향소설
- **성격** : 상징적, 서정적, 회고적
- **시점** : 1인칭 주인공시점
- **배경** : 1970년대 여름, 시골의 고향집
- **주제** : 어머니의 사랑에 대한 깨달음과 화해
- **특징**
  - 과거 회상을 통한 역순행적 구성
  - 어머니의 이야기를 내부 이야기로 하는 액자식 구성
  - 대화를 통한 사건 전개
  - 시간의 흐름에 따라 숨겨진 진실이 점차 드러남

'눈길'의 상징적 의미
- 나
  - 남 몰래 집을 떠나야 했던 부끄러운 기억
  - 부모의 곁을 떠나 자수성가 해야 했던 운명
  - 기억하고 싶지 않은 과거의 상처
- 노인
  - 집안의 몰락으로 인해 겪어야 했던 시련과 고통
  - 자식에 대한 미안함과 죄책감
  - 자식에 대한 무한한 사랑

려 있는 그녀의 눈길이 그것을 더욱 분명히 하고 있었다.

한동안 입을 다물고 앉아 있던 노인이 마침내 (㉣)을 한 듯 다시 입을 열었다.

"항상 그렇게 바쁜 사람인 줄은 안다마는, 에미라고 이렇게 먼 길을 찾아와도 편한 잠자리 하나 못 마련해주는 내 맘이 아쉬워 그랬던 것 같구나."

말을 끝내고 무연스런 표정으로 장죽 끝에 풍년초를 꾹꾹 눌러 담기 시작한다.

너무도 간단한 (㉣)이었다.

"그래, 일이 그리 바쁘다면 가 봐야 하기는 하겠구나. 바쁜 일을 받아 놓고 온 사람을 붙잡는다고 들을 일이겄냐."

담배통에 풍년초를 눌러 담고 있는 그 노인의 얼굴에는 아내에게서와 같은 어떤 원망기 같은 것도 찾아볼 수 없었다. 당신 곁을 조급히 떠나고 싶어하는 그 매정스런 아들에 대한 아쉬움 같은 것도 엿볼 수가 없었다. 성냥불도 붙이려 하지 않고 언제까지나 그 풍년초 담배만 꾹꾹 눌러 채우고 앉아 있는 눈길은 차라리 무표정에 가까운 것이었다.

나는 그 너무도 간단한 노인의 (㉣)에 오히려 불쑥 짜증이 치솟았다. 나는 마침내 자리를 일어섰다. 그리고는 그 노인의 무표정에 밀려나기라도 하듯 방문을 나왔다. 장지문 밖 마당가에 작은 치자나무 한 그루가 한낮의 땡볕을 견디고 서 있었다.

– 이청준, 「눈길」

25 윗글에 대한 설명으로 적절하지 않은 것은?

① 인물들의 관계가 독자의 호기심을 유발하고 있다.
② 계절적 배경이 인물의 심리에 영향을 미치고 있다.
③ '나'의 시각으로 사건을 서술하여 신뢰감을 주고 있다.
④ 인물의 대화나 행동을 묘사하고 그에 대한 설명을 덧붙이고 있다.

정답 | ②　　출제 가능성 | 70%

해 설

제시된 글에서 계절적 배경을 파악할 수 있는 구절은 '한 낮의 땡볕'이다. 그러나 이러한 계절적 배경이 인물의 심리에 영향을 미치고 있다고 판단할 만한 내용은 제시되지 않았다.

26 ㉠~㉣에 대한 설명으로 적절하지 않은 것은?

① ㉠ : ㉠에 적합한 속담은 '지렁이도 밟으면 꿈틀한다'이다.
② ㉡ : ㉡에 내포된 감정은 서운함과 아쉬움이다.
③ ㉢ : ㉢의 뜻은 '끼니때가 지나 느즈막이 왔다가'이다.
④ ㉣ : ㉣에 공통으로 들어갈 어휘는 '체념'이다.

정답 | ① 출제 가능성 | 60%

해 설
㉠은 이미 말을 꺼냈으니 끝장을 봐야 한다는 뜻이므로 이에 적합한 속담은 '엎질러진 물'이다.

27~29 다음 글을 읽고 물음에 답하시오.

(가) 곱단이는 범강장달이 같은 아들을 내리 넷이나 둔 집의 막내딸이자 고명딸이었다. 부지런한 농사꾼 아버지와 착실한 아들들은 가을이면 우리 마을에서 제일 먼저 이엉을 이었다. 다섯 장정이 휘딱 해 치울 일이건만 제일 먼저 곱단이네 지붕에 올라 앉아 부산을 떠는 건 만득이였다. 만득이는 우리 동네의 유일한 읍내 중학생이라 품앗이 일에서는 저절로 제외되곤 했건만 곱단이네가 일손이 모자라는 집도 아닌데 제일 먼저 달려들곤 했다. 곱단이 작은오빠하고 만득이는 친구 사이였다. 그래도 마을 사람들은 만득이가 곱단이네 집 일이라면 발 벗고 나서고 싶어하는 게 친구네 집이라서가 아니라 그 여자, 곱단이네 집이기 때문이라는 걸 알고 있었다.

(나) 우리 마을엔 꽈리뿐 아니라 살구나무도 흔했다. 살구나무가 없는 집이 없었다. 여북해야 마을 이름도 행촌리(杏村里)였겠는가. 봄에 살구나무는 개나리와 함께 온 동네 꽃대궐처럼 화려하게 꾸며 주었지만, 열매는 시금털털한 개살구였다. 약에 쓰려고 약간의 씨를 갈무리하는 집이 있긴 해도 열매는 아이들도 잘 안먹어서 떨어진 자리에서 썩어 갔다. 아름다운 마을이었다. 살구꽃이 흐드러지게 필 무렵엔 자운영과 오랑캐꽃이 들판과 둔덕을 뒤덮었다. 자운영은 고루 질펀하게 피고, 오랑캐꽃은 소복소복 무리를 지어가며 다문다문 피었다. 살구가 흙에 스며 거름이 될 무렵엔 분분히 지는 찔레꽃이 외진 길을 달밤처럼 숨가쁘고 그윽하게 만들었다.

박완서, 「그여자네 집」
- **갈래** : 단편소설, 현대소설, 순수소설, 액자소설
- **성격** : 낭만적, 서정적, 회고적
- **시점** : 1인칭 관찰자시점
- **배경** : 일제 강점하의 행촌리와 해방 이후의 서울
- **주제** : 민족사의 비극 속에서 겪은 개인의 사랑과 좌절
- **특징**
  - 극적인 반전을 통해 주제를 강조하고 소설적 흥미 유발
  - 수필적 담화식 서술을 통해 민족의 비극과 그로 인한 개인의 비극적 삶을 반전의 수법으로 형상화함
  - 서경과 서정이 조화를 이룸
  - 고유어를 효과적으로 구사함
  - 소재, 배경을 생동감 있게 서술함

(다) 1945년 봄에도 행촌리에 살구꽃 피고, 꽈리꽃, 오랑캐꽃, 자운영이 피었을까. 그럴 리 없건만 괜히 안피고 말았을 거 같다. 그 꽃들이 피어나기 전에 만득이와 곱단이의 연애도 끝나고 말았을까. 만학이었던 만득이는 읍내의 사 년제 중학교를 졸업하자마자 징병으로 끌려 나갔다. 며칠간의 여유는 있었고, 양가에서는 그 사이에 혼사를 치르려고 했다. 연애 못 걸어 본 총각도 씨라도 남기려고 서둘러 혼처를 구해 혼사를 치르는 일이 흔할 때였다. 더군다나 만득이는 외아들이었고, 사주단자는 건네지 않았어도 서로 연애 건다는 걸 온 동네가 다 아는 각싯감이 있었다. 그러나 그는 한사코 혼사 치르기를 거부했다. 그건 그의 사랑법이었을 것이다. 남들이 다 안 알아 줘도 곱단이한테만은 그의 사랑법을 이해시키려고, 잔설이 아직 남아 있는 이른 봄의 으스름 달밤을 새벽닭이 울 때까지 곱단이를 끌고 다녔다고 한다. 곱단이가 그의 제안에 마음으로부터 승복했는지 아닌지는 알 길이 없다. 그러나 끌려 다니지를 않고 어디 방앗간 같은 데서 밤을 지냈다고 해도 만득이의 손길이 곱단이의 젖가슴도 범하질 못하였으리라는 걸 곱단이의 부모도, 마을 사람들도 믿었다. 그런 시대였다. 순결한 시대였는지, 바보 같은 시대였는지는 모르지만 그 때 우리가 존중한 법도라는 건 그런 거였다.

(라) 도시에서 군수 공장에 다니는 곱단이 오빠가 종아리에 각반을 차고 징 달린 구두를 신은 중년 남자를 데리고 내려왔다. 신의주에 있는 중요한 공사판에서 측량 기사로 있는, 한 번 장가 갔던 남자라고 했다. 곱단이 부모로부터 그 흉흉한 소문을 듣고 급하게 구해 온 곱단이 신랑감이었다. 첫장가 든 부인이 십 년이 가깝도록 아이를 못 낳아 내치고, 새장가를 든다는 그는 곱단이의 그 고운 얼굴보다는 별로 크지 않은 엉덩이만 유심히 보면서, 글쎄, 아이를 잘 낳을 수 있을까? 연방 고개를 갸우뚱, 그닥 탐탁지 않아 했다고 한다. 그러나 워낙 총각이 씨가 마른 시대였다. 게다가 지금 그 늙은 신랑감이 하고 있는 일은 군사적인 중요한 일이라 징용은 절로 면제된다고 한다. 곱단이네는 그 고운 딸을 번갯불에 콩 궈 먹듯이 그 재취 자리로 보내 버렸다.

– 박완서, 「그여자네 집」

27 (가)~(라)에 대한 설명으로 적절하지 않은 것은?

① (가) : 만득이가 곱단이네 집안 일을 돕는 과정이 서술자를 통해 요약적으로 제시되고 있다.

② (나) : 작품의 공간적 배경이 되는 상황이 사실적으로 제시되고 있어 사실성을 더하고 있다.

③ (다) : 곱단이와 만득이의 비극적 상황을 통해 당대 결혼 제도의 비합리성을 시적으로 드러내고 있다.

④ (라) : 곱단이네가 서둘러 곱단이를 중년 남자와 결혼시키는 장면을 제시함으로써 곱단이의 처절한 심정을 짐작할 수 있다.

정답 | ③ 출제 가능성 | 60%

해 설

만득이와 곱단이의 비극적인 상황을 통해 두 사람의 처절한 운명을 엿볼 수 있지만 이는 당대 결혼 제도의 비합리성을 드러내고 있는 것은 아니다.

28 (나)에 드러난 분위기와 가장 유사한 것은?

① 이제 바라보노라. / 지난 것이 다 덮여 있는 눈길을 / 온 겨울을 떠돌고 와 / 여기 있는 낯선 지역을 바라보노라. / 나의 마음속에 처음으로 / 눈 내리는 풍경. – 고은, 「눈길」

② 길은 한 줄기 구겨진 넥타이처럼 풀어져 / 일광(日光)의 폭포 속으로 사라지고 / 조그만 담배 연기를 내뿜으며 / 새로 두 시의 급행열차가 들을 달린다. – 김광균, 「추일서정」

③ 겨울 바다에 가 보았지. / 미지(未知)의 새, / 보고 싶던 새들은 죽고 없었네. – 김남조, 「겨울바다」

④ 길은 외줄기 / 남도 삼백 리 // 술 익는 마을마다 / 타는 저녁놀 // 구름에 달 가듯이 / 가는 나그네. – 박목월, 「나그네」

정답 | ④ 출제 가능성 | 60%

해 설

④ 고향 마을의 정겨움과 아름다움
① 눈 내리는 고요함
② 가을의 고독감
③ 겨울바다의 쓸쓸함

29 윗글을 연극으로 공연하려고 할 때, 토의 내용으로 적절하지 않은 것은?

① (가)에서 만득이는 곱단이네 일손을 도와주는 장면에서 적극적이고 만족하는 표정을 짓도록 해야겠어.
② (나)에서는 마을의 조명을 밝게 하여 경쾌하고 따뜻한 분위기로 만들어야겠어.
③ (다)에서 만득이는 결혼을 하고 입대하라는 곱단이의 애절한 하소연에 단호하면서도 설득력 있는 표정을 짓도록 해야겠어.
④ (라)에서 중년 남자는 예의범절을 준수하는 부드러운 태도로 곱단이네 식구들을 대하도록 해야겠어.

정답 | ④ 출제 가능성 | 50%

해 설
(라)에서 중년 남자는 곱단이를 탐탁치 않게 생각하고 있다. 따라서 거만한 태도로 곱단이네 식구들을 대하는 것이 적절한 표현이다.

30~32 다음 글을 읽고 물음에 답하시오.

나는 개울가로 간다. 가물로 하여 너무나 빈약한 물이 소리 없이 흐른다. 뼈처럼 앙상한 물줄기가 왜 소리를 치지 않나?

너무 더웁다. 나뭇잎들이 다 축 늘어져서 허덕허덕하도록 더웁다. 이렇게 더우니 시냇물인들 서늘한 소리를 내어 보는 재간도 없으리라.

나는 그 물가에 앉는다. 앉아서 자 – 무슨 제목으로 나는 사색해야 할 것인가 생각해본다. 그러나 물론 아무런 제목도 떠오르지는 않는다.

그렇다면 아무것도 생각 말기로 하자. ㉠ 그저 한량없이 넓은 초록색 벌판, 지평선, 아무리 변화하여 보았댔자 결국 치열(稚劣)한 곡예의 역(域)을 벗어나지 않는 구름, 이런 것을 건너다본다.

지구 표면적의 백분의 구십 구가 이 공포의 초록색이리라. 그렇다면 지구야 말로 너무나 단조무미한 채색(彩色)이다. 도회에는 초록이 드물다. 나는 처음 여기 표착(漂着)하였을 때 이 신선한 초록빛에 놀랐고 사랑하였다. 그러나 닷새가 못 되어서 이 일망무제(一望無際)의 초록색은 조물주의 몰취미와 신경의 조잡성으로 말미암은 무미건조한 지구의 여백인 것을 발견하고 다시금 놀라지 않을 수 없었다.

어쩔 작정으로 저렇게 퍼러냐. 하루 온종일 저 푸른빛은 아무것도 하

이상, 「권태」
- 갈래 : 경수필, 현대수필
- 성격 : 초현실주의적, 지적, 사념적
- 주제 : 단조로운 농촌에서 느끼는 극도의 권태
- 특징
  - 비유를 활용하여 대상의 속성과 관련된 상념을 표현함
  - 현재형 시제를 사용하여 글쓴이의 내면을 생생하게 나타냄
  - 시간의 흐름과 공간의 이동에 따라 내용을 전개함
  - 글쓴이가 직접 보고 느낀 것을 독백적 어조로 표현 함
  - 사물을 주관적으로 인식

지 않는다. 오직 그 푸른 것에 백치와 같이 만족하면서 푸른 채로 있다.

이윽고 밤이 오면 또 거대한 구렁이처럼 빛을 잃어버리고 소리도 없이 잔다. 이 무슨 거대한 겸손이냐.

– 이상, 「권태」

30 윗글에 대한 설명으로 적절하지 않은 것은?

① 글쓴이의 실제 체험을 반영하고 있다.
② 일상적 삶의 공간에서 일탈하고자 하는 인식을 드러내고 있다.
③ 서술자가 느끼는 현재 상황에 대한 느낌을 냉소적으로 표현하고 있다.
④ 단조로운 일상과 주변 환경에서 느끼는 권태감을 그 주제로 하고 있다.

정답 | ② 출제 가능성 | 70%

해 설
현재 글쓴이가 있는 공간은 농촌이지만 이 공간이 그의 일상적 삶의 공간은 아니다. 또한 글쓴이는 농촌에서의 생활이 권태롭다고 느끼고 있지만, 그러한 삶에서 일탈하고자 하는 인식을 드러내고 있지는 않다.

31 윗글의 표현상 특징으로 보기 어려운 것은?

① 독창적 표현 ② 개성적 관찰
③ 간결한 문체 ④ 참신한 비유

정답 | ③ 출제 가능성 | 70%

해 설
글쓴이는 간결체보다는 만연체 문장을 사용하여 현실에 대한 세밀한 관찰을 보여 주고 있다.

32 ㉠과 같은 배경 묘사의 역할로 적절한 것은?

① 시간의 흐름을 표현한다.
② 앞으로 일어날 사건을 암시한다.
③ 이야기를 전개하는 데 사실성을 부여한다.
④ 화자의 내면 심리를 효과적으로 드러낸다.

정답 | ④ 출제 가능성 | 70%

해 설
글쓴이는 변화가 없는 초록빛 풍경에서 권태로움을 느낀다. 따라서 ㉠과 같은 배경 묘사는 인물의 심리를 효과적으로 제시하는 역할을 하고 있다.

33~35 다음 글을 읽고 물음에 답하시오.

여자 : 어마, 또 왔어요!

남자 : 염려마십시오. 나도 이젠 그의 의무를 방해하지 않겠습니다.

여자 : 그의 의무? 의무가 뭐죠?

남자 : 내가 빌린 물건들을 이 하인은 주인에게 가져다주는 겁니다.

하인, 남자에게 봉투를 하나 내민다. 남자는 봉투에서 쪽지를 꺼내 읽더니 아무말 없이 여자에게 건네준다.

여자 : '나가라!', 나가라가 뭐에요?

남자 : 네. 주인으로부터 온 경고문입니다. 시간이 다 지났으니 나가라는 거지요.

여자 : 나가라…… 그럼 당신 것이 아니었어요?

남자 : 내 것이라곤 없습니다.

여자 : (㉠ ____________________)

남자 : 모두 빌린 것들뿐이었지요. 저기 두둥실 떠 있는 달님도, 저 은빛의 구름도, 이 하늬바람도, 그리고 어쩌면 여기 있는 나마저도, 또 당신마저도…… (미소를 짓고) 잠시 빌린 겁니다.

(중략)

남자 : (탁상 위의 사진을 쓸어 모아 여자에게 주면서) 이것을 보여드립시다. 시간이 가고 남자에게 남는 건 사랑이라면 여자에게 남는 건 무엇이겠습니까? 그건 사진 석 장입니다. 젊을 때 한 장, 그 다음에 한 장, 늙구 나서 한 장. 당신 어머니도 이해할 겁니다.

여자 : 이해 못하실 걸요, 어머닌. (천천히 슬프고 낙담해서 사진들을 핸드백 속에 담는다.) 오늘 즐거웠어요. 정말이에요…… 그럼, 안녕히 계세요.

여자, 작별 인사를 하고 문전까지 걸어 나간다.

남자 : 잠깐만요, 덤……

여자 : (멈칫 선다. 그러나 얼굴은 남자를 외면한다.)

남자 : 가시는 겁니까, 나를 두고서?

여자 : (침묵)

남자 : 덤으로 내 말을 조금 더 들어봐요.

여자 : (악의적인 느낌이 없이) 당신은 사기꾼이에요.

이강백, 「결혼」
- **갈래** : 희곡(단막극, 실험극, 창작극)
- **성격** : 풍자적, 해학적
- **배경** : 현대의 어느 저택
- **주제** : 소유의 본질과 진정한 사랑의 의미

남자 : 그래요, 난 사기꾼입니다. 이 세상 것을 잠시 빌렸었죠. 그리고 시간이 되니까 하나 둘씩 되돌려 줘야 했습니다. 이제 난 본색이 드러나구 이렇게 빈털터리입니다. 그러나 덤, 여기 있는 사람들에게 물어봐요. 누구 하나 자신있게 이건 내 것이다, 말할 수 있는가를. 아무도 없을 겁니다. 없다니까요. 모두들 덤으로 빌렸지요. 눈동자, 코, 입술, 그 어느 것 하나 자기 것이 아니구 잠시 빌려 가진 거에요. (누구든 관객석의 사람을 붙들고 그가 가지고 있는 물건을 가리키며) 이게 당신 겁니까? 정해진 시간이 얼마지요? 잘 아꼈다가 그 시간이 되면 꼭 돌려주십시요. 덤, 이젠 알겠어요?

– 이강백, 「결혼」

33 윗글에 대한 설명으로 적절하지 않은 것은?

① 관객을 극중으로 끌어들이는 기법을 사용하고 있다.
② 동일한 단어를 반복하여 작가의 전달 의도를 강조하고 있다.
③ 극의 전개에 필요한 소품을 관객에게 빌려서 사용하고 있다.
④ 등장 인물의 몸짓만을 통해 작가의 의도를 직접 드러내고 있다.

정답 | ④ 출제 가능성 | 50%

해 설

④ 남자의 동작이 아닌 대사를 통해 주제 의식이 드러나고 있다.
①, ③ 관객에게 말을 걸고, 소품을 빌려 무대 소품으로 사용하는 등 관객을 극중으로 끌어들이는 기법을 사용하고 있다.
② '덤'이라는 단어를 의도적으로 반복하여 세상 모든 것이 누군가의 소유가 아니라 빌려 가진 '덤'이라는 작가의 생각을 강조하고 있다.

34 ㉠에 들어갈 지시문으로 가장 적절한 것은?

① 자리를 피하려 한다.
② 살짝 미소를 짓는다.
③ 이리저리 두리번거린다.
④ 충격을 받고 멍한 표정을 짓는다.

정답 | ④ 출제 가능성 | 70%

해 설

여자는 남자가 가진 것이 남자의 소유인 줄 알았으나, 남자는 "내 것이라곤 없습니다." 라고 말하고 있다. 따라서, 몹시 충격을 받고 한동안 멍한 표정으로 남자를 대할 것임을 짐작할 수 있다.

35 다음 〈보기〉를 참고할 때, 하인의 역할을 바르게 파악한 것은?

〈보기〉

> 하인은 남자의 명령을 잘 듣지 않고 그의 물건들을 빼앗아 간다. 이름만 하인일 뿐 사실상 하인이 아닌 것이다. 이러한 주객전도적인 모습은 하인이 남자를 은근히 구속하고 있음을 암시한다.

① 관객과 등장인물을 연결하는 역할
② 진실한 사랑을 가로막는 방해자의 역할
③ 사건 전개에 있어서 반드시 필요한 시간의 역할
④ 타인을 속이는 현실을 감시하는 감시자의 역할

정답 | ③ 출제 가능성 | 70%

해 설
'남자'가 빌린 물건들에 붙어있는 반환 약속 시간을 내세우면서 한 가지씩 물건들을 회수해가는 '하인'은 '시간'의 역할을 하고 있다.

36~37 다음 글을 읽고 물음에 답하시오.

(㉠)
젖산균이 지배하는 신비한 미생물의 세계

'김치는 과학이다!'

부엌만이 아니라 생물 실험실에도 김치가 자주 등장하고 있다. 김치 과학자도 부쩍 늘었다. 덕분에 김치는 이제 일본 '기무치'를 누르고, 국제 식품 규격에도 채택된 국제 식품이 됐다.

1990년대 중반 이후부터 실험실의 김치 연구가 거듭되면서, 배추김치, 무김치, 오이김치들의 작은 시공간에서 펼쳐지는 미생물들의 '작지만 큰 생태계'도 점차 밝혀지고 있다. 20여 년째 김치를 연구해 오며 지난 해 토종 젖산균(유산균) '류코노스톡 김치 아이'를 발견해 세계 학계에서 새로운 종으로 인정받은 인하대 한홍의(61) 미생물학과 교수는 "일반 세균과 젖산균, 효모로 이어지는 김치 생태계의 순환은 우리 생태계의 축소판"이라고 말했다.

흔히 "김치 참 잘 익었다."고 말한다. 그러나 김치 과학자라면 매콤새콤하고 시원한 김치 맛을 보면 이렇게 말할 법하다. "젖산균들이 한창 물이 올랐군." 하지만, 젖산균이 물이 오르기 전까지 갓 담근 김치에선 배추, 무, 고춧가루 등에 살던 일반 세균들이 한때나마 왕성하게 번식한다. 소금에 절인 배추, 무는 포도당 등 영양분을 주는 좋은 먹이터전인 것이다.

"김치 초기에 일반 세균은 최대 10배까지 급속히 늘어나다가 다시 급속히 사멸해 버립니다. 제 입에 맞는 먹잇감이 줄어드는데다 자신이 만들어 내는 이산화탄소가 포화 상태에 이르러 더는 살아갈 수 없는 환경이 되는 거죠." 한 교수는 이즈음 산소를 싫어하는 '혐기성' 미생물인 젖산균이 활동을 개시한다고 설명했다. 젖산균은 시큼한 젖산을 만들며 배추, 무를 서서히 김치로 무르익게 만든다. 젖산균만이 살 수 있는 환경이 되는데, "다른 미생물이 출현하면 수십 종의 젖산균이 함께 '박테리오신'이라는 항생 물질을 뿜어 내어 이를 물리친다."고 한다.

– 기사문, 「김치는 살아있다」 中

36 위와 같은 글의 특징으로 적절하지 <u>않은</u> 것은?

① 전문가의 말을 인용함으로써 신뢰성을 높이기도 한다.
② 사실만으로 서술되어 개인의 의견이 개입될 수 없다.
③ 표제, 부제와 본문과의 연관성을 생각하며 읽어야 한다.
④ 정보를 가공 · 변형하는 편집 과정이 존재하므로 비판적으로 읽어야 한다.

정답 | ② 출제 가능성 | 70%

해 설
제시된 글은 신문 기사의 일부이다. 신문 기사에는 사실만을 전달하는 부분과 기자 개인의 의견이 담긴 부분이 혼합되어 있다. 따라서 독자는 사실과 의견을 구분하여 읽어야 한다.

37 〈보기〉를 참고로 할 때, ㉠에 들어갈 제목으로 가장 적절한 것은?

〈보기〉

첫째, 신문 기사의 표제는 본문의 내용을 압축해서 표현해야 한다. 둘째, 표제는 문장으로 표현해야 한다. 셋째, 표제는 정확하고 간결해야 한다. 넷째, 품위가 있고 일상생활에서 쓰이는 구어로 작성해야 한다. 다섯째, 표제는 독자의 호기심을 자극할 수 있어야 한다.

① "김치는 살아 있다"
② "김치, 생물 실험실 점령!"
③ "김치 과학의 비밀 밝혀져"
④ "김치 산업, 유망 수출 종목!"

정답 | ① 출제 가능성 | 70%

해 설
제시된 기사는 김치에서 활동하고 있는 미생물의 세계를 과학적으로 설명하는 데 초점을 두고 있다. 따라서 제목으로 가장 적절한 것은 "김치는 살아 있다"이다.

38~40 다음 글을 읽고 물음에 답하시오.

공간 이용에서 네가티비즘이 문제시되어야 하는 또 한 가지 측면은 인간 사회 안에서 일어나는 문제이다. 하나의 공간을 어떤 특정한 목적을 위해 제한해 버린다는 것은 언제나 그 ㉠ 제한된 공간 밖에 있는 사람들에게 저항감을 느끼게 하거나 상대적인 빈곤감을 느끼게 할 수 있다. 대도시 안에 있는 ㉡ 빈민촌은 그 자체가 제한된 공간이라는 인상을 주지만 사실상은 그 곳에 있는 사람들이 행동의 제한을 받는 사람들이다. 그러한 ㉢ 특수 공간을 만든 사람은 그들이 아니라 그 공간 밖에 사는 사람들이기 때문이다. 그런 빈민촌에서 벗어 나오고 싶지만 바깥 공간이 제한되어 있기 때문에 못 나오는 사람들은 있으나 ㉣ 바깥 공간에서 빈민촌으로 들어가고자 하는 사람은 없다는 사실이 중요하다. 그러므로 어떠한 공간 설계든 그것으로 인해서 그 공간에서 추방당하거나 제외되는 사람들이 있어야 하는 것이면 그것은 바람직하지 못한 것이라고 할 수 있다.

윤리적으로 공간 설계는 그 제한된 공간 안에 있는 사람들이나 그

김수근, 「건축과 동양정신」
- **갈래** : 설명문
- **문체** : 건조체
- **성격** : 논리적, 논증적, 객관적, 설득적
- **구성** : 3단 구성(머리말-본문-맺음말)
- **주제** : 전통 건축 사상으로서의 네거티비즘의 의의

공간 밖에 있는 사람들이 꼭 같이 그 설계의 결과로 혜택을 받을 수 있게 하는 것이다. 이처럼 한 공간의 안과 밖이 다같이 좋은 목적을 위해 이용이 될 수 있게 된 것을 [　　　]이라고 한다면, 이 공간 개념은 하나의 건물 안에 있는 공간들이나 건물들 사이의 공간들, 또는 도시 공간 전체와 인간의 생활 공간 전체를 계획하고 설계하는 데도 적용이 되어야 할 것이다.

– 김수근, 「건축과 동양 정신」

38 윗글의 성격으로 알맞은 것은?

① 논리적　② 서사적
③ 허구적　④ 상징적

정답 | ①　출제 가능성 | 60%

해 설

제시문은 전통 건축에 나타난 네거티비즘의 의미와 공간 개념을 빈민촌이라는 구체적인 예를 들어 논리적으로 풀어쓴 글이다.

39 ㉠~㉣ 중, 공간의 의미가 다른 것은?

① ㉠　② ㉡
③ ㉢　④ ㉣

정답 | ④　출제 가능성 | 60%

해 설

㉣ 빈민촌의 외부 공간을 의미한다.

㉠, ㉡, ㉢ 모두 빈민촌이라는 제한된 공간을 의미한다.

40 윗글의 내용으로 보아 [　　　]에 들어갈 말로 가장 적절한 것은?

① 기분 공간　② 자연 공간
③ 통합 공간　④ 사유 공간

정답 | ③　출제 가능성 | 60%

해 설

제한된 공간 안에 있는 사람이나 그 밖에 있는 사람이 모두 똑같이 혜택을 받을 수 있는 설계는 안과 밖을 모두 포괄하는 '통합 공간'이라 할 수 있다.

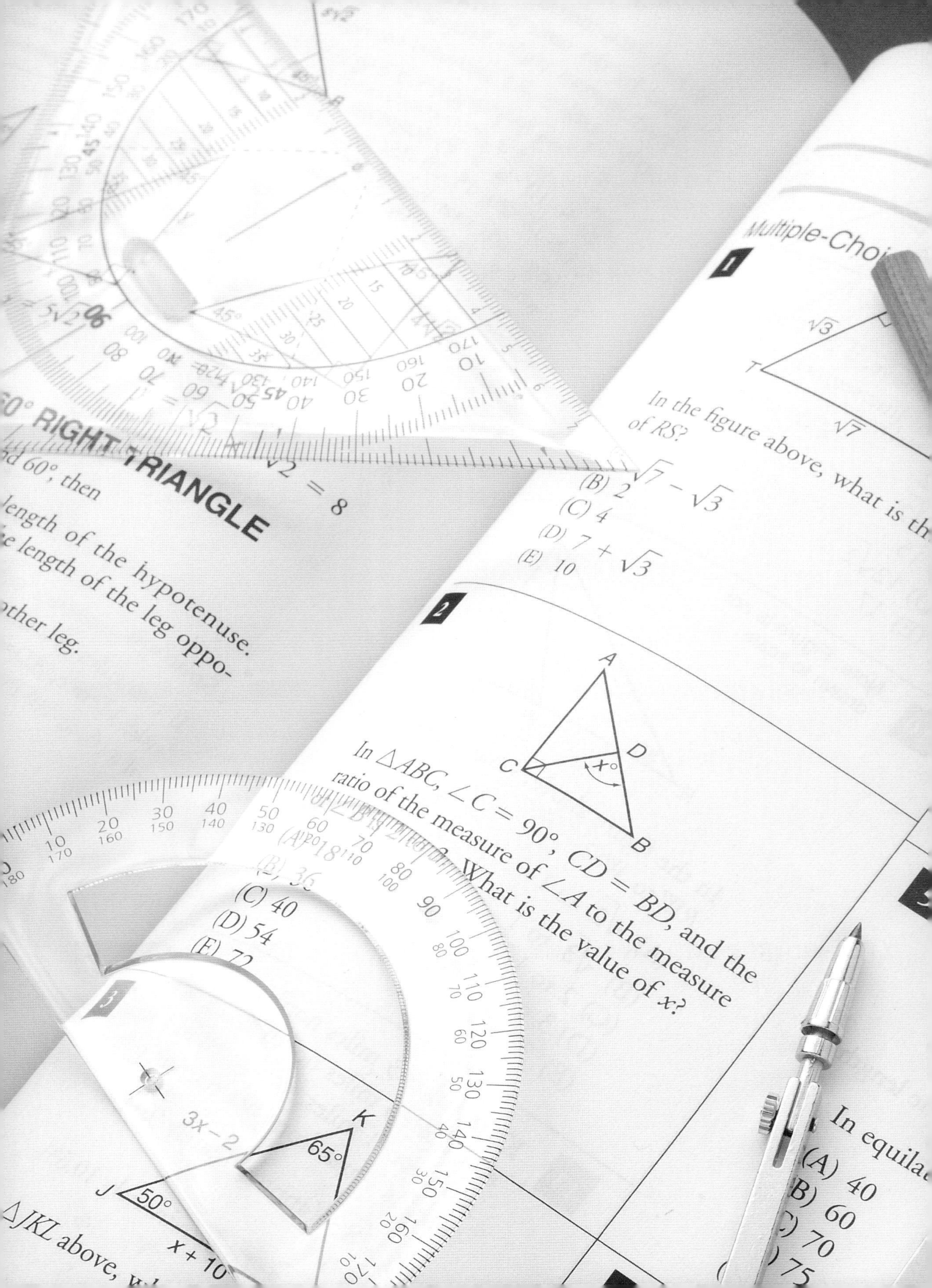

RIGHT TRIANGLE
length of the hypotenuse.
length of the leg oppo-
other leg.
Multiple-Choi
In the figure above, what is th
of RS?
(C) 4
(E) 10
In $\triangle ABC$, $\angle C = 90°$, $CD = BD$, and the
ratio of the measure of $\angle A$ to the measure
What is the value of x?
(C) 40
(D) 54
In equila
(A) 40
60
70
3x − 2
65°
50°
x + 10

PART 2

STEP1. 핵심 이론.ZIP

STEP2. 시험에 반드시 출제되는 문제

수학 | 핵심 이론.ZIP

❶ 다항식과 그 연산

(1) 다항식과 연산

① 다항식에 관한 용어

㉠ 단항식 : 숫자와 문자의 곱으로 이루어진 식

㉡ 다항식 : 단항식이나 단항식의 합 또는 차로 이루어진 식

㉢ 항 : 다항식을 이루고 있는 각각의 단항식

㉣ 계수 : 항에서 문자를 제외한 나머지 부분

㉤ 항의 차수 : 항에서 문자가 곱해진 개수

㉥ 상수항 : 특정한 문자를 포함하지 않는 항

㉦ 동류항 : 계수는 다르지만 문자와 차수가 같은 항

② 다항식의 연산 : 세 다항식 A, B, C에 대하여 다음이 성립한다.

㉠ 교환법칙 : $A+B=B+A$, $A\cdot B=B\cdot A$

㉡ 결합법칙 : $(A+B)+C=A+(B+C)$,
$(A\cdot B)\cdot C=A\cdot(B\cdot C)$

㉢ 분배법칙 : $A\cdot(B+C)=A\cdot B+A\cdot C$,
$(A+B)\cdot C=A\cdot C+B\cdot C$

> **문제UP**
> 다음을 계산하여라.
> (1) $2(a+1)-(-a+2)$
> (2) $3(2a-1)+2(3a+1)$
>
> 해 (1) 식을 전개해보면
> $2a+2+a-2$이고,
> 동류항끼리 묶으면
> $2a+a+2-2=3a$
> (2) 식을 전개해보면
> $6a-3+6a+2$이고,
> 동류항끼리 묶으면
> $6a+6a-3+2=12a-1$
>
> 정답 (1) $3a$ (2) $12a-1$

(2) 다항식의 덧셈과 뺄셈

① 다항식의 덧셈

괄호를 먼저 풀고 동류항끼리 모아서 계산한다.

$A=(a+3b)$, $B=(2a-b)$일 때 $A+B$는

$(a+3b)+(2a-b)=a+2a+3b-b=3a+2b$

② 다항식의 뺄셈

빼는 식의 각 항의 부호를 바꾸어 더한다.

$A=(a+3b)$, $B=(2a-b)$일 때 $A-B$는

$(a+3b)-(2a-b)=a-2a+3b+b=-a+4b$

> **문제UP**
> 두 다항식 $A=x^2+2x$, $B=2x^2+x-3$에 대하여 $2A-B$의 값은?
> ① -3
> ② $3x+3$
> ③ $-x^2+x+3$
> ④ $4x^2+3x+3$
>
> 해 $2(x^2+2x)-(2x^2+x-3)$
> $=2x^2+4x-2x^2-x+3$
> $=3x+3$
>
> 정답 ②

(3) 다항식의 곱셈

다항식의 곱셈은 분배법칙을 이용하여 전개한다.

$A=(a+3b)$, $B=(2a-b)$일 때 $A\times B$는

$(a+3b)\times(2a-b)=2a^2-ab+6ab-3b^2=2a^2+5ab-3b^2$

(4) 다항식의 나눗셈

다항식의 나눗셈은 자연수의 나눗셈과 같은 방법으로 다음과 같은 과정을 거친다.

$A=3x^3+2x^2+x+1$, $B=x^2+4x+3$일 때 $A\div B$는

$$\begin{array}{r l}
 & 3x-10 \quad \Leftarrow \text{몫} \\
x^2+4x+3 \big) & 3x^3+2x^2+x+1 \\
 & 3x^3+12x^2+9x \\
\hline
 & -10x^2-8x+1 \\
 & -10x^2-40x-30 \\
\hline
 & 32x+31 \quad \Leftarrow \text{나머지}
\end{array}$$

$\Rightarrow 3x^3+2x^2+x+1=(x^2+4x+3)(3x-10)+32x+31$

다항식 A를 다항식 B로 나누었을 때의 몫을 Q, 나머지를 R이라 하면, $A=BQ+R$ (단, $R=0$ 또는 (R의 차수)$<$(B의 차수))

(5) 곱셈 공식 중요

① $(a+b)^2=a^2+2ab+b^2$
 $(a-b)^2=a^2-2ab+b^2$

② $(a+b)(a-b)=a^2-b^2$

③ $(x+a)(x+b)=x^2+(a+b)x+ab$

④ $(ax+b)(cx+d)=acx^2+(ad+bc)x+bd$

⑤ $(a+b+c)^2=a^2+b^2+c^2+2ab+2bc+2ca$

⑥ $(a+b)^3=a^3+3a^2b+3ab^2+b^3$
 $(a-b)^3=a^3-3a^2b+3ab^2-b^3$

⑦ $(a+b)(a^2-ab+b^2)=a^3+b^3$
 $(a-b)(a^2+ab+b^2)=a^3-b^3$

⑧ $(x+a)(x+b)(x+c)=x^3+(a+b+c)x^2+(ab+bc+ca)x+abc$

⑨ $(a+b+c)(a^2+b^2+c^2-ab-bc-ca)=a^3+b^3+c^3-3abc$

⑩ $(a^2+ab+b^2)(a^2-ab+b^2)=a^4+a^2b^2+b^4$

개념UP

곱셈 공식의 변형

- $a^2+b^2=(a+b)^2-2ab$
- $a^2+b^2=(a-b)^2+2ab$
- $(a+b)^2=(a-b)^2+4ab$
- $(a-b)^2=(a+b)^2-4ab$
- $a^3+b^3=(a+b)^3-3ab(a+b)$
- $a^3-b^3=(a-b)^3+3ab(a-b)$

문제UP

$a+b=2$, $ab=-3$일 때, a^2+b^2의 값은?

① -1 ② 1
③ 10 ④ 13

해 $a^2+b^2=(a+b)^2-2ab$
$=2^2-2\cdot(-3)$
$=10$

정답 ③

❷ 나머지정리

(1) 항등식

① 항등식 : 주어진 식의 포함된 문자에 어떤 값을 대입하여도 항상 성립하는 등식이다.

② 항등식의 성질

㉠ $ax+b=0$이 x에 대한 항등식일 때 $\Leftrightarrow a=0,\ b=0$

㉡ $ax+b=cx+d$가 x에 대한 항등식일 때 $\Leftrightarrow a=c,\ b=d$

㉢ $ax^2+bx+c=0$이 x에 대한 항등식일 때
$\Leftrightarrow a=0,\ b=0,\ c=0$

㉣ $ax^2+bx+c=dx^2+ex+f$가 x에 대한 항등식일 때
$\Leftrightarrow a=d,\ b=e,\ c=f$

③ 미정계수법 : 주어진 등식에서 정해지지 않은 계수를 구하는 방법

㉠ 계수비교법 : 항등식의 양변에 있는 동류항의 계수를 비교하여 미정계수를 구하는 방법

㉡ 수치대입법 : 항등식의 문자에 미정계수의 개수만큼 특정한 값을 대입하여 미정계수를 구하는 방법

(2) 나머지정리

x에 대한 다항식 $f(x)$를 $x-a$로 나누었을 때의 몫을 $Q(x)$, 나머지를 R이라 하면

$f(x)=(x-a)Q(x)+R$ (단, R은 상수)

위의 등식에 $x=a$를 대입하면

$f(a)=0\cdot Q(a)+R=R$이므로 $f(a)=R$이다.

① 다항식 $f(x)$를 $x-a$로 나누었을 때의 나머지는 $f(a)$이다.

② 다항식 $f(x)$를 $ax+b$로 나누었을 때의 나머지는 $f\left(-\frac{b}{a}\right)$이다.

문제UP

다항식 $f(x)=x^2-3x+2$를 $x-1$로 나누었을 때의 나머지는?

① -2　　② -1
③ 0　　④ 1

해 다항식 $f(x)=x^2-3x+2$를 $x-1$로 나누었을 때의 나머지는 $f(1)$이므로
$f(1)=1^2-3\cdot1+2=0$

정답 ③

개념UP

조립제법

다항식 $f(x)$를 x에 관한 일차식으로 나눌 때의 몫과 나머지를 구하는 방법이다.

예 $A=3x^2+2x+2,\ B=x+1$일 때, A를 B로 나누었을 때의 몫과 나머지는

-1	3	2	2
		-3	1
	3	-1	3

$x+1=0$을 만족하는 x의 값을 넣는다.
$3\times(-1)$, $-1\times(-1)$
몫 : $3x-1$　나머지 : 3

$\therefore 3x^2+2x+2=(x+1)(3x-1)+3$

❸ 인수분해

(1) 인수분해 기본 공식 중요

① $ma+mb-mc=m(a+b-c)$

② $a^2+2ab+b^2=(a+b)^2$

$a^2-2ab+b^2=(a-b)^2$

③ $a^2-b^2=(a+b)(a-b)$

④ $x^2+(a+b)x+ab=(x+a)(x+b)$

⑤ $acx^2+(ad+bc)x+bd=(ax+b)(cx+d)$

⑥ $a^2+b^2+c^2+2ab+2bc+2ca=(a+b+c)^2$

⑦ $a^3+3a^2b+3ab^2+b^3=(a+b)^3$

$a^3-3a^2b+3ab^2-b^3=(a-b)^3$

⑧ $a^3+b^3=(a+b)(a^2-ab+b^2)$

$a^3-b^3=(a-b)(a^2+ab+b^2)$

⑨ $a^3+b^3+c^3-3abc=(a+b+c)(a^2+b^2+c^2-ab-bc-ca)$

⑩ $a^4+a^2b^2+b^4=(a^2+ab+b^2)(a^2-ab+b^2)$

(2) 복잡한 식의 인수분해

① **치환을 이용한 인수분해** : 공통부분을 한 문자로 치환하여 인수분해한다.

② **내림차순을 이용한 인수분해** : 여러 문자가 포함된 식은 차수가 낮은 문자에 대하여 내림차순으로 정리하여 인수분해한다.

③ **인수정리를 이용한 인수분해** : 삼차 이상의 다항식은 나머지가 0이 되도록 조립제법을 이용하여 인수분해한다.

문제UP

다음 식을 인수분해 하여라.

$$x^3+2x^2y-x-2y$$

해 앞의 두 식을 x^2로 묶으면 $x^2(x+2y)$이고, 뒤의 두 식을 -1로 묶으면 $-(x+2y)$이다.
$(x+2y)$가 공통이므로 정리하면
$(x+2y)(x^2-1)$
$=(x+2y)(x+1)(x-1)$

정답 $(x+2y)(x+1)(x-1)$

❹ 복소수

(1) 허수와 복소수

① **허수 단위**($i=\sqrt{-1}$) : 제곱해서 -1이 되는 수를 i로 나타낸다. i를 허수단위라 하고 i를 포함하는 수를 허수라 한다.

② **복소수** : 임의의 실수 a, b에 대하여 $a+bi$의 꼴로 나타내는 수를 복소수라 한다. a를 실수 부분, b를 허수 부분이라 하고 $a=0$일 때 순허수라고 한다.

개념UP

허수 단위의 주기

$i=i^{4n+1}=\sqrt{-1}$

$i^2=i^{4n+2}=-1$

$i^3=i^{4n+3}=-i$

$i^4=i^{4n}=1$

(2) 복소수의 상등

두 복소수 $a+bi$, $c+di$ (단, a, b, c, d는 실수)에 대해서

① $a+bi=c+di \Leftrightarrow a=c,\ b=d$

② $a+bi=0 \Leftrightarrow a=0,\ b=0$

(3) 켤레복소수

복소수 $a+bi$ (a, b는 실수)에 대해서 $a-bi$를 $a+bi$의 켤레복소수라 하고 $\overline{a+bi}$로 나타낸다. 즉 $\overline{a+bi}=a-bi$이다.

(4) 복소수의 사칙연산

실수 a, b, c, d에 대하여

① 덧셈 : $(a+bi)+(c+di)=(a+c)+(b+d)i$

② 뺄셈 : $(a+bi)-(c+di)=(a-c)+(b-d)i$

③ 곱셈 : $(a+bi)\times(c+di)=(ac-bd)+(ad+bc)i$

④ 나눗셈 : $\dfrac{a+bi}{c+di}=\dfrac{ac+bd}{c^2+d^2}+\dfrac{bc-ad}{c^2+d^2}i$ (단, $c+di\neq0$)

개념UP

켤레복소수의 성질

- $z=a+bi$일 때, $\bar{z}=\overline{a+bi}=a-bi$에 대하여 $z+\bar{z}=$실수, $z\cdot\bar{z}=$실수이다.
- z_1, z_2에 대하여
  $\overline{(\overline{z_1})}=z_1$
  $\overline{z_1+z_2}=\overline{z_1}+\overline{z_2}$
  $\overline{z_1-z_2}=\overline{z_1}-\overline{z_2}$
  $\overline{z_1\cdot z_2}=\overline{z_1}\cdot\overline{z_2}$
  $\overline{\left(\dfrac{z_1}{z_2}\right)}=\dfrac{\overline{z_1}}{\overline{z_2}}$ (단, $z_2\neq0$)

❺ 이차방정식

(1) 일차방정식

① 방정식 : 등식에 특정한 값을 대입할 때만 성립하는 등식이다. 이때 등식을 성립시키는 x의 값을 방정식의 해 또는 근이라고 한다.

② 일차방정식 : $ax=b\ (a\neq0)$와 같이 x의 최고 차수가 일차인 방정식이다.

㉠ 방정식 $ax=b$의 해

- $a\neq0$일 때 $\Rightarrow x=\dfrac{b}{a}$
- $a=0$, $b\neq0$일 때 $\Rightarrow$ 해가 없다.(불능)
- $a=0$, $b=0$일 때 $\Rightarrow$ 해가 무수히 많다.(부정)

㉡ 절댓값 기호를 포함한 일차방정식

$$|A|=\begin{cases}A & (A\geq0)\\ -A & (A<0)\end{cases}$$

예 $|x+1|=4x-2$

(i) $x\geq-1$일 때,

$x+1=4x-2$

$x=1 \Rightarrow x=1$은 $x\geq-1$을 만족함

문제UP

다음 일차방정식 $2x+1=-x+4$의 해를 구하면?

① 1 ② 2
③ 3 ④ 4

해 일차방정식 $2x+1=-x+4$를 정리하면 $2x+x=4-1$, $3x=3$, $x=1$

정답 ①

(ⅱ) $x<-1$일 때,

$-(x+1)=4x-2$

$x=\frac{1}{5} \Rightarrow x=\frac{1}{5}$은 $x<-1$을 불만족함

$\therefore x=1$

(2) 이차방정식

① 이차방정식 : $ax^2+bx+c=0\ (a\neq0)$과 같이 x의 최고차항의 차수가 2인 방정식이다.

② 이차방정식의 풀이

㉠ 인수분해 : $ax^2+bx+c=0$이 $a(x-\alpha)(x-\beta)=0$으로 인수분해되는 경우 $x=\alpha$ 또는 $x=\beta$이다.

㉡ 근의 공식 중요

- $ax^2+bx+c=0$일 때,

$$x=\frac{-b\pm\sqrt{b^2-4ac}}{2a}$$

- $ax^2+2b'x+c=0$일 때,

$$x=\frac{-b'\pm\sqrt{(b')^2-ac}}{a}$$

(3) 판별식

x에 대한 이차방정식 $ax^2+bx+c=0\ (a\neq0)$의 해

$x=\frac{-b\pm\sqrt{b^2-4ac}}{2a}$에서 b^2-4ac의 값의 부호에 따라 실근인지 또는 허근인지를 판별할 수 있으므로 b^2-4ac를 이차방정식의 판별식이라 하고 D로 나타낸다.

① $D=b^2-4ac>0 \Leftrightarrow$ 서로 다른 두 실근

② $D=b^2-4ac=0 \Leftrightarrow$ 중근

③ $D=b^2-4ac<0 \Leftrightarrow$ 서로 다른 두 허근

실근을 가질 조건은 $D\geq0$이다.

(4) 근과 계수의 관계

① 이차방정식 $ax^2+bx+c=0\ (a\neq0)$의 두 근을 α, β라 하면

문제UP

이차방정식 $(x+2)(x-3)=14$의 해가 α, β일 때, $\alpha+2\beta$의 값은? (단, $\alpha<\beta$)

① 3 ② 4
③ 5 ④ 6

해 $(x+2)(x-3)=14$
$x^2-x-6=14$
$x^2-x-20=0$
$(x+4)(x-5)=0$
$x=-4$ 또는 5
$\alpha=-4$, $\beta=5$ ($\because \alpha<\beta$)
$\therefore \alpha+2\beta=-4+2\cdot5=6$

정답 ④

개념UP

짝수 근의 판별식

일차항의 계수가 짝수인 이차방정식에서

$\frac{D}{4}=b'^2-ac$

① $\frac{D}{4}>0 \Leftrightarrow$ 서로 다른 두 실근

② $\frac{D}{4}=0 \Leftrightarrow$ 중근

③ $\frac{D}{4}<0 \Leftrightarrow$ 서로 다른 두 허근

문제UP

이차방정식 $x^2-3x+5=0$의 두 근이 α, β일 때, $\alpha+\beta$의 값은?

① -5　　② -3
③ 3　　④ 5

해 근과 계수의 관계에 의해
$x^2-3x+5=0$의 두 근의 합은
$\alpha+\beta=-\frac{(-3)}{1}=3$

정답 ③

문제UP

정의역이 $\{x\mid -2\le x\le 2\}$인 이차함수 $y=2x^2+4x-1$의 최댓값은 M, 최솟값은 m이다. 이때 $M-m^2$의 값은?

① 3　　② 6
③ 9　　④ 12

해 이차함수 $y=2x^2+4x-1$은 꼭짓점이 $(-1, -3)$이므로
최솟값 $m=-3$이다.
최댓값은 $x=2$일 때 $M=15$이다.
따라서 $M-m^2=15-9=6$

정답 ②

$$\alpha+\beta=-\frac{b}{a},\ \alpha\beta=\frac{c}{a}$$

② α, β를 두 근으로 하고 이차항의 계수가 1인 x에 대한 이차방정식은 $(x-\alpha)(x-\beta)=0 \Leftrightarrow x^2-(\alpha+\beta)x+\alpha\beta=0$

(5) 실근의 부호

이차방정식 $ax^2+bx+c=0\ (a\neq 0)$의 두 실근을 α, β라 하면

① 두 근이 모두 양수 $\Leftrightarrow D\ge 0,\ \alpha+\beta>0,\ \alpha\beta>0$

② 두 근이 모두 음수 $\Leftrightarrow D\ge 0,\ \alpha+\beta<0,\ \alpha\beta>0$

③ 두 근이 서로 다른 부호 $\Leftrightarrow \alpha\beta<0$

❻ 이차함수

(1) 이차함수의 최대 · 최소

① 이차함수 $y=a(x-p)^2+q$에 대하여

㉠ $a>0$일 때 $x=p$에서 최솟값은 $y=q$이고, 최댓값은 없다.

㉡ $a<0$일 때 $x=p$에서 최솟값은 없고 최댓값은 $y=q$이다.

② 정의역의 범위가 주어지는 이차함수의 최대 · 최소

정의역이 $\alpha\le x\le\beta$에서 $y=a(x-p)^2+q$에 대하여

㉠ 꼭짓점이 정의역에 포함될 때

- $a>0$일 때 최솟값은 q이고, 최댓값은 $f(\alpha)$, $f(b)$ 중 큰 값이다.
- $a<0$일 때 최솟값은 $f(\alpha)$, $f(\beta)$ 중 작은 값이고, 최댓값은 q이다.

㉡ 꼭짓점이 정의역에 포함되지 않을 때 : 최솟값은 $f(\alpha)$, $f(\beta)$ 중 작은 값이고, 최댓값은 $f(\alpha)$, $f(\beta)$ 중 큰 값이다.

(2) 이차함수의 그래프와 직선의 위치 관계

이차함수 $y=ax^2+bx+c$와 직선 $y=mx+n$에 대하여

이차방정식 $y=ax^2+(b-m)x+c-n=0$의 판별식을 D라 하자.

① $D>0 \Leftrightarrow$ 서로 다른 두 점에서 만난다.

② $D=0 \Leftrightarrow$ 한 점에서 만난다(접한다).

③ $D<0 \Leftrightarrow$ 만나지 않는다.

➡ x에 대한 방정식 $f(x)=g(x)$의 실근의 개수

$\Leftrightarrow$ 두 함수 $y=f(x)$와 $y=g(x)$의 그래프의 교점의 개수

(3) 이차함수와 이차방정식의 관계

이차방정식 $ax^2+bx+c\ (a\neq0)=0$을 풀어 나온 실근 x와 이차함수 $y=ax^2+bx+c\ (a\neq0)$가 x축과 만나는 교점의 x좌표는 일치한다. 따라서 $y=ax^2+bx+c\ (a\neq0)$이 x축과 교점을 가질 수 있는지 여부와 교점을 갖는다면 몇 개의 교점을 갖는지는 이차방정식 $ax^2+bx+c\ (a\neq0)=0$의 판별식 $D=b^2-4ac$의 부호로 알 수 있다.

$a>0$	$D>0$	$D=0$	$D<0$
$y=f(x)$의 그래프	a, b, x	a, x	x
x축과의 교점	x축과 두 점에서 만난다.	x축과 한 점에서 만난다.	x축과 만나지 않는다.
$f(x)=0$의 해	서로 다른 두 실근	중근 (서로 같은 두 실근)	허근

(4) 이차함수와 이차부등식의 관계

① $ax+bx+c>0$의 해

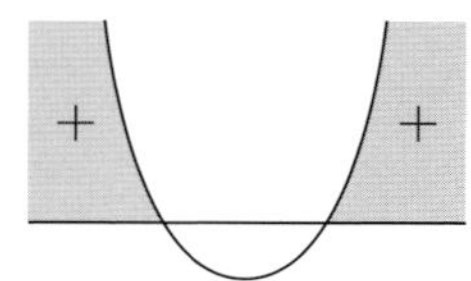

② $ax+bx+c<0$의 해

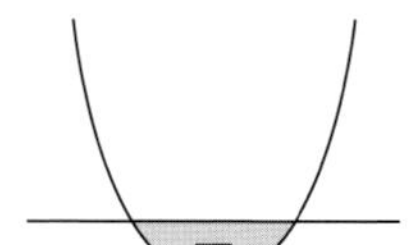

③ $a>0$일 때, $f(x)=ax^2+bx+c$의 판별식을 D라 하고, 두 근을 α, β라고 하자.

구분	$D>0$	$D=0$	$D<0$
	α, β, x	α, x	x
$f(x)>0$의 해	$x<\alpha$ 또는 $x>\beta$	$x\neq\alpha$인 모든 실수	모든 실수
$f(x)<0$의 해	$\alpha<x<\beta$	없다.	없다.

문제UP

이차함수 $y=x^2-2x+k$의 그래프가 x축과 서로 다른 두 점에서 만나도록 k의 범위를 구하면?

① $k>1$ ② $k<1$
③ $k<2$ ④ $k>2$

해 이차함수가 x축과 서로 다른 두 점에서 만나려면 판별식 $D>0$를 만족해야 한다.

따라서 $\frac{D}{4}=1-k>0$, $k<1$

정답 ②

문제UP

이차부등식 $x^2+kx+k+3>0$의 해가 모든 실수가 되도록 k의 값의 범위를 구하여라.

해 이차부등식이 0보다 크므로 x축에 떠 있는 상태이다. 따라서 판별식 $D<0$을 만족해야 한다.

$D=k^2-4(k+3)=k^2-4k-12$

$=(k+2)(k-6)<0$,

$-2<k<6$

정답 $-2<k<6$

> 개념UP
>
> **상반방정식 풀이법**
>
> - 상반방정식 : 내림차순 또는 오름차순으로 정리하였을 때, 방정식의 계수가 좌우 대칭인 방정식이다.
> - 짝수차수
> $ax^4+bx^3+cx^2+bx+a=0$
>   (i) 양변을 x로 나눈다.
>   (ii) $x+\frac{1}{x}=t$로 치환한다.
>   (iii) 인수분해하여 해를 구한다.
> - 홀수차수
> $ax^5+bx^4+cx^3+cx^2+bx+a=0$
>   (i) 조립제법을 이용하여 $(x+1)f(x)=0$의 꼴로 나타낸다. (짝수차 계수의 합과 홀수차 계수의 합이 같으므로 성립)
>   (ii) $f(x)=0$은 짝수 상반방정식이 되므로 위와 같이 짝수차수 상반방정식의 풀이를 이용하여 해를 구한다.

> 문제UP
>
> 다음 삼차방정식 $2x^3+x^2-x+4=0$의 세 근 a, b, c라 할 때, $abc(a+b+c)$의 값은?
>
> ① 1 ② 2
> ③ 3 ④ 4
>
> 해 근과 계수와의 관계를 이용하면
> 삼차방정식 $2x^3+x^2-x+4=0$에서
> $a+b+c=-\frac{1}{2}$, $abc=-2$
> 따라서 $abc(a+b+c)=1$
>
> 정답 ①

❼ 여러 가지 방정식

(1) 고차방정식

① **고차방정식** : 방정식 $f(x)=0$에서 $f(x)$의 차수가 삼차 이상인 방정식을 고차방정식이라 한다.

② **고차방정식의 풀이**

㉠ **인수분해** : 인수분해 공식, 인수정리와 조립제법을 이용하여 인수분해가 되면 다음과 같이 해를 구한다.

- $ABC=0 \Leftrightarrow A=0$ 또는 $B=0$ 또는 $C=0$
- $ABCD=0 \Leftrightarrow A=0$ 또는 $B=0$ 또는 $C=0$ 또는 $D=0$

㉡ **복이차방정식**

$ax^4+bx^2+c=0$ $(a\neq0)$과 같이 짝수차수의 항만으로 이루어진 복이차방정식은

- $x^2=t$로 치환하여 인수분해하여 해를 구한다.
- 인수분해 불가능한 것은 $A^2-B^2=0$의 꼴로 변형한 후 인수분해하여 해를 구한다.

(2) 삼차방정식의 근과 계수의 관계

① 삼차방정식 $ax^3+bx^2+cx+d=0$ $(a\neq0)$의 세 근을 α, β, γ라 하면

$$\alpha+\beta+\gamma=-\frac{b}{a}$$
$$\alpha\beta+\beta\gamma+\gamma\alpha=\frac{c}{a}$$
$$\alpha\beta\gamma=-\frac{d}{a}$$

② α, β, γ를 세 근으로 하고 삼차항의 계수가 1인 x에 대한 삼차방정식은

$(x-\alpha)(x-\beta)(x-\gamma)=0$

$\Leftrightarrow x^3-(\alpha+\beta+\gamma)x^2+(\alpha\beta+\beta\gamma+\gamma\alpha)x-\alpha\beta\gamma=0$

(3) 연립방정식

① 미지수가 2개인 연립 일차방정식

연립방정식 $\begin{cases} ax+by+c=0 \\ a'x+b'y+c'=0 \end{cases}$에서의 해의 개수는 다음과 같다.

㉠ 해가 1개인 경우 ⇒ $\frac{a}{a'} \neq \frac{b}{b'}$

㉡ 해가 없는 경우(불능) ⇒ $\frac{a}{a'} = \frac{b}{b'} \neq \frac{c}{c'}$

㉢ 해가 무수히 많은 경우(부정) ⇒ $\frac{a}{a'} = \frac{b}{b'} = \frac{c}{c'}$

② 미지수가 2개인 연립 이차방정식

㉠ $\begin{cases} \text{일차식}=0 \\ \text{이차식}=0 \end{cases}$일 때, 일차식을 한 문자에 대하여 정리하고, 그 식을 이차식에 대입하여 푼다.

㉡ $\begin{cases} \text{이차식}=0 \\ \text{이차식}=0 \end{cases}$일 때,

- 인수분해 가능 ⇒ 인수분해
- 인수분해 불가능 ⇒ 이차항의 계수를 같게 하여 이차항을 소거
- 인수분해 불가능, 이차항 소거 불가능 ⇒ 상수항 소거

❽ 여러 가지 부등식

(1) 일차부등식

① 부등식

㉠ 부등식과 해 : 부등호 >, <, ≥, ≤를 사용하여 수 또는 식의 값을 대소로 나타낸 식이다. 주어진 부등식을 만족시키는 값 또는 값의 범위를 부등식의 해라 하고, 해 전체의 집합을 해집합이라 한다.

㉡ 부등식의 기본성질

실수 a, b, c에 대해

- $a>b$, $b>c$이면 $a>c$
- $a>b$이면 $a+c>b+c$, $a-c>b-c$
- $a>b$, $c>0$이면 $ac>bc$, $\frac{a}{c}>\frac{b}{c}$
- $a>b$, $c<0$이면 $ac<bc$, $\frac{a}{c}<\frac{b}{c}$

문제UP

연립방정식 $\begin{cases} x+y=5 \\ x^2+y^2=13 \end{cases}$을 푸시오.

(단, $x>y$)

① $x=6$, $y=-1$
② $x=5$, $y=0$
③ $x=4$, $y=1$
④ $x=3$, $y=2$

해 $x+y=5$에서 $y=5-x$
이 식을 $x^2+y^2=13$에 대입하면
$x^2+(5-x)^2=13$
이 방정식을 풀면
$2x^2-10x+12=0$,
$x=2$ 또는 $x=3$
$y=5-x$에 대입하면 $x=2$일 때
$y=3$, $x=3$일 때 $y=2$
$x>y$라고 하였으므로 $x=3$, $y=2$

정답 ④

문제UP

두 실수 a, b에 대하여 $a<b$일 때, 다음 중 옳지 않은 것은?

① $a+2<b+2$
② $a-1<b-1$
③ $-3a<-3b$
④ $\frac{a}{4}<\frac{b}{4}$

해 $a<b$일 때 $c<0$이면 $ac>bc$이다.
따라서 $-3a>-3b$

정답 ③

문제UP

일차부등식 $3x-2<4-x$의 해를 구하여라.

해 주어진 부등식을 정리하면

$3x+x<4+2$, $4x<6$, $x<\frac{3}{2}$

정답 $x<\frac{3}{2}$

② **일차부등식** : 부등식에서 항을 이항하여 정리하였을 때 $ax>b$, $ax<b$, $ax\geq b$, $ax\leq b$ $(a\neq 0)$와 같이 좌변이 x에 관한 일차식이 되는 부등식이다.

㉠ **부등식 $ax>b$의 해**

- $a>0$일 때 $\Rightarrow x>\frac{b}{a}$
- $a<0$일 때 $\Rightarrow x<\frac{b}{a}$
- $a=0$, $b\geq 0$일 때 $\Rightarrow$ 해가 없다.(불능)
- $a=0$, $b<0$일 때 $\Rightarrow$ 해가 무수히 많다.(부정)

㉡ **절댓값 기호를 포함한 일차부등식**

$0<a<b$일 때

- $|x|<a \Leftrightarrow -a<x<a$
- $|x|>a \Leftrightarrow x<-a$ 또는 $x>a$
- $a<|x|<b \Leftrightarrow -b<x<-a$ 또는 $a<x<b$

㉢ **연립부등식 풀이법** : 각각의 부등식의 해를 구한 뒤 공통부분(교집합)을 구한다.

(2) 이차부등식

① **이차부등식** : 부등식에서 모든 항을 좌변으로 이항하여 정리하였을 때 $ax^2+bx+c>0$, $ax^2+bx+c<0$, $ax^2+bx+c\geq 0$, $ax^2+bx+c\leq 0$ $(a\neq 0)$와 같이 좌변이 x에 관한 이차식이 되는 부등식이다.

② **이차부등식의 해** : 이차부등식은 이차방정식 $ax^2+bx+c=0$ $(a>0)$의 판별식 D의 부호에 따라 그 해가 달라진다.

이차방정식의 두 근을 α, β라 하면$(\alpha<\beta)$

㉠ $D>0$일 때

- $ax^2+bx+c>0$의 해는 $x<\alpha$ 또는 $x>\beta$
- $ax^2+bx+c<0$의 해는 $\alpha<x<\beta$
- $ax^2+bx+c\geq 0$의 해는 $x\leq\alpha$ 또는 $x\geq\beta$
- $ax^2+bx+c\leq 0$의 해는 $\alpha\leq x\leq\beta$

㉡ $D=0$일 때 (중근 $x=\alpha$)

- $ax^2+bx+c>0$의 해는 $x\neq\alpha$인 모든 실수
- $ax^2+bx+c<0$의 해는 없다.

개념UP

이차부등식이 모든 실수에 대하여 성립할 조건

이차방정식 $ax^2+bx+c=0$ $(a\neq 0)$의 판별식이 D일 때

- $ax^2+bx+c>0 \Rightarrow a>0$, $D<0$
- $ax^2+bx+c\geq 0 \Rightarrow a>0$, $D\leq 0$
- $ax^2+bx+c<0 \Rightarrow a<0$, $D<0$
- $ax^2+bx+c\leq 0 \Rightarrow a<0$, $D\leq 0$

- $ax^2+bx+c \geq 0$의 해는 모든 실수
- $ax^2+bx+c \leq 0$의 해는 $x=\alpha$

ⓒ $D<0$일 때

- $ax^2+bx+c>0$의 해는 모든 실수
- $ax^2+bx+c<0$의 해는 없다.
- $ax^2+bx+c \geq 0$의 해는 모든 실수
- $ax^2+bx+c \leq 0$의 해는 없다.

(3) 부등식의 대소 관계

① 두 수의 차를 이용

㉠ $a-b>0 \Leftrightarrow a>b$

㉡ $a-b=0 \Leftrightarrow a=b$

㉢ $a-b<0 \Leftrightarrow a<b$

② 두 수의 제곱의 차를 이용($a>0$, $b>0$)

㉠ $a^2-b^2>0 \Leftrightarrow a>b$

㉡ $a^2-b^2=0 \Leftrightarrow a=b$

㉢ $a^2-b^2<0 \Leftrightarrow a<b$

③ 두 수의 비를 이용($a>0$, $b>0$)

㉠ $\frac{a}{b}>1 \Leftrightarrow a>b$

㉡ $\frac{a}{b}=1 \Leftrightarrow a=b$

㉢ $\frac{a}{b}<1 \Leftrightarrow a<b$

⑨ 평면좌표

(1) 두 점 사이의 거리 중요

① 수직선 위의 두 점 $A(x_1)$, $B(x_2)$ 사이의 거리는
$\overline{AB}=|x_2-x_1|=|x_1-x_2|$

② 좌표평면 위의 두 점 $A(x_1, y_1)$, $B(x_2, y_2)$ 사이의 거리는
$\overline{AB}=\sqrt{(x_2-x_1)^2+(y_2-y_1)^2}=\sqrt{(x_1-x_2)^2+(y_1-y_2)^2}$

문제UP

이차부등식 $x^2+x-6<0$일 때, 해의 값은?

① $x<-3$ 또는 $x>2$
② $-3<x<2$
③ $x<-2$ 또는 $x>3$
④ $-2<x<3$

해 $x^2+x-6<0$의 좌변을 인수분해하면 $(x-2)(x+3)<0$이므로
부등식의 해는 $-3<x<2$

정답 ②

문제UP

연립부등식 $\begin{cases} x^2-x-6<0 \\ 2x^2-x-1>0 \end{cases}$의 해를 구하면?

① $-2<x<1$
② $-\frac{1}{2}<x<3$
③ $-2<x<\frac{1}{2}$, $1<x<3$
④ $-2<x<-\frac{1}{2}$, $1<x<3$

해 첫 번째 부등식을 풀어보면
$(x-3)(x+2)<0$, $-2<x<3$
이고, 두 번째 부등식을 풀어보면
$(2x+1)(x-1)>0$, $x<-\frac{1}{2}$,
$x>1$이다.
따라서 x의 범위는
$-2<x<-\frac{1}{2}$, $1<x<3$이다.

정답 ④

문제UP

두 점 $A(2, -1)$, $B(-3, 4)$ 사이의 거리는?

① $3\sqrt{2}$ ② $4\sqrt{2}$
③ $5\sqrt{2}$ ④ $6\sqrt{2}$

해 두 점 AB 사이의 거리
$d=\sqrt{(-3-2)^2+(4+1)^2}$
$=\sqrt{25+25}=\sqrt{50}=5\sqrt{2}$

정답 ③

개념UP

• 내분점

$\overline{AP}:\overline{PB}=m:n\ (m>0,\ n>0)$

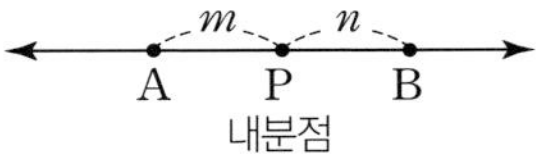

• 외분점

$\overline{AQ}:\overline{QB}=m:n\ (m>0,\ n>0,\ m\neq n)$

$m>n$인 경우

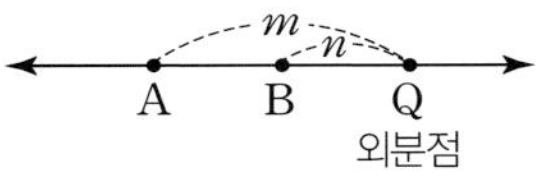

$m<n$인 경우

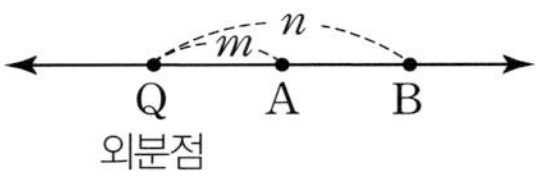

문제UP

두 점 $A(3,\ 5)$, $B(0,\ -1)$에 대하여 선분 AB를 $1:2$로 내분하는 점 P의 좌표는?

① $(3,\ 2)$ ② $(2,\ 3)$

③ $(2,\ 1)$ ④ $(1,\ 2)$

해 선분 AB를 $1:2$로 내분하는 점

$P=\left(\frac{6+0}{3},\ \frac{10-1}{3}\right)=(2,\ 3)$

정답 ②

(2) 선분의 내분점과 외분점 중요

① 수직선 위의 선분의 내분점과 외분점

수직선 위의 두 점 $A(x_1)$, $B(x_2)$에 대하여

㉠ 선분 AB를 $m:n\ (m>0,\ n>0)$으로 내분하는 점 P의 좌표는

$$P\left(\frac{mx_2+nx_1}{m+n}\right)$$

㉡ 선분 AB의 중점을 M이라 하면

$$M\left(\frac{x_1+x_2}{2}\right)$$

㉢ 선분 AB를 $m:n\ (m>0,\ n>0,\ m\neq n)$으로 외분하는 점 Q의 좌표는

$$Q\left(\frac{mx_2-nx_1}{m-n}\right)$$

② 좌표평면 위의 선분의 내분점과 외분점

좌표평면 위의 두 점 $A(x_1,\ y_1)$, $B(x_2,\ y_2)$에 대하여

㉠ 선분 AB를 $m:n\ (m>0,\ n>0)$으로 내분하는 점 P의 좌표는

$$P\left(\frac{mx_2+nx_1}{m+n},\ \frac{my_2+ny_1}{m+n}\right)$$

㉡ 선분 AB의 중점을 M이라 하면

$$M\left(\frac{x_1+x_2}{2},\ \frac{y_1+y_2}{2}\right)$$

㉢ 선분 AB를 $m:n\ (m>0,\ n>0,\ m\neq n)$으로 외분하는 점 Q의 좌표는

$$Q\left(\frac{mx_2-nx_1}{m-n},\ \frac{my_2-ny_1}{m-n}\right)$$

③ 삼각형의 무게중심

$A(x_1,\ y_1)$, $B(x_2,\ y_2)$, $C(x_3,\ y_3)$을 꼭짓점으로 하는 $\triangle ABC$의 무게중심 G의 좌표는

$$G\left(\frac{x_1+x_2+x_3}{3},\ \frac{y_1+y_2+y_3}{3}\right)$$

⑩ 직선의 방정식

(1) 직선의 방정식

① 기울기가 m이고, y절편이 n인 직선의 방정식

$y=mx+n$

② 점 (x_1, y_1)을 지나고 기울기가 m인 직선의 방정식

$y-y_1=m(x-x_1)$

③ 두 점 $A(x_1, y_1)$, $B(x_2, y_2)$를 지나는 직선의 방정식

㉠ $x_1 \neq x_2$일 때, $y-y_1=\frac{y_2-y_1}{x_2-x_1}(x-x_1)$

㉡ $x_1=x_2$일 때, $x=x_1$

④ x절편이 a, y절편이 b인 직선의 방정식

$\frac{x}{a}+\frac{y}{b}=1$ (단, $a \neq 0$, $b \neq 0$)

⑤ 점 (x_1, y_1)을 지나고

㉠ x축에 평행한 직선의 방정식

$y=y_1$

㉡ y축에 평행한 직선의 방정식

$x=x_1$

(2) 두 직선의 위치 관계 중요

평행	일치	수직	교차
(그래프)	(그래프)	(그래프)	(그래프)
두 직선의 기울기는 같고 y절편은 다르다.	두 직선의 기울기와 y절편이 각각 같다.	두 직선의 기울기의 곱이 -1이다.	두 직선의 기울기가 다르다.

두 직선의 방정식이 표준형 $\begin{cases} y=mx+n \\ y=m'x+n' \end{cases}$과

일반형 $\begin{cases} ax+by+c=0 \\ a'x+b'y+c'=0 \end{cases}$에 대하여

① 평행 : $m=m'$, $n \neq n'$, $\frac{a}{a'}=\frac{b}{b'} \neq \frac{c}{c'}$

문제UP

두 점 $(1, 5)$, $(3, -1)$을 지나는 직선의 방정식은?

① $y=-3x+8$
② $y=-2x+4$
③ $y=-x+5$
④ $y=2x+7$

해 두 점 $(1, 5)$, $(3, -1)$을 지나는 직선의 방정식은

$y-5=\frac{-1-5}{3-1}(x-1)$

$y-5=-3(x-1)$

$\therefore y=-3x+8$

정답 ①

문제UP

다음 두 직선 $2x-y+2=0$, $2x-y-3=0$의 위치 관계는?

① 평행 ② 일치
③ 수직 ④ 교차

해 $\frac{2}{2}=\frac{-1}{-1} \neq \frac{2}{-3}$이므로 두 직선은 평행하다.

정답 ①

② 일치 : $m=m'$, $n=n'$, $\frac{a}{a'}=\frac{b}{b'}=\frac{c}{c'}$

③ 수직 : $mm'=-1$, $aa'+bb'=0$

④ 교차 : $m\neq m'$, $\frac{a}{a'}\neq\frac{b}{b'}$

(3) 점과 직선 사이의 거리 중요

① 점 (x_1, y_1)에서 직선 $ax+by+c=0$까지의 거리 d

$$d=\frac{|ax_1+by_1+c|}{\sqrt{a^2+b^2}}$$

② 원점에서 직선 $ax+by+c=0$까지의 거리 d

$$d=\frac{|c|}{\sqrt{a^2+b^2}}$$

> **문제UP**
>
> 점 $(-1, 2)$에서 직선 $2x+y-1=0$까지의 거리는?
>
> ① $\frac{\sqrt{5}}{5}$　② $\frac{\sqrt{10}}{5}$
>
> ③ $\frac{\sqrt{15}}{5}$　④ $\frac{2\sqrt{5}}{5}$
>
> 해 점과 직선사이의 거리
>
> $d=\frac{|-2+2-1|}{\sqrt{2^2+1^2}}=\frac{1}{\sqrt{5}}=\frac{\sqrt{5}}{5}$
>
> 정답 ①

⑪ 원의 방정식

(1) 원의 방정식

① 표준형

㉠ 중심이 점 (a, b)이고, 반지름의 길이가 r인 원의 방정식

$(x-a)^2+(y-b)^2=r^2$

㉡ 중심이 원점이고, 반지름의 길이가 r인 원의 방정식

$x^2+y^2=r^2$

② 일반형

$x^2+y^2+Ax+By+C=0$ (단, $A^2+B^2-4C>0$)

$\Rightarrow$ 중심 : $\left(-\frac{A}{2}, -\frac{B}{2}\right)$, 반지름 : $\left(\frac{\sqrt{A^2+B^2-4C}}{2}\right)$

(2) 두 원의 위치 관계

두 원의 반지름의 길이를 각각 r, r' $(r>r')$, 중심거리를 d라 할 때

① 두 원이 서로 만나지 않을 조건 : $d>r+r'$

② 두 원이 외접할 조건 : $d=r+r'$

③ 두 원이 두 점에서 만날 조건 : $r-r'<d<r'+r$

④ 두 원이 내접할 조건 : $d=r-r'$

⑤ 한 원 내부에 다른 원이 있을 조건 : $d<r-r'$

> **문제UP**
>
> 중심이 $(2, -1)$이고 x축에 접하는 원은?
>
> ① $(x-2)^2+(y+1)^2=1$
>
> ② $(x-2)^2+(y+1)^2=4$
>
> ③ $(x+2)^2+(y-1)^2=1$
>
> ④ $(x+2)^2+(y-1)^2=4$
>
> 해 중심이 (a, b)이고 x축에 접하는 원의 반지름 $r=|b|$이므로
> 중심이 $(2, -1)$이고 x축에 접하는 원의 방정식은
> $(x-2)^2+(y+1)^2=1$
>
> 정답 ①

(3) 원과 직선의 위치 관계

① 반지름의 길이가 r, 원의 중심과 직선 사이의 거리가 d일 때

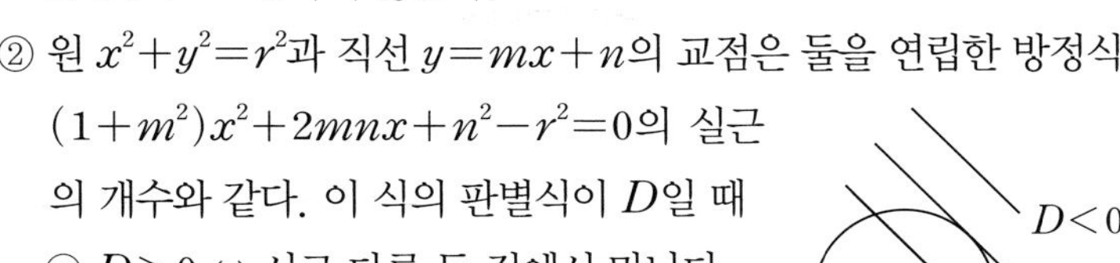

㉠ $d<r \Leftrightarrow$ 서로 다른 두 점에서 만난다.

㉡ $d=r \Leftrightarrow$ 한 점에서 만난다.

㉢ $d>r \Leftrightarrow$ 만나지 않는다.

② 원 $x^2+y^2=r^2$과 직선 $y=mx+n$의 교점은 둘을 연립한 방정식 $(1+m^2)x^2+2mnx+n^2-r^2=0$의 실근의 개수와 같다. 이 식의 판별식이 D일 때

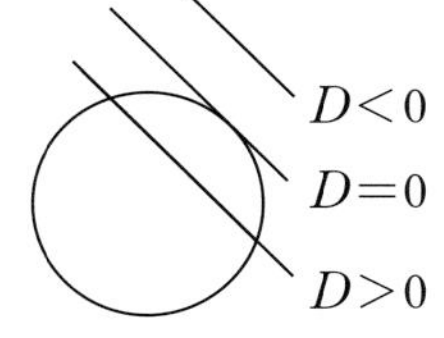

㉠ $D>0 \Leftrightarrow$ 서로 다른 두 점에서 만난다.

㉡ $D=0 \Leftrightarrow$ 한 점에서 만난다.

㉢ $D<0 \Leftrightarrow$ 만나지 않는다.

(4) 원의 접선의 방정식

① 원 $x^2+y^2=r^2$ 위의 점 (x_1, y_1)에서의 접선의 방정식

$x_1x+y_1y=r^2$

② 원 $x^2+y^2=r^2$에 접하고 기울기가 m인 접선의 방정식

$y=mx\pm r\sqrt{m^2+1}$

③ 원 $(x-a)^2+(y-b)^2=r^2$ 위의 점 (x_1, y_1)에서의 접선의 방정식

$(x_1-a)(x-a)+(y_1-b)(y-b)=r^2$

⑫ 도형의 이동

(1) 평행이동

① **점의 평행이동** : 점 $\mathrm{P}(x, y)$를 x축의 방향으로 a만큼, y축의 방향으로 b만큼 평행이동한 점을 $\mathrm{P'}$라 하면 $\mathrm{P'}(x+a, y+b)$이다.

② **도형의 평행이동** : 도형 $f(x, y)=0$을 x축의 방향으로 a만큼, y축의 방향으로 b만큼 평행이동한 도형의 방정식은 $f(x-a, y-b)=0$이다.

※ 점의 평행이동과 도형의 평행이동은 x와 y 대신 대입하는 식에서 부호가 반대라는 점에 주의!

> **문제UP**
>
> 점 $(5, -1)$을 x축 방향으로 -3만큼, y축 방향으로 2만큼 평행이동한 점 P의 좌표를 구하여라.
>
> 해 x축 방향으로 -3만큼 평행이동 했으므로 $5+(-3)=2$이고, y축 방향으로 2만큼 평행이동 했으므로 $(-1)+2=1$이다. 따라서 평행이동 한 점의 좌표는 $(2, 1)$이다.
>
> 정답 P(2, 1)

(2) 대칭이동

① 점의 대칭이동

x축	y축	원점	$y=x$
(x, y), O, x, y, $(x, -y)$	$(-x, y)$, (x, y), O, x, y	(x, y), $(-x, -y)$, O, x, y	(y, x), (x, y), O, x, y
(x, y) $\Rightarrow (x, -y)$	(x, y) $\Rightarrow (-x, y)$	(x, y) $\Rightarrow (-x, -y)$	(x, y) $\Rightarrow (y, x)$

② 도형의 대칭이동

x축	y축	원점	$y=x$
$f(x, y)=0 \Rightarrow$ $f(x, -y)=0$	$f(x, y)=0 \Rightarrow$ $f(-x, y)=0$	$f(x, y)=0 \Rightarrow$ $f(-x, -y)=0$	$f(x, y)=0 \Rightarrow$ $f(y, x)=0$

문제UP

점 $(2, 3)$을 직선 $y=x$에 대하여 대칭이동한 점의 좌표는?

① $(-2, -3)$
② $(-2, 3)$
③ $(3, -2)$
④ $(3, 2)$

해 점 $(2, 3)$을 직선 $y=x$에 대하여 대칭이동하면 x대신 y, y대신 x를 대입해야 하므로 점의 좌표는 $(3, 2)$이다.

정답 ④

⑬ 집합

(1) 집합

① **집합** : 어떤 조건에 의하여 그 대상이 분명한 것들의 모임이다.

② **원소** : 집합을 구성하는 대상 하나하나이다.

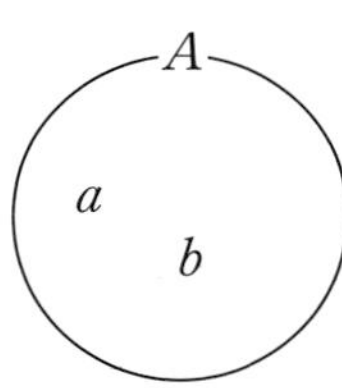

$A=\{a, b\}$

$a \in A$, $b \in A$, $c \notin A$

a는 집합 A의 원소이다.

b는 집합 A의 원소이다.

c는 집합 A의 원소가 아니다.

③ 집합의 표현법

㉠ 원소나열법 : $A=\{a, b, c\}$

㉡ 조건제시법 : $A=\{x \mid x$의 조건$\}$

④ 집합의 포함 관계

㉠ **부분집합** : 집합 A의 모든 원소가 집합 B에 속할 때, 집합 A를 집합 B의 부분집합이라 한다. $\Rightarrow A \subset B$ 또는 $B \supset A$

㉡ **진부분집합** : $A \subset B$이고, $A \neq B$일 때, 집합 A를 집합 B의 진부분집합이라 한다.

㉢ **집합의 상등** : 두 집합 A, B의 원소가 모두 같을 때, 즉 $A \subset B$,

개념UP

공집합

- 원소가 하나도 없는 집합 $\Rightarrow \varnothing$, $\{\ \}$
- 공집합은 모든 집합의 부분 집합 $\Rightarrow \varnothing \subset A$
- 주의! $\{0\}$, $\{\varnothing\}$은 공집합이 아니라 0, $\varnothing$를 원소로 하는 집합

$B \subset A$일 때, A와 B는 서로 같다고 한다. $\Rightarrow A=B$

⑤ 부분집합의 개수

n개의 원소를 갖는 유한집합 A에 대하여 (단, $m \leq n$)

㉠ A의 부분집합의 개수 : 2^n

㉡ A의 진부분집합의 개수 : 2^n-1

㉢ A의 부분집합으로 특정한 m개의 원소를 포함하는(또는 포함하지 않는) 부분집합의 개수 : 2^{n-m}

㉣ A의 부분집합으로 특정한 m개의 원소 중 적어도 한 개를 포함하는 부분집합의 개수 : 2^n-2^{n-m}

(2) 집합의 연산

① 집합의 연산

㉠ 합집합 : $A \cup B=\{x \mid x \in A$ 또는 $x \in B\}$

㉡ 교집합 : $A \cap B=\{x \mid x \in A$ 그리고 $x \in B\}$

㉢ 서로소 : $A \cap B=\varnothing$일 때, A와 B는 서로소

㉣ 여집합 : $A^C=\{x \mid x \in U$ 그리고 $x \notin A\}$

㉤ 차집합 : $A-B=\{x \mid x \in A$ 그리고 $x \notin B\}=A \cap B^C$

② 집합의 연산법칙

㉠ 교환법칙 : $A \cup B=B \cup A$, $A \cap B=B \cap A$

㉡ 결합법칙 : $(A \cup B) \cup C=A \cup (B \cup C)$

$(A \cap B) \cap C=A \cap (B \cap C)$

㉢ 분배법칙 : $A \cup (B \cap C)=(A \cup B) \cap (A \cup C)$

$A \cap (B \cup C)=(A \cap B) \cup (A \cap C)$

㉣ 드모르간의 법칙 : $(A \cup B)^C=A^C \cap B^C$

$(A \cap B)^C=A^C \cup B^C$

㉤ 그 이외의 법칙

- $(A^C)^C=A$, $U^C=\varnothing$, $\varnothing^C=U$
- $A \cup A^C=U$, $A \cap A^C=\varnothing$
- $A-B=A \cap B^C=A-(A \cap B)=(A \cup B)-B$
- $A-B=\varnothing$이면, $A \subset B$
- $(A-B) \cup (B-A)=\varnothing$이면, $A=B$

(3) 유한집합의 원소의 개수

전체집합 U와 그 부분집합 A, B, C가 유한집합일 때, 다음이 성립

문제UP

집합 $A=\{x \mid 0<x<10$인 x는 홀수$\}$의 부분집합의 개수는?

① 8 ② 16
③ 32 ④ 64

해 집합 $A=\{1, 3, 5, 7, 9\}$이므로 부분집합의 개수는 $2^5=32$이다.

정답 ③

개념UP

집합 연산의 벤다이어그램

- $A \cup B$
- $A \cap B$
- A^C

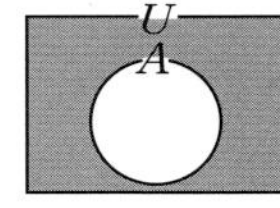

- $A-B$

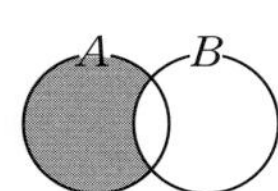

문제UP

세 집합 A, B, C에 대하여 $(A-B) \cup (A-C)$와 같은 집합은?

① $A-B-C$
② $A \cup (B \cap C)$
③ $A-(B \cap C)$
④ $A \cup B \cup C$

해 $(A-B) \cup (A-C)$
$=(A \cap B^C) \cup (A \cap C^C)$
$=A \cap (B^C \cup C^C)$
$=A \cap (B \cap C)^C$
$=A-(B \cap C)$

정답 ③

한다.

① $n(A\cup B)=n(A)+n(B)-n(A\cap B)$

② $n(A\cup B\cup C)=n(A)+n(B)+n(C)-n(A\cap B)$
$-n(B\cap C)-n(C\cap A)+n(A\cap B\cap C)$

③ $n(A-B)=n(A)-n(A\cap B)$

④ $n(A^C)=n(U)-n(A)$

⑭ 명제

(1) 명제와 조건

① **명제** : 참, 거짓을 명확하게 판단할 수 있는 식이나 문장을 말한다.

② **조건** : 미지수의 값에 따라 참, 거짓이 결정되는 식이나 문장을 말한다.

(2) 진리집합

전체집합 U의 원소 중에서 조건 p가 참이 되는 모든 원소의 집합을 p의 진리집합이라 한다.

예 U : 자연수, p : x는 9의 약수이면,
$P=\{1, 3, 9\}$가 진리집합이다.

(3) 명제의 부정

명제 p에 대하여 'p가 아니다.'를 명제 p의 부정이라 하고 $\sim p$로 나타낸다. 이때 p의 진리집합이 P라 하면 $\sim p$의 진리집합은 P^C이다.

개념UP

명제 부정의 예

$>(<)$	부정 ⟷	$\leq(\geq)$
$=$		$\neq$
그리고		또는
모든		어떤

(4) 명제 $p\rightarrow q$의 참과 거짓

명제 $p\rightarrow q$에 대하여 가정 p의 진리집합을 P, 결론 q의 진리집합을 Q라 할 때

① $p\rightarrow q$가 참이면 $P\subset Q$이다.

② $p\rightarrow q$가 거짓이면 $P\not\subset Q$이다.

개념UP

반례

명제 $p\rightarrow q$에 대하여 가정 p의 진리집합을 P, 결론 q의 진리집합을 Q라 할 때 집합 P에 속하나 Q에 속하지 않는 원소의 예를 반례라 한다. 명제 $p\rightarrow q$가 거짓임을 보일 때에는 반례가 있음을 보이면 된다.

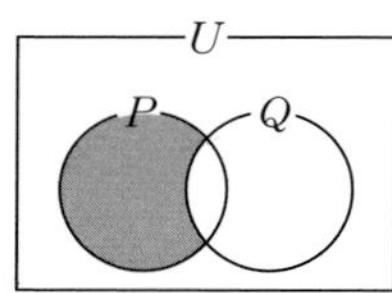

(5) 명제의 역, 대우 중요

① 명제 $p\rightarrow q$에 대하여

㉠ 역 : $q\rightarrow p$

개념UP

명제의 역, 대우

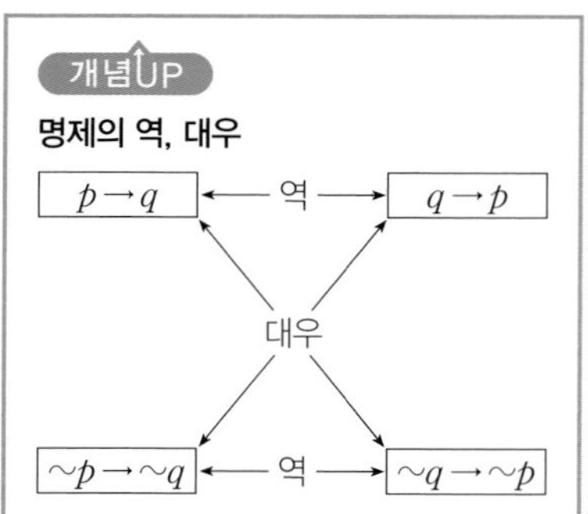

㉡ 대우 : $\sim q \rightarrow \sim p$

② 명제가 참이라 해도 역이 반드시 참인 것은 아니다.

③ 명제가 참이면 그 대우는 항상 참이다.

(6) 삼단논법과 귀류법

① 삼단논법 : p, q, r의 진리집합을 각각 P, Q, R이라 할 때, $p \rightarrow q$와 $q \rightarrow r$이 참이면 $P \subset Q$이고 $Q \subset R$이므로 $P \subset R$이 된다. 따라서 $p \rightarrow r$도 참이다.

② 귀류법 : 주어진 명제 p가 진리임을 증명하기 위하여 그것의 부정 명제인 $\sim p$에서 논리적 모순을 도출하면, 결국 p가 진리일 수밖에 없다는 것을 증명하는 방법이다.

(7) 필요조건, 충분조건, 필요충분조건

① 필요조건, 충분조건 : 명제 $p \rightarrow q$가 참일 때, $p \Rightarrow q$로 나타낸다. 이때 p는 q이기 위한 충분조건, q는 p이기 위한 필요조건이라 한다. p, q를 만족하는 집합을 P, Q라 하면 $P \subset Q$이다.

② 필요충분조건 : $p \Rightarrow q$이고, $q \Rightarrow p$일 때, 즉 $p \Leftrightarrow q$이면 p는 q이기 위한 필요충분조건이라 한다. p, q를 만족하는 집합을 P, Q라 하면 $P = Q$이다.

(8) 절대부등식

부등식의 문자에 어떤 수를 대입하여도 항상 성립하는 부등식이다.

실수 a, b, c, x, y에 대하여

① $|a| - |b| \leq |a+b| \leq |a| + |b|$

② $a^2 \pm ab + b^2 \geq 0$ (단, 등호는 $a=b=0$일 때 성립)

③ $a^2+b^2+c^2-ab-bc-ca \geq 0$ (단, 등호는 $a=b=c$일 때 성립)

④ 산술 · 기하평균의 관계 중요

㉠ $\dfrac{a+b}{2} \geq \sqrt{ab} \geq \dfrac{2ab}{a+b}$

(단, $a>0$, $b>0$, 등호는 $a=b$일 때 성립)

㉡ $\dfrac{a+b+c}{3} \geq \sqrt[3]{abc} \geq \dfrac{3abc}{ab+bc+ca}$

(단, $a>0$, $b>0$, $c>0$, 등호는 $a=b=c$일 때 성립)

⑤ 코시-슈바르츠의 부등식

㉠ $(a^2+b^2)(x^2+y^2) \geq (ax+by)^2$

문제UP

$x>0$일 때, $x+\dfrac{1}{x}$의 최솟값은?

① 0　　② 1
③ 2　　④ 3

해 $x>0$이므로 $\dfrac{1}{x}>0$이다.

산술 · 기하평균의 관계에 의해

$x+\dfrac{1}{x} \geq 2\sqrt{x \cdot \dfrac{1}{x}} = 2$

$\left(\text{단, 등호는 } x=\dfrac{1}{x}, \text{ 즉 } x=1\text{일 때 성립}\right)$

정답 ③

$\left(\text{단, 등호는 } \frac{x}{a}=\frac{y}{b}\text{일 때 성립}\right)$

㉡ $(a^2+b^2+c^2)(x^2+y^2+z^2)\geq(ax+by+cz)^2$

$\left(\text{단, 등호는 } \frac{x}{a}=\frac{y}{b}=\frac{z}{c}\text{일 때 성립}\right)$

⑮ 함수

(1) 함수

① **함수** : 두 집합 X, Y에서 X의 각 원소에 Y의 원소가 오직 하나씩만 대응할 때, 이 대응을 X에서 Y로의 함수라 한다.

$$f: X \to Y$$

※ 집합 X의 원소 중에서 대응하지 않아 원소가 남아 있거나 X의 원소가 Y의 두 개 이상의 원소와 대응할 때, 함수가 아니다.

② **정의역, 공역, 치역** : 함수 $f: X \to Y$에서 집합 X를 이 함수의 정의역, 집합 Y를 공역이라고 한다. 또 X의 각 원소 x에 대응하는 Y의 원소를 $f(x)$로 나타내고, 이것을 함수 f의 x에서의 함숫값 또는 함수 f에 의한 x의 상이라고 하며, 함숫값 전체의 집합 $\{f(x) \mid x \in X\}$를 함수 f의 치역이라 하고, $f(X)$로 나타낸다. 이때, 치역은 공역의 부분집합이다. 즉, $f(X) \subset Y$이다.

개념UP

정의역, 공역, 치역

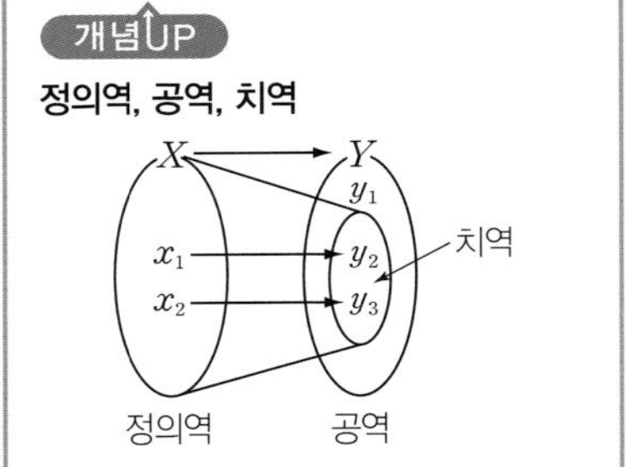

(2) 여러 가지 함수

함수 $f: X \to Y$에서

① **일대일함수** : 정의역 X의 임의의 두 원소 x_1, x_2에 대하여 $x_1 \neq x_2$이면 $f(x_1) \neq f(x_2)$인 함수를 일대일함수라 한다.

② **일대일대응** : 함수 $f: X \to Y$가 일대일함수이고, 공역과 치역이 같을 때 함수 f를 X에서 Y로의 일대일대응이라 한다.

③ **항등함수** : 정의역과 공역이 같고, 정의역 X의 임의의 원소 x에 대하여 자신인 x가 대응시키는 함수이다. 즉, 함수 $f: X \to X$, $f(x)=x$인 함수 f를 항등함수라 한다.

④ **상수함수** : 정의역 X의 임의의 원소 x가 공역 Y의 하나의 원소에만 대응한다. 즉, 함수 $f: X \to Y$에서 $f(x)=c$ (단, c는 Y에

있는 상수)인 함수 f를 상수함수라 한다.

(3) 합성함수

① 두 함수 $f:X\to Y$, $g:Y\to Z$일 때, X의 임의의 원소 x를 Y의 원소 $f(x)$에 대응시키고, 다시 $f(x)$를 Z의 원소 $g(f(x))$에 대응시킬 때 정의역이 X이고, 공역이 Z인 새로운 함수를 얻는다. 이때 새로운 함수를 f와 g의 합성함수라 하며, 이것을 $g\circ f$로 나타낸다.

$$g\circ f:X\to Z,\ (g\circ f)(x)=g(f(x))$$

② 합성함수의 성질

함수 f, g, h와 항등함수 I에 대하여

㉠ $g\circ f\neq f\circ g$

㉡ $h\circ(g\circ f)=(h\circ g)\circ f$

㉢ $f\circ I=I\circ f=f$

(4) 역함수 중요

① 역함수 : 함수 $f:X\to Y$가 일대일대응일 때, Y의 임의의 원소 y에 $f(x)=y$인 X의 원소 x를 대응시켜 Y가 정의역, X가 공역인 새로운 함수를 얻을 수 있다. 이때 새로운 함수 f를 역함수라 하며, 이것을 f^{-1}로 나타낸다. 즉, $f^{-1}:Y\to X$, $x=f^{-1}(y)$

② 역함수의 성질

함수 $f:X\to Y$, $g:Y\to Z$가 일대일대응이고, 역함수 f^{-1}, g^{-1}에 대하여

㉠ $(f^{-1})^{-1}=f$

㉡ $(f^{-1}\circ f)(x)=x(x\in X)$, $(f\circ f^{-1})(y)=y(y\in Y)$

㉢ $f\circ g=I$이면 $g=f^{-1}$, $f=g^{-1}$

㉣ $(g\circ f)^{-1}=f^{-1}\circ g^{-1}$

㉤ 함수 $y=f(x)$의 그래프와 역함수 $y=f^{-1}(x)$의 그래프는 직선 $y=x$에 대하여 대칭이다.

③ 역함수 구하는 방법 : 주어진 함수가 일대일대응인지 확인한다. $y=f(x)$를 x에 대하여 정리한 후 x와 y를 바꾼다. 이 함수가 역함수 $y=f^{-1}(x)$이다.

개념UP

합성함수, 역함수

• 합성함수

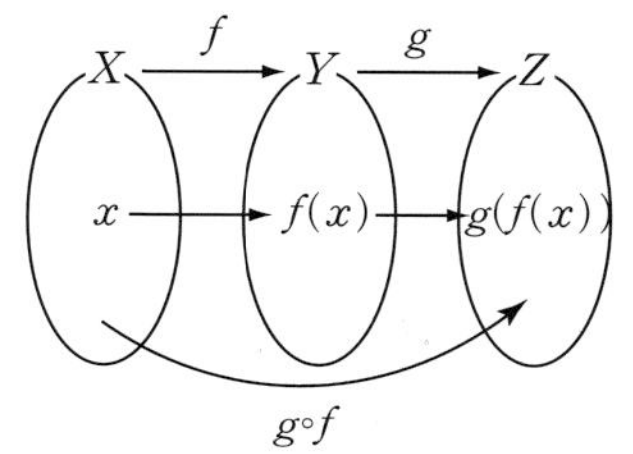

• 역함수

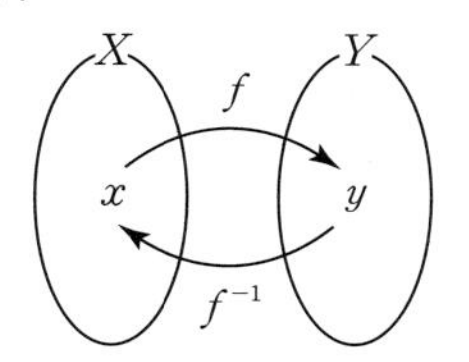

문제UP

두 함수 $f(x)=x^2-3$, $g(x)=x-1$의 합성함수 $g\circ f$에 대하여 $(g\circ f)(3)$의 값은?

① 3　② 4
③ 5　④ 6

해 $(g\circ f)(x)=g(f(x))$, $(f\circ g)(x)=f(g(x))$이므로
$f(x)=x^2-3$, $g(x)=x-1$일 때
$\therefore (g\circ f)(3)=g(f(3))$
$=g(6)$
$=5$

정답 ③

문제UP

함수 $f(x)=\frac{1}{2}x+3$의 역함수를 구하여라.

해 $y=\frac{1}{2}x+3$를 x에 관한 식으로 정리하면 $2y=x+6$, $x=2y-6$이다.
x와 y의 자리를 바꾸면 $y=2x-6$이다.
따라서 역함수 $f^{-1}(x)=2x-6$이다.

정답 $f^{-1}(x)=2x-6$

예 함수 $f(x)=x+1$의 역함수

$y=x+1$이므로 x에 관하여 정리하면 $x=y-1$이다.

x와 y를 바꾸면 $y=x-1$이다.

따라서 구하는 역함수 $f^{-1}(x)=x-1$이다.

개념UP

$\frac{x}{p}+\frac{y}{q}=1$의 그래프

x절편 : p, y절편 : q

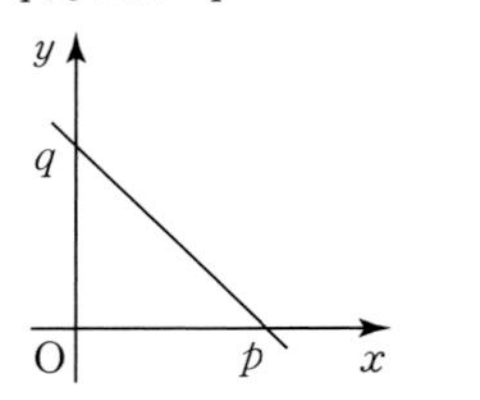

(5) 일차함수의 그래프

$y=ax+b$ (단, $a\neq0$)의 그래프는 기울기가 a, y절편이 b인 함수이다. a와 b의 부호에 따라 그래프의 모양이 달라진다.

① $a>0$일 때, 오른쪽 위로 올라가는 함수이다.

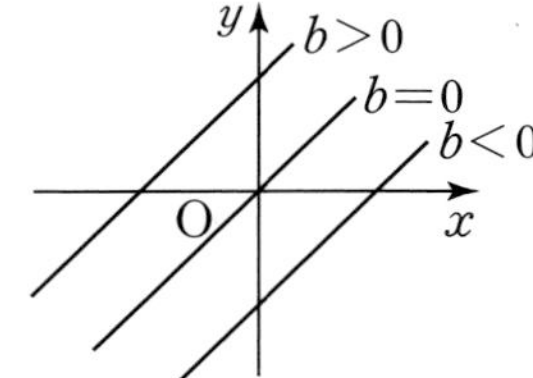

② $a<0$일 때, 오른쪽 아래로 내려가는 함수이다.

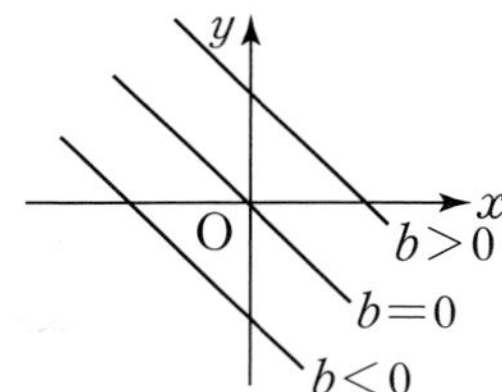

③ $a=0$일 때, $y=b$인 상수함수가 된다.

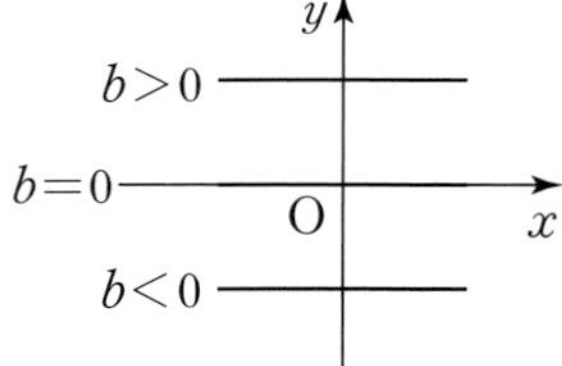

(6) 절댓값 기호가 있는 그래프

① $y=|f(x)|$의 그래프

$y=f(x)$의 $y<0$인 부분을 x축에 대해 대칭이동시킨 그래프

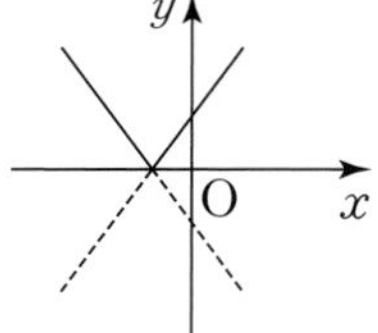

② $y=f(|x|)$의 그래프

$y=f(x)$의 $x\geq 0$인 부분을 y축에 대해 대칭이동시킨 그래프

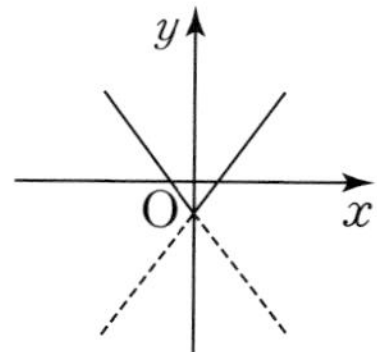

③ $|y|=f(x)$의 그래프

$y=f(x)$의 $y\geq 0$인 부분을 x축에 대해 대칭이동시킨 그래프

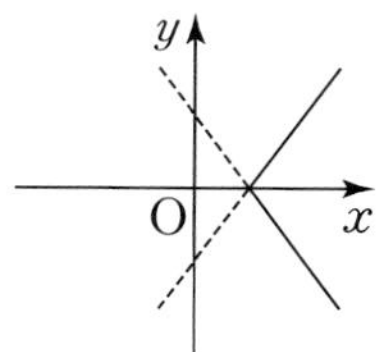

④ $|y|=f(|x|)$의 그래프

$y=f(x)$의 $x\geq 0$, $y\geq 0$인 부분을 x축, y축, 원점에 대해 대칭이동시킨 그래프

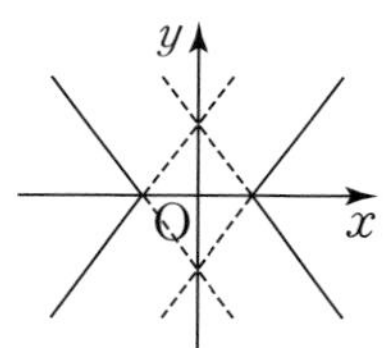

(7) 이차함수의 그래프

① $y=ax^2$ $(a\neq 0)$의 그래프

㉠ 꼭짓점은 $(0, 0)$, 축의 방정식은 $x=0$(y축)이다.

㉡ $a>0$이면 아래로 볼록하고, $a<0$이면 위로 볼록하다.

㉢ $|a|$가 크면 클수록 그래프의 폭이 좁아진다.

② $y=a(x-p)^2$ $(a\neq 0)$의 그래프

㉠ $y=ax^2$을 x축으로 p만큼 평행이동한 것이다.

㉡ 꼭짓점은 $(p, 0)$, 축의 방정식은 $x=p$이다.

③ $y=ax^2+q$ $(a\neq 0)$의 그래프

㉠ $y=ax^2$을 y축으로 q만큼 평행이동한 것이다.

㉡ 꼭짓점은 $(0, q)$, 축의 방정식은 $x=0$(y축)이다.

개념UP

$y=ax^2$의 그래프

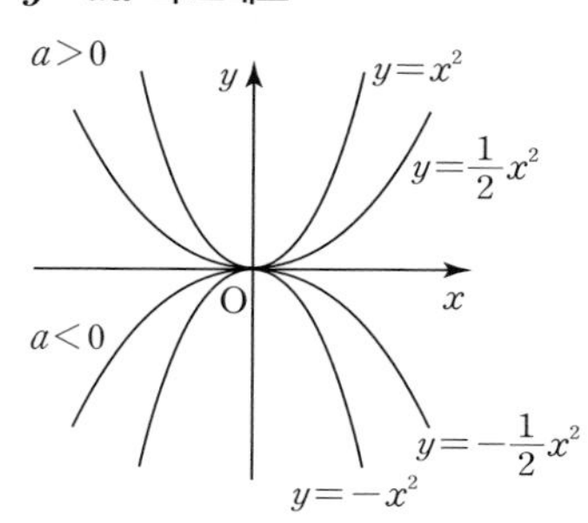

$|a|$가 크면 클수록 그래프의 폭이 좁아진다.

문제UP

이차함수 $y=x^2-4x+10$의 그래프에 대한 설명 중 옳지 않은 것은?

① 아래로 볼록한 포물선이다.
② 꼭짓점의 좌표는 $(2, 6)$이다.
③ $y=x^2$의 그래프와 모양이 같다.
④ $x>2$일 때, x의 값이 증가하면 y의 값은 감소한다.

해 $y=x^2-4x+10$의 그래프는 아래로 볼록한 포물선으로 $x>2$일 때, x의 값이 증가하면 y의 값도 증가한다.

정답 ④

④ $y=a(x-p)^2+q\ (a\neq 0)$의 그래프

㉠ $y=ax^2$을 x축으로 p만큼, y축으로 q만큼 평행이동한 것이다.

㉡ 꼭짓점은 $(p,\ q)$, 축의 방정식은 $x=p$이다.

⑤ $y=ax^2+bx+c\ (a\neq 0)$의 그래프

$y=ax^2+bx+c=a\left(x+\dfrac{b}{2a}\right)^2-\dfrac{b^2-4ac}{4a}$이므로

꼭짓점은 $\left(-\dfrac{b}{2a},\ -\dfrac{b^2-4ac}{4a}\right)$, 축의 방정식은 $x=-\dfrac{b}{2a}$이다.

⑥ 이차함수의 계수의 부호

㉠ a값의 부호

- $a>0$: 아래로 볼록
- $a<0$: 위로 볼록

㉡ b값의 부호

- 축의 방정식이 y축의 오른쪽 : a, b는 다른 부호
- 축의 방정식이 y축의 왼쪽 : a, b는 같은 부호

㉢ c값의 부호

- $c>0$: y절편이 x축의 위쪽
- $c<0$: y절편이 x축의 아래쪽

⑦ 이차함수 식 구하는 방법

㉠ 꼭짓점 $(m,\ n)$이 주어지는 경우

$\Rightarrow y=a(x-m)^2+n$

㉡ x축 위의 점 $(\alpha,\ 0)$, $(0,\ \beta)$에서 만나는 경우

$\Rightarrow y=a(x-\alpha)(x-\beta)$

㉢ 세 점이 주어질 경우

$\Rightarrow y=ax^2+bx+c$에 세 점 대입

문제UP

꼭짓점 $(-2,\ 2)$이고, x^2의 계수가 1인 이차함수의 식을 구하여라.

해 꼭짓점이 $(-2,\ 2)$이므로 이차함수 $y=(x+2)^2+2$이다.

정답 $y=(x+2)^2+2$

개념UP

$y=\dfrac{k}{x}\ (k\neq 0)$의 그래프

- $k>0$
- $k<0$

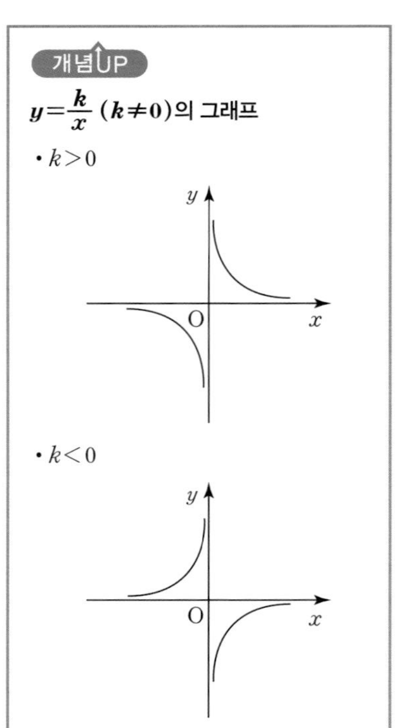

⑯ 유리함수와 무리함수

(1) 유리함수

① 유리식 : 두 다항식 A, $B\ (B\neq 0)$에 대해 $\dfrac{A}{B}$의 꼴로 나타낼 수 있는 식을 유리식이라 한다.

② 유리함수 : 함수 $y=f(x)$에서 $f(x)$가 x에 대한 유리식일 때, 이

함수를 유리함수라 한다.

③ $y=\frac{k}{x}$ $(k\neq0)$의 그래프

㉠ 정의역, 치역은 모두 0을 제외한 실수 전체의 집합이다.

㉡ 원점, $y=x$, $y=-x$에 대하여 대칭인 직각쌍곡선이다.

㉢ 점근선은 x축, y축이다.

㉣ $k>0$이면 1, 3분면을 지나고 $k<0$이면 2, 4분면을 지난다.

㉤ $|k|$의 값이 클수록 그래프는 원점에서 멀어진다.

④ $y=\frac{k}{x-p}+q$ $(k\neq0)$의 그래프

㉠ $y=\frac{k}{x}$의 그래프를 x축으로 p만큼, y축으로 q만큼 평행이동한 것이다.

㉡ 정의역은 p를 제외한 실수 전체, 치역은 q를 제외한 실수 전체이다.

㉢ 점근선은 $x=p$, $y=q$이다.

㉣ 점 (p, q)에 대칭인 직각쌍곡선이다.

⑤ $y=\frac{ax+b}{cx+d}$ $(c\neq0,\ ad-bc\neq0)$의 그래프

㉠ $y=\frac{k}{x-p}+q$의 꼴로 변형하여 그린다.

㉡ 정의역은 $-\frac{d}{c}$를 제외한 실수 전체, 치역은 $\frac{a}{c}$를 제외한 실수 전체이다.

㉢ 점근선은 $x=-\frac{d}{c}$, $y=\frac{a}{c}$이다.

㉣ 점 $\left(-\frac{d}{c}, \frac{a}{c}\right)$에 대칭인 직각쌍곡선이다.

(2) 무리함수

① **무리식** : $\sqrt{A}$, $\frac{1}{\sqrt{A}}$(A : 다항식)과 같이 유리식으로 나타낼 수 없는 식을 무리식이라 한다.

② **무리함수** : 함수 $y=f(x)$에서 $f(x)$가 x에 대한 무리식일 때, 이 함수를 무리함수라 한다. 무리함수의 정의역은 근호 안의 값이 0 또는 양이 되는 실수 x값 전체이다.

문제UP

함수 $y=\frac{3}{x}$의 그래프를 x축으로 -2, y축으로 1만큼 평행이동한 식을 고르면?

① $y=\frac{3}{x-2}-1$

② $y=\frac{3}{x+2}-1$

③ $y=\frac{3}{x-2}+1$

④ $y=\frac{3}{x+2}+1$

해 x축으로 -2, y축으로 1만큼 평행이동했으므로 $y=\frac{3}{x+2}+1$이다.

정답 ④

개념UP

무리함수의 그래프

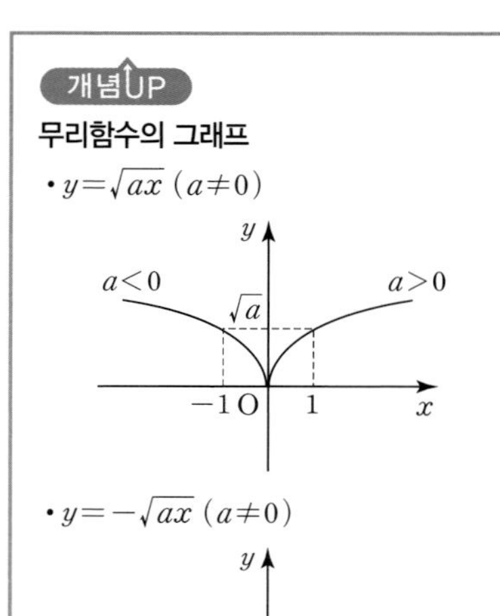

③ $y=\sqrt{ax}\ (a\neq 0)$의 그래프

㉠ $a>0$일 때 정의역 : $\{x|x\geq 0\}$, 치역 : $\{y|y\geq 0\}$
$a<0$일 때 정의역 : $\{x|x\leq 0\}$, 치역 : $\{y|y\geq 0\}$

㉡ $y=\frac{x^2}{a}\ (x\geq 0)$의 그래프와 직선 $y=x$에 대하여 대칭이다.

㉢ $|a|$의 값이 클수록 x축에서 멀어진다.

④ $y=-\sqrt{ax}\ (a\neq 0)$의 그래프

㉠ $a>0$일 때 정의역 : $\{x|x\geq 0\}$, 치역 : $\{y|y\leq 0\}$
$a<0$일 때 정의역 : $\{x|x\leq 0\}$, 치역 : $\{y|y\leq 0\}$

㉡ $y=\frac{x^2}{a}\ (x\leq 0)$의 그래프와 직선 $y=x$에 대하여 대칭이다.

㉢ $y=\sqrt{ax}$의 그래프와 x축에 대하여 대칭이다.

⑤ $y=\sqrt{a(x-p)}+q\ (a\neq 0)$의 그래프

㉠ $y=\sqrt{ax}$의 그래프를 x축으로 p만큼, y축으로 q만큼 평행이동한 것이다.

㉡ $a>0$일 때 정의역 : $\{x|x\geq p\}$, 치역 : $\{y|y\geq q\}$
$a<0$일 때 정의역 : $\{x|x\leq p\}$, 치역 : $\{y|y\geq q\}$

⑰ 경우의 수와 순열 · 조합

(1) 경우의 수

① 합의 법칙 : 두 사건 A, B가 일어나는 경우의 수가 각각 $n(A)=m$, $n(B)=n$이고 두 사건 A, B가 동시에 일어나지 않을 때, 사건 A 또는 사건 B가 일어나는 경우의 수는 $m+n$이다.

② 곱의 법칙 : 사건 A가 일어나는 경우의 수가 $n(A)=m$이고 그 각각의 경우에 대하여 사건 B가 일어나는 경우의 수가 $n(B)=n$일 때, 두 사건 A, B가 동시에(잇달아) 일어나는 경우의 수는 $m\times n$이다.

(2) 순열

① 순열 : 서로 다른 n개에서 $r(r\leq n)$개를 택하여 일렬로 나열하는 것을 n개에서 r개를 택하는 순열이라고 하고, 그 순열의 수를 기

문제UP

1부터 9까지의 자연수를 한 번씩만 써서 만들 수 있는 두 자리 짝수의 개수는?

① 20 ② 24
③ 28 ④ 32

해 일의 자리에 올 수 있는 수는 2, 4, 6, 8로 4개이고, 십의 자리에 올 수 있는 수는 일의 자리에 온 숫자를 제외한 나머지 숫자이므로 8개이다. 그러므로 만들 수 있는 두 자리 짝수의 개수는 $8\times 4=32$개이다.

정답 ④

호로 ${}_n\mathrm{P}_r$과 같이 나타낸다.

② 순열의 수 : ${}_n\mathrm{P}_r=n\times(n-1)\times(n-2)\times\cdots\times(n-r+1)$ (단, $0<r\le n$)

③ n개 중에서 같은 것이 각각 p개, q개, …, r개씩 있을 때, n개를 모두 택하여 일렬로 배열하는 순열의 수 :

$\dfrac{n!}{p!q!\cdots r!}$(단, $n=p+q+\cdots+r$)

④ 서로 다른 n개 중에서 특정한 r개의 순서가 정해졌을 때, n개를 모두 일렬로 배열하는 순열의 수 : $\dfrac{n!}{r!}$

⑤ ${}_n\mathrm{P}_n=n\times(n-1)\times(n-2)\times\cdots3\times2\times1=n!$

${}_n\mathrm{P}_r=\dfrac{n!}{(n-r)!}$ (단, $0\le r\le n$)

${}_n\mathrm{P}_0=1$, $0!=1$

(3) 조합

① 조합 : 서로 다른 n개에서 순서를 생각하지 않고 $r(r\le n)$개를 택하는 것을 n개에서 r개를 택하는 조합이라 하고, 이 조합의 수를 기호로 ${}_n\mathrm{C}_r$과 같이 나타낸다.

② 조합의 수 : ${}_n\mathrm{C}_r=\dfrac{{}_n\mathrm{P}_r}{r!}=\dfrac{n!}{r!(n-r)!}$ (단, $0\le r\le n$)

③ ${}_n\mathrm{C}_0=1$, ${}_n\mathrm{C}_n=1$, ${}_n\mathrm{C}_1=n$

${}_n\mathrm{C}_r={}_n\mathrm{C}_{n-r}$ (단, $0\le r\le n$)

개념UP

원순열

- 서로 다른 n개를 원형으로 배열하는 방법의 수
  $(n-1)!=\dfrac{{}_n\mathrm{P}_n}{n}=\dfrac{n!}{n}$
- 서로 다른 n개에서 r개를 택하여 원형으로 배열하는 방법의 수
  $\dfrac{{}_n\mathrm{P}_r}{r}$

문제UP

5명의 학생 중에서 주번 2명을 뽑는 방법의 수는?

① 20 ② 10
③ 5 ④ 2

해 고르기만 하면 되므로 조합 공식을 사용한다.
5명 중에서 2명을 고르면

$${}_5\mathrm{C}_2=\frac{5!}{2!\times3!}=\frac{5\times4\times3\times2\times1}{(2\times1)\times(3\times2\times1)}=10$$

정답 ②

수학 | 시험에 반드시 출제되는 문제

01 두 다항식 $A=x^2-3x+5$, $B=x-3$에 대하여 $A+2B$의 값은?

① $x-3$ ② x^2-3
③ x^2+3x ④ x^2-x-1

정답 | ④ 출제 가능성 | 60%

해 설
$A=x^2-3x+5$, $B=x-3$을
주어진 식 $A+2B$에 대입하면
$A+2B=x^2-3x+5+2(x-3)$
$=x^2-x-1$

02 $(4x+1)(3x^2-5)$에서 x^2의 계수를 a, x의 계수를 b라 할 때, $a+b$의 값은?

① 0 ② 17
③ -17 ④ 23

정답 | ③ 출제 가능성 | 70%

해 설
$(4x+1)(3x^2-5)$를 전개해보면
$12x^3-20x-3x^2-5$
$=12x^3+3x^2-20x-5$이다.
따라서 x^2의 계수 $a=3$, x의 계수 $b=-20$이므로
$\therefore a+b=3+(-20)=-17$

03 실수 a, b에 대하여 $a-bi=-7+3i$가 성립할 때, ab의 값은?

① 21 ② -10
③ 10 ④ -21

정답 | ① 출제 가능성 | 60%

해 설
$a-bi=-7+3i$가 성립하면
$a=-7$, $b=-3$
$\therefore ab=21$

04 두 집합 $A=\{3, 4, 5, 6\}$, $B=\{6, 7, 8, 9\}$일 때 $A\cap B$의 원소의 개수는?

① 0개　② 1개
③ 2개　④ 3개

정답 | ②　출제 가능성 | 80%

해 설
$A=\{3, 4, 5, 6\}$이고 $B=\{6, 7, 8, 9\}$이므로 공통된 원소를 갖는 교집합은
$A\cap B=\{6\}$이다.
$\therefore A\cap B$의 원소의 개수 : 1개

05 명제 '$a=b$이면 $|a|=|b|$이다.'의 역은?

① $|a|\neq|b|$이면 $a\neq b$이다.
② $a\neq b$이면 $|a|\neq|b|$이다.
③ $|a|=|b|$이면 $a=b$이다.
④ $|a|\neq|b|$이면 $a=b$이다.

정답 | ③　출제 가능성 | 70%

해 설
$p\rightarrow q$의 역은 $q\rightarrow p$이다. 따라서 주어진 명제 '$a=b$이면 $|a|=|b|$이다.'의 역은 '$|a|=|b|$이면 $a=b$이다.'가 된다.

06 그림과 같이 좌표평면 위의 한 점 A$(-2, 5)$를 y축에 대하여 대칭이동한 점을 B라 할 때, 원점 O와 점 B 사이의 거리는?

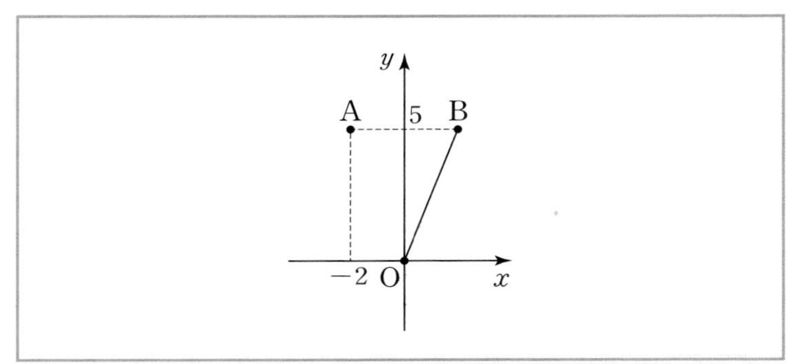

① $\sqrt{29}$　② $\sqrt{30}$
③ $\sqrt{31}$　④ $4\sqrt{2}$

정답 | ①　출제 가능성 | 70%

해 설
점 A$(-2, 5)$을 y축에 대하여 대칭이동한 점 B의 좌표는 B$(2, 5)$이므로
원점 O와 점 B 사이의 거리는
$\sqrt{2^2+5^2}=\sqrt{29}$

1. 국어
2. 수학
3. 영어
4. 사회
5. 과학
6. 한국사
7. 도덕

07 삼차방정식 $2x^3+x^2-a=0$의 한 근이 -1일 때, 실수 a의 값은?

① 2　② 1　③ 0　④ -1

정답 | ④　출제 가능성 | 60%

해 설

삼차방정식의 한 근이 -1이므로

$x=-1$을 대입했을 때 방정식을 만족해야 한다.

따라서 $-2+1-a=0$이므로

$\therefore a=-1$

08 다항식 x^2-x+k를 $x-2$로 나눈 나머지가 4일 때, 상수 k의 값은?

① 2　② 4　③ 6　④ 8

정답 | ①　출제 가능성 | 70%

해 설

$f(x)=x^2-x+k$를 $x-2$로 나눈 나머지는 $f(2)$와 같다.

$f(2)=4-2+k=4$

$\therefore k=2$

09 분수식 $\dfrac{x+1}{x-1}-\dfrac{2}{x+1}$를 간단히 하면?

① 1　② $\dfrac{x^2-3}{x^2-1}$　③ $\dfrac{x^2+3}{x^2-1}$　④ $\dfrac{x^2+3}{x^2+1}$

정답 | ③　출제 가능성 | 70%

해 설

$\dfrac{x+1}{x-1}-\dfrac{2}{x+1}$

$=\dfrac{(x+1)(x+1)}{(x-1)(x+1)}-\dfrac{2(x-1)}{(x+1)(x-1)}$

$=\dfrac{x^2+2x+1-2x+2}{x^2-1}$

$=\dfrac{x^2+3}{x^2-1}$

10 이차방정식 $3x^2+7x=x-k$가 중근을 가질 때, 실수 k의 값은?

① 1　② 2　③ 3　④ 4

정답 | ③　출제 가능성 | 70%

해 설

$3x^2+7x=x-k \Rightarrow 3x^2+6x+k=0$

이차방정식이 중근을 가지려면 판별식 $D=0$이어야 한다.

따라서 $\dfrac{D}{4}=9-3k=0,\ k=3$

11 이차방정식 $x^2+4x-3=0$의 두 근이 α, β일 때, $(\alpha+\beta)-\alpha\beta$의 값은?

① -1　② 1
③ 3　④ 5

정답 | ①　출제 가능성 | 80%

해 설
근과 계수와의 관계에 따라
$x^2+4x-3=0$의 두 근 α, β의 합과 곱은 다음과 같다.
$\alpha+\beta=-4$, $\alpha\beta=-3$
$\therefore (\alpha+\beta)-\alpha\beta=(-4)-(-3)=-1$

12 $(9x+4y)+(8x-3y)$를 $mx+ny$로 나타낼 때, $m+n$의 값은?

① 18　② 19
③ 20　④ 21

정답 | ①　출제 가능성 | 60%

해 설
$(9x+4y)+(8y-3y)$
$=(9+8)x+(4-3)y$
$=17x+y$
따라서 $m=17$, $n=1$
$\therefore m+n=18$

13 연립부등식 $\begin{cases} x^2+x-2\leq 0 \\ (x+3)(x+a)>0 \end{cases}$의 해가 $-1<x\leq 1$일 때, 실수 a의 값은?

① 1　② 2
③ 3　④ 4

정답 | ①　출제 가능성 | 80%

해 설
$\begin{cases} x^2+x-2\leq 0 & \cdots ㉠ \\ (x+3)(x+a)>0 & \cdots ㉡ \end{cases}$
㉠에서 $(x+2)(x-1)\leq 0$
$\therefore -2\leq x\leq 1$
㉠과 ㉡의 공통범위가 $-1<x\leq 1$이기 위해서는 ㉡에서 $x<-3$ 또는 $x>-1$이어야 하므로
$-a=-1$
$\therefore a=1$

1. 국어
2. 수학
3. 영어
4. 사회
5. 과학
6. 한국사
7. 도덕

14 $0<a<1$일 때, $|a-1|$을 간단히 하면?

① a　② $a-1$
③ $-a+1$　④ $-a-1$

정답 | ③　출제 가능성 | 60%

해설
$0<a<1$이므로 $-1<a-1<0$
$|a-1|=-(a-1)=-a+1$

15 좌표평면 위의 두 점 A, B에 대하여 선분 AB를 2:3으로 내분하는 점을 P, 3:1로 외분하는 점을 Q라 하자. $\overline{PQ}=11$일 때, 선분 AB의 길이는?

① 10　② 15
③ 18　④ 20

정답 | ①　출제 가능성 | 70%

해설
$\overline{AB}=l$이라 할 때,
$\overline{AP}=\frac{2}{5}l$, $\overline{AQ}=\frac{3}{2}l$이므로
$\overline{PQ}=\frac{11}{10}l=11$
$\therefore l=10$

16 그림과 같이 두 점 A(4, 2), B(−1, 3)에서 같은 거리에 있고 x축 위에 있는 점 P의 좌표는?

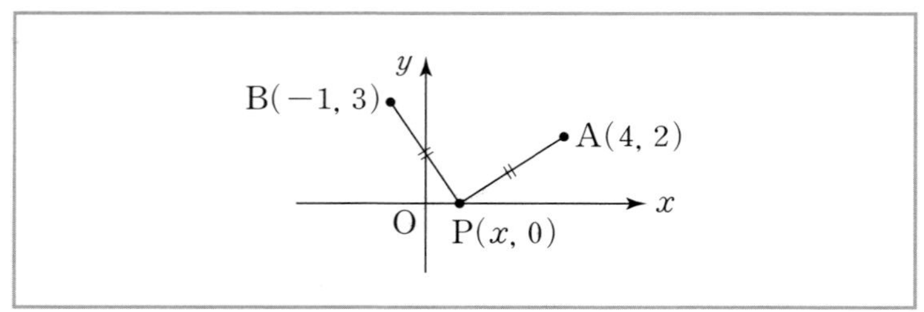

① (1, 0)　② (2, 0)
③ (3, 0)　④ (4, 0)

정답 | ①　출제 가능성 | 70%

해설
x축 위에 있는 점 $P(x, 0)$을 두 점 A(4, 2), B(−1, 3)과 연결한 거리가 각각 같으므로
$\overline{PA}=\overline{PB}$
$\overline{PA}=\sqrt{(x-4)^2+2^2}=\sqrt{x^2-8x+20}$
$\overline{PB}=\sqrt{(x+1)^2+3^2}=\sqrt{x^2+2x+10}$
$\sqrt{x^2-8x+20}=\sqrt{x^2+2x+10}$
$x^2-8x+20=x^2+2x+10$
$10x=10$, $x=1$
$\therefore$ P(1, 0)

17 직선 $y=x+3$에 수직이고, 점 $(2, 1)$을 지나는 직선의 방정식은?

① $y=2x-3$　② $y=x-1$

③ $y=-x+3$　④ $y=-2x+5$

정답 | ③　출제 가능성 | 80%

해 설

$y=x+3$에 수직인 직선은 기울기가 -1이므로 $y=-x+b$

이 직선이 점 $(2, 1)$을 지나므로

$1=-2+b$, $\therefore b=3$

$\therefore y=-x+3$

18 중심이 점 $(1, 2)$이고 y축에 접하는 원의 방정식은?

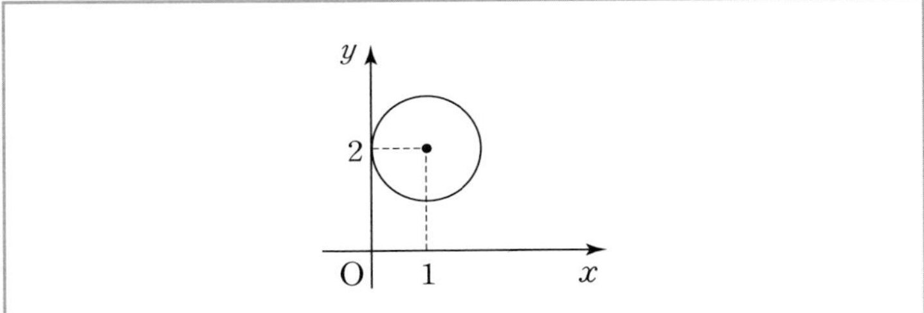

① $(x-2)^2+(y-1)^2=1$　② $(x-1)^2+(y-2)^2=1$

③ $(x+2)^2+(y+1)^2=4$　④ $(x-1)^2+(y+2)^2=4$

정답 | ②　출제 가능성 | 80%

해 설

- 중심이 (a, b)이고 반지름의 길이가 r인 원의 방정식 $(x-a)^2+(y-b)^2=r^2$
- y축에 접하는 원의 반지름 $r=|x|$ (중심의 x좌표의 절댓값)

따라서 중심이 점 $(1, 2)$이고, y축에 접하는 원의 방정식은

$(x-1)^2+(y-2)^2=1$

19 두 원 $(x-6)^2+y^2=36$, $x^2+(y-a)^2=16$이 서로 외접할 때, 양수 a의 값은?

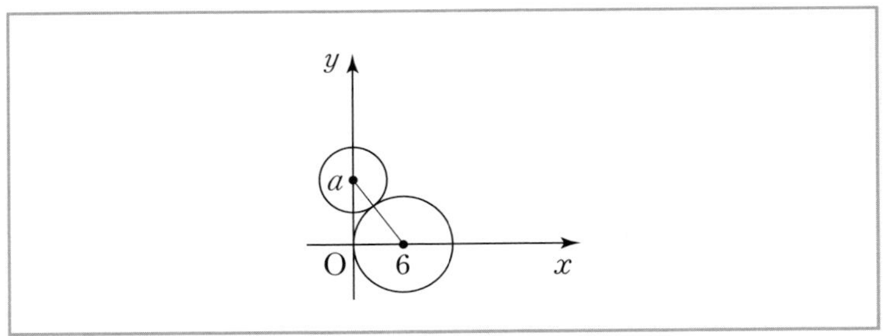

① 6　② 8

③ 10　④ 12

정답 | ②　출제 가능성 | 60%

해 설

두 원의 중심 사이 거리가 두 원의 반지름의 길이의 합과 같으면, 두 원은 외접한다.

O_1은 중심 $(6, 0)$, $r=6$, O_2는 중심 $(0, a)$, $r'=4$이므로

두 점 $(6, 0)$, $(0, a)$의 거리는

$\sqrt{36+a^2}=10$ ($\because$ 두 원의 반지름의 합)

양변을 제곱하면 $36+a^2=100$

$a^2=64$

$\therefore a=8$ ($\because a>0$)

20 좌표평면 위의 점 $A(-3, -1)$을 x축의 방향으로 5만큼 평행이동한 점 B의 좌표를 $(a, -1)$, 점 B를 y축의 방향으로 2만큼 평행이동한 점 C의 좌표를 (a, b)라 하면 $a+b$의 값은?

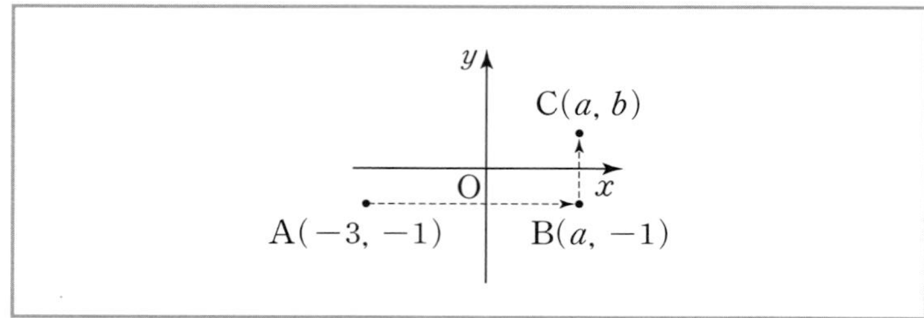

① 2　　② 3
③ 4　　④ 5

정답 | ②　　출제 가능성 | 70%

해 설
좌표평면 위의 점 (x, y)를 x축의 방향으로 a만큼, y축의 방향으로 b만큼 평행이동시킨 점의 좌표는 $(x+a, y+b)$
$A(-3, -1)$을 x축 방향으로 5만큼 평행이동 → $B(2, -1)$
$B(a, -1)$이므로 $a=2$ ($\because a=-3+5$)
$B(2, -1)$을 y축 방향으로 2만큼 평행이동 → $C(2, 1)$
$C(a, b)$이므로 $b=1$ ($\because b=-1+2$)
$\therefore a+b=2+1=3$

21 직선 $y=3x+1$에 평행하고, y절편이 4인 직선의 방정식은?

① $y=3x+4$　　② $y=3x-4$
③ $y=-\frac{1}{3}x+4$　　④ $y=-\frac{1}{3}x-4$

정답 | ①　　출제 가능성 | 70%

해 설
두 직선이 평행일 때 기울기는 같다.
기울기가 m, y절편이 k인 직선의 방정식은 $y=mx+k$
따라서 $y=3x+1$에 평행인 직선의 기울기는 3이고, y절편이 4이므로
$\therefore y=3x+4$

22 다항식 $7x^2-6x+5$를 $x-1$로 나누었을 때의 나머지는?

① 5　　② 6
③ 7　　④ 8

정답 | ②　　출제 가능성 | 70%

해 설
다항식 $f(x)=7x^2-6x+5$를 $x-1$로 나눈 나머지는 $f(1)$이다. 따라서 x에 1을 대입하면
$f(1)=7-6+5=6$

23 두 함수 $f(x)=2x-3$, $g(x)=x^2+1$의 합성함수 $(f\circ g)(x)$에 대하여 $(f\circ g)(1)$의 값은?

① 1　　② 2
③ 3　　④ 4

정답 | ①　　출제 가능성 | 70%

해 설
$(f\circ g)(1)=f(g(1))$
$g(x)=x^2+1$이므로,
$g(1)=1^2+1=2$
$f(x)=2x-3$이므로,
$f(2)=2\cdot 2-3=1$
$\therefore (f\circ g)(1)=1$

24 함수 $f(x)=x-2$에 대하여 역함수 $f^{-1}(0)$의 값은?

① 1　　② 2
③ 3　　④ 4

정답 | ②　　출제 가능성 | 70%

해 설
$f(x)=x-2$에 대한 역함수를 f^{-1}라 할 때 $f^{-1}(0)=k$는 $f(k)=0$과 같다.
$f(k)=k-2=0$, $k=2$
$\therefore f^{-1}(0)=2$

25 정의역이 $\{x\,|\,1\le x\le 2\}$인 이차함수 $y=2x^2-1$의 최댓값은 M, 최솟값은 m이다. 이때 $M+m$의 값은?

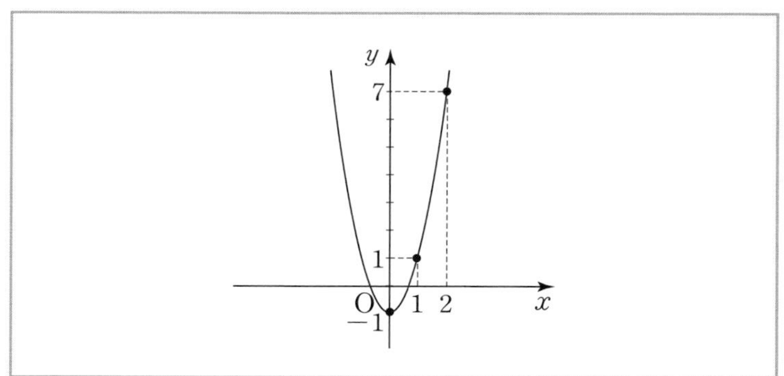

① 4　　② 6
③ 8　　④ 10

정답 | ③　　출제 가능성 | 70%

해 설
$y=2x^2-1$의 그래프에서 $x=0$일 때 최솟값은 -1이다. 그러나 정의역이 $\{x\,|\,1\le x\le 2\}$이므로
$x=1$일 때, 최솟값 $m=1$
$x=2$일 때, 최댓값 $M=7$
$\therefore M+m=7+1=8$

26 함수 $y=\dfrac{1}{x-a}+b$의 그래프가 아래와 같을 때, a, b의 값은?

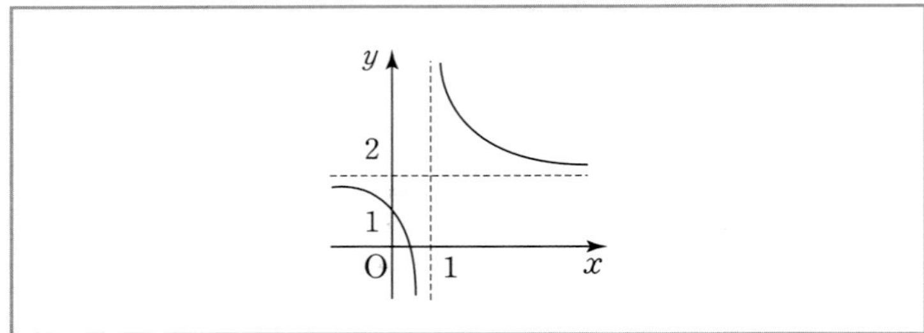

① $a=1$, $b=1$　② $a=1$, $b=2$

③ $a=2$, $b=1$　④ $a=2$, $b=2$

정답 | ②　출제 가능성 | 60%

해 설

$y=\dfrac{1}{x-a}+b$ 그래프의 점근선의 방정식이 $x=1$, $y=2$이므로

$y=\dfrac{1}{x-1}+2$

$\therefore a=1$, $b=2$

27 무리함수 $y=\sqrt{4(x+1)}+k$의 그래프가 그림과 같을 때, 상수 k의 값은?

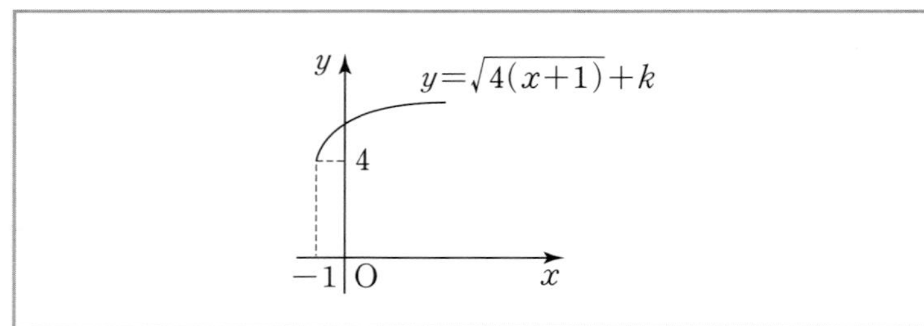

① 1　② 2

③ 3　④ 4

정답 | ④　출제 가능성 | 60%

해 설

무리함수가 $(-1, 4)$를 지나므로 대입하면

$4=\sqrt{4(-1+1)}+k$

$\therefore k=4$

28 A, B, C, D 네 사람이 한 줄로 서서 사진을 찍을 때, A와 B는 서로 이웃하여 사진을 찍는다면, 사진을 찍을 수 있는 모든 경우의 수는?

① 12　② 13
③ 14　④ 15

정답 | ①　출제 가능성 | 70%

해 설
A와 B는 서로 이웃하여 사진을 찍는다고 했으므로 A와 B를 하나로 생각하여 경우의 수를 구하면 $3\times2\times1$이다. A와 B는 자리를 바꾸어 찍을 수 있으므로 구하는 경우의 수는 $(3\times2\times1)\times2=12$(가지)이다.

29 빨간 공, 파란 공, 노란 공, 초록 공, 검은 공, 흰 공이 한 개씩 들어 있는 주머니에서 3개의 공을 뽑아 일렬로 나열하는 방법의 수를 구하면?

① 100　② 120
③ 140　④ 160

정답 | ②　출제 가능성 | 60%

해 설
6개 중에서 3개를 뽑아서 나열해야 하므로 순열 공식을 사용하면
${}_6P_3=6\times5\times4=120$

30 음료수를 사려고 할 때, A사의 서로 다른 5개 중에서 3개를 고르고 B사의 서로 다른 8개 중에서 2개를 고르는 방법의 수를 구하면?

① 240　② 280
③ 320　④ 360

정답 | ②　출제 가능성 | 80%

해 설
고르기만 하면 되므로 조합 공식을 사용한다.
5개 중에서 3개를 고르면 ${}_5C_3$, 8개 중에서 2개를 고르면 ${}_8C_2$이므로

$$
\begin{aligned}
{}_5C_3\times{}_8C_2&=\frac{5!}{3!\times2!}\times\frac{8!}{2!\times6!}\\
&=10\times28\\
&=280
\end{aligned}
$$

TRANSPORT

Eurot

By Astrid Wendlandt

Eurotunnel
yesterday it would no
enough cash this yea
all the interest du
£6.3bn ($10.6bn) de
tain.

The operator
Channel link h
northern
many

TRA

PART 3

영어

STEP1. 핵심 이론.ZIP

STEP2. 시험에 반드시 출제되는 문제

PART 3

영어 | 핵심 이론.ZIP

❶ 문법(Grammar)

(1) 문장의 형식과 시제

① 동사의 종류와 문장의 형식

㉠ 목적어의 유무에 따라 : 자동사와 타동사로 나누어짐

- 자동사 : 목적어가 필요하지 않은 동사
- 타동사 : 목적어가 필요한 동사

㉡ 보어의 유무에 따라 : 완전동사와 불완전동사로 나누어짐

- 완전동사 : 보어가 필요하지 않은 동사
- 불완전동사 : 보어가 필요한 동사

동사	자동사	완전자동사	fly, fight, grow, smile, rise 등
		불완전자동사 (주격보어 필요)	• 감각을 표현하는 동사 : smell, look, taste, feel, sound 등 • 상태의 지속을 표현하는 동사 : be, seem, appear, look, stay 등 • 상태의 변화를 표현하는 동사 : become, go, get, grow, come, prove 등
	타동사	완전타동사	see, catch, smile, know, excuse, approach, resemble, survive, discuss 등
		불완전타동사 (목적보어 필요)	call, elect, find, leave, make, name 등

㉢ 기본 문형(5형식)

- 제1형식

S + V(주어 + 완전자동사)
예 Time flies. (시간은 흘러간다.)
The sun rises in the east. (해는 동쪽에서 뜬다.)

- 제2형식

S + V + C(주어 + 불완전자동사 + 보어)
예 He is a doctor. (그는 의사다.)

문제UP

빈칸에 들어갈 말로 알맞은 것은?

As soon as she finished ______, she started for school.

① eat ② eating
③ to eat ④ has eaten

해설 finish는 동명사와 짝을 이루는 타동사이므로 eating이 빈칸에 들어가야 한다.
해석 그녀는 다 먹자마자, 학교로 출발했다.

정답 ②

개념UP

완전자동사

- do 적당하다, 충분하다
- count 중요하다
- pay 이익이 되다
- help 도움이 되다
- work 효과가 있다
- vary 다양하다, 다르다
- differ 다르다
- last 지속하다

• 제3형식

S + V + O(주어 + 완전타동사 + 목적어)
예 She loves Mr. Kim. (그녀는 김 씨를 사랑한다.)
They went on a strike. (그들은 동맹 파업에 들어갔다.)

• 제4형식

S + V + IO + DO(주어 + 수여동사 + 간접 목적어 + 직접 목적어)
예 She gave me her necklace. (그녀는 내게 자신의 목걸이를 주었다.)
I envy him his bravery. (나는 그의 용기를 부러워한다.)

• 제5형식

S + V + O + OC(주어 + 불완전타동사 + 목적어 + 목적보어)
예 I believe him honest. (나는 그가 정직하다고 믿는다.)
I saw her play the piano. (나는 그녀가 피아노 연주하는 것을 보았다.)

② 시제(Tense) 중요

㉠ 기본시제 : 현재 · 과거 · 미래

현재	일반적 사실이나 불변의 진리 · 격언을 나타낼 때	The moon goes around the earth. (달은 지구 주위를 돈다.)
	현재의 습관 · 반복적 동작을 나타낼 때	She goes to school. (그녀는 학교에 다닌다.)
	미래의 대용으로 쓰임	He comes back tonight. (그는 오늘 돌아올 것이다.)
과거	과거의 동작 · 상태를 나타낼 때	He was born in 1972. (그는 1972년에 태어났다.)
	과거의 습관적 동작 · 반복을 나타낼 때	Dad often told us ghost stories on summer evenings. (아버지는 여름날 저녁이면 흔히 귀신 이야기를 해주시곤 했다.)
	과거의 경험을 나타낼 때	Did you ever hear of such a thing? (그런 일을 들어본 적이 있습니까?)
미래	will / shall의 용법	• I'll let you have this magazine. (내가 이 잡지 너 줄게.) • Shall I telephone her and ask her to come here? (그녀에게 전화를 해서 여기로 오라고 할까요?)

개념UP
수여동사
어떤 것을 주고받는다는 의미를 가진 타동사로 간접 목적어와 직접 목적어를 필요로 함
예 ask, bring, buy, give, lend, make, show, send 등

개념UP
미래시제를 대신하는 주요 표현
- be going to + 동사원형(~할 예정이다)
- be to + 동사원형(하기로 되어 있다, ~할 예정이다)
- be about to + 동사원형(막~ 하려고 한다)
- be bound to + 동사원형(반드시 ~하다, ~할 의무가 있다)
- be likely to + 동사원형(~할[일] 것 같다)

문제UP

빈칸에 들어갈 말로 가장 알맞은 것은?

Jinho went to the United States last year and now he is in Seoul.
= Jinho ______ to the United States.

① goes ② went
③ has gone ④ has been

해설 have been은 '~를 방문했다(~에 경험이 있다)'라는 표현으로 Jinho는 미국에 방문했었고, 지금은 서울에 있기 때문에 ④가 답이다.

해석 Jinho는 작년에 미국에 갔다. 그리고 지금은 서울에 있다. → Jinho는 작년에 미국에 갔었다.

정답 ④

개념UP

대과거

어떤 과거의 시점이 다른 과거의 시점과 비교해서 더 과거일 때 대과거(과거완료)를 사용한다.

㉡ 완료시제 : 현재완료 · 과거완료 · 미래완료

현재완료	주어 + have[has] + p.p.(과거분사)	• 완료 : 막 ~하였다 예 He has just written this letter. (그가 이 편지를 막 다 썼다.) • 경험 : ~한 적이 있다 예 Have you ever been to London? (런던에 가 본적이 있습니까?) • 계속 : ~해 오고 있다 예 I have lived here for a year. (나는 여기에 일 년째 살고 있다.) • 결과 : ~해 버렸다 예 I have lost my fountain-pen. (나는 내 만년필을 잃어버렸다.)
과거완료	주어 + had + p.p.(과거분사)	• 완료 예 The train had already left when I got to the station. (내가 역에 도착했을 때, 그 기차는 벌써 떠났었다.) • 경험 예 I knew him at once, for I had seen him before. (나는 그를 곧 알아보았다. 왜냐하면 전에 그를 본 적이 있었기 때문에.) • 계속 예 He had been ill in bed for a week when I came back. (내가 돌아왔을 때, 그는 1주일 동안 아파 누워 있었다.) • 결과 예 I found that she had gone to America. (나는 그 여자가 미국으로 가 버린 것을 알았다.) • 대과거(선과거) 예 I sold the watch which I had bought the previous day. (나는 전 날에 샀던 시계를 팔았다.)
미래완료	will(or shall) have + p.p.(과거분사)	She will have finished her work by tonight. (그녀는 오늘 밤까지 일을 끝내게 될 것이다.)

㉢ 진행시제 : 현재진행형 · 과거진행형 · 미래진행형 / 현재완료 진행형 · 과거완료 진행형 · 미래완료 진행형

현재진행형	am, are, is + –ing(현재분사)	They are always quarrelling. (그들은 항상 다툰다.)
과거진행형	was, were + –ing(현재분사)	I was walking home when I met Kelly. (Kelly를 만났을 때 나는 집으로 걸어가고 있었다.)
미래진행형	will(or shall) be + –ing(현재분사)	He will be working at 2 P.M. tomorrow. (내일 오후 2시에 그는 일하고 있을 것이다.)
현재완료 진행형	have(or has) been + –ing (현재분사)	He has been living here for five years. (그는 5년 동안 여기에 쭉 살아오고 있다.)
과거완료 진행형	had been + –ing(현재분사)	She had been saving money for her children. (그 여자는 자녀를 위해 돈을 계속 저축하고 있었다.)
미래완료 진행형	will(or shall) + have been + –ing(현재분사)	It will have been raining for five days by tomorrow. (비가 내일까지 오면 5일 동안 오는 셈이 될 것이다.)

개념UP

진행형 불가 동사

- 무의식적 지각동사 : see, hear, smell, taste, feel 등
- 인식 · 사고 동사 : know, suppose, mean, think, believe 등
- 소유 · 존재 · 소속 동사 : have, belong, possess, seem 등
- 기타 상태 동사 : be, resemble, differ, lack 등

(2) 조동사(Auxiliary Verb)

① do(does, did)의 용법

㉠ 의문문과 부정문 : be동사 이외의 동사의 문장에서 의문문과 부정문을 만듦

예 Do you have any money? (돈이 좀 있습니까?)

She doesn't eat meat. (그녀는 고기를 먹지 않는다.)

㉡ 강조 · 도치 구문 : 긍정문을 강조하거나 강조 · 균형 등을 위하여 술어를 문두에 놓을 때 사용됨

예 Do be quiet. (조용히 해.)

He did say so. (그가 정말 그렇게 말했다.)

㉢ 대동사로 쓰이는 경우

예 He runs much faster than she does.(does = runs) (그는 그 여자보다 훨씬 빨리 달린다.)

② can(could)의 용법

㉠ 능력 · 가능성 : can(~할 수 있다)(=be able to do)

예 Can you speak Japanese? (일본어를 말할 수 있습니까?)

문제UP

다음 빈칸에 들어갈 말로 알맞은 것은?

Seijin can't ski well, and ______.

① so am I
② so can I
③ neither am I
④ neither can I

해설 'can't ski(스키를 못 탄다).'에 and로 연결하고 있으므로 동조하는 말이 나와야 한다. 따라서 부정의 의미를 포함하는 neither와 can't라는 조동사를 받아주는 can이 들어갈 'neither can I.'가 정답이다.

해석 Seijin은 스키를 잘 못 탄다. 그리고 나도 그렇다.

정답 ④

㉡ 추측 · 추정

- cannot(~일[할] 리 없다)

예 It cannot be true. (그것은 사실일 리 없다.)

- cannot have p.p.(~이었을[했을] 리 없다)

㉢ 허가

예 Can I go back now? (지금 돌아가도 되나요?)

③ may(might)의 용법

㉠ 추측 · 추정

- may + 동사원형(~일[할]지도 모른다)
- may have + 과거분사(~이었을[하였을]지 모른다)

예 He may know. (그가 알지도 모른다.)

Tom may have been hurt. (Tom은 다쳤을지 모른다.)

㉡ 허가 · 가능 · 기원 · 양보

- 허가(=can) 예 You may leave now. (지금 가도 됩니다.)
- 가능(=can) 예 The road may be blocked. (길이 막혔을 것이다.)
- 기원(소망) 예 May you live long! (오래 사시길 바랍니다!)
- 양보 예 The businessman may be rich, but he is not refined. (그는 부자인지는 몰라도 세련되지는 못하다.)

> 개념UP
>
> **관용적 표현**
>
> - may well(~하는 것이 당연하다)
> - might(may) as well(~하는 편이 낫다)
> - might[may] as well A as B(B 하느니 차라리 A 하는 편이 낫다)

④ must(have to, had to)의 용법

㉠ 강한 추측

- 현재의 추측 : must + be(~임에 틀림없다)

예 She must be honest. (그녀는 정직한 사람임이 틀림없다.)

- 과거의 추측 : must have + p.p.(~이었음에[하였음에] 틀림없다)

예 It must have rained during the night. (간밤에 비가 왔음에 틀림없다.)

㉡ 의무 · 금지

- 의무(~해야 한다)(=have to)

예 I must get up early tomorrow. (나는 내일 아침 일찍 일어나야 한다.)

> 개념UP
>
> **must와 have to**
>
> 같은 의미이나 과거의 경우는 had to, 미래의 경우는 will have to를 사용

• 금지 : must not(~해서는 안 된다)

예 You must not accept their offer. (당신은 그들의 제안을 수용해서는 안 된다.)

⑤ will, shall의 용법

㉠ 단순미래(~할[일] 것이다) : 단순한 미래의 동작 · 상태 및 예정을 나타냄

예 You'll be in time if you hurry. (서두르면 제시간에 도착할 수 있을 것이다.)

㉡ 의지미래(~할 작정이다[~하겠다]) : 말하는 사람의 결심과 의지를 표현할 때, 상대방의 의지를 물어볼 때

예 I will do my best. (최선을 다하겠습니다.)

⑥ should의 용법

㉠ 의무(~해야 한다)(=ought to)

예 You should take this medicine. (이 약을 먹어야 한다.)

㉡ 간절한 희망(~하고 싶다)

예 I should like to see the movie. (나는 영화를 보고 싶다.)

⑦ would의 용법

㉠ 고집 · 강한 거절

예 He would not listen to my advice. (그는 내 충고를 들으려 하지 않았다.)

㉡ 과거의 불규칙적 습관 · 습성(~하곤 했다, 흔히 ~하였다)

예 I would often swim in this river when I was a child. (내가 어렸을 때 이 강에서 종종 수영을 하곤 했다.)

㉢ 과거에 대한 추측

예 I suppose it would be the first time I saw the girl. (그것이 내가 그 소녀를 처음 본 것이었을 것이다.)

㉣ 소원 · 소망(=wish to, want to)

예 If you would pass the test, you might follow my advice. (당신이 그 테스트를 통과하고 싶다면 내 조언을 따라야 한다.)

⑧ ought to의 용법 : 의무(~해야 한다)

예 We ought to help one another. (우리는 서로 도와야 한다.)

문제UP

다음 빈칸에 가장 알맞은 것을 고르시오.

She requested that he _____ longer for dinner.

① stay ② stays
③ staued ④ has stayed

해설 request(요구동사)가 이끄는 that절의 동사는 '(should) + 동사원형'의 형태가 된다.

해석 그녀는 그가 저녁식사를 위해 좀 더 오래 머물러야 한다고 요구했다.

정답 ①

개념UP

관용적 표현

• would like to + 동사원형(~하고 싶다)
• would rather A(동사원형) than B(동사원형)(B 하느니 차라리 A 하겠다)
• A would rather B + C(과거동사)(A는 B가 차라리 C 하기를 바란다)

⑨ need의 용법

㉠ 조동사 : need는 의문문, 부정문에서 조동사의 역할을 할 수 있음

예 Need we go that place? (우리가 거기 갈 필요가 있는가?)

㉡ 일반동사 : need는 긍정문에서 일반동사(본동사)로 쓰임

예 He needs to tell us the truth. (그는 우리에게 진실을 말해 줄 필요가 있다.)

⑩ used to의 용법

㉠ 과거의 규칙적인 습관 : ~하곤 하였다

예 I used to drink much when I was young. (나는 젊었을 때 술을 많이 마셨다.)

㉡ 과거의 계속적 상태 : 한때 ~했었다

예 He used to live in Seoul. (그는 한때 서울에 살았었다.)

(3) 수동태(Passive Voice) 중요

① 수동태 : 주어가 동작을 받는 어법

> S + be동사 + p.p.(과거분사) + by + O
> 예 This house was painted by him. (이 집은 그에 의해 칠해졌다.)

개념UP

능동태

- 주어가 동작을 하는 어법
- 'S(주어) + V(동사) + O(목적어)'의 구조를 취함

개념UP

능동태와 수동태

능동태는 동작을 하는 쪽에 중점을, 수동태는 동작을 받는 쪽에 중점을 둠

② 문장 형식과 수동태

㉠ 3형식(S + V + O)의 수동태 전환

> • 능동태의 목적어를 주격으로 바꾸어 수동태의 주어로 함
> • 능동태의 동사를 'be + 과거분사'로 바꿈(be동사는 수동태의 주어의 인칭 · 수에 따라서 바뀌고, 시제는 능동태의 시제와 일치시킴)
> • 능동태의 주어를 수동태에서 목적격으로 고쳐서 by 뒤에 둠
> Shakespeare wrote Hamlet. (셰익스피어가 햄릿을 썼다.)
> → Hamlet was written by Shakespeare.

㉡ 4형식(S + V + IO + DO)의 수동태 전환

• 2개의 수동태로 전환할 수 있는 경우

My uncle gave me an English book. (나의 삼촌이 나에게 영어 책을 주었다.)
→ I was given an English book by my uncle. [능동태의 IO가 수동태의 주어]
→ An English book was given (to) me by my uncle. [능동태의 DO가 수동태의 주어]

• 직접목적어만을 수동태 주어로 할 수 있는 경우 : bring, buy, do, make, pass, read, sell, sing, throw, write 등 대부분의 4형식 동사

She made me a doll. (그녀는 나를 위해 인형을 만들어주었다.)
→ I was made a doll by mother. (×)
→ A doll was made me by her. (○)

• 간접목적어만 수동태 주어로 할 수 있는 경우 : answer, call, deny, envy, kiss, refuse, save 등의 동사

I envied her beauty. (나는 그녀의 미모를 부러워했다.)
→ Her beauty was envied her by me. (×)
→ She was envied her beauty by me. (○)

ⓒ 5형식(S + V + O + C)의 수동태 전환

• 목적어를 수동태의 주어로 하는 수동태만 가능

They elected Lincoln President of the United States. (링컨은 미국의 대통령으로 선출되었다.)
→ Lincoln was elected President of the United States(by them). (○)
→ President of the United States was elected Lincoln(by them). (×)

• 지각동사의 목적보어(원형부정사)는 수동태에서 to부정사로 전환됨

I saw her enter the room. (나는 그녀가 방으로 들어가는 것을 보았다.)
→ She was seen to enter the room by me.

문제UP

다음 문장을 완성하고자 할 때 빈칸에 들어갈 말로 알맞은 것은?

The left side of the human brain ______ language.

① controls ② to control
③ controlling ④ is controlled

해설 문장에 동사가 없으므로 빈칸에는 동사가 와야 한다. 주어인 '인간 두뇌의 왼쪽 부분'이 언어를 통제하는 능동적인 존재이므로 controls가 답이다. 그러나 is controlled는 수동태이므로 답이 될 수 없다.

해석 인간 두뇌의 왼쪽 부분은 언어를 통제한다.

정답 ①

개념UP

지각동사

see, watch, look at, feel, smell, listen to, hear, taste

> 개념UP
> **수동태로 쓸 수 없는 동사**
> - 자동사
> - have, possess, belong to, own 등의 소유동사
> - resemble, lack(부족하다), become(어울리다), befall, hold(유지하다, 수용하다), reach, escape, suit(맞다, 어울리다), meet, cost(소요되다), weigh, let 등의 상태동사
>
> cf. have가 '먹다'의 의미인 경우와 hold가 '붙잡다', '개최하다'의 의미인 경우 등은 수동태 가능

> 개념UP
> **혼동하기 쉬운 능동 · 수동 표현**
> - 형태상 능동이나 의미상 수동인 경우
>   예 These oranges peel easily. (이 오렌지는 잘 벗겨진다.)
> - 형태상 수동이나 의미상 능동인 경우
>   예 I was born in Seoul. (나는 서울에서 태어났다.)
>   Are you married? (당신은 결혼했습니까?)
>   The girl was drowned in the river. (그 소녀는 강에서 익사했다.)

- 분사가 지각동사의 목적보어인 경우는 수동태에서도 그대로 사용됨

> We saw the car stopping. (우리는 차가 멈추는 것을 보았다.)
> → The car was seen stopping[to stop (×)/to be stopping (×)].

- 사역동사의 목적보어(원형부정사)는 수동태에서 to부정사로 전환됨

> My mother made me clean the room. (어머니가 방을 청소하라고 시켰다.)
> → I was made to clean the room by my mother.

- 사역동사 중 let과 have는 수동태에서 그대로 사용되지 못하고, be allowed to, be asked to의 형태로 쓰임

> My parents let me go there with her. (나의 부모님은 내가 그녀와 같이 거기에 가도록 허락했다.)
> → I was allowed to go there with her.

③ 주의해야 할 수동태

㉠ 부정문의 수동태 : (be동사 + not + 과거분사)의 형태로 쓰임

예 The mayor did not give an address this morning. (시장은 오늘 아침 연설을 하지 않았다.)
→ An address was not given by the mayor this morning.

㉡ 의문문의 수동태

- 의문사가 이끄는 의문문의 수동태

  예 Who broke the window? (누가 창을 깼느냐?) (the window가 목적어)
  → By whom was the window broken? [By whom + be + S + p.p.]

- 의문사 없는 의문문의 수동태

  예 Did she write a letter? (그녀는 편지를 썼나요?)
  → Was a letter written by her?

㉢ 조동사가 있는 문장의 수동태 : (조동사 + be동사 + 과거분사)의 형태로 쓰임

예 He must do the work. (그는 그 일을 해야 한다.)

→ The work must be done by him.

(4) 부정사/동명사/분사

① 부정사(Infinitive) : 복문을 단문으로 만들어 문장을 간결하게 하는 준동사의 일종

㉠ 부정사의 종류

to부정사	• to + 동사의 원형(R) • 수동형 : to + be + p.p. • 완료형 : to + have + p.p.
원형부정사	동사의 원형(R)
기타	• 대부정사(to) • 분리부정사(to + 부사 + R)

㉡ 부정사의 시제

단순부정사 (동사의 시제와 같거나 늦은 시제)	'to + R' 또는 'to be + p.p.(단순형 수동부정사)'의 형태를 지님 예 He seems to be ill. (그는 아픈 것처럼 보인다.)
완료부정사 (동사의 시제보다 앞선 시제)	'to have + p.p.' 또는 'to have been + p.p.(수동형 완료부정사)'의 형태를 지님 예 He seems to have been ill. (그는 아팠던 것처럼 보인다.)

㉢ 부정사의 부정 : 부정사 앞에 부정어(not, never 등)를 씀

㉣ 부정사의 용법

- 명사적 용법 : 부정사가 명사의 역할(주어 · 목적어 · 보어 등)을 함
- 형용사적 용법 : to 부정사가 명사 뒤에서 그 명사를 수식하는 경우를 말함
- 부사적 용법 : to 부정사가 부사와 같은 구실, 즉 동사 · 형용사 · 부사를 수식하는 경우를 말함

개념UP

to부정사를 목적어나 목적보어로 취하는 동사

- 소망 · 기대 · 요구 · 노력동사 등은 to부정사를 목적어로 취함
  예 want, wish, hope, expect, ask, demand, endeavor, contrive, learn, manage, decide, choose, promise, arrange, agree, afford, offer 등
- 목적보어로 to부정사를 취하는 (준)사역동사
  예 get, cause, induce, persuade, compel, force 등

개념UP

원형부정사를 취하는 동사

- 조동사 뒤에 오는 동사는 원형부정사를 취함
- 사역동사 make, have, let 등은 목적보어로 원형부정사를 취함
- 지각동사는 목적보어로 원형부정사를 취함

개념UP

'be + to 부정사'의 용법

- **예정** : They are to meet at six. (~할 예정이다.)
- **의무** : You are to do the work. (~하여야 한다.)
- **가능** : Not a man was to be seen. (~할 수 있다.)
- **운명** : She was never to return home. (~할 운명이다)

문제UP

어법상 바르지 않은 것은?

① He seems to be ill.
② It seems that he is ill.
③ I believe him to be kind.
④ I believe for him to be kind.

해설 for him → him : 문장에 타동사가 쓰인 경우 목적어가 나오게 되는데 이때 목적어가 그대로 부정사의 의미상의 주어가 된다.

정답 ④

명사적 용법	주어 역할	To know oneself is not easy. (자신을 아는 것은 쉽지 않다.)
	목적어 역할	She likes to play the piano. (그녀는 피아노 치는 것을 좋아한다.)
	보어 역할	My desire is to be a pilot. (나의 소망은 조종사가 되는 것이다.)
형용사적 용법	한정적 용법	She has no friend to help her. (그녀는 도와줄 친구가 없다.) [to부정사가 명사(friend)를 수식]
	서술적 용법	The news proved to be false. (그 뉴스는 거짓임이 판명되었다.)
부사적 용법	목적	We eat to live, not live to eat. (우리는 살기 위해 먹는 것이지 먹기 위해 사는 것이 아니다.)
	원인	I am glad to meet you. (당신을 만나서 반갑습니다.)
	결과	He grew up to be a great scientist. (그는 커서 위대한 과학자가 되었다.)
	조건	I should be very glad to go with you. (당신과 함께 간다면 나는 아주 기쁠 것이다.)
	양보	To do my best, I couldn't help it. (최선을 다했지만 어쩔 수 없었다.)
	지정	The book is easy to read. (그 책은 읽기가 쉽다.)

㉤ 부정사의 의미상 주어

- 의미상 주어가 문장의 주어(술어동사의 주어)와 일치하는 경우 예 I want to go to Japan. (나는 일본에 가고 싶다.)
- 의미상 주어가 일반주어(people, we, they 등의 일반인)인 경우 예 This book is easy to read. (이 책은 읽기 쉽다.)
- 독립부정사 구문의 경우

  예 To make matters worse, he lost his money. (설상가상으로 그는 돈을 잃어버렸다.)
- 의미상 주어가 문장의 목적어와 일치하는 경우

> - 일반적으로 'S + V + O + OC(to부정사)'의 5형식 문장이 됨
> - 해당 동사
>   - 희망 · 기대 동사 : want, wish, desire, expect, intend, mean 등
>   - 명령 · 권고 동사 : tell, order, warn, ask, beg, advise, require 등
>   - 생각 · 사유 동사 : believe, think, consider, suppose, imagine 등
>   - 허용 · 금지 동사 : allow, permit, forbid 등

- 준사역동사 : get, cause, compel, force, lead, enable, encourage 등

예 I want you to go to Japan. (나는 네가 일본에 가기를 원한다.)

- 의미상 주어가 'for + 목적어'가 되는 경우 : for + 목적어 + to부정사

> • 부정사의 의미상 주어를 'for + 목적어(사람)' 형태로 따로 씀
> • 해당 유형 : 의미상 주어를 따로 쓰지 않는 경우나 'of + 목적어'가 의미상 주어가 되는 경우를 제외하고 대부분 이러한 형태로 씀 → to부정사가 (대)명사의 역할(문장의 주어, 목적어, 보어 역할)을 하는 경우, to부정사가 명사를 수식하는 형용사 역할을 하는 경우 등

예 It is impossible for you to do so. (네가 그렇게 하는 것은 불가능하다.)

- 의미상 주어가 'of + 목적어'가 되는 경우 : of + 목적어 + to부정사

> • 사람의 성품 · 성향, 감정표현의 형용사가 있는 경우 부정사의 의미상 주어를 'of + 목적어(사람)' 형태로 씀
> • 해당 형용사 : good, nice, kind, generous, polite, considerate, careful, selfish, impudent, cruel, rude, wrong, wise, clever, foolish, silly, stupid 등

예 It was wise of her not to spend the money. (그녀가 돈을 낭비하지 않은 것은 현명했다.)

ⓑ 원형 부정사의 용법

지각동사의 목적어	원형부정사는 see, hear, watch, feel 등의 지각(감각)동사 뒤에서 목적보어로 쓰임 예 I saw them swim in the river. (나는 그들이 강에서 헤엄치는 것을 보았다.)
사역동사의 목적보어	원형부정사는 let, have, make, help 등의 사역동사 뒤에서 목적보어로 쓰임 예 Let me know what he said. (그가 말한 것을 알려주시오.)

문제UP

빈칸에 가장 알맞은 것은?

It is difficult for ______ to do my homework without any help from my sister.

① I ② my
③ me ④ mine

해설 to부정사의 의미상의 주어를 표시할 때는 to부정사 앞에 'for 목적격'으로 표시해 주어야 하며, 이를 주어처럼 해석하면 된다.

해석 누나에게 어떠한 도움도 받지 않고 숙제를 하는 것은 나에게 어려운 일이다.

정답 ③

문제UP

빈칸에 가장 알맞은 것은?

I saw her ______ at her desk.

① study ② studying
③ studied ④ to study

해설 동사가 see로 지각동사이므로 목적보어에 동사원형이 와야 한다.

해석 나는 그녀가 책상에서 공부하는 것을 보았다.

정답 ①

> 개념UP
>
> **동명사와 현재분사**
>
> ㉠ 동명사
> - 명사이므로 문장 내에서 주어 · 목적어 · 보어 등 명사의 역할을 함
> - 주로 '용도 · 목적'을 나타내며, '~것'으로 해석됨
> - '동명사 + 명사'는 '동사 + 주어'의 관계가 성립하지 않는 경우가 많음
>
> ㉡ 현재분사
> - 형용사이므로 문장 내에서 주로 명사를 수식하거나 보어가 됨
> - 주로 '상태나 동작'을 나타내며, '~하고 있는', '~주는', '~한' 등으로 해석됨
> - '현재분사 + 명사'는 '동사 + 주어'의 관계가 성립하는 경우가 많음

> 개념UP
>
> **동명사를 목적어로 취하는 동사**
>
> admit, anticipate, appreciate, avoid, consider, defer, delay, deny, dislike, dispute, doubt, enjoy, escape, excuse, finish, forgive, give up, imagine, involve, keep, mention, mind, miss, pardon, postpone, put off, practice, prevent, prohibit, recall, recollect, report, resent, resist, risk, suggest, understand 등

② 동명사(Gerund)

㉠ 동명사의 용법 : 동명사는 목적어 · 보어를 취할 뿐만 아니라 부사(구)의 수식을 받으며 주어 · 목적어 · 보어로 쓰임

주어	Speaking English well is very difficult. (영어를 잘 말하기는 아주 어렵다.)
목적어	It began raining in the afternoon. (오후에 비가 오기 시작했다.)
보어	The only thing that he likes is watching TV. (그가 좋아하는 유일한 것은 TV를 보는 것이다.)

㉡ 동명사의 시제 및 수동형

- 동명사의 시제

단순동명사 (V–ing)	I know his being rich. (나는 그가 부자라는 것을 안다.) = I know (that) he is rich.
완료동명사 (having p.p.)	I know his having been rich. (나는 그가 부자였다는 것을 안다.) = I know (that) he was rich.

- 동명사의 수동형

단순 수동형 (being + p.p.)	He is afraid of being scolded. (그는 꾸중들을 것을 두려워하고 있다.)
완료 수동형 (having been + p.p.)	She was not aware of her husband having been fired. (그녀는 남편이 해고되었다는 것을 알지 못했다.)

㉢ 동명사의 의미상 주어 : 동명사의 의미상의 주어는 소유격으로 나타내지만, 명사일 경우에는 목적격을 쓸 수도 있음

- 의미상 주어가 문장의 주어와 같은 경우
  - 예 I am sure of winning the first prize. (나는 1등 상을 받을 것이라 확신하고 있다.)
- 의미상 주어가 목적어와 일치하는 경우
  - 예 Excuse me for being late. (늦어서 죄송합니다.) [의미상 주어와 목적어(me)가 동일]
- 의미상 주어가 일반인(our, your, their 등)인 경우
  - 예 Teaching is learning. (가르치는 것은 배우는 것이다.)

③ 분사(Participle)

㉠ 분사의 종류

현재분사 (동사원형 + ing)	과거분사 (동사원형 + ed / 불규칙동사의
• be동사와 함께 진행형을 만들거나 명사를 수식함 • 자동사의 현재분사는 '진행(~하고 있는, ~주는)'의 의미를 지님 예 an sleeping baby (잠자고 있는 아이) (=a baby who is sleeping) [진행] • 타동사의 현재분사는 '능동(~을 주는, ~하게 하는[시키는])'의 의미를 지님 예 The result is satisfying. (그 결과는 만족을 준다.) [능동]	• be동사와 함께 수동태를 만들거나 have동사와 함께 완료형을 만들며, 명사를 수식하기도 함 • 자동사의 과거분사는 '완료(~한, ~해 버린)'의 의미를 지님 예 a returned soldier (돌아온 군인) [완료] • 타동사의 과거분사는 '수동(~해진, ~받은, ~당한, ~된)'의 의미를 지님 예 a broken window (깨진 창문) [수동]

㉡ 분사의 용법

• 한정적 용법 : 명사의 앞뒤에서 그 명사를 수식함

현재분사 (능동 · 진행)	Where did you see a running dog? (어디서 너는 뛰어가고 있는 개를 보았니?)
과거분사(수동)	Look at the fallen leaves. (저 낙엽을 보라.)

• 서술적 용법

주격보어	I feel tired all the time. (나는 항상 피곤함을 느낀다.)
목적보어	I heard him playing the piano. (나는 그가 피아노를 치고 있는 것을 들었다.)

㉢ 분사구문 : 주절을 수식하는 부사절(종속절)을 접속사를 사용하지 않고 분사를 사용하여 부사(구)로 만든 것

• 시간을 나타내는 경우 : while, when, as, after, as soon as 등

예 Walking down the street, I met an old friend of mine. (나는 길을 걸어가다가 옛 친구를 한 명 만났다.)
= While I was walking down the street, I met an old friend of mine.

• 이유를 나타내는 경우 : because, as, since 등

예 Being poor, he could not afford to buy books. (그는 가난했기 때문에 책을 살 수가 없었다.)

개념UP

형용사

• ~ing형태로 쓰이는 형용사
promising 유망한
surrounding 주변의
challenging 어려운
leading 선도하는
rewarding 보람이 있는
existing 기존의
lasting 지속되는
incoming 들어오는
remaining 남아있는

• ~ed형태로 쓰이는 형용사
complicated 복잡한
dedicated 헌신적인
experienced 숙련된
detailed 상세한
talented 재능 있는
advanced 진보한
repeated 반복되는
informed 잘 알고 있는
limited 제한된

개념UP

분사구문을 만드는 법

• 분사구문의 의미상의 주어가 주문의 주어와 같을 때에는 주어는 주문에만 붙임
예 Living next door, I hate her. (나는 그녀의 옆집에 살지만 그녀를 싫어한다.) [분사(living)의 주어는 주절의 주어(I)와 일치됨]

• **독립분사구문** : 두 개의 주어가 다를 때에는 의미상의 주어를 분사 앞에 놓음
예 It being fine, he went hiking. (날씨가 좋아 그는 하이킹을 갔다.) [분사구문의 주어(It)와 주절의 주어(he)가 다름]

문제UP

빈칸에 가장 알맞은 것은?

Seeing her teacher, she ran away.
= ______ she saw her teacher, she ran away.

① While ② Because
③ If ④ When

해설 분사구문을 해석해보면 빈칸에 가장 알맞은 접속사는 when이다.
해석 그녀는 그녀의 선생님을 보자마자 도망갔다.

정답 ④

개념UP

단일개념으로 보아 단수 취급되는 표현

- a needle and thread(실을 꿴 바늘, 실과 바늘)
- ham and eggs(계란을 넣은 햄, 햄에그)
- curry and rice(카레라이스)
- brandy and water(물 탄 브랜디)
- a watch and chain(줄 달린 시계)
- a horse and cart(말 한 마리가 끄는 마차)
- trial and error(시행착오)
- all work and no play(일[공부]만 하고 놀지 않는 것)

= Because he was poor, he could not afford to buy books.

- 조건을 나타내는 경우 : if 등

예 Turning to the left there, you will find the bank. (거기서 왼쪽으로 돌면, 은행을 찾을 수 있다.)

= If you turn to the left there, you will find the bank.

- 양보를 나타내는 경우 : though, although 등

예 Living near his house, I seldom see him. (나는 그의 집 옆에 살지만 그를 좀처럼 보지 못한다.)

= Though I live near his house, I seldom see him.

- 부대상황(동시동작)을 나타내는 경우 : as, while[동시동작], ~ and[연속동작] 등

예 He extended his hand, smiling brightly. (그는 밝게 웃으면서 그의 손을 내밀었다.)

= He extended his hand, while he smiled brightly.

(5) 일치와 화법(Agreement & Narration)

① **주어와 동사의 일치** : 주어의 인칭과 수에 따라서 동사의 형태가 결정됨

㉠ A and B

- 주어가 'A and B'인 경우 원칙적으로 복수 취급

예 You and I are the only survivors. (당신과 내(우리)가 유일한 생존자이다.)

- 동일인이나 불가분의 단일개념인 경우 예외적으로 단수 취급

예 A poet and novelist was present. (시인 겸 소설가가 참석하였다.)(동일인을 의미)

Bread and butter is his usual breakfast. (버터를 바른 빵이 그의 일상적인 아침식사이다.)

㉡ **근접 주어 일치** : A or B, either A or B, neither A nor B, not only A but also B, not A but B 등은 동사를 동사와 가까운 쪽(일반적으로 B)의 주어와 일치시킴

예 You or he has to attend the meeting. (너 아니면 그가 그 회의에 참석해야 한다.)

Either you or Tom is in the wrong. (당신과 Tom 어느 한 사람이 틀렸다.)

㉢ 전체나 일부를 나타내는 표현에서의 일치

[all most, more, than, some, half, one, the part, the rest, the remain, 분수, a lot of, plenty of 등] + of + 명사 + 동사
→ 앞의 명사가 복수명사인 경우 복수동사가, 단수명사인 경우 단수동사가 됨

② 시제의 일치

㉠ 주절의 시제가 현재, 현재완료, 미래인 경우에는 종속절의 시제는 어느 것이든 가능

예 He will say that he was busy. (그는 바빴었다고 말할 것이다.)

He has said that he will be busy. (그는 바쁠 것이라고 말했다.)

㉡ 주절의 시제가 과거인 경우 종속절의 시제는 과거나 과거완료가 됨(단, 과거완료는 주절의 시제(과거)보다 먼저 일어난 경우)

예 I thought that he was rich. (나는 그가 부자라고 생각하였다.)

I thought that he would be rich. (나는 그가 부자가 될 거라고 생각하였다.)

I thought that he had been rich. (나는 그가 부자였다고 생각하였다.)

㉢ 시제 일치의 예외

불변의 진리 · 격언	주절의 시제와 관계없이 종속절에서 현재를 씀 예 We were taught that the earth is round like a ball. (우리는 지구가 공처럼 둥글다고 배웠다.)
현재의 습관	현재의 사실은 주절의 시제와 관계없이 종속절에서 현재를 씀 예 My grandfather said that he takes a walk everyday. (내 할아버지는 매일 산책을 한다고 말씀하셨다.)
역사적 사실	주절의 시제와 관계없이 종속절에서 과거를 씀 예 We learned that World War II broke out in 1939. (우리는 1939년에 2차 세계대전이 일어났다고 배웠다.)

개념UP

수의 일치

- 원칙적으로 주어가 단수이면 단수동사로, 주어가 복수이면 복수동사로 받음
- 예외적으로 주어의 의미에 따라 동사의 수가 결정되는 경우

  예 That pretty girl is very sick. (저 예쁜 소녀는 많이 아프다.) [단수동사]

  They are palying baseball. (그들은 야구를 하고 있다.) [복수동사]

문제UP

빈칸에 가장 알맞은 것은?

She said that the museum ______ at 10 on weekends.

① open ② opens
③ opened ④ opening

해설 현재의 습관을 나타내는 문장이므로 주절의 시제와 관계없이 종속절에서 현재형을 쓴다.

해석 그녀는 박물관이 주말에 10시에 오픈한다고 말했다.

정답 ②

문제UP

다음 중 빈칸에 가장 알맞은 것은?

Guidelines for the safe disposal of industrial waste ______ being more carefully enforced.

① is ② are
③ was ④ have

해설 주어가 복수이므로 복수동사(are, have)가 와야 한다. 그런데 이 문장의 경우 진행형 문장이므로 'be + -ing'의 형태가 옳다.

해석 산업 폐기물의 안전한 처리를 위한 지침들이 더 조심스럽게 시행되고 있다.

정답 ②

가정법의 시제	주절의 시제와 관계없이 종속절에서 원래 그대로 씀 예 I wish I were a bird. (나는 내가 새라면 하고 바란다.) → I wished I were a bird. (나는 내가 새라면 하고 바랐다.)
비교의 부사절	내용에 따라 시제를 씀 예 She was then more generous than she is now. (그녀는 지금보다 그때 더 관대했다.) She speaks English better than you did. (그녀는 예전의 당신보다 영어를 더 잘한다.)
조동사 (must, should, ought to 등)	• must가 의무(~해야 한다)를 나타내는 경우 'had to'로 바꾸어 쓸 수 있음 예 His father said that he must[has to] work hard. (그의 아버지는 그가 열심히 공부해야 한다고 말했다.) • must가 추측(~임에 틀림없다)을 나타내는 경우 'had to'로 바꾸어 쓸 수 없음 예 He said that July must[had to(×)] be a liar. (그는 July가 거짓말쟁이임에 틀림없다고 말했다.)

③ 화법의 전환(직접화법 → 간접화법)

• 전달동사 등의 전환
  – 전달동사 : say(said) → say(said), say(said) to → tell(told)
  – 인용부호를 없애고 접속사 that을 사용
• 피전달문의 인칭 및 시제의 전환
  – 직접화법에서의 1인칭은 간접화법에서 주어와 일치시킴
    예 He said to me, "I will do my best." → He told me that he would do his best.
  – 2인칭은 목적어와 일치시키며, 3인칭은 그대로 둠
    예 I said to her, "You look fine." → I told her that she looked fine.
  – 전달동사의 시제가 과거일 경우 종속절의 시제는 시제 일치 원칙에 따라 바뀜
    예 She said, "It is too expensive." → She said that it was too expensive.
  – 지시대명사나 부사(구) 등을 문맥에 맞게 전환함
    예 She said, "I am busy today." → She said that she was busy that day.

㉠ **평서문의 화법 전환** : 전달동사 say는 say로, say to는 tell로 바꾸고, 그 외의 동사는 그대로 씀

예 He said, "We will start early tomorrow morning."
→ He said that we would start early the next morning.
(그는 우리가 다음날 아침 일찍 출발한다고 말했다.)

문제UP

빈칸에 가장 알맞은 것은?

Tom said, "I really like a dog"
= Tom said that he really ______ a dog.

① like ② likes
③ liked ④ liking

해설 평서문의 화법 전환으로 전달동사의 시제가 과거일 경우 종속절의 시제는 시제 일치 원칙에 따라 바뀐다. 따라서 said는 과거형이므로 like의 과거형인 liked로 바꿔야 한다.

해석 Tom은 강아지를 매우 좋아한다고 말했다.

정답 ③

My teacher said to me, "You are very creative."

→ My teacher told me that I was very creative. (나의 선생님은 나에게 내가 아주 창의적이라 말씀하셨다.)

㉡ 의문문의 화법 전환

의문사가 있는 경우	의문사가 없는 경우
전달동사를 ask로 바꾸고, 피전달문을 '의문사 + 주어 + 동사'의 순서로 배열함 예 I said to the boy, "How old are you?" → I asked the boy how old he was. (나는 그 소년에게 몇 살이냐고 물었다.)	전달동사를 ask로 바꾸고, 피전달문을 'if(or whether) + 주어 + 동사'의 순서로 바꿈 예 Mother said to me, "Have you finished your homework. → Mother asked me if I had finished my homework. (어머니는 나에게 숙제를 다 끝냈는지 물으셨다.)

㉢ 명령문의 화법 전환 : 전달동사 'say to'를 tell, ask, order, advise, beg 등으로 바꾸고, 목적어 뒤에 to 부정사를 씀

예 He said to me, "Open the door."

→ He told me to open the door. (그는 나에게 문을 열라고 말했다.)

He said to me, "Please open the door."

→ He asked me to open the door. (그는 나에게 문을 열어달라고 요청했다.)

㉣ 감탄문의 화법 전환 : 전달동사를 cry, shout 등으로 바꾸고 직접 화법의 어순을 그대로 쓰거나, very를 보충하여 평서문으로 변경

예 He said, "What a sweet voice she has!" (그는 "그녀의 목소리는 정말 아름다워!"라고 말했다.)

→ He cried out what a sweet voice she had.

→ He cried out that she had a very sweet voice. (그는 그녀가 정말 아름다운 목소리를 가졌다고 감탄을 하였다.)

문제UP

다음 빈칸에 들어갈 말로 알맞은 것은?

She said to me, "Let's have a break."
= She _____ me that we _____ a break.

① suggested, let's have
② suggested, should have
③ suggested to, let's have
④ suggested to, should have

해설 피전달문이 'Let's~'로 시작하는 문장을 간접화법으로 전환하는 경우 전달문의 say를 suggest로 바꾸어 '주어 + suggest + to + 목적어 that ~ (should) + 동사원형'의 형태가 된다.

해석 그녀는 나에게 "잠깐 쉬자."라고 말했다.
= 그녀는 나에게 잠깐 쉬자고 제안하였다.

정답 ④

개념UP

감탄문의 화법 전환

- **what, how로 시작하는 경우** : 감탄문의 what, how를 그대로 연결어로 쓰거나, 또는 what이나 how를 very로 바꾼 평서문으로 하여 접속사 that으로 연결한다. 전달동사는 tell, cry 등을 쓴다.
- **감탄사가 있는 경우** : 직접화법의 감탄사는 간접화법에서는 with delight, with regret 등의 부사구를 바꿔 전달동사의 뒤로 놓으면 된다.

문제UP

빈칸에 들어갈 말로 가장 알맞은 것은?

Hurry up, and you will finish the work.
= ______ you hurry up, you will finish the work.

① As ② If
③ Unless ④ Though

해설 If는 '~한다면'이라는 뜻으로 문맥의 흐름상 빈칸에는 If가 와야 한다.
해석 서둘러라, 그러면 너는 일을 끝낼 수 있을 것이다.
= 만약에 네가 서두른다면, 너는 일을 끝낼 수 있을 것이다.

정답 ②

(6) 가정법(Subjunctive Mood) 중요

법(法)의 종류

직설법	어떤 사실을 사실 그대로 표현하는 법으로서 평서문 · 의문문 · 감탄문이 해당함 예 I go to school by bus every day. (나는 매일 버스로 학교에 간다.)
명령법	상대방에게 명령 · 요구 · 금지 등을 나타냄 예 Be careful! (조심해!)
가정법	사실과 반대되는 것을 가정하거나 상상할 경우에 쓰임 예 If I were a bird, I could fly to her. (내가 새라면 그녀에게 날아갈 수 있을 텐데.)

① 가정법의 종류

㉠ 가정법 현재 : 현재 또는 미래에 대한 단순한 가정이나 불확실한 상상, 의심 등을 표현

If + 주어 + 동사원형[현재형], 주어 + 현재형 조동사 + 동사원형

예 If it be[is] true, he will be disappointed. (그것이 사실이라면 그는 실망할 것이다.) (현재의 불확실한 사실)
If she come[comes] this weekend, I will go to meet her. (그녀가 이번 주말에 온다면 나는 그녀를 보러 가겠다.) [미래의 불확실한 사실]

㉡ 가정법 과거 : 현재의 사실과 반대되는 가정이나 상상 · 희망을 표현(시점 : 현재)

- 기본구조
  - If + 주어 + were ~, 주어 + 과거형 조동사(would, could, should, might) + 동사원형
  - If + 주어 + 과거형 동사[could + 원형] ~, 주어 + 과거형 조동사 + 동사원형
- 가정법 과거의 경우 be동사는 인칭이나 수에 관계없이 were를 사용하며, If가 생략되면 주어와 동사가 도치됨

예 If I were rich, I could go abroad. (내가 부자라면 해외에 갈 수 있을 텐데.)
= As I am not rich, I cannot go abroad. [직설법]
= Were I rich, I could go abroad. [도치]

개념UP

가정법 해석

- 가정법 현재 : 만약 ~한다면, ~할 것이다. (가정한 일이 일어날 확률이 50%)
- 가정법 과거 : 만약 (지금) ~하다면, (지금) ~할 텐데 (실제로는 할 수 없다는 의미)
- 가정법 과거완료 : 만약 (과거에) ~했더라면, (과거에) ~했을텐데
- 가정법 미래 : 만약 ~한다면, ~할 것이다. (가정한 일이 일어날 확률은 거의 없음)

㉢ **가정법 과거완료** : 과거의 사실과 반대되는 가정이나 상상 · 희망을 표현(시점 : 과거)

- If + 주어 + had + 과거분사(p.p.) ~, 주어 + 과거형 조동사(would · could · should · might) + have + 과거분사
- If가 생략되면 주어와 조동사가 도치됨

예 If I had been rich, I could have gone abroad. (내가 부자였다면 해외에 나갈 수 있었을 텐데.)
= As I was not rich, I could not go abroad. [직설법]
= Had I been rich, I could have gone abroad. [도치]

㉣ **가정법 미래** : 현재나 미래에 대한 강한 의심이나 실현 불가능한 경우에 씀

- 미래에 대한 강한 의심을 나타내는 경우(가능성이 희박한 경우)

If + 주어 + should/would + 동사원형 ~, 주어 + 과거형 조동사(should, would 등) + 동사원형

예 If she should smile at you, I would give you her first solo album. (그녀가 너에게 (그럴 리 없겠지만) 미소를 보내면 너에게 그녀의 첫 번째 솔로 앨범을 주겠다.)

- 실현 불가능한 미래 사실을 가정하는 경우(순수가정)

If + 주어 + were to + 동사원형 ~, 주어 + 과거형 조동사(should, would 등) + 동사원형

예 If the sun were to rise in the west, I would never change my mind. (태양이 서쪽에서 떠오른다 해도 나는 내 마음을 바꾸지 않겠다.)

문제UP

다음 제시된 말을 바르게 영작한 것은?

우리가 작년에 그 아파트를 구입했었더라면 얼마나 좋을까.

① I wish we purchased the apartment last year.
② I wished we purchased the apartment last year.
③ I wish we had purchased the apartment last year.
④ I wished we had purchased the apartment last year.

해설 '~면 좋을까(좋을 텐데)'는 'I wish + 가정법'으로 표현할 수 있다. 제시된 내용은 과거 사실에 대한 반대의 가정을 나타내므로 wish 다음의 종속절은 가정법 과거완료(had + p.p.)가 되어야 한다.

정답 ③

개념UP

가정법 미래

- **should 가정법** : 일어나지 않을 것 같은 일을 혹시 일어난다면 하고 가정하는 것으로, 가정한 일이 일어날 확률이 20~30%이다.
- **were to 가정법** : 말하는 사람이 생각할 때 그런 일이 일어날 가능성이 전혀 없다고 생각하고 가정하는 것으로 가정한 일이 일어날 확률이 0%이다.

문제UP

빈칸에 가장 알맞은 것은?

I am sorry you don't come to me right away.
= ______ you came to me right away.

① If ② Should
③ I wish ④ As if

해설 현재나 미래에 실현 불가능하거나 이루기 힘든 소망을 표현할 때는 I wish 가정법을 사용한다.

해석 네가 지금 당장 내게 오지 않아 유감이다.
= 네가 지금 당장 나에게 오면 좋을 텐데.

정답 ③

② 특별한 형식의 가정법

㉠ I wish 가정법

I wish + 가정법 과거	현재에 실현할 수 없는 일을 나타내며, 종속절의 시점이 주절과 동일 예 I wish you told me that. (당신이 나에게 그것을 말해 주면 좋을 텐데.) (현재 사실에 대한 유감) = I am sorry you don't tell me that.
I wish + 가정법 과거완료	과거에 실현하지 못한 일을 나타내며, 종속절의 시점이 주절의 주어보다 앞선 시점임 예 I wish you had told me that. (당신이 그것을 말했더라면 좋을 텐데.) (과거 사실에 대한 유감) = I am sorry you didn't tell me that.

㉡ as if [as though] 가정법

as if + 가정법 과거 (마치 ~ 처럼)	주절의 동사와 같은 때의 내용을 나타냄, 즉 종속절의 시점이 주절과 동일 예 She talks as if she knew it. (그녀는 그것을 아는 것처럼 말한다.) → In fact she doesn't know it.
as if + 가정법 과거완료 (마치 ~ 이었던 (했던) 것처럼)	주절의 동사보다 이전의 내용을 나타냄, 즉 종속절의 시점이 주절보다 앞선 시점임 예 She talks as if she had seen it. (그녀는 그것을 보았던 것처럼 말한다.) → In fact she didn't see it.

(7) 접속사/전치사

① 접속사(Conjunction) : 단어와 단어, 구와 구, 절과 절을 연결하는 역할을 함

㉠ 접속사의 종류

등위접속사	단어 · 구 · 절을 문법상 대등한 관계로 연결하는 접속사 : and, but, or, for 등
종속접속사	주절과 그에 딸린 종속절을 연결시키는 접속사 • 명사절을 이끄는 접속사 : that, whether~ (or), if 등 • 부사절을 이끄는 접속사 : when, because, as, while, if 등

개념UP

등위상관접속사의 용법

- both A and B
  = A와 B 둘 다
- not only A but also B
  = B as well as A
  = A뿐 아니라 B도 역시
- Either A or B
  = A나 B 둘 중에 하나
- neither A nor B
  = (not~either A or B) A도 아니고 B도 아니다.

㉡ 접속사의 용법

등위 접속사	and의 용법		Tom and Jack are good friends. (Tom과 Jack은 좋은 친구 사이이다.)
	but의 용법		He is poor but happy. (그는 가난하지만 행복하다.)
	or의 용법		To be or not to be, that is the question. (사느냐 죽느냐, 그것이 문제로다.)
	for의 용법		It must have rained last night, for the ground is wet. (간밤에 비가 온 것이 분명하다, 땅이 젖은 것을 보면.)
	so의 용법		He is rich, so he can buy the car. (그는 부자다. 그래서 그는 그 차를 살 수 있다.)
종속 접속사	명사절	that의 용법	That he can swim is certain. (그가 수영할 수 있다는 것은 확실하다.)
		whether의 용법	Whether your father is rich or not is not important. (부유한 아버지가 있느냐 없느냐 하는 것은 중요하지 않다.)
		if의 용법	I asked him if (or whether) he could swim. (나는 그에게 헤엄칠 수 있는지 물어보았다.)
	부사절	시간	when, before, as, after, since, till(until), while, as long as, as soon as 등
		장소	where, wherever
		원인 · 이유	because, since, as
		조건	if, unless
		양보	although(=though), even if(or though)
		비교	as, than
		방법 · 상태	as, as if(=as though)
		목적	(so) that ~ may(or can)
		결과	so that, such + 명사 + that

② 전치사(Preposition) : 명사 상당 어구(명사, 대명사, 동명사 등) 앞에서 명사 상당 어구와 다른 말과의 관계를 나타냄

㉠ 전치사의 종류

단순전치사(한 낱말)	on, in, at 등
이중전치사(두 낱말)	from under, from behind 등
구전치사(구)	in spite of, in front of, in the middle of 등

문제UP

밑줄 친 ⓐ~ⓓ 중 어법상 옳지 않은 것은?

I ⓐ have loved computers since I was 10 years old. There's nothing I like ⓑ more than them. That's ⓒ why I'd like to join your club and ⓓ learning more about computers.

① ⓐ　　② ⓑ
③ ⓒ　　④ ⓓ

해설 제시문의 마지막 문장은 and를 중심으로 I'd like의 의미가 반복되고 있다. 반복을 피하기 위해 뒷문장의 I'd like를 생략하려면 and로 연결된 앞뒤 문장이 같은 문법 형태와 구조를 가져야 하는데 이를 병렬 관계라 한다. 여기서는 to join과 병렬을 이루는 to learn을 써야 하므로 ⓓ는 어법상 옳지 않다.

해석 나는 열 살 때부터 컴퓨터를 좋아했다. 그것보다 더 좋아하는 것은 없다. 그것이 내가 클럽에 가입하여 컴퓨터에 대해 더 많이 배우고 싶은 이유이다.

정답 ④

개념UP

운송수단의 전치사 by

- 일반적으로 운송수단은 by를 사용
  예 by car, by ship, by bicycle, by boat, by sea(바다로, 배편으로), by subway, by air(비행기로)
- 걸어서 이동하는 경우 on을 사용
  예 on foot(걸어서, 도보로)
- one's car, the train, a taxi 등은 by를 사용하지 않음

개념UP

2개 이상의 단어로 이루어진 전치사

- according to ~에 따라서
- as for ~에 관하여
- along with ~과 더불어
- as regards ~에 관련하여
- because of ~ 때문에
- contrary to ~와 반대로
- due to 때문에
- owing to ~덕분에
- prior to ~보다 앞서서
- regardless of ~에 관계없이

ⓛ 전치사의 분류

시간	at, on, in	• at : 하루를 기준으로 함 • on : 요일, 날짜, 특정한 날 • in : at, on 보다 광범위한 기간의 표현
	by, till, to	• by(~까지는) : 미래의 어떤 순간이 지나기 전 행위가 발생하게 되는 경우 • until[till](~까지 (줄곧)) : 미래의 어느 순간까지 행위가 계속되는 경우 • to(~까지) : 시간 · 기한의 끝
	for, during, through	• for(~ 동안) • during(~ 동안, ~ 사이에) • through(동안, 줄곧)
	in, within, after	• in(~ 후에, ~지나면) : 시간의 경과를 나타냄 • within(~ 이내의, ~ 범위 내에서) : 기한 내를 의미함 • after(~의 뒤에[후에], 늦게)
	since, from	• since(~ 이래 (죽), ~부터 (내내), ~ 이후) • from(~에서, ~로부터)
장소	at, in	• at(~에, ~에서) : 위치나 지점을 나타냄 • in(~의 속에, ~에 있어서)
	on, above, over	• on(~의 표면에, ~위에) : 장소의 접촉을 나타냄 • above(~보다 위에[로], ~보다 높이[높은]) • over(~ 위쪽에[의], ~바로 위에[의])
	under, below	• under(~의 아래에, ~의 바로 밑에) • below(~보다 아래[밑]에)
	between, among	• between(~ 사이에) : 명백하게 분리되는 둘 이상에서 사용됨 • among(~ 사이에) : 분리할 수 없는 집단 사이에서 사용됨
	around, about	• around(~의 주위에, ~을 둘러싸고, ~ 주위를 (돌아)) • about(~ 주위를[둘레를], ~ 주위에)
	across, through	• across(~을 가로질러[횡단하여], ~의 맞은편[건너편]에) • through(~을 통하여, ~을 지나서, ~을 꿰뚫어)
	for, to, toward	• for(~을 향하여) • to(~쪽으로, ~로 향하여) • toward(~쪽으로, 향하여, 면하여)
원료 · 방법	of, from	• of(~로부터(되다)) • from(~로부터(되다))
	in, by, with	• in(~로) : 재료 • by(~로) : 수단 • with(~을 가지고) : 도구

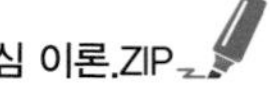

(8) 명사/관사

① 명사(Noun)

㉠ 명사의 종류

가산명사 (복수형 가능)	보통명사	• 흔히 존재하는 것으로, 유 · 무형의 형태로 존재할 수 있으며 구분이 가능 • '하나, 둘' 등으로 셀 수 있으며, 단수형과 복수형이 있음 예 student, book, house, day 등
	집합명사	• 같은 종류의 여러 사람[것]이 모여 집합체를 이루는 명사 • 사람 또는 사물의 집합체를 나타내는 것으로 셀 수 있는 명사 예 class, family, people 등
불가산명사 (복수형 불가)	물질명사	• 주로 기체 · 액체 · 고체나 재료, 식품 등 물질의 이름을 말함 • 일정 형태가 있는 것도 없는 것도 있음 예 air, water, coffee, wood, stone, bread, paper, money 등
	고유명사	• 오직 하나인 사람이나 사물 등의 이름이나 명칭을 말함 • 개개의 보통명사에 이름을 부여한 것으로, 첫 글자는 언제나 대문자로 씀 예 Tom, July, Namdaemun, Seoul, Korea, Sunday, January 등
	추상명사	• 감각기관으로 직접 인식되지는 않지만 인간의 머릿속에서 생각되는 것을 말함 • 주로 인간 활동의 결과물로 사람과 관련된 추상적 단어들이 이에 해당 예 love, friendship, beauty, life, peace 등

㉡ 명사의 격

• 주격의 용법 : 문장의 주어, 주격보어, 호격, 동격으로 쓰임

예 My father is a good cook. (나의 아버지는 요리를 잘하신다.)

Mr. Lee, our English teacher, is American. (이 선생님은 우리들의 영어 선생님으로 미국인이다.)

Ladies and gentlemen, listen to me. (신사숙녀 여러분, 제 말을 경청하여 주십시오.)

• 목적격의 용법 : 동사나 전치사의 목적어, 목적격 보어, 목적어의 동격으로 쓰임

문제UP

다음 빈칸에 가장 알맞은 것은?

He showed me ____________.

① his brother's book
② his brother's some book
③ some book of his brother
④ some book of his brother's

해설 some이 소유격과 함께 쓰이는 경우는 'some + 명사 + of + 소유격'의 형태가 된다. 따라서 'some book of his brother's'가 어법상 빈칸에 가장 알맞다.

해석 그는 내게 그의 형의 책 몇 권을 보여주었다.

정답 ④

개념UP

주격, 목적격, 소유격 해석

• 주격의 용법 : ~은/는, ~이, ~가
• 목적격의 용법 : ~을/를, ~에게
• 소유격의 용법 : ~의

예 I met the man on my way home. (나는 집에 오는 도중에 그 사람을 만났다.)
We elected him chairman. (우리는 그를 의장으로 선출했다.)
I saw Elizabeth, the Queen of England. (나는 영국 여왕인 엘리자베스를 보았다.)

- 소유격의 용법 : 다른 명사를 수식하며 '~의'라는 뜻을 나타냄
  예 I found Mary's watch. (나는 Mary의 시계를 찾았다.)

② 관사(Article)

㉠ 관사의 종류 : 관사에는 부정관사(a, an)와 정관사(the)가 있음

㉡ 부정관사와 정관사의 용법

부정관사	• 막연히 '하나의' 뜻을 나타냄 예 This is a book, not a box. (이것은 상자가 아니라 책이다.) • '하나'의 뜻을 나타냄 예 Rome was not built in a day. (=one) (로마는 하루아침에 만들어지지 않았다.) • '어떤 ~나(라도)'의 뜻을 나타내는 경우 예 She goes well with a dress. (=any) (그녀는 어떤 옷에나 어울린다.) • 어떤 종류 · 종속 전체를 총칭하는 대표단수를 나타내는 경우 예 An ostrich cannot fly. (타조는 날 수가 없다.) • '같은'의 뜻을 나타내는 경우 예 They are all of a mind. (그들 모두 같은 생각이다.) • '어떤'의 뜻을 나타내는 경우 예 In a sense it is true. (=a certain) (어떤 의미에서 그것은 진실이다.) • '약간의(얼마의)'의 뜻을 나타내는 경우 예 She waited for a while. (=some) (그녀는 잠시 기다렸다.) • '~마다(당)'의 뜻을 나타내는 경우 예 Take this medicine three times a day. (=per) (이 약을 매일 세 번씩 드십시오.)
정관사	• 앞에 나온 명사를 반복하는 경우 예 I saw a girl. The girl was crying. (나는 소녀를 보았다. 그 소녀는 울고 있었다.) • 상황을 통해 누구나 알 수 있는 경우(특정한 것을 지칭하거나 한정을 받는 경우 등) 예 Erase the blackboard. (칠판을 지워라.) [특정한 것]

개념UP

정관사(the)를 동반하는 고유명사

- 집합체의 의미(union, united)가 포함된 말이나 복수형의 국가명, 군도
  예 the United States / the Soviet Union
- 대양, 바다, 해협, 강, 운하
  예 the Pacific (Ocean) / the Red (Sea) / the Mediterranean
- 산맥, 반도, 사막
  예 the Alps / the Rockies
- 선박, 열차, 비행기 등의 탈 것
  예 the Mayflower / the Titanic / the Orient Express
- 신문, 잡지, 서적 등
  예 the Washington Post / the New York Times / the Newsweek
- 공공건물 · 관공서, 호텔
  예 the British Museum / the White House / the Grand Hotel
- 국민 전체를 나타내는 경우(the + 복수 고유명사 → 복수 취급)
  예 the English / the Koreans

정관사	• 유일한 것을 나타내는 경우(유일한 자연물이나 물건 등) 예 The moon goes around the earth. (달은 지구 주위를 돈다.) • 최상급이 쓰인 경우 예 Mt. Everest is the highest mountain in the world. (에베레스트는 세계 최고봉이다.) • 서수, last, only, same, very 등과 함께 쓰이는 경우 예 January is the first month of the year. (정월은 일 년 중 맨 앞에 있는 달이다.) • 연대를 나타내는 경우 예 the nineties(90s) • 신체의 일부를 표시하는 경우 예 He caught her by the hand. (그는 그녀의 손을 잡았다.) • 단위를 나타내는 경우(by 다음의 시간 · 수량 · 무게 등의 단위) 예 We hired the boat by the hour. (우리는 보트를 시간당으로 빌렸다.)

빈칸에 가장 알맞은 것은?

______ sun rises in the east.

① A ② That
③ The ④ It's

해설 하나밖에 존재하지 않는 명사일 때는 그 앞에 정관사 the를 쓴다.
해석 해는 동쪽에서 뜬다.

정답 ③

(9) 대명사/관계사

① 대명사(Pronoun)

㉠ **인칭대명사** : 말하는 자신이나 상대방, 그리고 제 3자를 구별하여 나타내는 대명사 예 I, you, he, she, we, they 등

인칭대명사의 격

인칭	수 · 성		주격	목적격	소유격
1인칭	단수		I	me	my
	복수		we	us	our
2인칭	단수		you	you	your
	복수		you	you	your
3인칭	단수	남성	he	him	his
		여성	she	her	her
		중성	it	it	its
	복수		they	them	their
문장에서의 위치			주격, 주격보어	목적어, 목적격보어	명사 앞

㉡ **재귀대명사** : 인칭대명사 중에서 myself, yourself 등을 특히 재귀대명사라 함

㉢ **지시대명사** : 사람이나 사물을 가리키는 대명사로 우리말의 '이것' 또는 '저것(그것)'에 해당함

예 this(복수는 these), that(복수는 those)

개념UP

소유대명사

문장에서 '소유격 + 명사'의 역할을 함

예 mine, yours, his, hers, ours, yours, theirs 등

> 개념UP
> **간접의문문**
> - 의문대명사가 이끄는 의문문이 다른 주절에 삽입되어 타동사의 목적어(명사절)가 될 때 이를 간접의문문이라 함
> - 의문사 + 주어 + 동사'의 어순
>
> 예 Who is she? [직접의문문]
> Do you know where I bought this book? (당신은 내가 이 책을 어디서 샀는지 아십니까?) [간접의문문]

> 개념UP
> **관계대명사의 제한적 용법과 계속적 용법**
>
> ㉠ 제한적 용법
> - 관계대명사 앞에 comma(,)가 없음
> - 관계대명사가 앞의 선행사와 같으며 해석 시 관계대명사는 곧 선행사가 됨
>
> 예 He has two sons who are doctors. (그는 의사가 된 두 아들이 있다. → 아들이 더 있을 수 있음)
>
> ㉡ 계속적 용법
> - 관계대명사 앞에 comma(,)가 있음
> - 선행사가 고유명사인 경우나 앞 문장 전체가 선행사가 되는 경우 등에 주로 사용됨
> - 관계대명사를 문장에 따라 '접속사(and, but, for, though 등) + 대명사'로 바꾸어 쓸 수 있음
>
> 예 He has two sons, who are doctors. (그는 아들이 둘 있는데, 둘 다 의사이다. → 아들이 두 명 있음)

㉣ **의문대명사** : 의문을 나타내는 대명사

예 who(누구), what(무엇), which(어느 것)

㉤ **부정대명사** : 사람이나 사물을 막연히 가리키는 대명사

예 one, none, any, some, each, every, other, others, another

㉥ **관계대명사** : 대명사와 접속사의 역할을 동시에 하는 대명사

예 who, which, that, what 등

② **관계사(Relatives)** 중요

㉠ **관계대명사** : 문장에서 '접속사 + 대명사'의 기능을 함

- 관계대명사의 종류

격 / 선행사	주격	소유격 (관계형용사)	목적격	관계대명사 절의 성격
사람	who	whose	whom	형용사절
동물이나 사물	which	whose/ of which	which	형용사절
사람, 동물, 사물	that	–	that	형용사절
선행사가 포함된 사물	what	–	what	명사절

> - who
>
> I know a boy who is called Tom. (나는 Tom이라고 불리는 소년을 알고 있다.) [주격]
> I know a boy whom they call Tom. (나는 사람들이 Tom이라고 부르는 소년을 알고 있다.) [목적격]
> I know a boy whose name is Tom. (나는 이름이 Tom인 소년을 알고 있다.) [소유격]
>
> - which
>
> I live in a house which was built by father. (나는 아버지에 의해 지어진 집에서 살고 있다.) [주격]
> I live in a house whose roof is blue. (나는 지붕이 푸른 집에서 살고 있다.) [소유격]
> I live in a house which my father built. (나는 아버지가 지은 집에서 살고 있다.) [목적격]
>
> - that
>
> He is the man that(=who) lives next door to us. (그는 옆집에 사는 사람이다.) [주격]
> This is the book that(=which) my uncle gave to me. (이 책은 삼촌이 나에게 준 책이다.) [목적격]

• what

What is done cannot be undone. (이미 한 것을 되돌릴 수 없다.) [주어]

You must not spend what you earn. (너는 네가 버는 것 모두를 써버려서는 안 된다.) [목적어]

This is what I want. (이것은 내가 원하는 것이다.) [보어]

• 관계대명사의 생략

목적격 관계대명사의 생략	예 He is the man (whom) I saw there. (그는 내가 거기서 본 사람이다.) This is a doll (which / that) she plays with. (이 인형은 그녀가 가지고 노는 인형이다.)
주격 관계대명사 + be동사	예 That boy (who is) playing tennis there is my son. (저기서 테니스를 치고 있는 저 아이는 나의 아들이다.) It is a very old monument (which is) made of marble. (이것은 대리석으로 만들어진 아주 오래된 기념물이다.)

• 복합관계대명사 : '관계대명사 + ever'의 형태를 지님

예 whoever, whomever, whichever, whatever 등

ⓛ 관계부사 : 문장 내에서 '접속사 + 부사'의 기능을 함

• 관계부사의 종류

• when : 시간을 나타내는 선행사(the time / day / year / season 등)가 있을 경우 사용됨

예 The birthday is the day when a person is born. (생일은 사람이 태어난 날이다.)

• where : 장소를 나타내는 선행사(the place / house 등)가 있을 경우 사용됨

예 The village where he lives is famous for its production of potatoes. (그가 살고 있는 그 마을은 감자 산지로 유명하다.)

• why : 이유를 나타내는 선행사(the reason)가 있을 경우 사용됨

예 Explain the reason why the stars cannot be seen in the daytime. (별이 낮에는 보이지 않는 이유를 설명하시오.)

• how : 방법을 나타내는 선행사(the way)가 있을 경우 사용하나, 선행사(the way)와 관계부사 how는 같이 쓸 수 없으므로 하나를 생략해야 함

예 Do you know how the bird builds its nest? (새가 둥지를 어떻게 만드는지 아니?)

개념UP

관계대명사와 전치사

• 대부분의 전치사는 관계대명사의 앞 또는 문미(文尾)에 오는 것이 가능
• 관계대명사가 that인 경우 전치사는 문미(文尾)에 위치
• 부분을 나타내는 전치사 of 앞에 all, most, many, some, any, one, both 등이 오는 경우 관계대명사는 of 뒤에 위치
• ask for, laugh at, look for, be afraid of 등이 쓰인 경우 전치사는 문장 뒤에 위치(관계대명사 앞에 쓰지 않음)

개념UP

관계부사

• 문장의 필수성분이 아니므로 관계부사를 생략해도 다음 문장은 완전한 문장이 됨
• 관계부사 자체는 뜻을 지니지 않아 해석하지 않음

• that : 관계부사 when, where, why, how 대신에 쓰일 수 있음
예 This is the first time that I have ever stood on the platform. (이번이 내가 연단에 선 첫 번째다.)

개념UP
복합관계부사
관계부사에 -ever을 붙인 형태로 선행사를 자신이 포함한 관계 부사로서 부사절을 이끈다. (why 제외)

• 복합관계부사의 종류

용법 / 종류	시간 · 장소의 부사절	양보의 부사절
whenever	at any time when (~할 때는 언제나)	no matter when (언제 ~해도)
wherever	at any place where (~하는 곳은 언제나)	no matter where (어디에서 ~해도)
however	–	no matter how (아무리 ~해도)

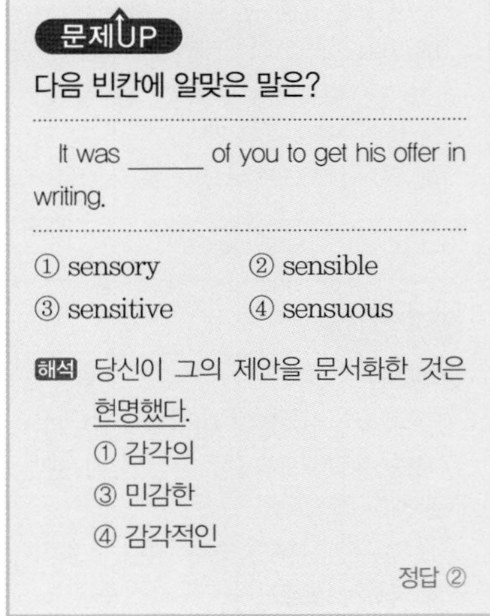
문제UP
다음 빈칸에 알맞은 말은?

It was ______ of you to get his offer in writing.

① sensory ② sensible
③ sensitive ④ sensuous

해석 당신이 그의 제안을 문서화한 것은 현명했다.
① 감각의
③ 민감한
④ 감각적인

정답 ②

(10) 형용사/부사/비교

① 형용사(Adjective)

㉠ 형용사의 종류

• 대명형용사 : 대명사가 명사를 수식하는 형용사의 역할을 하는 경우

지시형용사	This pencil is different from that one. (이 연필은 저 연필과 다르다.)
의문형용사	What school do you want to go to? (너는 무슨 학교에 가고 싶으니?)
부정형용사	Any child can do that. (어떤 아이라도 그렇게 할 수 있다.)

• 수량형용사 : 수량을 나타내는 말

수사	기수	one, two, three, four, …
	서수	first, second, third, fourth, …
	배수	half, twice, three times(thrice), …
부정수량형용사		some, any, few, little, many, much, …

• 성상형용사 : 사물의 성질 · 종류 · 상태를 나타내는 형용사
예 a wise boy / a silver spoon / a French girl / lost time

ⓒ 형용사의 용법

한정적 용법	형용사가 명사의 앞 또는 뒤에서 그 명사를 수식하는 경우 예 She is a kind girl. (그 여자는 친절한 소녀이다.)
서술적 용법	형용사가 보어로 쓰여 명사 또는 대명사를 간접적으로 수식하는 경우 예 The sea is calm. (바다는 고요하다.) [주격 보어] She made him happy. (그녀는 그를 행복하게 하였다.) [목적격 보어]

② 부사(Adverb) : 동사, 형용사 또는 다른 부사를 수식하는 말

㉠ 부사의 종류

단순부사	주로 시간, 장소, 빈도(횟수), 양태(방법), 정도, 부정, 원인(이유) 등을 나타냄 예 now, here, there, once, sometimes, yes, no, not, never 등
의문부사	의문의 뜻을 갖는 부사 예 when, where, how, why 등
관계부사	접속사와 부사의 역할을 동시에 하는 부사 예 when, where, how, why, whenever, wherever, however 등

㉡ 부사를 만드는 법 : '형용사 + −ly'가 대부분을 차지함

- 형용사 + −ly : quick → quickly
- −y로 끝나는 형용사 : easy → easily
- −ue로 끝나는 형용사 : true → truly
- −le로 끝나는 형용사 : gentle → gently

㉢ 부사의 용법

- 동사를 수식

예 He lived frugally. (그는 검소하게 살았다.)

- 형용사를 수식

예 The game is very exciting. (그 경기는 아주 흥미진진했다.)

- 다른 부사를 수식

예 Thank you so much. (대단히 고맙습니다.)

- 명사 또는 대명사를 수식

예 Even children can do the work. (어린이들조차도 그 일을 할 수 있다.)

개념UP

한정적 용법으로만 쓰이는 형용사

- −er 형태 : utter, former, inner, outer, upper, latter 등
- −en 형태 : wooden, drunken, golden 등
- 기타 형태 : mere, utmost, entire 등

개념UP

서술적 용법으로만 쓰이는 형용사

- a− 형태 : afloat, afraid, alike, alive, alone, asleep, awake, aware, averse 등
- 기타 형태 : content, fond, glad, liable, unable, sorry, subject, worth 등

문제UP

다음 빈칸에 들어갈 수 없는 말은?

He works ________

① diligently ② lazily
③ quickly ④ kind

해설 동사를 수식하는 것은 부사이므로, 형용사인 kind는 들어갈 수 없다.

정답 ④

문제UP

빈칸에 가장 알맞은 것은?

She is more interested in sports _____ I.

① than ② that
③ what ④ which

해설 비교급 문제로 more(~보다 … 더)는 일반적으로 than이라는 단어를 수반한다.

해석 그녀는 나보다 더 스포츠에 관심이 많다.

정답 ①

개념UP

비교급과 최상급의 다른 형태

원급	비교급	최상급
good (좋은)	better (더 좋은)	best (가장 좋은)
bad (나쁜)	worse (더 나쁜)	worst (가장 나쁜)
little (작은)	less (더 적은)	least (가장 적은)
many (수가 많은)	more (더 많은)	most (가장 많은)
much (양이 많은)		

- 문장 전체를 수식

  예 Happily he did not die. (다행하게도 그는 죽지 않았다.)

③ 비교(Comparison)

원급	형용사와 부사의 원형
비교급	원칙적으로 원급에 '-er'을 붙임(더 ~한, 더 ~하게)
최상급	원칙적으로 원급에 '-est'를 붙임(가장 ~한, 가장 ~하게)

㉠ 원급 : 'as + 형용사 · 부사의 원급 + as'의 형식

예 He is as tall as his father. (그는 그의 아버지만큼 키가 크다.)

㉡ 비교급

- 우등비교(우월비교) : '비교급 + than'의 형식을 취함

  예 He is taller than she. (그는 그녀보다 크다.)

- 열등비교 : 'less + 원급 + than'의 형식을 취함

  예 She is less tall than he. (그녀는 그보다 키가 작다.)

㉢ 최상급 : 주로 'the + 최상급 + in + 단수명사'의 형식이나 'the + 최상급 + of + 복수명사'의 형식을 취함

예 He is the most attractive in our class. (그는 우리 반에서 가장 매력적이다.)

❷ 독해

(1) 빈출 유형1

① 빈칸 완성

㉠ 출제 유형

- 빈칸에 들어갈 말로 알맞은 것은?
- 빈칸에 공통으로 들어갈 말로 알맞은 것을 고르시오.
- 윗글의 흐름으로 보아 빈칸에 알맞은 것은?

㉡ 문제 해결 전략

- 단어 · 어구 · 문장 넣기
  - 핵심어와 주제를 찾는다.
  - 빈칸의 바로 앞 문장을 읽는다.

- 단락의 맨 앞 문장을 읽는다.
- 정답을 고른 후에는 빈칸에 넣어보고 자연스러운지 확인한다.

• 연결사 넣기
- 빈칸의 앞문장과 뒷문장이 어떤 논리적 관계인지를 살핀다.
- 빈칸의 앞뒤에 상반된 뜻을 나타내는 어휘가 있는지 살핀다.
- 순접 연결사와 역접 연결사를 익힌다.

순접 연결사	역접 연결사
• 인과 : so, thus, therefore, hence, consequently, as a result • 결론 : accordingly, in-conclusion • 열거 : besides, moreover, inaddition • 환언 : in other words • 강조 : indeed • 요약 : in short, in brief • 예시 : for example, for instance • 첨가 : similarly, likewise, in the same way	• 단순역접 : but, however, yet, still, unfortunately • 상반 : on the other hand, while, whereas, on the contrary • 대조 : in contrast, while, instead • 양보 : in spite of, despite, nevertheless

연결사란?

단어와 단어, 구와 구, 절과 절, 또는 문장과 문장을 논리적 구성에 맞게 연결해주는 것

문제UP

빈칸에 가장 알맞은 것은?

They haven't arrived, ______ they will come soon.

① and ② but
③ thus ④ besides

해설 빈칸의 앞문장과 뒷문장이 상반된 뜻을 나타내므로 역접의 연결사가 가장 알맞다.

해석 그들은 아직 도착하지 않았지만 곧 그들은 올 것이다.

정답 ②

② 지칭 대상 파악

㉠ 출제 유형

• 밑줄 친 A가 가리키는 것으로 알맞은 것은?
• 민줄 친 It(it)이 가리키는 것으로 알맞은 것은?
• 밑줄 친 this가 가리키는 것은?

㉡ 문제 해결 전략

• 글의 전후 문맥을 생각하면서 대명사의 수 · 성 등을 확인한다.
• 글을 읽다가 첫 문장과 다른 새로운 사물이나 등장인물이 나오면 주의한다.
• 지칭하는 대상이 달라질 때 그 앞에 힌트가 될 내용이 언급되므로 주의한다.

(2) 빈출 유형2

> 개념UP
> **글의 목적**
> 우리가 접하는 글은 그 목적에 따라 광고문, 안내문, 설명문, 신문기사, 구인광고, 기행문 등으로 나누어짐

① 글의 목적 찾기

㉠ 출제 유형

- 다음 글을 쓴 목적은?
- 다음 글의 목적으로 가장 알맞은 것은?

㉡ 문제 해결 전략

- 첫 문장을 읽고 글의 소재를 파악한다.
- 어떤 독자층을 대상으로 하는 글인지 파악한다.
- 필자가 글을 쓰게 된 동기는 무엇인지 파악한다.
- 단서가 많은 글의 처음과 마지막 부분에 주목한다.

> 개념UP
> **글의 제목**
> - 글의 내용과 성격을 반영하여 글 전체를 대표함
> - 글의 내용을 가장 잘 담고 있는 단어나 어구, 문장 등으로 이루어짐

② 글의 제목 찾기

㉠ 출제 유형

다음 글의 제목으로 가장 알맞은 것은?

㉡ 문제 해결 전략

- 선택지와 지문에서 반복되는 어휘를 통해 핵심어를 확인한다.
- 글의 전체 내용을 담아낼 수 있는 함축적, 포괄적인 내용을 선택한다.
- 제목은 주제를 변형하여 지문으로 활용하는 경우가 많으므로 글의 내용 파악에 주력한다.

> 개념UP
> **주제와 요지**
> - **주제** : 필자가 나타내고자 하는 중심 내용
> - **요지** : 핵심이 되는 중요한 내용

③ 주제 찾기

㉠ 출제 유형

- 다음 글의 주제로 가장 알맞은 것은?
- 윗글의 주제로 가장 알맞은 것은?

㉡ 문제 해결 전략

- 글의 초반부에서 주요 화제를 찾는다.
- 주제를 암시하는 어구나 반복되는 키워드를 찾는다.
- 키워드를 중심으로 주요 화제가 어떻게 전개되는지 파악한다.
- 지문의 전체적인 내용 파악을 통해 주제를 추론한다.

- 주제문은 however나 but 다음 문장, for example 앞 문장에 나올 가능성이 높다.

④ 요지 추론

㉠ 출제 유형

- 윗글의 요지로 가장 알맞은 것은?
- 다음 글의 내용을 가장 잘 표현한 말은?

㉡ 문제 해결 전략

- 글의 요지는 보통 첫 문장과 끝 문장에 온다.
- 주제문이 없는 경우 반복되는 어구들을 중심으로 내용을 정리한다.
- 필자의 생각이나 결론을 나타내는 표현에 유의한다.
- 글의 내용과 일치하더라도 중심 내용을 포괄하지 못하면 요지가 아니다.
- 요지란 반드시 핵심어구나 주제문이 들어 있어야 한다.

(3) 빈출 유형3

① 자료(도표) 정보 파악

㉠ 출제 유형

- 도표의 내용으로 보아 빈칸에 들어갈 말로 알맞은 것은?
- 도표를 보고 빈칸에 알맞은 것은?

㉡ 문제 해결 전략

- 도표의 제목, 도표의 내용 및 종류를 파악한다.
- 비교와 증감 등의 표현에 유의한다.
- 가장 수치가 높은 것과 낮은 것, 차이가 가장 큰 경우와 작은 경우에 주목한다.

② 글의 분위기 · 심경 파악

㉠ 출제 유형

- 글쓴이의 심경으로 가장 알맞은 것은?
- 대화에서 알 수 있는 A(B)의 심경으로 가장 알맞은 것은?
- 'She'의 심경으로 알맞은 것은?
- 다음 글의 분위기로 가장 알맞은 것은?

문제UP

다음 글의 요지로 가장 알맞은 것은?

Taekwondo is one of the most popular martial arts in the word. It was started by nonviolent people for nonviolent purposes. It is not used for starting fights, but only for defending oneself form attackers.

① 태권도는 다소 폭력적이다.
② 태권도는 호신용 무술이다.
③ 태권도의 종주국은 한국이다.
④ 태권도는 남녀노소 운동이다.

해설 태권도는 싸움을 하기 위해서가 아니라 방어를 위해서 시작되었다는 것이 주된 내용이므로 태권도가 호신용 무술이라는 것이 글의 요지임을 알 수 있다.

해석 태권도는 세계에서 가장 인기 있는 무술 중 하나이다. 그것은 비폭력적인 목적으로 비폭력적인 사람들이 시작했다. 그것은 싸움을 시작하기 위해서가 아니라 단지 공격자로부터 자기 자신을 방어하려는 목적으로 사용된다.

정답 ②

> **문제UP**
>
> 'She'의 심경으로 알맞은 것은?
>
> She got the news that her father passed away this morning. She was so sad. She could hardly speak at all.
>
> ① 슬픔 ② 즐거움
> ③ 편안함 ④ 만족스러움
>
> **해설** pass away는 die라는 말을 피하기 위하여 쓰는 말로 '사망하다', '돌아가시다'라는 의미이다. 아버지가 돌아가셨다는 소식을 들었으므로 슬픈 심경임을 유추할 수 있다.
>
> **해석** 그녀는 오늘 아침 그녀의 아버지가 돌아가셨다는 소식을 들었다. 그녀는 너무 슬퍼서 아무런 말도 할 수 없었다.
>
> 정답 ①

㉡ 문제 해결 전략

- 글에서 전반적으로 묘사되고 있는 사건이나 상황을 머릿속으로 그려본다.
- 등장인물 또는 필자의 입장에서 글을 읽는다.
- 글의 분위기나 묘사에 결정적인 어휘를 찾는다.
- 글을 읽을 때 형용사나 부사에 유의해서 읽는다.

㉢ 분위기 관련 어휘 (중요)

긍정적	lively 활기찬, moving 감동적인, calm 고요한, peaceful 조용한, exciting 흥미진진한, humorous 웃기는, impressive 인상적인, fantastic 환상적인, romantic 낭만적인, amusing 재미나는
부정적	frightening 무서운, horrible 무서운, 끔찍한, thrilling 전율을 느끼게 하는, tense 긴장된, urgent 긴박한, tragic 비극적인, desperate 절망적인, miserable 비참한, monotonous 단조로운, sad and gloomy 슬프고 우울한

㉣ 심경 관련 어휘 (중요)

angered	화난	frightened	겁먹은
bored	지루한	frustrated	좌절한
calm	평화로운	gloomy	우울한
cheerful	즐거운	hateful	증오하는
cold	냉담한	interested	관심 있는
comfortable	편안한	joyful	기쁜
concerned	걱정하는	lonely	외로운
delightful	기쁜	nervous	초조한
disappointed	실망한	pleased	만족스러운
discouraged	실망한	regretful	후회하는
disgusted	역겨운	relaxed	편한
displeased	불쾌한	relieved	안도한
embarrassed	당황한	satisfied	만족한
encouraged	격려받은	sorrowful	슬픈
envious	부러워하는	surprised	놀란
excited	흥분한	thankful	감사하는
fearful	두려운		

③ **내용 일치, 불일치** : 주어진 정보의 정확한 이해를 묻는 유형이다.

㉠ 출제 유형

- 글의 내용과 일치하지 않는 것은?
- A에 관한 내용과 일치하지 않는 것은?

㉡ 문제 해결 전략

- 질문과 선택지의 내용을 미리 훑어본다.
- 본문의 대략적인 내용을 파악한다.
- 본문에 언급된 내용을 바탕으로 사실에 근거하여 일치 여부를 판단한다.

(4) 빈출 유형4

① **무관한 문장 고르기** : 글의 일관적인 흐름(통일성)에 어긋난 문장을 고르는 유형이다.

㉠ 출제 유형

글의 전체 흐름과 관계가 없는 문장은?

㉡ 문제 해결 전략

- 가장 먼저 글의 주제문을 찾는다.
- 글의 핵심어와 무관한 소재가 있는 문장을 고른다.
- 글의 핵심어는 일치하지만 성격이 다른 문장을 고른다.
- 지시어, 대명사, 연결어 등의 쓰임에 주의한다.
- 주어나 시제도 눈여겨본다.

② **주어진 문장 넣기**

㉠ 출제 유형

다음 문장이 들어가기에 알맞은 곳은?

㉡ 문제 해결 전략

- 주어진 문장을 읽고 문장 전후의 내용을 파악한다.
- 접속사는 앞, 뒤 내용을 어떻게 전개해 나갈 것인가에 대한 실마리를 제공한다.
- 대명사는 앞에서 언급된 명사를 찾는 중요한 단서가 된다.
- 지시어는 전, 후 내용의 어느 것을 지칭하는 지 파악해야 한다.

문제UP

글의 내용과 일치하지 않는 것은?

My family went to Damyang two weeks ago. We went to a 5 day market. There were many local products. My mother bought a hat made of bamboo. We had a great time.

① 우리 가족은 5일장에 갔다.
② 우리 가족은 두 달 전에 담양에 갔다.
③ 시장에는 지역 토산품이 많이 있었다.
④ 어머니는 대나무 모자 하나를 샀다.

해설 글쓴이의 가족이 담양에 간 것은 두 달 전이 아니라 2주 전이다.

해석 우리 가족은 2주 전에 담양에 갔다. 우리는 5일장에 갔다. 그곳에는 많은 지역 상품들이 있었다. 나의 어머니는 대나무로 만든 모자를 사셨다. 우리는 좋은 시간을 보냈다.

정답 ②

개념UP

주제문의 특징

- 주제문은 보통 단락의 첫 문장이나 두 번째 문장에 온다. 간혹 마지막 문장이나 단락의 중간에 오는 경우도 있다.
- 주제문은 주제와 그 주제에 대한 글쓴이의 개략적인 견해로 구성된다.
- 주제문은 대개 글의 중심사상을 나타낸다.
- 주제문은 글이 어떻게 전개될지 짐작할 수 있게 해준다.

③ 문단 내 글의 순서 정하기

㉠ 출제 유형

- 주어진 문장 다음에 이어질 말의 순서로 적절한 것은?
- 자연스러운 대화가 되도록 순서대로 배열한 것은?

㉡ 문제 해결 전략

- 제시문은 글의 주제나 전체 흐름을 파악할 수 있는 중요한 부분인 경우가 많다.
- 제시문의 마지막 부분과 논리적 연관성이 있는 문장을 찾아본다.
- 나열된 문장들의 전체적인 흐름을 파악한다.
- 각 문장 간의 지시어와 연결어에 유의한다.

문제UP

주어진 글에 이어질 대화의 순서로 알맞은 것은?

Good morning. What's the problem?

(A) Anything else?
(B) I have a stomachache and fever.
(C) No. That's all.

① (A) – (B) – (C)
② (B) – (A) – (C)
③ (C) – (A) – (B)
④ (C) – (B) – (A)

해설 주어진 내용은 의사와 환자의 대화로 유추할 수 있다. 어떤 문제가 있느냐는 물음에, 환자가 복통과 열이 있다(B)고 답하고, 다른 증상에 대해 묻자(A), 없다고(C) 대답하는 (B) – (A) – (C) 순으로 대화가 이어지는 것이 알맞다.

해석 안녕하세요. 무슨 문제가 있으세요?
(B) 복통과 열이 있어요.
(A) 그밖에 다른 문제는요?
(C) 아뇨. 그게 다예요

정답 ②

❸ 생활영어

(1) 인사

① 만났을 때

A : I'm glad to meet you, Su-mi. (만나서 반가워, Su-mi.)
B : Glad to meet you, too, Tony. (나도 반가워, Tony.)

A : How are you doing? (어떻게 지내니?)
B : Pretty good. How about you? (아주 잘 지내. 너는 어때?)

② 헤어질 때

A : Have a nice day! (즐거운 하루 보내.)
B : Thank you. You, too. (고마워. 너도.)

A : See you later. (나중에 만나.)
B : See you. (나중에 보자.)

A : I just dropped in to say goodbye. (작별 인사를 하려고 들렀어.)
B : Take care and give my best to your parents. (잘 가. 부모님께 안부 전해줘.)

개념UP

작별 인사

- Catch you later.
- Good-bye.
- I'll be seeing you.
- I'll check you later.
- I'll keep in touch.
- See you around.
- See you later[again].
- Take care.
- Take it easy.
- Until next time!

③ 감사/사과

A : Thank you for the present. (선물 감사합니다.)
B : You're welcome. (별 말씀을요.)

A : Thank you for inviting me. (초대해 주셔서 감사합니다.)
B : I enjoyed your company, too. (저 역시 함께 있어서 즐거웠어요.)

A : Forgive me. (용서해 주세요)
B : Don't blame yourself. (자책하지 마세요.)

개념UP

감사에 대한 응답(천만에요.)

- Don't mention it.
- My pleasure.
- No problem.
- Not at all.
- Think nothing of it.
- You are welcome.
- You bet.

④ 위로/칭찬

A : What's the matter? (어디가 아프니?)
B : I have a headache. (머리가 아파.)
A : That's too bad. (안됐구나.)

A : I'm not a good soccer player. (난 축구를 잘 못해.)
B : Don't worry. Just do your best. (걱정 마. 그냥 최선을 다해봐.)

A : You look sad. What's wrong? (슬퍼 보이네. 무슨 일 있니?)
B : I lost my dog. (우리 개를 잃어버렸어.)
A : I'm sorry to hear that. (안됐구나.)

(2) 요청/권유/제안

A : Let's play soccer. (축구하자.)
B : I don't like soccer. Let's play basketball. (난 축구는 별로야. 농구하자.)

A : How about going to the park? (공원에 갈래?)
B : Good idea. (좋은 생각이야.)

A : It's very hot today. Why don't we go swimming? (날씨가 덥네. 수영하러 갈래?)
B : Sounds great! (그것 참 좋겠다!)

A : Would you like to go to the movies tonight? (오늘 밤 영화 보러 같이 갈래?)
B : No, thanks. Maybe next time. (고맙지만 안 되겠어. 다음에 가자.)

A : Can you do me a favor? (부탁 하나 들어 줄래?)
B : What is it? (뭔데?)

개념UP

부탁의 표현

- I have a favor to ask (of) you.
- May I ask you a favor?
- May I ask a favor of you?
- Would you do me a favor?
- Would you do a favor for me?
- Can I ask you to do something for me?

개념UP

전화를 받을 수 없을 때의 표현

- Sorry, he's not at his desk. (죄송하지만 그 사람은 자리에 없습니다.)
- Sorry, she's off today. (미안하지만 그녀는 오늘 쉽니다.)
- Sorry, he's gone home for the day. (죄송하지만, 그는 퇴근했습니다.)
- Sorry, he's on a business trip. (미안하지만 그는 출장 중입니다.)

개념UP

길을 가르쳐 주는 표현

- OK. Let me draw a map for you. (네. 제가 약도를 그려 드릴게요.)
- Let me show you the way. (제가 안내해 드리지요.)
- Go straight, and turn left at the second light. (곧장 가시다가 두 번째 신호등에서 좌회전하세요.)
- I'm sorry, but I'm a stranger around here. (미안합니다. 저도 이 지역은 처음이라서요.)

(3) 전화대화

A : Hello. Can I talk to Bob, please? (여보세요, Bob 좀 바꿔주시겠어요?)
B : Speaking. Who's calling, please? (전데요, 누구세요?)

A : Hello. May I speak to Bill? (여보세요, Bill 좀 바꿔주시겠어요?)
B : Sorry, he's out. (죄송하지만 자리에 없습니다.)

A : Hello. Is this ABC Restaurant? (여보세요, ABC 식당인가요?)
B : Sorry, you have the wrong number. (미안하지만, 전화를 잘못 거셨군요.)

A : I'd like to speak to Mr. Johns. (Johns씨와 통화하고 싶습니다.)
B : Can I ask what this call is about? (무슨 용건으로 전화하셨는지 여쭤 봐도 될까요?)

A : Hello. Is Mrs. James in, please? (여보세요. James 부인 계십니까?)
B : Hang on, please. (끊지 말고 기다리세요.)

(4) 길 묻기/안내

A : How can I get to Jamsil Stadium? (잠실 경기장은 어떻게 갑니까?)
B : Take the subway number 2 line. (지하철 2호선을 타세요.)

A : How far is it from here to Olympic Park? (여기서 올림픽 공원까지는 거리가 얼마나 되나요?)
B : It's about 3 kilometers. (3km쯤 됩니다.)

A : How long does it take to get to the park? (공원까지는 얼마나 걸리나요?)
B : It takes about twenty minutes. (20분쯤 걸립니다.)

A : Excuse me. Where is the bank? (죄송하지만, 은행이 어디지요?)
B : It's next to the post office. (우체국 바로 옆에 있어요.)

(5) 날씨 · 시간

A : It's raining cats and dogs. (비가 퍼붓네요.)
B : Yeah. It looks like it'll never stop. (예. 그칠 것 같지 않네요.)

A : What's the forecast for today? (오늘 일기예보가 어때요?)
B : We're expecting some rain. (약간 비가 올 것 같아요.)

A : How is the weather in Kangwon-do? (강원도의 날씨가 어떻죠?)
B : It has been snowing for two days. (이틀 내내 눈이 내리고 있어요.)

A : What time is it? (몇 시죠?)
B : It's 10:15. (10시 15분입니다.)

A : Hurry up. We'll be late. (서두르세요. 늦겠습니다.)
B : What time is it? (몇 시인데요?)

(6) 특정 장소에서의 대화

① 상점(쇼핑)

A : Can I help you? (도와 드릴까요?)
B : I'm looking for a shirt. (셔츠를 사려고 합니다.)

A : May I help you? (도와 드릴까요?)
B : Yes, please. I'm looking for a shirt. (네. 셔츠를 찾는데요.)

A : Can I try it on? (입어보아도 될까요?)
B : Of course. (그럼요.)

A : Don't you have any cheaper one? (더 싼 것은 없어요?)
B : How about this one? (이것은 어떠세요?)

A : I'd like to return this toaster. (이 토스터기를 환불해 주세요.)
B : What's the problem? (무슨 문제가 있나요?)

② 식당

A : May I take your order? (주문을 받을까요?)
B : Yes, I'd like to have a hamburger and French fries. (네, 햄버거 하나와 감자튀김을 주세요.)

A : Here or to go? (여기서 드실 건가요, 가져가실 건가요?)
B : To go, please. (싸주세요.)

A : I'd like to make a reservation for dinner at 7. (7시에 저녁 예약을 하고 싶습니다.)
B : How large is your party? (몇 명이십니까?)

A : How would you like to pay, cash or charge? (어떻게 지불하시겠습니까? 현금입니까? 신용카드입니까?)
B : Charge. Here's my card. (신용카드요. 여기 카드 있습니다.)

개념UP

날씨를 묻는 표현

- How's the weather today? (오늘 날씨 어때요?)
- How is it outside? (밖은 어때요?)
- Do you know what they said in the weather forecast for tomorrow? (내일 날씨가 어떨지 일기예보 들어 보셨어요?)

문제UP

두 사람의 관계로 알맞은 것은?

A : May I take your order, please?
B : Yes, I'd like spaghetti with tomato sauce.

① 의사 – 환자
② 사장 – 직원
③ 은행원 – 고객
④ 식당 종업원 – 손님

해설 May I take your order, please? (주문하시겠습니까?)는 상점에서 주문을 받을 때 쓰는 표현이다. spaghetti with tomato sauce라는 단어가 있으므로 식당 종업원과 손님의 대화임을 알 수 있다.

해석 A : 주문하시겠어요?
B : 네, 토마토 소스 스파게티 주세요.

정답 ④

문제UP

대화가 이루어지는 장소로 알맞은 것은?

A : How can I help you?
B : Could I have five 40-cent stamps, please?
A : Of course. Anything else?
B : Yes. How much is a postcard to Germany?
A : Fifty cents.

① In an airport
② In a post office
③ In a police station
④ In a department store

해설 stamp(우표)를 달라고 하는 문장과 postcard(엽서)의 가격을 묻는 것. 대화의 흐름상 대화가 이루어지는 장소가 우체국임을 알 수 있다.

해석 A : 무엇을 도와 드릴까요?
B : 40센트짜리 우표 5장 주시겠어요?
A : 당연하죠. 다른 건 필요 없으시고요?
B : 독일로 엽서를 보내는 건 얼마죠?
A : 50센트입니다.

정답 ②

개념UP

호텔 관련 단어

- accommodation 숙박시설
- check-in 체크인
- check-out 체크아웃
- lobby 로비
- lounge 라운지
- receptionist 접수원
- reservation 예약
- room rate 방값, 숙박료
- service charge 봉사료

③ 병원

A : Where is your pain? (어떻게 아프세요?)
B : I have a pain in my abdomen. (아랫배에 통증이 있습니다.)

A : I have a runny nose and a little fever. (콧물이 나고 열이 약간 있습니다.)
B : Oh, you have a cold. (오, 감기에 걸렸군요.)

A : What are your office hours? (진료시간이 어떻게 됩니까?)
B : The doctor is in from 9 a.m. to 6 p.m. (진료시간은 오전 9시부터 오후 6시까지입니다.)

④ 우체국

A : I'd like to send this letter by express mail. (이 편지를 속달로 보내고 싶습니다.)
B : Where to? (어디로 보내시겠습니까?)

A : How would you like to send this package? (이 짐은 어떻게 보내시겠습니까?)
B : What's the quickest way to send it to Korea? (한국에 보내려는데 가장 빠른 방법은 뭔가요?)

A : By airmail or seamail? (항공편입니까, 배편입니까?)
B : Airmail, please. (항공편입니다.)

A : Ordinary or registered mail? (보통우편으로 할까요, 등기우편으로 할까요?)
B : Registered mail, please. (등기우편으로 해주세요.)

⑤ 호텔

A : Do you have any vacancies? (빈 방 있습니까?)
B : Yes, we have a nice room on the fourth floor. (네. 4층에 아주 좋은 방이 있습니다.)

A : Do you have a single room for two nights? (이틀 묵을 싱글룸 있습니까?)
B : We only have a small suite. (작은 스위트룸뿐입니다.)

A : Hello, this is room 505. The shower isn't working. (여보세요, 여기 505호인데요. 샤워기가 고장이에요.)
B : I'm sorry about that. I'll send someone up right away. (죄송합니다. 즉시 사람을 보내겠습니다.)

A : Can I have breakfast in my room? (아침 식사를 방으로 가져다 주시겠습니까?)
B : What would you like to have, sir? (무엇을 드시겠습니까?)

⑥ 은행

A : Could you change this into dollars? (이것을 달러로 교환해 주시겠어요?)
B : How would you like it changed? (어떻게 바꿔 드릴까요?)

A : I'd like to open an account. (계좌를 개설하고 싶습니다.)
B : What kind of account would you like? (어떤 종류의 계좌를 원하십니까?)

⑦ 공항

A : United Airlines, may I help you? (United 항공입니다. 무엇을 도와 드릴까요?)
B : I'd like to make a reservation for a flight to New York. Do you have a direct flight? (뉴욕 편을 예약하려고 하는데요. 직항편이 있습니까?)

A : Do you have anything to declare? (신고할 것이 있습니까?)
B : No, I've nothing to declare. (아니오, 없습니다.)

A : Would you show me your boarding pass, please? (탑승권 좀 보여 주시겠습니까?)
B : Yes, here it is. Can you show me my seat, please? (네, 여기 있습니다. 제 좌석이 어딘지 알려 주시겠습니까?)

A : I'd like to sit by the window, please. (창가 좌석으로 주십시오.)
B : Okay. Would you like to check in your luggage? (네. 수하물 수속을 하시겠습니까?)

개념UP

은행 관련 단어

- account number 계좌번호
- balance 잔액, 잔고
- bill 지폐
- branch 지점
- cash 현금
- collateral 담보
- credit 신용
- due 결제일
- exchange rate 환율

개념UP

공항 관련 단어

- airline ticket 항공권
- boarding pass 탑승권
- check-in counter 체크인 카운터
- landing 착륙
- metal detector 금속 탐지기
- passenger 승객
- runway 활주로
- security 수하물 검사
- take-off 이륙
- customs 세관
- X-ray scanner X선 검사기

문제UP

두 단어의 의미 관계가 나머지 셋과 다른 것은?

① win – lose
② open – close
③ begin – start
④ succeed – fail

해설 ③ 동의 관계이다.
①, ②, ④ 반의 관계이다.

해석 ③ 시작하다
① 이기다 – 지다
② 열다 – 닫다
④ 성공하다 – 실패하다

정답 ③

개념UP

더 많은 명사 동의어

- 결함/단점 : defect, drawback, flaw, blemish
- 시대/기간 : era, epoch, period, time, age
- 특징/특색/속성 : characteristic, trait, attribute, feature, property

④ 어휘

(1) 동의어

① 명사

검약, 절약	thrift : economy	시력	eyesight : vision
게으름, 나태	idleness : laziness	신념	belief : faith
결함, 결점	defect : fault	안색	face : countenance
경향	trend : tendency	액체	liquid : fluid
고통	pain : agony	어른, 성인	adult : grown-up
곤란	difficulty : hardship	연구	research : study
공장	factory : plant	외국인	alien : foreigner
과오	mistake : error	우울	depression : melancholy
관계	connection : relation	우주선	spacecraft : spaceship
근심, 걱정	care : worry	원인	cause : reason
기억	memory : recollection	위험	danger : peril, hazard
기회	chance : opportunity	이익	benefit : profit
노력	effort : endeavor	인내	tolerance : endurance
다양성	diversity : variety	적	foe : enemy
멸시	contempt : scorn	종류	kind : sort
명성	reputation : fame	주민, 거주민	resident : inhabitant
목초지	pasture : meadow	줄기	stem : stalk
반응	reaction : response	지구	earth : globe
배, 선박	vessel : ship	지하실	basement : cellar
범죄	crime : offence	직원	personnel : staff
부족	lack : shortage	진보, 발전	progress : advance
분야, 영역	field : area	친구	friend : companion
불신	distrust : suspicion	특징	feature : characteristic
사랑	love : affection	표본	specimen : sample
상처	bruise : injury	행운	luck : fortune
선물	present : gift	헛간, 외양간	barn : shed
선조, 조상	ancestor : forefather	혼란	disorder : confusion
슬픔	sorrow : grief	환경	environment : surroundings
습관	habit : custom	휴가	holidays : vacation
승리	triumph : victory	힘	power : force

② 형용사

공정한	fair : just, impartial	열심인	eager : keen
가혹한	harsh : severe	영리한	bright : clever
거대한	enormous : gigantic	영원한	eternal : everlasting
거만한	arrogant : haughty, proud	옳은	right : correct
		외부의	outer : exterior
게으른	idle : lazy	용감한	brave : bold, gallant
고대의	ancient : old	웅장한	grand : magnificent
고요한	quiet : silent	유명한	famous : noted
깊은, 심오한	profound : deep	이전의, 전의	previous : former
내부의	inner : interior	이해할 수 있는	comprehensible : understandable
놀라운	astonishing : amazing	인공의	artificial : manmade
다양한	diverse : various	적당한	suitable : adequate
단단한	hard : firm	정확한	accurate : exact
뛰어난, 현저한	outstanding : conspicuous	주요한	chief : main, primary, principal
먼	far : distant	주의 깊은	careful : cautious
명백한	manifest : evident	중요한	significant : important
명확한	definite : specific	지루한	tedious : dull, tiresome
벌거벗은	bare : naked	지친	tired : exhausted
보통의	usual : common	질투하는, 시기하는	jealous : envious
빠른	rapid : swift, quick	충실한	faithful : loyal
상냥한	amiable : friendly	텅 빈	empty : vacant
습한	damp : wet, moist	평화로운	pacific : peaceful
신성한	sacred : holy	필수의	essential : indispensable
어리석은	absurd : foolish, stupid	합법적인	legal : lawful

문제UP

두 단어의 관계가 나머지 셋과 다른 것은?

① near – far
② fast – speedy
③ front – back
④ right – wrong

해설 ② 동의 관계이다.
①, ③, ④ 반의 관계이다.

해석 ② 빠른 – 빠른
① 가까운 – 먼
③ 앞 – 뒤
④ 옳은 – 틀린

정답 ②

개념UP

더 많은 형용사 동의어

- 모호한/흐릿한/확신이 없는 : obscure, hazy, vague
- 불모의/척박한/건조한 : infertile, arid, barren, sterile, dry
- 유명한 : celebrated, famous, noted, renowned, distinguished
- 정교한/세련된/복잡한 : sophisticated, elaborate, complex, complicated, intricate
- 정확한/꼼꼼한 : precise, exact, accurate, correct
- 풍부한 : abundant, plentiful, ample, profuse, bountiful

개념UP

빈출 숙어

- broke up ~와 헤어지다
- concentrate on ~에 집중하다
- depend on ~에 의존하다
- get rid of ~을 없애다
- keep in touch with ~와 연락을 지속하다
- look up to ~을 존경하다
- looking forward to ~을 기대하다
- pay attention to ~에 주의를 기울이다
- stand in line 일렬로 서다
- take care of ~을 돌보다
- turn down (소리나 온도 등을) 낮추다
- turn off ~를 끄다

개념UP

더 많은 동사 동의어

- 구성되다 : consist of, comprise
- 달성하다/완수하다 : achieve, fulfill, accomplish, carry out
- 마음을 끌다 : attract, charm, tempt, allure, enchant
- 모으다/모이다 : gather, collect, assemble, bring together, converge
- 묘사하다 : depict, describe, represent, outline
- 번창하다/번영하다 : flourish, thrive, prosper, bloom
- 줄이다 : decrease, lessen, decline, diminish
- 할당하다/분배하다 : allot, assign, divide, distribute, allocate

③ 동사

가르치다	instruct : educate	살다	dwell : live
감소하다	decrease : lessen, diminish	상속받다	inherit : heir
감시하다	guard : watch	선언하다	proclaim : declare
강조하다	emphasize : stress	설득하다	persuade : induce
거절하다	reject : refuse	설립하다	found : establish
결합하다	join : unite	세우다	erect : construct, build
계속하다, 지속되다	last : continue	속이다	cheat : deceive
고르다	choose : select	수리하다, 고치다	repair : fix, mend
고용하다	hire : employ	숨기다	hide : conceal
그만두다	quit : stop	승인하다	approve : consent
금지하다	forbid : prohibit	얻다, 획득하다	gain : obtain, acquire
논쟁하다	debate : argue	연설하다	address : deliver
놀라게 하다	alarm : surprise, frighten	영향을 미치다	affect : influence
높이다, 강화하다	enhance : elevate, heighten	예상하다	foresee : foretell, predict
당황하게 하다	puzzle : perplex, embarrass	예약하다	book : reserve
대답하다	answer : reply	오염시키다	pollute : contaminate
도착하다	arrive : reach	외치다	cry : shout
돕다	aid : help	용서하다	pardon : excuse
동의하다	agree : consent	운영하다	run : manage
매혹하다	enchant : charm	장식하다	decorate : adorn
멸시하다	despise : scorn	재배하다	cultivate : grow, raise
모이다	gather : assemble	적응시키다	adapt : adjust
무시하다	ignore : disregard	전시하다	display : exhibit
바치다	dedicate : devote	주다	render : give
반응을 나타내다	respond : react	죽이다	murder : kill
받다	accept : receive	직면하다, 맞서다	confront : face, encounter
발행하다	issue : publish	참다	bear : endure, stand, tolerate
변경하다	change : alter	충족시키다	meet : satisfy
비난하다	blame : accuse	평가하다	rate : evaluate

빼다, 공제하다	subtract : deduct	해고하다	fire : dismiss
사다	purchase : buy	허락하다	allow : permit

(2) 반의어

① 명사

analysis 분석 ↔ synthesis 종합	heaven 천국 ↔ hell 지옥
ancestor 선조 ↔ descendant 후손	inferiority 열등 ↔ superiority 우월
antipathy 반감 ↔ sympathy 동정	joy 기쁨 ↔ sorrow 슬픔
ascent 상승 ↔ descent 하강	labor 노동 ↔ capital 자본
birth 출생 ↔ death 사망	latitude 위도 ↔ longitude 경도
cause 원인 ↔ effect 결과	majority 다수 ↔ minority 소수
comedy 희극 ↔ tragedy 비극	maximum 최대 ↔ minimum 최소
consumer 소비자 ↔ producer 생산자	mercy 자비 ↔ cruelty 잔인
danger 위험 ↔ safety 안전	merit 장점 ↔ demerit 단점
defense 방어 ↔ offense 공격	optimism 낙천주의 ↔ pessimism 비관주의
defeat 패배 ↔ victory 승리	optimist 낙천주의자 ↔ pessimist 비관주의자
ebb 썰물 ↔ flow 밀물	practice 실행 ↔ theory 이론
emigrant 출국하는 이민 ↔ immigrant 입국하는 이민	peace 평화 ↔ war 전쟁
end 목적 ↔ means 수단	quality 질 ↔ quantity 양
enemy 적 ↔ friend 친구	revenue 세입 ↔ expenditure 세출
expense 지출 ↔ income 수입	soul 영혼 ↔ body 육체
export 수출 ↔ import 수입	supply 공급 ↔ demand 수요
exterior 외부 ↔ interior 내부	synonym 동의어 ↔ antonym 반의어
gain 이익 ↔ loss 손해	vice 악덕 ↔ virtue 미덕

문제UP

두 단어의 관계가 나머지 셋과 다른 것은?

① rich – poor
② wise – smart
③ strong – weak
④ diligent – lazy

해설 ② 동의 관계이다.
①, ③, ④ 반의 관계이다.

해석 ② 현명한 – 똑똑한
① 부유한 – 가난한
③ 강한 – 약한
④ 성실한 – 게으른

정답 ②

개념UP

더 많은 명사 반의어

- advantage 이점 ↔ disadvantage 불리
- appear 나타나다 ↔ disappear 사라지다
- approve 승인하다 ↔ disapprove 승인하지 않다
- ability 능력 ↔ inability 무능력
- ascent 동의 ↔ dissent 이의
- accept 수락하다 ↔ reject 거절하다
- allow 허락하다 ↔ forbid 금지하다
- attach 붙이다 ↔ detach 분리하다
- attack 공격하다 ↔ defend 지키다
- absolute 절대적인 ↔ relative 상대적인
- abstract 추상적인 ↔ concrete 구체적인

> **개념UP**
>
> **더 많은 형용사 반의어**
>
> - alive 산 ↔ dead 죽은
> - beautiful 아름다운 ↔ ugly 추한
> - curly 곱슬곱슬한 ↔ straight 곧은
> - hardworking 근면한 ↔ lazy 게으른
> - intelligent 총명한 ↔ stupid 미련한
> - polite 예의 바른 ↔ rude 무례한
> - quiet 조용한 ↔ noisy 시끄러운
> - well 건강한 ↔ ill/unwell 아픈, 편치 않은

> **문제UP**
>
> 밑줄 친 부분의 뜻으로 알맞은 것은?
>
> What brings you here to our <u>rural</u> community?
>
> ① 시골의 ② 도시의
> ③ 세계의 ④ 우주의
>
> **해석** 무엇이 당신을 이곳 우리의 시골로 오게끔 하는가?
> ② urban
> ③ global
> ④ universal
>
> 정답 ①

② 형용사

absolute 절대적인 ↔ relative 상대적인	inner 내부의 ↔ outer 외부의
abstract 추상적인 ↔ concrete 구체적인	junior 손아래의 ↔ senior 손위의
affirmative 긍정의 ↔ negative 부정의	loose 헐거운 ↔ tight 꼭 끼는
ancient 고대의 ↔ modern 현대의	mental 정신적인 ↔ physical 육체적인
arrogant 거만한 ↔ humble 소박한	male 남성의 ↔ female 여성의
artificial 인공적인 ↔ natural 자연적인	masculine 남성적인 ↔ feminine 여성적인
barren 불모의 ↔ fertile 기름진	material 물질적인 ↔ spiritual 정신적인
bitter 쓴 ↔ sweet 달콤한	permanent 영구적인 ↔ temporary 일시적인
brave 용감한 ↔ cowardly 겁 많은	private 사적인 ↔ public 공적인
cheap 싼 ↔ expensive 비싼	passive 수동적인 ↔ active 능동적인
clean 깨끗한 ↔ dirty 더러운	rural 시골의 ↔ urban 도시의
cold 추운 ↔ hot 더운	sharp 날카로운 ↔ dull 둔한
conservative 보수적인 ↔ progressive 진보적인	simple 단순한 ↔ complex 복잡한
domestic 국내의 ↔ foreign 외국의	smooth 부드러운 ↔ rough 거친
doubtful 의심스러운 ↔ obvious 명백한	subjective 주관적인 ↔ objective 객관적인
dynamic 동적인 ↔ static 정적인	superior 우월한 ↔ inferior 열등한
empty 빈 ↔ full 가득 찬	tame 길들인 ↔ wild 야생의
friendly 우호적인 ↔ hostile 적대시하는	thick 두꺼운 ↔ thin 얇은
fat 뚱뚱한 ↔ lean 여윈	true 참된 ↔ false 거짓의
full-time 전임의 ↔ part-time 시간제의	vertical 수직의 ↔ horizontal 수평의
guilty 유죄의 ↔ innocent 무죄의	voluntary 자발적인 ↔ compulsory 강제적인
general 일반적인 ↔ special, specific 특수한, 특수의	wholesale 도매의 ↔ retail 소매의

③ 동사

accept 수락하다 ↔ reject 거절하다	forget 잊어버리다 ↔ remember 기억하다
admire 찬탄하다 ↔ despise 멸시하다	forgive 용서하다 ↔ punish 벌하다
allow 허락하다 ↔ forbid 금지하다	freeze 얼어붙다 ↔ melt 녹다
attach 붙이다 ↔ detach 분리하다	increase 증가하다 ↔ decrease 감소하다
attack 공격하다 ↔ defend 막다, 지키다	lose 시계가 늦다 ↔ gain 빠르다
borrow 빌리다 ↔ lend 빌려주다	permit 허락하다 ↔ forbid 금지하다
consume 소비하다 ↔ produce 생산하다	praise 칭찬하다 ↔ blame 비난하다
conceal 숨기다 ↔ reveal 폭로하다	push 밀다 ↔ pull 당기다
construct 건설하다 ↔ destroy 파괴하다	respect 존경하다 ↔ despise 경멸하다
deduce 연역하다 ↔ induce 귀납하다	separate 분리하다 ↔ unite 결합하다
descend 하강하다 ↔ ascend 오르다	shorten 짧게 하다 ↔ lengthen 길게 하다
dismiss 해고하다 ↔ employ 고용하다	succeed 성공하다 ↔ fail 실패하다
earn 벌다 ↔ spend 쓰다, 소비하다	teach 가르치다 ↔ learn 배우다
encourage 격려하다 ↔ discourage 낙담시키다	unite 결합하다 ↔ divide 나누다

④ 접두사 · 접미사에 의한 반의어

ability 능력 ↔ inability 무능력	host 주인 ↔ hostess 여주인
actor 배우 ↔ actress 여배우	lead 인도하다 ↔ mislead 오도하다
advantage 유리 ↔ disadvantage 불리	legal 합법적인 ↔ illegal 불법적인
appear 나타나다 ↔ disappear 사라지다	literate 글을 아는 ↔ illiterate 문맹의
approve 승인하다 ↔ disapprove 승인하지 않다	load 싣다 ↔ unload 짐을 풀다
arctic 북극의 ↔ antarctic 남극의	logical 논리적인 ↔ illogical 불합리한
arm 무장하다 ↔ disarm 무장 해제하다	modest 겸손한 ↔ immodest 건방진
ascent 동의 ↔ dissent 이의	mortal 필멸의 ↔ immortal 불멸의
author 작가 ↔ authoress 여류 작가	noble 고귀한 ↔ ignoble 비천한
cheerful 기분 좋은 ↔ cheerless 기분 나쁜	normal 정상적인 ↔ abnormal 비정상적인

문제UP

두 단어의 관계가 나머지 셋과 다른 것은?

① push – pull
② hide – seek
③ open – close
④ make – create

해설 ④ 유의 관계이다.
①, ②, ③ 반의 관계이다.

해석 ④ 만들다 – 창조하다
① 밀다 – 당기다
② 숨다 – 찾다
③ 열다 – 닫다

정답 ④

개념UP

dis-로 시작하는 더 많은 반의어

- agree 동의하다 ↔ disagree 의견이 다르다
- belief 신뢰 ↔ disbelief 불신
- charge 짐을 싣다 ↔ discharge 짐을 내리다
- close 닫다 ↔ disclose 나타내다, 드러내다
- encourage 격려하다 ↔ discourage 낙담시키다
- grace 명예 ↔ disgrace 불명예
- satisfy 만족시키다 ↔ dissatisfy 불만을 느끼게 하다
- persuade 설득하다 ↔ dissuade ~에게 단념시키다

문제UP

다음 글의 빈칸에 들어갈 말로 알맞은 것은?

In a movie, everything seems ______. Humans fly, dinosaurs come to life, and spaceships engage in fights. Wow! You are able to do or see anything you want in a movie.

① moral ② boring
③ possible ④ harmful

해설 당신이 원하는 모든 것들을 하고, 볼 수 있다는 마지막 문장을 통해 빈칸에는 '가능한'이라는 뜻의 possible이 들어가는 것이 적절하다.

해석 영화에서는 모든 것이 가능한 것처럼 보인다. 인간들은 날고, 공룡들은 살아나며 우주선은 싸움에 참가한다. 와우! 당신은 당신이 원하는 모든 것을 영화에서 할 수 있고, 볼 수 있다.
① 도덕적인
② 지겨운
④ 해로운

정답 ③

개념UP

in-으로 시작하는 더 많은 반의어

- adequate 충분한 ↔ inadequate 불충분한
- capable 할 수 있는 ↔ incapable 할 수 없는
- correct 정확한 ↔ incorrect 부정확한
- credible 믿을 수 있는 ↔ incredible 믿을 수 없는
- definite 명확한 ↔ indefinite 불명확한

comfortable 편안한 ↔ uncomfortable 불편한	nutrition 영양 ↔ malnutrition 영양실조
complete 완전한 ↔ incomplete 불완전한	obey 복종하다 ↔ disobey 불복종하다
conscious 의식의 ↔ unconscious 무의식의	organic 유기의 ↔ inorganic 무기의
content 만족한 ↔ malcontent 불만의	overvalue 과대평가하다 ↔ undervalue 과소평가하다
convenient 편리한 ↔ inconvenient 불편한	partial 불공평한 ↔ impartial 공평한
decent 품위 있는 ↔ indecent 품위 없는	patient 참을성 있는 ↔ impatient 참을성 없는
dependent 의존하는 ↔ independent 독립한	perfect 완전한 ↔ imperfect 불완전한
direct 직접의 ↔ indirect 간접의	poet 시인 ↔ poetess 여류 시인
duke 공작 ↔ duchess 공작부인	possible 가능한 ↔ impossible 불가능한
emperor 황제 ↔ empress 황후	powerful 강력한 ↔ powerless 무기력한
employment 취업 ↔ unemployment 실업	rational 합리적인 ↔ irrational 불합리한
enable 가능케 하다 ↔ disable 불가능하게 하다	regular 규칙적인 ↔ irregular 불규칙적인
exclude 배제하다 ↔ include 포함하다	resistible 저항할 수 있는 ↔ irresistible 저항할 수 없는
fortunate 운 좋은 ↔ unfortunate 불행한	responsible 책임 있는 ↔ irresponsible 책임 없는
fortune 행운 ↔ misfortune 불행	sufficient 충분한 ↔ insufficient 불충분한
god 신 ↔ goddess 여신	tie 매다 ↔ untie 풀다
good-natured 상냥한 ↔ ill-natured 못된	treat 대접하다 ↔ maltreat 푸대접하다
guide 안내하다 ↔ misguide 잘못 안내하다	understand 이해하다 ↔ misunderstand 오해하다
happy 행복한 ↔ unhappy 불행한	upstairs 위층으로 ↔ downstairs 아래층으로
harmful 유해한 ↔ harmless 무해한	upward 위로 ↔ downward 아래로
heir 상속인 ↔ heiress 여자 상속인	visible 보이는 ↔ invisible 보이지 않는
hero 주인공 ↔ heroine 여주인공	waiter 급사 ↔ waitress 여급
honour 명예 ↔ dishonour 불명예	widow 과부 ↔ widower 홀아비
hopeful 희망적인 ↔ hopeless 희망 없는	worthy 가치 있는 ↔ unworthy 가치 없는

(3) 빈출 영어속담

A

A friend in need is a friend indeed. 어려울 때의 친구가 진정한 친구다.

A journey of a thousand miles begins with a single step. 천 리 길도 한 걸음부터.

A leopard can't change his spots. 제 버릇 개 못준다.

A little knowledge is dangerous. 선무당이 사람 잡는다.

A man is known by the company he keeps. 사귀는 친구를 보면 그 사람됨을 알 수 있다.

A picture is worth a thousand words. 천 마디의 말보다 한 번 보는 게 더 낫다.

A sound mind in a sound body. 건강한 신체에 건강한 정신이 깃든다.

A stitch in time saves nine. 호미로 막을 데 가래로 막는다.

As one sows, so shall he reap. 콩 심은데 콩 나고 팥 심은데 팥 난다.

B

Better late than never. 아무것도 하지 않느니 보다는 늦게라도 하는 게 낫다.

Birds of a feather flock together. 날개가 같은 새들이 함께 모인다.(유유상종)

D

Don't count the chickens before they are hatched. 김칫국부터 마시지 말라.

E

Easier said than done. 행동보다 말이 쉽다.

Even a worm will turn. 지렁이도 밟으면 꿈틀거린다.

Every cloud has a silver lining. 괴로움이 있으면 즐거움도 있다.

Every dog has his day. 쥐구멍에도 볕들 날이 있다.

문제UP

다음 밑줄 친 속담의 뜻은?

A : I'll ride my bike to school for my health and saving money.
B : It is to kill two birds with one stone.

① 모든 일에 조심해야 한다.
② 기회는 올 때 잡아야 한다.
③ 한 번에 두 가지 이득을 얻는다.
④ 부지런하면 언젠가 보상이 온다.

해설 자전거 타기를 통해 두 가지의 좋은 점(건강, 돈 절약)을 얻을 수 있으므로, 밑줄 친 부분은 '일석이조(一石二鳥)'의 의미를 나타낸 것이다.

해석 A : 나의 건강을 지키고, 돈을 절약하기 위해서 나는 학교에 자전거를 타고 다닐 거야.
B : 하나의 돌로 두 마리의 새를 잡는 거구나.

정답 ③

개념UP

겸손에 관한 영어 속담

- One never loses anything by politeness. 사람이 공손해서 잃는 것은 없다.
- When you drink the water, remember the spring. 물 마실 때는 그 샘도 생각하라
- The chimney sweeper bids the collier wash his face. 굴뚝 청소부가 광부더러 얼굴 씻으라고 한다.
- Each bird loves to hear himself sing. 모든 새는 자기 노래 듣기를 좋아한다.
- A word of kindness is better than a fat pie. 친절한 말 한마디가 기름기 있는 파이보다 낫다.

개념UP

친구에 관한 영어 속담

- A friend is known in necessity. 친구는 궁할 때 알 수 있다.
- The best mirror is a friend's eye. 가장 좋은 거울은 친구의 눈이다.
- A reconciled friend is a double enemy. 화해한 친구는 이중의 적이다.(화해하고 나서 친구를 조심하라.)
- Familiar paths and old friends are the best. 익숙한 길과 오래 된 친구가 가장 좋다.
- Old friends and old wine are best. 친구와 포도주는 오래된 것이 좋다.
- We can live without a brother, but not without friends. 형제 없이는 살아도, 친구 없이는 살 수 없다.
- A good neighbor is better than a brother far off. 좋은 이웃이 멀리 사는 형제보다 낫다.
- A friend in need is a friend indeed. 어려울 때 친구가 진정한 친구다.
- No road is long with good company. 좋은 짝이 있으면 먼 길도 가깝다.

문제UP

다음 격언이 주는 교훈으로 가장 알맞은 것은?

No pains, no gains.

① 노력　② 관용
③ 감사　④ 청결

해석 고통 없이는 얻는 것도 없다.

정답 ①

F

First come, first served. 먼저 오면 먼저 대접 받는다.(선착순)

H

Haste makes waste. 서두르면 일을 그르친다.

I

Icing on the cake. 금상첨화

If you can't stand the heat, you must go out of the kitchen. 절이 싫으면 중이 떠나야지.

Ignorance is bliss. 모르는 게 약이다.

It's no use crying over spilt milk. 이미 엎질러진 물이다.

It never rains but it pours. 비가 내렸다 하면 억수로 퍼붓는다.

K

Kill two birds with one stone. 일석이조

L

Let sleeping dogs lie. 긁어 부스럼

Look before you leap. 돌다리도 두들겨 보고 건너라.

M

Many drops make a shower. 낙숫물이 바위를 뚫는다.

Match made in heaven. 천생연분

Mend the barn after the horse is stolen. 소 잃고 외양간 고친다.

N

Necessity is the mother of invention. 필요는 발명의 어머니

Never put off till tomorrow what you can do today. 오늘 할 일을 내일로 미루지 말라.

No news is good news. 무소식이 희소식이다.

No pains, no gains. 수고가 없으면 이득도 없다.

Nothing ventured, nothing gained. 호랑이 굴에 들어가야 호랑이를 잡는다.

O

One man sows and another man reaps. 재주는 곰이 넘고 돈은 되놈이 번다.

One swallow does not make a summer. 제비 한 마리가 왔다고 여름이 온 것은 아니다.

Out of sight, out of mind. 안보면 멀어진다.

P

Practice makes perfect. 연습하면 완벽해진다.

Prevention is better than cure. 예방이 치료보다 낫다.

R

Rome was not built in a day. 첫 술에 배부르랴.

S

Slow and steady win the game. 천천히 그리고 꾸준히 하면 이긴다.

Strike while the iron is hot. 쇠뿔도 단김에 빼라.

T

The early bird catches the worm. 일찍 일어나는 새가 벌레를 잡는다.

The pot calls the kettle black. 똥 묻은 개 겨 묻은 개 나무란다.

There is no place like home. 집만 한 곳이 없다.

To see is to believe. 백문이 불여일견

W

Walls have ears. 낮말은 새가 듣고 밤 말은 쥐가 듣는다.

Well begun is half done. 시작이 반이다.

What's learned in the cradle is carried to the grave. 세 살 버릇 여든까지 간다.

Where there is a will, there is a way. 뜻이 있는 곳에 길이 있다.

개념UP

공부에 관한 속담

- In doing we learn. 우리는 행하면서 배운다.
- Custom rules the law. 관습은 법률을 다스린다.
- Promise little, do much. 약속은 적게, 실행은 많이.
- Nurture is above nature. 교육은 천성보다 중요하다.
- Example is better than precept. 실례는 교훈보다 낫다.
- A picture is worth a thousand words. 천 마디 말보다 한 번 보는 게 더 낫다.
- To know is one thing, to teach (is) another. 아는 것과 가르치는 것은 별개다.
- There is no royal road to learning. 학문에는 왕도가 없다.

문제UP

두 문장이 공통으로 의미하는 것은?

- Strike while the iron is hot.
- Make hay while the sun shines.

① 많은 재물을 모아라.
② 기회를 놓치지 마라.
③ 긍정적으로 생각하라.
④ 아이를 강하게 키워라.

해설 두 속담 모두 '기회가 왔을 때 잡으라.'는 표현이다.

해석 • 철이 뜨거울 때 내리쳐라.
(= 쇠뿔도 단김에 빼라.)
• 태양이 빛날 때 건초를 말려라.

정답 ②

영어 | 시험에 반드시 출제되는 문제

01~03 밑줄 친 부분의 뜻으로 알맞은 것을 고르시오.

01

I appreciate your help.

① 수리하다 ② 감사하다
③ 양보하다 ④ 발표하다

정답 | ② 출제 가능성 | 70%

해 설
'appreciate'는 '진가를 알다, 감사하다, 인식하다' 등 많은 뜻이 있는데, 문맥상 가장 알맞은 뜻은 '감사하다'이다.

해 석
도와주신 데 대해 감사드립니다.

02

I ride my bike to school instead of taking the bus.

① 대신에 ② 적절히
③ 아마도 ④ 빨리

정답 | ① 출제 가능성 | 70%

해 설
'instead of'는 '~대신에, ~하지 않고'의 뜻이 있는데, 문맥상 가장 적절한 뜻은 '~대신에'이다.

해 석
나는 등교할 때 버스 대신에 자전거 타고 간다.

03

A : Can you set up the stereo I bought yesterday?
B : Sure. Please wait.

① 존경하다 ② 사다
③ 가르치다 ④ 설치하다

정답 | ④ 출제 가능성 | 70%

해 설
'set up'은 '~을 세우다, ~에게 제공하다, 설치하다' 등 많은 뜻이 있는데, 문맥상 가장 알맞은 뜻은 '설치하다'이다.

해 석
A : 제가 어제 산 오디오 좀 설치해 줄 수 있나요?
B : 그럼요. 잠시만 기다려주세요.

04 두 단어의 의미 관계가 나머지 셋과 다른 것은?

① subject – math
② animal – cat
③ soccer – golf
④ season – spring

정답 | ③ 출제 가능성 | 80%

해 설
①, ②, ④는 포함관계에 있지만 ③은 서로 관계있는 단어일 뿐 포함관계는 아니다.

해 석
③ 축구 – 골프
① 과목 – 수학
② 동물 – 고양이
④ 계절 – 봄

05 다음 광고문에서 알 수 없는 것은?

> Join our Dance Group!
> We want new members for the Dance Group.
> Starting Date : March 10th
> Practicing Hours : Every Wednesday 5p.m~8p.m
> For Application : Send a text message to 1234-1234

① 시작 날짜
② 연습 시간
③ 연습 장소
④ 지원 방법

정답 | ③ 출제 가능성 | 70%

해 설
주어진 글에 ①, ②, ④의 정보는 있지만 ③은 알 수 없다.

해 석
댄스 동아리에 가입하세요!
우리는 댄스동아리의 새로운 멤버를 원합니다.
시작 날짜 : 3월 10일
연습 시간 : 매주 수요일 오후 5시~8시
지원 방법 : 1234-1234로 문자메시지 보내주세요.

06 다음 격언이 강조하고 있는 것은?

> Honesty is the best policy.

① 정직
② 인내
③ 협동
④ 효도

정답 | ① 출제 가능성 | 60%

해 설
'Honesty is the best policy.'는 정직의 중요성을 강조하는 속담이다.

해 석
정직이 최고의 정책이다.

어휘와 표현
honesty 정직, 양심, 청렴결백
policy 정책, 제도, 방침

07~08 빈칸에 들어갈 말로 알맞은 것을 고르시오.

07

> My little brother is very ________. He gets perfect scores in all subjects. I'm proud of him.

① silly ② smart
③ unkind ④ stupid

정답 | ② 출제 가능성 | 60%

해 설
모든 과목에서 완벽한 점수를 받은 자신의 남동생이 자랑스럽다는 문장이므로 빈칸에는 긍정적인 의미의 단어가 와야 한다.

해 석
내 남동생은 매우 영리하다. 그는 모든 과목에서 완벽한 점수를 얻는다. 나는 그가 자랑스럽다.
① 어리석은
③ 불친절한
④ 어리석은, 멍청한

08

> You can ________ a word in a dictionary if you don't know its meaning.

① look up ② wash up
③ drink up ④ throw up

정답 | ① 출제 가능성 | 70%

해 설
'look up'은 어떠한 단어와 연결되느냐에 따라서 '쳐다보다', '존경하다', '나아지다' 등 다양한 의미로 해석될 수 있다. 주어진 문장에서는 'a word in a dictionary'를 볼 때, '검색하다', '찾다'의 의미로 해석할 수 있다.

해 석
만약 네가 단어의 의미를 모른다면 사전 속에서 그것을 찾을 수 있다.
② 설거지하다
③ ~을 마시다
④ 토하다

09 대화에서 밑줄 친 부분의 의도로 알맞은 것은?

> A : I'm not good at English. Could you give me some advice?
> B : Why don't you watch English videos?
> A : That sounds good. <u>I appreciate your advice</u>.

① 축하 ② 감사
③ 칭찬 ④ 충고

정답 | ② 출제 가능성 | 60%

해 설
밑줄 친 부분은 B의 조언에 대한 감사를 표현한 것이다.

해 석
A : 난 영어에 능통하지 않아. 조언해 줄 수 있니?
B : 영어 비디오를 보는 건 어때?
A : 괜찮은 것 같은데. 조언 고마워.

어휘와 표현
advice 조언, 충고
appreciate 고마워하다

10 다음 대화에서 알 수 있는 B의 심경으로 가장 알맞은 것은?

A : What's the matter with you?
B : I didn't do well in the speech contest.
A : Come on! You can do better next time.

① bored ② joyful
③ scared ④ regretful

정답 | ④ 출제 가능성 | 60%

해 설
말하기 대회에서 잘 하지 못했다는 B의 말을 듣고 A가 위로하고 있는 상황이다.

해 석
A : 무슨 일 있니?
B : 말하기 대회에서 잘 하지 못했어.
A : 힘 내! 다음에 더 잘할 수 있어.

어휘와 표현
speech 연설
regretful 유감인, 후회하는

11~12 대화에서 빈칸에 들어갈 말로 알맞은 것을 고르시오.

11

A : Let's go see a movie together tomorrow.
B : Sounds great! What time shall we make it?
A : ______________________.

① Three times a day
② It opened yesterday
③ Let's meet at nine o'clock
④ I've seen the movie two times

정답 | ③ 출제 가능성 | 80%

해 설
'What time shall we make it?'은 '몇 시에 만날까?'라는 뜻이므로 시간 약속과 관련한 대답이 나와야 한다.

해 석
A : 내일 함께 영화 보러 갈래?
B : 아주 좋아. 몇 시에 만날까?
A : 9시에 만나자.
① 하루에 세 번이야.
② (그 영화는) 어제 개봉했어.
④ 나는 그 영화를 두 번 봤어.

12

A : What are you doing?
B : I'm doing my history homework. It's not easy.
A : ______________. It's not easy for me, either.

① Maybe next time
② I agree with you
③ You can't miss it
④ I'm glad you like it

정답 | ② 출제 가능성 | 70%

해 설

마지막 문장에서 either는 부정문에서 '~도 역시 (그렇다)'라는 의미로 사용된다. 앞서 B의 It's not easy라는 부정문에 동의하는 의미로 사용되었으므로 빈칸에는 I agree with you(너의 의견에 동의한다).가 오는 것이 자연스럽다.

해 석

A : 너 뭐하고 있니?
B : 역사 숙제하고 있어. 근데 쉽지 않아.
A : 나도 그렇게 생각해. 나에게도 쉽지가 않아.
① 다음에 하자.
③ 곧 알 수 있어, 찾기 쉬워.
④ 마음에 든다니 다행이야.

13 다음 글에 이어질 대화의 순서로 알맞은 것은?

What are you interested in?

(A) Then how about joining the movie club?
(B) That's a good idea.
(C) I'm interested in movies.

① (A) – (B) – (C)　② (B) – (A) – (C)
③ (B) – (C) – (A)　④ (C) – (A) – (B)

정답 | ④ 출제 가능성 | 70%

해 설

'be interested in'은 '~에 흥미가 있다'라는 뜻으로 처음 제시된 문장과 (C)에 공통된 표현이 있으므로 가장 먼저 와야 할 문장은 (C)임을 알 수 있다. (A)의 'How about~?'은 '~하는 게 어때?'라는 뜻의 제안하는 표현이며, (A)의 제안에 대한 대답으로 (B)가 와야 한다.

해 석

너는 무엇에 흥미가 있니?
(C) 나는 영화에 흥미가 있어.
(A) 그러면 영화 동아리에 가입하는 것은 어때?
(B) 그거 좋은 생각이야.

어휘와 표현

be interested in ~에 흥미가 있다

14 대화에서 두 사람의 관계로 가장 알맞은 것은?

A : May I help you?
B : When is the earliest flight for Boston?
A : It's at 6 : 10.
B : Then I'd like a ticket to Boston.

① 경찰관 – 행인
② 택시 운전자 – 승객
③ 식당 지배인 – 손님
④ 항공사 직원 – 손님

정답 | ④ 출제 가능성 | 80%

해 설
항공편, 비행기를 뜻하는 flight와 시간을 묻는 대화를 통해 항공사 직원과 승객(손님)의 대화임을 유추할 수 있다.

해 석
A : 도와드릴까요?
B : Boston으로 가는 가장 빠른 비행편이 언제인가요?
A : 6시 10분입니다.
B : 그럼 Boston행 한 장 주세요.

어휘와 표현
flight 비행, (이동 수단)항공편
would[should] like ~하고 싶다

15 대화가 이루어지는 장소로 알맞은 것은?

A : May I help you?
B : Yes, I'm looking for a shirt.
A : Are you looking for a particular design?
B : Not really, but I think red one would be nice.

① at a bank
② at a police station
③ at a hospital
④ at a clothing store

정답 | ④ 출제 가능성 | 90%

해 설
shirt, design과 같은 단어를 볼 때, 옷 가게에서의 대화임을 알 수 있다.

해 석
A : 무엇을 도와드릴까요?
B : 네, 셔츠를 찾고 있는데요.
A : 특별한 디자인을 찾으시나요?
B : 아뇨, 하지만 빨간색이 좋겠어요.

어휘와 표현
look for ~을 찾다
particular 특별한

16 밑줄 친 부분 중 어법에 맞지 <u>않은</u> 것은?

It ① <u>was</u> the girl ② <u>what</u> ③ <u>showed</u> me how to ④ <u>get</u> to the station.

정답 | ② 출제 가능성 | 50%

해 설
제시된 문장은 It~that 강조구문으로 'the girl'을 강조하는 문장이다. 이 문장을 풀어 쓰면 'The girl showed me how to get to the station.'이 된다. It ~ that 강조구문에서 It과 that 사이에 사람이 등장할 때는 that 대신 who를 써도 된다. 따라서 제시된 문장에서는 what을 that이나 who로 고쳐야 한다.

해 석
지하철역으로 가는 방법을 알려준 것이 그 소녀였다.

17 다음 구인광고에서 알 수 없는 것은?

Tour Guide

- Good English and Japanese
- Must have a good sense of humor
- Call 82-046-326-8256

Always Good Tour Co.

① 월급　② 연락처
③ 회사명　④ 자격 요건

정답 | ①　출제 가능성 | 60%

해 설
광고에서는 영어와 일본어를 잘하고, 유머 감각이 있는 여행 가이드를 구하고 있다. 그러나 월급이 얼마인지 알 수 없다.
③ 마지막 문장의 'Co.'는 'company'의 줄임말이다.

해 석
여행 가이드
- 영어와 일본어 능통
- 좋은 유머와 감각이 있어야 함
- 전화 82-046-326-8256

항상 좋은 여행 회사

어휘와 표현
sense of humor 유머 감각

18~19 빈칸에 공통으로 들어갈 말로 알맞은 것을 고르시오.

18

- Stop ________ when the bell rings.
- Did he finish ________ his essay?

① wrote　② writes
③ writing　④ to write

정답 | ③　출제 가능성 | 60%

해 설
stop은 to부정사와 동명사를 모두 목적어로 취하지만 finish는 동명사만을 목적어로 취하므로 빈칸에 공통으로 들어갈 말은 'writing'이다.

해 석
- 종이 울릴 때 글을 쓰는 것을 멈춰라.
- 그는 그의 에세이 쓰는 것을 마쳤니?

19

- Would you give me a ________ to wash the dishes?
- Please ________ in your homework on time.

① foot　② hand
③ head　④ shoulder

정답 | ②　출제 가능성 | 60%

해 설
빈칸에 모두 hand가 들어가지만 첫 번째 문장에서는 '도움'의 의미로, 두 번째 문장에서는 '제출하다'의 의미로 사용되었다.

해 석
- 설거지하는 것 좀 도와줄래요?
- 숙제를 제시간에 제출하세요.

어휘와 표현
dish 접시
hand in homework 숙제를 제출하다
on time 시간을 어기지 않고, 정각에

20 대화에서 두 사람이 이번 주말에 하려는 것은?

> A : Do you have any plans for this weekend?
> B : Why don't we go fishing?
> A : That sounds great.
> B : I will bring my camera to take pictures.

① 청소를 한다.　② 그림을 그린다.
③ 카메라를 수리한다.　④ 낚시하러 간다.

정답 | ④　출제 가능성 | 60%

해설
첫 번째 대화에서 B는 A에게 낚시하러 가자고 제안하고 있으므로 정답은 ④이다.

해석
A : 이번 주말에 무슨 계획 있어?
B : 우리 낚시하러 가는 거 어때?
A : 좋아.
B : 나는 사진을 찍기 위해 카메라를 가져 갈게.

어휘와 표현
take pictures 사진을 찍다

21 글의 전체 흐름과 가장 관계가 없는 문장은?

> ① When you apply for a job, you need to think about the personal happiness it could bring. ② You need to decide if this is the kind of job you would like to do. ③ Doctors can make much money. ④ Think about how you would enjoy working at this job day after day.

정답 | ③　출제 가능성 | 80%

해설
자신이 하게 될 일을 통해서 얻게 될 장점들과, 그 직업을 통한 자기성취에 대한 글이다. 그러나 의사가 돈을 많이 번다는 사실은 전체 내용과 큰 관련이 없다.

해석
① 당신은 직장에 지원할 때, 그 직업이 가져오게 될 개인적인 행복에 대하여 생각해야만 한다.
② 당신은 그 직업이 당신이 원하는 종류의 것인지 결정할 필요가 있다.
③ 의사들은 돈을 많이 번다.
④ 그 직업에서 매일매일 당신이 어떻게 일을 즐길 것인가를 생각해 보라.

22 밑줄 친 It(it)이 가리키는 것으로 알맞은 것은?

> It was created in the 15th century by King Sejong. It is very easy to learn. People say that it is the simplest and most wonderful set of letters in the word. We Koreans are very proud of it.

① 한글　　② 거북선
③ 컴퓨터　　④ 자동차

정답 | ①　　출제 가능성 | 70%

해 설
제시문은 15세기 세종대왕에 의해 창조된 '한글'에 대한 설명이다.

해 석
한글은 15세기 세종대왕에 의해서 창조되었다. 한글은 매우 배우기 쉽다. 사람들은 한글이 세계에서 가장 단순하고 가장 훌륭한 문자 집합이라고 말한다. 우리 한국 사람들은 한글을 매우 자랑스럽게 여긴다.

어휘와 표현
letter 글자, 문자, 편지
be proud of ~을 자랑으로 여기다

23 글을 쓴 목적으로 알맞은 것은?

> Dear Agony Aunt,
> I'm 16 and I am grown-up. I think I can decide on my future job for myself. I want to be a poet, but my parents want me to go to a medical school. What shall I do?
> from Mad about Poetry

① 초대하려고　　② 상담하려고
③ 설득하려고　　④ 사과하려고

정답 | ②　　출제 가능성 | 80%

해 설
시인이 되고 싶은 16살 청소년이 의과 대학을 가길 원하는 부모님에 관하여 고민 상담을 하는 편지 내용이다.

해 석
Agony 숙모께
저는 16살이고, 다 컸습니다. 저는 제 미래의 직업을 스스로 결정할 수 있다고 생각합니다. 저는 시인이 되고 싶습니다. 그러나 저의 부모님은 제가 의과 대학에 가길 원하십니다. 제가 어떻게 하면 좋을까요?
시에 푹 빠진 이로부터

어휘와 표현
grown-up 다 큰, 장성한, 성인이 된
decide 결정하다
poet 시인

24 다음 글의 주제로 가장 알맞은 것은?

Rain is a wonderful gift of nature. It helps to grow food in many areas of the world. This rainwater supports the life of human beings, animals and plants. With enough rain, you can drink water at home when you are thirsty.

① 비의 유용성
② 갈증 해소법
③ 농작물 재배
④ 빗물의 오염

정답 | ① 출제 가능성 | 80%

해 설
빗물이 많은 도움을 준다고 언급한 것으로 보아 비의 유용성에 대해서 이야기하고 있음을 알 수 있다.

해 석
비는 아름다운 자연의 선물이다. 그것은 세계의 많은 지역에서 식량이 자라도록 도와준다. 이 빗물은 인간, 동물, 식물들이 살아가는 데 지원을 해준다. 비가 충분하다면, 당신이 집에서 목이 마를 때 물을 마실 수 있을 것이다.

어휘와 표현
rainwater 빗물
thirsty 목이 마른, 갈증이 나는

25 다음 글의 제목으로 알맞은 것은?

Friendships need as much care as garden flowers. Good friendships involve careful listening, honesty, respect, and trust. Without these things, friendships are as weak as glass. However, with effort, friendships can become stronger than stone.

① How Flowers Die
② How Friendships Grow
③ How Honesty Pays
④ How Glass Breaks Down

정답 | ② 출제 가능성 | 70%

해 설
제시된 글은 우정을 '정원의 꽃'으로 비유하면서 좋은 우정을 만들기 위해서 필요한 요소들에 대해 언급하고 있다. 이러한 내용을 표현할 수 있는 제목으로는 '우정은 어떻게 자라는가'가 가장 적절하다.

해 석
우정은 정원의 꽃처럼 많은 관심을 필요로 한다. 좋은 우정이란 경청, 정직, 존경 그리고 믿음을 포함한다. 이러한 것들 없이 우정은 유리처럼 약할 뿐이다. 그러나 노력하면 우정은 돌보다 단단해질 수 있다.

어휘와 표현
involve 포함하다, 수반하다
weak 약한
effort 노력

26 글쓴이의 심경으로 가장 알맞은 것은?

> I am a high school student. I have a problem with my parents. I have to be back home too early. This makes it impossible for me to have any social life. I don't really understand why they are doing this to me.

① annoyed ② hopeful
③ pleasant ④ satisfied

정답 | ① 출제 가능성 | 50%

해 설
'나'는 부모님의 일찍 귀가하라는 지시때문에 불만에 가득 찬 상태이다.

해 석
나는 고등학생이다. 나는 나의 부모님과 문제가 있다. 나는 너무 일찍 귀가해야 한다. 이러한 점은 내가 어떠한 사회생활을 하는 것을 불가능하게 만든다. 나는 부모님들이 왜 나에게 이러한 지시를 하시는지 정말로 이해하지 못하겠다.
① 짜증난
② 희망적인
③ 기분 좋은
④ 만족스런

27 동물원에 대한 다음 글의 요지로 알맞은 것은?

> We are surprised to hear that a lion escaped from the zoo. We need more guards at the zoo to keep animals from running away. Besides, more guards are needed to provide safety for the public.

① 경비원 숫자를 늘려야 한다.
② 다른 장소로 이전해야 한다.
③ 관람 시간을 연장해야 한다.
④ 식물원도 함께 있어야 한다.

정답 | ① 출제 가능성 | 50%

해 설
동물원에서 동물들이 도망가는 것을 막고, 대중의 안전을 위해 '경비원이 더 필요하다'라는 것이 제시된 글의 요지이다.

해 석
우리는 사자가 동물원을 탈출했다는 소리에 놀랐다. 동물들이 도망치는 것을 막기 위해 동물원에 더 많은 경비원이 필요하다. 게다가 대중의 안전을 위해 더 많은 경비원의 제공이 필요하다.

어휘와 표현
escape 탈출하다
guard 경비원
keep A from B A가 B 하는 것을 막다, 방지하다
run away 도망가다
public 일반인, 대중

28~29 글의 빈칸에 들어갈 말로 알맞은 것을 고르시오.

28

There are many kinds of pollution. One kind is air pollution. This is usually a problem in cities. ________ pollution is another problem. It happens in rivers, lakes and oceans.

① Soil ② Water
③ Noise ④ Forest

정답 | ② 출제 가능성 | 80%

해 설
강, 호수, 바다에서의 오염은 물이 오염되는 것이다.

해 석
오염에는 여러 가지가 있다. 한 가지는 대기 오염이다. 대기오염은 일반적으로 도시에서의 문제점이다. 수질오염은 또 다른 문제점이다. 이것은 강, 호수, 그리고 바다에서 발생한다.
① 흙, 토양
③ 소음
④ 산림

어휘와 표현
pollution 오염
lake 호수
ocean 대양, 바다

29

Do you want to make good habits? Write down your bad habits. Then write down the good habits you want to get. Make plans to ________ your bad habits. By replacing a bad habit with a good one, you can live a happier life.

① use ② keep
③ take ④ change

정답 | ④ 출제 가능성 | 80%

해 설
마지막 문장에서 '나쁜 습관을 좋은 습관으로 교체'한다는 내용이 있으므로 문맥상 빈칸에는 'change(변화)'가 와야 한다.

해 석
당신은 좋은 습관들을 만들길 원하는가? 당신의 나쁜 습관들을 적어라. 그 다음에 당신이 갖고자 하는 좋은 습관들을 적어라. 당신의 나쁜 습관들을 변화시킬 계획을 세워라. 나쁜 습관을 좋은 습관으로 교체함으로써 당신은 더 행복한 삶을 살 수 있다.

어휘와 표현
write down ~을 적다
replace 대신하다, 대체하다

30~31 다음 글을 읽고 물음에 답하시오.

To 'prioritize' is to put things in the order of their importance. Making a list of things to do might help you prioritize your life. ________, if there are five things that you must finish by tomorrow, prioritize them like this : do English homework, buy Tom's birthday present, return library books, and get a haircut.

해 석

'우선순위를 선정한다'는 것은, 어떤 것들을 그들의 중요성에 따라 순서를 매긴다는 것이다. 해야 할 일의 목록 만들기는 당신의 인생에 우선순위를 매기는 것을 도울 수 있다. 예를 들어, 내일까지 당신이 마쳐야 하는 일이 다섯 가지가 있다면, 이렇게 우선순위를 두어라 : 영어 숙제를 하고, Tom의 생일 선물을 사고, 도서관 책을 반납하고, 이발하라.

어휘와 표현

prioritize 우선순위를 매기다, 우선적으로
importance 중요성
haircut 이발, 머리 깎기

30 윗글의 요지로 가장 알맞은 것은?

① 어려운 일을 나중에 해라.
② 재미있는 일을 찾아서 해라.
③ 할 일의 중요성에 따라 순서를 정하라.
④ 많은 일들을 한꺼번에 하는 능력을 키워라.

정답 | ③ 출제 가능성 | 80%

해 설

자신에게 주어진 과업 중에서 중요한 것에 우선순위를 두고 그 중요도에 따라 분류한 후 순서대로 일을 처리하라는 충고와 방법을 제시한 글이다.

31 윗글의 흐름으로 보아 빈칸에 가장 알맞은 것은?

① However ② Ironically
③ For example ④ In contrast

정답 | ③ 출제 가능성 | 80%

해 설

일의 중요성에 따라 순위를 정할 것을 제안하고 그 방법을 예를 들어 설명하고 있다.
③ 예를 들어
① 그러나
② 아이러니하게도, 반어적으로
④ 반대로

PART 4

사회

STEP1. 핵심 이론.ZIP

STEP2. 시험에 반드시 출제되는 문제

사회 | 핵심 이론.ZIP

❶ 인간, 사회, 환경과 행복

(1) 인간, 사회, 환경을 바라보는 시각

① 시간적 관점

㉠ 의미 : 사회 현상을 시대적 배경과 맥락에 초점을 두고 살펴보는 것

㉡ 특징

- 오늘날 사회 현상이 일어나는 이유와 그 결과를 추론해볼 수 있음
- 앞으로의 사회의 변화 방향도 짐작할 수 있음

② 공간적 관점

㉠ 의미 : 다양한 현상을 장소, 위치 등의 공간적 맥락에서 살펴보는 것

㉡ 특징 : 각 지역 간에 상호작용을 통해 지역이 어떻게 변화하는지와 상호 작용을 살펴볼 수 있음

③ 사회적 관점

㉠ 의미 : 특정한 사회 현상을 사회 제도 및 사회 구조 속에서 이해하는 것

㉡ 특징 : 어떤 사회 현상이 발생한 원인이나 배경을 이해하고, 그 현상이 개인 또는 사회에 미치는 영향을 파악할 수 있음

④ 윤리적 관점

㉠ 의미 : 도덕적 가치 판단과 규범적 방향성에 초점을 두어 바람직한 삶의 모습을 살펴보는 것

㉡ 특징

- 인간의 욕구는 시공간에 따라 달라질 수 있음. 따라서 역사적 상황이나 사회 제도나 구조의 변화 등에 의해 규범이 달라지기도 함
- 시간과 공간을 초월하여 공통적이고 보편적인 규범의 역할을 함

⑤ 통합적 관점으로 사회 문제 탐구하기

㉠ 변화하는 현대 사회 : 학문 분야가 세분화됨, 구성원 간 상호작

> 개념UP
> **사회적 관계**
> 개인은 가족을 통해 기본적 욕구를 해결하고 정서적 안정감을 얻으며, 또래 집단을 통해 세대 의식이나 정서를 공유한다. 국가의 구성원으로 특정한 정치적 관점을 형성하기도 하고, 여러 관계를 통해 다양한 정보와 감정을 공유하기도 한다. 이러한 관계를 일컬어 사회적 관계라고 하며, 이러한 사회적 관계가 지속되어 형성된 사회 집단은 하나의 거대한 사회를 구성한다.

용과 이해관계의 복잡성

㉡ 현대 사회와 사회 현상
- 하나의 사회 현상도 여러 분야가 긴밀하게 얽혀 있음
- 특정한 관점만으로는 해결책을 찾을 수 없음
- 사회 문제를 탐구할 때에는 시간적, 공간적, 사회적, 윤리적 관점 등 다양한 관점으로 탐구해야 함

(2) 행복의 의미와 기준

① 행복

㉠ 의미 : 삶에서 충분한 만족과 기쁨을 느끼는 것

② 시대 상황에 따른 행복의 기준

㉠ 시대의 지배적인 가치나 사상, 사회 변화 등

선사 시대	자연재해를 피하고 생존을 위한 먹을 것을 얻는 것
중세 시대	신앙을 통해 절대자에게 귀의하는 것
산업화 시대	물질적인 풍요를 추구하는 경향이 심화
현대	개인이 느끼는 주관적 만족감이 중시됨

③ 지역에 따른 행복의 기준

㉠ 정치적 안정, 경제적 발전 : 정치적 갈등으로 내전이 발생하는 일부 국가, 척박한 자연 환경이나 경제적 빈곤으로 국민이 기본적인 의식주를 해결하지 못하는 국가

㉡ 삶의 질 향상 : 정치 · 경제 상황이 비교적 안정되어 있는 선진국은 소득 불평등 해결, 여가 시간과 문화생활 향유 등에 중점을 둠

④ 삶의 목적으로서의 행복

㉠ 행복을 위한 노력
- 자신이 소중하게 생각하는 가치가 무엇인지, 자신의 삶에 대한 성찰이 필요함
- 적극적이고 긍정적인 자세를 지니고 좋은 습관을 가지기 위해 노력해야 함
- 삶의 목표를 세우고 이를 달성하기 위해 꾸준히 실천해야 함

(3) 행복한 삶을 실현하기 위한 조건

① 정주 환경 중요

㉠ 의미 : 인간이 정착하여 살아가는 주거지와 다양한 주변 환경

개념UP

행복의 기준

객관적 기준	주거, 소득, 고용, 수명 등
주관적 기준	자신의 의견과 관점을 기초로 삶에 대해 느끼는 만족도

개념UP

동양에서의 행복
- 몸과 마음을 바르게 하는 수양을 통해 인간 본성을 실현하는 것을 중시함
- **유교** : 하늘로부터 부여받은 도덕적 본성을 보존, 함양하며 인(仁)을 실현하는 것을 행복으로 봄
- **불교** : 청정한 불성을 바탕으로 '나'라는 의식을 벗어버리는 수행과 고통받는 중생을 구제하여 해탈의 경지에 이르는 것
- **도가** : 인위적인 것이 더해지지 않은 자연 그대로의 모습으로 살아가는 것

개념UP

서양에서의 행복
- 고대 그리스부터 근대에 이르기까지 행복에 관한 다양한 논의가 이루어짐
- **아리스토텔레스** : 인간 삶의 궁극적인 목적은 행복이며, 행복은 이성의 기능을 잘 발휘할 때 달성된다고 봄
- **칸트** : 자신의 복지와 처지에 관한 만족을 행복으로 여김
- **벤담** : 쾌락의 충족을 행복이라고 여김. 최대 다수의 최대 행복을 가져다 주는 행위를 할 것을 강조함

ⓛ 삶의 질을 높이는 정주 환경을 위한 노력
- 주택 개발 정책을 실시 : 주택과 도로의 건설, 노후화된 건물과 시설의 개선에 중점
- 교통의 편의성을 강화 : 대중교통 시설의 확충
- 문화 · 예술 · 체육 · 복지 등을 위한 시설 마련
- 인간과 자연이 조화와 공존을 누릴 수 있도록 도심 내 녹지 공간을 확대

② 경제적 안정

㉠ 경제적 안정의 필요성 : 국민 소득이 어느 정도 이상이 되면 사람들이 느끼는 행복감은 소득에 비례하여 증가하지는 않는다. 따라서 국민이 행복하기 위해서는 경제적 성장과 경제적 안정이 필요하다.

ⓛ 국가의 구체적인 노력
- 지속적인 경제 성장을 추구하고 일자리를 창출하여 실업자를 줄이고 최저 임금을 보장
- 갑작스러운 상황(질병, 사고, 실직 등)으로 인한 어려움에 대비할 수 있는 복지 제도 마련
- 절대적 빈곤이나 질병으로 소외 계층이 고통받지 않도록 지나친 소득의 양극화를 해소해야 함

> 개념UP
> **최저 임금 제도**
> 근로자의 최소한의 생계 보호를 위하여 최저 임금 심의 위원회의 심의 · 의결을 거쳐 노동부 장관이 매년 일정 수준의 최저 임금을 정하고 사용자가 같은 금액 이상의 임금을 지급하도록 법으로 강제하는 제도이다.

③ 시민 참여가 활성화되는 민주주의의 실현

㉠ 민주주의 실현 : 독재 국가나 권위주의적 정치가 이루어지는 국가에서는 국민이 기본적 인권을 누리기가 어려움. 그러나 민주 국가에서는 국민의 정치적 의사가 잘 반영되고, 국민 각자가 원하는 삶의 방식을 자유롭게 추구할 수 있음

ⓛ 정치 참여 방법
- 투표권 행사 : 선거를 통해 자신의 정치적 의사를 표현
- 시민 단체 활동 : 정당, 이익 집단, 시민 단체 등에 가입하여 활동
- 직접적 참여 : 집회, 시위 등과 같은 직접적인 의사 표현

> 개념UP
> **선거의 4원칙**
> - **보통선거** : 일정 연령 이상의 모든 국민에게 선거권 부여
> - **평등선거** : 투표의 가치에 차이를 두지 않고 모든 국민이 1표씩 행사
> - **직접선거** : 선거권자가 대리인을 거치지 않고 직접 투표
> - **비밀선거** : 투표자가 누구에게 투표했는지 알 수 없도록 하는 제도

④ 도덕적 실천과 성찰하는 삶

㉠ 도덕적 성찰 : 자신만의 이익, 욕망을 위해 타인과 공동체에 해를 입히는 비도덕적 행위를 하고 있지 않은지 스스로 성찰하고 그러한 행위를 자제해야 함

> 개념UP
> **기부와 사회봉사**
> - **기부** : 자선 사업, 공공사업, 장학 사업 등의 일을 돕기 위해 개인이나 단체가 대가 없이 돈을 내는 행위
> - **사회봉사** : 사회의 이익과 복지를 위해 무보수로 시간과 재능, 노동력이나 경험 등을 제공하는 행위

㉡ 도덕적 실천

- 자신과 이웃에 대해 이해하고 다른 사람의 입장에서 상황을 바라볼 줄 아는 역지사지의 마음이 필요함
- 사회적 약자의 고통에 공감, 기부나 사회봉사 등의 실천

❷ 자연환경과 인간

(1) 자연환경과 인간 생활

① 기후와 인간생활 중요

㉠ 열대 기후와 한대 기후

구분	열대 기후	한대 기후
의복	옷차림이 얇고 가벼움	옷차림이 두껍고 무거움
음식	향신료 이용(음식이 상하는 것을 방지)	육류를 주로 먹음, 저장 음식 형태
가옥	지면에서 띄운 고상 가옥 형태	눈과 얼음으로 집을 지음(난방과 보온 기능을 중시)

㉡ 온대 기후와 냉대 기후

- 열대 기후, 온대 기후 지역에서는 벼농사가 발달
- 온대 기후, 건조 기후 지역에서는 밀농사, 목축업 등이 발달

㉢ 인간의 거주에 유리한 기후

- 온대 기후 지역 : 사계절이 뚜렷하고 기온이 적당하며, 강수량이 풍부하여 인간 활동에 유리(도시 및 상공업 발달)
- 냉대 기후 지역 : 온대 기후 지역과 가까운 지역은 기후가 비교적 온화하여 거주에 유리하나, 극지방에 가까운 지역은 추위로 거주에 불리
- 고산 기후 지역 : 적도 부근의 고산 지역은 기후가 연중 온화하여 거주에 유리, 보고타, 키토, 멕시코시티 등 고산 도시가 발달하며, 감자 · 옥수수 등 밭농사 중심

② 지형 조건

㉠ 인간 거주에 유리한 지형

- 하천 지형 : 산지에서 시작한 물줄기가 합쳐져 대하천이 형성됨(나일강, 아마존강), 하천 용수를 확보할 수 있고, 토지

> 개념UP
> **온대 기후**
> - **기준** : 최한월 평균기온 -3℃~18℃
> - **농업** : 북서부 유럽의 혼합 농업, 남유럽의 수목 농업, 아시아의 벼농사 등
> - **주거지 특성** : 채광과 통풍을 위해 창문이 크며, 난방 시설을 설치

> 개념UP
> **지진과 화산**
> - 지진
>   - 원인 : 지구 내부의 에너지가 지표로 나와 땅이 갈라지며 흔들리는 현상
>   - 피해 : 각종 시설이 분리, 파손, 지진해일, 산사태 등을 동반하여 인명, 재산 피해
> - 화산
>   - 원인 : 지하 깊은 곳에서 있던 마그마가 지각의 갈라진 틈을 뚫고 분출하는 현상
>   - 피해 : 뜨거운 화산재 분출, 농경지 생태계 파괴, 햇빛이 차단되어 대기 온도 낮아짐, 항공기 운항 중단 등

가 비옥하여 농업에 유리(아시아 지역의 하천)
- 평야 지형 : 사면의 경사가 완만한 지형으로, 농경과 목축에 유리하고 교통이 편리
- 해안 지형 : 육지와 바다가 만나는 곳으로, 육지 · 바다의 자원을 모두 이용할 수 있고, 교통이 편리, 세계 인구의 절반 이상이 바다로부터 100km 이내에 거주

㉡ 인간 거주에 불리한 지형
- 우랄 산맥, 애팔래치아 산맥, 히말라야 산맥 등의 산지 지형
- 기온이 너무 높거나 낮은 지역(극지방 등), 건조한 지역(사막)

③ 자연재해

㉠ 의미 : 기후와 지형 등의 자연 환경과 관련된 요소들이 인간의 안전한 생활을 위협하며 피해를 입히는 현상

㉡ 유형
- 기후와 관련된 자연재해 : 태풍, 홍수, 가뭄, 폭설 등
- 지형과 관련된 자연재해 : 화산, 지진, 지진 해일 등

> 개념UP
> **자연재해와 관련된 헌법 조항**
> - **헌법 제34조** : 국가는 재해를 예방하고 그 위험으로부터 국민을 보호하기 위해 노력해야 한다.
> - **헌법 제35조** : 모든 국민은 건강하고 쾌적한 환경에서 생활한 권리를 가지며, 국가와 국민은 환경 보전을 위해 노력하여야 한다.

④ 안전하고 쾌적한 환경에서 살아갈 시민의 권리

㉠ 국가의 노력
- 자연재해 대피 요령을 알려 피해 예방, 재난 관리 시스템 구축
- 특별 재난 지역을 지정하고 재난 지원금을 지급

㉡ 시민의 노력
- 스스로 자신의 권리를 인식, 이를 적극적으로 행사
- 재난 대피 훈련에 적극 참여, 성숙한 시민의식을 지님

(2) 인간과 자연의 관계

① 인간 중심주의

㉠ 의미 : 인간을 가장 가치 있는 존재로 여기고, 인간과 자연의 관계에서 인간의 이익이나 행복을 먼저 고려하는 관점

㉡ 특징
- 인간을 자연보다 우월한 존재로 인식
- 자연을 인간의 욕구를 충족하는 도구로 여김 : 자연의 도구적 가치를 강조함
- 인간을 자연의 한 부분이 아니라 자연으로부터 독립된 존재로 봄 : 인간과 자연을 분리하여 바라보는 이분법적 세계관

> 개념UP
> **인간 중심주의 사상가**
> - **아리스토텔레스** : 식물은 동물의 생존을 위해서, 동물은 인간의 생존을 위해서 존재한다고 주장함
> - **아퀴나스** : 신의 섭리에 따라 동물은 인간이 사용하도록 운명 지어졌다고 주장함
> - **베이컨** : 자연을 정복해 인간의 물질적 생활을 향상시키는 것을 과학의 목적으로 파악함
> - **데카르트** : 인간은 정신을 소유한 존엄한 존재지만 자연은 의식이 없는 물질이므로 자연의 주인이자 소유자가 될 수 있다고 주장함
> - **칸트** : 동물에 대한 인간의 의무는 인간성 실현을 위한 간접적인 도덕적 의무에 불과하다고 주장함

② 생태 중심주의

㉠ 의미 : 모든 생명체가 자연의 일부이며 자연의 가치를 인정하고 존중하는 관점

㉡ 특징

- 생태적 위기 극복을 위해 동식물뿐만 아니라 무생물에 대해서도 고려할 필요가 있다고 봄
- 인간의 중요한 의무는 생태계의 안정을 유지하도록 노력해야 하는 것으로 봄
- 생태계를 구성하는 요소 간의 관계와 과정 등에 대해서도 주목할 필요가 있다고 봄
- 인간과 자연은 서로 끊임없이 영향을 주고받는 상호 보완적 관계로서 서로 조화와 균형을 이루어야 함을 강조

③ 인간과 자연의 바람직한 관계

㉠ 인간과 자연의 유기적 관계

- 인간은 자연 없이 살아갈 수 없으며 자연 또한 인간의 영향을 받는 상호 보완적 관계
- 인간도 생태계의 일부로서 다른 생명체 및 환경과 유기적 관계를 맺으며 살아감

㉡ 인간과 자연의 공존을 위한 노력

- 개인적 차원 : 생태계의 한 구성원임을 깨닫고 후손들을 위해서라도 자연을 보호해야 함
- 사회적 차원 : 자연과 인간의 공생을 중시하는 사회적 인식을 확대

개념UP

레오폴드의 대지 윤리

- **레오폴드 :** 미국의 과학자이자 생태학자. 환경 윤리의 아버지라고 불린다.
- **대지 윤리 :** 생태계 전체를 하나의 유기체로 보고 공동체의 범위를 무생물, 동물, 식물, 토양, 물을 비롯한 대지까지 확대하려는 입장

(3) 환경 문제의 해결을 위한 노력

① 환경 문제의 특징과 종류 중요

㉠ 환경 문제의 특징

- 한번 발생하면 피해를 복구하는 데 오랜 시간이 걸림
- 환경 문제가 발생한 지역이나 국가를 벗어나 인접한 국가와 전 지구에 광범위한 영향을 끼침

㉡ 환경 문제의 종류

- 지구 온난화 : 화석 에너지의 소비 증가로 인해 지구의 평균 기온이 상승하는 현상

개념UP

생물 다양성 감소

농경지 확대로 인한 서식지의 파괴, 외래종 유입으로 생물자원의 감소와 먹이사슬 단절로 생태계 파괴 가속화

개념UP

염화 플루오린화 탄소

염소와 불소를 포함한 유기 화합물을 총칭하는 것으로 프레온 가스로 알려져 있다.

- 사막화 : 극심한 가뭄, 인간의 과도한 개발 등으로 나타나는 현상
- 오존층 파괴 : 염화 플루오린화 탄소의 사용 증가로 나타나는 현상
- 산성비 : 공장 매연, 자동차 배기가스의 증가로 나타나는 현상
- 열대림의 파괴 : 무분별한 벌목과 개간, 목축 등으로 나타나는 현상

② 환경 문제의 해결 방안

㉠ 정부의 노력

- 환경 기준에 대한 법률적 · 제도적 정비
- 온실가스 감축을 위한 노력 : 저탄소 녹색 성장 정책 수립
- 쓰레기 종량제 실시 : 쓰레기를 분류해서 배출하는 것으로 규정

㉡ 기업의 노력

- 오염 물질 배출량의 기준을 지킴, 환경 오염 방지 시설을 갖춤
- 친환경 기술 개발 및 제품의 생산
- 신 · 재생 에너지 개발 등의 환경 기술 개발에 대한 적극적인 투자

㉢ 시민 사회의 노력

- 환경 오염 유발 행위에 대한 견제와 감시
- 다양한 시민운동과 환경 보호 캠페인을 펼침 : 그린피스(Greenpeace), 세계 자연 기금(WWF)

㉣ 개인의 노력

- 구매한 제품은 아껴쓰기, 자원과 에너지를 절약
- 일회용품 사용을 줄이고 쓰레기는 분리수거하며 재활용품을 사용

> 개념UP
> **저탄소 녹색 성장**
> 생활 속에서 탄소 배출량을 줄여 환경을 지키고 지속적인 성장을 이루는 것

> 개념UP
> **그린피스(Greenpeace)**
> 1971년 설립된 국제 환경보호 단체로서 핵실험 반대와 자연보호 운동 등을 통해 지구의 환경보존과 평화를 위한 활동을 펼치고 있다. 본부는 네덜란드 암스테르담에 있다.

❸ 생활공간과 사회

(1) 산업화와 도시화

① 산업화와 도시화로 인한 변화

㉠ 산업화와 도시화 중요

- 산업화 : 분업화, 기계화로 농업 중심의 사회가 공업 중심의 사회로 변하는 현상
- 도시화 : 도시 인구 비율이 증가하고 주민의 생활양식이 도시적으로 변화하는 현상

㉡ 도시화 과정

초기 단계	산업화 이전의 농업 사회, 주민의 대부분이 농촌에 거주
가속화 단계	산업화가 진행되면서 도시 인구 급증, 도시 문제 발생
종착 단계	도시 인구 증가율 둔화, 서비스업 중심, 역도시화(U턴 현상) 발생

㉢ 도시화와 산업화에 따른 변화

공간 변화	• 촌락의 인구가 도시로 이동, 도시는 다양한 기능을 가진 지역으로 분화 • 인공 건축물 증가로 야생 동물의 터전 감소, 자연재해 증가, 열섬 현상과 열대야 발생
삶의 방식 변화	• 소비의 다양화, 여가 시간 확대, 삶의 질 향상 • 사업의 기계화 · 자동화 → 직업이 분화 되고 전문성이 증가함, 도시 거주민의 직업이 다양화됨 • 도시화가 특정 지역에 집중 → 국가 간, 지역 간 격차 발생

② 산업화와 도시화로 인한 문제의 해결 방안

㉠ 사회적 차원

- 환경과 조화를 이루는 도시 개발 계획, 생태 환경을 복원하기 위한 노력
- 주택 공급과 도시 재개발 사업 : 주택 부족 문제의 해결을 위한 방안, 낙후된 지역의 생활 환경 개선
- 교통 체계 개편 : 교통 혼잡 및 주차난 등의 교통 문제 해결을 위한 방안(거주자 우선 주차 제도, 공영주차장 확대 등)
- 사회 복지 제도 : 사회적 고립감, 범죄 증가와 같은 문제 해결(노인 돌봄 서비스 등)

㉡ 개인적 차원

- 쓰레기 분리수거, 대중교통 이용 등을 실천하는 자세가 필요
- 인간의 존엄성을 중시 및 타인 존중, 연대 의식 등을 가져야 함

개념UP

역도시화(U턴 현상)

도시화의 반대 개념으로 도시 인구 비율이 감소되는 현상, 중심도시의 사회적 인구 감소(전출자>전입자)가 이루어지는 현상을 말한다.

개념UP

열섬 현상

도시 중심부의 기온이 주변 지역보다 높은 현상. 일교차가 큰 봄과 가을 또는 겨울에 뚜렷하며 낮보다는 밤에 심하게 나타난다.

개념UP

도시화와 산업화로 인한 문제

- **주택 문제** : 주택 부족, 집값 상승 등
- **교통 문제** : 교통 혼잡, 주차난, 교통사고 증가 등
- **환경 문제** : 소음과 쓰레기 문제
- 인간의 풍요로운 생활을 위해 만든 물질이 거꾸로 인간을 지배하는 인간 소외 현상, 주변 사람과의 소통 감소, 빈부 격차 문제 등

(2) 교통 · 통신의 발달과 정보화

① 교통 · 통신의 발달에 따른 변화 중요

㉠ 일상생활 범위의 확대
- 먼 거리를 빠르게 이동, 통신 기술이 발달하면서 전 세계의 소식을 빠르게 알 수 있음
- 대도시의 기능과 영향력이 주변 지역까지 확대 : 광역 교통망이 발달한 대도시의 경우 대도시권을 형성하게 됨

㉡ 경제 활동 범위의 확대
- 해외 자본의 국내 유입 및 국내 자본의 해외 송금이 자유로워지면서 국제 금융거래가 활성화 됨
- 전 세계를 대상으로 경제 활동을 하는 다국적 기업이 등장함

② 교통 · 통신의 발달에 따른 문제점과 해결 방안

㉠ 문제점
- 교통 발달로 접근성이 향상된 지역은 경제활동이 활성화, 교통 조건이 불리해진 지역은 경제활동이 위축
- 교통량이 늘어남에 따라 교통 체증과 교통사고도 증가
- 교통수단에서 배출되는 각종 오염 물질은 대기 · 토양 · 해양 오염 등의 환경 문제를 일으킴
- 사람과 물자의 국제 이동이 활발해지면서 외래 생물 종 전파로 인한 생태계 교란

㉡ 해결 방안
- 새로운 교통 기반 시설의 구축
- 환경 보호를 위한 다양한 정책 마련 : 도로 건설 시 우회 도로나 생태 통로 건설, 환경친화적인 도로 건설

③ 정보화에 따른 변화

㉠ 생활 공간의 변화 : 우리의 생활 공간이 가상 공간까지 확장됨, 인터넷이나 휴대 전화를 이용하여 물건 구매가 가능해짐, 인터넷 뱅킹을 이용하여 은행 업무가 가능해짐

㉡ 생활 양식의 변화
- 정치 · 행정적 : 누리 소통망(SNS)이나 가상 공간을 통해 의견 표현 및 토론이 가능해짐, 행정 기관을 방문하지 않고 인터넷으로 필요한 민원서류의 신청 및 발급이 가능해짐
- 경제적 : 전자 상거래가 활성화되어 인터넷 쇼핑, 홈 쇼핑을

> 개념UP
> **누리 소통망(SNS)**
> 온라인상에서 사람과 사람을 연결해 주어 인맥을 구축하고 정보를 공유하기 위해 제공되는 서비스

> 개념UP
> **소호(SOHO) 사업**
> Small Office Home Office의 약자로 개인이 집이나 작은 사무실에서 사업을 하거나, 몇 명이 모여 소규모로 하는 자영업체를 말한다. 인터넷의 발달로 소규모 벤처 창업이 쉬워져 갈수록 늘어가고 있다. 특히 인터넷 쇼핑몰 사업이 소호 사업의 대표적이다.

통해 물건을 쉽게 구매

- 사회 · 문화적 : 원격 진료나 원격 교육 등이 가능해짐, 스마트폰을 이용하여 영화, 텔레비전 프로그램 등을 언제 어디서나 볼 수 있게 되면서 문화의 확산 속도가 빨라짐

㉢ 정보화에 따른 문제점과 해결 방안

문제점	인터넷 중독, 사생활 침해, 사이버 범죄, 정보 격차
해결 방안	인터넷 중독자를 위한 상담, 치료 프로그램 제공, 개인 정보 유출 및 사이버 범죄 방지를 위한 법과 제도 마련, 정보 소외 계층을 위한 복지 혜택 마련 등

개념UP

정보화 사회의 특징

- **개인적 측면** : 여가 활동의 다양성 증대, 시공간적 활동 제약 극복 등
- **세계적 측면** : 국가 간의 경제 약화, 자본 · 서비스 등의 이동 확대 등

(3) 지역과 공간 변화

① 지역의 공간 변화

㉠ **지역** : 지리적 특성이 다른 지역과 구별되는 지표상의 공간 범위

㉡ **지역성** : 어떤 지역의 자연 환경과 인문환경이 상호 작용하여 형성된 그 지역만의 고유한 특성, 고정된 것이 아니며 시간에 따라 변화함

② 지역조사

㉠ **의미** : 지역에 대해 자료를 수집하고 분석 · 종합하여 지역성을 파악하는 활동

㉡ **과정** : 조사 주제와 지역, 방법을 선정하고 지역에 대한 정보 수집 → 현장에 나가 설문 조사, 관찰 등을 통해 미리 파악한 정보를 확인하고 새로운 정보를 얻음 → 자료를 정리한 후 그래프, 표 등으로 표현하여 보고서를 작성

❹ 인권보장과 헌법

(1) 인권의 의미와 변화 양상

① 인권

㉠ 의미

- 사람이라면 누구나 누릴 수 있는 기본적인 권리
- 사람이 태어나면서 당연히 가지는 권리이므로 국가나 다른 사람이 함부로 침해할 수 없음

개념UP

인권의 기본 속성

- **천부성** : 하늘이 준 것이라는 의미로 태어나면서부터 갖게 되는 권리라는 것
- **불가침성** : 국가나 다른 사람이 침해할 수 없으며 남에게 양도할 수도 없다는 것
- **보편성** : 인종, 성별, 종교, 사회적 신분 등과 관계없이 누구에게나 보장되어야 한다는 것
- **항구성** : 특정 기간에 박탈당하지 않고 영구히 보장된다는 것

> 개념UP
> **차티스트 운동**
> '노동자들의 참정권 운동'이라고 할 수 있다. 시민혁명 이후에도 자신들의 참정권이 보장되지 않은 데에 반발하여 일어났다. 차티스트 운동은 21세 이상 남성의 보통 선거권을 주장하였는데, 여성의 참정권이 배제되어 있다는 점에서 그 한계를 지적받고 있다.

ⓛ 인권 보장의 역사적 전개
- 근대 이전 : 왕과 소수 귀족만이 누리는 특권이며, 평민은 부당한 대우를 받음
- 자유권 : 국가의 간섭 없이 자유로운 삶을 누릴 권리로, 영국의 권리 장전(1689), 프랑스 인권선언(1789) 등과 관련
- 참정권 : 정치에 참여할 수 있는 권리로, 시민혁명 이후(19세기) 노동자와 여성의 참정권 운동 등과 관련
- 사회권 : 인간다운 생활의 보장을 국가에 요구할 수 있는 권리로, 독일 바이마르 헌법에서 최초로 명시한 이후 여러 복지국가가 헌법 제정
- 세계 인권 선언(1948) : 2차 대전 이후 심각한 인권 침해에 대한 반성으로 채택된 것으로, 인권 보장의 국제적 기준 제시

② 현대 사회에서의 인권 확장

㉠ **연대권** : 자신이 소속되어 있는 공동체에서 더 나아가 국제적인 연대와 협력을 할 수 있는 권리

ⓛ **환경권** : 건강하고 쾌적한 생활에 필요한 모든 조건이 충족된 환경을 누릴 수 있는 권리

ⓒ **문화권** : 개인이 자유롭게 문화생활에 참여하고 예술을 감상하며 문화적 접근과 참여 활동을 보장받을 권리

> 개념UP
> **다양한 영역으로 확장되는 인권**
> 주거권, 안전하게 살 권리, 쾌적하게 살 권리, 문화권, 잊혀질 권리 등

(2) 헌법의 역할과 시민 참여

① 헌법의 역할

㉠ **헌법** : 국가의 최고 규범으로서 국가의 정치 조직 구성 및 정치 작용의 원칙

ⓛ **입헌주의** : 국민의 기본적 인권을 보장하기 위해 국가 권력을 헌법에 구속하도록 하는 것

② 인권 보장과 헌법 중요

평등권	모든 국민이 법 앞에 평등하고, 성별 · 종교 또는 사회적 신분 등을 이유로 차별을 받지 않을 권리
자유권	개인이 국가나 타인으로부터 간섭이나 침해를 받지 않고 자유로운 생활을 영위할 권리
참정권	국가의 의사 결정에 참여할 수 있는 권리
청구권	국가에 대해 일정한 행위를 요구할 수 있는 권리
사회권	인간다운 삶의 보장을 국가에 요구할 수 있는 권리

> 개념UP
> **헌법 제10조**
> 모든 국민은 인간으로서의 존엄과 가치를 가지며, 행복을 추구할 권리를 가졌다. 국가는 개인이 가지는 불가침의 기본적 인권을 확인하고 이를 보장할 의무를 진다.

③ 인권 보장을 위한 제도적 장치

국민 주권의 원리	주권이 국민에게 있다는 원리. 국민 투표나 선거 등은 국민 주권의 원리를 구체적으로 실현하는 정치 행위임
권력 분립 제도	• 국가권력을 입법권, 행정권, 사법권으로 분리, 각각 확립된 기관에게 맡김 • 국가의 권력 남용을 막고 국민의 기본권 보장
법치주의	법에 따라 행정이 이루어지는 것
복수 정당제	• 두 개 이상의 민주적 정당 활동 보장 • 국민의 폭넓은 정치적 의견 반영
기본권 구제를 위한 기타 제도	• 헌법재판소 : 위헌 법률 심판 제도나 헌법 소원 심판 제도를 통해 법률이나 공권력이 개인의 기본권을 침해했는지를 판단하여 구제함 • 국가 인권 위원회, 국민 권익 위원회 등을 통한 인권 보호 노력

④ 준법 의식과 시민 참여

㉠ 준법 의식

- 의미 : 법을 잘 준수하고자 하는 자세
- 필요성 : 준법 의식 없이는 시민들의 인권을 보장하기 위한 법치주의가 실현될 수 없음
- 효과 : 법치주의를 실현하여 개인의 자유와 권리를 보호함, 집단 간의 갈등을 방지 및 조정하고 사회 질서를 유지하는 데 기여함

㉡ 시민 참여

- 의미 : 공동체의 의사 결정에 직접적, 간접적으로 시민들이 참여하는 것
- 필요성 : 시민 참여가 없다면 국가 권력에 의해 시민의 인권이 침해되는 법이나 정책이 나타나기 쉬움
- 합법적 방법 : 민원 제기, 청원 운동, 집회 참가 등 헌법과 법률이 보장하고 있는 시민 참여 방법
- 비합법적 방법 : 시민 불복종(의도적이고 비폭력적인 위법 행위, 목적에 정당성이 있어야 하며, 위법 행위에 대한 처벌을 감수함으로써 법을 존중한다는 사실을 분명히 해야 하고, 비폭력적인 방법이어야 함)

(3) 인권 문제의 양상과 해결

① 사회적 소수자 차별 문제

㉠ 사회적 소수자 : 신체적 또는 문화적 특징으로 불리한 환경에

문제UP

다음 기본권에 대한 설명 중 옳지 않은 것은?

① 우리 헌법에는 인간 존엄성이 명시되어 있다.
② 참정권은 국가 의사 결정에 참여할 수 있는 권리이다.
③ 사회권은 국가에 적극적으로 요구하는 권리이다.
④ 청구권은 개인이 국가나 타인으로부터 간섭이나 침해를 받지 않는 권리이다.

해 청구권은 국가에 대해 일정한 행위를 요구할 수 있는 권리로 다른 기본권 보장을 위한 수단적 권리이다.

정답 ④

개념UP

선거와 국민 투표

- **선거** : 대표자를 선출하는 행위
- **국민 투표** : 헌법 개정이나 정책 결정 등에 있어 국민들에게 직접 의사를 묻는 과정

개념UP

시민 참여의 기능

- 스스로 인권을 수호함
- **대의 민주주의 보완** : 국회의원을 통해 국가 정책이나 법률을 제정하는 것이 대의 민주주의 모습이다. 시민 참여는 선거 외에도 집회나 시위 등의 직접적인 참여를 보장함으로써 대의 민주주의의 문제점을 보완할 수 있다.

놓이거나 다른 구성원에게 차별을 받으며 스스로 다수의 사회 구성원들과는 다른 대상임을 인식하는 사람들의 집단(장애인, 이주 외국인, 북한 이탈 주민 등)

㉡ **사회적 소수자 차별 문제의 원인** : 개인의 편견, 법이나 제도의 미흡 등

㉢ **해결 방안**

- 개인적 차원 : 사회적 소수자에 대한 편견을 버리고 인간은 누구나 존엄한 존재라는 생각으로 그들을 대해야 함
- 사회적 차원 : 사회적 소수자를 차별하는 정책과 법률을 정비해야 함

② **청소년 노동권 침해 문제**

㉠ **청소년 노동권** : 청소년이 노동할 기회나 임금이나 근로 시간 등에서 정당한 대우를 받을 권리

㉡ **원인** : 청소년 본인이 노동권에 대한 이해 부족, 법이나 제도의 미흡 등

㉢ **해결 방안**

- 개인적 차원 : 최저 임금보다 낮은 임금을 받거나 임금을 받지 못한 경우 고용 노동부에 임금 체불을 신고, 휴게 시간이 제대로 주어지지 않을 때에는 적법한 시간만큼의 휴게 시간을 요구 등
- 사회적 차원 : 청소년 노동 관련 법률이나 제도를 보완해야 함

③ **국제 사회의 대표적 인권 문제**

㉠ **인권 문제의 사례** : 독재 국가에서의 인권 유린 문제, 전쟁과 내전으로 인한 난민 · 기아 문제, 사회적 관습이나 종교적 이유로 발생하는 성차별 문제 등

㉡ **국제 사회의 노력**

개인적 차원	인류를 하나의 공동체로 인식하고 문제의 해결을 위해 세계 시민의 차원에서 노력해야 함
사회적 차원	국가뿐 아니라 국제 연합이나 비정부 기구들을 통해 빈곤 국가의 사회 기반 시설 확충이나 경제적 지원 방안 마련 등

문제UP

다음 중 사회적 소수자 차별 문제에 대한 설명으로 옳지 않은 것은?

① 사회적 소수자 차별 문제를 해결하기 위해선 개인적 차원뿐만 아니라 사회적 차원에서도 해결 방안을 모색해야 한다.
② 사회적 소수자를 위한 법이나 제도의 미흡이 차별 문제의 원인이기도 하다.
③ 사회적 소수자는 다수의 사회구성원들과는 다르다는 편견을 고수해야 올바른 차별 문제 해결 방안을 모색할 수 있다.
④ 사회적 소수자는 신체적 특징뿐만 아니라 문화적 특징과도 연관되어 있다.

해 사회적 소수자 차별 문제를 해결하기 위해선 개인적 차원으로 사회적 소수자에 대한 편견을 버려야 한다.

정답 ③

개념UP

인권 지수

- 국제 사회에서 발생하는 인권 문제를 객관적으로 파악할 수 있는 도구
- 국가별 인권 보장 실태와 변동 상황의 비교를 위해 각종 국제 기구들이 정기적으로 조사, 발표함

❺ 시장경제와 금융

(1) 자본주의 전개 과정과 합리적 선택

① 자본주의의 의미와 특징

㉠ 자본주의의 의미 : 사유 재산 제도를 바탕으로 자유로운 경제 활동을 할 수 있도록 보장하는 시장 경제의 운용 원리

㉡ 자본주의의 특징
- 개인과 기업의 소유권과 사적 이익을 추구
- 시장 가격에 따른 상품 거래
- 경제 활동의 자유 보장

② 자본주의의 역사적 전개 과정

㉠ 중상주의(16~18세기)
- 국가의 부 증대를 위해 국가가 상업을 보호 및 장려해야 한다는 주장
- 절대 왕정 시기 중상주의 정책을 통해 상공업을 육성하여 금, 은을 확보하는 것이 국부를 달성하는 방법이라고 보았음

㉡ 자유 방임주의(18세기 중반~19세기)
- 개인의 자유로운 경제 활동이 국부의 증대로 이어진다는 주장
- 18세기 중엽 산업 혁명으로 유통이 아닌 생산 활동을 통한 이윤 추구에 집중하게 되면서 산업 자본주의가 발달함

㉢ 수정 자본주의(20세기 중반)
- 국가가 민간 경제에 개입하여 문제를 해결해야 한다는 주장
- 미국은 수정 자본주의에 입각한 뉴딜 정책을 통해 대공황을 극복함

㉣ 신자유주의(20세기 후반)
- 정부 역할 축소와 시장 기능 확대를 주장하는 신자유주의가 등장
- 세계화와 자유 무역 확대의 사상적 바탕
- 정부 규제 완화 및 철폐, 복지 축소, 공기업 민영화 등을 주장

③ 합리적 선택의 의미

㉠ 의미 : 가급적 최소의 비용으로 최대의 편익을 얻을 수 있도록 선택하는 것

㉡ 필요성 : 경제 주체가 합리적 선택을 하기 위해 노력하면 시장

> 개념UP
> **자본주의의 특징**
> - 수요자와 공급자가 시장에서 자유롭게 거래하는 과정에서 결정된 시장 가격에 따라 상품이 거래되고 자원이 분배됨
> - 시장에서의 자유로운 경쟁을 통해 효율적인 자원 배분이 이루어짐

> 개념UP
> **독점 자본주의(19세기 말)**
> - 자본주의가 점차 고도화되면서 소수의 거대한 독점 기업이 시장 내에서 지배적인 위치를 차지
> - 독점 자본 주의로 인해 과잉 생산이 이루어짐 → 유효 수요 부족 현상(실제로 구매 능력을 갖춘 소비자가 부족한 현상)이 나타나게 되면서 대공황이 발생

> 개념UP
> **편익**
> 어떤 선택을 함으로써 얻는 이익이나 만족감

> 개념UP
> **합리적 선택의 과정**
> 문제 인식하기 → 대안 나열하기 → 평가 기준 설정하기 → 대안 평가하기 → 선택 및 실행하기

전체의 효율성이 증대됨

④ 합리적 선택의 한계

㉠ 한계

- 편익과 비용을 정확하게 계산하기 어려운 경우가 있음
- 개인의 합리적인 선택이 사회 전체에는 합리적이지 않은 결과로 이어지기도 함
- 자신에게 가장 이익이 되는 쪽으로 선택하는 과정에서 개인 간에 이익이 충돌하거나 공익을 해치는 경우가 나타나기도 함

(2) 시장 경제와 경제 주체의 역할

① 시장의 한계

㉠ 독과점 문제

- 독과점 : 시장에 하나 또는 소수의 공급자만 존재하는 상태
- 공급자가 생산량이나 가격을 임의로 조정하여 소비자에게 피해를 입힐 수 있음

㉡ 공공재의 공급 부족

- 공공재 : 모든 사람이 공동으로 이용할 수 있는 재화와 서비스로 국방, 치안 서비스 등이 있음
- 공공재의 공급을 시장 기능에만 맡겨 둘 경우 사회에 필요한 만큼 충분히 공급되지 않음(공공재가 기업의 이윤 추구에 별 도움이 되지 않음)

㉢ 외부 효과의 발생

- 외부 효과 : 경제 주체의 경제 활동이 다른 경제 주체에게 의도하지 않은 이익을 주거나 의도하지 않게 피해를 주는데도 이에 대해 아무런 경제적 대가를 치르거나 받지 않는 것

> 개념UP
> **기업가 정신**
> 혁신과 창의성을 바탕으로 이윤을 얻기 위해 위험을 무릅쓰고 도전하는 자세

② 시장 경제 참여자의 바람직한 역할

㉠ 정부

- 빈부 격차를 개선하여 사회 안정을 도모
- 독과점과 같은 불공정 거래 행위 규제
- 외부 효과 발생 시 자원이 효율적으로 배분되도록 유도

㉡ 기업

- 기업 윤리와 사회적 책임도 고려
- 기업가 정신을 바탕으로 기술 혁신, 시장 개척 주도

> 개념UP
> **노동 3권**

단결권	근로자가 근로 조건의 유지 · 개선을 위해 단체를 결성할 수 있는 권리
단체 교섭권	근로자 단체가 사용자와 근로 조건의 유지 · 개선에 대해 교섭할 수 있는 권리
단체 행동권	근로자가 근로 조건을 위해 사용자에 대항하여 단체 행동을 할 수 있는 권리

㉢ 노동자
- 노동자로서 권리를 추구하고 생산 활동에 적극 참여
- 기업과 동반자적 입장에 있음을 인식

㉣ 소비자
- 소비자의 행동이 자원 배분의 방향을 결정하므로 적정 소비, 합리적 소비 노력 필요 → 소비자 주권
- 환경 친화적인 제품 등을 구입하려 하는 윤리적 소비를 하기 위해 노력

(3) 국제 무역의 확대와 영향

① 무역

㉠ 의미 : 국가 간에 자신들이 생산한 상품이나 서비스 등을 거래하는 것

② 국제 분업

㉠ 의미 : 각 나라가 무역을 전제로 국가마다 유리한 상품을 특화하여 생산하는 것

③ 무역과 국제 분업

㉠ 필요성
- 자국에서 생산하기 힘든 재화를 다른 나라에서 얻을 수 있음
- 다른 나라보다 더 잘 만드는 재화를 팔아 이익을 얻을 수 있음

④ 무역 확대에 따른 영향

㉠ 긍정적 영향
- 소비자 : 상품 선택의 폭이 확대, 질 좋고 저렴한 것을 선택할 수 있어 보다 풍요로운 소비 생활을 할 수 있음
- 기업 : 더 많은 제품을 판매하여 높은 이윤을 얻을 수 있음
- 국가 : 무역 이익으로 인해 경제 성장의 효과를 거둘 수 있음, 문화 교류가 활성화되어 문화 발전에 이바지함

㉡ 부정적 영향
- 경쟁력을 갖추지 못한 산업이나 기업은 위축되거나 쇠퇴할 수 있음
- 국가 간 상호 의존도를 심화시키고, 국민 경제의 자율성을 침해할 수 있음
- 국가 간 빈부 격차가 심화될 수 있음

문제UP

다음 중 헌법상 보장된 근로 3권을 모두 고르면?

ㄱ. 단결권
ㄴ. 단체 교섭권
ㄷ. 단체 가입권
ㄹ. 단체 인정권
ㅁ. 단체 행동권

① ㄱ, ㄴ ② ㄴ, ㄹ
③ ㄱ, ㄴ, ㅁ ④ ㄷ, ㄹ, ㅁ

해 근로 3권은 단결권, 단체 교섭권, 단체 행동권이다.

정답 ③

개념UP

다양한 상품의 선택 가능

이전에는 국내 기업이 생산한 재화와 서비스만을 소비할 수 있었다. 그러나 국가 간의 교역이 확대됨에 따라 외국 기업이 생산한 재화와 서비스 또한 국내에서 소비할 수 있게 되었으며, 이로 인하여 소비자는 선택의 폭이 넓어지게 되었고, 국내 기업은 이전보다 경쟁이 심화되었다.

> 개념UP
> **기타 금융 자산**
> - **펀드** : 금융 기관에 돈을 맡겨서 대신 투자하도록 하는 금융 상품
> - **보험** : 장래에 예상되는 위험(사고, 질병 등)을 보험사에 보험료를 납부하여 기금을 만든 후 사고가 나면 약속한 보험금을 지급받는 제도
> - **연금** : 경제 활동을 하는 동안 일정 금액을 적립해 두었다가 노령, 퇴직 등의 사유가 발생했을 때 급여를 지급받는 금융 상품

> 개념UP
> **자산 관리의 필요성**
> 일생에 걸쳐 개인이 소득을 올릴 수 있는 시기는 한정되어 있는 반면 발달 과업에 따라 소비해야 하는 시기는 일생에 거쳐 지속된다. 따라서 소비에 비해 소득이 많은 시기 저축을 통해 이에 대한 대비가 필요하다.

> 개념UP
> **안전성**
> 안전성이 높은 금융 자산 중 하나가 바로 은행 예금이다. 은행 예금은 예금자 보호법에 의해 국가에서 은행당 최대 1인당 원금과 이자를 합하여 5천만 원까지 보장을 해준다. 은행이 부실로 부도가 나더라도 국가가 5천만 원까지는 보장을 해주기에 안전성이 높은 것이다.

(4) 자산 관리와 금융 생활

① 다양한 금융 자산 (중요)

㉠ 예금과 적금

- 예금 : 목돈을 일정 기간 은행에 예치하여 만기일에 원금과 이자를 받는 금융 상품
- 적금 : 계약 기간 동안 일정한 금액을 여러 번 납입하여 만기 시에 원금과 이자를 받는 것

㉡ 주식과 채권

- 주식 : 주식회사가 경영 자금을 마련하기 위해 투자자로부터 돈을 받고 발행하는 증서
- 주식의 특징 : 주식 소유자에게 주는 회사의 이익 분배금인 배당금을 받을 수 있고, 시세 차익을 누릴 수 있어서 높은 투자 수익률을 기대할 수 있지만, 주식의 가격은 변동하기 때문에 자산 가치의 변동이 매우 심함
- 채권 : 정부, 은행, 기업 등이 미래에 일정한 이자를 지급할 것을 약속하고 돈을 빌린 후 제공하는 증서
- 채권의 특징 : 예금보다 안정성이 낮지만 수익성이 높음

② 합리적인 자산 관리

㉠ 안전성 : 금융 상품의 원금과 이자가 보전될 수 있는 정도

㉡ 수익성 : 금융 상품의 가격 상승이나 이자 수익을 기대할 수 있는 정도

㉢ 유동성 : 환금성이라고도 하며 필요할 때 현금으로 전환할 수 있는 정도

③ 생애 주기

㉠ 의미 : 사람은 아동기, 청년기, 중 · 장년기, 노년기로 이어지는 연속적인 과정을 겪는데 이처럼 각각의 단계를 거쳐 삶이 변화하는 모습을 단계별로 나타낸 것

④ 생애 주기를 고려한 금융 설계

㉠ 금융 설계 : 생애 주기별 과업을 실행하기 위해 재무 목표를 설정하고, 미래의 수입과 지출을 예상하여 과업 달성에 필요한 구체적인 계획을 세우는 과정

㉡ 금융 설계의 원칙

- 현재 소득뿐만 아니라 미래의 소득까지 고려하여 장기적인

관점에서 소비와 저축을 고려해야 함

- 고령화가 가속화되면서 노년기에 소요될 충분한 자금을 확보해야 함

❻ 사회 정의와 불평등

(1) 정의의 의미와 실질적 기준

① 정의의 의미와 역할

㉠ 정의의 의미

- 사회를 구성하고 유지하는 공정하고 올바른 도리
- 각자가 받아야 할 적합한 몫을 주는 것
- 동일한 경우를 동일하게 취급하고 다른 것은 다르게 취급하는 것

㉡ 정의의 역할 : 정의를 통해 개인은 자신의 노력에 알맞은 보상을 받을 수 있음. 개인선과 공동선을 조화롭게 유지시켜 사회적 갈등을 최소화해 주는 역할

② 정의의 실질적 기준 중요

㉠ 능력을 기준으로 하는 정의

- 의미 : 개인이 지닌 잠재력과 재능 등에 따라 분배
- 장점 : 사람들의 성취동기를 높여 주어 사회 발전에 기여
- 한계 : 선천적으로 결정된다는 점을 고려하지 않으므로 사회적 · 경제적 약자의 소외감을 유발하고 사회 불평등을 심화시킴

㉡ 업적을 기준으로 하는 정의

- 의미 : 업적과 기여에 비례하여 분배
- 장점 : 성취동기를 높여주고 성취 의욕과 창의성을 높임. 사회의 역동적 발전과 생산성의 향상을 가져올 수 있음
- 한계 : 과열 경쟁이 유발되어 그로 인한 부작용이 발생할 수 있음. 절대적 · 상대적으로 능력이 부족한 사람들에게 불리한 결과가 나타남

㉢ 필요를 기준으로 하는 정의

- 의미 : 사람들의 필요를 기준으로 분배

개념UP

생애 설계

자신의 인생 목표를 실현하기 위해 수행하는 생애에 걸친 종합적이고 장기적인 계획을 의미한다. 일반적으로 대학 진학, 취업, 결혼, 출산, 주택 구입, 자녀 양육 등이 내용을 이룬다.

개념UP

개인선과 공동선

- **개인선** : 개인의 행복 추구나 자아실현 등 개인에게 이익이 되거나 행복을 가져다주는 것
- **공동선** : 공동체가 추구하는 가치로 공동체 모두의 행복이나 발전을 가져다주는 것

개념UP

성취동기

가치 있는 목표를 달성하고, 훌륭한 행위 기준에 도달하려고 하는 개인의 동기 또는 욕구

개념UP

분배 사례

- **업적을 기준으로 분배** : 가장 많은 물건을 판매한 사원에게 성과급을 줌. 학교 성적이 우수한 학생에게 장학금을 지급
- **능력을 기준으로 분배** : 대학 입시에서 잠재 가능성과 재능을 보고 학생을 선발, 기업에서 능력을 중심으로 사원을 선발
- **필요를 기준으로 분배** : 형편이 어려운 사람에게 장학금을 줌. 기초 생활 수급비나 기초 연금을 국가가 지급

- 장점 : 기본적 필요를 충족하기 힘든 사회적 약자를 보호, 사회 구성원들이 인간다운 삶을 영위할 수 있음
- 한계 : 개인의 성취동기와 창의성을 저하시켜 경제적 비효율성을 증가시킬 수 있음, 한정된 재화를 가지고 모든 사람의 필요를 충족하기가 어려움

(2) 다양한 정의관의 특징과 적용

① 자유주의적 정의관

㉠ 의미와 특징

- 개인의 자유로운 선택과 노력에 의해 얻은 결과물에 대한 소유권을 절대적 가치로 인정
- 국가는 개인의 자유로운 선택권과 자율성을 최대한 허용해야 함
- 국가는 개인에게 특정한 가치나 삶의 방식을 강제해서는 안 됨

> 개념UP
> **자유 지상주의**
> - **사상가** : 노직
> - 개인의 자유와 소유 권리 중시
> - 국가는 최소한의 역할로 국가에 의한 재분배 반대(국가가 복지를 이유로 개인에게 세금을 더 많이 걷는 것은 부당함)

② 공동체주의적 정의관

㉠ 의미와 특징

- 평등과 사회적 책임을 중시하며 발전, 공동체의 질서가 유지되고 발전할 때 개인의 자유와 권리의 보장뿐만 아니라 행복한 삶도 가능
- 공동체 구성원들이 각자의 역할과 의무를 다하며, 공동체가 공유하는 좋은 삶의 모습을 추구하고 실현하는 것이 정의
- 개인은 공동체의 가치와 목적을 내면화하고 공동체에 대한 소속감을 지니며 개인에게 주어진 책임과 의무를 성실히 이행

> 개념UP
> **공동체주의**
> - **공동체** : 가족, 학교, 직장, 국가 등 생활이나 행동 또는 목적 따위를 같이 하는 기본적 생활 집단
> - **공동체의 가치 중시** : 공동체의 문화와 역사, 전통과 규범을 중시
> - **좋은 삶** : 공동체주의자가 주장하는 바람직한 인간의 삶으로, 공동체가 지켜야 할 미덕을 따르는 삶

③ 상호 보완적 관계인 개인선과 공동선

㉠ **사익과 공익의 조화** : 자유주의는 사회 구성원으로서의 의무를 존중, 공동체주의는 개인의 자유와 권리, 행복 등 사익을 존중

㉡ **권리와 의무의 조화** : 책임과 의무는 개인의 권리를 전제하는 것이기 때문에 권리와 의무, 권리와 책임은 상호 보완적 관계

④ 개인선과 공동선의 조화

㉠ **노력해야할 사항** : 사회 구성원들이 연대 의식, 배려와 공감의 덕목 등을 갖추도록 노력해야 하며, 공동체는 개인의 권익과 사회 정의를 실현할 수 있는 제도를 마련

(3) 불평등의 해결과 정의의 실현

① 다양한 불평등 현상 중요

㉠ 사회 계층의 양극화

- 사회 계층 : 사회적 가치의 정도의 따라 구성원들 사이에는 일종의 위계가 발생하게 되는데, 그 위계가 같거나 비슷한 사람들의 집합체
- 사회 계층의 양극화 : 사회 구성원 간 불평등이 심화 되어 중간 계층의 비중이 줄어들고 상층과 하층의 비중이 늘어나는 현상

㉡ 공간 불평등

- 공간 불평등 : 지역을 기준으로 사회적 자원이 불균등하게 분배되는 현상
- 영향 : 경제 · 사회 · 문화적 등의 불평등으로 이어져 사회 전반의 불평등을 심화시킴

㉢ 사회적 약자 차별

- 사회적 약자 : 경제 수준 및 사회적 지위상 열악한 위치에 있어 사회적으로 배려와 보호의 대상이 되는 개인 또는 집단
- 양성평등 의식이 확산되고 있는 오늘날에도 여성의 차별이 존재함(출산이나 육아와 같이 당연한 업무 공백을 이유로 고용을 꺼리는 사회적 환경 존재)
- 노인, 어린이, 장애인 등은 신체적 · 정신적 능력이 부족한 것을 이유로 차별받음
- 경제적 빈곤으로 인해 빈곤층은 교육 기회, 의료 서비스 등에 있어서 차별받음

② 정의로운 사회를 위한 제도

㉠ 사회 복지 제도

- 의미 : 질병, 실업, 빈곤, 재해 등 다양한 사회적 위험에서 벗어나 인간다운 삶을 살 수 있도록 지원하는 제도
- 종류

사회 보험	다양한 사회적 위험을 공적 보험의 방식으로 대처
공공 부조	생활이 어려운 국민의 최저 생활을 보장하고 자립 지원
사회 서비스	사회 취약 계층에 대해 상담, 재활, 돌봄 등의 서비스를 제공

개념UP

사회적 약자를 배려해야 하는 이유

오늘날의 사회적 약자 집단은 아직도 충분히 권리를 확보하지 못하여 여전히 불평등한 삶을 살아간다. 더구나 세계화 시대 더 넓어진 삶의 공간에서 사회적 약자는 더 다양한 모습으로 나타나고 더 힘든 삶을 살아가게 된다. 따라서 그들이 존엄성을 가진 사람으로 살아갈 수 있도록 우리 관점을 바꾸고 제도를 개선해야 한다.

개념UP

노인 장기 요양 보험

치매나 중풍을 앓고 있는 노인들에게 간병 등의 재가 서비스나 요양 시설 서비스 등의 이용을 지원하기 위한 제도로, 국고 지원이 더해진 사회 보험이다. 가입자는 국민 건강 보험 가입자와 동일하며 건강 보험료의 일정 비율을 보험료로 징수한다.

㉡ 공간 불평등 완화 방안

지방 자치 단체의 자활 노력	지역의 특성을 살릴 수 있는 지역 브랜드 개발, 국가 균형 발전을 위한 정책 추진
각종 기능의 지방 분산	수도권에 집중되어 있는 공공 기관을 지방으로 분산
도시 내부 불평등 개선	저렴한 공공 임대 주택 · 장기 전세 주택 등을 공급, 도시 정비 사업 실시

㉢ 적극적 우대 조치

- 의미 : 사회적 약자를 우대함으로써 일정한 혜택을 부여하는 다양한 정책
- 여성의 공직 진출 : 여성에 대한 의무 배정 기준을 준수하도록 규정
- 장애인 고용 : 기업이나 관공서에서 일정 비율 이상의 장애인을 고용하도록 규정

㉣ 정의로운 사회를 위한 실천 방안

- 스스로가 공동체의 구성원으로서 불평등 문제에 문제의식을 갖고 해결책을 모색해야 함
- 사회 복지 제도에 대한 지속적인 논의를 통해 발전적 논의를 지속해야 함

❼ 문화와 다양성

(1) 세계의 다양한 문화권

① 문화권의 이해

㉠ 문화권

- 의미 : 의식주, 종교, 민족 등의 문화 요소가 비슷하게 분포하는 공간적 범위
- 특징 : 문화권 내에서는 비슷한 생활 양식과 문화 경관이 나타남, 문화권의 경계는 주로 산맥 · 하천 등의 지형에 의해 정해지며 문화권과 문화권이 만나는 곳에는 점이 지대가 나타남

> 개념UP
> **점이 지대**
> 지표 공간의 동질성을 기준으로 지역을 구분할 때 두 지역의 특성이 함께 나타나는 지리적 범위

② 문화권 형성에 영향을 주는 요인

㉠ 자연환경

음식	• 아시아 – 쌀 • 건조 기후 지역 · 유럽 – 빵과 고기 • 남아메리카 고산 지역 – 감자와 옥수수
의복	• 열대 기후 – 통풍이 잘 되는 옷 • 한대 기후 – 동물의 가죽이나 털로 만든 옷
주거	• 열대 기후 – 고상 가옥 • 냉대 기후 – 통나무집

㉡ 인문 환경

종교	• 이슬람교 문화권 – 모스크(이슬람교에서 예배하는 사원), 돼지 고기 금지 • 힌두교 문화권 – 쇠고기를 먹지 않음 • 크리스트교 문화권 – 성당, 교회 • 불교 문화권 – 사원과 불상, 탑
산업	• 주민들의 경제 활동에 영향을 미침 • 전통적인 산업의 영향으로 농경 문화권과 유목 문화권 등이 형성

③ 세계 문화권의 지역적 구분과 특징 중요

㉠ 북극 문화권

• 북극해 연안 지역, 한대 기후

• 주로 순록을 유목하며 생활

• 대표적인 민족으로는 사모예드족, 라프족, 이누이트가 있음

㉡ 유럽 문화권

• 산업 혁명의 발상지로 일찍 산업화를 이룬 세계 경제 중심지

• 북서 · 남부 · 동부 유럽으로 구분, 크리스트교 문화가 발달

㉢ 건조 문화권

• 건조 기후가 나타나는 북부 아프리카와 서남아시아 지역

• 전통적으로 유목 생활, 오아시스 농업이 발달

• 주로 아랍어 사용, 이슬람교를 믿음

㉣ 아프리카 문화권

• 사하라 사막 이남 지역, 다양한 부족 분포

• 부족 단위의 공동체 문화 · 토속 신앙 발달

㉤ 아시아 문화권

남부 아시아	• 인도와 그 주변 국가(파키스탄, 방글라데시 등) 해당 • 인도 – 힌두교 • 주변 국가 – 이슬람교, 불교

개념UP

고상가옥

바닥을 지면에서 띄워 짓는 가옥으로, 지면의 열기, 습기, 해충을 피하고 통풍 기능을 강화한 구조

개념UP

유럽 문화권

• **북서 유럽** : 게르만족과 개신교의 비율이 높음, 서안 해양성 기후를 바탕으로 혼합 농업과 낙농업 발달, 산업혁명의 발상지로 경제 발전 수준이 높음

• **남부 유럽** : 라틴족과 가톨릭교의 비율이 높음, 지중해성 기후를 바탕으로 수목 농업과 관광 산업 발달

• **동부 유럽** : 슬라브족과 그리스 정교 우세, 상대적으로 농업에 종사하는 비율이 높은 편임

동남 아시아	• 계절풍의 영향 – 벼농사 발달 • 동서양 문화, 원주민 문화, 대륙 및 도서 문화 혼합
동부 아시아	• 유교와 불교문화 발달 • 젓가락과 한자 사용

ⓑ 아메리카 문화권

앵글로 아메리카	• 리오그란데강 이북 지역 • 미국, 캐나다가 해당 • 영어 사용, 크리스트교(개신교) • 세계 최대의 경제 지역
라틴 아메리카	• 리오그란데강 이남 지역 • 중남미 지역이 해당 • 포르투갈어, 에스파냐어 사용, 크리스트교(가톨릭교)

> 개념UP
> **문화 전파의 종류**
> - **직접 전파** : 두 문화 간의 직접적인 접촉
> - **간접 전파** : 인터넷 등과 같은 매체를 통해 이루어짐
> - **자극 전파** : 다른 사회의 문화 요소에 자극을 받아 새로운 문화 요소를 발명

> 개념UP
> **문화 접변**
> 전파에 의해 둘 이상의 다른 문화가 장기간 접촉하여 문화 변동이 일어나는 현상

(2) 문화 변동과 전통문화의 창조적 계승

① 문화 변동의 의미와 요인

㉠ 문화 변동

- 의미 : 문화가 새로운 문화 요소의 등장이나 다른 문화와의 교류 · 접촉을 통해 상호 작용하면서 변화하는 현상
- 요인 : 발명, 발견, 문화 전파 등

② 문화 변동의 양상 중요

㉠ **문화 병존** : 한 사회 내에서 다른 두 사회의 문화가 각각의 독립성을 유지하면서 함께 존재

㉡ **문화 동화** : 기존의 문화가 외부에서 들어온 문화에 의해 완전히 흡수되는 것

㉢ **문화 융합** : 한 사회의 기존 문화가 외부에서 들어온 문화와 접촉한 결과 기존의 두 문화 요소와 성격이 다른 새로운 문화가 형성

③ 전통 문화의 중요성

㉠ 전통문화

- 한 사회에서 과거에 형성되어 오늘날까지 오랜 시간 이어온 생활 양식
- 사회 구성원 간에 유대를 강화하고, 사회를 통합하는데 기여
- 대외적으로 국가의 이미지를 높이고 문화 산업 육성에 기여

④ 전통 문화의 창조적 계승

㉠ 의미

• 전통문화에 대해 지속적인 관심
• 다른 문화를 비판적으로 받아들이고 이를 우리의 전통문화에 적용함
• 우리 전통문화를 현대 사회에 맞게 계승하고 발전시켜야 함

(3) 문화 상대주의와 보편 윤리적 성찰

① 문화의 다양성과 문화 상대주의 중요

㉠ 문화의 다양성 : 문화가 그 지역의 환경이나 시대의 흐름에 따라 의식주, 언어뿐만 아니라 도덕과 종교에 대한 관념 등에서 다양하게 나타남

㉡ 문화 상대주의

• 의미 : 문화를 그 사회의 상황과 역사적 맥락에서 이해하려는 태도
• 특징 : 타문화를 올바로 이해, 문화 다양성을 증진

② 자문화 중심주의와 문화 사대주의

㉠ 자문화 중심주의

• 의미 : 자기 문화만을 가장 우수한 것으로 생각하고 다른 문화를 무시하거나 부정하는 태도
• 특징 : 자기 문화의 자부심과 주체성 확립, 집단 내 일체감 강화, 사회 통합에 기여, 국제적 고립 초래, 타문화 수용이 늦고 자기 문화 발전이 지체

㉡ 문화 사대주의

• 의미 : 다른 문화를 더 좋은 것으로 생각하고 자신의 문화를 과소평가하거나 무시하는 태도
• 특징 : 선진 문화 수용이 용이, 문화적 자부심과 주체성 상실, 문화 다양성 저해, 문화 발전에 장애

③ 문화 상대주의의 한계

㉠ 극단적 문화 상대주의 : 문화 상대주의가 극단적으로 사용되어 인류의 보편적 가치를 훼손하는 문화까지 해당 사회에서 고유한 의미와 가치가 있다는 이유로 인정하는 태도

④ 보편 윤리

㉠ 의미 : 시대와 사회를 초월하여 모든 사람이 존중하고 따라야 할 행위 원칙

> 개념UP
>
> **문화 상대주의**
>
> • 어느 문화가 더 우월한지 혹은 더 열등한지는 가릴 수 없다고 봄
> • 다른 문화에 대해서는 관용적이고 자기 문화에 대해서는 겸손한 태도를 갖게 해 줌
> • 문화 교류가 활발하게 이루어지고 있는 오늘날에 다른 문화들을 이해하는 데 큰 도움을 줌

> 개념UP
>
> **극단적 문화 상대주의**
>
> 인류의 보편적인 가치를 무시하는 행위도 그 사회의 맥락에서 문화적 풍습으로 이해하려는 태도를 의미한다. 일부 이슬람 국가에서 행해지는 명예 살인이나 중국의 전족 풍습 등은 인간의 존엄성이나 자유, 평등의 가치에 어긋나므로 문화 상대주의 관점에서 바라보는 것은 옳지 않다.

㉡ 필요성

- 바람직한 문화와 바람직하지 않은 문화를 구분할 수 있음
- 각 문화가 지닌 고유한 가치를 보존하고 문제점을 개선
- 각 문화가 사회의 맥락에서 고유한 가치를 가진다는 것을 인정하면서 보편 윤리에 비추어 성찰

(4) 다문화 사회와 문화적 다양성의 존중

① 다문화 사회

㉠ 의미 : 다양한 인종, 민족, 문화 등을 가진 사람들이 함께 공동체를 구성함으로써 문화 다양성이 나타나는 사회

㉡ 원인 : 교통수단의 발달과 정보 통신 기술의 발전

㉢ 긍정적 측면

- 문화의 다양성에 이바지 : 문화적 차이에 관한 이해를 높여 문화 발전 촉진
- 저출산 · 고령화에 따른 노동력 부족 문제 해소하는데 기여

㉣ 부정적 측면

- 문화적 차이와 의사소통의 어려움으로 사회 적응에 어려움
- 외국인에 대한 사회적 편견과 차별 발생
- 기존의 문화와 새로운 문화의 충돌

② 문화 다양성을 존중하기 위한 노력

㉠ 개인적 차원

- 다른 문화를 깊이 이해하도록 노력
- 개방적인 자세와 세계 시민 의식 함양

㉡ 사회적 차원

- 다문화 교육을 강화
- 법과 제도적 지원 확대 : 다문화 가족 지원법, 외국인 근로자의 고용 등에 관한 법률 등 정비

> 개념UP
>
> **재한 외국인 처우 기본법 제1조(목적)**
>
> 이 법은 재한 외국인에 대한 처우 등에 관한 기본적인 사항을 정함으로써 재한 외국인이 대한민국 사회에 적응하여 개인의 능력을 충분히 발휘할 수 있도록 하고, 대한민국 국민과 재한 외국인이 서로를 이해하고 존중하는 사회 환경을 만들어 대한민국의 발전과 사회 통합에 이바지함을 목적으로 한다.

> 개념UP
>
> **용광로 이론과 샐러드볼 이론**
>
> - **용광로 이론** : 철광석과 같은 이민자들이 거대한 용광로인 미국 사회에 융해돼 새로운 인종으로 바뀐다는 개념
> - **샐러드 볼 이론** : 샐러드처럼 다양한 사회구성원들이 상호공존하며 각각의 색깔과 향기를 지니고 조화로운 통합을 이룬다는 내용

❽ 세계화와 평화

(1) 세계화의 양상과 문제의 해결

① 세계화와 지역화 중요

㉠ 세계화 : 국제 사회의 상호 의존성 증가로 세계가 하나로 통합되는 현상

㉡ 지역화

- 의미 : 지역적인 것이 세계적인 차원에서 가치를 갖는 현상
- 전략 : 장소 마케팅, 지리적 표시제 등

② 다국적 기업의 활동

㉠ 다국적 기업 : 생산비 절감, 해외 시장의 확대, 무역 규제 완화를 위해 다른 나라에 생산 공장을 건설하거나 지사를 설립·운영하는 기업

㉡ 특징

- 전 세계를 무대로 활동하며 원료와 시장을 확보, 생산비 절감, 무역 마찰 감소
- 공업 제품의 생산과 판매, 농산물 생산과 가공, 에너지 자원 개발 등의 활동을 전개
- 기업의 본사, 공장, 지사, 연구소 등이 각각 적합한 지역에 위치(공간적 분업)

㉢ 영향

- 긍정적 영향 : 자본의 유입, 일자리 증가, 기술 파급 등에 따른 경제 활성화 등
- 부정적 영향 : 이윤의 해외 유출, 경쟁력 없는 국내 중소 기업의 피해 등

③ 세계 도시의 형성

㉠ 세계 도시 : 국가의 경계를 넘어 세계적인 중심지 역할을 수행하는 도시로 생산자 서비스업 발달

④ 세계화에 따른 문제점과 해결 방안

㉠ 세계화에 따른 문제점

- 국가 간 빈부 격차 : 선진국과 개발 도상국 간 소득 격차가 벌어지고 있음
- 문화의 획일화 : 문화적 다양성을 해침, 각 사회가 가지고 있는 고유한 문화가 사라질 수 있음
- 보편 윤리와 특수 윤리 간 갈등 : 보편 윤리가 강조 되면서 특수 윤리와 충돌

㉡ 해결 방안

개념UP

장소 마케팅

지역 주민, 공공 기관 등이 기업과 관광객에게 특정 장소를 매력적인 상품이 되도록 하기 위해 독특한 이미지를 만들어 부가 가치를 창출하는 다양한 방식의 전략

개념UP

다국적 기업의 국제 분업

- 본사(경영 기획 및 관리) : 주로 자본과 우수 인력 확보가 용이한 본국의 핵심 지역인 대도시에 입지하는 경우가 많음
- 연구소(핵심 기술 및 디자인의 개발 등) : 대학 및 연구 시설이 밀집한 곳, 쾌적한 연구 환경을 갖춘 곳
- 생산 공장(제품 생산) : 주로 저렴한 노동력이 풍부한 개발 도상국에 입지, 시장 확대를 목적으로 선진국에 입지하기도 함

개념UP

세계화와 지역화의 확산 배경

교통·통신의 발달과 지역 간 상호 의존성 증가, 세계 무역 기구(WTO)의 출범으로 상품·서비스 등의 자유로운 이동이 확대되었다.

• 국가 간 빈부 격차의 해결 방안 : 개발 도상국의 자립을 위한 국제기구를 통한 지원, 선진국의 투자와 기술 이전

• 문화의 획일화의 해결 방안 : 자국 문화의 정체성을 유지하며 외래문화를 능동적으로 수용

• 보편 윤리와 특수 윤리 간 갈등의 해결 방안 : 보편 윤리 존중, 각 사회의 특수 윤리를 성찰하는 태도 필요

(2) 국제 사회의 모습과 평화의 중요성

① 국제 사회의 갈등

㉠ 원인

• 자국의 이익을 우선적으로 추구하는 경향

• 민족, 인종, 종교 등의 차이를 부정하는 태도

㉡ 특징

• 하나의 원인이라기 보다는 여러 가지 원인이 복합적으로 작용

• 국제 갈등은 지구촌 전체의 문제로 보아야 함

㉢ 해결 방안

• 갈등 당사자 간의 대화와 양보를 통한 평화적 해결

• 국가, 정부 간 국제기구, 국제 비정부 기구, 개인 등의 노력 필요

> 개념UP
> **국가**
> • 의미 : 국제 사회를 구성하는 가장 기본적인 행위 주체, 국제 사회에서 법적 지위를 갖고 공식적인 활동을 할 수 있는 자격이 있음
> • 외교를 통한 자국의 이익 실현을 최우선으로 하기 때문에 다른 국가와 경쟁하는 과정에서 갈등을 겪기도 함
> • 여러 국제기구에 참여하여 공식적인 활동을 할 수 있는 자격을 지님

② 정부 간 국제 기구

㉠ 의미 : 각국의 정부를 회원으로 하는 국제 사회의 행위 주체

㉡ 종류 : 국제 연합(UN), 유럽 연합(EU), 경제 협력 개발 기구(OECD) 등

㉢ 특징

• 국가들 사이의 이해관계를 조정, 국가 간 분쟁을 중재

• 국가의 행위를 규율하는 국제 규범 정립

> 개념UP
> **경제 협력 개발 기구(OECD)**
> 세계 경제의 발전과 무역 촉진을 위해 만들어진 국제기구로, 회원국의 경제 성장과 금융 안정을 추구

③ 국제 비정부 기구

㉠ 의미 : 개인이나 민간단체를 회원으로 하는 국제 사회의 행위 주체

㉡ 종류 : 그린피스(Greenpeace), 국제 사면 위원회, 국경 없는 의사회 등

㉢ 특징

• 국제 사회의 보편적 가치인 환경 보호, 인권 보장, 보건 등

을 위하여 노력
- 국제적 연대를 통해 공동의 노력을 이끌어 내는 데 기여함

④ 평화의 의미와 중요성 중요

㉠ 소극적 평화
- 의미 : 전쟁이나 테러와 같은 물리적 폭력이 없는 상태
- 한계 : 직접적 폭력의 원인이 근본적으로 해결되지 않은 상태

㉡ 적극적 평화 : 직접적 폭력뿐만 아니라 빈곤, 기아, 정치적 억압 등과 같이 한 사회의 구조나 문화에 의해 발생하는 간접적인 폭력까지 모두 제거된 상태

㉢ 평화의 중요성
- 인류의 안전과 생존 보장 : 전쟁의 위협에서 벗어나 인류가 안전하게 살아갈 수 있는 환경을 조성
- 인간다운 삶 보장 : 빈곤, 기아, 각종 차별 등으로 발생하는 문제들을 해결함으로써 인간다운 삶을 살 수 있음

(3) 동아시아의 갈등과 국제 평화

① 남북 분단의 배경

㉠ 국제적 배경 : 냉전 체제에서 비롯한 국제적 환경

㉡ 국내적 배경
- 광복 이후 통일 정부를 수립하려는 노력들의 실패
- 6 · 25 전쟁 발발 : 전쟁으로 입은 피해와 이념 대립 등으로 남북 서로의 적대감이 더욱 깊어짐

② 통일의 필요성

민족 동질성 회복	민족의 이질화 현상을 극복
경제적 발전과 번영	• 남북 간의 소모적인 비용을 절감하여 이를 경제 발전 등을 위해 사용할 수 있음 • 국토의 일체성을 회복
한반도의 평화 정착	• 이산가족의 아픔을 치유 • 우리 민족의 동질성을 회복
세계 평화에 기여	한반도를 넘어 동아시아와 세계에 평화를 가져옴

③ 동아시아 역사 갈등

㉠ 영토 분쟁

개념UP

갈퉁(Galtung, J.)

갈퉁은 평화의 개념을 소극적 평화, 적극적 평화로 구분하고 적극적 평화를 이루기 위해서는 억압, 차별, 빈곤 등 구조적인 폭력의 문제를 해결해야 한다고 주장하였다.

개념UP

분단 비용, 통일 비용

- **분단 비용** : 분단 상태가 지속됨으로써 발생하는 경제적 · 경제외적 비용의 총체이며 국방비, 외교 비용 등이 이에 속함
- **통일 비용** : 통일에 수반되는 경제적 · 경제외적 비용의 총체이며 행정 통일 비용, 인도적 차원의 긴급 구호 비용 등이 이에 속함

쿠릴 열도	전략적 군사 요충지 및 자원 확보를 둘러싼 러시아, 일본 간의 갈등
남중국해의 시사 군도	석유 및 천연가스 등의 자원 및 해상 교통로 확보를 둘러싼 중국, 베트남 간의 갈등
남중국해의 난사 군도	중국, 타이완, 베트남, 말레이시아, 브루나이, 필리핀 등이 영유권을 주장함
센카쿠 열도	중국, 타이완, 일본의 영토 분쟁 지역으로 일본이 실효적 지배

㉡ 역사 인식 문제

일본의 역사 왜곡	• 2001년 '새로운 역사 교과서를 만드는 모임'이 편찬한 역사 교과서의 왜곡 사실이 우리나라와 중국 등에 알려지면서 동아시아 역사 갈등이 심해짐 • 독도에 대한 영유권 주장, 일본군 '위안부' 문제, 야스쿠니 신사 참배 등
중국의 동북 공정	• 중국 정부가 자국 내 소수 민족을 통합하여 현재의 영토를 확고히 하기 위한 방법의 하나로 추진 • 고조선, 고구려, 발해 등의 역사를 모두 중국의 역사라고 주장

㉢ 해결을 위한 방안

- 일본의 사과 : 1993년 고노 요헤이 관방장관이 일본군 '위안부'에 대해 사과, 1995년 무라야마 총리는 전쟁 당시의 일본의 식민 지배에 대해 사과
- 한국과 일본 두 국가 정상이 한 · 일 파트너십 공동 선언을 발표, 2002년 한 · 일 역사 공동 연구 위원회 설립
- 한국 · 중국 · 일본의 동아시아 근현대사 공동 교재를 발행
- 각국의 학교, 시민 단체, 지방 자치 단체 사이에 청소년 방문 등의 민간 교류를 확대, 공동의 역사 인식을 갖기 위해 노력

> 개념UP
>
> **일본의 사과**
>
> - **고노 담화** : 1993년에 고노 요헤이 관방장관이 위안소 운영에 일본군과 정부의 관여를 인정하고, 일본군 '위안부'로 강제 동원된 피해자들에게 사과와 반성을 한 일본 정부의 공식 성명이다.
> - **무라야마 담화** : 일본의 전후 50주년 종전기념일(1995년 8월 15일)에 무라야마 도미이치 총리가 태평양 전쟁 당시 일본의 식민 지배에 대해 공식적으로 사죄하는 뜻을 표명한 담화이다.

④ 세계 속의 우리나라

지정학적 측면	동아시아의 전략적 관문에 해당하는 위치
경제적 측면	• 고도의 경제 성장을 이룩 • 경제 협력 개발 기구(OECD), 아시아 · 태평양 경제 협력체(APEC) 등 각종 국제기구에서 주도적인 활동
문화적 측면	• 석굴암과 불국사, 해인사 장경판전 등이 유네스코 세계 문화유산으로 등재 • 드라마, 케이팝(K-Pop) 등 대중문화도 한류 열풍을 타고 세계로 확산

⑤ 평화를 위한 우리의 노력

㉠ 국가적 차원의 노력

- 남북 간의 긴장을 완화, 화해 분위기를 조성
- 분쟁 지역에 군대 파견, 평화 유지 위한 국제 연합의 활동 지원
- 국제 연합 인권 이사회 활동을 통해 세계인들의 인권과 민주주의 증진에 기여
- 대량 살상 무기와 테러 확산 방지, 개발 도상국 지원, 재난을 입은 국가에 긴급 구호 물품 제공

㉡ 개인 · 민간단체의 노력

- 국제 비정부 기구에 참여하여 반전 및 다양한 활동을 펼침
- 세계 시민 의식을 갖고 문제 해결 위해 노력

⑨ 미래와 지속가능한 삶

(1) 세계의 인구와 인구 문제

① 세계의 인구 성장

㉠ 선진국

- 18세기 말에서 20세기 초까지 인구가 빠르게 성장
- 1960년대 이후 출생률 감소로 낮은 인구 증가율

㉡ 개발 도상국

- 제2차 세계 대전 이후 산업화가 진행되면서 인구가 빠르게 증가
- 출생률보다 사망률이 빠르게 감소, 높은 인구 증가율

② 세계의 인구 분포

㉠ 자연적 요인

- 기후, 지형 등 북반구 온대 기후의 하천, 해안 주변 지역에 인구 밀집
- 한대 기후 지역과 산지 지역은 인구 희박

㉡ 사회적 · 경제적 요인

- 산업, 교통, 문화 등 농업이 발달하거나 공업이 발달한 곳
- 일자리가 많은 선진국 등에 인구가 집중

개념UP

세계의 인구 성장

세계의 인구는 오랜 기간 천천히 증가하다가 산업 혁명 시기를 거치면서 빠르게 증가하기 시작하였다. 한편, 최근에는 개발 도상국이 많은 아시아와 아프리카의 인구 성장이 두드러진다.

③ 세계의 인구 이동

㉠ 인구 이동의 발생 요인

- 교통과 통신의 발달에 따른 세계화
- 정치, 경제, 문화 조건 등

㉡ 인구 이동 유형

- 이동 범위 : 국내 이동과 국제 이동
- 이동 동기 : 자발적 이동과 비자발적 이동
- 이동 원인 : 경제적, 정치적, 환경적 이동 등

④ 세계의 인구 구조

㉠ 인구 구조

- 의미 : 사회적 특성에 따라 인구 구성의 상태가 다르게 나타나는 것
- 연령별 인구 구조 : 생산 연령 인구, 인구 부양비 등을 파악할 수 있음

㉡ 선진국

- 노년층 인구 비중은 높고, 유소년층 인구 비중이 낮음
- 생활 수준이 높고, 의료 기술이 발달하여 사망률이 낮음

㉢ 개발 도상국

- 노년층 인구 비중은 낮고, 유소년층 인구 비중은 높음
- 생활 수준이 낮고, 의료 기술이 발달하지 않아 사망률이 높음

⑤ 선진국의 인구 문제와 대책

㉠ **인구 고령화** : 출생률과 사망률이 모두 감소하면서 노인 인구가 증가

㉡ **노동력 부족** : 여성의 사회활동 및 결혼 연령 증가로 출산률이 감소하여 노동력 부족의 문제가 발생

㉢ **대책** : 출산 장려 정책(수당, 보육시설 확충), 사회보장제도 확충, 연금 개선, 노인 일자리 창출 등

⑥ 개발도상국의 인구 문제와 대책

㉠ **인구 급증과 성비 불균형** : 높은 출생률과 낮은 사망률로 인구 급증, 남아 선호 현상

㉡ **빈곤과 기아 문제** : 일자리 부족과 실업으로 인한 빈곤 문제, 식량 부족으로 인한 기아 문제가 발생

㉢ **인구 밀집** : 도시로의 인구 밀집으로 주택과 환경 문제 등 도시

개념UP

인구 이동

- **경제적 이동** : 개발 도상국에서 선진국으로 이동
- **정치적 이동** : 내전을 피해 이주하는 난민의 이동
- **환경적 이동** : 사막화 등 기후 변화에 따른 환경 재앙을 피해 이동

개념UP

생산 연령 인구

생산 활동을 할 수 있는 15~64세의 청장년층 인구

개념UP

인구 부양비

청장년층 인구에 대한 유소년층과 노년층 인구의 비율

개념UP

고령화 현상

총인구 중에 65세 이상 노년층 인구가 차지하는 비율이 높아지는 현상이다.

문제가 증가

ⓔ 대책 : 산아 제한 등의 가족계획, 경제 성장을 통한 일자리 창출, 식량 증산을 위한 농업 기술 개발, 인구 분산, 국제적 원조 확대 등

(2) 세계의 자원과 지속 가능한 발전

① 자원의 의미와 특성 중요

㉠ 자원의 의미 : 자연물 중에서 인간생활에 유용하게 이용될 수 있는 것

㉡ 자원의 특성

- 유한성 : 매장량이 한정되어 고갈 위험이 있음
- 편재성 : 일부 지역에 치우쳐 분포하며, 생산자와 소비자가 일치하지 않음
- 가변성 : 자원의 가치는 시대와 장소, 경제 상황, 기술 발달 등에 따라 달라짐

② 주요 에너지 자원의 특징

구분	특징
석탄	• 산업 혁명 이후 증기 기관 연료와 제철 공업 원료로 이용 • 생산지에서 소비하는 경우가 많아 국제적 이동 적음
석유	• 현대 사회 생활 전반에서 가장 중요한 자원 • 자원의 편재성이 매우 큰 편 • 생산지와 소비지의 불일치로 국제적 이동량이 많음
천연가스	• 에너지 효율이 좋고 오염물질이 적음 • 액화 기술의 발달로 생산량과 소비량 증가

③ 에너지 자원으로 인한 문제와 해결 노력

㉠ 문제

- 자원의 수요 증가 : 인구 증가와 산업 발달, 생활수준의 향상으로 수요가 증가
- 자원의 편재 : 자원이 특정 지역에 편재되어 이동이 많고, 자원 확보를 위한 경쟁이 치열
- 매장의 한계 : 자원의 매장량에 한계가 있고 가채 연수가 짧아 고갈 문제가 발생
- 자원 민족주의 : 자원 보유국이 자원을 무기로 삼아 이익을 극대화하려는 태도 발생

㉡ 지속 가능한 발전

> **문제UP**
>
> 다음 설명하고 있는 자원의 특성은?
>
> 대부분의 자원은 완전히 재생되지 않기 때문에 언젠가는 고갈된다.
>
> ① 유한성　② 가변성
> ③ 편재성　④ 무한성
>
> 해 자원은 매장량이 한정되어 있으며 재생 불가능한 유한성의 특징을 갖고 있다.
>
> 정답 ①

- 의미 : 현세대의 필요를 충족하기 위해 다음 세대가 사용할 경제 · 사회 · 환경 등의 자원을 낭비하거나 여건을 저해하지 않으면서 경제 발전, 사회 안정과 통합, 환경 보전이 균형을 이루는 발전
- 생태계 수용 능력의 한계 내에서 경제를 개발
- 사회적 통합과 발전을 위해 빈곤 문제를 해결
- 평등한 사회 지향 : 질적인 성장과 공정한 배분

ⓒ 지속 가능한 발전을 위한 노력

- 국제 · 국가적 노력 : 국제기구와 비정부 기구가 경제 발전, 환경 보전 등을 위해 노력함, 국제 환경 협약 체결

경제적 측면	신 · 재생 에너지 보급 확대, 개발 도상국의 빈곤 문제 해결
사회적 측면	사회 취약 계층 지원 제도
환경적 측면	온실가스를 감축하기 위한 제도

- 개인적 노력 : 윤리적 소비 실천, 자원과 에너지 절약, 물건을 재활용 함

(3) 미래 지구촌의 모습과 내 삶의 방향

① 지구촌 미래 사회의 모습

정치 · 경제 · 사회적 측면	• 빈부 격차, 문화적 차이, 영토 분쟁 등의 갈등 심화 • 국가 간의 교류 증가, 상호 의존도 높아짐 • 정치적 협력을 통해 세계 평화를 위한 핵 안보 문제 해결 • 영토나 종교를 둘러싼 분쟁이 줄어들 수 있음 • 특정 직업의 소멸로 인한 실업 문제 발생 가능
과학 기술적 측면	• 과학 기술의 발달 속도가 빨라질 것임, 생활이 풍요로워 짐 • 사물 인터넷 기술의 개발로 모든 것이 연결되는 초연결 사회 • 정보 통신 기술을 이용하여 연결되는 스마트 시티가 됨 • 생명공학의 발달, 자율 주행 자동차, 드론, 인공 지능 로봇
환경적 측면	• 현재의 환경 문제가 해결되지 않는다면 지구의 자정 능력을 넘어설 정도로 환경 오염이 심각해질 것 • 멸종 위기에 있는 생물종 복원, 수직 농장의 활성화 등

② 미래 사회를 위한 준비

㉠ 올바른 인성과 가치관 정립 : 개방적 태도, 관용 등을 바탕으로 올바른 인성과 가치관을 키우기 위해 노력

㉡ 비판적 사고력 증진 : 사회 현상에 대한 비판적 분석, 사회 문제 발생의 원인 등을 파악할 수 있어야 함

> 개념UP
> **과학 기술의 발달의 영향**
> - **긍정적** : 산업화 및 기계화로 생산성 향상, 정보 통신 기술 및 교통 발달 등
> - **부정적** : 화석 연료의 과다한 사용으로 지구적 환경 위기 직면, 사이버 범죄 및 사생활 침해 증가, 대기 오염 심화, 다양한 윤리 문제 발생 등

> 개념UP
> **바람직한 과학 기술 활용 방안**
> 기술 개발 통제, 바람직한 기술 발전을 위한 법적 · 제도적 장치 마련

㉢ 세계 시민으로서 공감과 연대 의식
- 문화의 차이를 인정하고 다양성을 존중하는 자세가 필요
- 책임 의식을 가지고 지구촌 문제를 해결하기 위해 적극 동참하고 실천하는 노력 필요

개념UP

공간 정보 기술의 발달과 영향
- **긍정적** : 공간 정보 기술 활용의 대중화로 누구나 손쉽게 공간 정보 기술 이용 가능함
- **부정적** : 개인 위치 정보의 불법 수집과 유출, 사생활 침해

개념UP

도시 수직 농장

도심에 고층 건물을 짓고, 각 층에 농장을 만들어 수경 재배가 가능한 농작물을 재배하는 일종의 아파트형 농장

01 다음에서 설명하는 관점으로 가장 적절한 것은?

> 도덕적 가치 판단과 규범적 방향성에 초점을 두어 바람직한 삶의 모습을 살펴보는 것

① 시간적 관점　② 사회적 관점
③ 윤리적 관점　④ 공간적 관점

정답 | ③　출제 가능성 | 80%

해 설
윤리적 관점에 대한 설명이다. 윤리적 관점은 시간과 공간을 초월하여 공통적이고 보편적인 규범의 역할을 한다.

02 행복에 관한 것으로 가장 옳지 않은 것은?

① 모든 사람의 행복의 기준은 동일하다.
② 행복의 기준에는 시대 상황이 영향을 미칠 수 있다.
③ 감정적 충족감 등은 행복 실현에 도움이 된다.
④ 인문 환경도 인간의 행복에 영향을 미친다.

정답 | ①　출제 가능성 | 70%

해 설
모든 사람의 행복의 기준은 동일하지 않다. 사람마다 다른 것이다.

03 다음 설명에 해당하는 것으로 가장 적절한 것은?

> 주거 환경에서부터 문화, 여가, 자연환경 등 일상생활의 전 영역을 광범위하게 일컫는 말

① 정주환경　② 기본환경
③ 생활환경　④ 도덕환경

정답 | ①　출제 가능성 | 70%

해 설
정주환경에 대한 설명이다. 정주환경은 '인간이 정착하여 살아가는 주거지와 다양한 주변 환경'을 의미한다.

04 다음 설명과 가장 관련 있는 자연재해는?

> • 지붕, 간판 등 날아갈 위험이 있는 물건을 점검한다.
> • 하천 근처에 주차된 자동차를 안전한 곳으로 이동한다.

① 지진 ② 태풍
③ 한파 ④ 해일

정답 | ② 출제 가능성 | 70%

해 설
태풍과 관련된 설명이다. 태풍은 열대 지방의 바다에서 형성되는 저기압으로 강풍과 폭우를 동반한다.

05 다음 보고서의 내용을 보고 (가)에 들어갈 제목으로 가장 적절한 것은?

> 주제 : (가)
> 1) 공업 중심의 산업 구조
> 2) 공장제 기계 공업의 발달
> 3) 대량 생산 대량 소비 체제
> 4) 노사 갈등, 빈부 격차 심화 등의 문제 발생

① 세계화의 영향
② 산업화의 의미와 문제점
③ 정보화의 개념과 문제점
④ 과학 기술의 발전과 경제 성장

정답 | ② 출제 가능성 | 60%

해 설
보고서의 하위 요소는 모두 산업화의 의미와 문제점을 나타내고 있다.

06 **다음 현상으로 인해 농촌 지역에서 발생한 현상으로 보기 어려운 것은?**

> 도시 인구의 비율이 높아지고, 도시적 생활 양식이 확대되는 현상이다. 우리나라는 1960년대 본격화 되었으며, 현재는 거의 종착 단계에 접어들었다.

① 경지 면적이 감소하였다.

② 상품 작물의 재배 면적이 꾸준히 축소된다.

③ 병원 등의 사회 기반 시설이 부족하다.

④ 도로, 주택, 공장 등의 도시적 토지 이용이 증가한다.

정답 | ② 　 출제 가능성 | 60%

해 설

도시적 생활 양식이 확대되는 도시화에 대한 설명이다. 도시화로 인해 농촌 지역의 인구는 유출 현상을 겪게 되며, 이로 인해 경지 면적은 감소하고, 인구의 고령화 현상이 나타난다. 또한 사회 기반 시설이 부족한 한편, 근교 농업 지대에서는 상품 작물의 재배가 확대되고, 도시적 토지 이용이 증가하게 된다.

07 **지역 조사의 과정으로 가장 옳은 것은?**

① 조사 주제 선정 → 지리 정보의 분석 → 지리 정보의 수집 → 토의 → 조사보고서 작성

② 조사 주제 선정 → 지리 정보의 수집 → 지리 정보의 분석 → 토의 → 조사보고서 작성

③ 조사 주제 선정 → 토의 → 조사보고서 작성 → 지리 정보의 수집 → 지리 정보의 분석

④ 지리 정보의 분석 → 지리 정보의 수집 → 토의 → 조사보고서 작성 → 조사 주제 선정

정답 | ② 　 출제 가능성 | 60%

해 설

지리 정보의 수집을 하면서 실내 조사, 야외 조사를 하고, 지리 정보의 분석을 하면서 자료 정리와 도표 등을 작성한다.

08 다음 밑줄 친 권리로 알맞은 것은?

> 산업 혁명을 거치면서 등장한 자본주의의 발달로, 빈부 격차, 열악한 근로 조건, 환경오염 등의 사회 문제가 등장하였다. 이러한 사회 문제를 해결하고 사회적 약자를 보호하기 위해 새로운 권리가 등장하게 되었다.

① 자유권 ② 평등권
③ 참정권 ④ 사회권

정답 | ④ 출제 가능성 | 80%

해 설
사회권에 대한 설명이다. 사회권은 인간이 존엄과 가치를 유지하면서 살아가기 위한 최소한의 생활수준을 보장하는 권리로서 산업 혁명 이후 등장하였으며 오늘날 현대 복지 국가에서 그 중요성이 더욱 증대되었다.

09 다음 정책들이 만들어지게 된 공통적인 목적으로 가장 적절한 것은?

> • 장애인 의무 고용제
> • 여성 정책 기본 계획
> • 독점 규제 및 공정 거래에 관한 법률

① 사회 질서 유지
② 지역 격차의 해소
③ 경제 질서의 확립
④ 사회적 약자의 보호

정답 | ④ 출제 가능성 | 70%

해 설
사회적 약자란 장애인이나 여성과 같이 정치 · 경제 · 사회적 측면에서 상대적으로 불리한 위치에 있는 사람들을 말한다. 이러한 사회적 약자 보호를 위한 정책으로는 장애인 의무 고용제, 여성 정책 기본 계획, 독점 규제 및 공정 거래에 관한 법률 등이 있다.

10 다음 설명에 해당하는 사회 참여 방법은?

> • 민주주의에서 가장 중요하고 보편적인 정치 참여 방법
> • 정치에 참여하기 가장 손쉽고, 보편적인 방법

① 청원 ② 선거
③ 시위 ④ 정당 가입

정답 | ② 출제 가능성 | 70%

해 설
민주주의에서 가장 중요하고 보편적인 정치 참여 방법은 선거에 참여하여 투표를 하는 것이다. 투표는 정치에 참여하는 가장 손쉽고 보편적인 방법이지만, 선택 방안이 제한되어 있으며 선거가 있을 때에만 투표를 할 수 있다는 단점이 있다.

11 다음 중 인간다운 삶의 조건으로 알맞은 것은?

① 법적으로 인간다운 삶을 보장받기는 어렵다.
② 경제적 측면만 만족하면 삶의 질은 높아진다.
③ 삶의 질의 가치는 외형적인 생활 상태로 측정한다.
④ 환경적 측면에서는 깨끗한 환경이 보장되어야 한다.

정답 | ④ 출제 가능성 | 60%

해 설
우리 헌법은 모든 국민들의 인간다운 삶을 보장해 주기 위해 법적으로 권리를 규정하고 있다. 인간다운 삶이란 외형적인 상태뿐만 아니라 만족, 행복과 같은 내면적인 심리 상태를 포괄하는 넓은 개념이다. 따라서 삶의 질을 높여 인간다운 삶을 누리려면 경제적 측면뿐만 아니라, 사회 · 문화적, 환경적 측면의 삶이 보장되어야 한다.

12 기본권의 제한에 해당하는 것을 〈보기〉에서 고른 것은?

〈보기〉

ㄱ. 국가 안전 보장　　ㄴ. 단체 행동
ㄷ. 공공복리　　ㄹ. 질서 유지

① ㄱ, ㄴ, ㄷ　　② ㄱ, ㄴ, ㄹ
③ ㄱ, ㄷ, ㄹ　　④ ㄴ, ㄷ, ㄹ

정답 | ③ 출제 가능성 | 70%

해 설
기본권은 국가 안전 보장, 질서유지, 공공복리를 위해서 제한될 수 있다.
ㄴ은 근로 3권에 해당한다.

13 다음 중 사회 보험에 해당하지 않는 것은?

① 국민 기초 생활 보장법
② 국민 건강 보험
③ 국민 연금
④ 노인 장기 요양 보험

정답 | ① 출제 가능성 | 60%

해 설
사회 보험은 건강, 재해, 실업, 노령 등 미래의 문제에 대처하는 사전 예방적인 성격을 띠는 사회 복지 정책의 하나로 국민 건강 보험, 국민 연금 등이 있다.
①은 공공 부조로 최소한의 인간다운 삶을 보장하기 위한 정책이다.

14 **다음 중 수익성은 낮으나 안전성이 높은 자산 관리 방법을 모두 고르면?**

ㄱ. 은행 예금	ㄴ. 국공채
ㄷ. 주식	ㄹ. 펀드

① ㄱ, ㄴ　② ㄴ, ㄷ
③ ㄱ, ㄹ　④ ㄷ, ㄹ

정답 | ①　출제 가능성 | 70%

해 설
안전성이 높은 자산은 은행 예금, 국공채이고, 안전성이 낮은 자산은 주식, 펀드이다.

15 **다음이 설명하는 사회 복지 제도로 알맞은 것은?**

> 소득 수준이 낮은 국민들의 최저 생활을 보장하고 자립을 지원하는 제도

① 사회보험　② 사회 서비스
③ 공공부조　④ 기부

정답 | ③　출제 가능성 | 70%

해 설
공공부조에 해당하는 설명이다. 공공부조에는 국민 기초 생활 보장 제도, 의료 급여, 교육 급여 등이 있다.

16 **다음 중 문화 이해의 태도에 대한 설명 중 옳지 않은 것은?**

① 문화 상대주의는 문화를 이해가 아닌 평가의 대상으로 본다.
② 문화 사대주의는 문화적 정체성이 상실될 위험이 있다.
③ 자문화 중심주의는 국제적 고립의 가능성이 높다.
④ 문화 사대주의는 지양해야 할 태도이다.

정답 | ①　출제 가능성 | 70%

해 설
문화 상대주의는 한 사회의 문화를 그들이 처한 환경과 역사적 맥락에서 이해하려는 태도로 평가의 대상으로 보지 않는다.

17 다음이 설명하는 문화 변동의 양상으로 가장 적절한 것은?

> 전통문화 요소가 소멸하고 외래 문화 요소로 대체되는 문화 변동 양상

① 문화 병존　② 문화 융합
③ 문화 동화　④ 문화 분리

정답 | ③　출제 가능성 | 70%

해 설
문화 동화에 해당하는 설명이다. 문화 동화는 기존의 문화가 외부에서 들어온 문화에 의해 완전히 흡수되는 것이다.

18 아래와 같은 인구 피라미드가 나타나는 국가의 인구 문제에 대한 설명으로 〈보기〉 중 옳은 것은?

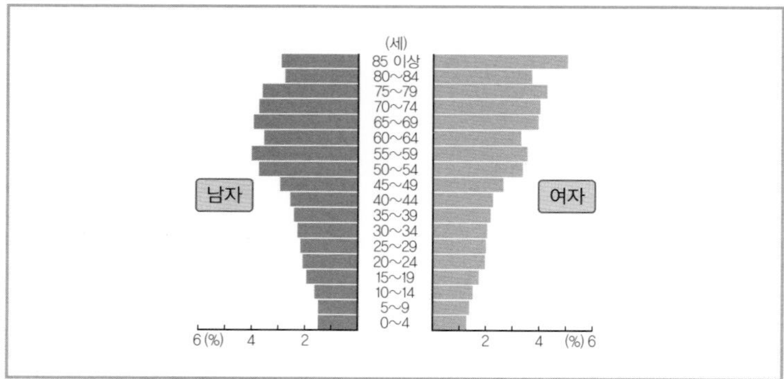

〈보기〉

ㄱ. 높은 출생률로 급격한 인구 증가가 예상된다.
ㄴ. 노동력 부족으로 산업 활동의 정체가 예상된다.
ㄷ. 평균 수명 연장으로 노인 복지 비용이 증가한다.
ㄹ. 식량 부족, 빈곤의 확산 등의 사회 문제가 발생한다.

① ㄱ, ㄴ　② ㄱ, ㄷ
③ ㄴ, ㄷ　④ ㄷ, ㄹ

정답 | ③　출제 가능성 | 70%

해 설
제시된 인구 피라미드는 고령층의 인구가 많은 국가의 모습이다. 대부분 선진국이 해당되며, 생산 연령층의 인구가 적으므로 노동력 부족 문제가 발생하고, 출산율이 낮아 인구 감소가 예상된다.

19 그림은 자원의 특성에 대한 것이다. (가), (나)에서 알 수 있는 자원의 특성을 바르게 연결한 것은?

	(가)	(나)
①	편재성	가변성
②	가변성	편재성
③	유한성	가변성
④	편재성	유한성

정답 | ① 출제 가능성 | 70%

해 설
자원의 대표적 특성은 편재성, 가변성, 유한성이 있다. (가)는 자원이 지역에 따라 편중되어 있는 편재성, (나)는 과학기술이나 경제적 여건 등에 따라 자원의 가치가 변하는 가변성을 표현하는 그림이다.

20 다음에서 공통적으로 설명하는 에너지 자원은?

- 에너지 효율이 좋고 오염물질이 적음
- 액화 기술의 발달로 생산량과 소비량 증가
- 러시아, 미국, 캐나다 등에서 생산

① 천연가스 ② 원자력
③ 석탄 ④ 석유

정답 | ① 출제 가능성 | 70%

해 설
천연가스에 대한 설명이다.
② **원자력** : 발전 비용이 저렴하고 환경오염물질 배출이 적음
③ **석탄** : 산업 혁명 이후 증기 기관 연료와 제철 공업 연료로 사용
④ **석유** : 현대 사회 생활 전반에서 가장 중요한 자원

21 다음과 같은 역사 속 위기에 대처하는 자세로 옳지 않은 것은?

> 중동 전쟁이 석유 전쟁으로 확산되면서 1970년대 두 차례의 세계 석유 파동이 일어났다. 당시 세계 경제는 인플레이션과 경기 침체를 동시에 겪는 어려움에 빠지게 되었다. 우리나라도 석유 파동으로 중화학 공업에 큰 타격을 입었다.

① 석유 수입의 다각화
② 에너지 이용 효율성 증대
③ 신 · 재생 에너지 산업 지원
④ 석유를 이용한 화력 발전소 건설

정답 | ④ 출제 가능성 | 70%

해 설
제시된 내용은 석유의 고갈 등에 관한 인류의 위기 상황을 나타낸 것이다. 석유를 이용한 화력 발전소 건설이 이루어지면 석유 고갈 위기가 더욱 심각해질 것이다.

22 개발도상국에서 발생할 수 있는 인구 문제를 〈보기〉에서 고른 것은?

〈보기〉

ㄱ. 빈곤	ㄴ. 고령화 현상
ㄷ. 저출산 현상	ㄹ. 이촌 향도 현상

① ㄱ, ㄴ　② ㄱ, ㄹ
③ ㄴ, ㄷ　④ ㄷ, ㄹ

정답 | ② 출제 가능성 | 70%

해 설
개발도상국은 사망률이 감소하지만 높은 출생률이 유지되면서 급격한 인구 증가가 이루어진다. 급격한 인구 증가로 일자리가 부족해지면서 농촌에서 도시로 일자리를 찾아 이동하는 이촌 향도 현상이 나타난다. 인구가 많을 경우 한정된 부의 분배 과정에서 개인에게는 적은 양만 배분되므로 빈곤 문제가 발생한다.

23 고령화로 인해 나타날 수 있는 사회 문제로 옳지 않은 것은?

① 노인 복지 지출의 증가로 인한 재정적 부담이 증가할 것이다.
② 경제적 측면에서 경기 침체와 장기적인 불황의 원인이 될 수 있다.
③ 노후 소득에 대한 준비가 미흡할 경우 노인 빈곤이 야기될 것이다.
④ 노인 실업 문제는 사회적 효용 가치 문제와 맞물려 해결이 불가능하다.

정답 | ④ 출제 가능성 | 70%

해 설
과거에 비해 은퇴 시기가 빨라지고 노인 인구의 건강 상태가 양호하기 때문에 노인 인구의 오랜 경륜을 활용한 경제적인 고용 창출이 가능하다. 노인 실업 문제 해결을 위한 고용 창출은 사회적으로 실현 가능하다.

24 청소년 노동에 대한 설명으로 가장 옳지 않은 것은?

① 청소년의 노동시간은 하루 최대 7시간이다.
② 성인들이 보장받는 노동 조건에 대한 권리를 똑같이 보장받는다.
③ 위험한 일이나 유해 업종에서 일할 수 없다.
④ 미성년자의 근로 계약은 친권자나 후견인이 체결한다.

정답 | ④ 출제 가능성 | 50%

해 설
미성년자의 근로 계약이라 하더라도 친권자나 후견인의 동의를 동반하여 직접 계약을 체결해야 한다.

25 다음 중 정보화 사회의 특징으로 볼 수 없는 것으로 가장 적절한 것은?

① 다품종 소량 생산 체계의 정착
② 정보처리능력의 평준화
③ 지방자치의 분권화된 정부
④ 저공해산업의 성장

정답 | ② 출제 가능성 | 60%

해 설
정보화 사회에서는 정보처리능력의 격차로 인해 정보격차가 커지고 정보조작이 발생할 수 있다는 문제가 있다.

26 헌법에 대한 옳은 설명으로 가장 적절한 것은?

① 국가 권력이 인권을 제한하는 근거가 된다.
② 국민의 기본권을 규정해 놓은 법이다.
③ 헌법의 하위 법령은 헌법에 위배된다.
④ 헌법은 국가의 통치 원리를 명시하지 않은 법이다.

정답 | ② 출제 가능성 | 60%

해 설
헌법은 국가의 최고법으로서 기본권과 국가의 통치 원리를 명시해 둔 법이다. 즉 헌법을 통해 국가 권력이 국민의 인권을 침해하지 못하도록 하고 있다. 헌법의 하위 법령은 헌법에 위배될 수 없다. 헌법의 하위 법령은 헌법을 토대로 기본권 보장 방법에 대해 규정하고 있다.

27 **사회적 소수자에 대한 설명으로 가장 옳지 않은 것은?**

① 정치 · 경제적 권력 등에서 열세에 있다.
② 사회에서의 수에 의해 결정된다.
③ 사회적 지위에 기초하여 결정된다.
④ 사회의 다른 구성원으로부터 구분 되어 불평등한 처우와 차별을 받는다.

정답 | ② 출제 가능성 | 60%

해 설
사회에서의 구성원 수가 적다고 하여 사회적 소수자로 규정되는 것은 아니므로, ②는 옳지 않다. 사회적 소수자는 특정 사회나 국가의 지배적 가치와 기준을 달리한다는 이유로 차별받거나 불평등한 대우를 받는 사람을 말한다.

28 **국제 사회의 행위 주체에 대한 설명으로 가장 옳지 않은 것은?**

① 국가는 국제 사회를 구성하는 가장 기본적인 행위 주체이다.
② 국제적으로 영향력 있는 개인도 중요한 국제 사회의 행위 주체이다.
③ 오늘날에는 다양한 행위 주체가 국제 사회에 참여하고 있지만 국제 사회의 문제는 감소하는 추세이다.
④ 각국의 정부를 회원으로 하는 국제 사회의 행위 주체에는 국제 연합(UN), 유럽 연합(EU) 등이 있다.

정답 | ③ 출제 가능성 | 70%

해 설
국제 사회에는 여러 이해관계가 서로 충돌하면서 갈등이 발생하고 있다. 이를 해결하기 위해 개별 국가뿐만 아니라 국가의 범위를 넘어 다양한 행위 주체가 활동하고 있다.

29 소극적 평화에 대한 옳은 설명을 〈보기〉에서 고른 것은?

〈보기〉

ㄱ. 물리적이고 직접적인 폭력이 없는 상태를 말한다.
ㄴ. 테러와 전쟁 등의 원인이 근본적으로 해결된 상태이다.
ㄷ. 국제 사회에서 전쟁과 테러가 지속되고 있는 상황에서 그 중요도가 높다.

① ㄱ　② ㄱ, ㄴ
③ ㄴ, ㄷ　④ ㄱ, ㄷ

정답 | ④　출제 가능성 | 70%

해 설
직접적이며 물리적인 폭력이 없는 상태를 소극적 평화라고 한다. 테러와 전쟁 등의 원인이 근본적으로 해결된 상태는 아니라는 한계가 있지만 오늘날 국제 사회에서 전쟁과 테러가 지속되고 있는 상황에서 그 중요성이 높다.

30 통일을 이루어야 하는 이유로 가장 옳지 않은 설명은?

① 이산가족과 실향민의 아픔을 해소해야 하기 때문이다.
② 통일은 민족의 동질성을 회복하는 데 필요하다.
③ 강대국과 맞설 수 있는 강력한 군사력을 보유하여 군사 강국이 될 수 있다.
④ 군비 경쟁에서 낭비되는 자원을 주민의 삶의 질을 향상하는 데 사용할 수 있다.

정답 | ③　출제 가능성 | 70%

해 설
통일을 통해 강력한 군사력을 보유하고자 하는 것은 주변국가와의 또 다른 갈등을 불러일으킨다.

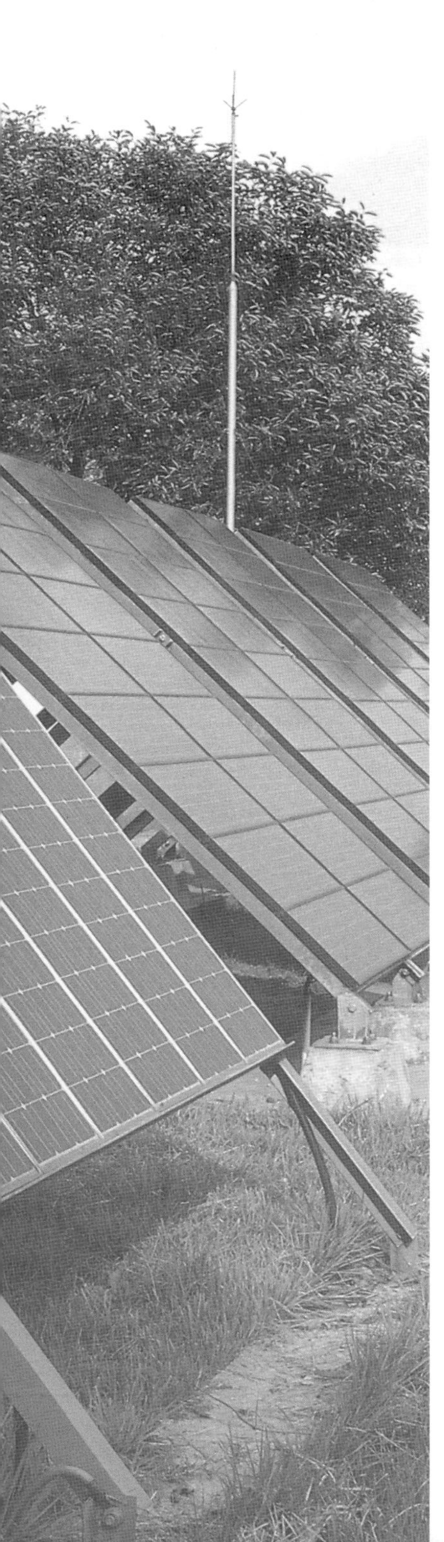

PART 5

과학

STEP1. 핵심 이론.ZIP

STEP2. 시험에 반드시 출제되는 문제

❶ 물질과 규칙성

(1) 우주의 기원

① 빛의 스펙트럼 중요

㉠ 의미 : 빛이 프리즘을 통과하면서 여러 가지 색으로 나누어지는 색깔의 띠

㉡ 종류

연속 스펙트럼	고온의 광원이 방출하는 빛을 분산시키면서 나타남
흡수 스펙트럼	고온의 광원에서 방출한 빛을 기체에서 일부 흡수하여 스펙트럼에 흡수선(검은 선)이 나타남
방출 스펙트럼	비교적 저온의 기체에서 방출되는 빛이 스펙트럼에 방출선(색깔 선)으로 나타남

㉢ 이용 : 기체마다 흡수선이 나타나는 위치와 굵기가 다르므로 이를 분석하여 별의 온도, 밀도, 화학 성분 등을 알 수 있음

② 허블 법칙

㉠ 도플러 효과(Doppler effect) : 물체와 관측자의 속도에 따라 스펙트럼의 파장이 짧아지거나 길어지는 현상으로 소리뿐만 아니라 빛의 경우에도 나타남

• 소리의 도플러 효과

접근	후퇴
소리의 파장이 짧아지고 진동수가 커짐 → 소리가 높게 들림	소리의 파장이 길어지고 진동수가 작아짐 → 소리가 낮게 들림

• 빛의 도플러 효과

접근	후퇴
빛의 진동수가 증가하여 파장이 짧아지는 쪽으로 치우침 → 청색 편이	빛의 진동수가 감소하여 파장이 길어지는 쪽으로 치우침 → 적색 편이

㉡ 허블 법칙 중요

$$v = H \cdot r$$

v : 은하의 후퇴 속도(km/s), H : 허블 상수(km/s/Mpc), r : 은하의 거리(Mpc)

문제UP

다음에서 설명하는 것은?

빛을 프리즘에 통과시키면 무지개와 같은 연속적인 여러 가지 색의 스펙트럼이 나타난다.

① 자외선
② 적외선
③ 선 스펙트럼
④ 연속 스펙트럼

해 빛이 넓은 파장에 걸쳐 연속적으로 나타난 스펙트럼을 연속 스펙트럼이라 한다.

정답 ④

개념UP

적색 편이 · 청색 편이

- **적색 편이** : 지구와 별이 서로 멀어질 경우, 빛의 파장이 길어져 흡수선 스펙트럼이 붉은색 쪽으로 이동하는 현상
- **청색 편이** : 지구와 별이 서로 접근하는 경우, 빛의 파장이 짧아져 흡수선 스펙트럼이 파란색 쪽으로 이동하는 현상

- 멀리 떨어진 외부 은하일수록 빠른 속도로 멀어짐
- 세페이드 변광성으로부터 구한 은하까지의 거리와 적색 편이로부터 구한 은하의 후퇴 속도 사이에는 비례 관계가 있음
- 허블 상수는 우주의 팽창률을 의미하며, 허블 상수가 클수록 우주의 팽창 속도가 빠름

③ 우주의 팽창

㉠ 허블 법칙은 관측자가 어디에 있거나 동일하게 성립함(우주가 팽창하고 있다는 것을 의미)

㉡ 우주에 특별한 중심은 없음

(2) 빅뱅과 원자의 형성

① 기본 입자 : 더 이상 쪼갤 수 없는 가장 기본적인 입자

쿼크(quark)	u(up), d(down), c(charm), s(strange), t(top), b(bottom)
경입자(lipton)	전자, 뮤온, 타우온, 전자중성미자, 뮤온중성미자, 타우온중성미자

② 빅뱅 우주론

㉠ 이론 : 우주가 초고온, 초고밀도 상태의 한 점에서 폭발하여 팽창함에 따라 온도와 밀도가 감소하여 저온, 저밀도 상태의 현재 우주가 되었다는 이론

㉡ 특징 : 우주가 팽창하는데 우주의 총 질량이 일정하므로, 우주의 평균 밀도는 감소함, 우주의 온도가 낮아지고, 어두워짐

㉢ 증거 : 허블 법칙, 우주 초기의 핵융합 반응에 의한 수소 대 헬륨 비, 우주 배경 복사의 존재

③ 원자핵의 형성

㉠ 양성자, 중성자의 형성

양성자	• 구성 : u(up) 쿼크 2개 + d(down) 쿼크 1개 • 특성 : (+)전하, 수소 원자의 양이온(수소 원자핵)
중성자	• 구성 : u(up) 쿼크 1개 + d(down) 쿼크 2개 • 특성 : 전하를 띠지 않는 중성 입자

㉡ 원자핵의 형성 : 빅뱅 3분 후 양성자와 중성자가 강한 핵력에 의해 결합하여 형성 → 헬륨 원자핵이 만들어짐

㉢ 원자의 형성 : 빅뱅 약 38만 년 후 원자핵과 전자가 결합하여 수소와 헬륨 원자가 형성

개념UP

허블 상수

$$H = \frac{\text{후퇴속도}(v)}{\text{거리}(r)} \text{km/s/Mpc}$$

개념UP

우주에 존재하는 네 가지 기본 힘

- **중력** : 물체의 질량 사이에 작용하는 힘
- **전자기력** : 물체가 가진 전하 사이에 작용하는 힘
- **강한 핵력** : 양성자와 중성자를 하나로 묶어주는 힘
- **약한 핵력** : 쿼크의 속성을 변화시켜 양성자를 중성자로, 중성자를 양성자로 바꾸는 힘

문제UP

빅뱅 이후 물질의 형성 순서를 바르게 나열한 것은?

ㄱ. 원자핵의 생성
ㄴ. 기본 입자의 생성
ㄷ. 원자의 생성
ㄹ. 양성자와 중성자의 생성

① ㄴ － ㄹ － ㄱ － ㄷ
② ㄴ － ㄱ － ㄹ － ㄷ
③ ㄷ － ㄱ － ㄹ － ㄴ
④ ㄷ － ㄹ － ㄱ － ㄴ

해 쿼크와 전자 같은 기본 입자가 만들어진 후 양성자와 중성자가 생성되었고, 양성자와 중성자가 충돌하여 원자핵이 생성되었으며 원자핵의 주위로 전자가 끌려오며 원자가 생성되었다.

정답 ①

㉣ 수소와 헬륨의 질량비

- 우주 초기에 만들어진 수소와 헬륨의 원자핵의 개수 비는 12:1이며, 헬륨의 원자핵이 양성자보다 4배 무거우므로 질량비는 3:1
- 수소와 헬륨의 질량비 3:1은 우주 전역에서 관측되는 헬륨 비율과 잘 일치하므로 빅뱅 우주론의 관측적인 증거가 됨

④ 우주 배경 복사 : 대폭발 후에 우주의 온도가 약 3,000 K이었을 때 방출되었던 우주 배경 복사가 우주의 팽창으로 식어서 현재 2.7 K의 복사로 관찰되는 것

> 개념UP
> **핵융합 반응**
> 가벼운 원소의 원자핵이 융합하여 무거운 원소의 원자핵을 만드는 반응

(3) 별과 은하

① 별의 탄생과 진화

㉠ 성간 물질과 성운

- 성간 물질 : 별과 별 사이를 채우고 있는 기체(99%)와 먼지(1%)로 구성된 물질
- 성운 : 성간 물질의 밀도가 주변보다 높은 영역

㉡ 별의 탄생 과정

- 밀도가 높은 성운이 중력 수축하면서 원시별 형성
- 원시별이 계속 중력 수축하여 중심부의 온도가 상승
- 온도가 1,000만 K에 이르면 수소 핵융합 반응을 시작하여 스스로 빛을 방출하는 주계열성 형성

> 개념UP
> **별**
> 내부에서 핵융합 반응으로 생성된 에너지를 방출하여 스스로 빛을 내는 천체

② 별의 진화

㉠ 주계열성 : 수소(H)가 헬륨(He)으로 바뀌는 수소 핵융합이 일어나는 별

- 주계열성은 질량이 클수록 표면 온도가 높고 밝은 별로, 별은 일생의 약 90%를 주계열 단계에서 보냄
- 질량이 큰 별일수록 에너지 발생량이 커서 주계열성으로 머무는 시간이 짧고 진화 속도가 빠름

㉡ 별의 진화

- 태양 정도의 질량을 가진 별

성간 물질 → 원시별 → 주계열성 → 적색 거성 → 행성상 성운 → 백색 왜성

> 개념UP
> **별의 에너지**
> - **중력 수축 에너지** : 성운 또는 별이 중력에 의해 수축할 때 발생하는 에너지
> - **핵융합 에너지** : 원자핵과 원자핵이 충돌하여 융합될 때 발생하는 에너지

> 개념UP
> **백색 왜성 · 중성자별 · 블랙홀**
> - **백색 왜성** : 탄소로 구성
> - **중성자별** : 중성자로 구성
> - **블랙홀** : 중력이 너무 강해서 빛도 빠져나가지 못함

• 태양의 10배 이상의 질량을 가진 별

> 성간 물질 → 원시별 → 주계열성 → 초거성 → 초신성 폭발 → 중성자별, 블랙홀

③ 무거운 원소의 합성 중요

㉠ 지구상에 존재하는 원소의 기원

• 별의 내부에서 생성된 무거운 원소들은 태양계, 지구, 생명체를 구성하는 원소들과 비슷함
• 별의 진화 과정에서 핵융합 반응, 초신성 폭발 등에 의해 생성, 우주로 방출된 물질들이 생명의 탄생을 가능하게 함

㉡ 철보다 무거운 원소의 합성

• 중심부에서 더 이상 핵융합이 일어나지 않으면 수축이 시작됨 → 수축을 더 이상 견딜 수 없게 되면 별의 바깥 부분이 폭발하며 초신성이 됨
• 초신성 폭발 때의 온도와 압력에 의해 철보다 무거운 원소들이 만들어짐

핵융합 반응과 생성 원소

핵융합 반응	연료	생성 원소	반응 온도(K)
수소(H)	수소	헬륨	1,000만 K
헬륨(He)	헬륨	탄소	2억 K
탄소(C)	탄소	네온, 마그네슘, 나트륨, 산소	8억 K
산소(O)	산소	규소, 인, 황	20억 K
규소(Si)	마그네슘, 규소, 황	철 부근의 무거운 원소	30억 K

(4) 태양계와 지구

① 태양계 형성 과정

㉠ 구성

항성(별)	태양
행성	수성, 금성, 지구, 화성, 목성, 토성, 천왕성, 해왕성
왜행성	명왕성, 에리스, 세레스 등
소행성	태양 주위를 공전하는 불규칙한 모양의 작은 천체
위성	행성을 중심으로 돌고 있는 천체
혜성	태양에 가까워지면 꼬리가 생기며, 얼음과 먼지로 이루어진 천체
유성체	행성 사이의 공간을 움직이며 소행성보다 많이 작은 천체

문제UP

다음 중 별이 밝게 빛을 내는 주된 에너지원은?

① 운동에너지
② 위치에너지
③ 핵융합 에너지
④ 핵분열 에너지

해 태양과 같은 별이 밝게 빛을 내기 위해서는 막대한 양의 에너지가 필요한데 이를 설명할 수 있는 것은 핵융합 에너지이다.

정답 ③

개념UP

초거성의 내부 구조

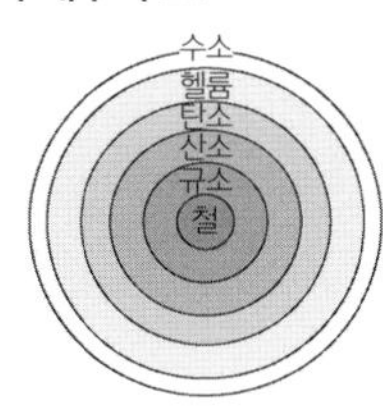

태양 질량의 10배 이상인 별의 내부 구조로, 수소 핵융합이 일어나 헬륨이 생성된 후 점차 무거운 원소가 생성되어 층상 구조를 이루게 되며 마지막에는 중심부에 철이 생성된다.

> 개념UP
> **태양 성운설의 증거**
> • 별 주변을 둘러 싼 원반 모습이 관측됨
> • 별 주변을 돌고 있는 행성들이 관측됨

ⓛ 태양 성운설 : 약 50억 년 전 우리 은하의 현재 태양계 위치에 생성된 거대한 성운은 중력의 작용으로 입자들을 중심으로 끌어당기면서 서서히 수축과 회전을 함

ⓒ 형성 과정

> 태양 성운의 형성 → 중심부가 볼록한 원반 형성 → 원시 태양과 미행성의 형성 → 태양과 원시 행성의 형성

> 개념UP
> **공전 궤도면**
> 한 천체가 다른 천체 둘레를 주기적으로 도는 운동을 할 때, 그 궤도가 이루는 평면

② 태양계 행성의 특징

㉠ 행성들의 공전 궤도면이 거의 일치함

ⓛ 태양의 자전 방향과 행성들의 공전 방향이 일치함

ⓒ 지구형 행성과 목성형 행성(밀도에 따른 분류) 중요

• 지구형 행성

행성	특징
수성	• 주로 무거운 철과 니켈과 같은 금속 물질로 생성 • 태양 가까이에서 형성되어 표면 온도가 높음 • 운석 구덩이 수가 매우 많음(생성 후 많은 운석과 충돌) • 낮과 밤의 기온차가 매우 큼
금성	• 질량의 크기가 지구와 비슷함 • 온실 효과로 인해 표면 온도가 높음 • 화산이 있으며 운석 구덩이 수가 적음 • 자전 방향과 공전 방향이 반대 방향임
지구	• 태양으로부터 먼 거리에서 생성되어 온도가 적절함 • 물이 대부분 액체 상태로 존재 가능함
화성	• 물이 흐른 흔적과 화산 활동의 흔적이 있음 • 태양으로부터 지구보다 멀고, 크기가 작아 생성된 후 빨리 식음 • 표면에 철 성분의 무거운 금속 물질이 있어 붉은색을 띰

• 목성형 행성

행성	특징
목성	• 얼음 상태의 입자들이 결합하면서 크게 성장함 • 60개의 위성과 대적점이 있음 • 태양 성운의 기체 성분인 수소와 헬륨이 풍부함
토성	• 목성보다 바깥쪽에서 얼음 상태의 입자들이 결합하면서 크게 성장함 • 극지방에서 오로라가 관측되며, 뚜렷한 고리가 있음
천왕성	• 메테인 함량이 높아 청록색으로 보임 • 수소와 헬륨이 목성이나 토성에 비해 적음 • 자전축의 기울기가 매우 커 거의 누워 있는 상태로 자전함
해왕성	• 푸른색을 띰 • 얼음 상태의 입자들이 대부분이며, 암석 성분의 입자들 일부와 적은 양의 수소와 헬륨으로 구성됨 • 남반구에 대기의 소용돌이인 대흑점이 있음

• 지구형 행성과 목성형 행성의 물리량

분류	편평도	자전 주기	위성수	고리	질량	평균밀도
지구형 행성	작다	길다	적다	없다	작다	크다
목성형 행성	크다	짧다	많다	있다	크다	작다

③ 태양계 행성의 주요 대기 성분 : 수소, 헬륨, 이산화탄소, 질소, 산소 등

㉠ 지구형 행성 : 행성들의 탈출 속도가 작고, 표면 온도가 높음
→ 가벼운 기체들은 우주로 날아가 이산화탄소, 질소, 산소 등이 대기가 됨

㉡ 목성형 행성 : 행성들의 탈출 속도가 크고, 표면 온도가 낮음
→ 수소, 헬륨 등의 가벼운 기체들이 탈출하지 못하여 대기가 됨

④ 지구의 형성 과정과 상호 작용

㉠ 지구의 형성 과정

태양 성운의 원반부에서 원시 지구 형성 → 미행성 충돌로 성장 → 마그마 바다 → 핵과 맨틀의 분리 → 지각의 형성 → 바다의 형성

㉡ 지구의 원소 분포 : 우주에 가장 많은 원소는 수소이지만 지구에는 산소가 가장 많음

• 지구의 구성 원소

철	산소	규소	마그네슘	니켈	황	칼슘	알루미늄	기타
35%	30%	15%	13%	2.4%	1.9%	1.1%	1.1%	0.5%

• 지각의 구성 원소

산소	규소	알루미늄	철	칼슘	나트륨	칼륨	마그네슘	기타
46.6%	27.7%	8.1%	5%	3.6%	2.8%	2.6%	2.1%	1.5%

(5) 원소의 주기성

① 주기율과 주기율표

㉠ 주기율 : 지구에서 발견된 여러 가지 원소들이 주기적으로 비슷한 화학적 성질을 나타내는 것

개념UP

지구형 행성과 목성형 행성

• 지구형 행성 : 수성, 금성, 지구, 화성
• 목성형 행성 : 목성, 토성, 천왕성, 해왕성

문제UP

다음의 특징을 가지는 행성이 아닌 것은?

• 고리가 없다.
• 평균 밀도가 크다.
• 단단한 암석 표면이다.

① 화성 ② 수성
③ 목성 ④ 금성

해 지구형 행성에 대한 설명이다. 목성은 목성형 행성이다.

정답 ③

개념UP

사람의 구성 원소

산소	65%	인	1%
탄소	18.5%	칼륨	0.4%
수소	9.5%	황	0.3%
질소	3.3%	기타	0.5%
칼슘	1.5%		

ⓛ **주기율표** : 원소를 원자 번호 순서대로 나열하고, 성질이 비슷한 원소끼리는 같은 세로줄에 오도록 배열한 표

- 주기 : 가로줄로 7개의 주기가 있음
- 족 : 세로줄로 18개의 족이 있음, 같은 족끼리는 화학적 성질이 비슷함

주기＼족	1	2	3~12	13	14	15	16	17	18
1	1 H		금속 비금속 준금속						2 He
2	3 Li	4 Be		5 B	6 C	7 N	8 O	9 F	10 Ne
3	11 Na	12 Mg		13 Al	14 Si	15 P	16 S	17 Cl	18 Ar
4	19 K	20 Ca		31 Ga	32 Ge	33 As	34 Se	35 Br	36 Kr
5	37 Rb	38 Sr		49 In	50 Sn	51 Sb	52 Te	53 I	54 Xe
6	55 Cs	56 Ba		81 Tl	82 Pb	83 Bi	84 Po	85 At	86 Rn
7	87 Fr	88 Ra		113 Nh	114 Fl	115 Mc	116 Lv	117 Ts	118 Og

개념UP

주기율표의 역사

- **되베라이너** : '세 쌍 원소'로 원소와 원자량의 관계 발견
- **뉴랜즈** : '옥타브 법칙'으로 주기개념의 시초 세움
- **멘델레예프** : 상대적 질량에 따라 원소 나열 → 주기성을 벗어나는 몇몇 원소 존재
- **모즐리** : 원자 번호 순서에 따라 원소 나열한 후 성질이 비슷한 원소는 같은 세로줄에 배열 → 오늘날 사용하는 주기율표

② **원소의 분류** 중요

㉠ **금속과 비금속**

- 금속 : 일반적으로 주기율표의 왼쪽에 배치되어 있는 원소
- 비금속 : 일반적으로 주기율표의 오른쪽에 배치되어 있는 원소

원소의 분류	금속 원소	비금속 원소
광택	있음	없음
열전도성	매우 잘 통함	잘 통하지 않음
전기전도성	매우 잘 통함	잘 통하지 않음(흑연은 잘 통함)
이온 상태	양이온	음이온
상온에서의 상태	고체로 존재(수은은 액체)	기체 또는 고체로 존재(브로민은 액체)
힘을 가할 때	얇게 펴짐	쉽게 부서짐
원소의 예	구리, 납, 나트륨, 철, 금, 알루미늄, 마그네슘 등	탄소, 황, 인, 산소, 질소, 플루오린 등

문제UP

다음 중 금속이 아닌 것은?

① 철 ② 알루미늄
③ 탄소 ④ 은

해 탄소는 비금속 원소이다.

정답 ③

㉡ 알칼리 금속과 할로젠 원소

• 알칼리 금속 : 주기율표에서 1족에 속하는 원소(수소는 비금속)

예 리튬(Li), 나트륨(Na), 칼륨(K) 등

– 상온에서 고체로 존재, 물러서 칼로 자르기 쉬움

– 고유의 불꽃색을 가짐

– 양이온이 되기 쉬움(+1가)

– 산소, 물과 잘 반응함 → 산소와 반응하여 산화물 생성, 물과 반응하여 수소 기체 발생

• 할로젠 원소 : 주기율표에서 17족에 속하는 원소

예 플루오린(F), 염소(Cl), 브로민(Br), 아이오딘(I) 등

– 상온에서 두 원자가 결합한 상태로 존재

– 독특한 색을 가짐

– 음이온이 되기 쉬움(−1가)

– 나트륨, 수소와 잘 반응함

– 실온에서 플루오린과 염소는 기체, 브로민은 액체, 아이오딘은 고체 상태로 존재함

– 반응성 순서 : F > Cl > Br > I

㉢ **비활성 기체** : 주기율표에서 18족에 속하는 원소로, 옥텟규칙을 만족하는 개수의 전자를 가지고 있기 때문에 반응성이 아주 낮으며 안정하여 쉽게 화합물을 만들지 않는 기체이다.

예 헬륨(He), 네온(Ne), 아르곤(Ar) 등

③ 전자 껍질과 원자가 전자

㉠ **원자의 구성** : 원자핵(양성자+중성자), 전자

㉡ **원자 번호** : 원자핵을 이루고 있는 양성자의 수이자 전자의 수

예 질소(N)의 원자 번호=양성자의 수=전자의 수=7

㉢ **전자 껍질** : 원자핵 주위의 전자가 운동하는 특정한 에너지 준위의 궤도

㉣ **원자가 전자** : 가장 바깥 전자 껍질에 들어 있는 전자

→ 같은 족 원소끼리는 원자가 전자의 수가 같고(=화학적 성질이 비슷함), 같은 주기의 원소끼리는 전자 껍질 수가 같음

개념UP

알칼리 금속의 고유 불꽃색

리튬(빨간색), 나트륨(노란색), 칼륨(보라색), 구리(청록색), 칼슘(주황색)

문제UP

다음 중 알칼리 금속에 대한 설명으로 옳지 않은 것은?

① 수소는 알칼리 금속이 아니다.
② 원자가 전자가 1개이다.
③ 물과 반응하여 수소 기체를 발생시킨다.
④ 음이온이 되기 쉽다.

해 알칼리 금속은 1족에 속하는 원소로 전자 1개를 잃고 양이온이 되기 쉽다.

정답 ④

개념UP

에너지 준위

전자가 갖는 특정한 에너지값 또는 그 에너지를 갖는 상태

원소	수소	탄소	마그네슘
원자 모형	H	C	Mg
원자 번호	1	6	12
원자가 전자 수	1	4	2

ⓓ 옥텟 규칙

- 원자의 최외각 전자껍질에 전자가 최대로 채워질 때 안정함
- 첫 번째 전자껍질에 최대 2개의 전자가, 두 번째와 세 번째 전자껍질에 최대 8개의 전자가 채워질 수 있음

(6) 화학 결합

① 이온 결합

㉠ 이온의 형성 중요

- 양이온 : 원자가 전자를 잃고 옥텟 규칙을 만족함

예 나트륨(Na) → 나트륨 이온(Na^+), 마그네슘(Mg) → 마그네슘 이온(Mg^{2+})

- 음이온 : 원자가 전자를 얻고 옥텟 규칙을 만족함

예 염소(Cl) → 염화 이온(Cl^-), 산소(O) → 산화 이온(O^{2-})

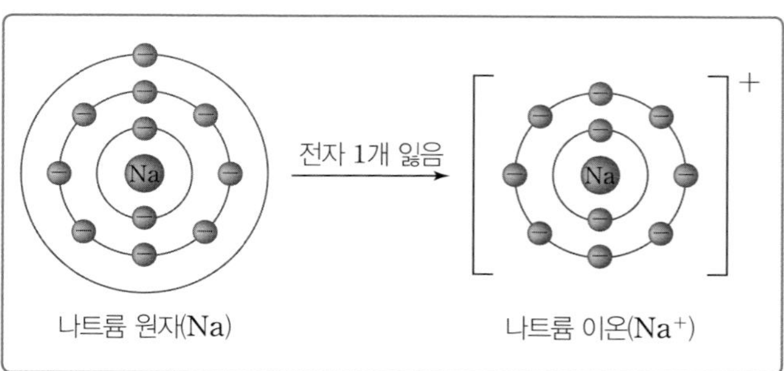

양이온의 형성

개념UP

비활성 기체의 원자가 전자

비활성 기체는 가장 바깥 전자껍질에 옥텟 규칙을 만족하는 전자 수(헬륨은 2개, 네온 등은 8개)를 가지고 있다. 그러므로 최외각 전자 수는 8개이지만, 실제로 반응에 참여하는 원자가 전자의 수는 0개이다.

문제UP

다음 중 원자와 이온의 형성이 옳지 않은 것은?

① $Na \rightarrow Na^+$
② $O \rightarrow O^{2-}$
③ $Ca \rightarrow Ca^{2+}$
④ $Cl \rightarrow Cl^{2-}$

해 Cl(염소)는 17족 원소이므로 전자 1개를 얻어 옥텟 규칙을 만족하려 한다. 그러므로 Cl^{2-}가 아니라 Cl^-가 되어야 옳다.

정답 ④

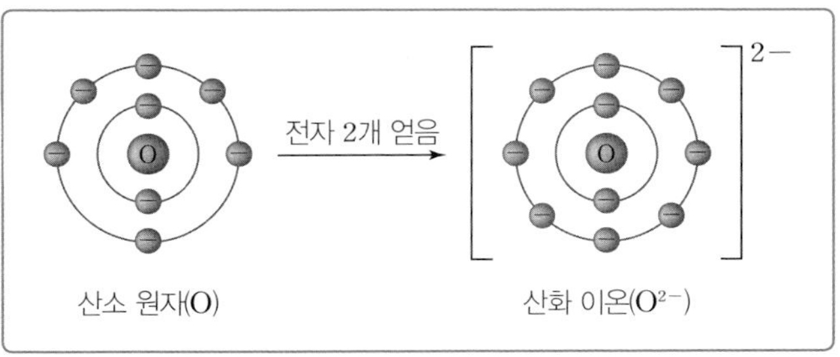

음이온의 형성

㉡ 이온 결합의 형성 : 양이온과 음이온의 전기적 인력으로 형성되는 화학 결합

예

$Na+Cl \rightarrow NaCl$ ($Na^{+}+Cl^{-}$)	Na은 전자를 잃어 양이온이 되고 Cl는 전자를 얻어 음이온이 된 후 결합
$Ca+2Cl \rightarrow CaCl_2$ ($Ca^{2+}+2Cl^{-}$)	Ca은 전자를 잃어 양이온이 되고 Cl는 전자를 얻어 음이온이 된 후 결합(Ca이 +2가 양이온이므로 −1가 음이온인 Cl는 2개가 필요함)

㉢ 이온 결합 물질

- 상온에서 고체로 존재하며 물에 잘 녹음(수용액 상태에서는 전류가 잘 흐름)
- 끓는점, 녹는점이 높음
- 단단하지만 힘을 가하면 쉽게 부서지거나 쪼개짐

예 염화 나트륨(NaCl), 염화 칼슘($CaCl_2$), 질산 나트륨($NaNO_3$) 등

② 공유 결합

㉠ 공유 결합의 형성 : 비금속 원소들이 원자들 사이에서 전자쌍을 공유하며 형성되는 화학 결합

예 $H + H \rightarrow H_2$: 2개의 H 원자가 각각 전자 1개씩을 내놓아 전자쌍을 이룬 후 공유함

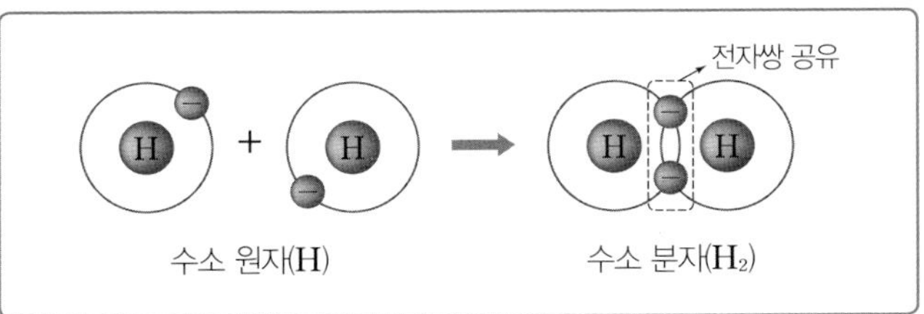

㉡ 공유 결합 물질

- 실온에서 대부분 기체나 액체로 존재하며 전류가 흐르지 않음

개념UP

이온 결합의 화학식

이온끼리 만나 이온 결합 물질이 될 때, 전기적으로 중성이어야 하므로 양이온과 음이온의 총 전하량이 0이 되어야 한다. 즉, +1가 양이온과 −1가 음이온은 1:1로, +2가 양이온과 −1가 음이온은 1:2의 개수비로 결합한다. → A^{n+}와 B^{m-}이 결합한 화학식은 A_mB_n (m:n의 개수비로 결합)

개념UP

공유 전자쌍

공유 결합을 할 때 두 원자가 공유하는 전자쌍

개념UP

공유 결합 물질의 전기 전도성

포도당, 설탕 등 대부분의 공유 결합 물질은 전류가 흐르지 않지만 흑연(고체 상태), HCl(수용액 상태), NH_3(수용액 상태) 등과 같이 전류가 흐르는 물질도 존재함

• 끓는점과 녹는점은 이온 결합 물질보다 낮음

예 물(H_2O), 수소(H_2), 산소(O_2), 이산화탄소(CO_2) 등

(7) 자연의 구성 물질

① 지각의 구성 물질

㉠ 구성 : 지각은 암석으로 이루어졌고, 암석은 광물로 구성되어 있음

㉡ 지각 구성 물질

• 규산염 광물 : 규소(Si)와 산소(O)가 결합된 규산염 사면체 구조

• 휘석(단사슬 구조), 각섬석(복사슬 구조), 흑운모(판상 구조), 석영 · 장석(망상 구조) 등

② 탄소 화합물

㉠ 구성 : 탄소, 산소, 수소 등이 결합하며 만들어진 화합물

㉡ 기본 골격

• 중심 원소는 탄소임

• 다른 탄소 원자와 결합할 때 단일 결합, 2중 결합, 3중 결합을 이룸

• 사슬 모양, 가지 모양, 고리 모양 등 다양한 골격을 이룸

③ 생명체의 구성 물질

㉠ 구성 : 탄소, 수소, 산소, 질소 등의 원소가 다양한 물질을 이루어 생명체를 구성함

㉡ 생명체 구성 물질

• 물(70%) > 단백질(18%) > 기타(6%) > 지질(4%) > 핵산(1.5%) > 탄수화물(0.5%)

• 물(H_2O)

– 생명체를 구성하는 성분 중 가장 많은 양을 차지하는 물질

– 수소 결합 : 분자 간 인력이 커서 비열, 기화열, 표면 장력, 응집력이 큼

• 탄수화물

구성	C, H, O로 구성(기본 단위 : 포도당)
종류	• 단당류 : 가수 분해로는 더 이상 간단한 화합물로 분해되지 않는 당류 예 포도당, 과당

개념UP

공유 결합의 종류

단일 결합	• 1개의 전자쌍 공유 • 메테인(CH_4), 물(H_2O)
2중 결합	• 2개의 전자쌍 공유 • 산소(O_2), 이산화탄소(CO_2)
3중 결합	• 3개의 전자쌍 공유 • 질소(N_2), 일산화탄소(CO)

개념UP

수소 결합

전기 음성도가 큰 원자에 결합되어 있는 수소와 분자 내에서 또는 다른 분자의 전기 음성도가 큰 원자 사이에 만들어지는 화학 결합

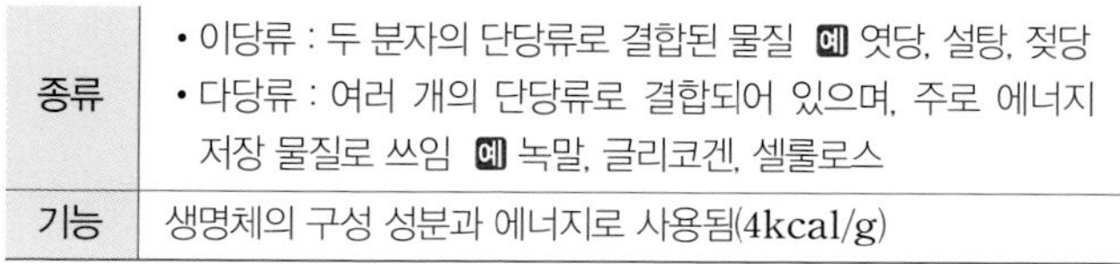

종류	• 이당류 : 두 분자의 단당류로 결합된 물질 예 엿당, 설탕, 젖당 • 다당류 : 여러 개의 단당류로 결합되어 있으며, 주로 에너지 저장 물질로 쓰임 예 녹말, 글리코겐, 셀룰로스
기능	생명체의 구성 성분과 에너지로 사용됨(4kcal/g)

• 지질

구성	C, H, O로 구성(기본 단위 : 지방산, 글리세롤)
종류	• 중성 지방 : 탄수화물보다 2배 이상의 에너지를 가지고 있어 중요한 에너지원임 • 인지질 : 세포막 또는 핵막과 같은 생체막을 구성 • 스테로이드 : 고리형 구조로 콜레스테롤이 대표적임
기능	생명체의 구성 성분과 에너지로 사용됨(9kcal/g)

• 단백질

구성	• C, H, O, N으로 구성(기본 단위 : 아미노산) • 아미노산의 펩타이드 결합에 의해 형성된 종합체
기능	• 생명체의 구성 성분과 에너지로 사용됨(4kcal/g) • 세포의 원형질 구성 • 효소와 호르몬의 성분으로 물질대사를 조절

• 핵산

구성	뉴클레오타이드 : 핵산 구성의 기본 단위, 인산+당+염기가 1:1:1로 구성
종류	• RNA : 유전 정보를 전달하며 단일 가닥 사슬로 구성 • DNA : 유전 정보를 저장하며 이중 나선 구조를 띔
기능	생물체의 유전 물질로 생명체의 유전 정보를 가지고 있음

(8) 신소재

① 고체의 전도성

㉠ 도체 : 전자가 원자로부터 쉽게 벗어날 수 있는 물질

예 금속(철, 구리, 알루미늄 등)

㉡ 부도체 : 전류가 거의 흐르지 않는 물질, 저항이 매우 큼

예 유리, 플라스틱

㉢ 반도체 : 도체와 부도체의 중간 정도에 해당하는 저항을 보이는 일부 물질 예 규소, 저마늄

㉣ 초전도체

• 초전도 현상 : 임계 온도보다 낮은 온도에서 전기 저항이 0이 되는 현상

> 개념UP
> **단백질**
> 단백질은 근육, 조직을 이루며 머리카락, 뼈 등을 구성한다. 또한 외부의 병원체에 대항하는 항체와 생물체 내의 촉매 역할을 하는 효소를 구성한다.

> 개념UP
> **DNA와 RNA**
> DNA(A, T, G, C의 염기)는 이중 나선 구조로 인해 양쪽 가닥에 정보를 이중으로 저장할 수 있어 유전정보 보관에 훨씬 유리하다. 그러나 RNA(A, U, G, C의 염기)는 단일 가닥이므로 안정성이 상대적으로 떨어져 유전정보 손실의 위험이 더 크다.

> 개념UP
> **저항**
> 외부에서 일정한 전압을 걸 때 전류의 흐름을 방해하는 정도

> 문제UP
> 다음 중 초전도 현상과 관련 없는 것은?
> ① 입자 가속기
> ② 발광 다이오드
> ③ 자기 부상 열차
> ④ 자기 공명 영상 장치
>
> 해 발광 다이오드는 전기를 이용하는 기구로 초전도 현상과는 관련이 없다.
> 정답 ②

- 저항이 0이 되면 매우 작은 전압에 의해 센 전류가 흐르게 되며, 센 전류에 의해 센 자기장을 만들어 강한 전자석을 만들 수 있음 예 공명 장치, 입자 가속기, 자기 부상 열차

② 반도체 소자

㉠ 반도체 도핑

- n형 반도체 : 순수한 반도체에 15족 원자를 첨가하여 전자가 양공보다 훨씬 많게 만든 것
- p형 반도체 : 순수 반도체에 13족 원자를 첨가하여 양공이 전자보다 훨씬 많게 만든 것

㉡ 다이오드 : 2개의 단자를 가지는 가장 간단한 형태의 반도체 소자

- 순방향 접속 : p형 쪽의 전압을 높게 한 것으로 전류가 잘 흐름
- 역방향 접속 : n형 쪽의 전압을 높게 한 것으로 전류가 흐르지 않음

㉢ 트랜지스터 : 3개의 단자를 가진 소자로 npn형, pnp형이 있음

③ 그래핀

㉠ 구조 : 탄소 원자가 육각형 벌집 모양으로 배열된 평면

㉡ 성질 : 강철보다 단단하고 구리보다 열전도율이 높음, 잘 휘어짐

㉢ 응용 : 휘어지는 디스플레이의 투명 전극 소재, 태양 전지, 발광 다이오드(LED) 조명 등

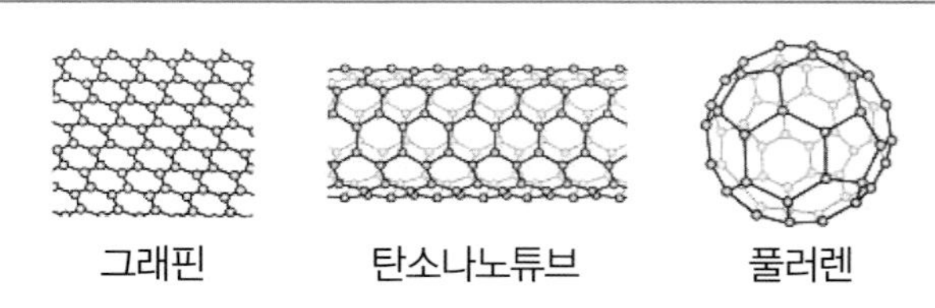

그래핀 탄소나노튜브 풀러렌

④ 자연을 모방한 신소재

자연	신소재 제품	활용
도꼬마리 열매(씨앗)	벨크로 테이프	도꼬마리 열매의 갈고리를 활용하여 원하는 곳에 강력하게 부착할 수 있는 벨크로 테이프 개발
홍합의 족사	인체 접착제	수분이 많은 인체 내부에도 강한 접착력을 발휘하는 의료용 접착제 개발

> **개념UP**
> **양공 · 도핑**
> - **양공** : 전자가 원자에서 벗어났을 때 원래 전자가 있던 자리에 생기는 빈 공간
> - **도핑** : 순수한 반도체에 미량의 불순물(원자)을 첨가하는 과정

> **개념UP**
> **탄소나노튜브와 풀러렌**
> - **탄소나노튜브** : 탄소 6개로 이루어진 육각형들이 서로 연결되어 관 모양을 이루고 있는 신소재로, 튜브의 직경이 10억분의 1m 수준으로 극히 작은 영역의 물질이다. 탄소나노튜브는 우수한 기계적 특성, 전기적 선택성, 고효율의 수소 저장 매체 특성 등을 지닌다.
> - **풀러렌** : 분자식이 C_{60}인 나노물질로, 오각형과 육각형 형태로 이루어진 축구공 모양의 물질이다. 풀러렌은 유도체를 만드는 데에 잘 쓰이는데, 풀러렌의 비어있는 공간에 다른 분자를 넣어 물리 · 화학적 특성 변화를 이끌어 낼 수 있기 때문이다.

모르포 나비의 날개	모르포텍스 섬유	섬유에 염료나 안료를 사용하지 않고도 나노 기술을 이용하여 빛에 의해 특정 색을 띠게 함

② 시스템과 상호 작용

(1) 뉴턴의 법칙 중요

① 운동 법칙

㉠ 운동 제1법칙(관성의 법칙) : 물체가 현재의 운동 상태를 계속 유지하려는 성질

- 정지한 물체는 계속 정지해 있고, 운동하는 물체는 등속 직선 운동을 함
- 질량이 클수록 관성이 큼

㉡ 운동 제2법칙(가속도의 법칙) : 물체에 힘이 작용할 때 가속도(a)는 힘(F)에 비례하고, 질량(m)에 반비례함

- 가속도 : 단위시간당 속도 변화량
- $a=\frac{F}{m}$, $F=ma$ (a : 가속도, F : 힘, m : 질량)
- 등가속도 운동 : 단위시간당 속도 변화량이 일정한 운동

㉢ 운동 제3법칙(작용 반작용의 법칙) : 물체에 힘이 작용하면 그 물체에서는 받은 힘과 크기는 같고 방향이 반대인 힘이 작용함

② 만유인력의 법칙

㉠ 중력 : 지구가 물체를 끌어당기는 힘

- 중력은 물체의 질량에 비례하고 거리에 반비례함
- 자유 낙하 운동 : 물체가 중력만 받을 때, 1초에 속력이 약 9.8m/s씩 증가하며 낙하하는 운동(중력 가속도 : 9.8m/s^2)
- 수평으로 던진 물체 : 수평 방향으로는 등속도 운동을 하고 수직 방향으로는 중력을 받으므로 포물선을 그리며 운동함
- 처음 높이가 같으면 자유 낙하하는 물체나 수평 방향으로 던진 물체나 바닥에 떨어지는 시간이 같음
- 중력의 영향 : 사과가 나무에서 떨어짐, 대류 현상, 인공위성, 조석 현상 등

㉡ 만유인력 : 두 물체 사이에 작용하는 서로 당기는 힘

> 개념UP
>
> **관성에 의한 현상**
> - 달리기를 하다가 돌부리에 걸리면 넘어짐
> - 정지한 버스가 갑자기 출발할 때 승객의 몸이 뒤로 밀림
> - 엘리베이터가 올라가려는 순간 사람의 몸무게가 무거워짐
> - 엘리베이터가 내려가려는 순간 사람의 몸무게가 가벼워짐

> 개념UP
>
> **작용 반작용에 의한 현상**
> - 노를 저으면 배가 앞으로 나아감
> - 로켓이 가스를 분출하며 위로 상승
> - 풍선이 바람을 빠져나오는 반대 방향으로 나아감

• $F=G\frac{m_1m_2}{r^2}$ (F : 만유인력, G : 만유인력 상수, m_1, m_2 : 두 물체의 질량, r : 두 물체 사이의 거리)

(2) 역학적 시스템과 안전

① 운동량과 충격량

운동량	• 물체의 운동 정도를 나타내는 물리량 • 운동량=질량×속도 • 물체의 질량이 클수록, 속도가 빠를수록 운동량도 큼
충격량	• 물체의 운동을 변화시키는 물리량 • 충격량=힘×시간 • 충격량=운동량의 변화량=나중 운동량−처음 운동량

② 안전 장치

예 자동차의 에어백, 안전띠, 택배의 포장재, 유도의 낙법 등

(3) 지구 시스템

① 지구 시스템의 구성

지권	• 바깥쪽부터 지각 – 맨틀 – 외핵 – 내핵으로 구분됨 • 대륙 지각과 해양 지각으로 구분됨 • 핵은 철이 주성분이고 지각과 맨틀은 규산염 물질로 구성됨 • 맨틀의 대류로 인해 지진이나 화산 발생
수권	• 혼합층 – 수온 약층 – 심해층 순으로 깊어짐 • 혼합층 : 수온이 높고 일정, 수온 약층 : 수온이 급격히 낮아지고 대류 억제, 심해층 : 수온이 낮고 일정 • 해수, 빙하, 지하수, 하천수 등으로 분포됨 • 바닷물에 염류 녹아 있음
기권	• 질소(78%), 산소(21%), 아르곤, 이산화탄소 등으로 구성됨 • 대류권 – 성층권 – 중간권 – 열권 순으로 올라감 • 대류권 : 기상 현상, 성층권 : 오존층 존재 및 대류가 안정, 중간권 : 기상 현상 없음, 열권 : 오로라 • 대기의 온실 효과로 지표면의 온도 유지함
생물권	지권, 수권, 기권에 걸쳐 분포
외권	기권 바깥의 태양계 천체, 별, 은하 등을 모두 포함

② 지구 시스템의 에너지

㉠ 태양 에너지

• 지구 시스템의 에너지원 중 가장 많은 양 차지

• 날씨 변화와 다양한 생명 활동에 관여

• 위도에 따른 에너지의 불균형과 대기 · 해수의 순환

㉡ 지구 내부 에너지

개념UP

힘이 작용한 시간과 충격량

힘이 일정할 때, 충격의 정도(충격량)를 줄이기 위해서는 힘이 작용하는 시간을 길게 하면 된다. 포수가 야구공을 받을 때 손을 뒤로 빼면서 받는 경우가 시간을 길게 하여 충격량을 줄이는 예이다.

문제UP

지구계의 지권에 대한 설명으로 옳지 않은 것은?

① 핵 → 맨틀 → 지각 순으로 밀도가 크다.
② 초기에는 철과 규산염 물질이 균질하게 섞여 있었다.
③ 마그마의 바다에서 핵과 맨틀이 분리된 후 지각이 생성되었다.
④ 맨틀의 대류에 의해 해양 지각과 대륙 지각이 분리되어 이동한다.

해 맨틀의 대류에 의해 이동하는 것은 지각이 아니라 판이다.

정답 ④

개념UP

지각을 구성하는 8대 원소

산소, 규소, 알루미늄, 철, 칼슘, 나트륨, 칼륨, 마그네슘

- 방사성 원소가 붕괴할 때 방출하는 열에너지
- 지권에서 지진, 화산 활동, 판 운동 등 지각 변동 일으킴

ⓒ 조력 에너지
- 달과 태양의 인력에 의해 생기는 에너지
- 밀물과 썰물 일으킴

ⓔ 물의 순환
- 태양 에너지에 의해 일어남
- 수권의 물 증발 → 기권으로 이동 → 기권의 수증기 응결하여 구름 형성 → 비나 눈으로 지표면에 내림 → 식물에 흡수되거나 지하로 스며들거나 바다로 흘러감

ⓜ 탄소의 순환
- 자연계 내에서 탄소가 여러 형태로 생물계와 무생물계를 순환함
- 대기 중에서는 CO_2, 생물체에서는 유기물로 존재함
- 탄소는 기권, 생물권, 수권, 지권 등에서 다양한 형태로 순환됨

ⓑ 암석의 순환
- 태양 에너지 또는 지구 내부 에너지에 의해 일어남
- 마그마, 풍화와 퇴적, 고온 · 고압 등에 의해 다양한 형태로 변함

③ 지권의 변화 중요

㉠ 지진과 화산으로 다양하게 변함

㉡ **판 구조론** : 지구 표면은 여러 개의 판들로 덮여 있으며, 판들은 각기 다른 속도와 방향으로 느리게 움직임
- 연약권의 대류로 인해 판이 움직임
- 발산형 경계 : 두 판이 서로 멀어지는 판의 경계 → 지진과 화산 잦고 해령이나 열곡대 발달
  예 동태평양 해령, 대서양 중앙 해령, 동아프리카 열곡대 등
- 수렴형 경계 : 두 판이 서로 가까워지는 판의 경계 → 지진과 화산 잦고 해구와 습곡 산맥 발달
  예 일본 해구, 마리아나 해구, 히말라야산맥, 안데스산맥 등
- 보존형 경계 : 두 판이 반대 방향으로 어긋나는 판의 경계 → 지진은 잦으나 화산은 안 일어남, 해령 부근의 변환 단층으

개념UP

물질의 순환과 지구 시스템

지구 시스템에서 물 · 탄소 · 암석 등의 순환이 일어날 때 에너지도 지권 · 수권 · 기권 · 생물권 사이로 함께 흐른다.

개념UP

판의 경계
- **열곡** : 폭이 좁고 긴 V자 모양의 골짜기
- **열곡대** : 열곡이 길게 이어진 지형
- **섭입대** : 밀도가 큰 판이 밀도가 작은 판 아래로 들어가며 가라앉은 지역
- **호상 열도** : 섬들이 활 모양으로 길게 배열된 지형

로 판의 생성이나 소멸 없음

예 변환 단층, 산안드레아스 단층 등

(4) 생명 시스템

① 세포와 세포막

㉠ 생명 시스템

- 세포 → 조직 → 기관 → 개체의 구성
- 구성 단계별 특징

구성 단계	특징
세포	생명 시스템의 기본 단위
조직	모양과 기능이 비슷한 세포의 모임 예 근육 조직, 신경 조직 등
기관	여러 조직이 모여 고유한 형태와 기능을 하는 것 예 위, 심장, 간, 폐 등
개체	여러 기관이 모여 생명 활동을 하는 독립된 하나의 생물체

㉡ 원핵세포와 진핵 세포

구분	원핵세포	진핵세포
핵의 유무	핵막이 없어 핵이 관찰 안 됨	핵막을 갖는 핵이 관찰됨
유전 물질	유전 물질(DNA)은 원형으로 세포질에 있음	유전 물질(DNA)은 선형으로 핵 속에 있음
세포 소기관	세포 소기관이 없음	세포 소기관이 있음(미토콘드리아, 엽록체, 리소좀, 소포체, 골지체 등)

> **문제UP**
>
> 다음 중 원핵세포에서 관찰할 수 있는 구조는?
>
> ① 핵막 ② 엽록체
> ③ DNA ④ 미토콘드리아
>
> 해 원핵세포는 핵, 미토콘드리아, 엽록체, 소포체, 골지체 등의 막 구조로 된 세포내 소기관을 가지지 않는다.
>
> 정답 ③

㉢ 세포의 구조와 기능

- 동물 세포 : 핵, 리보솜, 소포체, 세포질, 세포막, 미토콘드리아, 골지체
- 식물 세포 : 핵, 리보솜, 소포체, 세포질, 세포막, 미토콘드리아, 골지체, 세포벽, 액포, 엽록체
- 세포질 : 세포막 안을 채우고 있는 점성을 띤 액성 물질

세포 소기관	기능
핵	유전 물질인 DNA가 있어 세포의 구조와 기능을 결정, 생명 활동을 조절
리보솜	작은 알갱이 모양의 세포 소기관으로 단백질을 합성
소포체	리보솜에서 합성한 단백질을 골지체나 세포의 다른 곳으로 운반

세포막	세포를 둘러싸서 세포 안을 주변 환경과 분리, 세포 안팎으로 물질이 출입하는 것을 조절
미토콘드리아	세포 호흡이 일어나 세포가 생명 활동을 하는 데 필요한 형태의 에너지 생산
골지체	물질을 저장하거나 단백질을 세포 밖으로 분비하는 데 관여
세포벽	식물 세포의 세포막 바깥쪽에 있는 단단한 벽으로, 세포를 보호하고 세포의 형태를 유지
액포	식물 세포에서 크게 발달한 세포 소기관으로 물, 색소, 노폐물 등을 저장
엽록체	식물 세포에만 있는 세포 소기관으로 광합성이 일어나 포도당을 합성

㉣ 세포막

- 구성 : 인지질 2중층(친수성인 머리는 바깥으로, 소수성인 꼬리는 안쪽으로)과 단백질
- 선택적 투과성이 있음
- 확산과 삼투를 통해 물질이 이동함

② 물질대사와 효소 중요

㉠ 물질대사 : 생물체에서 일어나는 화학 반응으로 동화 작용과 이화 작용이 있음

- 동화 작용(저분자 → 고분자) : 에너지 흡수, 흡열 반응
  예 광합성, 단백질 합성
- 이화 작용(고분자 → 저분자) : 에너지 방출, 발열 반응
  예 소화, 세포 호흡

㉡ 효소 : 생명체에서 화학 반응을 촉진하는 생체 촉매

- 단백질이 주성분이며 물질대사 과정을 조절하여 생명 유지에 도움을 줌
- 반응물(기질)과 결합하여 활성화 에너지를 낮추어 화학 반응이 빠르게 일어나게 함
- 반응이 끝난 후 생성물과 효소는 분리되며 효소는 재사용됨
  예 소화제, 카탈레이스, 아밀레이스, 혈액의 응고, 효소 세제

③ 유전자와 단백질

㉠ 염색체 : 세포 분열 시 핵 속의 염색사가 응축되어 생긴 막대 모양의 물질

문제UP

세포막에 대한 설명으로 옳지 않은 것은?

① 인지질과 단백질이 주성분이다.
② C, H, O, N, P로 구성된 탄소 화합물이다.
③ 세포 내부를 보호하며, 물질 교환을 조절한다.
④ 인지질 2중층에 단백질이 끼어 있거나 표면에 붙어 있다.

해 C, H, O, N, P는 핵산의 구성 원소이다.

정답 ②

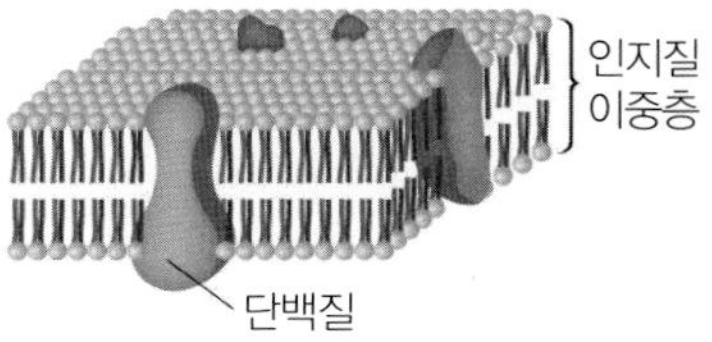

세포막의 구조

개념UP

물질대사의 특징

생물체 내에서만 일어나고 생체 촉매인 효소가 관여하며, 에너지가 여러 단계에 걸쳐 조금씩 출입한다.

개념UP

촉매와 활성화 에너지

- **촉매** : 반응 과정에서 소모되거나 변하지 않으면서 반응 속도를 바꾸는 물질
- **활성화 에너지** : 화학 반응이 일어나기 위해 필요한 최소한의 에너지(활성화 에너지가 낮을수록 반응 속도가 빠름)

개념UP

유전자

DNA에서 유전 정보가 저장되어 있는 부분을 유전자라 함

구성	DNA+히스톤 단백질
종류	• 성염색체 : 성을 결정하는 염색체, 암수에 따라 모양이 다름 • 상염색체 : 성염색체 이외의 모든 염색체 • 상동 염색체 : 모양과 크기가 같은 염색체

ⓒ DNA : 핵산의 일종으로 유전 정보가 들어 있음

구성	• 뉴클레오타이드 : 핵산의 기본 단위, 인산+당+염기로 구성 • 인산 : 무기 인산(H_3PO_4) • 당 : 5탄당인 디옥시리보오스 • 염기 : 아데닌(A), 타이민(T), 사이토신(C), 구아닌(G)으로 구성
특징	• 2중 나선 구조 : 두 가닥의 폴리뉴클레오타이드가 나선형으로 꼬여 있음 • DNA 나선 안쪽은 염기가 배치하며, 염기와 염기 사이에 수소 결합이 형성

> **개념UP**
> **염기와 아미노산**
> • DNA에서 연속된 3개의 염기가 조합되어 하나의 아미노산을 지정함
> • DNA 염기의 상보결합
> – 아데닌(A)—타이민(T), 구아닌(G)—사이토신(C)
> • RNA 염기의 상보결합
> – 아데닌(A)—우라실(U), 구아닌(G)—사이토신(C)

④ 유전 정보의 전달

㉠ 유전 암호 : 단백질 합성 시 단백질을 구성하는 아미노산의 서열을 결정하는 DNA의 염기 서열

ⓒ 유전 정보의 전달 : DNA의 정보는 스스로 복제되거나 DNA → RNA → 단백질의 순서로 발현

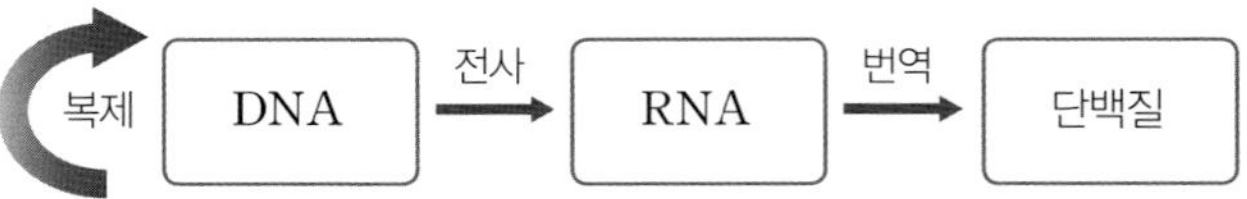

> **개념UP**
> **전사 · 번역**
> • **전사** : 유전자 정보의 전달 과정(핵에서 일어남)
> • **번역** : 유전 정보에 따라 단백질이 합성되는 과정

❸ 변화와 다양성

(1) 산화와 환원

① 산화 환원 반응 : 산화와 환원은 항상 동시에 일어나고, 산화로 잃은 전자의 수와 환원으로 얻은 전자의 수는 같음

구분		산화	환원
산소	정의	물질이 산소를 얻음	물질이 산소를 잃음
	예	• 연소 : $C+O_2 \rightarrow CO_2$ • 철의 부식 : $4Fe+3O_2 \rightarrow 2Fe_2O_3$ • 호흡 : $C_6H_{12}O_6+6O_2 \rightarrow 6CO_2+6H_2O$	• 구리 : $CuO+H_2 \rightarrow Cu+H_2O$ • 철의 제련 : $Fe_2O_3+3CO \rightarrow 2Fe+3CO_2$ • 광합성 : $6CO_2+6H_2O \rightarrow C_6H_{12}O_6+6O_2$

전자	정의	물질이 전자를 잃음	물질이 전자를 얻음
	예	• $Mg \rightarrow Mg^{2+} + 2e^-$ • $Zn + Cu^{2+}$ $\rightarrow Zn^{2+} + Cu$	• $Cu^{2+} + 2e^- \rightarrow Cu$ • $Zn + Cu^{2+}$ $\rightarrow Zn^{2+} + Cu$

② 여러 가지 산화 환원 반응

㉠ 금속과 산의 반응

예 $Zn + 2H^+ \rightarrow Zn^{2+} + H_2$: 아연은 산화되어 양이온이 되고, 수소이온은 환원되어 수소 기체 발생

㉡ 금속과 금속 이온의 반응

예 $Cu + 2Ag^+ \rightarrow Cu^{2+} + 2Ag$: 구리가 산화되어 양이온이 되면서 수용액은 푸른색이 되고, 은이온은 환원되어 금속으로 석출됨

㉢ 금속과 비금속의 반응

예 $2Na + Cl_2 \rightarrow 2NaCl$: 나트륨은 산화되어 양이온이 되고 염소는 환원되어 음이온이 되므로 이온 결합 물질인 염화나트륨이 생성됨

㉣ 할로젠과 할로젠화 이온의 반응

예 $2Br^- + Cl_2 \rightarrow Br_2 + 2Cl^-$: 브로민화 이온은 산화되어 브로민이 되고, 염소는 환원되어 염화 이온이 됨

> 개념UP
> **금속의 반응성 순서**
> 크다 K > Ca > Na > Mg > Al > Zn > Fe > Ni > Sn > Pb > H > Cu > Hg > Ag > Pt > Au 작다

> 개념UP
> **할로젠의 반응성 순서**
> 할로젠은 원자 번호가 작을수록 음이온이 되려는 경향이 크므로 반응성이 큼
> 크다 F>Cl>Br>I 작다

(2) 산 · 염기와 중화 반응 중요

① 산 : 수용액에서 수소 이온(H^+)을 내놓는 물질

예 염산(HCl), 황산(H_2SO_4), 아세트산(CH_3COOH) 등

㉠ 산성 : 산의 공통적인 성질

㉡ 산성의 특징

- 이온화하여 수소 이온을 내놓고 전류를 흐르게 함
- 금속과 반응하여 수소 기체가 발생함
- 탄산 칼슘과 반응하여 이산화탄소가 발생함
- 신맛이 나는 과일, 식초, 탄산 음료 등

② 염기 : 수용액에서 수산화 이온(OH^-)을 내놓는 물질

예 수산화 나트륨(NaOH), 수산화 칼륨(KOH) 등

㉠ 염기성 : 염기의 공통적인 성질

㉡ 염기성의 특징

- 이온화하여 수산화 이온을 내놓고 전류를 흐르게 함

> 개념UP
> **암모니아**
> 암모니아(NH_3)는 OH^-을 포함하고 있지는 않지만, 물에 녹으면 다음과 같이 OH^-을 생성하므로 염기이다.
> $NH_3 + H_2O \rightarrow NH_4^+ + OH^-$

문제UP

다음에서 설명하는 성질에 해당하지 않는 것은?

- 신맛이 남
- 금속과 반응하여 수소 기체가 발생함
- 리트머스 종이를 붉게 변화시킴

① HCl
② HNO_3
③ KOH
④ CH_3COOH

해 산성에 대한 설명이다. KOH는 수산화칼륨으로 염기성 물질이다.

정답 ③

개념UP

중화 반응 시 온도 변화

중화 반응이 일어나면 중화열이 발생하여 용액의 온도가 높아지다가 중화점에서 최고 온도가 된다. 중화점을 지나면 더 이상 중화 반응이 일어나지 않고 온도가 조금씩 내려간다.

- 금속과 잘 반응하지 않음
- 단백질을 녹이므로 만지면 미끌거림
- 비누, 베이킹 소다, 제산제 등

③ 지시약과 pH

㉠ 지시약 : 용액의 액성(산성, 중성, 염기성)에 따라 색이 변하는 물질

지시약	산성	염기성
리트머스 종이	붉은색	푸른색
메틸 오렌지 용액	붉은색	노란색
BTB 용액	노란색	푸른색
페놀프탈레인 용액	무색	붉은색

㉡ pH : 수용액에 들어있는 H^+의 농도를 수치로 나타낸 값

pH가 클수록 H^+의 농도가 작고, pH가 작을수록 H^+의 농도가 큼
$pH<7$: 산성, $pH=7$: 중성, $pH>7$: 염기성

④ 중화 반응 : 수용액에서 산과 염기가 반응하여 물과 염이 생성되는 반응

㉠ 중화 반응의 알짜 이온 반응식 : H^+과 OH^-이 1:1의 개수비로 반응

$$H^+ + OH^- \rightarrow H_2O$$

㉡ 중화열과 염의 생성

- 중화열 : 중화 반응 시 발생하는 열로, 중화점에서 가장 많이 발생
- 염 : 중화 반응 시 물과 함께 생기는 물질로, 산의 음이온과 염기의 양이온이 결합하여 생성됨

예 염산(HCl)과 수산화 나트륨(NaOH) 수용액의 중화 반응

$$HCl + NaOH \rightarrow H_2O + NaCl$$
산 + 염기 → 물 + 염

㉢ 생활 속의 중화 반응

- 위산(산성)의 과다 분비로 속이 쓰리면 제산제(염기성)를 먹음

- 생선 비린내(염기성)를 잡기 위해 레몬즙(산성)을 뿌림
- 산성화된 토양(산성)에 석회 가루(염기성)를 뿌림

(3) 화석과 지질 시대

① 화석 : 지질 시대에 살았던 고생물의 유해나 흔적이 남아 있는 것

㉠ 화석의 생성 조건

- 고생물의 개체 수가 많아야 함
- 넓은 지역에 걸쳐 번성해야 함
- 빠른 시간 내에 퇴적물로 덮여야 함
- 뼈, 이빨, 껍데기 등 단단한 부분이 있어야 함
- 매몰된 후 화석화 작용이 진행되어야 함
- 심한 지각 변동을 받지 않아야 함

㉡ 화석의 종류

구분	표준화석	시상화석
정의	지층의 생성 시대를 알려주는 화석	지층의 생성 환경을 알려주는 화석
특징	특정 시대에만 번성했던 생물	특정 환경에만 서식하는 생물
분포 범위	넓음	좁음
생존 기간	짧음	김
예	• 고생대 : 삼엽충, 필석, 갑주어, 방추충 • 중생대 : 암모나이트, 공룡, 시조새 • 신생대 : 화폐석, 매머드	• 고사리 : 따뜻하고 습한 육지 • 산호 : 따뜻하고 얕은 바다 • 조개 : 얕은 바다나 개펄

② 지질 시대 : 지구의 지각이 형성된 이후 인류 역사가 시작되기 전까지의 시대

㉠ 선캄브리아대(지질 시대의 약 80% 차지) : 46억~5.4억 년 전

환경	• 기후가 온난 • 몇 차례의 빙하기
생물	• 단세포 생물, 해조류 출현 • 스트로마톨라이트, 에디아카라 동물군 • 화석이 매우 드묾

㉡ 고생대 : 5.4억~2.5억 년 전

환경	• 기후가 온난, 오존층 형성 • 말기에 판게아 형성, 빙하기

문제UP

다음 중 화석을 통하여 알 수 있는 것이 아닌 것은?

① 지구 내부 구조
② 생물의 진화 과정
③ 지층의 생성 순서
④ 생물이 살던 시대의 환경

해 지구의 내부 구조는 지진파 분석으로 알 수 있다.

정답 ①

개념UP

화석이 제공하는 정보

- 생물의 종류와 모양
- 기후와 지각의 변화
- 생물의 서식 환경 또는 장소
- 지구의 역사와 생물의 발달 과정

문제UP

다음 중 생존 기간이 짧고 특정한 시대에서 번성하여 생물이 살았던 시대를 알려주는 표준화석은?

① 고사리 ② 삼엽충
③ 산호 ④ 활엽수

해 삼엽충은 고생대의 대표 표준화석이다. 고사리, 산호, 활엽수, 조개 등은 생물이 살았던 당시의 환경을 알려주는 시상화석이다.

정답 ②

개념UP

연대 측정

- **절대 연령** : 동위 원소의 반감기를 이용하여 암석이나 화석의 생성 연대를 측정
- **상대 연령** : 지사학의 원리와 표준화석을 이용하여 지질학적 사건의 선후 관계 측정

개념UP

판게아(Pangaea)

모든 대륙이 하나로 모여 형성된 초대륙

생물	삼엽충, 필석, 갑주어, 양치식물(고사리, 쇠뜨기)

ⓒ 중생대 : 2.5억~0.65억 년 전

환경	• 가장 따뜻한 시기 • 판게아 분리, 대서양과 인도양 형성
생물	암모나이트, 시조새, 파충류(공룡), 겉씨식물(소철, 은행)

ⓔ 신생대 : 0.65억~1만 년 전

환경	4번의 빙하기, 3번의 간빙기
생물	화폐석, 매머드, 인류 출현, 속씨식물

③ 대멸종 : 많은 생물종이 대규모로 멸종하는 것으로 지질 시대에서 총 5번 일어났음

1차 대멸종	초기 삼엽충 등 바다 생물 멸종, 어류 번성
2차 대멸종	초기 어류 대부분 멸종, 양서류 번성
3차 대멸종	방추충과 원시 양서류 멸종, 파충류 번성 → 중생대 시작
4차 대멸종	초기 파충류 멸종, 거대 파충류(공룡) 번성
5차 대멸종	공룡 멸종, 포유류 번성 → 신생대 시작

(4) 생물의 진화

① 진화와 변이

㉠ 진화 : 오랜 시간 동안 여러 세대에 걸쳐 이루어진 생물 변화 과정

㉡ 변이 : 같은 종의 개체 사이에 나타나는 형질(습성, 형태 등)의 차이

예 사람의 피부색 차이, 얼룩말의 무늬 차이

② 다윈의 진화론과 생물 다양성

㉠ 자연 선택 : 환경에 적응하기 유리한 변이를 가진 개체가 생존 경쟁에서 살아남기 유리함 → 생식 성공률 높음 → 유리한 형질이 자손에게 전달됨

예 기린의 목 길이, 갈라파고스 제도의 새 부리 모양

㉡ 생물 다양성

• 유전적 다양성 : 같은 종 내에서 유전자의 다양함으로 인해 나타나는 형질의 다양함

예 얼룩말의 무늬, 바나나의 종류 등

개념UP

기린의 진화

처음에는 목 길이가 다양한 기린들이 존재했다. 그러다가 높은 곳의 잎을 먹는 과정에서 목이 긴 기린이 생존 경쟁에서 살아남게 되었다. 결국 목이 긴 기린이 자손을 남기며 목이 긴 형질을 전달하여 오늘날과 같은 긴 목을 가진 기린으로 진화하였다.

개념UP

항생제 내성 세균

약물을 계속 사용하여 그 약물의 효과가 감소하는 현상을 내성이라고 하는데, 자연 상태의 세균 집단에서 돌연변이에 의해 우연히 항생제에 내성을 갖는 세균이 나타날 수 있다. 항생제를 계속 사용할 때, 자연 선택에 의해 항생제 내성 세균이 내성이 없는 세균보다 많이 증식할 수 있게 되어 항생제 내성 세균 집단이 형성된다.

- 종 다양성 : 일정한 지역에 살고 있는 생물종의 다양함
  예 어느 지역의 숲에 서식하는 나무와 동물의 종류 등
- 생태계 다양성 : 지구의 여러 지역에 존재하는 생태계의 다양함
  예 삼림, 갯벌, 논, 바다 등

㉢ 생물 다양성의 보전
- 서식지 파괴, 불법 포획, 외래종, 환경 오염 등의 문제 해결
- 다양한 사회적, 국가적, 국제적 노력과 실천

❹ 환경과 에너지

(1) 생태계와 환경

① 생태계의 구성 요소

㉠ 생태계 : 일정 지역에 살고 있는 생물 군집과 그들의 영향을 주고받는 비생물적 환경이 복합된 시스템
- 생물적 요인 : 생산자, 소비자, 분해자
- 비생물적 요인 : 물, 빛, 온도, 공기, 토양 등

㉡ 개체군 : 일정한 지역에 같은 종의 개체가 지은 무리

㉢ 군집 : 여러 개체군이 같은 서식지에 지은 무리

② 생물과 환경

빛과 생물	생물은 빛의 세기와 파장, 일조 시간 등에 영향을 받음 예 빛을 많이 받는 잎의 두께 차이
온도와 생물	생물마다 체온 유지를 위해 기온의 영향을 받음 예 지역에 따른 여우의 몸집 크기
물과 생물	생물은 생명 유지를 위해 물을 반드시 필요로 함 예 사막 생물의 비늘로 된 표면
공기와 생물	생물은 생명 유지를 위해 공기를 반드시 필요로 함 예 고산 지대에 사는 사람의 적혈구 수
토양과 생물	토양의 에너지 순환은 생물에게 영향을 미침 예 토양 속 미생물의 분해 작용

③ 생태계 평형과 유지

㉠ 생태계 평형 : 생태계를 이루는 구성 요소가 균형을 이루는 상태
- 먹이 사슬 : 생산자부터 최종 소비자까지의 먹고 먹히는 관계
- 먹이 그물 : 여러 먹이 사슬이 그물처럼 얽혀 있는 관계

개념UP

생태계의 생물적 요인
- **생산자** : 생명 활동에 필요한 양분을 스스로 만듦 예 식물, 식물 플랑크톤 등
- **소비자** : 다른 생물을 섭취하여 양분을 얻음 예 초식 동물, 육식 동물 등
- **분해자** : 생물의 배설물과 사체를 분해하여 양분 얻음 예 세균, 곰팡이 등

개념UP

생태 피라미드

에너지, 개체 수, 생물량 모두 다음의 순서를 따라 감소함

생산자 > 1차 소비자 > 2차 소비자 > 3차 소비자

- 생태 피라미드 : 에너지가 먹이 사슬을 거쳐 상위 영양 단계로 이동하는데, 이때 상위 영양 단계로 갈수록 에너지는 감소하는 피라미드 형태를 이룸

ⓛ 생태계 보전

- 인간과 모든 생물은 서로 유기적 관계를 맺고 있으므로 생태계가 파괴되면 인간에게도 치명적임
- 인간의 활동으로 인해 환경 변화가 일어남
- 생태계와 환경 보전을 위해 인간이 노력해야 함

(2) 에너지와 문명

① 여러 가지 형태의 에너지

㉠ 에너지 : 물체가 일을 할 수 있는 능력

ⓛ 에너지의 종류

종류	특징
운동 에너지	• 운동하는 물체가 가지는 에너지 • $E_K=\frac{1}{2}mv^2$
위치 에너지	• 물체가 위치에 따라 가지는 에너지 • 물체의 상대적인 위치의 차이에 따라 값이 변함
화학 에너지	물질(음식물, 화석 연료, 화약 등) 속에 저장된 에너지
열에너지	열의 형태로 에너지가 저장되어 있는 것
파동 에너지	파동의 진행 방향에 따라 전달되는 에너지
전기 에너지	전기적인 형태로 존재하는 에너지
핵에너지	원자핵 속의 에너지(핵분열 에너지, 핵융합 에너지)

> **개념UP**
> **에너지의 단위**
> J(줄)

> **개념UP**
> **화석 연료의 에너지 전환**
> - 열에너지 : 보일러, 난로
> - 빛에너지 : 횃불
> - 운동 에너지 : 자동차 엔진
> - 전기 에너지 : 화력 발전
> - 화학 에너지 : 석유 화학 원료 및 제품

② 에너지 전환과 보존 중요

㉠ 에너지 전환 : 에너지가 한 가지 형태에서 다른 형태로 변하는 것

- 기구별 에너지 전환

전기밥솥	전기 에너지 → 열에너지
선풍기	전기 에너지 → 운동 에너지
건전지	화학 에너지 → 전기 에너지
오디오	전기 에너지 → 소리 에너지
광합성	빛에너지 → 화학 에너지

- 발전 방식별 에너지 전환

수력 발전	물의 위치 에너지 → 운동 에너지 → 전기 에너지

> **개념UP**
> **에너지 전환과 절약**
> 에너지 보존 법칙에 의해 에너지는 여러 형태로 전환될 수 있지만 새롭게 생성되거나 소멸되지 않고 전체 양이 일정하게 보존된다. 그럼에도 불구하고 에너지를 절약해야 하는 이유는 에너지가 여러 단계의 전환 과정을 거치면서 다시 사용하기 어려운 형태의 에너지로 전환되기 때문이다. 예를 들어 휴대 전화의 발열 반응 시 열에너지로 전환된 에너지는 다시 사용하기 어렵다.

화력 발전	화학 에너지 → 열에너지 → 운동 에너지 → 전기 에너지
원자력 발전	핵에너지 → 열에너지 → 운동 에너지 → 전기 에너지
태양열 발전	태양의 열에너지 → 운동 에너지 → 전기 에너지
조력 발전	물의 위치 에너지 → 운동 에너지 → 전기 에너지

㉡ **역학적 에너지 보존 법칙** : 운동 에너지와 위치 에너지의 총합은 외부의 작용이 없는 한 일정하게 유지됨

③ 에너지와 인류 문명

㉠ **태양 에너지** : 지구 환경의 근원이 되는 에너지

- 생명체가 생존할 수 있도록 적당한 온도 유지, 다양한 기상 현상 유발
- 광합성을 통해 식물에 흡수되어 생명체를 지속시키는 에너지 자원이 됨

㉡ **화석 연료**

- 석탄 : 광합성을 하는 식물이 땅속에 묻혀 오랜 세월 동안 변화를 받아 생성
- 석유 : 식물을 먹고 자란 동물의 사체가 오랜 시간 동안 땅속에 묻혀 생성된 것

④ 에너지 효율과 영구 기관

㉠ **열효율** : 열기관에 공급한 에너지 중 일로 전환된 비율

$$\text{열효율}(e)=\frac{\text{열기관이 한 일}}{\text{열기관에 공급된 에너지}}\times 100(\%)$$

㉡ **에너지 효율** : 공급된 에너지 중에서 원하는 용도로 사용되거나 전환된 에너지의 비율

$$\text{에너지 효율}=\frac{\text{원하는 형태로 출력된 에너지의 양}}{\text{공급한 에너지의 양}}\times 100(\%)$$

㉢ **영구 기관**

- 제1종 영구 기관 : 외부로부터 에너지를 공급받지 않고 끊임없이 일을 할 수 있는 가상적인 기관(열역학 제1법칙에 의하면 제1종 영구 기관은 만들 수 없음)
- 제2종 영구 기관 : 일정한 온도를 가진 열원에서 열을 얻어 이것을 모두 일로 바꾸는 가상적인 기관(열역학 제2법칙에

문제UP

다음 중 옳지 않은 것은?

① 에너지는 다른 형태로 변할 수 있다.
② 에너지 소비 효율 등급의 숫자가 작을수록 에너지 효율이 높다.
③ 에너지의 총합은 일정하기 때문에 에너지 절약을 할 필요는 없다.
④ 에너지를 절약하기 위해 대기 전력을 줄여야 한다.

해 유용한 에너지는 한정되어 있으며 전환 과정에서 사용하기 어려운 에너지로 바뀌기 때문에 에너지를 절약해야 한다.
에너지는 열, 전기, 소리 등의 다양한 형태로 전환될 수 있으며 에너지 소비 효율 등급의 숫자가 작을수록(1등급에 가까울수록) 에너지 효율이 우수하다. 또한 대기 상태에서 소비되는 대기 전력을 줄여 에너지를 절약해야 한다.

정답 ③

문제UP

에너지 효율이 25%인 형광등이 있다. 이 형광등에서 2초 동안 사용된 전기 에너지가 200J이라면 1초 동안 전환된 빛 에너지는?

① 10J ② 15J
③ 20J ④ 25J

해 공급 에너지가 2초에 200J이므로 1초 동안에는 100J의 에너지를 공급한다. 100J의 에너지 가운데 25%만이 빛에너지로 전환되므로 전환된 빛에너지는 25J이다.

정답 ④

개념UP

에너지 보존 법칙

- **열역학 제1법칙** : 에너지는 전환 과정에서 소멸하거나 새롭게 생기지 않으므로 그 총량은 변하지 않음
- **열역학 제2법칙** : 에너지가 다른 형태로 전환될 때에는 항상 열의 형태로 일부 손실이 생김

의하면 제2종 영구 기관은 만들 수 없음)

㉣ 전기 에너지 생산

- 전자기 유도(패러데이 법칙) : 코일 근처에서 자석을 움직일 때 코일에 전류가 흐르는 현상
- 유도 전류 : 전자기 유도에 의해 흐르는 전류
- 유도 전압 : 전자기 유도에 의해 흐르는 전압
- 앙페르의 오른나사 법칙
  - 전선에 흐르는 전류에는 둥글게 자기장이 생김
  - 전류를 오른 나사의 진행 방향으로 흘리면 자기장은 나사가 도는 방향으로 생김

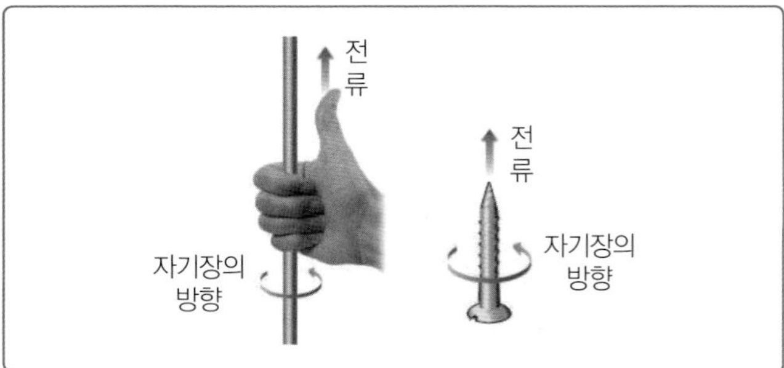

  - N극이 가까워지거나 S극을 멀리하면 코일의 위쪽이 N극이 됨
  - 오른손으로 코일을 감아쥐고 엄지손가락을 N극의 방향으로 펼 때 네 손가락이 돌아가는 방향이 전류의 방향
- 발전 : 역학적 에너지, 열에너지, 화학 에너지 등을 전기 에너지로 변환

㉤ 전력 수송 과정

- 전력 : 전압과 전류의 곱 (전력(P)=전압(V)×전류(I))
- 송전 : 발전소에서 변전소까지 전달
- 배전 : 변전소에서 전기 사용하는 장소까지 전달

(3) 탄소 순환과 기후 변화

① 지구의 에너지 순환

㉠ 위도에 따른 에너지의 불균형 : 지구는 둥글고 자전축이 23.5° 기울어져 있어 위도에 따른 에너지 불균형이 생김

- 저위도 : 태양 복사 에너지량 > 지구 복사 에너지량 → 에너

문제UP

다음 중 전자기 유도를 이용하는 예가 아닌 것은?

① 전기 모터
② 교통 카드
③ 자기 테이프
④ 금속 탐지기

해 전기 모터는 전자기력을 이용하여 전기 에너지를 역학적 에너지로 변환하는 장치이다.

정답 ①

개념UP

전기 에너지 수송 과정

- **1차 변전소** : 손실되는 전기 에너지를 줄이기 위해 전압을 높임
- **2차 변전소** : 고압선이 지나가면 위험하므로 전압을 낮춤
- **주상 변압기** : 일반 가정용 전압으로 전압을 낮추어 공급

개념UP

에너지의 이동

지구 에너지 평형을 위해 저위도의 남는 에너지가 대기와 해수에 의해 고위도로 이동

지 과잉
- 고위도 : 태양 복사 에너지량< 지구 복사 에너지량 → 에너지 부족

ⓒ **대기의 순환** : 위도에 따른 태양 복사 에너지의 차와 지구의 자전으로 발생함
- 저위도(위도 0°~30°) : 해들리 순환 → 무역풍
- 중위도(위도 30°~60°) : 페렐 순환 → 편서풍
- 고위도(위도 60°~90°) : 극 순환 → 극동풍

ⓒ **해수의 순환** : 대기 대순환의 영향으로 해수 표층의 해류가 발생

구분	북반구	남반구	해류의 방향
무역풍대	북적도 해류	남적도 해류	동쪽 → 서쪽
편서풍대	북태평양 해류, 북대서양 해류	남극 순환류	서쪽 → 동쪽

ⓔ **엘니뇨와 라니냐 현상**
- 엘니뇨 : 몇 년 간격으로 남아메리카 북서쪽 해안의 수온이 올라가는 현상

> 무역풍 약화 → 남적도 해류 약화 → 페루 연안의 용승 약화 → 페루 연안의 수온 상승

- 라니냐 : 무역풍이 강해지면서 적도 부근 동태평양의 해수면 온도가 낮아지는 현상

> 무역풍 강화 → 남적도 해류 강화 → 페루 연안의 용승 강화 → 페루 연안의 수온 하강

② **온실 효과와 기후 변화** 중요

ⓐ **에너지 복사평형** : 태양으로부터 흡수하는 에너지만큼 같은 양의 복사 에너지를 방출하는 현상

ⓑ **온실 효과** : 지표로부터 방출되는 지구 복사 에너지를 온실 기체가 흡수하였다가 지표로 재방출해 지구를 보온(연평균 15℃ 유지)

ⓒ **지구 온난화** : 온실 효과의 증가로 지구의 연평균 기온이 상승하는 현상
- 지구 온난화의 과정

개념UP

대기 대순환의 역할

저위도의 에너지를 고위도로 운반

문제UP

엘니뇨 발생 시 나타나는 현상으로 옳은 것을 모두 고른 것은?

ㄱ. 무역풍이 약해진다.
ㄴ. 동태평양의 수온이 올라간다.
ㄷ. 동태평양 지역에는 가뭄이 발생한다.

① ㄱ, ㄴ　② ㄱ, ㄷ
③ ㄴ, ㄷ　④ ㄱ, ㄴ, ㄷ

해 ㄷ. 엘니뇨 발생 시 동태평양 지역에는 홍수 피해가, 서태평양 지역에는 가뭄 피해가 발생한다.

정답 ①

개념UP

온실 효과를 일으키는 기체

이산화탄소, 메테인, 염화플루오린화탄소, 오존, 수증기 등

> 화석 연료 사용 → 이산화탄소 생성 → 대기 중 이산화탄소 양 증가 → 온실 효과 증가 → 지구의 평균 온도 상승

- 지구 온난화의 영향 : 평균 해수면 상승, 기상 이변 발생, 사막화 지역 확대, 생태계 파괴

③ 탄소 순환

㉠ 정의 : 자연계 내에서 탄소가 여러 형태로 생물계와 무생물계를 순환하는 일

- 대기 중의 탄소 형태 : CO_2
- 생물체의 탄소 형태 : 유기물
- CO_2 방출량 증가 : 온실 효과

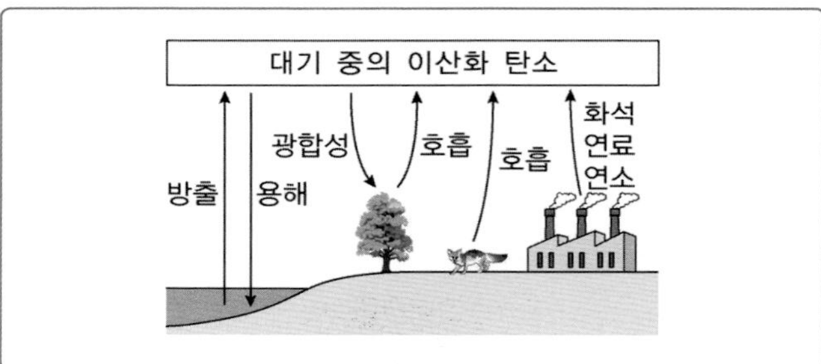

㉡ 탄소 순환의 중요성

- 탄소는 생명체의 기본 요소인 유기물의 구성 성분임
- CO_2는 온실 기체로 기후 변화에 중요한 영향을 끼침

④ 광합성과 이산화탄소의 환원 중요

㉠ 광합성

- 정의 : 녹색 식물의 엽록체에서 빛에너지를 이용하여 이산화탄소(CO_2)와 물(H_2O)을 재료로 포도당($C_6H_{12}O_6$)과 같은 유기물을 합성하는 과정

$$6CO_2 + 12H_2O \xrightarrow{\text{빛에너지}} C_6H_{12}O_6 + 6H_2O + 6O_2$$

- 광합성의 의의
  - 태양의 빛에너지를 생물이 이용할 수 있는 화학 에너지로 전환
  - 무기물(CO_2와 H_2O)을 이용하여 에너지가 저장된 유기물 합성

> **개념UP**
> **교토 의정서**
> 이산화탄소 배출에 1차적 책임이 있는 선진국은 2008~2012년 동안 이산화탄소 배출량을 1990년을 기준으로 평균 5.2% 줄이고 개발도상국은 추후 협상을 통해 배출량을 정하기로 함

> **개념UP**
> **대기 중의 탄소 증가 요인**
> - 화석 연료 사용
> - 생물의 호흡, 화산 활동
> - 수온 상승으로 인한 수중 용해 이산화탄소의 감소 등

– 광합성 결과 생성되는 산소(O_2)는 생물의 호흡에 이용

– 대기 중 이산화탄소(CO_2)를 흡수하여 지구 온난화 방지

㉡ 호흡 : 생물이 세포 내에서 양분을 산화시켜 발생되는 에너지를 얻는 과정

$$C_6H_{12}O_6 + 6H_2O + 6O_2 \xrightarrow[\text{세포}]{} 6CO_2 + 12H_2O + \text{에너지}$$

㉢ 광합성과 호흡에서의 산화 · 환원 반응

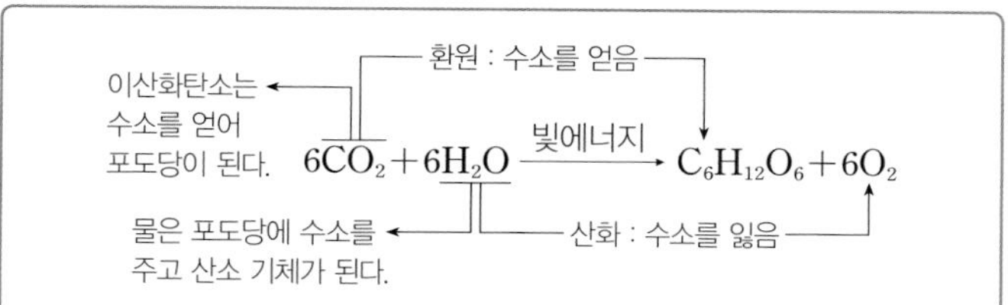

개념UP

산화 · 환원 반응

- 산소와 결합(산화)
  산소와 분리(환원)
- 수소와 분리(산화)
  수소와 결합(환원)
- 전자 이탈(산화)
  전자와 결합(환원)
- 산화수 증가(산화)
  산화수 감소(환원)

(4) 에너지 문제와 미래

① 화석 연료

㉠ 화석 연료의 생성 : 생물체가 죽은 후 부패하기 전에 매몰되어 오랜 시간 동안 고온, 고압의 상태에서 생성 **예** 석탄, 석유, 천연가스

㉡ 화석 연료의 이용

석탄	• 전 세계에 고르게 분포, 매장량 풍부 • 고비용, 에너지 효율이 낮음 • 200년 정도 사용 가능
석유	• 정제하면 다양한 제품을 만들 수 있음 • 50년 정도 사용 가능
천연가스	• 수송과 사용의 편리 • 100년 정도 사용 가능

㉢ 화석 연료 사용의 문제점

- 화석 연료의 고갈
- 환경오염 물질 배출 : 배기가스, 공장 배출 가스, 지구 온난화

② 신 · 재생 에너지

㉠ 신에너지 : 기존에 사용하지 않았던 새로운 에너지 전환 기술을 이용한 에너지

문제UP

화석 연료 사용으로 인한 문제점에 해당하지 않는 것은?

① 대기 오염을 유발시킨다.
② 지구 온난화의 주된 원인이 된다.
③ 연소 과정에서 발생하는 열을 이용할 수 있다.
④ 자원의 빠른 소비로 인해 에너지 고갈의 위험에 직면했다.

해 화석 연료를 사용하면 대기 오염, 수질 오염 등의 환경오염이 발생하며, 화석 연료 연소 시 방출되는 이산화탄소는 지구 온난화의 주원인이 된다. 또한 화석 연료의 사용으로 오랜 시간 동안 생성된 자원을 빨리 소비하여 에너지 고갈의 위험에 처하게 되었다.

정답 ③

석탄 액화, 석탄 가스화	• 기존 고체 석탄을 기체 또는 액체로 변환시켜 사용 • 설치 면적이 넓어 건설비가 많이 듦 • 대기 오염 물질을 발생
수소 에너지	• 수소 가스를 연소 • 발열량이 높고, 연소 생성물이 물임 • 수소를 생산하는 데 많은 에너지가 필요 • 폭발 위험성이 있어 저장 및 운반에 고도의 기술이 필요
연료 전지	• 수소와 산소를 촉매를 이용해 결합시킬 때 전기가 발생하는 것을 이용 • 물만 생성되므로 친환경적임 • 수소 생산 비용이 비싸며, 연료 전지의 변질 · 변형 우려

㉡ 재생 에너지 : 사용해도 에너지 자원이 고갈되지 않는 에너지

태양열 에너지	• 태양의 열에너지 이용 • 연료비나 오염 물질 배출의 걱정이 없음 • 에너지 밀도가 낮음 • 초기 시설 설치비가 많이 들고, 계절의 영향을 받음
태양광 에너지	• 태양의 빛에너지를 이용 • 태양 전지를 이용하여 전기 에너지로 전환
풍력 에너지	• 바람의 힘으로 전기를 생산 • 온실가스가 발생하지 않으나 발전 효율이 낮음 • 환경에 따라 발전량의 차이가 나고 소음 발생 가능성
수력 에너지	• 물의 위치 에너지를 이용 • 발전 비용이 적게 듦 • 건설비가 많이 들고, 설치 장소가 제한적
지열 에너지	• 지구 내부의 열을 이용 • 좁은 면적에 설치가 가능하며, 날씨의 영향을 받지 않음 • 설치 장소가 제한적이며 설치비용이 많이 듦
해양 에너지	• 조류 발전, 조력 발전, 파력 발전 • 자연 고갈의 염려가 없고, 환경오염이 발생하지 않음 • 건설비가 많이 들며, 설치 장소가 제한적
바이오매스	• 생물체에 축적된 에너지 이용 • 식물에서 에탄올이나 디젤을 추출 • 기존 화석 연료 기반 시설에 그대로 사용할 수 있음 • 에너지 효율이 높음 • 곡물 가격 상승, 산림 훼손 가능성
폐기물 에너지	• 폐기물에서 에너지 자원을 추출 • 폐기물의 종류에 따라 온실 가스와 대기 오염 물질 생성 가능

③ 핵에너지(핵발전) 중요

㉠ 핵분열 에너지 : 무거운 원자핵(우라늄)이 중성자를 흡수 → 원자핵이 쪼개짐 → 감소한 생성물의 질량만큼 에너지 발생

문제UP

다음 중 재생 에너지에 해당하지 않는 것은?

① 풍력 에너지
② 바이오매스
③ 태양광 에너지
④ 수소 에너지

해 수소 에너지는 신에너지에 해당한다.
①, ②, ③ 재생 에너지에 해당한다.

정답 ④

개념UP

해양 에너지

- **파력 발전** : 파도의 힘을 이용
- **조력 발전** : 해수면의 높이 차이를 이용
- **온도 차 발전** : 표층과 심해층의 온도 차를 이용

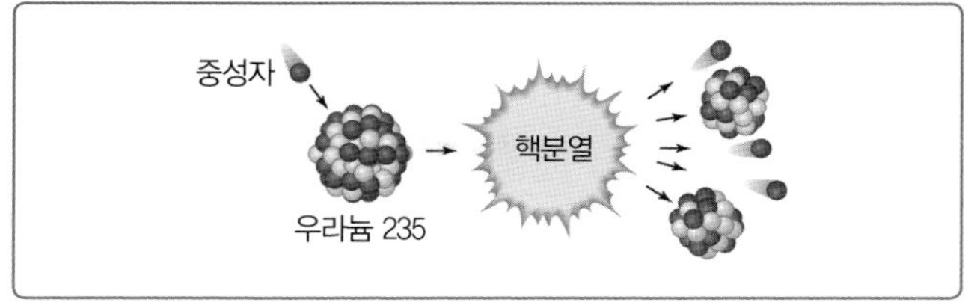

• 연쇄 반응 : 핵분열이 일어나면 중성자와 에너지 방출됨 → 방출된 중성자가 근처의 다른 우라늄과 충돌하여 다시 핵분열 일으킴 → 핵분열이 연속해서 일어남
• 핵분열의 감속재 : 흑연, 물
• 핵발전은 이산화탄소를 거의 배출하지 않고 에너지 효율이 높으나, 방사성 폐기물을 처리하기 어려움

㉡ **핵융합 에너지** : 가벼운 원소(수소, 헬륨 등)가 충돌 → 무거운 원소로 바뀜 → 질량 손실만큼 에너지로 전환

④ 지속 가능한 발전과 에너지

㉠ **지속 가능한 발전** : 미래 사회에 필요한 자원을 남겨 주면서도 현재의 자원 소비량을 충족시키는 발전

㉡ 미래 사회를 위한 에너지 사용

• 원자력 발전의 극복 과제 : 방사성 폐기물의 처리 문제, 우라늄의 유한성
• 신재생 에너지의 개발

문제UP

다음 중 핵분열 시 중성자를 느리게 만드는 데 사용되는 물질은?

① 납 ② 수은
③ 흑연 ④ 주석

해 핵분열 시 중성자의 속도를 느리게 만들기 위해 사용되는 감속재는 흑연이다.

정답 ③

개념UP

스마트그리드

• 전력망에 정보 통신 기술을 접목
• 전력 공급자와 전력 소비자 간의 쌍방향 정보 교환이 가능
• 전력 수요 분산, 에너지 효율 증가

과학 | 시험에 반드시 출제되는 문제

01 다음 중 원자핵 내에서 전하를 띠지 않는 입자는?

① 전자　② 수소
③ 양성자　④ 중성자

정답 | ④　출제 가능성 | 70%

해 설
중성자는 원자핵 내에서 전하를 띠지 않는 중성입자이다. 양성자는 원자핵 내에서 (+) 전하를 띠는 입자이다.

02 지구 진화 과정에서 일어난 사건을 시간 순서대로 나열하면?

㉠ 핵과 맨틀의 분리	㉡ 마그마 바다
㉢ 지각과 바다의 형성	㉣ 미행성체 충돌

① ㉠ － ㉣ － ㉡ － ㉢　② ㉡ － ㉣ － ㉠ － ㉢
③ ㉣ － ㉡ － ㉠ － ㉢　④ ㉣ － ㉠ － ㉡ － ㉢

정답 | ③　출제 가능성 | 70%

해 설
미행성체들의 충돌로 만들어진 원시 지구는 마그마 바다 상태였다. 마그마 속의 무거운 물질들이 지구 중심으로 가라앉으며 핵을 이루고, 가벼운 물질들은 위로 떠올라 맨틀과 지각이 되었다. 지구의 표면 온도가 낮아지며 지각이 형성되고 대기의 작용으로 바다가 형성되었다.

03 다음 설명 중 옳지 않은 것은?

① 물체의 속력이 일정할 때, 운동 에너지는 물체의 질량에 비례한다.
② 물체의 높이가 일정할 때, 중력에 의한 위치 에너지는 물체의 질량에 반비례한다.
③ 물체의 질량이 일정할 때, 운동 에너지는 물체의 속력 제곱에 비례한다.
④ 물체의 질량이 일정할 때, 중력에 의한 위치 에너지는 물체의 높이에 비례한다.

정답 | ②　출제 가능성 | 80%

해 설
물체의 높이가 일정할 때, 중력에 의한 위치 에너지는 물체의 질량에 비례한다.

04 다음 중 생명의 기본 요소가 되는 탄소 화합물이 아닌 것은?

① 물 ② 지질
③ 핵산 ④ ATP

정답 | ① 출제 가능성 | 70%

해 설
탄소 화합물은 탄수화물, 지질, 단백질, 핵산, ATP이다. 물은 무기물이다.

05 다음 중 산화 반응이 아닌 것은?

① 광합성 ② 호흡
③ 철의 부식 ④ 연소

정답 | ① 출제 가능성 | 60%

해 설
광합성은 이산화탄소가 산소를 잃고 환원되어 포도당이 되는 과정이다.

06 주계열성의 설명으로 옳은 것만을 〈보기〉에서 모두 고른 것은?

〈보기〉

ㄱ. 질량이 클수록 수명이 길다.
ㄴ. 중심에서 수소 핵융합 반응이 일어난다.
ㄷ. 핵융합 반응이 일어나면 일정한 크기를 유지한다.

① ㄱ ② ㄴ
③ ㄱ, ㄴ ④ ㄴ, ㄷ

정답 | ④ 출제 가능성 | 70%

해 설
ㄱ. 주계열성은 질량이 클수록 에너지 발생량이 커서 수명이 짧다.

07 물이 증발하여 구름이 되고, 구름에서 비가 내리는 현상은 지구계의 수권과 어느 권역 사이의 상호 작용으로 발생하는가?

① 기권　　② 생물권
③ 암권　　④ 외권

정답 | ①　출제 가능성 | 70%

해 설
물이 증발하여 구름이 되고, 구름에서 비가 내리는 현상은 수권과 기권의 상호작용을 통해 발생한다.

08 다음 중 금속이 아닌 것은?

① 나트륨　　② 탄소
③ 마그네슘　　④ 칼륨

정답 | ②　출제 가능성 | 70%

해 설
탄소는 비금속 원소이다.

09 다음 중 화학 결합에 대한 설명으로 옳은 것은?

① 원자가 전자를 잃으면 음이온이 된다.
② 금속 원자는 음이온이 되기 쉽다.
③ 비활성 기체는 다른 물질과 반응을 잘한다.
④ 물 분자는 공유 결합을 하고 있다.

정답 | ④　출제 가능성 | 80%

해 설
물 분자(H_2O)는 2개의 수소 원자가 각각 전자 1개씩을, 1개의 산소 원자가 전자 2개를 내놓아 총 2개의 공유 전자쌍을 갖는 공유 결합을 한다.
① 원자가 전자를 잃으면 양이온이, 전자를 얻으면 음이온이 된다.
② 금속 원자는 양이온이 되기 쉽다.
③ 비활성 기체는 옥텟 규칙을 만족하는 상태이므로 다른 물질과 거의 반응하지 않는다.

10 다음과 같은 현상을 설명하는 운동 법칙은?

- 버스가 갑자기 출발하면 몸이 뒤로 넘어진다.
- 자동차 브레이크를 밟아도 즉시 멈추기 어렵다.

① 만유인력의 법칙 ② 가속도의 법칙
③ 관성 법칙 ④ 작용 반작용의 법칙

정답 | ③ 출제 가능성 | 80%

해 설
물체가 자신의 운동 상태를 계속 유지하려는 관성의 법칙에 해당하는 사례들이다. 정지해 있는 물체는 계속 정지한 상태로, 움직이는 물체는 계속 움직이려는 성질 때문에 이와 같은 현상이 일어난다.

11 기권을 지구에서 가까운 순서대로 나열하면?

① 성층권 – 중간권 – 대류권 – 열권
② 성층권 – 대류권 – 중간권 – 열권
③ 대류권 – 중간권 – 성층권 – 열권
④ 대류권 – 성층권 – 중간권 – 열권

정답 | ④ 출제 가능성 | 70%

해 설
기권은 높이에 따른 기온 분포에 따라 대류권 – 성층권 – 중간권 – 열권으로 구분된다.

12 다음은 암모니아를 생성하는 화학 반응식이다. (가)에 해당하는 것은?

$N_2 + 3H_2 \rightarrow$ (가)

① $2NH_3$ ② $2NH_2$
③ $3N_2H_3$ ④ $3N_2H_2$

정답 | ① 출제 가능성 | 80%

해 설
N의 원자가 2개, H의 원자가 6개이므로 화학 반응식의 결과 (가)는 $2NH_3$

13 ㉠, ㉡에 들어갈 말이 바르게 연결된 것은?

- 빅뱅 우주론에 의하면 우주가 팽창할 때 우주의 평균 밀도는 (㉠)한다.
- 허블 법칙에 의하면 멀리 떨어진 외부 은하일수록 (㉡) 속도로 멀어진다.

① ㉠ 감소 ㉡ 느린　② ㉠ 감소 ㉡ 빠른
③ ㉠ 증가 ㉡ 느린　④ ㉠ 증가 ㉡ 빠른

정답 | ②　출제 가능성 | 70%

해 설
우주가 팽창할 때 우주의 총 질량이 일정하므로 우주의 평균 밀도와 온도는 감소한다. 또한 이때 은하의 후퇴 속도는 은하의 거리와 비례하여 거리가 멀수록 빠른 속도로 멀어진다.

14 다음 설명에 해당하는 것은?

- 친수성기와 친유성기가 함께 있다.
- 계면활성제의 하나이다.

① 진통제　② 비누
③ 설탕　④ 소금

정답 | ②　출제 가능성 | 80%

해 설
비누와 세제는 계면활성제로 물과 친한 친수성기와 기름과 친한 친유성기의 성질을 모두 갖고 있어 기름때나 불순물을 제거한다.

15 DNA에 대한 설명으로 옳은 것은?

① 우라실(U)염기로 구성되어 있다.
② 세 가닥이 모여 나선형으로 꼬인 구조이다.
③ 유전 정보를 세포질이 있는 곳으로 전달하는 역할을 한다.
④ 생물의 형질에 대한 유전 정보를 저장한다.

정답 | ④　출제 가능성 | 70%

해 설
DNA는 생물의 형질에 대한 유전 정보를 저장하며 이중 나선 구조이다.
①, ③은 RNA의 특징이다.

16 다음은 수산화나트륨 수용액에 묽은 염산을 조금씩 넣을 때의 그래프이다. 이에 대한 설명으로 옳지 않은 것은?

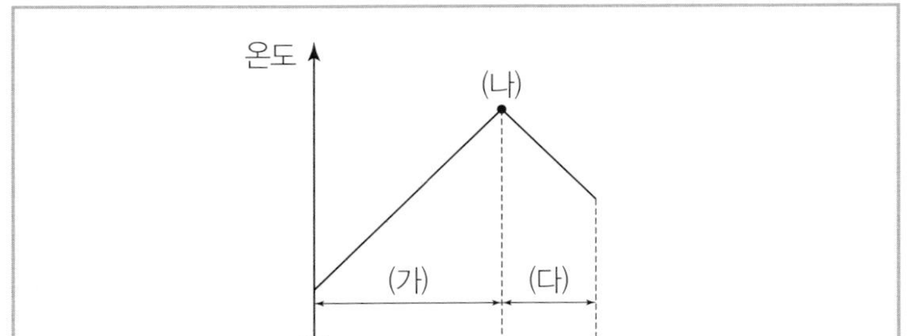

① (가)는 염기성 상태이다.
② (나)는 중성 상태이다.
③ (다)에서는 중화 반응이 더 이상 일어나지 않는다.
④ Na^+의 수는 증가한다.

정답 | ④ 출제 가능성 | 80%

해설
수산화나트륨은 염기성이므로 (가)는 염기성 상태, (나)는 중화점이므로 중성 상태, (다)는 중화 반응이 완료된 후에도 계속 가해준 묽은 염산 때문에 산성 상태이다. 중화점을 지나면 더 이상 중화 반응은 일어나지 않으며 중화 반응에 가담하지 않는 Na^+의 수는 처음부터 끝까지 일정하고, Cl^-의 수는 염산을 가해줌에 따라 계속 증가한다.

17 물에 녹았을 때, 다음과 같은 성질을 나타내는 물질은?

- 리트머스 종이가 붉은색이 되었다.
- BTB 용액이 노란색이 되었다.
- 페놀프탈레인 용액이 무색이 되었다.

① 암모니아 ② 아세트산
③ 수산화나트륨 ④ 수산화칼륨

정답 | ② 출제 가능성 | 80%

해설
산성에 의한 지시약의 색 변화이다. 아세트산은 산성 물질이고 암모니아, 수산화나트륨, 수산화칼륨은 모두 염기성 물질이다.

18 수렴형 경계에 대한 설명으로 옳지 않은 것은?

① 두 판이 서로 가까워지는 판의 경계이다.
② 해령이나 열곡대가 발달한다.
③ 섭입대와 해구가 형성된다.
④ 일본의 호상 열도나 알프스산맥 등이 만들어진다.

정답 | ② 출제 가능성 | 80%

해 설
해령이나 열곡대가 발달하는 곳은 발산형 경계이다.

19 다음 중 설명하는 영양소에 해당하는 것은?

- 가장 많이 섭취하고 몸의 에너지원으로 쓰인다.
- 주영양소라고 한다.

① 무기 염류 ② 비타민
③ 단백질 ④ 물

정답 | ③ 출제 가능성 | 70%

해 설
주영양소는 탄수화물, 단백질, 지방으로 3대 영양소라고 불린다. 부영양소는 무기 염류, 비타민, 물이며 에너지원으로 쓰이지는 않지만 몸을 구성하거나 생리 작용을 조절하는 역할을 한다.

20 다음 설명에 해당하는 지질 시대는?

- 지질 시대의 약 80%를 차지한다.
- 화석이 매우 드물다.

① 선캄브리아대 ② 고생대
③ 중생대 ④ 신생대

정답 | ① 출제 가능성 | 80%

해 설
선캄브리아대는 46억~5.4억 년 전으로 지질 시대의 약 80%를 차지한다. 단세포 생물, 해조류가 출현했으며 지금까지 남아있는 화석이 매우 드물다.

21 세포 호흡에 대한 설명으로 옳은 것은?

① 동물 세포에서만 일어난다.

② 포도당을 합성하는 반응이다.

③ 이산화탄소를 소모하고 산소를 방출한다.

④ 생물이 살아가는 데 필요한 에너지를 생성한다.

정답 | ④ 출제 가능성 | 70%

해 설

세포 호흡은 미토콘드리아에서 포도당과 같은 유기물을 산화시켜 생활에 필요한 에너지를 얻는 과정이다.

① 세포 호흡은 모든 생물의 세포에서 일어난다.

② 호흡은 포도당과 같은 영양소를 분해하여 생활에 필요한 에너지를 생성하는 과정이다.

③ 이산화탄소를 소모하고 산소를 방출하는 것은 광합성이다.

22 다음 그림으로 나타나는 전기 에너지 법칙에 대한 설명으로 옳지 않은 것은?

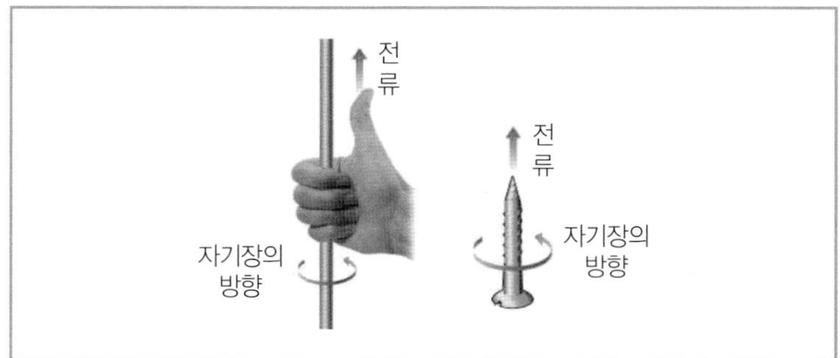

① N극이 가까워지거나 S극을 멀리하면 코일의 위쪽이 N극이 된다.

② 오른손으로 코일을 감아쥐고 엄지손가락을 N극의 방향으로 펼 때 네 손가락이 돌아가는 방향이 전류의 방향이다.

③ 전류를 오른나사의 진행 방향으로 흘리면 자기장은 나사가 도는 방향의 반대 방향으로 생긴다.

④ 전선에 흐르는 전류에는 둥글게 자기장이 생긴다.

정답 | ③ 출제 가능성 | 70%

해 설

그림으로 나타나는 전기 에너지 법칙은 앙페르의 오른나사 법칙이다. 오른나사 법칙에 의하면, 전류를 오른나사의 진행 방향으로 흘렸을 때 자기장은 나사가 도는 방향으로 생긴다.

23 다음은 에너지 전환을 나타낸 것이다. (A)와 (B)에 해당하는 것으로 옳은 것은?

- 발전방식(A) : 위치 에너지 → 전기 에너지
- 전기 기구(B) : 전기 에너지 → 역학적 에너지

	(A)	(B)
①	수력 발전	형광등
②	수력 발전	선풍기
③	화력 발전	선풍기
④	화력 발전	형광등

정답 | ②　　출제 가능성 | 80%

해 설

- **수력 발전** : 수력 발전소에서는 물이 낙하하면서 물의 위치 에너지가 터빈의 운동에너지로 전환되었다가, 발전기를 거쳐 전기 에너지로 전환된다.
- **선풍기** : 선풍기는 전기 에너지가 역학적 에너지(혹은 운동 에너지)로 전환된다.

③ **화력 발전** : 화학 에너지 → 열에너지 → 역학적 에너지 → 전기 에너지

④ **형광등** : 전기 에너지 → 빛에너지

24 그림과 같이 마찰이 없는 수평면상의 물체에 수평 방향으로 힘 F가 작용할 때 물체의 가속도는 a이다. 이 물체에 $2F$의 힘이 수평 방향으로 작용할 때 물체의 가속도는?

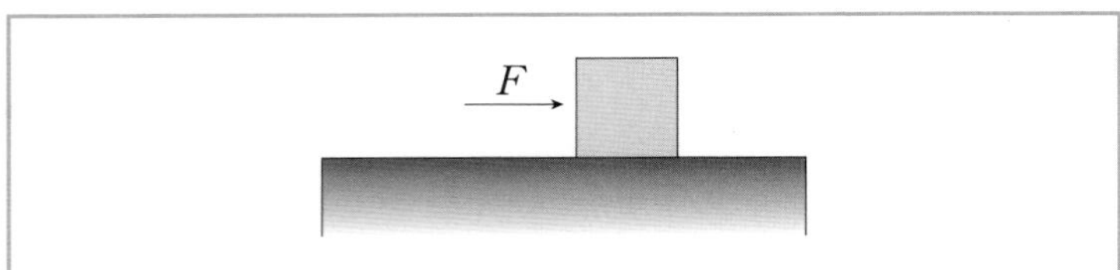

① $\frac{1}{2}a$　　② a

③ $2a$　　④ $4a$

정답 | ③　　출제 가능성 | 60%

해 설

가속도의 법칙에서 $a=\frac{F}{m}$, $F=ma$이므로, 물체에 $2F$의 힘이 작용할 때 물체의 가속도를 x라 하면,

$a : x = \frac{F}{m} : \frac{2F}{m}$

$\therefore x = 2a$

25 지구 온난화를 막기 위한 방법을 〈보기〉에서 모두 고른 것은?

〈보기〉

ㄱ. 이산화탄소 배출 규제
ㄴ. 화석 연료 사용 권장
ㄷ. 신 · 재생에너지 개발

① ㄱ　　② ㄴ
③ ㄱ, ㄷ　　④ ㄱ, ㄴ, ㄷ

정답 | ③　출제 가능성 | 70%

해 설
ㄴ. 화석 연료 사용을 권장하게 되면 오히려 지구 온난화를 촉진하게 된다.

26 효소에 대한 설명으로 옳지 않은 것은?

① 단백질이 주성분이다.
② 활성화 에너지를 증가시켜 반응 속도를 높인다.
③ 특정 효소는 특정한 기질과만 반응한다.
④ 반응이 끝난 후에 재사용된다.

정답 | ②　출제 가능성 | 70%

해 설
효소는 활성화 에너지를 감소시켜 반응 속도를 높인다.

27 탄소 화합물에 대한 설명으로 옳지 않은 것은?

① 탄소 원자는 단일 결합만 할 수 있다.
② 탄소 원자는 고리 구조의 화합물을 형성할 수 있다.
③ 탄소 원자는 서로 공유 결합하여 사슬을 형성할 수 있다.
④ 탄수화물, 지질, 단백질은 생명체의 주요 탄소 화합물이다.

정답 | ①　출제 가능성 | 60%

해 설
탄소 원자는 단일 결합, 2중 결합, 3중 결합을 할 수 있다.

28 다음 화석에 관한 그래프에서 A와 B에 대한 설명으로 옳은 것은?

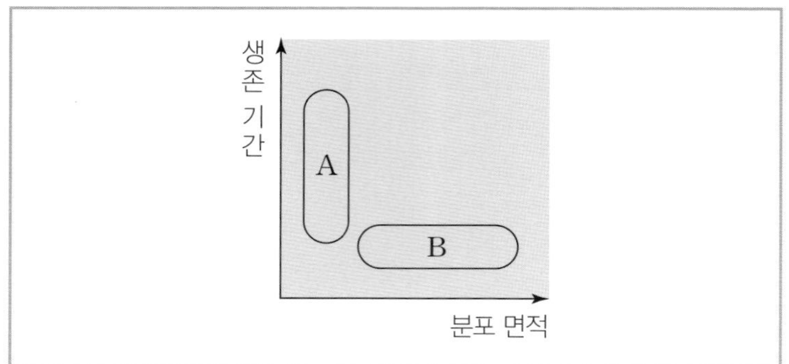

① B는 생존 기간이 길다.
② A는 표준 화석에 해당한다.
③ A는 환경 변화에 민감하다.
④ 지층이 생성될 당시 환경을 알려주는 화석은 B이다.

정답 | ③ 출제 가능성 | 80%

해 설

① 생존 기간이 긴 것은 시상 화석(A)이다.
② 표준 화석은 B이다.
④ 지층의 생성 환경을 알 수 있는 화석은 시상 화석(A)이다.

29 다이오드에 대한 설명 중 옳지 않은 것은?

① CCD는 다이오드의 일종이다.
② 다이오드에는 2개의 단자가 있다.
③ 다이오드에서는 한 방향으로만 전류가 잘 흐른다.
④ 빛에너지를 전기 에너지로 변환하는 다이오드도 있다.

정답 | ① 출제 가능성 | 70%

해 설

CCD는 빛을 검출하는 집적 회로의 일종이다.

30 다음 중 식물 세포에만 있는 소기관을 바르게 짝지은 것은?

① 세포벽, 리보솜
② 세포벽, 엽록체
③ 엽록체, 미토콘드리아
④ 리보솜, 핵

정답 | ② 출제 가능성 | 70%

해 설

세포벽은 세포막을 둘러싼 벽, 엽록체는 광합성을 담당하는 기관으로 식물 세포에만 있는 세포 소기관이다.

PART 6

한국사

STEP1. 핵심 이론.ZIP

STEP2. 시험에 반드시 출제되는 문제

PART 6

한국사 | 핵심 이론.ZIP

❶ 우리 역사의 형성과 고대 국가의 발전

(1) 우리 민족의 기원과 선사 문화

① 우리 민족의 기원

㉠ 만주와 한반도를 중심으로 동북아시아에 분포

㉡ 신석기 시대~청동기 시대를 거치면서 민족의 기틀 형성

㉢ 몽골 인종 · 알타이 어족에 속함

> 개념UP
> **선사 시대와 역사 시대**
> - **선사 시대** : 구석기 시대와 신석기 시대, 기록이 없는 시대
> - **역사 시대** : 문자를 사용하기 시작한 청동기 시대 이후, 기록이 있는 시대

② **구석기 시대** : 약 70만 년 전 시작

㉠ **도구** : 뼈 도구, 뗀석기 사용

- 사냥 도구 : 주먹도끼, 찍개
- 조리 도구 : 긁개, 밀개
- 후기에 슴베찌르개 사용

뗀석기

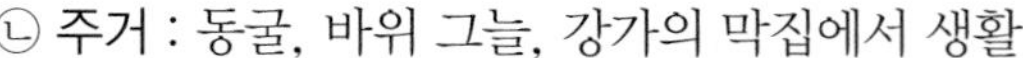

㉡ **주거** : 동굴, 바위 그늘, 강가의 막집에서 생활

㉢ **사회** : 무리 지어 이동 생활, 사냥 · 채집, 평등 사회

㉣ **예술** : 동굴 벽화(알타미라 동굴 벽화), 풍만한 여인상(빌렌도르프의 비너스)

③ **신석기 시대** : 기원전 8000년경부터 시작

㉠ **도구**

- 석기 : 간석기(돌을 갈아 여러 가지 형태와 용도로 사용)
- 토기(음식의 저장) : 빗살무늬 토기
- 원시적 수공업 : 가락바퀴, 뼈바늘

빗살무늬 토기 가락바퀴

㉡ **주거** : 큰 강가나 바닷가의 움집(바닥이 원형 · 모가 둥근 정사각형)

㉢ **경제** : 농경 시작(밭농사 중심), 사냥, 고기잡이, 원시적 수공업

㉣ **사회** : 혈연을 바탕으로 한 씨족과 부족 생활, 평등 사회

㉤ **신앙** : 애니미즘, 토테미즘, 샤머니즘, 영혼 · 조상 숭배

㉥ **예술** : 조개껍데기 가면, 얼굴 모양 토제품, 치레걸이 등

> 개념UP
> **원시 신앙**
> - **애니미즘** : 자연 현상, 자연물에 정령이 있다고 믿음(태양, 물, 나무 등)
> - **토테미즘** : 특정 동식물을 부족의 수호신으로 섬김
> - **샤머니즘** : 무당과 그 주술을 믿음
> - **영혼 · 조상 숭배** : 죽은 자의 영혼이 사라지지 않는다고 생각함

구석기와 신석기의 비교 중요

구분	구석기 시대	신석기 시대
시기	약 70만 년 전	기원전 8000년경
도구	뗀석기 사용	간석기, 토기 사용
생활	• 수렵, 채집, 어로 • 사냥감의 번성 기원	• 농경의 시작(밭농사), 수렵, 어로 • 애니미즘, 토테미즘, 샤머니즘, 조상 숭배

④ 청동기 · 철기 문화

㉠ 청동기의 보급 : 기원전 2000년경~기원전 1500년경

- 사회 변화 : 사유 재산 발생과 계급의 분화
- 유물 : 석기(반달 돌칼, 바퀴날 도끼), 청동기(비파형 동검, 거친무늬 거울), 토기(미송리식 토기, 민무늬 토기, 붉은 간토기)

비파형 동검

세형 동검

㉡ 철기의 사용 : 기원전 5세기경

- 철제 농기구(농업 생산력의 증대), 철제 무기(정복 전쟁의 활성화)
- 청동기는 의식용 도구로 변화
- 중국과의 교류 : 중국 화폐(명도전, 반량전, 오수전), 한자 사용(붓)
- 독자적인 청동기 문화의 발전 : 세형 동검, 잔무늬 거울, 거푸집
- 토기 : 민무늬 토기, 덧띠 토기, 검은 간토기

㉢ 청동기 · 철기 시대의 생활

- 주거 : 직사각형 움집 → 지상 가옥화, 배산임수형 구릉지에 취락 형성
- 경제 : 밭농사 중심, 일부 저습지에서 벼농사 시작
- 사회 : 사유 재산 개념 등장, 계급의 분화(고인돌), 족장의 출현

탁자식 고인돌

바둑판식 고인돌

문제UP

다음 유물들이 등장하는 시대는?

간석기, 빗살무늬 토기, 가락바퀴

① 구석기 ② 신석기
③ 청동기 ④ 철기

해 간석기, 빗살무늬 토기, 가락바퀴는 모두 신석기 시대의 유물이다.

정답 ②

개념UP

거푸집

만들려는 모양대로 속이 비어 있어 거기에 쇳물을 부어 만드는 틀

1. 국어 2. 수학 3. 영어 4. 사회 5. 과학 6. 한국사 7. 도덕

• 예술 : 청동제 연모와 토우(장신구 및 종교적 의미), 바위그림(풍요로운 생산 기원)

청동기 시대와 철기 시대의 비교 중요

구분	청동기 시대	철기 시대
시기	기원전 2000년경~기원전 1500년경	기원전 5세기경
도구	간석기, 비파형 동검, 거친무늬 거울	철제 농기구 · 무기, 세형동검, 잔무늬 거울, 거푸집
토기	민무늬 토기, 미송리식 토기, 붉은 간토기	민무늬 토기, 덧띠 토기, 검은 간토기
무덤	고인돌, 돌널무덤	널무덤, 독무덤

(2) 고조선의 건국과 여러 나라의 성장

① 고조선

㉠ 단군과 고조선

• 건국 : 기원전 2333년 단군왕검이 건국
• 의의 : 청동기 시대에 출현한 우리나라 최초의 국가
• 세력 범위 : 요령 지방에서 성장, 한반도까지 발전
• 발전 : 요서 지방을 경계로 중국의 연과 대립(기원전 4세기경), 왕위 세습 · 관직 설치(기원전 3세기경)

개념UP

단군 이야기

• 『삼국유사』와 『제왕운기』 등에 실려 있음
• 천손 사상(환인, 환웅)
• 농경 사회, 계급 사회
• 부족 간의 결합
• 제정일치의 지배자(단군왕검)

㉡ 위만의 집권(기원전 194)

• 중국 진 · 한 교체기 때 위만이 무리를 이끌고 고조선으로 이주, 준왕을 내쫓고 왕위 차지
• 철기 문화의 본격 수용, 활발한 정복 사업
• 중국의 한과 예 · 진 사이에서 중계 무역으로 번영(한과 대립)
• 한 무제의 침략, 왕검성 함락으로 멸망(기원전 108) → 고조선 영토에 한 군현 설치

㉢ 고조선의 사회

• 가부장적 가족제
• 8조법으로 통치 : 형벌과 노비 발생, 노동력과 사유 재산 보호 노력
• 한 군현 설치 후 법 조항이 60여 조로 증가

개념UP

8조법

• 사람을 죽인 자는 즉시 죽임
• 남에게 상처를 입힌 자는 곡식으로 갚게 함
• 도둑질한 자는 노비로 삼는데 용서받고자 하면 50만 전을 내도록 함

② 여러 나라의 성장 : 고조선 멸망 이후 만주, 한반도에 크고 작은 소국들이 등장, 정복 과정을 통해 연맹 왕국으로 발전함

㉠ 부여 : 만주 쑹화 강 유역의 평야 지대를 중심으로 성장

정치	• 연맹 왕국 : 5부족 연맹체(왕이 다스리는 중앙 + 사출도) • 사출도 : 부여의 도읍 주변에 형성된 4개의 지역으로 마가, 우가, 저가, 구가가 지배
경제	• 농경과 목축 • 특산물 : 말, 주옥, 모피
제천행사	영고(12월)
풍속	• 순장 • 엄격한 형벌 • 소의 발굽으로 길흉을 점침
특징	• 연맹 왕국 단계에서 멸망 • 고구려와 백제의 건국 세력으로 계승

㉡ 고구려 : 부여에서 이주한 주몽이 동가강 유역 졸본 지방에서 건국(기원전 37)

정치	• 5부족 연맹체 • 왕 아래에 대가, 대가들이 사자 · 조의 · 선인 등의 관리들을 거느림 • 제가 회의 : 대가들이 모여 중대한 범죄자 처결
경제	• 목축, 수렵 • 토지 척박, 주변 소국 정복
제천행사	• 동맹(10월) • 주몽과 유화 부인에 대한 제사
풍속	서옥제(데릴사위제)
특징	• 한 군현 공략으로 요동 진출 • 옥저 정복

㉢ 동예와 옥저 : 함경도(옥저), 강원도 북부 동해안(동예)에 위치

정치	• 읍군, 삼로라는 군장이 통치 • 고구려의 압력으로 통합된 정치 세력을 형성하지 못함
경제	• 동예 : 농경 · 어로, 방직 기술 발달, 특산물(단궁 · 과하마 · 반어피) • 옥저 : 해산물 풍부(고구려에 공납), 농경 발달
제천행사	동예 : 무천(10월)
풍속	• 동예 : 족외혼, 책화 • 옥저 : 민며느리제, 가족 공동 무덤

문제UP

다음과 관련 있는 나라는?

순장, 영고, 사출도

① 부여 ② 옥저
③ 동예 ④ 고구려

해 부여는 왕 밑에 마가, 우가, 저가, 구가 등의 4가를 두고 각기 행정구역인 사출도를 다스리게 하였다. 또한 12월에는 영고라는 제천 행사를 열었다. 엄격한 법이 존재하였고, 순장과 껴묻거리를 묻는 장례 풍습이 있었다.

정답 ①

개념UP

서옥제

남녀가 혼인을 약속하면 여자의 집 뒤편에 '서옥'이라는 집을 짓고 생활, 자식을 낳아 성장하면 남자 집으로 가서 생활하던 풍습

개념UP

책화

다른 부족의 영역 침범 시 노비 · 소 · 말로 배상

개념UP

민며느리제

혼인을 약속 후 남자의 집에서 여자를 어렸을 때 데리고 가 성장한 후 다시 친정으로 돌려보내면 남자가 예물을 치르고 정식으로 혼인하던 풍습

> 개념UP
>
> **소도**
>
> 천군이 있는 신성한 곳으로 큰 나무를 세우고 방울과 북을 달아 귀신을 섬김. 도망하여 안으로 들어온 사람은 누구든 돌려보내지 않았음

> 개념UP
>
> **여러 나라의 위치**

> 개념UP
>
> **삼국의 성립 시 수도**
>
> • 고구려 : 졸본성 → 국내성
> • 백제 : 위례성
> • 신라 : 금성

㉣ 삼한(한) : 한강 이남의 진과 고조선 유이민이 융합하면서 발전

정치	• 소국 연맹체(마한, 진한, 변한), 마한의 목지국 지배자가 삼한 주도 • 제정 분리 : 신지 · 읍차 등 군장이 통치, 천군이 소도에서 제사 주관
경제	• 벼농사 중심의 농경 발달(저수지 축조) • 변한 지역의 철 생산(낙랑, 왜에 수출)
제천행사	계절제(5월, 10월)
풍속	두레 : 공동 작업 조직
발전	• 마한의 백제국 → 백제로 성장 • 진한의 사로국 → 신라로 성장 • 변한의 구야국 → 가야 연맹체로 성장

(3) 고대 국가의 성립과 발전

① 고대 국가의 발전과 특징

㉠ 발전 과정 : 여러 소국(군장 국가) → 연맹 왕국 → 중앙 집권적 고대 국가

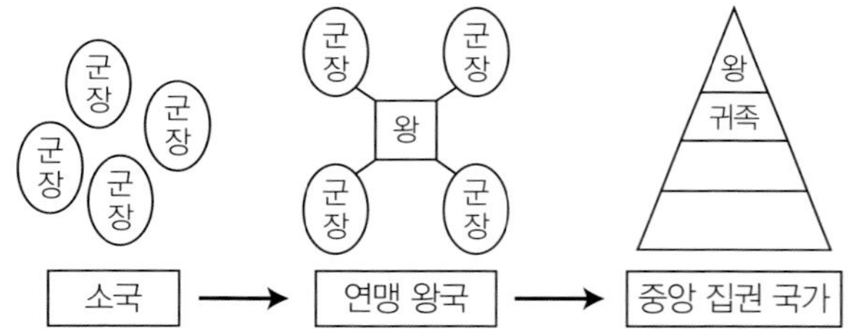

㉡ 특징

• 왕권 강화 : 정복 활동으로 영역 확대
• 율령 반포 : 통치 체제 및 행정 구역 정비
• 왕위 세습 : 부자 세습 체제 확립
• 불교 수용 : 집단의 통합 강화

② 삼국의 성립

㉠ 고구려의 성립

• 건국(기원전 37) : 부여 계통의 유이민 세력(주몽) + 토착민 세력, 졸본에서 성장, 국내성으로 천도
• 기틀 마련

왕	내용
태조왕 (1세기 후반)	• 계루부 고씨의 왕위 독점 세습 • 활발한 정복 활동(옥저 복속)
고국천왕 (2세기 후반)	• 부족적 전통의 5부를 행정적 성격의 5부로 개편 • 왕위의 부자 상속, 족장을 중앙 귀족으로 편입

㉡ 백제의 성립

- 건국(기원전 18) : 한강 유역의 토착 세력 + 고구려 유·이민 세력
- 기틀 마련

고이왕 (3세기)	• 한강 유역 완전히 장악 • 중국의 선진 문물 수용 • 관등제 정비 및 관복제 도입(6좌평제, 16관등제 기본틀 마련)

㉢ 신라의 성립

- 건국(기원전 57) : 사로국에서 출발, 토착민 집단 + 유·이민 집단
- 기틀 마련

내물왕 (4세기 후반)	• 김씨에 의한 왕위 계승권 확립 • 왕호 마립간 칭호 사용 • 고구려 광개토대왕의 지원으로 왜 격퇴

㉣ 전기 가야 연맹

- 성립 : 김수로가 금관가야 건국(42), 금관가야 중심의 연맹 왕국 성립(3세기경)
- 발전 : 농경 문화 발달, 풍부한 철 생산, 해상 교통 이용, 무역 활동(중계 무역, 낙랑과 왜 연결)
- 쇠퇴 : 4세기 말~5세기 초, 고구려군의 공격으로 중심 세력 위축

③ 삼국의 발전

㉠ 삼국의 정치적 발전

고구려	• 미천왕(4세기) : 낙랑군 축출 • 소수림왕(4세기 후반) : 율령 반포, 불교 공인, 태학 설립 → 중앙 집권 체제 강화
백제	• 근초고왕(4세기 후반) : 마한 복속, 가야 지배, 고구려 공격, 중국의 요서·산둥 지방과 일본의 규슈 지방 진출 • 침류왕(4세기 후반) : 동진으로부터 불교 수용·공인
신라	• 눌지왕(5세기 전반) : 나·제 동맹 결성 • 지증왕(6세기 초) : 국호 '신라', '왕' 칭호 사용, 수도와 행정 구역 정리, 우산국 복속 • 법흥왕(6세기 전반) : 병부 설치, 율령 반포, 공복 제정, 골품제 정비, 불교 공인, 금관가야 정복 → 중앙 집권 체제 완비

개념UP

신라의 왕호 변천

거서간 → 차차웅 → 이사금 → 마립간 → 왕

개념UP

호우명 그릇

경주 호우총에서 발견된 것으로 5세기경 신라와 고구려의 관계를 보여줌

개념UP

삼국의 율령 반포·불교 공인

- 율령 반포

고구려	백제	신라
소수림왕 (4세기)	고이왕 (3세기)	법흥왕 (6세기)

- 불교 공인

고구려	백제	신라
소수림왕 (4세기)	침류왕 (4세기)	법흥왕 (6세기)

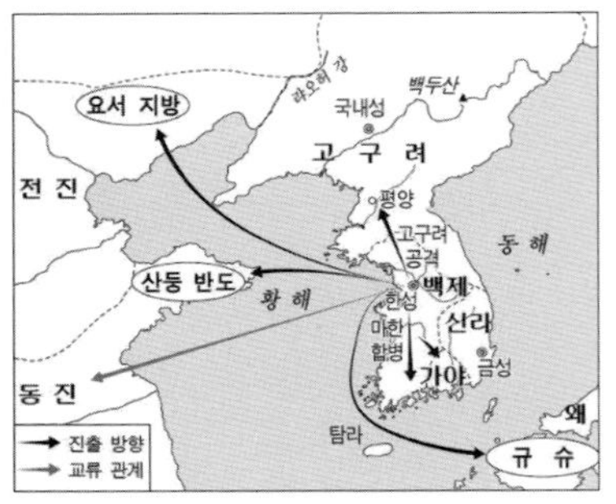

4세기 백제 영토 확장

5세기 고구려 영토 확장

6세기 신라 영토 확장

㉡ 삼국 간의 항쟁

고구려	• 광개토 대왕(4세기 말~5세기 초) : 만주 지역 정복, 신라에 침입한 왜 격퇴 • 장수왕(5세기) : 평양 천도(427), 백제의 한성 함락, 한강 유역 확보(중원 고구려비)
백제	• 문주왕 : 웅진 천도(475), 대외 팽창 위축 • 동성왕(5세기 말) : 신라와 동맹 강화, 고구려에 대항 • 무령왕(6세기 초) : 22담로에 왕족 파견(지방에 대한 통제 강화), 백제 중흥의 발판 마련 • 성왕(6세기) : 사비 천도(538), 국호 남부여로 변경, 한강 유역 일부 수복 → 신라에게 상실(관산성 전투)
신라	진흥왕(6세기) : 화랑도 개편, 불교 교단 정비, 한강 유역 확보, 함경도 진출, 대가야 정복(단양 적성비, 진흥왕 순수비)
후기 가야 연맹	• 5세기 후반 : 대가야 중심으로 발전 • 6세기 중반 : 금관가야 멸망(532), 대가야 멸망(562) → 가야 연맹 해체

영토 확장 기념비

광개토 대왕릉비	고구려 광개토 대왕의 정복 활동 기념
중원 고구려비	고구려 장수왕의 한강 이남 정복 기념
단양 적성비	신라 진흥왕의 한강 진출 교두보 확보 기념
진흥왕 순수비	신라 진흥왕의 한강 유역 장악 기념

㉢ 삼국의 통치 체제

구분	고구려	백제	신라
귀족 회의	제가 회의	정사암 회의	화백 회의
수도	5부	5부	6부
지방	5부(욕살)	5방(방령)	5주(군주)
특수 구역	3경	22담로	2소경
국정 총괄	대대로	상좌평	상대등
관등	14관등	16관등	17관등

④ 고구려의 대외 항쟁과 신라의 삼국 통일

㉠ 고구려와 수 · 당의 전쟁

• 고구려와 수의 전쟁 : 고구려의 요서 지역 선제공격 → 수의 침입(수 문제, 수 양제) → 을지문덕이 살수에서 수 양제의 침입 격퇴(살수 대첩, 612)

- 고구려와 당의 전쟁 : 고구려의 천리장성 축조 → 당 태종의 침입 → 고구려가 안시성에서 당군 격퇴(안시성 싸움, 645)

㉡ 신라의 삼국 통일

- 백제와 고구려의 멸망

백제의 멸망	• 멸망 : 황산벌 전투에서 계백이 이끄는 결사대가 나 · 당 연합군에게 전멸 → 사비성 함락으로 멸망(660) • 부흥 운동 : 복신, 도침, 흑치상지
고구려의 멸망	• 멸망 : 나 · 당 연합군의 평양성 함락으로 멸망(668) • 부흥 운동 : 검모잠, 고연무, 신라의 지원

- 나 · 당 전쟁 : 당의 한반도 지배 야욕 → 웅진 도독부(백제), 안동 도호부(고구려), 계림 도독부(신라) 설치 → 신라의 고구려 부흥 운동 지원 → 매소성(675) · 기벌포(676) 전투에서 신라의 승리 → 당 세력 축출 → 삼국 통일 완성(676)

삼국 통일의 과정

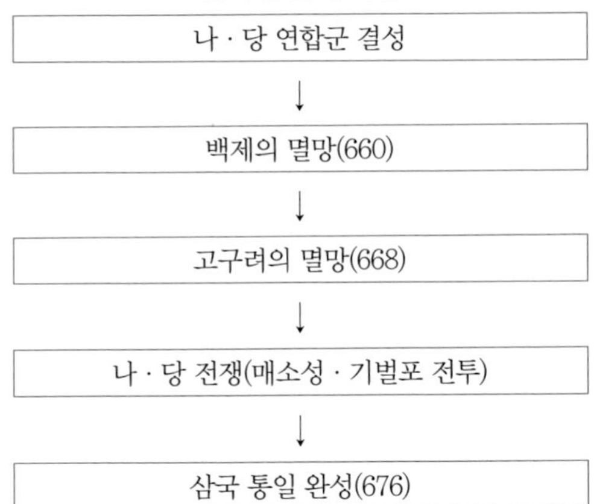

> **개념UP**
> **신라 삼국 통일의 의미**
> - **의의** : 우리 민족 최초의 통일, 나 · 당 전쟁을 통해 당군 격퇴
> - **한계** : 외세(당)의 도움, 대동강~원산만 이남에 한정된 불완전한 통일

⑤ 삼국 문화의 일본 전파

㉠ **백제** : 천문학 · 의학 · 건축 양식 전파, 천자문 · 논어 전달(왕인), 불경 · 불상 전파(노리사치계), 칠지도

㉡ **고구려** : 종이, 먹의 제조 방법(담징), 일본 쇼토쿠 태자의 스승(혜자)

㉢ **신라** : 조선술, 축제술 전파

㉣ **가야** : 토기 제작 기술 전파

> **개념UP**
> **칠지도**
>
> 
>
> 백제와 일본의 긴밀한 외교 관계를 알려줌

(4) 통일 신라와 발해의 성립과 변천

① 통일 신라의 발전

㉠ 왕권의 전제화

무열왕(7세기)	최초의 진골 출신, 직계 자손의 왕위 세습 확립, 집사부의 시중 권한 강화, 상대등 세력 억제
문무왕(7세기)	통일 전쟁 승리, 왕권 강화
신문왕(7세기)	진골 귀족 세력 숙청, 9주 5소경 체제 완비, 관료전 지급(녹읍 폐지), 국학 설립, 6두품의 역할 강화

개념UP

녹읍과 관료전

- 녹읍 : 해당 지역의 주민들로부터 조세와 노동력 수취 가능
- 관료전 : 노동력 수취 불가능 → 귀족의 경제적 기반 약화

㉡ 전제 왕권의 동요 : 경덕왕(8세기 중엽) 이후 왕권 약화, 진골 귀족 세력의 반발로 녹읍 부활, 귀족들의 향락과 사치로 농민 부담 증가

㉢ 신라 말 호족 세력의 성장

- 중앙 진골 귀족들의 왕위 쟁탈전 → 왕권 약화, 지방 통제력 약화
- 호족 세력의 성장 : 반독립적 세력으로 성장, 지방의 행정권과 군사권 장악, 경제적 지배력 행사
- 6두품과 선종 승려 : 골품제 비판, 새로운 정치 이념 제시, 호족 세력과 연계

㉣ 후삼국의 성립

- 후백제(900) : 견훤이 완산주(전주)에 도읍, 지나친 조세 수취, 호족 포섭에 실패
- 후고구려(901) : 궁예가 송악에 도읍, 지나친 수취와 미륵 신앙을 이용한 전제 정치로 축출

② 발해의 성립과 발전 중요

㉠ 건국(698) : 고구려 유민(대조영)을 중심으로 고구려 유민과 말갈인이 연합하여 건국

㉡ 발전

무왕(8세기 전반)	• 당의 산둥 지방 공격(장문휴) • 돌궐 · 일본과 연결하여 당과 신라 견제 • 독자적 연호 사용
문왕(8세기 후반)	• 당과 친선 관계, 신라와 상설 교통로 개설 • 상경으로 천도, 독자적 연호 사용
선왕(9세기 전반)	• 대부분 말갈족 복속 • 요동 지역 진출, 지방 제도 정비 → 해동성국이라 불림

개념UP

발해의 고구려 계승

- 옛 고구려의 영토 회복
- 일본에 보낸 국서에 '고려국왕' 명칭 사용

개념UP

해동성국(海東盛國)

바다 동쪽의 번성한 나라를 뜻함

ⓒ 멸망(926) : 귀족들의 권력 투쟁으로 국력 쇠퇴 → 거란의 침략으로 멸망

③ 남북국의 통치 체제

구분	통일 신라	발해
중앙	• 집사부 시중 지위 강화 • 위화부 등 13부 설치 • 사정부(감찰 기구), 국학 설치	3성 6부 (당 제도를 독자적으로 수용)
지방	• 9주 : 행정적 기능 강화 • 5소경 : 군사·행정상 요지에 설치 • 외사정(지방관 감찰), 상수리 제도(지방 세력 견제), 향·부곡(특수 행정 구역) 설치	• 5경 : 전략적 요충지에 설치 • 15부 : 지방 행정 중심지에 설치 • 62주 : 자사 파견, 현에 현승 파견, 촌락은 토착 세력이 지배
군사	9서당(중앙군), 10정(지방군)	10위(중앙군), 지방군

④ 남북국 시대의 대외 교류

㉠ 통일 신라

- 당과의 교류 : 공무역과 사무역 발달, 신라방(마을), 신라소(감독관청), 신라관(숙박시설), 신라원(사찰)
- 일본과의 교류 : 문화 교류와 상품 교역 활발

㉡ 발해

- 신라와의 관계 : 신라도를 통한 교류
- 당과의 관계 : 인적·물적 교류 활발, 산둥 반도에 발해관 설치
- 일본과의 관계 : 친선 관계 유지, 경제적 교류 활발

(5) 고대 국가의 문화 발전 및 교류

① 학문과 교육

㉠ 한자의 보급

- 철기시대부터 한자를 사용했으며, 고대 동아시아 한자문화권이 형성
- 삼국시대의 지배층은 한자를 널리 사용하면서 중국 유교, 불교, 도교 사상을 수용
- 이두(吏讀)와 향찰(鄕札)사용 : 한문의 토착화로 한문학이 널리 보급

문제UP

다음 내용에 해당하는 나라는?

- 고구려 장군 출신 대조영이 건국함
- 신라와 함께 남북국을 이룸
- 전성기에는 '해동성국'이라 불림

① 동예　② 옥저
③ 발해　④ 고려

해 발해는 고구려 장군 대조영을 중심으로 한 고구려 유민과 말갈 집단이 길림성의 돈화시 동모산 기슭에 건국하였다. 선왕(818~830) 때 요동 지역을 지배하고 남쪽으로 신라와 국경을 접하며 발해 최대의 영토를 형성하여, 중국은 당대의 발해를 '해동성국'이라 불렀다.

정답 ③

개념UP

장보고

- 완도에 청해진 설치
- 남해와 황해의 해상 무역권 장악

개념UP

한문학

- **삼국시대의 한문학** : 유리왕의 황조가, 을지문덕의 오언시 등
- **신라의 한문학** : 한학(유학)의 보급과 발달에 따라 발달
- **발해의 한문학** : 정혜공주와 정효공주의 묘지를 통해 높은 수준 짐작

ⓒ 유학의 보급
- 신라 : 6두품 출신의 유학자가 많았고, 도덕적 합리주의를 강조
- 통일신라 : 당과 교류가 활발해지면서 도당 유학생이 증가
- 발해 : 당에 유학생을 파견, 빈공과 급제자 다수 배출

ⓓ 향가의 발달
- 주로 화랑과 승려가 지음
- 내용 : 화랑에 대한 사모의 심정, 형제간의 우애, 공덕이나 불교에 대한 신앙심, 지배층 횡포를 비판 등

ⓔ 삼국의 교육
- 고구려 : 수도에 태학(유교경전과 역사교육), 지방에 경당(한학과 무술교육)
- 백제 : 교육 기관은 없으나 5경 박사와 의박사, 역박사 등이 유교 경전과 기술학 교육
- 신라 : 「임신서기석」(유교 경전을 공부했음을 알 수 있음), 화랑도, 한자 및 이두 사용
- 삼국시대 유학의 보급 : 중국과 교류가 활발해지고 여러 교육 기관이 설립됨에 따라 유학이 보급

ⓜ 남북국의 교육
- 통일신라 : 국학설립, 독서삼품과
- 발해 : 주자감을 설립하여 귀족 자제들에게 유교 경전을 교육

ⓑ 역사서의 편찬
- 고구려 : 영양왕 때 이문진이 국초의 「신집(新集)5권」 편찬
- 백제 : 근초고왕 때 고흥이 「서기(書記)」를 편찬
- 신라 : 진흥왕 때 거칠부가 「국사(國史)」를 편찬

② 사상 및 종교

ⓐ 삼국의 불교
- 고구려 : 중국의 전진을 통하여 소수림왕(372)때 수용
- 백제 : 동진에서 침류왕(384)때 수용
- 신라 : 고구려를 통해 불교가 전래, 6세기 법흥왕(527)때 비로소 국가적으로 공인

개념UP

통일신라
- **김대문(진골)** : 성덕왕 때의 진골출신 학자로 우리문화를 주체적으로 인식
- **최치원(6두품)** : 골품제의 한계를 자각하고 과거제도를 주장

개념UP

설화문학

서민들 사이에서는 구전되었으며, 에밀레종 설화나 효녀 지은의 이야기 등이 유명하다.

개념UP

독서삼품과
- 원성왕 때 유교경전의 이해 수준을 시험해 관리를 채용하는 제도
- 진골귀족의 반대와 골품제로 제대로 기능하지 못했으나, 학문과 유학 보급에 기여

㉡ 통일신라의 불교

- 원효(元曉) : 불교의 사상적 이해 기준을 확립하였는데, 모든 불교 서적을 폭넓게 이해함
- 의상(義湘) : 「화엄일승법계도」를 저술하여 화엄사상을 정립하고, 이를 토대로 교단을 형성하여 제자를 양성하고 불교 문화의 폭을 확대함

㉢ 선종(禪宗)의 발달

- 통일신라 말기에 확산
- 기존 사상 체계에 의존하지 않고 스스로 사색하여 진리를 깨닫는 것을 중시
- 9산 선문 : 대표적인 9개의 선종 사원

> 개념UP
> **불교의 역할 및 기능**
> - 왕권 강화(불교식 왕명의 사용) 및 중앙집권화에 기여
> - 선진 문화 수용 및 고대문화 발달에 기여
> - 철학적 인식 토대로 확립

③ 기술과 예술의 발달

㉠ 천문학의 발달 : 천체 관측

고구려	천문도가 만들어졌고, 고분 벽화에도 그림이 남아 있음
신라	7세기 선덕여왕 때에 가장 오래된 첨성대를 세움
통일신라	물시계를 사용하고, 사천대를 설치함

> 개념UP
> **천체 관측의 목적**
> - **농업** : 농경과 밀접한 관련이 있었으므로 중시
> - **정치** : 왕의 권위를 하늘과 연결시키려고 함

㉡ 예술의 발달

고구려	안학궁, 금동 연가 7년명 여래입상 등
백제	미륵사, 익산 미륵사지 석탑, 부여 정림사지 5층 석탑, 마애여래 삼존상 등
신라	황룡사, 천마도, 경주 분황사 모전 석탑, 황룡사 9층 목탑 등
통일신라	안압지, 불국사, 석굴암, 경주 불국사 3층 석탑(석가탑), 다보탑, 성덕대왕 신종(에밀레종) 등
발해	상경성, 영광탑, 발해 석등 등

㉢ 목판 인쇄술과 제지술

- 불국사 3층 석탑에서 발견된 「무구정광대다라니경」은 8세기 초엽에 만들어진 불경으로, 현존하는 세계 최고(最古)의 목판 인쇄물
- 「무구정광대다라니경」에 사용된 닥나무로 만든 종이는 지금까지 보존될 수 있을 만큼 품질이 우수함

> 개념UP
> **목판 인쇄술과 제지술 발달 배경**
> - 불교 문화의 발달에 따라 불경 등의 인쇄를 위한 목판 인쇄술과 제지술이 발달
> - 통일신라의 기록 문화 발전에 크게 기여

④ 고대의 문화 교류

㉠ 삼국과 가야의 문화 교류

구분	중국과 교류	일본에 문화 전파
고구려	불교, 태학, 율령	종이와 먹, 불교
백제	유교, 불교	한자, 유교, 불교
신라	초기 : 고구려를 통해 중국 문물 도입	–
	한강 하류 지역을 차지한 후 : 직접교역(당항성)	조선술, 축제술
가야	초기 : 낙랑과 교역 → 이후 백제를 통해 중국문물 수입	덩이쇠, 토기 제작 기술

㉡ 통일신라와 발해의 대외 교류

통일 신라	• 당에 유학생과 승려를 파견하며 학문과 제도 수입 • 장보고 : 9세기 전반 청해진을 거점으로 해상권 장악 • 이슬람 상인이 왕래(울산항)
발해	• 초기에 당과 대립, 8세기 중반 이후 당과 관계를 회복하고 교류 • 일본과 교류, 신라와 신라도를 통해 교류

> 개념UP
> **삼국문화전파의 영향**
> 삼국의 문화는 6세기경의 야마토 정권의 성립과 7세경 나라 지방에서 발전한 아스카 문화의 형성에 큰 영향을 끼쳤는데, 특히 백제 문화의 영향이 가장 컸다.

> 개념UP
> **당항성(黨項城)**
> 경기도 화성에 위치한 삼국시대의 석축 산성으로 당성이라고도 한다. 신라가 이 지역을 점령한 뒤 백제의 영향을 받아 복합형 산성으로 축조한 것으로 추정된다. 이곳은 신라가 황해를 통해 중국과 교통했던 중요한 출입구 역할을 하였다.

❷ 고려 귀족 사회의 형성과 변천

(1) 고려의 성립과 발전

① 고려의 건국과 민족의 재통일

㉠ 고려의 건국 : 왕건이 후고구려의 궁예를 몰아 낸 뒤 즉위 → 국호 고려, 송악으로 천도(919)

㉡ 후삼국 통일 : 신라 항복(935) → 후백제 정벌(936) → 후삼국 통일(936)

② 통치 기반의 마련

태조	• 민생 안정책 : 조세 제도 합리화(취민유도, 세율 1/10로 경감) • 호족 정책 : 포섭과 견제, 혼인 정책, 사심관 제도와 기인 제도 • 북진 정책 : 고구려 계승 의지, 서경 중시, 거란 배척, 영토 확장 • 왕권 안정책 : 훈요 10조 제시
광종	• 노비안검법 실시 : 호족 세력 약화, 국가 수입 기반 확대 • 과거 제도 실시 : 신구 세력의 교체 도모 • 백관의 공복 제정 : 지배층의 위계질서 확립 • 국왕의 권위 신장 : 칭제건원, 공신과 호족 세력 제거 • 제위보 설치 : 빈민 구제 기금 설치로 빈민 구제 및 질병 치료

> 개념UP
> **사심관 제도와 기인 제도**
> • **사심관 제도** : 중앙의 고위 관리를 출신지의 사심관으로 임명, 지방을 통제하도록 함
> • **기인 제도** : 지방 호족의 자제 중 일부를 수도에 볼모로 머무르게 하여 출신지의 일에 대해 자문하게 함

> 개념UP
> **노비안검법**
> 불법으로 노비가 된 자를 양인화 함 → 조세와 부역의 의무가 있는 양인 증가(국가 재정 기반 강화)

성종	• 최승로의 시무 28조 채택 • 지방 세력 견제 : 12목 설치, 향리 제도 마련 • 유학 교육 진흥 : 국자감과 과거 제도 정비, 지방에 경학박사 파견 • 통치 체제 정비 : 2성 6부 중심의 중앙 관제 마련

③ 통치 체제의 정비

㉠ 중앙정치 조직 : 2성(중서문하성, 상서성) 6부(이부, 병부, 호부, 형부, 예부, 공부)제

중서문하성	최고 관서, 문하시중이 국정 총괄
상서성	6부 총괄, 정책 집행 담당
중추원	군사 기밀, 왕명 출납
삼사	화폐와 곡식의 출납
어사대	관리 감찰
도병마사, 식목도감	재신(중서문하성의 고위 관리) · 추밀(중추원의 고위 관리)의 회의 기구 → 국가의 주요 정책 결정, 고려 귀족 정치의 특징

㉡ 지방 행정 조직

5도	일반 행정 단위, 안찰사 파견, 주 · 군 · 현 설치
양계	북방 국경 지대에 설치, 병마사 파견, 군사 요충지에 진 설치
향 · 소 · 부곡	특수 행정 구역

㉢ 관리 등용 제도

과거제	제술과, 명경과, 잡과(법제적으로 양인 이상이면 응시 가능)
음서제	과거를 치지 않고 관직에 진출하는 제도(공신 · 종신의 자손, 5품 이상 고위 관료의 자손)

㉣ 군사 제도

중앙군	• 2군 : 국왕의 친위 부대, 왕국 수비 • 6위 : 수도 경비, 국경 방어
지방군	• 주현군 : 5도의 치안 담당 • 주진군 : 양계의 방비

④ 문벌 귀족 사회의 성립과 동요 중요

㉠ 문벌 귀족 사회의 성립

• 형성 : 지방 호족과 신라 6두품 계통의 유학자들이 성종 이후 지배층으로 등장

• 특징

– 과거 · 음서를 통해 관직 독점

개념UP

칭제건원

황제라 일컫고 독자적인 연호를 세움

개념UP

대간

• 어사대의 관원과 중서문하성의 낭사로 구성
• 간쟁, 봉박, 서경권을 가짐(정치적 견제와 균형)
  – 간쟁 : 왕의 잘못을 논함
  – 봉박 : 잘못된 왕명을 시행하지 않고 돌려보냄
  – 서경권 : 관리의 임명과 법령의 개폐 등에 동의

개념UP

과거와 음서

• **과거** : 법적으로는 양인도 응시 가능 → 신라 골품제와 달리 학문 능력 중시됨
• **음서** : 공신 · 5품 이상 고위 관리의 자손은 과거를 치지 않고도 관직에 나갈 수 있는 혜택 → 고려의 관료 체제는 귀족적 특성을 지녔음

개념UP

문벌 귀족

여러 대에 걸쳐 중앙의 고위 관료를 배출한 가문

- 과전과 공음전의 혜택, 불법 토지 소유
- 왕실의 외척이 되어 정권 장악

ⓒ 이자겸의 난(1126)

- 배경 : 이자겸의 권력 독점, 왕의 측근 세력과 대립
- 과정 : 이자겸 · 척준경의 난 → 이자겸 · 척준경의 불화 → 척준경이 이자겸 제거, 척준경 탄핵 · 축출
- 영향 : 중앙 지배층의 분열 표출, 문벌 귀족 사회의 붕괴 촉진

ⓒ 묘청의 서경 천도 운동(1135)

- 배경 : 인종의 정치 개혁 과정에서 보수 세력(개경파, 김부식 등)과 개화 세력(서경파, 묘청 · 정지상 등)의 대립
- 과정 : 묘청 세력이 풍수지리설을 근거로 서경에서 반란 → 김부식의 관군에 의해 1년 만에 진압
- 영향 : 서경 세력의 몰락, 문벌 귀족 사회의 모순 격화

ⓔ 무신 정권의 성립

- 무신정변(1170) : 정중부, 이의방 등의 무신들이 정변을 일으켜 정권 장악, 중방 중심의 권력 행사, 토지와 노비 소유 확대
- 최씨 무신 정권 : 최충헌 이후 60여 년간 지속, 국가 통치 질서 약화, 민생 안전 소홀
  - 최충헌 : 교정도감(최고 정무 기구) 설치, 도방(경호 기구) 강화
  - 최우 : 정방 설치(인사권 장악), 문신 등용, 삼별초 설치(군사적 기반)
- 무신 정권 수립 후 전국적으로 많은 반란과 봉기 발생
- 무신 간의 다툼으로 지방 통제력 약화

⑤ 고려의 대외 관계와 무역

㉠ 거란의 침입과 격퇴

원인	고려의 친송 · 북진 정책, 거란에 대한 강경책
과정	• 1차 침입(성종, 993) : 서희의 외교 담판, 강동 6주 확보 • 2차 침입(현종, 1010) : 개경 함락, 양규 등의 활약으로 거란군 격퇴 • 3차 침입(현종, 1018) : 강감찬이 귀주에서 격퇴(귀주 대첩, 1019)
결과	• 고려 – 송 – 거란 사이에서 세력 균형 유지 • 개경에 나성, 국경 지역에 천리장성 축조(압록강~도련포)

개념UP

풍수지리설

신라 말 도선에 의해 전래된 것으로 산세나 지형이 인간의 길흉화복에 영향을 끼친다는 사상

개념UP

농민 · 천민 봉기

- **망이 · 망소이의 난** : 공주 명학소에서 '소'에 대한 차별을 반대하며 일으킨 봉기
- **만적의 난** : 최충헌의 노비 만적이 왕후장상의 씨가 따로 있느냐며 일으킨 신분 해방 운동

개념UP

강동 6주

ⓒ 여진 정벌과 동북 9성

- 여진 정벌 : 별무반 편성(윤관) → 여진 정벌, 동북 지방에 9성 축조(1107)
- 여진의 금 건국(1115) : 고려에 군신 관계 요구 → 이자겸 등이 수용

ⓒ 몽골과의 전쟁

원인	무리한 조공 강요, 몽골 사신의 피살을 구실로 몽골이 고려를 침략(1231)
과정	최씨 정권의 강화 천도, 처인성 전투(김윤후) 등 대몽 항쟁 전개, 팔만대장경 조판 → 무신 정권 붕괴 → 개경 환도(1270) → 삼별초의 항쟁 → 여 · 몽 연합군에 의해 진압
결과	국토의 황폐화, 문화재 소실, 원의 내정 간섭으로 자주성 손상

⑥ 고려 후기의 정치 변동

㉠ 원의 내정 간섭

- 내정 간섭 : 관제 격하, 왕실 호칭 격하, 정동행성 설치, 다루가치(감찰관) 파견
- 영토 상실 : 쌍성총관부(화주 · 철령 이북), 동녕부(서경 · 자비령 이북), 탐라총관부 설치
- 수탈 : 공녀 차출, 특산물 징발, 응방 설치
- 영향 : 몽골풍 유행, 조혼 풍속, 자주성 손상

ⓒ 공민왕의 개혁 정치 중요

- 배경 : 원 · 명 교체의 국제 정세
- 개혁 정책 : 반원 자주의 실현과 왕권 강화 추구

반원 자주 정책	• 기철 등 친원 세력 제거 • 몽골풍 금지, 관제 복구 • 정동행성의 이문소 폐지, 쌍성총관부 공격(철령 이북의 땅 회복)
왕권 강화 정책	• 정방 폐지 • 신돈 등용, 전민변정도감 설치 • 신진 사대부 등용(유학 교육 강화, 과거 제도 정비)
결과	권문세족의 반발로 실패

ⓒ 신진 사대부의 성장

- 등장 : 무신 정권기 이후 등장, 공민왕의 개혁 정치에 힘입어 지배 세력으로 성장
- 성향 : 성리학 수용, 과거를 통해 정계 진출, 권문세족의 비

문제UP

지도에 표시된 지역을 확보한 고려 시대 인물은?

① 계백 ② 서희
③ 최영 ④ 권율

해 지도에 표시된 지역은 '강동 6주'로 서희가 거란의 적장 소손녕과 담판을 벌여 돌려받은 땅이다.

정답 ②

개념UP

공민왕의 영토 수복

공민왕 때 쌍성총관부를 없애고 함경도 내륙으로 영토를 개척함으로써 우리나라의 북쪽 국경선이 확대

문제UP

다음 내용에 해당하는 정치 세력은?

- 학문적 기반을 성리학에 둠
- 과거를 통해 중앙 관리로 진출함
- 정도전, 권근 등은 조선 건국을 주도함

① 진골 ② 호족
③ 문벌 귀족 ④ 신진 사대부

해 신진 사대부는 고려 후기에 과거에 합격한 후 관계에 진출한 향리 출신, 유교적 소양을 갖추었고 행정 실무에도 밝은 학자 출신 관료들로 권문세족과는 달리 하급 관리 향리 집안에서 주로 배출되었다.

정답 ④

리와 불법 겸제

㉣ 고려의 멸망 : 권문세족의 횡포로 사회 모순 심화, 홍건적과 왜구의 침입(신흥 무인 세력 등장)

> 명이 철령 이북 땅 요구 → 최영의 요동 정벌 추진 → 이성계의 위화도 회군(1388) → 과전법 실시(1391) → 조선 건국(1392)

권문세족과 신진 사대부

권문세족	신진 사대부
• 원 간섭기 무렵 득세 • 친원 세력, 군인, 역관 출신 • 대농장 소유	• 원 간섭기 후반 등장 • 주로 지방 향리 출신 • 중소 지주 출신

(2) 고려의 경제 정책과 경제 활동

① 고려의 대외 무역 : 개방적, 교역에서 실질적 이득 추구

㉠ 벽란도 : 국제 무역항으로 번성

㉡ 송 : 가장 활발하게 교류, 송의 선진 문물을 수입하여 경제적 · 문화적 실리 추구

- 수입품 : 비단, 자기 등의 왕실과 귀족의 수요품
- 수출품 : 금, 은, 인삼, 화문석, 종이 등

㉢ 거란 · 여진 : 제한적 교류

㉣ 일본 : 수입품(황, 수은 등), 수출품(곡식, 인삼)

㉤ 아라비아 : 벽란도를 통해 교류(코리아(Corea)가 알려짐)

- 수입품 : 수은, 향료
- 수출품 : 금, 비단 등

㉥ 원 간섭기 : 대외 교역 더욱 활발

- 금 · 은 유출, 공녀와 노비 차출
- 사무역이 공무역보다 규모가 커짐

② 고려의 경제 구조

㉠ 농업 중심의 산업 발전

- 중농정책 : 농업 중심의 자급자족 경제 → 상공업의 발달 부진
- 농민 안정책 : 재해 시 세금 감면, 고리대 이자 제한, 의창 실시
- 상공업 : 시전 설치, 금속 화폐 유통, 관청 수공업, 소에서

> 개념UP
> **공무역**
> 국가와 국가 간에 행해진 공식적인 무역으로 주로 사신의 왕래를 통해 이루어졌다.

> 개념UP
> **농촌 사회 동요의 원인**
> • 수취체제는 귀족 사회가 변질되어 가면서 지배층의 착취 수단으로 전락
> • 많은 농민들이 유민화되고 농촌 사회가 동요하는 원인으로 작용

종이, 먹 등 생산

㉡ 수취제도

- 조세 : 토지의 비옥도에 따라 3등급으로 구분하여 부과하며 민전의 경우 생산량의 10분의 1이 원칙
- 공물 : 집집마다 토산물을 거두는 제도로 조세보다 부담이 큼
- 역 : 노동력을 무상으로 동원하는 제도로 정남(16~60세)이 대상

㉢ 전시과 제도

- 문무 관리로부터 군인, 한인에 이르기까지 18등급으로 나누어 곡물을 수취할 수 있는 전지와 땔감을 얻을 수 있는 시지를 지급
- 관직 복무와 직역에 대한 대가이므로 받은 자가 죽거나 관직에서 물러날 때에는 토지를 국가에 반납
- 종류

구분	내용
과전	일반적으로 전시과 규정에 의해 문무 현직관리에게 지급되는 토지
공음전	관리에게 지급하던 토지
한인전	6품 이하 하급 관료의 자제로서 관직에 오르지 못한 자에게 지급
군인전	군역의 대가로 직업군에게 주는 토지
구분전	하급 관료와 군인의 유가족에게 지급
내장전	왕실의 경비를 충당을 위해 지급
공해전	각 관청 경비 충당을 위해 지급
사원전	사원에 지급
외역전	향리에게 지급

- 전시과 제도 변천

구분	시기	내용
역분전	태조 23년	후삼국 통일 과정에서 공을 세운 사람들에게 준 토지
시정 전시과	경종 1년	모든 전현직 관리를 대상으로 관직과 함께 인품을 반영하여 토지 지급
개정 전시과	목종 1년	전시과를 개정하여 관직만을 고려하여 18등급에 따라 지급
경정 전시과	문종 30년	전시과의 완성 형태로, 토지가 부족하게 되어 현직 관료에게만 지급

개념UP

민전

귀족에서 농민, 노비에 이르기까지 백성들이 상속, 개간, 매매 등을 통하여 소유하고 있었던 사유지로서, 소유권 상 사전(사유지)이지만 수조권 상 공전(납세지)이다.

개념UP

전시과 제도의 특징

지급된 토지는 완전한 소유권을 인정하지 않고 수조권만을 지급함

> 개념UP
> **녹과전의 지급**
> 전시과 제도가 완전히 붕괴되어 토지를 지급할 수 없게 되자 일시적으로 관리의 생계를 위하여 녹과전을 지급함

> 개념UP
> **귀족들의 생활**
> - 누각과 별장을 소유
> - 외출 시 시종을 거느리고 말을 탔으며, 중국 차(茶)를 애용
> - 전물 기술자가 짜거나 중국에서 수입한 비단으로 만든 옷을 입음

> 개념UP
> **시비법**
> 토양이나 작물에 비료성분을 공급하여 농작물의 생육을 촉진시키는 농작법

> 개념UP
> **윤작법과 이앙법**
> - **윤작법** : 전체 토지를 3등분으로 나누어 1/3은 휴경지로 하고, 2/3는 농사를 짓는다. 다음해에는 작년에 농사를 짓던 부분의 1/3을 휴경지로 하고 나머지 2/3는 농사를 짓는다. 이와 같이 반복해서 농사를 짓는 것
> - **이앙법** : 벼농사에서, 못자리에서 모를 어느 정도 키운 다음에 그 모를 본 논으로 옮겨 심는 재배방법

> 개념UP
> **민간 수요의 증가**
> - 고려 후기에는 유통 경제가 발전하면서 민간에서 수공업품의 수요가 증가
> - 관청 수공업에서 생산하던 제품 뿐만 아니라 다양한 물품을 민간에서 제조

- 전시과 제도의 붕괴 : 귀족들의 토지 독점과 세습 경향으로 원칙대로 운영되지 못하였고 조세를 거둘 수 있는 토지가 점차 감소하여 무신정변을 거치면서 붕괴하였고 녹과전 지급

③ 고려의 경제생활

㉠ 귀족의 경제생활

- 과전(科田) : 관료의 사망, 퇴직시 반납하는 것이 원칙이지만, 유족의 생계유지라는 명목으로 일부러 물려받을 수 있음
- 녹봉(祿俸) : 현진 관리들은 쌀, 보리 등의 곡식을 주로 받았으나, 때로는 베나 비단을 받기도 함
- 농장(農場) : 권력이나 고리대를 이용하여 매입, 개간 등으로 토지 확대

㉡ 농민의 경제생활

- 생계의 유지 : 민전을 경작하거나 국 · 공유지나 다른 사람의 소유지를 경작
- 농업 기술의 발달
  - 우경에 의한 일반화
  - 시비법 보급
  - 밭농사에서 2년 3모작의 윤작법 보급(휴경지 감소)
  - 논농사(이앙법 보급)
  - 농서(농상집요), 목화 재배(문익점)
- 농민 몰락 : 권문세족의 농장 확대와 지나친 조세 수취로 몰락함

㉢ 수공업 활동

- 관청 수공업 : 기술자들을 공장안에 올려 관수품을 생산하게 함
- 소(所) 수공업 : 금, 은, 철, 구리, 실, 각종 옷감, 종이 등을 생산하여 공물로 납부
- 사원 수공업 : 기술 좋은 승려와 노비가 베, 모시, 기와, 소금 등을 생산
- 민간 수공업
  - 농촌의 가내 수공업이 중심
  - 국가에서 삼베를 짜게 하거나 뽕나무를 심어 비단을 생산하도록 장려

– 농민들은 직접 사용하거나 공물로 바치거나 팔기 위하여 삼베, 모시, 명주 등을 생산

㉣ 상업 활동

• 도시 : 개경에 시전을 설치, 관영 상점 설치, 경시서 설치
• 지방 : 시장을 개설하여 쌀, 베 등을 교환
• 고려 후기의 상업
  – 개경 : 인구가 증가하여 민간의 상품 수요가 증가함에 따라 시전 규모가 확대되고 업종별로 전문화 됨
  – 지방 : 조운로를 따라 생선, 소금 등이 교역, 원(院)이 상업 중심지 역할

㉤ 화폐의 주조와 고리대의 성행

• 화폐의 주조 : 국가의 재정 확충과 정부의 경제 활동 장악을 목적으로 만들어 졌으나 자급자족의 경제 활동으로 거의 사용하지 않음
• 고리대의 성행 : 왕실, 귀족, 사원은 고리대로 재산을 늘렸고, 생활이 빈곤했던 농민들은 돈을 갚지 못해 토지를 빼앗거나 노비로 전락하기도 함
• 보(寶)의 출현 : 일정 기금을 만들어 그 이자를 공적인 사업의 경비로 충당하는 공익 재단이지만 오히려 이자 취득에만 급급해 농민들의 생활에 막대한 폐해를 줌

(3) 고려의 사회와 문화

① 고려의 사회

㉠ 신분제

• 귀족(왕족, 5품 이상 관료), 중류층(하급 관리, 향리), 양민(백정, 농민, 상공업자), 천민(노비)으로 구성
• 신분 상승 : 제한적이나마 신분 상승의 가능성 열려 있었음

㉡ 여성의 지위 : 자녀 균분 상속, 여성 호주 가능, 재가가 비교적 자유로움, 호적에 출생 순으로 기재

② 고려의 사회 시책

㉠ 생활 안정 제도

의창	흉년에 빈민 구제 제도 → 곡식을 비축하였다가 봄에 빌려주고 가을에 갚게 함

> 개념UP
> **경시서**
> 시전(市廛)을 관리 · 감독하거나 국역(國役)의 부과 등을 맡아본 관청이다.

> 개념UP
> **보(寶)의 종류**
> • **학보** : 교육을 위한 육영재단(태조)
> • **광학보** : 승려의 면학을 위한 장학제도(정종)
> • **제위보** : 빈민구제(광종)
> • **금종보** : 현화사 범종 주조를 위한 재단(현종)
> • **팔관보** : 팔관회 경비 지출을 위한 재단(문종)

> 개념UP
> **백정**
> 짐승을 도축하는 천민을 가리키는 조선의 백정과는 달리, 고려의 백정은 일반 농민을 가리키는 말이며 양민에 속한다.

상평창	개경, 서경, 12목에 설치하여 곡물의 물가 조절
동 · 서 대비원	환자 치료와 빈민 구제
혜민국	백성에게 의약품 제공 및 질병 치료
제위보	기금을 마련하여 빈민 구제 및 질병 치료

ⓛ 향도 : 불교 신앙에 바탕을 둔 공동체 조직 → 점차 마을의 농민 공동체 조직으로 확장됨

- 매향 활동 : 불교 미륵 신앙의 한 형태, 미륵을 만나길 기원하는 염원
- 불상 · 범종 · 탑 · 사찰 등을 만들 때 노동력과 비용 제공

③ 고려의 문화

㉠ 역사서와 과학 기술

역사서	『삼국사기』, 『동명왕편』, 『삼국유사』, 『제왕운기』
인쇄술	목판 인쇄술(팔만대장경), 금속 활자(상정고금예문, 직지심체요절)
건축	거대 석불(관촉사 석조 미륵보살 입상), 불화, 석탑 제작
공예	고려청자(상감청자), 나전칠기
화약 무기	최무선의 화통도감 설치, 화약과 화포 제작

ⓛ 고려의 종교

- 유교 : 정치 이념으로 확립, 성리학 수용(고려 후기)
- 도교 : 도교 행사 '초제' 성행, 일관된 교리나 교단을 성립하진 못함
- 풍수지리설 : 북진 정책과 서경 천도 운동의 이론적 배경
- 불교 : 국가적 지원, 교종과 선종의 통합 운동, 대장경의 조판

의천	• 화엄종 중심으로 교종 통합, 해동 천태종 창시 • 교관겸수 강조(교와 관을 같이 수행해야 함)
지눌	• 수선사 결사 운동 전개, 조계종 창시 • 돈오점수, 정혜쌍수
혜심	유불 일치설, 성리학 수용의 토대 마련
요세	백련결사 결성, 염불 중심 운동 전개

개념UP

삼국사기와 삼국유사

- **삼국사기(김부식)** : 현존하는 가장 오래된 역사서, 신라 계승 의식
- **삼국유사(일연)** : 신기한 불교적 내용과 민간 설화 수록, 단군의 건국 이야기 담김

개념UP

돈오점수

마음이 곧 부처임을 단박에 깨닫고(돈오), 꾸준히 수행해야(점수) 온전한 경지에 이를 수 있다는 주장

❸ 조선 유교 사회의 성립과 발전

(1) 조선의 성립과 발전

① 조선의 건국과 통치 체제 정비

㉠ 조선의 건국과 발전

• 건국(1392) : 신흥 무인 세력(이성계)과 신진 사대부(정도전, 조준 등)의 주도

위화도 회군(1388) → 과전법 실시 → 온건파 사대부 숙청 → 조선 건국(1392)

• 발전

태조 (이성계)	• 조선 건국, 한양 천도 • 정도전의 재상 중심 정치, 성리학 통치 이념
태종 (이방원)	• 사간원 독립 : 대신들 견제 • 6조 직계제 시행, 사병 혁파 : 왕권 강화 • 양전 사업, 호패법 실시 : 경제 기반 안정
세종	• 집현전 설치 : 학문과 정책 연구, 경연 활성화 • 의정부 서사제 실시 : 왕권과 신권의 조화 • 훈민정음 창제
세조 (수양대군)	• 6조 직계제 부활 : 왕권 강화 • 집현전 폐지, 경연 중단 • 『경국대전』 편찬 시작
성종	• 홍문관 설치, 경연 활성화 • 『경국대전』 완성, 반포 : 유교적 법치 국가 토대 마련

㉡ 통치 체제의 정비

중앙 정치 기구	• 의정부 : 국정 총괄 최고 관청, 재상 합의 기구 • 6조 : 행정 실무 담당(이조, 호조, 예조, 병조, 형조, 공조) • 3사 : 사헌부(감찰), 사간원(간쟁), 홍문관(학술, 경연) • 왕권 강화 기구 : 승정원(왕명 출납), 의금부(국가의 큰 죄인 처벌) • 기타 : 한성부(수도의 행정과 치안 담당), 춘추관(역사서 편찬과 보관), 성균관(최고 교육 기관)
지방 행정 체제	• 8도(관찰사 파견) : 부 · 목 · 군 · 현 • 향 · 소 · 부곡 폐지 • 향리의 권한 약화 • 유향소 설치
군사 조직	• 중앙군 : 5위로 구성 • 지방군 : 육군과 수군(세조 이후 진관 체제로 지역 방어) • 잡색군 : 평상시 생업 종사, 유사시 병력으로 동원(예비군)

개념UP

조선 건국의 의의

• 양반 관료제 사회의 형성
• 유교 정치 실현
• 수준 높은 민족 문화 형성

개념UP

6조 직계제

정치 업무를 의정부를 거치지 않고 6조에서 바로 국왕에게 올려 국왕의 재가를 받아 시행하는 제도

개념UP

조선 시대의 신분제(양천제)

• **양인(자유민)** : 양반, 중인, 상민
• **천민(비자유민)** : 노비, 백정, 광대 등

개념UP

조선 시대의 신분제(반상제도)

• **지배계급** : 양반, 중인
• **피지배계급** : 평민, 천민

1. 국어 2. 수학 3. 영어 4. 사회 5. 과학 6. 한국사 7. 도덕

교육기관과 관리 등용 제도	• 교육제도 : 서당 → 4부 학당(서울), 향교(지방) → 성균관(최고 교육 기관) • 관리 등용 방법 : 과거(문과, 무과, 잡과), 천거, 음서, 취재
수취 체제	• 조세토지세, 곡물 징수 • 공납 : 가호세, 토산물 징수 • 군역 : 16~60세 양인 남자 대상

② 민족 문화의 발달과 사림의 성장 중요

㉠ 훈구와 사림

• 훈구 : 급진 개혁파 사대부에서 연원(세조 집권 협조), 대지주층, 중앙 집권 체제와 부국강병 추구

• 사림 : 온건 개혁파 사대부에서 연원, 중소 지주층, 향촌 자치와 왕도 정치 강조

훈구와 사림

구분	훈구	사림
집권 시기	15세기	16세기
주요 인물	신숙주, 한명회	김종직, 조광조
학풍	조선 초 관학파(혁명파 사대부) 학풍 계승	사학파(온건파 사대부)의 학풍 계승
정치 성향	중앙 집권, 부국강병 추구	향촌 자치, 왕도 정치
경제 기반	대농장	중소 지주
사상	타사상에 관대	성리학 외 배타적

㉡ 사림의 정계 진출과 사화의 발생

• 정계 진출 : 성종이 훈구 세력 견제를 위해 사림 등용, 전랑과 3사의 언관직 차지

• 사화의 발생 : 사림과 훈구 세력 간의 대립

연산군	무오사화(1498)	김종직의 '조의제문'이 문제가 되어 발생
	갑자사화(1504)	연산군의 생모인 폐비 윤씨와 관련하여 사림이 피해를 본 사건
중종	기묘사화(1519)	조광조의 개혁 정치에 대한 훈구 세력의 반발로 조광조를 비롯한 사림이 화를 입은 사건
명종	을사사화(1545)	외척 간의 권력 다툼, 사림 세력 피해

㉢ 붕당 정치

• 붕당의 형성 : 명종 때 외척 잔재 문제, 이조 전랑의 임명 문제로 등장

문제UP

조선 시대 지방 행정 조직에 대한 설명으로 옳지 않은 것은?

① 전국을 8도로 나누었다.
② 향리는 수령의 행정실무를 보좌하였다.
③ 수령은 지방의 행정 · 사법 · 군사권을 가지고 있었다.
④ 군현은 지방관이 파견되는 주현과 파견되지 않는 속현으로 나뉘었다.

해 조선 시대에는 전국을 8도로 나누고 주민을 국가가 직접 지배하기 위하여 모든 군현에 수령을 파견하였다.

정답 ④

개념UP

서원과 향약

• **서원** : 선현에 대한 제사와 교육 기능 담당, 사림의 결속 강화
• **향약** : 향촌의 자치 규약, 사림의 향촌에 대한 통제력 강화

동인	신진 사림(외척 청산 강력 요구) : 김효원, 이황 · 조식 등 영남 학파
서인	기성 사림(외척 청산 소극 대처) : 심의겸, 이이 · 성혼 등 기호 학파

(2) 조선 초기의 대외 관계와 양 난의 전개

① 조선 초기의 대외 관계 : 사대 교린 정책

㉠ 명과의 관계(사대 외교) : 왕권 안정과 국제적 지위 확보를 위한 자주적 실리 외교

㉡ 여진과의 관계(교린 정책)

회유책	강경책
• 국경 무역 허용(무역소 설치) • 여진족 귀순 장려	• 세종 때(압록강~두만강 확보) 4군 6진 설치 • 사민 정책, 토관 제도 실시

㉢ 일본과의 관계(교린 정책)

회유책	강경책
• 3포(부산포, 제포, 염포) 개항 • 제한된 무역 허용	세종 때 이종무의 쓰시마섬 토벌

② 왜란

㉠ 임진왜란(1592) : 왜군 침략 → 선조의 의주 피난 → 명의 원군 파병

㉡ 임진왜란의 극복

수군	한산도 대첩(전라도 방어), 곡창 지대 방어, 왜군의 침략 좌절
의병	향토 지리를 이용한 전술로 향촌 사회 수호, 곽재우, 조헌 등
원군	조 · 명 연합군의 평양성 탈환
관군	행주산성 등에서 왜군 격퇴

㉢ 정유재란(1597) : 휴전 협상 결렬 → 왜군 재침 → 명량 대첩 등으로 왜군 철수

㉣ 전란의 영향

국내적	농경지 황폐화, 국가 재정 궁핍(토지 대장, 호적 소실), 문화재 소실
국제적	일본 문화 발전(성리학, 도자기 발전), 명의 쇠퇴, 여진족의 후금 건국

개념UP

사민 정책 · 토관

- **사민 정책** : 확장한 영토로 백성을 이주시킴
- **토관** : 토착민을 그 지역의 관리로 임명하여 민심을 수습

개념UP

왜란 전 정세

3포 왜란(1510), 을묘왜변(1555)

↓

비변사 설치, 일본에 사신 파견

㉤ **통신사** : 새롭게 성립한 에도 막부는 왜란으로 단절한 조선과의 외교 관계를 회복하고 선진 문물을 받아들이기 위해 조선에 국교 재개를 요청, 조선에서 12회에 걸쳐 통신사 파견 → 외교 사절 역할 및 일본에 선진 문물 전파

③ 호란

㉠ **광해군의 중립 외교** : 명과 후금 사이에서 실리적인 외교 정책(중립 외교) 추진

㉡ 호란의 발생

정묘호란(1627)	병자호란(1636)
서인의 친명배금 정책 → 후금의 침공 → 화의(형제 관계를 맺음)	청의 군신 관계 요구 → 주화론과 주전론의 대립 → 청의 침공 → 남한산성 항전 → 삼전도의 치욕

㉢ 북벌론의 대두

개념	수치를 씻고 명에 대한 의리를 지켜 청을 정벌하자는 주장
효종의 북벌 준비	송시열, 송준길, 이완 등이 중심, 현실적으로 실천에 옮기지 못함 → 18세기 후반에는 북학론 제기됨

> 개념UP
> **인조반정(1623)**
> 광해군의 유교 윤리 위배, 중립 외교 등을 비판하며 서인이 광해군을 몰아내고 인조를 왕으로 옹립한 사건

> 개념UP
> **친명배금**
> 명과의 친분을 유지하고 금을 배척함

> 개념UP
> **주화론 · 주전론**
> - 주화론 : 최명길 주도, 외교적 교섭을 통한 문제 해결
> - 주전론(척화론) : 윤집 주도, 전쟁을 통한 문제 해결(의리와 명분 강조)

(3) 조선 후기 사회의 변동

① 양 난 이후의 정치와 제도 정비

㉠ 통치 체제의 변화

- **비변사 강화** : 양 난 이후 고위 관원의 합의기구로 확대, 의정부와 6조의 기능 약화
- **군사제도 변화** : 중앙군(5군영 체제), 지방군(속오군 체제)

㉡ 붕당 정치와 환국

- **전개** : 선조 때 처음 형성, 동인과 서인으로 나뉨, 예송 논쟁을 거치면서 대립 격화
- **예송 논쟁**

1차 예송(기해예송)	효종이 죽은 후 자의 대비의 상복 입는 기간을 둘러싸고 일어난 논쟁 → 1년을 주장한 서인이 승리
2차 예송(갑인예송)	효종 비가 죽은 후 자의 대비의 상복 입는 기간을 둘러싸고 일어난 논쟁 → 1년을 주장한 남인이 승리

- **변질** : 집권 붕당이 상대 세력을 탄압, 숙종 때 환국을 거쳐 전제의 추세가 나타남, 집권 붕당이 비변사 고위 관직 독점

> 개념UP
> **붕당**
> 지역과 학통, 정책이 비슷한 사람들끼리 결집한 정치 집단

• 환국

경신환국 (1680)	서인 집권	남인인 허적과 허견의 사건이 원인 → 서인이 강경파인 노론과 온건파인 소론으로 분열됨
기사환국 (1689)	남인 집권	희빈 장씨의 아들을 세자로 책봉하는 문제 → 서인이 반대하다 축출됨
갑술환국 (1694)	서인 집권	인현 왕후의 복위 → 남인 축출됨

㉢ 탕평책 실시

• 배경 : 붕당 정치의 변질로 붕당 간의 세력 균형 붕괴 → 왕권 불안정

• 영조와 정조의 탕평 정치

영조	정조
• 왕권 강화 : 탕평파 육성, 탕평비 건립, 서원 정리, 이조전랑의 권한 약화 • 민생 안정 : 균역법 시행, 가혹한 형벌 폐지, 신문고 부활, 『속대전』 편찬	• 왕권 강화 : 적극적인 탕평 실시, 고른 인재 등용, 규장각 육성, 장용영 설치, 화성 건설, 초계문신제 시행 • 민생 안정 : 서얼과 노비에 대한 차별 완화, 통공 정책 실시, 『대전통편』 편찬

• 한계 : 붕당 간의 대립을 일시적 억제, 근본적인 개혁에 이르지 못함

② 세도 정치와 사회의 동요

㉠ 사회 변혁의 움직임

• 조선 후기 사회상 : 신분제 동요, 민중 의식 성장 → 양반 중심 지배 체제의 위기, 농민의 저항, 사회 불안 고조 → 정감록 등 예언 사상 유행

• 천주교 수용 : 학문으로 수용, 신앙으로 확산되자 탄압

• 동학 창시(1861) : 최제우가 창시, 후천개벽 사상, 농촌으로 확산되자 탄압

㉡ 세도 정치 : 순조, 헌종, 철종 대에 국왕 외척 가문이 국정을 독점한 비정상적 정치

• 전개 : 순조(안동 김씨) → 헌종(풍양 조씨) → 철종(안동 김씨)의 3대 60여 년간

• 폐단 : 왕권의 약화, 매관매직의 성행, 지방 수령의 부정부패

㉢ 삼정의 문란

개념UP

환국

숙종 때 정국을 주도하였던 붕당이 몰락하고 이들을 견제하였던 붕당이 정권을 잡아 정국이 급격히 전환되었던 상황

개념UP

초계문신제

정조 때 재능 있고 젊은 관료들을 선발하여 규장각에 소속시켜 학문을 연마하게 한 제도

개념UP

정감록

말세의 도래, 왕조의 교체, 변란의 예고

- 전정 : 토지세, 각종 잡세 추가, 실제로 소작인이 부담
- 군정 : 군포, 양반 수 증가, 관리들의 부정부패로 농민 부담 증가
- 환곡 : 빈민 구제책, 관청 주요 재원으로 악용, 부패 심각

㉣ 홍경래의 난과 임술 농민 봉기
- 홍경래의 난(1811) : 서북민 차별에 반발, 세도 정치의 부패 비판, 평안도에서 봉기
- 임술 농민 봉기(1862) : 전국적 봉기, 관리들의 가혹한 수탈 비판
- 정부의 대책 : 암행어사 파견, 삼정이정청 설치

③ 조선 후기의 경제 · 사회 변화

㉠ 수취 체제의 개편 : 양 난 이후 토지 결수 감소, 국가 재정 악화
- 영정법 : 풍흉에 관계없이 토지 1결당 쌀 4두 징수
- 대동법 : 방납의 폐단 해결 목적, 가호에 부과되던 현물을 소유한 토지 결수에 따라 쌀 · 포목 · 동전으로 징수 → 지주의 부담 증가, 공인의 성장
- 균역법 : 군포를 1년에 2필에서 1필로 줄임, 부족한 군포는 결작과 왕실에서 채움

㉡ 농촌 경제의 변화
- 지주제의 일반화 : 양 난 이후 양반들은 농지 개간과 매입에 주력
- 지대 납부 방식 : 타조법 → 도조법(정액제)
- 상품 작물 재배 : 쌀, 인삼, 목화, 담배 등을 상업적으로 재배
- 농업 기술 개선 : 모내기법, 광작, 이모작 → 생산량 증가

㉢ 상업 · 무역의 발달
- 배경 : 농업과 수공업 생산력 증대, 대동법 실시, 도시 인구 증가 → 공인과 사상의 활동
- 장시의 발달 : 전국적으로 장시 수 증가, 보부상, 객주, 여각의 활동 활발
- 사상의 활동 : 경강상인(한강), 송상(개성), 만상(의주), 내상(동래) → 전국적 규모의 상인, 도고로 발전
- 대외 무역 : 국경 지방 중심, 개시 무역(공무역)과 후시 무역(사무역) 발달

> 개념UP
> **타조법 · 도조법**
> - 타조법 : 지주와 소작인이 수확량의 절반씩 나누어 갖는 방식
> - 도조법 : 일정 액수의 지대를 정해 소작료로 내는 방식

> 개념UP
> **보부상**
> 보상(봇짐장수) + 부상(등짐장수)

> 개념UP
> **도고**
> 대규모 자본을 바탕으로 매점매석을 통해 이윤을 극대화하던 상행위나 그러한 상행위를 하던 상인 또는 상인 조직

㉣ 광업 · 수공업의 발달

- 민영 수공업 발달 : 선대제 방식 생산, 수공업 촌락 등장
- 광업 : 광물 수요 증가, 민영 광산 개발, 잠채(허가 없이 몰래 채굴) 성행
- 광산 경영 변화 : 금광, 은광 개발 촉진, 상업 자본과 덕대에 의한 경영

㉤ 신분제의 동요

- 배경 : 경제 구조 변동, 양반의 계층 분화(향반, 잔반 등)
- 노비의 신분 상승 : 노비 수 감소, 공노비 해방(1801)
- 중간 계층의 신분 상승 : 서얼과 중인의 신분 상승 운동

④ 민족 문화의 발달

훈민정음 창제(1443)	• 세종과 집현전 학자, 「용비어천가」 · 「월인천강지곡」 간행 • 민족 문화의 기반 확대, 백성들의 편리한 문자 생활
각종 서적의 편찬	• 역사서 : 『조선왕조실록』, 『고려사』, 『고려사절요』 • 지도 · 지리서 : 혼일강리역대국도지도, 팔도도, 팔도지리지, 동국여지승람 • 윤리 · 의례서 : 『국조오례의』, 『삼강행실도』 • 법전 : 『조선경국전』, 『경국대전』
과학기술	• 인쇄술 : 금속활자 • 과학 기구 : 간의와 혼의(천체 관측), 자격루(물시계), 앙부일구(해시계), 측우기(강우량 측정) • 농업 기술 : 『농사직설』 • 의학 : 『향약집성방』, 『의방유취』(의학 백과사전) • 무기 제조술 : 화포 개량, 신기전 화차, 거북선 등
예술의 발달	• 문학 : 한문학 발달 • 그림 : 몽유도원도(안견), 고사관수도(강희안) • 음악 : 아악 정리, 『악학궤범』 • 자기 공예 : 분청사기(15세기), 백자(16세기)

⑤ 실학의 등장과 서민 문화의 발달

㉠ 실학

- 실학의 대두 : 성리학 중심의 학문 반성, 사회 모순 해결책 구상 → 사회 개혁론
- 농업 중심 개혁론(중농학파) : 유형원, 이익, 정약용 등, 토지 제도 개혁과 농업 기술 혁신 주장

개념UP

화폐 유통

상업 발달로 상평통보가 전국적으로 유통

문제UP

다음 내용에 해당하는 조선의 문화 유산은?

- 집현전
- 과학적인 창제 원리
- 피지배층의 교화 목적
- 민족 문화 발전의 토대

① 경국대전 ② 훈민정음
③ 동의보감 ④ 조선왕조실록

해 세종은 집현전을 설치하여 젊은 학자들의 학문 연구를 장려하였으며, 세종 25년(1443) 훈민정음을 창제 · 반포하였다.

정답 ②

문제UP

다음 설명에 해당하는 실학자는?

- 상공업 진흥과 기술 혁신 주장
- 「양반전」, 「허생전」, 「열하일기」 저술
- 수레와 선박의 이용, 화폐 유통의 필요성 주장

① 박지원 ② 유형원
③ 홍대용 ④ 유수원

해 박지원은 중상학파의 대표적 인물로 상공업의 진흥을 강조하면서 수레와 선박의 이용, 화폐 유통의 필요성 등을 주장하였으며, 「양반전」, 「허생전」 등의 작품을 통해 양반 사회의 모순을 비판하였다.

정답 ①

구분	균전론	한전론	여전론	정전론
뜻	토지를 신분에 따라 균등하게 분배	토지를 소유하는 한계를 정함	토지를 공동 소유로 함	토지를 정(井)자로 나눔
특징	관리, 선비, 농민에 따라 토지를 차등적으로 분배	영업전을 설정하여 영업전을 팔지 못하게 하여 농민의 생활을 보장	공동 소유와 공동 경작을 실시해 노동량에 따라 소득을 분배함	정(井)자로 토지를 나눈 후 가운데 토지는 국가 소유로 하고 그곳에서 나는 소득으로 세금을 냄
학자	유형원	이익	정약용	정약용

- 상공업 중심 개혁론(중상학파) : 유수원, 홍대용, 박지원, 박제가 등, 상공업과 기술 혁신 주장(북학파), 청 문물 적극 수용(북학파)
- 국학 연구 : 고증학 수용, 민족의 전통과 현실에 관심, 우리 역사, 지리, 언어 등을 연구
  - 역사학 : 안정복의 『동사강목』, 유득공의 『발해고』
  - 지리학 : 이중환의 『택리지』, 김정호의 「대동여지도」
  - 백과사전 : 이수광의 『지봉유설』

ⓛ 서민 문화의 발달

- 배경 : 농업 생산력 증대, 상품 화폐 경제 발달, 서민들의 경제적 지위 향상, 서민 교육 확산
- 특징 : 서민 생활과 감정을 자유롭게 표현, 양반 중심의 사회 비판
  - 한글 소설 : 『홍길동전』, 『춘향전』 등
  - 사설시조 : 감정을 구체적으로 표현, 자유로운 형식
  - 한문학 : 박지원의 『양반전』, 『허생전』 등 → 실학 정신의 표현
  - 미술 : 진경산수화(정선 등), 풍속화(김홍도, 신윤복 등), 민화 유행
  - 공예 : 청화백자 유행
  - 건축 : 화엄사 각황전, 법주사 팔상전, 불국사 대웅전 축조 → 부농과 상업 자본가의 후원

개념UP

탈춤

양반 사회를 비판하고 풍자하는 내용을 담음

❹ 국제 질서의 변동과 근대 국가 수립 운동

(1) 제국주의 열강의 접근과 조선의 대응

① 문호 개방 전후의 국제 정세

㉠ 중국

- 개항 : 아편 전쟁 → 난징 조약 체결(1842) → 제2차 아편 전쟁 → 러시아의 연해주 차지(1860)
- 근대화 운동 : 양무운동

㉡ 일본

- 개항 : 미 · 일 화친 조약 체결(1854), 미 · 일 수호 통상 조약 체결(1858)
- 일본의 근대화 : 메이지 유신(1868), 부국강병, 식산흥업, 문명 개화 주창

② 흥선 대원군의 정책

㉠ 왕권 강화 노력

- 세도 정치 타파 : 고른 인재 등용으로 왕권 강화
- 비변사 기능 축소 · 폐지 : 의정부와 삼군부 기능 강화
- 삼정 개혁 : 전정(양전 사업 실시, 토지 겸병 금지), 군정(호포법 실시), 환곡(사창제 실시)
- 서원 정리(붕당의 근거지 제거), 경복궁 중건(당백전 발행)
- 법전 편찬 : 『대전회통』, 『육전조례』

㉡ 통상 수교 거부 정책

- 배경 : 이양선 출몰, 서양 세력의 통상 요구, 서양 세력에 대한 경계심 고조
- 내용 : 서양 물품의 유입 금지, 열강의 통상 요구 거부
- 서양 세력의 침입

병인양요(1866)	• 프랑스가 병인박해를 구실로 침략 • 양헌수 부대가 정족산성에서 격퇴
오페르트 도굴 미수 사건(1868)	독일 상인 오페르트가 흥선 대원군의 아버지 남연군의 묘 도굴 시도 → 실패
신미양요(1871)	미국이 제너럴셔먼호 사건을 구실로 침략, 광성보 등에서 격렬한 전투, 미군 철수

- 척화비 건립(1871) : 흥선대원군은 프랑스와 미국의 침략을 격퇴한 후 척화 의지를 높이기 위해 전국 각지에 척화비를 세움

> **개념UP**
> **제국주의**
> 19세기 후반 서양 열강이 막대한 자본을 바탕으로 더 큰 이익을 얻기 위하여 다른 지역을 식민지 삼아 약탈하던 정책

> **개념UP**
> **사창제**
> 봄에 곡식을 빌려 주고 가을에 거두어들이는 빈민 구휼제도

> **개념UP**
> **당백전**
> 흥선 대원군이 경복궁 중건 등 재원을 마련하기 위해 발행한 상평통보 100배의 명목 가치를 지니는 화폐

> **개념UP**
> **병인박해(1866)**
> 프랑스 선교사를 비롯한 수천 명의 천주교도를 처형한 사건

> **개념UP**
> **제너럴셔먼호 사건(1866)**
> 미국 상선 제너럴셔먼호가 평양의 대동강에서 통상 요구, 선원들의 횡포와 약탈로 평양 군민이 제너럴셔먼호를 소각 · 침몰시킴

(2) 강화도 조약의 체결과 개항

① 배경

㉠ 고종의 친정 : 흥선 대원군의 하야(1873), 통상 수교 거부 정책 완화

㉡ 통상 개화론 대두 : 박규수, 오경석, 유홍기 등

② 강화도 조약(조 · 일 수호 조규)의 체결(1876)

㉠ 내용 : 조선이 자주국임을 규정, 3개 항구 개항(부산 · 원산 · 인천), 일본의 치외 법권 인정, 해안 측량권 허용 → 이후 각국과 조약 체결

㉡ 성격 : 운요호 사건을 계기로 맺은 최초의 근대적 조약, 주권을 침해한 불평등 조약

③ 조 · 미 수호 통상 조약의 체결(1882)

㉠ 배경 : 미국의 수교 요청, 일본 견제를 위한 청의 적극 권장, 『조선책략』의 유포로 러시아 견제 필요 인식

㉡ 내용 : 미국의 치외 법권과 최혜국 대우 인정

㉢ 성격 : 서양과 체결한 최초의 근대적 조약, 불평등 조약

④ 서양 각국과의 수교

㉠ 영국(1883), 독일(1883), 이탈리아(1884), 러시아(1884), 프랑스(1886)

㉡ 치외 법권과 최혜국 대우를 인정한 불평등 조약

> 개념UP
> **운요호 사건(1875)**
> 일본군함 운요호의 강화해협 불법 침입으로 발생한 한일 간의 포격사건

> 개념UP
> **『조선책략』**
> 일본에 주재하던 청의 외교관 황쭌셴이 지은 것으로 러시아 남하를 견제하기 위해서는 조선이 친중국(親中國), 결일본(結日本), 연미국(聯美國)해야 한다고 주장

> 개념UP
> **치외 법권**
> 외국인이 현재 체류하고 있는 국가의 권력, 재판권에 복종하지 않을 수 있는 권리와 자격

> 개념UP
> **최혜국 대우**
> 가장 유리한 대우를 조약 상대국에게 부여하는 것

(3) 정부의 개화 정책과 갑신정변 중요

① 개화 정책의 추진과 반발

㉠ 개화 정책 추진

- 통리기무아문 설치(1880), 신식 군대 별기군 창설, 일본 · 청 · 미국에 사절단 파견, 근대 시설 설치
- 개화의 방법을 둘러싸고 온건 개화파와 급진 개화파로 나뉘어짐

온건 개화파	• 중국 양무운동의 영향, 점진적 개혁 주장 • 동도서기론(전통적인 사상과 제도는 유지, 서양의 과학 기술만 수용) • 김홍집, 김윤식, 어윤중 등
급진 개화파	• 일본 메이지 유신의 영향, 급진적 개혁 주장 • 문명개화론(서양의 과학 기술뿐만 아니라 사상과 제도 수용) • 김옥균, 박영효, 홍영식 등

> 개념UP
> **외교 사절과 시찰단 파견**
> • 수신사 파견 : 김기수(1차, 1876), 김홍집(2차, 1880), 일본 문물 시찰
> • 조사 시찰단(1881) : 박정양, 홍영식 등, 일본 문물 시찰
> • 영선사(1881) : 김윤식, 청의 무기 제조 · 군사 훈련법 습득, 기기창 설치
> • 보빙사(1883) : 민영익 · 홍영식, 미국 시찰(최초로 서양 파견)

㉡ 개화 정책에 대한 반발

위정척사 운동	• 중심 세력 : 유생층 • 전개 – 1860년대 : 흥선 대원군의 통상 수교 거부 지지 – 1870년대 : 개항 반대 운동(최익현-왜양일체론) – 1880년대 : 개화 반대 운동 • 의의 : 외세로부터 우리의 전통 수호, 정치적 · 경제적 주권 수호를 위한 반침략, 반외세 운동 → 항일 의병 전쟁으로 계승 • 한계 : 전제 정치와 양반 지배 체제의 유지 목적, 근대화 지연
임오군란 (1882)	• 배경 : 일본으로의 곡물 유출(곡물 가격 폭등), 구식 군인에 대한 차별 대우, 개화 정책 추진 반발 • 전개 : 구식 군인 봉기 → 민씨 정권의 고관 집과 일본 공사관 습격 → 도시 빈민 합세 → 궁궐 공격, 명성 황후 피신 → 흥선 대원군 일시 집권(개화 중단) → 청군의 출병, 흥선 대원군 납치 → 민씨 정권 재집권 • 결과 : 청의 내정 간섭 심화, 청 군대 주둔, 조 · 청 상민 수륙 무역 장정 체결, 일본과 제물포 조약 체결, 민씨 정권의 친청 심화 • 의의 : 정부의 개화 정책과 외세의 경제적 침투에 대항하여 구식 군인들과 도시 하층민들이 일으킨 반정부 · 반외세 운동

② 갑신정변(1884)

㉠ 배경 : 임오군란 이후 청의 내정 간섭 심화, 개화 정책 후퇴로 급진 개화파의 불만 고조

㉡ 전개 : 청 · 프 전쟁으로 청군 일부 철수, 일본 공사의 군사적 지원 약속 → 급진 개화파의 정변(우정총국 개국 축하연 이용) → 개화당 정부 수립(14개조 정강 발표) → 청군의 개입과 일본의 약속 불이행으로 3일 만에 실패로 끝남

㉢ 결과 : 청의 내정 간섭 심화, 한성 조약(일본에 배상금 지불), 톈진 조약(청 · 일 군대의 동시 철수) 체결

㉣ 의의와 한계

- 의의 : 근대 국가 건설을 목표로 한 최초의 정치 · 사회 개혁 운동, 갑오개혁 및 독립 협회 활동으로 계승
- 한계 : 외세(일본)에 의존, 토지 제도 개혁 외면(민중의 지지 부족)

③ 갑신정변과 개항 이후의 변화

㉠ 국내외 정세

- 청을 견제하기 위해 조 · 러 비밀 협약 추진(청의 방해로 실패)
- 거문도 사건(1885~1887) : 러시아 견제를 구실로 영국이 거

개념UP

근대 시설

- 기기창(무기 공장)
- 박문국(인쇄 담당)
- 전환국(근대 화폐 발행)
- 우정총국(우편 사무)

문제UP

다음 사건들을 일어난 순서대로 배열한 것은?

ㄱ. 갑신정변　　ㄴ. 갑오개혁
ㄷ. 을사늑약　　ㄹ. 한일병합

① ㄱ – ㄴ – ㄷ – ㄹ
② ㄱ – ㄹ – ㄴ – ㄷ
③ ㄹ – ㄷ – ㄱ – ㄴ
④ ㄹ – ㄷ – ㄴ – ㄱ

해 ㄱ. 갑신정변(1884) → ㄴ. 갑오개혁(1894) → ㄷ. 을사늑약(1905) → ㄹ. 한일병합(1910)

정답 ①

문도를 불법 점령 → 청의 중재로 철수

- 조선 중립화론 대두 : 부들러, 유길준

ⓛ 열강의 경제 침투와 대응

- 열강의 경제 침투

일본 상인의 무역 독점	약탈 무역, 거류지 무역, 중계 무역
일본과 청의 무역 경쟁	임오군란 이후 청 상인의 본격 진출, 청 · 일 전쟁 이후 일본이 조선의 상권 장악

- 조선의 대응

방곡령 시행	• 배경 : 일본 상인들의 곡물 유출, 흉년 등으로 인한 곡물 가격 폭등 • 내용 : 조 · 일 통상 장정(1883)에 의거해 함경도, 황해도 등지의 지방관이 방곡령 선포 • 결과 : 일본이 '1개월 전 통보' 규정 위반 구실로 방곡령 철회, 배상금 지불
상인들의 대응	• 시전 상인 : 일본 상인의 점포 철수 요구 시위 • 경강상인 : 증기선을 구입해 일본 상인에 대응 • 상회사의 설립 : 대동 상회(평양), 장통 회사(서울) 설립

(4) 조선의 근대 개혁 운동

① 동학 농민 운동 중요

㉠ 배경

- 정부의 무능과 지배층의 수탈 : 지배층의 부패, 개화 정책을 위한 재정 지출 증가로 농민의 세 부담 증가
- 일본과 청의 경제 침탈 : 열강의 경제 침탈로 농촌 경제 파탄, 농민의 사회 변혁 욕구 고조
- 동학의 교세 확장과 교조 신원 운동
  - 동학의 교세 확장 : 경제적 수탈로 고통 받던 농민들 사이에서 동학 교세 확장
  - 교조 신원 운동 : 교조 최제우의 신원과 동학의 합법화 요구

ⓛ 전개

고부 농민 봉기 (1894. 1.)	고부 군수 조병갑의 폭정 → 전봉준의 주도로 고부 관아 점령 → 후임 군수의 회유로 자진 해산
1차 봉기 (1894. 3.)	고부 봉기 주도자 탄압 → 전봉준을 중심으로 농민들의 백산 봉기(보국안민, 제폭구민) → 전라도 일대 장악

개념UP

부들러의 중립화론

갑신정변 직후 조선 주재 독일 부영사 부들러는 청 · 일의 충돌을 막기 위해 한반도의 영세 중립화를 조선에 건의

문제UP

다음에서 설명하는 사상은?

- 경주 출신 몰락 양반 최제우가 창도
- 시천주(侍天主), 인내천(人乃川) 사상 강조
- 전통 지배 체제에 저항하는 농민들의 사상적 기반

① 실학 ② 동학
③ 서학 ④ 양명학

해 경주 지방의 몰락한 양반인 최제우가 전통적인 민간 신앙과 유교, 불교, 도교를 융합하여 동학을 창시하였다. 동학의 교리 중 가장 핵심이 되는 것은 인내천(人乃天), 즉 '사람이 곧 하늘'이라는 것이다.

정답 ②

개념UP

보국안민, 제폭구민

- 보국안민(輔國安民) : 나라를 돕고 백성을 편안케 함
- 제폭구민(除暴救民) : 폭정을 제거하고 백성을 구함

전주 화약 (1894. 5.)	정부가 청에 지원군 요청 → 청군과 일본군의 조선 출병 → 전주 화약 체결(정부 – 농민) → 집강소 설치, 폐정 개혁안 실천
2차 봉기 (1894. 9.)	일본군의 경복궁 점령, 청 · 일 전쟁 발발 → 일본군 타도를 위해 재봉기 → 공주 우금치 전투에서 정부군과 일본군에게 패배(1894. 11.) → 전봉준 등 농민군 지도부 체포

ⓒ 의의

- 반봉건 · 반외세 민족 운동
- 갑오개혁에 영향, 잔여 세력의 항일 의병 운동 가담

② 갑오 · 을미개혁 중요

㉠ 배경 : 개혁의 필요성 대두, 교정청 설치(1894. 6.)

㉡ 제1차 갑오개혁 : 김홍집 내각 수립, 군국기무처 설치

정치	왕실 사무와 정치 업무 분리(국왕의 권한 약화), 과거 제도 폐지, 경무청 신설
경제	탁지아문으로 재정 일원화, 은본위 화폐 제도 채택, 조세의 금납화, 도량형 통일
사회	신분제 철폐, 인신매매 금지, 봉건적 악습 타파(조혼 금지, 과부 재가 허용), 고문과 연좌법 폐지

ⓒ 제2차 갑오개혁 : 홍범14조 반포

정치	내각제 시행, 8도를 23부로 개편, 재판소 설치(사법권을 행정 기관으로부터 독립)
교육	근대적 교육 제도 마련(한성 사범 학교 관제, 소학교령, 외국어 학교 관제 등)
군사	훈련대, 시위대 설치
경제	징세 기관 일원화, 육의전 · 상리국(보부상 단체) 폐지

㉣ 을미개혁

배경	청 · 일 전쟁에서 일본 승리(1895, 시모노세키 조약 체결) → 삼국간섭 → 고종과 명성 황후의 일본 견제 움직임 → 온건 개화파와 친러 · 친미파의 연립 내각 수립 → 을미사변 발생(1895. 8.)
전개	을미사변 후 성립된 친일 내각의 개혁 추진 • 정치 : '건양' 연호 제정 • 사회 : 단발령 실시, 태양력 사용, 종두법 시행, 우체국 증설, 소학교 설치 • 군사 : 친위대(중앙) · 진위대(지방) 설치
반발과 중단	• 반발 : 을미사변과 단발령에 저항하여 각지에서 의병 봉기(을미의병) • 중단 : 아관 파천(1896), 단발령을 철회하고 의병 해산 권고 조칙을 내림

개념UP
집강소
농민 자치 조직으로 농민의 의사를 모으고 이를 집행, 치안을 담당함

개념UP
삼국 간섭
만주와 조선에 진출할 야심을 갖고 있던 러시아가 프랑스와 독일을 끌어들여 일본이 청 · 일 전쟁에 승리해 획득한 랴오둥 반도를 포기하도록 만든 사건

> 개념UP
> **을미사변**
> 삼국 간섭 후 명성 황후가 친러파와 연계하여 일본 침략 세력을 몰아내려고 하자 일본이 명성 황후를 시해한 사건

> 개념UP
> **아관 파천(1896)**
> 명성 황후의 죽음으로 일본에 위협을 느낀 고종이 러시아 공사관으로 피신한 사건

> 개념UP
> **구본신참(舊本新參)**
> 옛 제도를 근본으로 하고 새로운 제도를 참작함

ⓜ 갑오 · 을미개혁의 의의와 한계

- 의의 : 신분제 타파 등 여러 분야에 걸친 근대적 개혁, 농민층의 요구 일부 반영
- 한계 : 토지 개혁 미흡, 일본의 간섭 아래 진행, 민중의 지지 확보 실패

③ 독립 협회와 대한 제국의 성립

㉠ 독립 협회의 조직과 활동

배경	• 아관 파천 이후 열강의 이권 침탈 심화 • 국가 자주성 손상
결성(1896)	서재필 주도, 국내 개화파 지식인, 도시 시민층 중심
활동	• 독립신문 발간(1896), 독립문 건립 • 자주 국권 · 자유 민권 · 자강 개혁의 정치 운동 전개 • 만민 공동회 · 관민 공동회 개최 • 서구식 입헌 군주제의 실현 추구(헌의 6조 결의)
해산	• 보수 세력의 반발 • 고종이 황국 협회와 군대를 동원하여 만민 공동회 강제 해산 • 집회 금지와 단체 해산
의의와 한계	• 의의 : 국권 수호와 자유 민권 신장에 기여, 민중 계몽을 통한 근대화 실현 • 한계 : 외세 배척 대상이 러시아에 한정, 열강의 침략적 의도를 간파하지 못함

㉡ 대한 제국의 성립(1897)

배경	• 고종의 환궁 여론 고조 • 자주독립 국가 수립의 필요성 자각 • 러시아를 견제하기 위한 국제적 여론 조성
과정	• 고종의 환궁 → 관리들의 칭제 건원 건의 → 고종의 황제 즉위(연호 : 광무), '대한 제국' 수립 선포 • 대한국 국제(1899) : 대한 제국은 자주독립국임을 천명, 황제의 무한한 군주권 규정(전제 정치)

㉢ 광무개혁 : 구본신참 원칙에 따른 점진적 개혁 추진

정치 · 군사	• 대한국 국제 반포(1899) • 궁내부 · 내장원 확대 • 원수부 설치, 무관 학교 설립
경제	• 양전 사업 실시, 지계 발급(근대적 토지 소유권 확립) • 상공업 진흥 정책
교육	중학교 관제 공포, 기술 · 실업 교육 강조, 유학생 파견
의의	자주독립 · 근대화 지향, 외세의 간섭을 배제한 자주적 개혁

한계	집권층의 보수성, 열강의 간섭

(5) 일제의 국권 침탈과 국권 수호 운동

① 일제의 국권 침탈

㉠ 국권 침탈 과정

• 러일 전쟁과 일본의 침략

> 삼국 간섭과 아관 파천 이후 러 · 일 간의 대립 고조 → 러 · 일 전쟁(1904) → 일본의 승리

• 일제의 국권 침탈

제1차 한 · 일 협약(1904. 8.)	고문 정치, 외국인 고문을 두고 내정 간섭
제2차 한 · 일 협약(을사 늑약)(1905. 11.)	통감 정치, 외교권 박탈, 일본이 내정과 외정 장악
한 · 일 신협약(정미 7조약)(1907. 7)	차관 정치
한 · 일 병합 조약(1910. 8.)	국권 강탈, 조선 총독부 설치

㉡ 독도와 간도

독도	• 삼국 시대 이후 우리나라의 영토 • 고종, 울릉도를 군으로 승격, 독도까지 관찰 • 일본이 러 · 일 전쟁 중에 시마네 현 고시를 통해 자국의 영토로 일방적으로 편입 • 을사조약으로 외교권 강탈 이후 대한 제국에 사실을 알림
간도	• 위치 : 두만강 건너편 만주 일대의 개간지 • 청과 영토 분쟁 : 19세기 이후 간도 이주민 증가 요구, 위협 • 대한 제국, 백두산 정계비(숙종, 1712)를 근거로 간도가 우리 영토로 인식하고 간도 관리사 파견, 간도를 함경도에 편입 • 일본, 남만주 철도 부설권을 얻는 조건으로 간도를 청의 영토로 인정(간도협약, 1909)

> 개념UP
> **가쓰라 · 태프트 밀약(1905. 7.)**
> 일본이 미국과 맺은 비밀 협약으로 미국의 필리핀 지배와 일본의 한국 지배를 승인

> 개념UP
> **포츠머스 강화조약(1905. 9.)**
> 러시아가 한국에서 일본의 특권 인정

> 개념UP
> **독도를 기록한 흔적들**
> • **세종실록지리지** : 울릉도와 독도의 거리가 가까워 날이 맑으면 바라볼 수 있음
> • **신증동국여지승람** : 독도와 울릉도는 강원도 영토
> • **일본 태정관 발행 문서** : 독도랑 울릉도는 조선 영토로서 일본과 관계없는 땅
> • **숙종실록** : 안용복이 독도의 일본어부 몰아내고 일본에서 독도가 우리영토임을 확인
> • **삼국접양지도** : 조선과 울릉도, 독도를 같은 색으로 채색, 독도 옆에 조선 영토라고 표기

② 일제의 국권 침탈에 대한 항거

㉠ 의거 활동

전명운 · 장인환	친일 외교 고문 스티븐스 사살
안중근	만주 하얼빈에서 초대 통감이었던 이토 히로부미 사살(1909)
이재명	이완용을 습격하여 부상 입힘
나철 · 오기호 등	을사늑약에 찬성한 을사5적 처단 시도

㉡ 의병 항쟁

• 전개

을미의병(1895)	• 배경 : 을미사변, 단발령 시행 • 주도 : 유생층, 동학 농민군의 잔여 세력 • 성격 : 일제에 보복 • 결과 : 단발령 철회, 고종의 의병 해산 권고 조칙 발표로 해산
을사의병(1905)	• 배경 : 을사늑약 체결 • 주도 : 유생 의병장(민종식, 최익현), 평민 의병장(신돌석) • 성격 : 일제 배격, 국권 회복
정미의병(1907)	• 배경 : 고종의 강제 퇴위, 군대 해산 • 주도 : 해산 군인 합류, 유생, 농민, 포수 등 참여 계층 확대 • 성격 : 서울 진공 작전, 항일 구국 전쟁

• 의의 : 만주 · 연해주 등으로 근거지 이동, 독립군 활동으로 계승

• 한계 : 화력의 열세, 양반 출신 의병장의 봉건적 신분 의식, 국제적 고립

③ 애국 계몽 운동

㉠ **특징** : 점진적인 실력 양성을 통한 국권 회복 추구, 여러 단체와 학회 조직, 언론을 통한 민중 계몽, 산업 진흥 활동 전개

㉡ 주요 단체 활동

보안회(1904)	일본의 황무지 개간권 요구 반대 운동 전개
헌정 연구회(1905)	• 독립 협회 계승, 의회 설립을 통한 입헌 정치 수립 주장 • 일제의 탄압으로 해산(1906)
대한 자강회(1906)	• 헌정 연구회 계승 • 교육과 산업을 통한 자강 • 고종의 강제 퇴위 반대 운동 전개 • 일제의 탄압으로 해산(1907)

문제UP

다음 내용과 관련 있는 인물은?

• 을사늑약을 계기로 의병 활동을 전개하였다.
• 동해안 일대에서 평민 의병장으로 활약하였다.

① 김규식 ② 손병희
③ 신돌석 ④ 최익현

해 제시된 자료에서 설명하는 인물은 신돌석이다. 신돌석은 일월산을 거점으로 영해, 평해, 울진 등 경상 · 강원도 일대에서 유격 전술을 사용하며 활동을 벌였고 한때 그를 따르는 의병의 수는 3천 명을 넘었다. 이때부터 평민 의병장의 활동이 두드러져서 의병 운동에 새로운 양상이 나타났다.

정답 ③

개념UP

대한 자강회 취지문

"무릇 교육이 일어나지 못하면 국민의 지혜가 열리지 못하고, 산업이 늘지 못하면 국부가 증가하지 못한다." 이는 나라가 스스로 강해지는 방법은 교육진흥과 산업개발에 있다는 뜻이다.

신민회(1907)	• 결성 : 안창호, 양기탁, 이동휘 등을 중심으로 조직(비밀 결사) • 목표 : 자주 독립을 위한 민족 역량 강화, 공화정체에 바탕을 둔 국민 국가 건설 • 교육 : 대성 학교, 오산 학교 설립 • 산업 : 태극 서관, 자기 회사 운영 • 독립 운동 기지 건설 : 만주 삼원보에 한인 기반 거주 지역 형성(신흥 학교, 군사 학교 설립) • 해산 : 일제가 날조한 105인 사건에 의해 와해(1911)

④ 교육과 언론 활동

㉠ 교육 : 서북 학회, 기호 흥학회 조직(기관지 발행), 사립학교 설립

㉡ 언론 : 신문 등의 언론 매체를 통해 애국심 고취, 황성신문(장지연, '시일야방성대곡'), 대한매일신보(국채 보상 운동 지원) 등

⑤ 경제적 구국 운동

㉠ 열강의 이권 침탈 : 러시아를 비롯한 열강이 최혜국 대우 규정을 이용, 조선의 자원과 산업 분야의 여러 이권 차지(광산 채굴권, 삼림 채벌권, 철도 부설권 등)

㉡ 민족 기업 육성 : 조선 은행 · 한성 은행 · 대한 천일 은행 설립, 철도 회사 · 연초 회사 등 설립

㉢ 황무지 개간권 요구 반대 운동(1904) : 농광 회사 설립, 보안회의 반대 운동 → 일본의 철회

㉣ 국채 보상 운동(1907) : 일본에게 경제적으로 예속되지 않기 위해 나라 빚을 갚아 국권을 회복하자는 운동

전개	• 대구에서 시작 → 국채 보상 기성회 중심으로 전국 확대 • 각종 계몽 단체와 대한매일신보 등 언론 기관의 동참 • 전 국민의 호응을 얻어 모금 운동 전개
결과	일제의 탄압으로 좌절

(6) 근대 문물과 근대 문화의 수용

① 근대 의식의 성장과 근대 문물의 도입

㉠ 근대 의식의 성장

• 민권 의식의 성장 : 갑신정변(급진 개화파의 인민 평등권 주장), 동학 농민 운동(천인 차별 개선, 노비 문서 소각 주장),

문제UP

다음에서 설명하는 단체는?

• 105인 사건으로 해체
• 국외 독립 운동 기지 건설
• 문화적, 경제적 실력 양성 운동 전개

① 신민회 ② 대한 자강회
③ 보안회 ④ 헌정 연구회

해 신민회는 안창호, 양기탁, 이승훈이 중심이 된 애국 계몽 운동 단체이다. 이들은 통감부의 감시를 피하기 위해 신민회를 비밀 단체로 조직하였다. 신민회는 교육과 산업의 진흥을 통해 나라를 부강하게 하여 나라의 자주 독립을 이루고자 하였다. 그러나 일본이 조작한 105인 사건을 계기로 해체되었다.

정답 ①

개념UP

갑신정변의 개혁 구상

• **정치면** : 대외적으로 청나라와 종속관계를 청산하려 하였고 대내적으로 조선왕조의 전제주의 정치체제를 입헌군주제로 바꾸려 한 정치개혁이었다.
• **사회면** : 문벌을 폐지하고 인민평등권을 제정하여 중세적 신분제를 청산하려 하였다.
• **경제면** : 개화파들이 지주전호제를 유지하는 선에서 국가재정를 강화하려고 지조법의 개혁만을 내세웠다.
• **상공업면** : 자본주의적 기업의 육성 문제나 자본주의 체제로의 전환 문제를 적극적으로 제시하지는 못하였다.

갑오개혁(신분 제도와 공 · 사노비 제도 혁파)

- 독립 협회의 활동 : 자유 민권 운동 전개, 의회 설립 운동 추진

㉡ 의의와 한계

- 의의 : 근대적 민권 의식 고취, 사회의식의 향상
- 한계 : 차별적 신분 의식 여전히 존재

② 근대 문물의 수용

㉠ 근대 시설의 도입

교통	• 경인선(최초, 1899), 경부선(1905), 경의선(1906) 철도 설치 • 전차 개통
통신	• 전신 : 전보사 설치(1896) • 전화 : 경운궁 가설(1898), 시내 전화 업무 개시(1902) • 우편 : 우정총국 설치(1884), 만국 우편 연합 가입(1900)
전기	경복궁에 전등 가설(1887), 한성 전기 회사 설립(1898)
의료	• 지석영(종두법 실시) • 광혜원(1885, 제중원, 최초의 근대식 병원)

㉡ 언론의 발달

신문	내용
한성순보(1883~1884)	우리나라 최초의 국가 신문, 한문 사용
독립신문(1896~1899)	• 최초의 본격적 일간지, 최초의 민간 발행 • 한글과 영문 혼용
황성신문(1898~1910)	장지연, '시일야방성대곡' 게재
제국신문(1898~1910)	• 순 한글로 발행 • 서민과 부녀자들이 많이 읽음
대한매일신보(1904~1910)	• 영국인 베델이 간행 • 국채 보상 운동에 앞장 섬

㉢ 근대 교육과 학문의 보급

- 근대 교육의 발전 : 원산 학사(1883), 육영 공원(1886), 갑오개혁 이후 근대 교육 제도 마련(교육 입국 조서)
- 사립학교의 설립 : 개신교 선교사, 애국 계몽 운동가들에 의해 지어짐

㉣ 국학 연구

- 국어 : 국 · 한문 혼용체 유행, 국문 연구소 설립(주시경, 지석영)
- 국사 : 근대 계몽 사학(신채호, 박은식 등), 민족주의 사학 발판 마련(신채호)

문제UP

밑줄 친 '이 신문'에 해당하는 것은?

아관 파천으로 인해 열강의 이권 침탈이 심화되는 상황에서 서재필은 이 신문을 창간하여 서구의 자유 민권사상을 소개하였다.

① 만세보 ② 한성순보
③ 독립신문 ④ 제국신문

해 독립신문은 서재필이 발행한 독립협회의 기관지로 국민에 대한 계몽과 민족자주의식, 자유민권사상의 배양을 목적으로 하였다. 최초의 근대적 일간지이며 순한글판과 영문판이 간행되었다.

정답 ③

문제UP

다음 내용과 관련 있는 인물은?

- 대한민국 임시 정부에 참여
- 『한국통사』, 『한국독립운동지혈사』 저술

① 김구 ② 백남운
③ 신채호 ④ 박은식

해 박은식은 민족 정신을 '혼(魂)'으로 파악했으며, 『한국통사』와 『한국독립운동지혈사』 등을 저술하였다.

정답 ④

ⓜ 문예와 종교

문예	• 신소설 : 문명 개화, 계급 타파 등의 주제, 언문일치의 문장 • 신체시 : 최남선, 「해에게서 소년에게」(최초의 근대시) • 서양의 유화 기법 도입, 창가 유행
종교	• 천주교 : 고아원과 양로원 설립 • 개신교 : 학교와 병원을 세워 의료와 교육 활동 • 천도교 : 동학 3대 교주 손병희에 의해 개명(1905) • 대종교 : 나철, 단군 신앙을 바탕으로 창시(1909) • 유교 : 박은식, 실천적인 유교 정신 강조 • 불교 : 한용운, 조선 불교의 자주성 회복을 위한 혁신 운동

개념UP

최남선, 「해에게서 소년에게」

- **갈래** : 서정시, 신체시
- **성격** : 계몽적, 낙관적
- **특징**
  - 최초의 신체시
  - 정형시와 자유시의 과도기적 형태
  - 웅장하고 남성적 어조
  - 의인법, 반복법, 의성법, 직유법 사용
  - 직설적 표현과 이야기체 형식
- **주제** : 소년들에 대한 희망과 기대

❺ 일제의 강점과 민족 운동의 전개

(1) 20세기 전반의 세계

① 제1차 세계 대전

㉠ 전개 : 19세기 후반 제국주의 열강들의 경쟁 심화, 사라예보 사건

㉡ 결과 : 유럽 열강 쇠퇴, 미국 · 일본 국력 성장

② 러시아 혁명

㉠ 레닌이 이끄는 '소비에트 사회주의 공화국 연방(소련)' 수립

㉡ 사회주의의 확산 : 아시아 각국이 반제국주의 민족 운동의 새로운 이념으로 받아들임

③ 대공황의 발생과 극복

㉠ 대공황의 발생(1929) : 과잉 생산과 과소 소비의 불균형으로 미국에서 발생

> 기업 생산 위축 → 주가 폭락 → 은행 · 도시 도산 → 실업자 증가 → 전 세계 파급

㉡ 각국의 대공황 극복 노력

- 미국 : 뉴딜 정책(루스벨트, 자유방임주의 → 수정자본주의)
- 영국 · 프랑스 : 블록 정책(식민지 경제 경합, 보호무역 강화)
- 이탈리아 : 전체주의 강화와 대외 팽창 시도
- 독일 · 일본 : 전체주의 대두와 대외 팽창 시도

개념UP

검은 목요일(Black Thursday)

1929년 10월 말에 뉴욕 증권시장에서 일어난 일련의 주가 대폭락 사건

개념UP

대공황의 영향

- 정부의 통제 경제 정책 강화
- 경제 블록의 형성
- 전체주의의 대두

> 개념UP
> **전체주의**
> 개인의 자유와 권리보다는 국가와 민족을 우선시함

④ 전체주의의 대두

㉠ **특징** : 일당 독재, 군국주의, 국가 지상주의, 팽창주의, 언론과 사상의 통제

㉡ **각국의 전체주의** : 이탈리아(파시즘), 독일(나치즘), 일본(군국주의)

⑤ 제2차 세계대전(1939~1945)

㉠ **발발** : 독일이 소련과 불가침 조약 체결, 폴란드 침공(1937) → 영국과 프랑스가 독일에 선전 포고

㉡ **종결** : 태평양 전쟁에서 연합군의 승리 → 북아프리카에서 독일군 격파, 이탈리아의 항복(1943) → 노르망디 상륙 작전(1944) → 프랑스의 해방, 베를린 함락, 독일의 항복(1945) → 미국이 일본의 히로시마, 나가사키에 원폭 투하 → 일본의 항복(1945. 8. 15.)

㉢ **영향** : 독일의 동서 분할 점령, 일본의 식민지 상실 및 소련에 영토 할양(사할린 섬 일부와 쿠릴 열도)

(2) 1910년대 일제의 식민지 지배 정책

> 개념UP
> **조선 총독부**
> 일제의 식민 통치 최고 기구

① 무단 통치(헌병 경찰 통치)

㉠ **조선총독부 설치** : 총독이 행정 · 사법 · 군사권 행사

㉡ **헌병경찰제** : 헌병이 경찰 임무 수행, 강압적인 무단 통치

㉢ **정치적 탄압** : 한국인의 정치 활동 금지, 언론 · 집회 · 결사의 자유 박탈(황성신문, 대한매일신보 발행 금지), 애국 운동 단체 해산 및 애국지사 체포, 처형

㉣ **식민지 교육** : 일본어 중심 교육, 보통 및 실업 교육만 실시(고등 교육 기회 박탈)

㉤ **영향** : 민족 지도자들의 해외 망명, 의병 활동 무대 이동(만주, 연해주)

② 1910년대 식민지 경제 정책

㉠ 토지 조사 사업(1912~1918)

- 명분 : 토지 소유 관계의 근대적 정리
- 목적 : 식민 통치에 필요한 토지 약탈, 지세 확보
- 방법 : 복잡한 서류와 절차를 갖춘 기한부 신고제 → 미신고 토지 발생, 국 · 공유지 약탈(일본인 대지주 등장)

- 결과 : 농민들의 관습적인 경작권, 개간권 부정, 지주의 소유권만 인정 → 농민 대부분이 소작농으로 몰락

㉡ **회사령 공포(1910)** : 회사 설립 시 조선 총독의 허가를 받도록 하고, 총독부가 회사를 폐쇄할 수 있도록 함 → 한국인의 기업 설립 · 자본 성장 억제

㉢ **삼림령, 광업령 실시** : 막대한 산림과 금, 은, 석탄 등의 자원이 조선 총독부와 일본인에게 넘어감

㉣ **어업령 발표** : 일본인이 우리의 주요 어장을 거의 독점 지배

(3) 1920년대 일제의 식민지 지배 정책

① **문화 통치(민족 분열 통치)**

㉠ **배경** : 3 · 1 운동 이후 무단 통치의 한계 인식

㉡ **변화 내용** : 보통경찰제 실시, 문관도 총독으로 임명, 교육 기회 확대, 한글 신문 간행 허용 등 → 오히려 경찰의 수 증가, 문관이 총독으로 임명된 적 없음, 초급 학문과 기술 교육만 허용, 신문에 대한 엄격한 검열, 민족 운동 탄압, 친일파 지원 및 육성

㉢ **통치 목적** : 친일 세력을 육성(민족 분열)

② **1920년대 식민지 경제 수탈**

㉠ **산미 증식 계획(1920~1934)**

- 배경 : 제1차 세계 대전 이후 일제의 공업화 진전과 빠른 인구의 증가로 인해 식량 부족 심화 → 부족한 쌀을 한국에서 확보
- 전개 : 품종 개량, 수리 시설 확충, 경지 정리, 개간 사업 등 실시
- 결과 : 식량 증가분 이상으로 식량 수탈, 일본으로 쌀 대량 유출 → 농민의 몰락(화전민 증가, 농민의 해외 이주)

㉡ **자본 침투**

- 회사령 철폐(1920) : 회사 설립을 허가제에서 신고제로 전환 → 일본 기업 진출 급증
- 일본 상품에 대한 관세 철폐(1923)
- 신은행령 발표(1927) : 한국인 소유의 은행 합병

개념UP

어업령(漁業令)

어업령을 공포하여 일본 어민의 성장을 지원하고, 우리 어민의 활동을 억압하였다. 저인망 · 잠수망 등 근대적 어업은 일본인에게만 허가하였고, 어업 조합의 설립과 운영도 일본인 중심으로 성립되었다. 국권침탈 후 10년 사이에 한국인의 어획고는 약 4배 증가하는 데 그쳤지만, 일본인의 그것은 6배나 증가하였다. 일본의 어획고가 한때 세계 제2위를 기록할 수 있었던 것도 우리의 주요 어장을 독점하였기 때문이다.

문제UP

다음에서 설명하는 일제의 정책은?

- 1920년대 더 많은 쌀을 일본으로 가져가기 위해 추진
- 늘어난 생산량보다 더 많은 양의 쌀이 일본으로 실려 나감

① 회사령
② 산미 증식 계획
③ 토지 조사 사업
④ 병참 기지화 정책

해 산미 증식 계획은 일본 내의 식량 부족, 쌀값 폭등 등을 해결하기 위해 일제가 1920년부터 시작한 정책이다. 이 사업은 수리 시설의 확대와 품종 개량, 화학 비료 사용 증가 등을 통해 이루어졌다. 생산량이 증가되어 대부분의 지주는 이익을 보았지만, 소작농은 수리 조합비나 비료 대금을 비롯한 각종 비용 부담이 늘어나면서 많은 고통을 겪었다.

정답 ②

> **개념UP**
> **민족 자결주의**
> 각 민족 집단이 스스로의 의지에 따라 정치 조직과 정치적 운명을 결정하고, 타 민족이나 타 국가의 간섭을 인정하지 않는다는 사상

> **문제UP**
> **다음에서 설명하는 민족 운동은?**
>
> 민족 지도자들은 민족 자결주의와 2·8 독립 선언에 고무되어 독립 운동을 준비하였다. 민족 대표 33인은 독립 선언서를 발표하였고, 이후 전국적으로 만세 시위 운동이 전개되었다.
>
> ① 3·1 운동
> ② 6·10 만세 운동
> ③ 임술 농민 봉기
> ④ 광주 학생 항일 운동
>
> 해 3·1 운동은 거족적인 최대 규모의 독립 운동으로서 일제의 통치가 무단 통치에서 문화 정치로 변화하는 계기가 되었으며, 중국·인도·동남아시아·중동 지역 민족 운동의 선구적 역할을 하였다.
>
> 정답 ①

> **개념UP**
> **왜 임시 정부일까?**
> 정부라고 하면 국제법상 통치권이 미치는 국토와 국민이 있어야 하는데, 대한민국 임시 정부는 통치권을 행사할 대상이 없었으므로 일반 정부와는 성격이 달랐다. 그러나 전 민족적인 3·1 운동에 의하여 수립된 임시 정부였으므로, 전 민족의 의지와 이념적 기반 위에 설립된 정부 조직임에는 틀림없다.

(4) 3·1 운동과 대한민국 임시 정부

① 3·1 운동(1919) 중요

㉠ 배경

- 국내 : 민족의식의 성장, 독립 의지 강화, 고종의 죽음에 대한 한국인의 분노 증폭
- 국제 : 민족 자결주의 대두, 파리 강화 회의 개최, 해외 독립 선언(대한 독립 선언, 2·8 독립 선언)

㉡ 전개

준비	천도교, 기독교, 불교 등의 종교 단체와 학생들이 중심이 되어 거족적인 독립운동 준비
독립 선언	• 독립 선언서 작성(비밀리에 각 지방에 배포) → 손병희, 이승훈, 한용운 등 민족 대표 33인이 태화관에서 독립 선언서 발표(1919. 3. 1.) • 학생과 시민들이 탑골 공원에서 독립 만세 시위
확산	도시(학생, 상인, 노동자, 교사 등) → 농촌(농민 적극 참여) → 국외 전파(북간도, 만주, 연해주, 미주, 일본 등)
탄압	평화적 만세 시위 → 일본의 무력 탄압 → 유관순의 옥중 순국, 화성 제암리 학살 사건 → 무력 저항 운동으로 변화

㉢ 3·1 운동의 의의

- 일제 강점기 최대 규모의 민족 운동
- 대한민국 임시 정부 수립의 계기
- 노동자·농민의 참여로 민중 운동 확산
- 일제 통치 방식 변화의 계기 : 무단 통치 → 문화 통치
- 세계 민족 해방 운동에 영향 : 중국의 5·4 운동, 인도의 비폭력 불복종 운동 등

② 대한민국 임시 정부

㉠ 수립 계기 : 3·1 운동 직후 보다 조직적인 독립운동 추진의 필요성 대두

㉡ 지역별 임시 정부의 수립

대한 국민 의회 (1919. 3.)	• 연해주(블라디보스토크) • 대통령 손병희
대한민국 임시 정부 (1919. 4.)	• 신한 청년당 중심 • 국무총리 이승만 추대
한성 정부 (1919. 4.)	• 국내 13도 대표 명의 • 집정관 총재 이승만 추대

㉢ 임시 정부의 통합 : 전 국민을 대표할 수 있는 통합된 정부의 필요성 → 상하이의 대한민국 임시 정부로 통합(1919. 9.), 삼권 분립에 입각한 민주 공화제 정부(대통령 이승만, 국무총리 이동휘 선임)

㉣ 대한민국 임시 정부의 활동

- 비밀 행정 조직 : 연통제 · 교통국 활용 군자금 조달, 독립 공채 발행
- 외교 활동 : 구미 위원부 설치(서양 열강 상대로 외교 활동), 신한 청년당 김규식을 파리 강화 회의에 파견
- 군사 활동 : 군무부를 설치하여 군사 업무 관장, 직할 군단 편성
- 문화 활동 : 독립신문 간행, 사료 편찬소 설립

③ 국내외 민족 운동

㉠ 실력 양성 운동

물산 장려 운동	• 배경 : 회사령 폐지, 일본 상품에 대한 관세 철폐 움직임 • 목적 : 민족 자본과 민족 산업 육성을 통한 자립 경제 도모 • 전개 – 조만식 중심의 조선 물산 장려회 발족, 자작회, 토산 애용 부인회 등과 함께 전개 – 일본 상품 배격, 국산품 애용 장려, 근검저축, 자급자족, 금주 · 금연 운동 추진 – '내 살림 내 것으로', '조선 사람 조선 것으로' 등의 토산품 애용 구호 제시 • 한계 : 사회주의 계열의 불참, 토산물 가격의 상승
민립 대학 설립 운동	• 배경 : 우민화 교육 → 고등 교육의 필요성 대두 • 전개 – 조선 교육회 조직 : 고등 인재 양성을 통한 역량 증대 추구 – 민립 대학 설립 기성회 결성 : 전국적인 모금 운동 전개, 대학 설립을 위한 노력 추진 – '한민족 1천만이 한 사람이 1원씩'이라는 구호 제시 • 결과 : 가뭄과 수해로 모금 성과 부진, 일제의 탄압과 경성 제국 대학 설립

㉡ 청년 · 학생 주도의 민족 운동

- 6 · 10 만세 운동(1926) : 일제의 수탈과 식민지 교육에 대한 반발, 순종 장례식 날 시위
- 광주 학생 항일 운동(1929) : 전국적으로 확산, 3 · 1 운동 이후 최대의 민족 운동

개념UP

연통제 · 교통국

- **연통제** : 임시 정부가 국내의 독립 운동을 연결하기 위해 설치한 비밀 연락 조직망(정부 문서와 명령 전달, 정보 보고)
- **교통국** : 임시 정부의 통신 기관(국내외의 정보 수집과 분석, 교환, 연락)

개념UP

회사령

회사의 허가제를 통해 민족기업 성장억제 및 일제의 상품시장화

> 개념UP
>
> **신간회 3대 강령**
> - 민족의 단결
> - 정치적 · 경제적 각성
> - 기회주의 배격

ⓒ 신간회 결성(1927) : 비타협적 민족주의 계열과 사회주의 계열의 일부 세력 결합

활동	• 식민 통치 정책 비판, 소작 쟁의와 노동 쟁의를 지원하며 전국 순회 강연(민족의식 고취) • 광주 학생 항일 운동 이후 진상 조사단 파견, 민중 대회 준비 등 • 여성 운동계에 영향 : 근우회 창립
해산(1931)	일제의 탄압과 활동 방향을 둘러싼 내분 → 신간회 해소를 주장하는 사회주의자들의 탈퇴
의의	국내 최대의 민족 유일당 결성(비타협적 민족주의 세력 + 사회주의 세력)

ⓔ 사회 운동의 전개
- 농민 운동 : 소작 쟁의 전개(소작료 인하, 소작권 이동 반대 등 생존권 투쟁)
- 노동 운동 : 노동 쟁의 전개(임금 인하 반대, 노동 조건 개선 요구, 파업 전개, 일본인 경영자의 민족 차별에 대항)
- 소년 운동 : 1920년대 천도교를 중심으로 전개, 천도교 소년회(1921), 조선 소년 연합회(1927)
- 여성 운동 : 조선 여자 교육회, 조선 여성 동우회, 근우회 등
- 형평 운동 : 진주에서 조선 형평사 창립(1923), 사회적으로 평등한 대우를 요구하는 백정들의 형평 운동

> 개념UP
>
> **천도교 소년회**
>
> 천도교 청년회에서 독립, 어린이날 제정, 잡지 『어린이』 발행

ⓜ 무장 독립 전쟁
- 봉오동 전투(1920) : 홍범도의 대한 독립군이 주도하여 일본군에 승리
- 청산리 대첩(1920) : 김좌진의 북로 군정서군이 주도하여 일본군에 크게 승리
- 간도 참변(1920) : 봉오동 · 청산리 대첩에 대한 보복 → 일제가 우리 동포를 학살, 독립군 토벌
- 자유시 참변(1921) : 일본군을 피해 자유시로 옮긴 독립군이 소련 적색 군에게 무장 해제를 당하고 큰 피해를 입음
- 3부 성립 : 독립 운동 단체가 통합하여 만주에 참의부, 정의부, 신민부를 조직

ⓑ 의거 활동 : 김원봉의 의열단, 김구의 한인 애국단 → 식민 통치 기관 파괴, 일본인 고관 및 친일 인사 처단

> 문제UP
>
> **김좌진의 북로 군정서군을 비롯한 독립군 연합 부대가 일본군을 크게 격파한 전투는?**
>
> ① 행주 대첩
> ② 청산리 전투
> ③ 봉오동 전투
> ④ 한산도 대첩
>
> 해 청산리 전투는 김좌진의 북로 군정서군과 홍범도의 대한 독립군, 안무의 국민회군 등이 연합한 2,000여 명의 군대가 5,000여 명의 일본군에 맞서 간도 청산리의 어랑촌, 백운평, 천수평 등에서 6일간 10여 차례의 전투 끝에 대승을 거둔 전투이다.
>
> 정답 ②

(5) 전시 체제화에 따른 사회 · 경제적 변화

① 1930년대 일제의 지배 정책 변화

㉠ 식민지 공업화 정책 추진

- 배경 : 수출 감소, 대공황에 따른 일본의 경제 위기, 일제의 만주 침략과 만주국 수립(1931)
- 목적 : 일본 독점 자본의 한국 진출, 전쟁을 통한 군수 공업 육성, '일본 – 한국 – 만주'의 경제 블록화
- 과정 : 농공 병진 정책 추진, 한국 북부 지방에 중화학 공업 집중 육성, 일제의 군수 물자 생산 기지 역할(병참 기지화 정책) → 한국 공업 구조의 지역 불균형 초래

㉡ 남면북양 정책

- 배경 : 대공황 이후 세계 각국의 보호 무역 정책에 따른 원료 부족 우려
- 내용 : 남부 지방에 면화 재배, 북부 지방에 양 사육 강요 → 일본 방직업에 필요한 원료 조달, 일본인 방직 자본가 보호

② 농촌 진흥 운동의 추진(1932~1940)

㉠ 배경 : 대공황으로 농촌 사회의 어려움 가중, 소작 쟁의 확산

㉡ 전개 : 소작 조건 개선(조선 농지령 제정, 1934), 정신 운동 전개('자력갱생' 구호)

㉢ 한계 : 농촌 경제의 어려움을 한국 농민의 탓으로 돌리고 불만 억제 및 농민 통제에 이용

③ 산업 구조의 변화

㉠ 공업 구조의 변화 : 1930년까지 식료품 공업과 방직 중심 → 만주 사변 이후 군수 산업 관련 부문의 비중 증가 → 중 · 일 전쟁 이후 투자의 중심이 중화학 공업으로 이동

㉡ 산업 변화의 문제점 : 일본 경제의 일부로 편성, 대공업과 중소 공업의 연계성 부족, 일본인이 고급 기술 독점

④ 노동자와 농민의 삶

㉠ 노동자 : 일제의 공업화 정책에 따라 노동자 수 크게 증가, 열악한 근로 조건, 과중한 노동 시간

㉡ 농민 : 소작농의 증가, 농민의 화전민화, 농업 노동자와 도시 빈민으로 전락, 해외 이주

문제UP

일본이 1930년대 이후 실시한 우리 민족에 대한 강압 정책의 내용으로 옳지 않은 것은?

① 신사 참배 강요
② 일본식 이름 강요
③ 우리말 사용 금지
④ 토지 조사 사업 실시

해 일제가 근대적인 토지 소유권을 확립한다는 명분하에 토지 조사 사업을 실시한 것은 1910년대이다.

정답 ④

개념UP

농공 병진 정책

조선을 대륙병참기지로 만들어 군수산업을 강화하고 농산물과 지하자원을 약탈하려는 정책이었다. 신민지 공업화, 남면북양 정책, 농촌진흥운동이 그 예이다.

(6) 전시 동원 체제와 한국인의 삶

① **민족 말살 통치(황국 신민화 정책)**

㉠ **배경** : 일본의 침략 전쟁 확대(중 · 일 전쟁, 태평양 전쟁, 동남아시아 침략)

㉡ **목적** : 한국인의 민족의식을 말살하여 침략 전쟁에 동원하기 위함(민족 말살 정책)

㉢ **구호** : 일선 동조론, 내선일체, 황국 신민화

㉣ **내용** : 우리말 사용 금지(일본어 사용 강요), 한글 신문 폐간, 일본식 성명 강요(창씨개명), 소학교를 국민학교로 개칭(1941), 황국 신민 서사 암송 · 궁성 요배 · 정오 묵도 강요

> 개념UP
> **내선일체 · 일선 동조론**
> - **내선일체** : 일본(내지)과 한국(조선)은 한몸이라는 뜻으로 우리의 민족정신을 말살하기 위한 구호
> - **일선 동조론** : 일본 민족과 한국(조선) 민족의 조상이 같다는 주장

> 개념UP
> **궁성 요배 · 정오 묵도**
> - **궁성 요배** : 일본 궁성이 있는 방향으로 허리를 숙여 절을 하는 것
> - **정오 묵도** : 정오에 사이렌이 울리면 일본군의 승리를 위해 기도를 올리는 것

② **전시 동원 체제의 강화**

㉠ **국가 총동원법 제정(1938)** : 중 · 일 전쟁 이후 인적 · 물적 자원의 동원 필요, 적극적 수탈

㉡ **물적 자원의 수탈** : 지하자원 약탈, 세금 신설, 위문금품 모금, 국방 헌금 강요, 금속 공출, 식량 수탈(산미 증식 계획 재개, 식량 배급 실시, 공출 제도 실시)

> 개념UP
> **국민 정신 총동원 운동 전개**
> 마을마다 애국반을 설치, 인력과 물자 동원 및 주민 통제에 활용

㉢ **인적 자원의 수탈**

- 병력 동원 : 징집제(만주 사변 이후), 학도 지원병제 · 징병제(중 · 일 전쟁 이후)
- 국민 징용령 실시(1939) : 광산, 공장, 전쟁 시설로 강제 동원 → 농업 공동 작업반(여성, 어린 학생으로 남성 노동력 대신)
- 여자 정신 근로령(1944) : 노동력 수탈(군수 공장), 일본군 위안부로 강제 동원

㉣ 전시 교육 강화 및 전시 복장 강요

> 개념UP
> **일본군 위안부**
> 일본 제국주의 점령기에 일본에 의해 군위안소로 끌려가 성노예 생활을 강요당한 여성으로 지금까지도 뻔뻔한 일본 정부의 태도로 일본 대사관 앞에서 수요 집회, 소녀상을 세계 곳곳에 세우고 있다.

③ **억압 통치 강화** : 사상 통제(조선 사상범 예방 구금령), 한국인 발행 신문 폐간(조선일보, 동아일보 폐간)

④ **친일파의 활동**

㉠ **경제적 지원** : 박흥식(화신백화점 사장) 등 친일 부호 → 국방 헌금, 무기 헌납

㉡ 친일 종교인(대륙 침략 적극 참여 선전), 친일 교육자(일제 침략 전쟁에 협력 권유), 친일 문인(징용, 징병 재촉)

(7) 1930년대 민족 운동

① **노동 운동과 농민 운동의 변화** : 사회주의와 연결된 비합법적인 혁명적 조합 중심의 농민, 노동자 저항

㉠ **노동 운동** : 혁명적 노동조합, 대다수 노동자 호응 실패(산발적, 참여 인원 감소)

㉡ **농민 운동** : 1930년대 혁명적 농민조합 등장, 전투적 쟁의로 변화

② **우리말 살리기 운동**

㉠ **조선어 학회(1931)** : 조선어 연구회 계승, 문자 보급 교재 제작, 한글 맞춤법 통일안과 표준어, 외래어 표기법 제정, 『우리말 큰 사전』 편찬 시도 → 조선어 학회 사건으로 강제 해산

㉡ **문맹 퇴치 운동** : 문자 보급 운동(1929, 조선일보), 브나로드 운동(1931, 동아일보)

③ **한국사의 연구**

㉠ **민족주의 사학** : 민족 문화의 우수성, 민족의 전통과 정신 강조
- 박은식(국혼 강조) : 『한국통사』, 『한국독립운동지혈사』 저술
- 신채호(낭가 사상 강조) : 『조선상고사』, 『조선사연구초』 저술

㉡ **사회 경제 사학**
- 식민 사관의 정체성론 비판
- 백남운 : 『조선사회경제사』, 『조선봉건사회경제사』 저술

㉢ **실증 사학**
- 문헌 고증을 통해 한국사를 실증적으로 연구
- 손진태, 이병도 등 : 진단 학회 조직, 『진단 학보』 발행

④ **종교계의 활동**

㉠ **유교** : 유생들이 파리 강화 회의에 청원서 제출

㉡ **불교** : 한용운 중심으로 사찰령(한국 불교 장악 목적) 폐지 운동 전개

㉢ **개신교** : 교육과 계몽 운동, 신사 참배 거부 운동

㉣ **천주교** : 사회사업 확대, 항일 무장 투쟁(의민단 조직 1919~1922)

㉤ **천도교** : 제2의 독립 선언 운동 계획(1922), 청년 · 여성 · 소년 운동 전개(『개벽』 · 『신여성』 잡지 발간)

㉥ **대종교** : 단군 숭배 사상으로 민족의식 고취, 만주에서 적극적

> 개념UP
> **조선어 학회 사건(1942)**
> 치안 유지법 위반 혐의로 회원 구속(『우리말 큰 사전』 편찬 시도 혐의)

> 개념UP
> **조선학 운동**
> 조선 문화의 특색을 학문적으로 체계화
> - 정인보('얼' 강조) : 『조선사연구』 저술
> - 문일평('조선심' 강조) : 『조선사화』 저술

> **개념UP**
> **근대 문학의 발전**
> • **민족 문학** : 한용운, 김소월, 염상섭 등
> • **저항 문학** : 심훈, 이육사, 윤동주 등

> **개념UP**
> **토월회**
> 도쿄 유학생 박승희 · 김기진 등이 시작한 모임, 신파극의 한계를 극복하고 연극에 리얼리즘을 도입

> **개념UP**
> **만주 지역의 항일 유격 투쟁**
> • **동북 인민 혁명군** : 중국 공산당 + 한인 사회주의자
> • **동북 항일 연군** : 동북 인민 혁명군이 개편
> • **조국 광복회** : 동북 항일 연군 한인 사회주의자 + 함경도 지역 민족주의자
> • **보천보 전투** : 동북 항일 연군과 조국 광복회의 연합으로 국내 진공작전 실시(함경남도 보천보)

인 무장 투쟁(북로 군정서)

ⓢ **원불교** : 박중빈의 창시(1916), 개간 사업, 저축 운동, 남녀평등 등 새 생활 운동 전개

⑤ 문학과 예술 활동

㉠ 문학

1920년대	• 다양한 문예 사조 등장 • 『창조』, 『폐허』, 『백조』 등 동인지 발간 • 민족의식과 식민지 현실 반영 : 한용운 「님의 침묵」, 김소월 「진달래 꽃」 • 사회주의 영향의 신경향파 문학 등장
1930 · 40년대	• 순수 문학 등장(탄압 강화로 예술성, 작품성 강조) • 저항 시인 : 민족의 의지 표현(이육사, 윤동주 등)

㉡ **음악** : 민족의 울분과 설움 표현

㉢ **미술** : 안중식(한국 전통 회화), 이중섭(서양화풍)

㉣ **연극** : 3 · 1 운동 이후 신파극이 쇠퇴하고, 서구 근대극 형식 도입, 토월회, 극예술 연구회 결성

㉤ **영화** : 나운규의 「아리랑」 발표(1926), 최초의 유성 영화 제작(1935)

(8) 민족 통일 전선의 형성과 건국 준비 활동

① 한 · 중 연합 작전

㉠ **배경** : 1931년 만주 사변 계기(만주국 수립) → 반일 감정 고조 → 중국군과 연합 항일전 전개

㉡ **한국 독립군(1931, 지청천)** : 중국 호로군과 연합 → 쌍성보(1932) · 대전자령(1933) 전투 대승 → 거듭된 일제의 공격으로 해산, 중국 관내로 이동

㉢ **조선 혁명군(1929, 양세봉)** : 중국 의용군과 연합 → 영릉가(1932) · 흥경성(1932) 전투 대승 → 양세봉 피살 후 세력 약화

㉣ **한계** : 일제의 공격 격화, 한 · 중 갈등(투쟁 방법, 주도권) → 독립군의 관내 이동, 한국광복군 참여

② 만주 지역의 항일 유격 투쟁

㉠ **동북 인민 혁명군(중국 공산당 결성) 합류(1933)** : 동북 항일 연군으로 개편(1936)

㉡ **조국 광복회 조직(1936)** : 공산주의 세력과 민족주의 세력 연대

③ 중국 관내의 민족 운동

㉠ 민족 혁명당(1935) : 관내 독립운동 세력의 통합 움직임 → 한국 독립당(조소앙), 조선 의열단(김원봉), 조선 혁명당(지청천) 연합 → 조소앙, 지청천의 이탈로 약화

㉡ 조선 의용대(1938) : 중 · 일 전쟁 계기로 조선 민족 전선 연맹(1937)의 군사 조직(중국 공산당의 지원 아래 창설, 김원봉 대장) → 정보 수집, 포로 신문, 후방 교란 활동 → 의용대 일부는 적극적 항일 투쟁 위해 조선 의용대 화북 지대로 재편되어 일본군과 전투(호가장 전투 · 반소탕전) → 조선 의용군에 흡수

㉢ 조선 의용군(1942) : 화북조선청년연합회(1941)가 조선 의용대의 대다수를 흡수하여 조직을 확대 개편한 조선 독립 동맹의 군사 조직, 중국 공산당의 팔로군과 항일전 참여, 광복 후 북한의 인민군에 편입

(9) 독립운동 세력의 결집과 건국 준비

① 대한민국 임시 정부의 재정비

㉠ 한인 애국단 창설과 활동

- 창설(1931) : 임시 정부의 침체를 극복하기 위해 김구가 창설
- 활동 : 이봉창의 일본 국왕 저격(1932), 윤봉길의 상하이 홍커우 공원 의거(1932)

㉡ 충칭 정착(1940) : 주석 중심의 단일 지도 체제 마련 → 김구 주석 선출, 독립 전쟁에 필요한 구심점 마련

㉢ 한국 독립당 결성(1940) : 한국 국민당(김구), 한국 독립당(조소앙), 조선 혁명당(지청천)의 통합으로 결성, 임시 정부의 여당 역할

㉣ 한국 광복군 창설(1940) : 임시 정부의 직속 군대, 지청천을 사령관으로 임정의 군사 조직 창설 → 김원봉이 이끄는 조선 의용대 중 일부 세력의 합류(1942)

② 건국 준비 활동

㉠ 대한민국 임시 정부

- 건국 강령 선포(1941) : 조소앙의 삼균주의에 기초, 보통 선거에 의한 민주 공화정 수립 등 표방
- 항일 전쟁 전개 : 한국 광복군 창설 및 무장 강화

문제UP

다음은 어떤 단체에 대한 설명인가?

- 1940년에 창설된 대한민국 임시 정부 직속 군대
- 미국과 협조하여 국내 진공 작전 준비

① 의열단
② 조선 혁명군
③ 한국 광복군
④ 북로 군정서군

해 대한민국 임시 정부는 1940년 9월, 지청천을 총사령관으로 하는 한국 광복군을 창설하였는데 한국 광복군은 대한민국 임시 정부의 독자적인 부대로, 일본에 선전 포고를 한 뒤 연합군과 함께 독립 전쟁을 전개하였다.

정답 ③

개념UP

한국 광복군의 활동

- 일본에 선전 포고(1941)
- 연합군과 공동으로 인도와 미얀마 전선에 참전
- 포로 심문, 암호 번역 등 심리전 수행
- 국내 진입 작전 준비

개념UP

삼균주의

정치 · 경제 · 교육의 균등

- 중국 관내 독립운동 세력의 결집(1942) : 연합군의 승기 → 조선 민족 혁명당의 임시 정부 참여, 조선 의용대의 한국 광복군 합류, 조선 독립 동맹과 통합 논의(일제 패망으로 논의 중단)

㉡ 조선 독립 동맹

- 결성(1942) : 김두봉 주도, 중국의 화북 지방에서 활동한 사회주의 계열 독립운동가들이 결성
- 건국 강령 발표 : 보통 선거에 의한 민주 공화국 수립
- 무장 활동 : 조선 의용군 조직(조선 의용대 화북 지대 흡수) → 중국 공산당의 팔로군과 함께 대일전 전개

㉢ 조선 건국 동맹

- 결성(1944) : 여운형 주도, 국내에서 사상과 이념의 차이를 극복한 건국 준비 활동을 목적으로 결성
- 활동 : 전국적으로 조직 확대, 군사 위원회 준비(일본군의 후방 교란 목적), 조선 독립 동맹과 협동 작전 모색

㉣ 기타

- 미주 지역 : 교포의 재미 한족 연합 위원회 결성(1941) → 독립운동 전개
- 국내 사회주의자 : 전쟁 반대 운동(비밀 결사 조직), 국외 독립군과 함께 일제 타도 시도

㉤ 국제 사회의 움직임

- 한국의 독립 논의

회담	내용
카이로 회담 (1943. 11.)	• 미 · 영 · 중 참가 • 전후 일본 처리 논의, 한국 독립 최초 약속(적당한 시기에 독립)
포츠담 회담 (1945. 7.)	• 미 · 영 · 중(소련은 나중에 서명) • 일본의 무조건 항복 요구, 카이로 선언(한국의 독립) 재확인

- 광복의 의의 : 일제의 패망과 연합국의 승리로 얻은 산물, 우리 민족의 끈질긴 독립 운동의 결과

❻ 대한민국의 발전과 현대 세계의 변화

(1) 제2차 세계 대전 이후의 세계

① 국제연합의 탄생과 전후 처리

㉠ 국제연합(UN)의 성립(1945)

- 배경 : 세계 평화 유지를 위한 국제기구의 필요성 공감
- 운영 : 무력 제제 가능(UN군), 안전 보장 이사회의 5개 상임 이사국(미 · 영 · 프 · 소 · 중)이 거부권 행사(한 국가의 독주 견제), 신탁통치 이사회 설치(약소민족의 문제 처리)

㉡ 미국과 소련의 성장

- 미국 : 뉴딜 정책의 성공과 군수 산업 발달로 경제 호황 → 자본주의 진영을 주도하는 초강대국으로 성장
- 소련 : 동유럽 여러 나라들에 대한 영향력 확대(세력권화) → 공산 정권 수립(동유럽) 및 공산화 지원(아시아)

② 냉전 체제

㉠ 형성 : 소련 중심의 공산주의 진영과 미국 중심의 자본주의 진영의 세력 확대에 따라 나타난 국제 대립 관계 → 트루먼 독트린(1947), 마셜 계획(1947)으로 본격화

㉡ 주요 분쟁 : 베를린 봉쇄(1948~1949), 6 · 25 전쟁(1950~1953), 베를린 장벽 건설(1961), 미국의 쿠바 봉쇄(1962), 베트남 전쟁 등 발생

③ 동아시아의 변화

㉠ 중국 : 공산당이 내전에서 승리, 중화 인민 공화국 수립(1949)

㉡ 일본 : 미국의 경제 부흥 지원(아시아의 공산화를 막기 위한 전초 기지) → 일본의 재성장 계기 마련(패전으로 인한 사회적 공황과 생활난 극복)

(2) 8 · 15 광복과 통일 정부 수립 운동

① 8 · 15 광복

㉠ 내적 배경 : 우리 민족의 끈질긴 독립 투쟁

㉡ 외적 배경 : 연합국의 승리와 독립 약속

㉢ 문제점 : 일본의 급작스러운 항복 → 자주적인 정부 수립 실패

② 국토 분단

개념UP

트루먼 독트린(1947)

미국 대통령 트루먼이 공산주의 폭동으로 위협을 받고 있던 그리스 정부와 지중해에서 소련의 팽창으로 압력을 받고 있던 터키에 대해 즉각적인 경제 및 군사 원조를 제공할 것을 공약한 선언

개념UP

마셜 계획(1947)

미국 국무장관 마셜이 발표한 계획으로 서유럽 16개국에 대한 경제 원조를 약속

㉠ 배경 : 소련의 대일 선전 포고, 한반도 북부 지역으로 진입

㉡ 과정

- 38도선 : 소련군의 빠른 남하 → 미국과 소련의 한반도 분할 점령
- 군정의 실시

미국	38도선 이남 직접 통치, 기존 정부 형태 부정(대한민국 임시 정부, 조선 인민 공화국)
소련	38도선 이북 간접 통치, 인민 위원회에 행정권 이양, 사회주의 세력 장악 지원

③ **조선 건국 준비 위원회** : 여운형(중도 좌파), 안재홍 (중도 우파) 중심 → 사회 혼란 방지, 정국 주도(치안대 설치, 전국 145개 지부 조직), 조선 공산당 주도권 장악, 우익 세력 이탈 → 조선 인민 공화국 선포(미 군정의 존재 부정으로 세력 약화)

④ **모스크바 3국 외상 회의와 미 · 소 공동 위원회**

㉠ **모스크바 3국 외상 회의(1945. 12.)**

- 결정 : 미 · 영 · 소 → 임시 정부 수립, 미 · 소 공동 위원회 개최, 최고 5년간 신탁 통치 실시
- 국내 반응 : 우익(신탁 통치 반대), 좌익(회의 결정에 총체적 지지) → 좌익과 우익의 극심한 대립

㉡ **제1차 미 · 소 공동 위원회(1946. 3.~5.)** : 민주주의 임시 정부 수립, 미 · 소 공동 위원회 설치, 최고 5년 기한의 미 · 소 · 영 · 중의 한반도 신탁 통치

㉢ **제2차 미 · 소 공동 위원회(1947. 5.~9.)** : 임시 정부 수립 문제 협의, 미 군정의 남로당 세력 검거 문제로 결렬

⑤ **좌 · 우 합작 운동(1946~1947)**

㉠ **배경** : 제1차 미 · 소 공동 위원회의 결렬, 이승만을 중심으로 단독 정부 수립론 제기 → 좌 · 우 합작 운동 전개(여운형, 김규식 중심), 미 군정의 운동 지원

㉡ **전개** : 여운형, 김규식 등 중도 세력 중심 좌 · 우 합작 위원회 결성 → 좌 · 우 합작 7원칙 발표 (1946. 10.) → 중도 통일 정부 수립 시도

㉢ **결과** : 좌 · 우 의견 대립, 주요 세력의 불참, 미 군정의 지지 철회, 여운형 암살(1947), 제2차 미 · 소 공동 위원회 결렬로

> 개념UP
> **신탁 통치**
> 국제 연합의 위임을 받은 나라가 자치 능력이 부족해 정치적 혼란이 우려되는 지역을 위임 통치하여 안정적인 정치 질서 수립에 기여하는 것이 목적임

> 개념UP
> **좌우 합작 7원칙**
> - 남북을 통한 좌우 합작으로 민주주의 임시 정부 수립
> - 미 · 소 공동 위원회 속개를 요청하는 공동 성명 발표
> - 몰수, 유조건 몰수, 체감 매상 등으로 농민에게 토지 무상 분여
> - 남북 좌우의 테러적 행동 제지 노력
> - 입법 기구의 구성 · 운영을 합작 위원회에서 작성, 실행
> - 언론, 집회, 결사, 출판, 교통, 투표 등의 자유 보장

좌절

⑥ 남북 협상(1948. 4.)

㉠ 배경 : 미국이 한반도 문제를 유엔에 상정 → 유엔 총회에서 인구 비례에 의한 남북한 총선거로 정부 수립 결정(1947. 11.) → 북한 지역에서 유엔 한국 임시 위원단 입국 거부 → 유엔 소총회가 가능한 지역에서 선거 실시 결정(1948. 2.)

㉡ 전개 : 김구와 김규식의 남북 요인 회담 제안 → 북측의 남북 제정당 · 사회단체 대표자 연석 회의 제안 → 김구, 김규식 등의 북행 → 남북 협상 추진

㉢ 결과 : 남북 협상파의 5 · 10 총선거 불참

(3) 대한민국과 북한 정부의 수립

① 정부 수립을 둘러싼 갈등

㉠ 제주 4 · 3 사건(1948) : 제주도의 좌익 세력이 단독 정부 수립에 반대하면서 무장 봉기 → 과잉 진압 과정에서 무고한 양민 학살, 일부 지역에서 선거 무산

㉡ 여수 · 순천 10 · 19 사건 : 제주 4 · 3 사건의 진압에 동원된 여수 주둔 군대가 이에 반발하는 폭동을 일으킴 → 진압 후 반란군 잔여 세력이 지리산 등지에서 게릴라 활동 전개

② 대한민국 정부의 수립

㉠ 5 · 10 총선거(1948) : 우리나라 역사상 최초의 민주적 보통 선거

㉡ 제헌 헌법 공포(1948. 7. 17.) : 대한민국 국호 제정, 3권 분립, 대통령 중심제, 국회의 간접 선거에 의한 대통령 선출 등을 요지로 하는 제헌 헌법 공포

㉢ 정부 수립(1948. 8. 15.) : 국회에서 대통령 이승만, 부통령 이시영 선출 → 유엔에서 합법 정부임을 승인(1948. 12.)

㉣ 제헌 국회의 활동 : 친일파 청산을 위한 노력(반민법 제정), 농지 개혁법 제정

③ 북한 정부의 수립

㉠ 북조선 임시 인민 위원회 수립(1946. 2.) : 사회주의 체제 구축 정책 시행, 토지 개혁(무상 몰수, 무상 분배) 실시, 사회주의 개혁 입법(남녀 평등법 제정, 주요 산업 시설의 국유화)

㉡ 정부 수립 : 총선거로 최고 인민 회의 구성(1948. 8. 25.), 조선

> 개념UP
> **제주 4 · 3 사건**
> 주도세력은 남한 단독선거 반대, 경찰과 극우단체의 탄압에 대한 저항, 반미구국투쟁 등을 무장 항쟁의 기치로 내세움

> 개념UP
> **반민족 행위 처벌법 제정(1948. 9.)**
> 친일파 처벌 목적, 이승만 정부의 소극적 태도로 좌절

> 개념UP
> **농지 개혁**
> - 북한의 토지 개혁(1946) : 무상 몰수, 무상 분배, 5정보(ha)
> - 미군정기 토지 정책(1948) : 유상 몰수, 유상 분배, 2정보(ha), 연간생산량 3배 15년간 상환, 일본인 동척 소유 토지 → 무상 몰수 → 신한공사가 관리
> - 남한의 농지개혁(1947) : 유상 몰수, 유상 분배, 3정보, 5년간 수확량 30%씩 상환

민주주의 인민 공화국 헌법 채택, 초대 수상 김일성, 조선 민주주의 인민 공화국 수립(1948. 9. 9.)

(4) 6 · 25 전쟁과 전후 복구

① 6 · 25 전쟁의 배경

㉠ **국내 정세** : 좌 · 우익의 대립과 사회 혼란 계속, 38도선 부근에서 잦은 무력 충돌

㉡ **국제 정세** : 미 · 소 냉전의 심화, 애치슨 선언, 소련과 중국의 북한 무기 · 병력 지원

② 6 · 25 전쟁 중요

㉠ **전개** : 북한의 남침(1950. 6. 25.) → 서울 함락 → 국군의 낙동강 전선 후퇴 → 유엔군 파견 → 인천 상륙 작전(1950. 9. 15.) → 서울 탈환(1950. 9. 28.) → 국군의 38도선 돌파(1950. 10. 1.) → 압록강 진출 → 중국군의 참전(1950. 10. 25.) → 서울 철수(1951. 1. 4.) → 국군과 유엔군의 총공세 → 서울 재탈환 후 38도선 공방

㉡ **휴전** : 미 · 소의 휴전 협상 → 포로 송환 문제로 2년간 지연 → 휴전 협정 체결(1953. 7. 27.), 군사 분계선(휴전선) 결정

③ 6 · 25 전쟁이 미친 영향

㉠ **물적 피해** : 기반 시설 파괴, 전국이 폐허, 농사를 짓지 못해 식량 부족, 산업 시설 파괴로 생필품 부족

㉡ **인적 피해** : 수백만 명의 사상자, 수많은 전쟁 고아, 이산가족 발생

④ 반공 체제와 독재의 강화

㉠ **이승만 정부의 장기 집권** : 이승만 지지 민심의 이탈(부정부패와 친일파 청산 실망) → 국회 간선제로 대통령 당선 가능성 희박 → 발췌 개헌으로 재선(1952. 7.) → 사사오입 개헌(1954. 11.)으로 장기 집권

㉡ **이승만 정부의 독재 강화** : 진보당 탄압과 조봉암 사형 집행(1959), 신국가 보안법 제정(1958), 경향신문 폐간(1959)

⑤ 전후 복구와 원조 경제

㉠ **전후 경제 상황** : 생산 시설 파괴로 생필품 부족, 물가 상승 → 정부의 해결 노력(채권 발행, 정부 보유 재산 매각) 미비

개념UP

애치슨 선언(1950. 1.)

미국 국무 장관 애치슨이 한반도와 타이완을 미국의 태평양 방위선에서 제외한다는 선언

문제UP

1948년 '반민족 행위 처벌법'이 제정된 목적은?

① 친일파 처벌
② 경제 활성화
③ 남북 단일 정부 수립
④ 전근대적 신분제 철폐

해 반민족 행위 처벌법은 일제 강점기 때 일본에 협력하며 반민족적 행위로 민족에게 해를 끼친 자를 처벌하기 위하여 제정한 법률이다.

정답 ①

㉡ **미국의 경제 원조** : 소비재 원료, 농산물 집중(1950년대 이후 차관 방식으로 전환), 삼백 산업 발달 → 대량의 농산물 유입으로 농산물 가격 폭락, 국내 밀 · 면화 생산 위축, 철강 · 기계 산업 저조

⑥ 1950년대 북한의 변화

㉠ **김일성 독재 체제 강화** : 남로당 세력 숙청(전쟁 책임), 소련파, 연안파 숙청(독재 반대) → 북한 인민 사상 교육 강화

㉡ **사회주의 경제 정책 강화** : 협동 농장 조직, 인민 경제 복구 3개년 계획(1954~1956), 경제 5개년 계획(1957~1961), 천리마 운동(1956)

(5) 냉전 완화와 국제 질서의 변화

① 세계 질서의 다극화와 냉전의 완화

㉠ **다극화** : 제3세계의 등장, 중 · 소 분쟁, 동유럽 공산 국가들의 독자 노선, 유럽 공동체(EC) 결성(1967)

㉡ 냉전의 완화

- 미국의 변화 : 닉슨 독트린(1969), 소련과 전략 무기 제한 협정(SALT) 체결, 미국의 베트남 철수, 중국과 수교
- 소련의 변화 : 서독과 국교 회복, 흐루쇼프가 평화 공존 제창

② 냉전의 붕괴

㉠ **소련의 붕괴** : 고르바초프의 개혁(페레스트로이카, 글라스노스트) 정책, 정치 민주화와 시장 경제 제도의 도입, 러시아 공화국 중심의 12개 공화국이 독립 국가 연합(CIS) 결성, 러시아의 자본주의화(옐친)

㉡ **동유럽 사회주의 체제의 붕괴** : 독일의 통일(1990), 헝가리의 다당제와 의회 민주주의 도입, 폴란드의 비공산 정권 수립

③ **세계 경제 질서의 변화** : 자유 무역 체제의 확산(WTO 출범, FTA 체결), 지역별 경제 블록화(EU, NAFTA, ASEAN)

④ **동아시아의 변화** : 중국의 개혁과 개방(덩샤오핑의 개방 정책), 일본이 경제 대국으로 성장(6 · 25 전쟁, 베트남 전쟁 특수)

(6) 민주주의의 발전

① 4 · 19 혁명(1960) 중요

> **개념UP**
> **삼백 산업**
> 제분(밀가루), 제당(설탕), 면방직(면화) 산업으로 모두 원료가 희다고 해서 붙여진 이름

> **개념UP**
> **천리마 운동**
> 대중의 정신력 강화를 통한 생산성 향상 운동 전개

> **개념UP**
> **닉슨 독트린**
> 1969년 미국 닉슨 대통령이 발표한 대아시아 정책, 미국의 직접적 군사 개입 축소, 아시아에 대한 원조를 경제 중심으로 전환

㉠ **배경** : 이승만 정부의 독재와 부정부패, 3 · 15 부정 선거, 경찰의 유혈 진압

㉡ **전개** : 마산 의거(3. 15.) → 김주열 학생의 시신 발견(4. 11.) → 고려대 시위(4. 18.), 학생과 시민들의 대규모 시위(4. 19.) → 경찰의 무차별 발포, 비상 계엄령 선포 → 서울 시내 대학 교수단의 시국 선언(4. 25.) → 이승만 하야 성명 발표(4. 26.)

㉢ **의의** : 학생, 시민 중심의 독재 정권을 타도한 민주주의 혁명, 민주주의 발전의 토대 마련

㉣ **결과** : 허정 과도 정부 수립 후 헌법 개정(내각 책임제, 양원제 국회)

② 장면 내각

㉠ **장면 내각 수립** : 과도 정부의 개헌(내각 책임제, 양원제 의회), 민주당의 총선 압승 → 대통령 윤보선, 국무총리 장면 선출

㉡ **활동** : 민주화와 경제 제일주의 추진, 언론의 활성화, 학원 · 노동 · 통일 운동 활발

㉢ **한계** : 통일 문제 소극적, 부정 선거 책임자나 부정 축재자 처벌 미온적, 민주당 내분(구파의 신민당 창당)

③ 5 · 16 군사 정변과 박정희 정부

㉠ **5 · 16 군사 정변(1961)** : 박정희 등 군부 세력의 정권 장악 → 군정 실시

㉡ **박정희 정부의 수립** : 민주 공화당 창당, 대통령 중심제 · 단원제 국회 개헌 → 박정희 대통령 당선(1963)

㉢ **박정희 정부의 활동** : 경제 개발 추진, 한 · 일 국교 정상화(1965), 베트남 파병(1964~1973), 3선 개헌(1969)

④ 유신 체제의 성립과 붕괴

㉠ **배경**

- 대외적 : 미군의 베트남 철수, 미국 대통령의 중국 방문 → 정부의 안보 위기 강조
- 대내적 : 선거에서 야당의 선전 → 집권 세력의 위기감 초래

㉡ **성립** : 10월 유신 선포(1972. 10. 17) → 비상 계엄령 선포, 국회 해산 → 비상 국무회의에서 헌법 개정안 의결, 공고(10. 27.) → 국민 투표로 확정(11. 21.) → 통일 주체 국민회의 대의원 선거(12. 15.) → 박정희를 대통령으로 선출(12. 23.)

> **문제UP**
>
> **다음과 관련이 있는 사건은?**
>
> 이승만의 자유당 정권은 집권 연장을 위해 1960년 노골적인 '3 · 15 부정 선거'를 자행하였고, 마침내 국민의 분노가 전국적으로 터졌다.
>
> ① 4 · 19 혁명
> ② 5 · 16 군사 정변
> ③ 10월 유신
> ④ 5 · 18 민주화 운동
>
> 해 이승만 정부의 3 · 15 부정 선거를 규탄하던 시위가 선거 당일부터 일어나 마산에서 수십 명의 사상자가 발생하였고, 그 가운데 김주열 군의 시신이 4월 마산 중앙 부두에서 발견되었다. 이 사건은 이승만 정권 퇴진을 요구하는 4 · 19 혁명의 도화선이 되었다.
>
> 정답 ①

> **개념UP**
>
> **장기 집권을 위한 헌법 개정**
>
> - **이승만 정부** : 발췌 개헌(직선제 개헌), 사사오입 개헌(초대 대통령의 중임 제한 폐지)
> - **박정희 정부** : 3선 개헌(3선 가능), 유신 헌법(간선제, 대통령 권한 강화)

㉢ 유신 헌법 : 연임 제한 철폐(영구 집권), 간선제(통일 주체 국민 회의), 국회의원 1/3 임명(유신 정우회), 국회 해산권, 대법원장 · 헌법 위원회 위원장 임명권(사법권 통제), 긴급조치권(반대 세력 억압), 중선거구제 채택(여당 집권) → 정권 유지(국가 안보, 경제 성장 명분), 유신 체제 유지(한국적 민주주의 명분)

㉣ 유신 체제에 대한 저항과 탄압
- 저항 : 서울대 유신 철폐 시위, 3 · 1 민주 구국 선언(1976)
- 탄압 : 긴급 조치 발동, 민청학련 사건(1974), 인혁당 재건위 사건(1974)

㉤ 유신 체제의 붕괴(1979) : YH 무역 사건, 부 · 마 민주화 운동, 10 · 26 사태(박정희 사망)로 유신 정권 붕괴

⑤ 5 · 18 민주화 운동(1980)과 전두환 정부

㉠ 신군부 세력의 등장 : 10 · 26 사태 이후 민주화 요구 확산, 12 · 12 사태(1979)로 전두환 등 신군부 세력이 정치 실권 장악

㉡ 서울의 봄(1980)
- 배경 : 신군부의 대두, 민주화 지연
- 경과 : 대학생과 시민들이 서울역 앞에서 대규모 시위 전개(5. 15.)
- 탄압 : 비상 계엄령 전국 확대(5. 17.), 국회 폐쇄, 민주 인사 체포

㉢ 5 · 18 민주화 운동(1980) 중요
- 배경 : 신군부의 권력 장악, 민주 인사와 학생 운동 지도부 검거
- 전개 : 광주의 학생과 시민들의 시위 → 계엄군의 발포 → 학생과 시민들이 시민군 조직 → 계엄군의 광주 봉쇄 → 계엄군의 무력 진압(5. 27.)
- 의의 : 1980년대 민주화 운동의 토대

㉣ 전두환 정부
- 수립 : 국가 보위 비상 대책 위원회 설치(1980. 5.) 국정 장악(국회의원 정치 활동 규제, 고위 공직자 숙청, 민주화 운동 억압, 삼청 교육대) → 통일 주체 국민 회의에서 대통령 당선(1980. 8.) → 8차 개헌(대통령 간선제, 7년 단임) → 대통령 당선(1981. 2.)

> 개념UP
> **유신 헌법의 성격**
> - 대통령의 입법권 · 사법권 장악
> - 국민의 기본권과 자유 제한

> 개념UP
> **12 · 12 사태**
> 1979년 12월 12일, 전두환과 노태우를 중심으로 한 신군부 세력이 군부 내의 사조직인 하나회를 동원하여 계엄 사령관인 정승화 육군 참모 총장 등을 연행한 군사 반란 사건

> 개념UP
> **5 · 18 민주화 운동**
> 민주화 운동사에 매우 중요한 사건으로 인식되어 1997년부터 정부주관 기념행사를 가지게 되었으며, 2011년 5월에는 관련 기록물이 유네스코 세계기록유산으로 등재되었다.

• 활동

강압 통치	정치 활동 규제, 공직자 숙청, 언론 통폐합, 민주화 운동 · 노동 운동 탄압
유화 통치	해외여행 자유화, 통행금지 해제, 중 · 고등학생 교복과 두발 자유화

⑥ 6월 민주 항쟁(1987)

㉠ 배경 : 전두환 정권의 독재 정치, 박종철 고문치사 사건(1987. 1. 14.)

㉡ 전개 : 4 · 13 호헌 조치 → 반대 시위 전개, 이한열 학생의 의식 불명 → 범국민적 민주화 운동(6 · 10, 호헌 철폐, 독재 타도)

㉢ 결과 : 노태우의 6 · 29 민주화 선언 발표, 여야 합의로 헌법 개정(5년 단임의 대통령 직선제)

⑦ 민주주의의 진전

㉠ 노태우 정부(1988~1993) : 서울 올림픽 개최, 북방 외교 추진(소련 · 중국과 수교), 유엔에 남북한 동시 가입(1991)

㉡ 김영삼 정부(1993~1998) : 문민정부 표방, 금융 실명제, 신군부 세력 처벌, 지방 자치제 전면 실시, OECD 가입, 국제 통화 기금(IMF)의 긴급 금융 지원

㉢ 김대중 정부(1998~2003) : 선거에 의한 최초의 평화적 여야 정권 교체, 외환위기 극복, 대북 화해 협력 정책(햇볕 정책) 추진, 금강산 관광, 남북 정상 회담(2000. 6. 15.)

㉣ 노무현 정부(2003~2008) : 정경 유착의 단절 지향, 과거사 진상 규명, 제2차 남북 정상 회담 성사(2007)

㉤ 이명박 정부(2008~2013) : FTA(자유무역협정)의 추진과 투자 유치, 4대강 건설 추진, 비핵 · 개방 · 3000구상

㉥ 박근혜 정부(2013~2017) : 창조 경제의 국제적 홍보, 경제혁신 3개년 계획, 무상보육, 누리과정 시행, 한국사를 수학능력시험 필수 과목으로 결정, 한국사 교과서 국정화 논란

> **개념UP**
> **4 · 13 호헌 조치**
> 국민들의 민주화와 직선제 개헌 요구를 거부하고 전두환 정부가 헌법 개정을 반대한다고 발표

> **개념UP**
> **금융 실명제**
> 1993년 김영삼 정부에서 실시. 은행이나 금융 기관과 거래할 때 실제 명의로 하도록 한 것으로 금융 거래 정상화와 합리적 과세 기반 마련

> **개념UP**
> **비핵 · 개방 · 3000구상**
> 북한이 핵을 완전히 폐기하고 개방하면 10년 안에 국민소득 3000달러가 되도록 지원한다는 구상이다.

(7) 경제 성장과 통일 노력

① 경제 성장과 자본주의의 발전

㉠ 경제 개발 5개년 계획 : 장면 정부 계획 마련, 5 · 16 군사 정부 추진

- 방향 : 자원 부족 · 노동력 풍부 + 외국 차관 도입 → 수출 산업 육성 → 경제 성장 달성
- 내용

제1 · 2차 계획(1962~1971)	제3 · 4차 계획(1972~1981)
• 경공업 중심 • 기간산업 육성	• 중화학 공업 중심 • 새마을 운동

- 문제점 : 경제의 대외 의존도 심화, 국가 주도 개발, 저임금 · 저곡가 정책으로 소득 격차와 도농 간 격차 심화

㉡ 경제 위기와 극복
- 경제 위기 : 지나친 중화학 공업 투자와 석유 파동, 정치 혼란으로 경제 위기(1980, 마이너스 성장) → 전두환 정부의 재정 동결, 산업 구조 조정, 임금 인상 억제
- 경제 호황 : 1980년대 중반 3저 호황으로 수출 증가, 경제 위기 극복

㉢ 시장 개방 압력 : 우루과이 라운드 타결(1993), 세계 무역 기구(WTO) 설립 → 농축산물 수입 자유화로 국내 농업에 큰 타격

㉣ 경제 성장 과정의 문제점
- 미국과 일본에 대한 무역 의존도 심화 : 차관 증가로 외채 증가
- 재벌 중심의 경제 구조 및 정경 유착 : 부실기업 발생, 부정부패 심화
- 빈익빈 부익부 심화 : 노동자에게 저임금, 장시간 노동 강요
- 산업 간 불균형 초래 : 공업 위주와 농산물 저가격 유지, 시장 개방으로 농 · 수산업 침체

㉤ 산업화에 따른 변화
- 1차 산업 → 공업과 서비스 산업 → 도시로 인구 집중(도시화)
- 도시화 문제 발생 : 교통난, 주택난, 공해 문제, 빈곤과 실업 문제 발생
- 삶의 질 개선 : 주거 환경 발달, 통신 교통 발달, 소비 규모 확대, 생활수준 향상, 의료 기술 향상, 평균 수명 연장

㉥ 농촌 문제와 농민 운동
- 농촌 문제 : 공업화 정책과 저곡가 정책, 도농 소득 격차 심화, 젊은이들의 농촌 이탈
- 새마을 운동(1970 시작) : 농가 소득 증대 및 농어촌 근대화

> 개념UP
> **3저 호황**
> 저금리, 저유가, 저달러

> 개념UP
> **새마을 운동**
> 근면 · 자조 · 협동을 바탕으로 농촌 환경 개선에 중점을 둔 정부 주도 운동

기여, 정부 지지의 정치적 도구로 이용

- 농민 운동 : 가톨릭 농민회(1972) 조직 계기로 활성화, 고구마 피해 보상 운동 관철, 추곡 수매 운동, 농협 민주화 운동 → 1980년대 농축산물 개방, 농축산물 가격 폭락 등에 저항

㉦ 노동 문제와 노동 운동

- 노동 문제 : 박정희 정부의 수출 주도형 경제 성장 추진, 저임금과 열악한 노동 환경
- 노동 운동 : 전태일 분신자살(1970), 노동 운동의 활성화, 1970년대 생존권 투쟁(청계천 피복 노동조합 등), 1980년대 6월 민주 항쟁 이후 대규모 노동 운동 전개(민주 노동조합 결성 등 요구)

② 북한의 정치 · 경제적 변화

㉠ 김정은 독재 체제

- 2011년 12월 아버지 김정일이 갑작스럽게 사망하여 권력을 승계 받아 북한의 최고지도자로 취임
- 취임 후 반대 세력뿐만 아니라 고위급 인사들, 친인척들까지 처형하며 역대 최악의 공포정치를 보여줌
- 2017년 9월 6차 핵실험을 강행하며 세계를 위협하자 유엔 안전보장이사회에서는 북한을 경제적으로 압박하고 있음
- 2018년 4월 17일 판문점에서 문재인 대통령과 김정은 국무위원장 간의 남북정상회담이 처음 열렸으며, 이후 5월 26일, 9월 18~20일까지 총 3번의 회담이 더 이뤄짐

㉡ 북한의 경제적 변화

- 경제 개발 7개년 계획(1961~1967) : 소련과 중국의 자본과 기술 지원 중단, 자립 경제 추구 → 자본과 기술 부족으로 실패, 소비재 공급 차질
- 1970년대 : 기술 혁신과 농업 및 소비재 생산의 확충에 노력 → 지나친 자립 경제 노선과 계획 경제로 인해 발전 부진
- 경제 개혁 : 경제난 가중과 1980년대 공산주의 국가의 몰락 → 합영법 제정(1984), 합영법 개정(1994), 나진 · 선봉 자유 경제 무역 지대 설치(1991), 개성 공업 지구법(2002), 금강산 관광 지구법 제정(2002)
- 경제 관리 개선 개조 조치(2002) : 시장 경제의 부분적 도입

문제UP

다음과 같은 정책을 추진한 정부는?

- 베트남 파병
- 한 · 일 협정 조인
- 새마을 운동
- 10월 유신

① 이승만 정부
② 장면 정부
③ 박정희 정부
④ 전두환 정부

해 제시된 정책을 추진한 정부는 박정희 정부이다.
- 베트남 파병(1964~1973)
- 한 · 일 협정 조인(1965~1966)
- 새마을 운동(1970년 시작)
- 10월 유신(1972)

정답 ③

개념UP

북한 경제가 어렵게 된 이유

- 1위 과다한 군사비 지출
- 2위 간부들의 관료주의
- 3위 지도자를 포함한 정치적 문제
- 4위 개혁개방 거부
- 5위 미국의 경제제재

③ 통일 정책의 변화

이승만 정부	북진 · 멸공 통일(민간 단위의 통일 운동 억압)
장면 내각	북진 통일론 철회, 민간 차원의 통일 논의 활성화
박정희 정부	• 대립 : 반공 태세 강화, 선 건설 후 통일 정책(민간 통일 운동 탄압) • 화해 : 7 · 4 남북 공동 성명(1972)
전두환 정부	남북 적십자 회담 재개, 이산가족의 고향 방문과 예술 공연단 교환 방문 실현(1985)
노태우 정부	7 · 7 특별선언(1988), 남북한 UN 동시 가입(1991), 남북기본합의서 채택(1991), 한반도 비핵화 공동 선언(1991)
김영삼 정부	북한의 NPT 탈퇴와 김일성 사망(1994)으로 경색, 남북 경제 교류(나진 · 선봉 개발에 참여, 경수로 건설 사업 추진)로 관계 개선 모색
김대중 정부	6 · 15 남북 공동 선언 발표(2000)
노무현 정부	제2차 남북 정상 회담 성사(2007), 북핵 문제 해결을 위한 6자 회담 추진
이명박 정부	남북협력과 국제협력의 조화를 추진원칙으로 하는 상생 공영의 대북정책, 비핵 · 개방 · 3000구상
박근혜 정부	협상 다각화를 통한 6자회담 동력 주입, 안보리 결의 이행을 통한 핵포기 압박, 개성공단 중지, 압박과 대화의 국제 공조체제 구축
문재인 정부	• 김정은 국무위원장과 1~3차 남북정상회담(2018.4.17, 5.26, 9.18~20) • 회담 결과 한반도의 평화와 번영, 통일을 위한 판문점 선언 발표

(8) 올바른 역사관과 국제적 위상

① 올바른 역사관과 주권의식

㉠ 올바른 역사관 : 역사적 고찰을 할 때의 역사 이념을 올바르게 갖고, 아픈 과거를 되풀이 하지 않기 위해 역사가 필요하다는 것을 잊지 않고 기억하면 좀 더 발전된 사회가 될 것이다.

㉡ 주권의식

- 주권 : 가장 중요한 권리, 국가의 의사를 최종적으로 결정하는 권력
- 의식 : 깨어있는 상태에서 자기 자신이나 사물에 대하여 인식하는 작용

② 국제적 위상의 향상

㉠ 경제적 위상 변화 : 세계 최빈국(1960년)에서 국내 총생산

문제UP

다음과 같은 대북 정책을 실시한 정부는?

- 금강산 관광
- 경의선 연결
- 남북 정상 회담
- 6 · 15 남북 공동 선언

① 이승만 정부
② 박정희 정부
③ 전두환 정부
④ 김대중 정부

해 김대중 정부(1998~2003)의 주요 대북 정책
- 1998. 11. : 금강호의 출항으로 금강산 관광 사업 시작(육로 관광은 2003년)
- 2000. 6. 15. : 제1차 남북 정상 회담인 6 · 15 남북 공동 선언이 이루어짐
- 2000. 9. : 남북 경의선 철도 복원 기공식을 함

정답 ④

개념UP

6자 회담

북한의 핵 문제를 해결하고 한반도의 비핵화를 실현하기 위해 한국, 북한, 미국, 중국, 러시아, 일본 6개국이 참가하는 다자간 회담

문제UP

다음 중 올바른 역사관에 대한 설명으로 옳지 않은 것은?

① 역사가 필요한 이유를 알아야 한다.
② 과거를 잊고 미래지향적으로 살아야 한다.
③ 역사 이념을 올바르게 가져야 한다.
④ 아픈 과거가 되풀이 되지 않도록 노력해야 한다.

해 과거를 잊지 않고 역사 이념을 올바르게 가져야 좀 더 발전된 사회가 될 것이다.

정답 ②

(GDP) 세계 11위(2018년)로 성장하였고, 무역 규모도 세계 6위이다.

㉡ **지리적 위상 변화** : 급격한 도시화로 전국이 반일 생활권화 되었고, 해안 지대의 발전으로 동북아시아의 해운, 항공교통의 중심지가 되었다.

㉢ **기타 위상 변화** : 받는 나라에서 주는 나라로 각종 국제기구의 주요 회원국이며, 2010년에는 서울에서 G20정상 회의를 개최하였다.

한국사 | 시험에 반드시 출제되는 문제

01 다음 유물이 주로 사용될 당시의 사회 모습으로 적절한 것은?

① 세형 동검을 사용하였다.
② 농경 생활이 시작되었다.
③ 무덤으로 고인돌을 만들었다.
④ 뗀석기를 사용하기 시작하였다.

정답 | ② 출제 가능성 | 80%

해 설
제시된 유물은 신석기 시대의 대표적 토기인 빗살무늬 토기와 가락바퀴이다. 신석기 시대에는 농경이 시작되어 집 근처의 조그만 텃밭을 이용하거나 강가의 퇴적지를 소규모로 경작하였다. 또한 여러 가지 도구를 이용하여 고기잡이를 하였으며, 때로는 깊은 곳에 사는 조개류를 잡아서 장식으로 사용하기도 하였다.
① 세형 동검은 청동기 시대 후기, 철기 시대 전기의 유물이다.
③ 고인돌은 청동기 시대의 대표적인 무덤 양식이다.
④ 뗀석기는 구석기 시대의 유물이다.

02 다음에서 설명하는 국가는?

- 홍익인간의 건국이념
- 비파형 동검과 탁자식 고인돌 분포
- 당시의 사회상을 알려주는 8조의 법 마련

① 백제　② 신라
③ 고조선　④ 고구려

정답 | ③ 출제 가능성 | 70%

해 설
청동기 문화의 발전과 함께 족장이 지배하는 사회가 출현하였고, 이들 중 강한 족장은 주변의 족장 사회를 통합하면서 권력을 강화했는데, 그 중 고조선이 가장 먼저 국가로 성장하였다. 고조선의 세력 범위는 청동기 시대를 특징짓는 유물의 하나인 비파형 동검과 고인돌의 출토 분포로 짐작할 수 있다.

03 조선 후기 경제 상황으로 적절하지 않은 것은?

① 모내기법이 실시되면서 이모작이 가능해졌다.
② 시장에 내다 팔기 위해 상품 작물을 재배가 활발했다.
③ 민영 수공업이 발달해 물건을 직접 만들어 팔았다.
④ 윤작법과 이앙법이 시행되어 생산량이 늘어났다.

정답 | ④ 출제 가능성 | 80%

해 설
조선 후기 경제 상황은 왜란과 호란 이후 황폐해진 농토를 비옥한 땅으로 바꾸는데 노력했다. 특히 조선 후기에는 농업 발달, 상업 발달, 수공업 발달이 활발했다.
④는 고려시대 농업 상황에 대한 설명이다.

04 다음에서 설명하는 제천 행사를 개최한 국가는?

> '영고'라는 제천 행사는 매년 12월에 개최되었는데, 이는 수렵사회의 전통을 보여주는 것이다.

① 고조선 ② 부여
③ 진한 ④ 우산국

정답 | ② 출제 가능성 | 80%

해 설
영고는 '부여'의 제천 행사이다.

05 다음 삼국의 정치 제도를 통해 알 수 있는 것은?

> • 제가 회의
> • 화백 회의
> • 정사암 회의

① 성리학 수용
② 귀족 회의 구성
③ 강력한 왕권의 성립
④ 피지배층의 정치 참여 확대

정답 | ② 출제 가능성 | 60%

해 설
제시된 내용은 삼국의 귀족 회의 기구이다. 고대 귀족 회의 기구로 고구려에는 제가 회의, 백제에는 정사암 회의, 신라에는 화백 회의, 발해에는 정당성이 있었다.

06 다음의 〈보기〉와 관련된 인물은?

〈보기〉

- 이익의 실학사상을 계승하면서 실학을 집대성하였다.
- 「목민심서」, 「경세유표」, 「흠흠신서」 등을 저술하였다.
- 「기예론」을 저술해 방직 기술 · 의학 등의 기술을 발전시킬 것을 강조하였다.

① 정약용 ② 유형원
③ 전봉준 ④ 홍경래

정답 | ① 출제 가능성 | 60%

해 설
보기의 내용은 정약용에 대한 설명이다. 그는 「목민심서」, 「경세유표」, 「흠흠신서」의 3부작과 「전론」, 「원목」, 「탕론」의 3논설, 기예론 등 500여 권을 저술하였다.

07 다음 중 삼국 시대 농민의 경제생활에 대한 설명으로 옳지 않은 것은?

① 농민은 자기 소유의 땅을 경작하거나 귀족의 땅을 소작하였다.
② 거름을 주는 기술이 발달하여 휴경지가 줄어들었다.
③ 농민은 고리대를 갚지 못하면 노비로 전락하기도 하였다.
④ 농민은 국가와 귀족에게 곡물, 삼베, 과실 등을 바쳤다.

정답 | ② 출제 가능성 | 60%

해 설
거름을 주는 기술(시비법)은 고려 시대부터 발달하였는데, 시비법의 발달로 휴경지가 점차 감소하고 계속 경작할 수 있는 연작 상경지가 증가하였다.

08 (가)에 해당하는 사건은?

(가) 는 일제의 강제 차관 도입으로 인해 정부가 짊어진 1,300만 원의 외채를 국민의 힘으로 상환하여 국권을 회복하자는 운동이다.

① 항일 의병 투쟁 ② 만민 공동회
③ 국채 보상 운동 ④ 동학 농민 운동

정답 | ③ 출제 가능성 | 70%

해 설
국채 보상 운동에 대한 설명이며, 운동 결과 일본은 국채 보상 간사인 양기탁에게 국채 보상금을 횡령하였다는 누명을 씌워 구속하고 1908년 초 2천만 원의 차관을 억지로 추가 공급하여 좌절시켰다.

09 다음 설명하는 신라의 왕은?

> • 중앙 집권 국가 체제를 완비했다.
> • 건원이라는 연호를 사용하며, 자주 국가로서의 위상을 높였다.

① 법흥왕　② 진흥왕
③ 장수왕　④ 광개토대왕

정답 | ①　출제 가능성 | 60%

해 설
법흥왕(514~540)은 신라의 왕으로 율령을 반포하고, 불교를 공인, 연호를 사용하는 등 중앙 집권 국가 체제를 완비했다.

10 (가)에 들어갈 내용으로 가장 적절한 것은?

> 〈한국사 수업〉
> 주제 : ____(가)____
> 내용
> 1. 일제강점기 일본인이 자행한 인권유린
> 2. 소녀상 건립의 목적과 의의
> 3. 수요일마다 일본 대사관 앞 집회 진행

① 일본군 위안부　② 독도 문제
③ 강제 징용 문제　④ 무단 통치

정답 | ①　출제 가능성 | 70%

해 설
일본군 위안부는 일본 제국주의 점령기에 일본에 의해 군위안소로 끌려가 성노예 생활을 강요당한 여성들이다. 하지만 지금까지도 일본정부의 진심어린 사과나 배상이 제대로 이루어지지 않아 소녀상 건립과 수요 집회가 진행되고 있다.

11 통일 신라 시대에 지방 세력을 통제하기 위해 실시한 제도는?

① 녹읍 제도　② 기인 제도
③ 사심관 제도　④ 상수리 제도

정답 | ④　출제 가능성 | 70%

해 설

④ **상수리 제도** : 지방 세력을 통제하고 중앙 집권을 강화하기 위해 각 주의 향리 자제 1명을 뽑아 일정 기간 서울에 와서 볼모로 거주하게 하던 것으로, 고려 시대의 기인 제도로 이어졌다.
① **녹읍 제도** : 신라 시대의 토지 제도이다.
② **기인 제도** : 고려 시대, 지방호족에게 일정 관직을 주어 지방자치의 책임을 맡기는 동시에 지방호족과 향리의 자제를 인질로 뽑아 중앙에 머무르게 한 것으로, 호족 세력을 견제하고 왕권 강화를 위한 제도이다.
③ **사심관 제도** : 고려 시대에 중앙의 고관을 출신지의 사심관으로 임명하고 그 지방의 부호장 이하 관리의 임명권을 주어 호족 세력을 견제한 제도이다.

12 다음과 관련이 있는 나라는?

• 신라도를 통해 신라와 교류
• 중국에서는 '해동성국'이라고 부름
• 일본에 보낸 국서에 '고려 국왕' 명칭 사용

① 백제　② 발해
③ 고려　④ 고구려

정답 | ②　출제 가능성 | 80%

해 설

신라도는 발해에서 신라로 가던 대외교통로로, 이를 통해 발해와 신라가 교류했음을 알 수 있다. 또한 중국은 당대의 발해를 해동성국(海東盛國)이라 불렀고 발해가 일본에 보낸 국서에 '고려' 또는 '고려 국왕'이라는 명칭을 사용한 사실과 문화의 유사성 등을 통해 발해가 고구려를 계승했음을 알 수 있다.

13 다음 정책을 추진한 인물은?

- 유력한 호족과 혼인 관계를 맺음
- 평양을 서경으로 삼고 북진 정책을 추진함
- 후대 왕들에게 정책 방향을 제시한 「훈요 10조」를 남김

① 견훤　② 궁예　③ 왕건　④ 이성계

정답 | ③　출제 가능성 | 70%

해 설

태조 왕건의 정책

- **호족에 대한 우대와 견제** : 호족과의 정략 결혼, 경제적 기반 제공, 사심관 제도, 기인 제도
- **민생 안정책** : 가혹한 조세 제도를 개혁하여 세율을 낮춤, 물자 징발 · 강제 동원 억제, 억울하게 노비가 된 사람을 해방
- **숭불 정책** : 불교를 통해 민심을 수습하고 왕실의 안전 도모, 불교와 전통 관습을 중시하고 연등회 · 팔관회 등 불교 행사 중시
- **북진 정책** : 고구려 계승 이념을 표방하고 발해 유민을 적극적으로 포섭, 서경을 북진 정책의 전진 기지로 삼아 중시함, 거란에 대한 강경 외교

14 다음에서 알 수 있는 국왕의 정책 방향으로 옳은 것은?

- 연등회, 팔관회 행사 비판
- 국자감 정비와 과거 출신자 우대

① 유교 정치 이념 강화　② 전제 왕권 강화　③ 의정부 서사제 확대　④ 6조 직계제 추진

정답 | ①　출제 가능성 | 80%

해 설

고려 성종은 유교적 정치 질서 강화의 일환으로 최승로의 건의를 받아들여 불교 행사를 억제하였고, 중앙 집권을 강화하여 주요 지역에 12목을 설치하고 지방관을 파견하였다. 그리고 유교 정치사상을 통치의 근본이념으로 삼고 유학 교육의 진흥을 위해 개경에 국립대학인 국자감을 개설하고 과거 제도를 정비하였다.

15 다음과 같이 고려가 물리친 나라는?

> • 서희가 외교 담판으로 강동 6주를 확보함
> • 강감찬이 귀주 전투에서 승리를 거둠

① 송　　② 거란(요)
③ 여진(금)　　④ 몽골(원)

정답 | ②　　출제 가능성 | 80%

해 설
고려는 태조 때부터 발해를 멸망시키고 압력을 가해오는 거란에 대해 적대적인 관계를 유지하면서 북진 정책을 계속 시행하였다. 이것이 원인이 되어 성종 12년(993) 소손녕이 이끄는 거란의 1차 침략이 있었으나 서희의 담판으로 압록강 동쪽의 땅을 회복할 수 있었다. 그렇지만 강동 6주가 군사적 거점이 되자 거란은 이를 차지할 목적으로 2차 침략을 시도하여 개경까지 함락했으나 별다른 소득 없이 다시 철수하였고, 이에 국왕의 친조와 강동 6주의 반환을 요구하면서 소배압이 10만 대군을 이끌고 제3차 침략을 감행해왔다(1018).
이때 고려는 강감찬을 거란과 맞서 싸우게 하였다. 병력의 손실을 입은 소배압은 정벌을 포기하고 황해 신은에서 회군하여 가다가 청천강 유역의 연주 · 위주에서 강감찬의 공격을 받아 대패했으며, 특히 귀주에서 기다리고 있던 고려군에 크게 패배하였다.

16 다음에서 설명하는 군사 조직은?

> • 최씨 무신 정권을 유지하기 위한 군사적 기반
> • 진도, 제주도 등지에서 몽골과의 항전 지속

① 별무반　　② 삼별초
③ 별기군　　④ 훈련도감

정답 | ②　　출제 가능성 | 70%

해 설
삼별초 : 최씨 정권의 사병 집단인 야별초에 신의군(귀환포로)을 합쳐 편성한 특수군으로 도방과 함께 최씨 정권의 군사적 기반이었다. 몽고군과 항쟁하여 고려 무신의 전통적 자주성을 보여주었다.

17 다음에서 설명하는 역사적 사건은?

> • 서경파와 개경파의 대립
> • 전통 사상과 유교 사상의 대립

① 무신정변 ② 만적의 난
③ 이자겸의 난 ④ 묘청의 서경 천도 운동

정답 | ④ 출제 가능성 | 70%

해 설
고려 초기부터 서경이 명당이라는 설이 유포되어 서경 천도와 북진 정책 추진의 이론적 근거가 되었다. 한편 묘청 세력은 서경 길지설을 내세우면서 서경으로 도읍을 옮겨 보수적인 개경의 문벌 귀족 세력을 누르고 자주적인 혁신 정치를 시행하려 하였다. 묘청의 서경 천도 운동은 이러한 문벌 귀족 사회 내부의 분열과 지역 세력 간의 대립, 풍수지리설이 결부된 전통 사상과 사대적 유교 정치사상의 충돌 등이 얽혀 일어난 것으로, 귀족 사회 내부의 모순을 드러낸 것이었다.

18 원 · 명 교체기에 다음 개혁 정책을 추진한 고려왕은?

> • 몽골풍 폐지
> • 정동행성 폐지
> • 전민변정도감 설치
> • 기철 등 친원세력 숙청

① 충렬왕 ② 충목왕
③ 충정왕 ④ 공민왕

정답 | ④ 출제 가능성 | 70%

해 설
공민왕의 개혁 정치

반원 자주 정책	• 정동행성 폐지 • 철령 이북의 땅 수복 • 몽골풍 폐지 • 원의 연호 폐지
대내적 개혁	• 왕권을 제약하고 신진 사대부의 등장을 억제하고 있던 정방 폐지 • 전민변정도감을 설치하여 권문세족이 부당하게 빼앗은 토지를 돌려줌 • 성균관을 통해 유학 교육 강화

19 다음에서 설명하는 고려의 지배세력은?

> 원 간섭기 동안 형성된 지배층으로 종래의 문벌귀족가문, 무신정권기에 새롭게 귀족층에 등장한 가문, 원과 관계를 이용하여 지배층에 편입된 가문 등으로 형성되었다.

① 진골 ② 6두품
③ 호족 ④ 권문세족

정답 | ④ 출제 가능성 | 60%

해 설
권문세족 : 원의 세력에 의지하여 권세를 누린 귀족층이다. 대규모 농장을 소유하고 면세의 특권과 음서로 신분 세습을 유지하였으며, 몰락한 농민들을 농장으로 끌어들여 노비처럼 부리며 부를 축적하였다.

20 〈보기〉에서 고려 시대 '향, 부곡, 소' 주민과 관련된 옳은 설명을 고른 것은?

〈보기〉

ㄱ. 천민층에 속하였다.
ㄴ. 백정보다 더 많은 세금을 부담하였다.
ㄷ. 거주 지역이 소속 집단 내로 제한되었다.
ㄹ. 소에 거주하는 사람들은 농업이 주된 생업이었다.

① ㄱ, ㄷ ② ㄱ, ㄹ
③ ㄴ, ㄷ ④ ㄴ, ㄹ

정답 | ③ 출제 가능성 | 60%

해 설
고려 시대에 향, 소, 부곡 등에 거주한 특수 집단은 양민에 비해서 여러 가지 차별과 규제를 받았다. 이들은 양민에 비하여 더 많은 세금 부담을 지고 있었고, 거주하는 곳도 소속 집단 내로 제한되어 있었다. 향이나 부곡에 거주하는 사람들은 농업을, 소에 거주하는 사람들은 수공업이나 광업품의 생산에 종사하였다.
ㄱ. 향 · 소 · 부곡민은 양민에 속하였다.
ㄹ. 소는 국가가 필요로 하는 공납품을 만들어 바치는 공장(工匠)들의 집단 거주지로 수공업이나 광업품의 생산에 종사하였다.

21 다음에서 설명하는 제도는?

- 고려 시대의 관리 등용 제도
- 과거를 보지 않고 관직에 진출 가능
- 공신, 종실, 5품 이상 관료의 자손이 가능

① 취재 ② 음서
③ 천거 ④ 현량과

정답 | ② 출제 가능성 | 70%

해 설
고려 시대에는 공신과 종실의 자손, 5품 이상 고위 관료의 자손 등에게 과거를 거치지 않고도 관료가 될 수 있는 음서의 혜택을 제공하였다. 이는 고려의 관료 체제가 귀족적 특성을 지니고 있음을 보여 주는 것이다.

22 다음에서 설명하는 역사서는?

- 김부식이 왕명으로 편찬
- 신라 계승 의식의 반영
- 『구삼국사』를 기본으로 저술

① 삼국사기 ② 동명왕편
③ 제왕운기 ④ 해동고승전

정답 | ① 출제 가능성 | 50%

해 설
『삼국사기』
- **시기** : 고려 인종(1145) 때 김부식 등이 왕명을 받아 편찬
- **의의** : 현존하는 우리나라 최고의 역사서
- **사관** : 유교적 합리주의 사관에 기초
- **특성** : 신라 계승 의식 반영
- **형식** : 기전체(紀傳體)로 서술

23 다음 기능을 가진 조선의 정치 기구와 거리가 <u>먼</u> 것은?

> • 관리의 비리 감찰과 언론 기능을 담당함
> • 권력의 독점과 부정을 방지하는 기능을 함

① 성균관　② 사간원
③ 홍문관　④ 사헌부

정답 | ①　출제 가능성 | 80%

해 설

조선 시대에는 최고 통치 기관으로 의정부를 두고 그 밑에 6조와 여러 관청을 두었다. 사간원, 사헌부, 홍문관은 삼사(三司)로서 왕권을 견제하여 왕권과 신권이 조화를 이루는 기능을 하였고, 승정원, 의금부는 왕권을 강화하는 기능을 하였다.

① **성균관** : 고려 말과 조선시대 한국 최고의 학부기관인 태학(太學)의 명칭이다.
② **사간원** : 언관(言官)으로서 군주의 잘못을 지적하여 바로 잡는 일을 담당하던 기관이다.
③ **홍문관** : 학술기관으로, 주로 궁중의 학술 서적 관리와 왕에게 자문을 하는 역할을 했다.
④ **사헌부** : 관리들을 감찰하는 일을 맡아 행하던 기관이다.

24 다음 내용에 해당하는 정치 세력은?

> • 학문적 기반을 성리학에 둠
> • 과거를 통해 중앙 관리로 진출함
> • 정도전, 권근 등은 조선 건국을 주도함

① 진골　② 호족
③ 문벌 귀족　④ 신진 사대부

정답 | ④　출제 가능성 | 70%

해 설

신진 사대부 : 고려 후기에 과거에 합격한 후 관계에 진출한 향리 출신, 유교적 소양을 갖추었고 행정 실무에도 밝은 학자 출신 관료들로 권문세족과는 달리 하급 관리 향리 집안에서 주로 배출되었다.

- **등장 및 성장** : 무신집권기부터 등장하여 무신정권이 붕괴된 후에 활발하게 중앙 정계로 진출, 고려 말에는 권문세족과 대립할 만한 사회 세력을 형성하였다.
- **권문세족과의 대립** : 사전의 폐단을 지적하고 사회개혁을 주장하며 대립하였다.
- **사상적 특징** : 성리학을 수용하고 개혁적 성향을 보였으며, 친원적이고 친불교적인 권문세족에 반대하였다.

25 다음 설명에 해당하는 조선의 법전은?

> 세조 때부터 편찬되기 시작하여 성종 때 완성된 조선의 기본 법전으로, 유교적 통치 질서와 문물제도가 정비되었음을 의미한다.

① 속대전 ② 경국대전
③ 대전통편 ④ 대전회통

정답 | ② 출제 가능성 | 60%

해 설
① **속대전** : 영조 22년(1746)에 『경국대전』의 시행 이후 공포된 법령 중에서 시행할 법령의 내용만을 뽑아 편찬한 통일 법전이다.
③ **대전통편** : 『경국대전』과 『속대전』, 그 뒤의 법령을 통합해 편찬한 통일 법전이다.
④ **대전회통** : 고종 2년(1865)에 『대전통편』 이후 80년간 임금이 내린 명령이나, 각종 규칙 등을 보강하고 덧붙여 정리한 조선 시대 최후의 통일 법전이다.

26 다음 특징을 지닌 조선의 전세(田稅) 제도는?

> • 풍흉도를 고려하지 않음
> • 토지 1결당 미곡 4두로 고정

① 대동법 ② 수미법
③ 영정법 ④ 환곡제

정답 | ③ 출제 가능성 | 90%

해 설
16세기에 나타난 전세의 폐단을 시정하기 위해 인조 때는 풍흉에 관계없이 1결당 미곡 4두를 걷는 영정법을 시행하였다.
① **대동법** : 조선시대에 공물을 쌀로 통일하여 바치게 한 납세제도이다.
② **수미법** : 이이와 유성룡 등이 주장한 공물을 쌀로 걷는 제도이다.
④ **환곡제** : 곤궁한 농민에게 곡물을 빌려주고 10분의 1 정도의 이자를 거두는 제도이나 지방 수령과 향리들이 정한 이자보다 많이 거두어 유용하는 폐단이 나타났다.

27 임진왜란이 조선 사회에 미친 영향으로 옳지 않은 것은?

① 기근과 질병으로 인구가 크게 줄었다.
② 수많은 사람들이 일본에 포로로 잡혀 갔다.
③ 대장경과 황룡사 9층탑이 불에 타서 없어졌다.
④ 토지 대장과 호적이 사라져 국가 재정이 궁핍해졌다.

정답 | ③ 출제 가능성 | 60%

해 설
임진왜란은 조선 선조 25년(1592)부터 31년(1598)까지 2차에 걸쳐서 우리나라를 침입한 일본과의 싸움을 말한다.
③ 초조대장경과 황룡사 9층탑은 고려 시대 몽고의 침입으로 소실되었다.

28 다음에서 설명하는 조선 시대 신분층은?

> • 조세, 공납, 부역 등의 의무를 가짐
> • 백성의 대부분을 차지하는 농민, 수공업자, 상인을 말함

① 양반 ② 중인
③ 상민 ④ 천민

정답 | ③ 출제 가능성 | 60%

해 설

상민

• 통상 평민 · 양인으로도 불리며, 백성의 대부분을 차지하는 농민 · 수공업자 · 상인 등으로 구성
• 농본억상정책으로 공 · 상인은 농민보다 아래에 위치
• 법적으로 과거 응시가 가능하나 실제 상민이 과거에 응시하는 것은 매우 어려웠음
• 전쟁이나 비상시에 군공을 세우는 경우 외에는 신분 상승 기회가 적었음

29 다음 현상을 통해 알 수 있는 조선 후기 사회상은?

> • 족보 매매
> • 납속책 실시
> • 공명첩 발행
> • 일부 양반의 몰락

① 향약이 보급되었다.
② 신분 변동이 활발하였다.
③ 예언 사상이 유행하였다.
④ 지방 장사가 활발하였다.

정답 | ② 출제 가능성 | 80%

해 설

조선 후기는 농업 생산력이 증대하고 상품 화폐 경제가 발달하면서 부유한 농민과 상인 등 새로운 계층이 등장하기 시작하였다. 이들은 축적한 재산을 이용하여 공명첩을 구입하거나, 납속 · 족보 매매 등의 방법을 통해 양반 신분으로 상승하였다. 이러한 현상에 따라서 조선 후기에는 양반의 수가 급격하게 증가하고, 상민과 노비는 감소하였다.

30 다음과 같은 권한을 부여받았던 조선 시대 상인은?

> • 왕실이나 관청에 물품을 공급함
> • 특정 상품에 대한 독점 판매권을 받음

① 송상 ② 보부상
③ 경강 상인 ④ 시전 상인

정답 | ④ 출제 가능성 | 70%

해 설

① **송상** : 개성 상인을 말하며 전국에 상권을 확대하고 송방(지점)을 설치했다. 인삼을 직접 재배해 판매하였다.
② **보부상** : 농촌과 장시를 하나의 유통망으로 연계시킨 상인으로 마을과 장시 등을 돌아다니며 물건을 판매하였다.
③ **경강 상인** : 미곡, 소금, 어물 등의 운송과 판매를 장악하고 운송업에 종사하며 거상으로 성장하였다.

31 다음 정책을 실시한 조선의 왕은?

• 장용영 설치	• 탕평책 실시
• 규장각 육성	• 수원에 화성을 세움

① 정조 ② 순조
③ 현종 ④ 철종

정답 | ① 출제 가능성 | 80%

해 설
사도세자의 죽음을 둘러싼 시파와 벽파 간의 갈등을 경험한 정조는 영조 때보다도 더욱 강력한 탕평책을 추진하여 왕권을 강화하였으며, 장용영을 설치하여 군권을 장악하고, 규장각을 중심으로 정책을 시행하였다. 또한 초계문신 제도를 실시해 신진 인물이나 중 · 하급 관리 가운데 능력 있는 자들을 재교육하고 시험을 통해 승진시키는 등 강력한 왕권을 수립하였다.

32 일당 전제화 현상을 바로 잡기 위하여 조선 영 · 정조 시기에 시행된 정치는?

① 도학 정치 ② 붕당 정치
③ 탕평 정치 ④ 민주 정치

정답 | ③ 출제 가능성 | 60%

해 설
탕평 정치 : 조선 후기 영조와 정조 때 나타난 정치 형태로 당파의 구분 없이 모든 사람을 고루 등용하여 정치적 안정을 꾀하고자 한 정치 형태이다.

33 실학에 대한 설명으로 옳지 <u>않은</u> 것은?

① 실증적, 실용적, 민족적, 근대 지향적인 학문이다.
② 성리학적 테두리를 벗어났으며 정책에 반영되었다.
③ 실학자들은 민생 안정과 부국강병을 목표로 하였다.
④ 북학파의 사상은 19세기 후반의 개화사상에 계승되었다.

정답 | ② 출제 가능성 | 80%

해 설
실학사상도 출발점이 양반 사회 체제의 유지에 있었기 때문에 성리학적 테두리를 벗어나지 못했으며 대부분 정치적 실권과 거리가 먼 몰락한 지식인층의 개혁론이었으므로 당시의 국가 정책에 반영되지 못했다는 한계를 가지고 있다.

34 조선 후기에 유행한 서민 문화를 〈보기〉에서 고른 것은?

〈보기〉

ㄱ. 민화	ㄴ. 탈춤
ㄷ. 한문학	ㄹ. 상감청자

① ㄱ, ㄴ　② ㄱ, ㄷ
③ ㄴ, ㄹ　④ ㄷ, ㄹ

정답 | ①　출제 가능성 | 80%

해 설

조선 후기에는 서당 교육의 보급과 부농층의 지위 향상 등에 힘입어 서민 문화가 발달하였다. 누구나 쉽게 읽을 수 있는 한글 소설이 보급되었고, 판소리와 탈춤 등이 확산되었다. 회화에서는 서민의 일상을 담은 풍속화와 민화가 유행하였고, 음악과 무용에서는 감정을 대담하게 표현하는 경향이 짙게 나타났다.

35 다음 내용에서 ( ) 안에 들어갈 말로 알맞은 것은?

숙종 때, 안용복이 울릉도에 출몰하는 일본 어민들을 쫓아내고, 일본에 건너가 울릉도와 ( )가 조선의 영토임을 확인하고 돌아왔다.

① 간도　② 독도
③ 거문도　④ 위화도

정답 | ②　출제 가능성 | 50%

해 설

독도는 울릉도에 가까이 있어 예로부터 울릉도의 부속 섬으로 인식되었다. 일본 에도 막부의 『죽도기사』의 기록에는 안용복이 두 차례 일본으로 와 울릉도와 독도가 우리 땅임을 일본 관리로부터 확답을 받고 돌아갔다는 내용이 있다.

36 흥선 대원군의 정책을 〈보기〉에서 고른 것은?

〈보기〉

ㄱ. 중립외교	ㄴ. 척화비 건립
ㄷ. 경국대전	ㄹ. 통상 수교 거부

① ㄱ, ㄴ　② ㄱ, ㄷ
③ ㄴ, ㄹ　④ ㄷ, ㄹ

정답 | ③　출제 가능성 | 80%

해 설

ㄴ, ㄹ. 흥선 대원군의 대외 정책은 서양과의 통상 수교를 거부하는 것이었다. 병인양요와 신미양요도 프랑스와 미국의 통상 요구를 거부했기 때문에 일어났다. 양요 결과, 흥선 대원군은 전국에 척사교서를 내리고 척화비를 건립하여 서양과의 수교 거부를 천명하였다. 통상 수교 거부 정책은 외세의 침략을 막으려 한 자주적인 성격을 지니고 있었지만, 이로 인해 서양의 새로운 문물을 받아들이는 시기가 늦어졌다.

ㄱ. 17세기 초 후금과 명의 대립에서 광해군은 중립외교 정책으로 대처하였다.

ㄷ. 『경국대전』은 세조 때부터 편찬되기 시작하여 성종 때 완성되었다.

37 다음에서 설명하는 민족 운동은?

> 민족 지도자들은 민족 자결주의와 2·8 독립선언에 고무되어 독립 운동을 준비하였다. 민족 대표 33인은 독립 선언서를 발표하였고, 이후 전국적으로 만세 시위운동이 전개되었다.

① 3·1 운동 ② 6·10 만세 운동
③ 임술 농민 봉기 ④ 광주 학생 항일 운동

정답 | ① 출제 가능성 | 80%

해 설
3·1 운동은 고종 황제의 죽음과 2·8 독립 선언을 계기로 전개되었다. 민족 대표들이 독립 선언서를 제작하고 종로의 태화관에 모여 낭독·배포함으로써 서울과 지방에서 학생·시민 중심의 만세 시위가 시작되었다. 거족적인 최대 규모의 독립 운동으로서 일제의 통치가 무단 통치에서 문화 정치로 변화하는 계기가 되었으며, 중국·인도·동남아시아·중동 지역 민족 운동의 선구적 역할을 하였다.

38 다음 자료와 관련 있는 경제적 구국 운동은?

> 나라 빚 1,300만 원은 우리 대한의 존망에 관계된 것이다. 갚아버리면 나라가 존재하고 갚지 못하면 나라가 망하게 된다. …… 2천만인이 3개월을 한정하여 금연하고 그 대금으로 1인마다 20전씩 징수하면 1,300만 원이 될 수 있다.
>
> –「대한매일신보」, 1970년

① 방곡령 ② 물산 장려 운동
③ 국채 보상 운동 ④ 황무지 개간 반대 운동

정답 | ③ 출제 가능성 | 70%

해 설
일제는 대한제국의 화폐 정리와 시설 개선의 명목으로 막대한 차관을 제공하였다. 1907년까지 일본으로부터 들여온 차관 총액은 대한제국의 1년 예산과 맞먹는 1,300만 원에 달할 정도였다. 이러한 일제의 차관 제공 정책으로 대한제국은 경제적으로 일본에 예속되어 갔다. 이에 '국민의 힘으로 국채를 갚고 국권을 지키자'는 국채 보상 운동이 전국적으로 진행되었다. 국채 보상 운동의 열기가 뜨겁게 달아오르자, 일제는 반일 운동으로 간주하여 지도자인 양기탁을 구속하는 등 탄압을 가하였다.

39 다음에서 설명하는 민족 운동 단체는?

> • 자매단체로 근우회가 있음
> • 광주 학생 항일 운동(1929)에 조사단 파견
> • 비타협적 민족주의자와 사회주의자의 연대

① 보안회 ② 의열단
③ 형평사 ④ 신간회

정답 | ④ 출제 가능성 | 70%

해 설
1920년대 후반 민족주의 계열과 사회주의 계열이 단일한 독립 운동을 추진하기 위해 힘을 합치려는 노력이 전개되었는데, 그 결실로 조직된 단체가 신간회였다. 신간회는 일제의 식민지 통치 기관을 철폐할 것과 한국인에 대한 차별 교육을 폐지할 것을 요구하였다. 또한 광주 학생 항일 운동이 일어나자 이것이 전국적인 민족 운동으로 전개될 수 있도록 후원하기도 하였다.

40 다음과 관련이 있는 인물은?

> • 『조선 상고사』, 『조선사 연구초』 저술
> • 역사에서 '아(我)와 비아(非我)의 투쟁'을 강조

① 백남운 ② 정인보
③ 문일평 ④ 신채호

정답 | ④ 출제 가능성 | 80%

해 설

① **백남운** : 사적 유물론을 도입하여 일제의 정체성론에 대항, 『조선사회경제사』, 『조선봉건사회경제사』를 저술하였다.
② **정인보** : 신채호를 계승하여 고대사 연구에 치중하였고, '오천 년간 조선의 얼'을 신문에 연재, 조선사 연구(식민사관에 대항하여 광개토 대왕비를 새롭게 해석하고, 한사군의 실재성을 부인, 양명학과 실학사상을 주로 연구), 민족 사관으로 '얼' 사상을 강조하였다.
③ **문일평** : 『한 · 미 50년사』, 『호암 전집』을 저술, 개항 후의 근대사 연구에 역점, '조선심(朝鮮心)'으로 1930년대 조선학 운동을 전개하였다.

41 다음 내용과 관련 있는 사건은?

> • 김옥균 등이 근대 국민 국가 건설을 목표로 일으켰다.
> • 청나라 군대의 개입으로 3일 만에 실패하였다.
> • 외세에 의존하여 민중의 지지를 받지 못하였다.

① 갑신정변 ② 임오군란
③ 광무개혁 ④ 동학 농민 운동

정답 | ① 출제 가능성 | 70%

해 설

갑신정변(1884)

김옥균을 비롯한 급진 개화파가 조선사회의 사회경제적 모순을 깨닫고 세계 역사의 발전 방향에 따라서 사회를 이끌려는 개화사상을 바탕으로 조선의 자주독립과 근대화를 목표로 일으킨 정변이다.

• **개혁 내용**
  – 청에 대한 사대 외교 폐지
  – 입헌 군주제로의 정치 개혁
  – 문벌을 폐지하여 인민 평등 도모, 능력에 따른 인재 등용
• **정변의 실패** : 개혁에 대한 대의명분이 부족하고 급박하게 이루어져 국민들의 외면을 받았으며, 청의 무력 개입으로 3일 천하로 끝나고 말았다.

42 다음에서 설명하는 조약은?

> • 운요호 사건을 계기로 1876년 조선이 일본과 맺은 우리나라 최초의 근대적 조약
> • 해안 측량권과 최외법권을 내준 불평등 조약

① 한성 조약　② 강화도 조약
③ 제물포 조약　④ 한 · 일 신협약

정답 | ②　출제 가능성 | 70%

해 설

강화도 조약은 운요호 사건을 계기로 조선이 일본과 체결한 최초의 근대적 조약이었지만, 일본에 치외법권과 해안 측량권 등을 내준 점에서 불평등 조약이었다. 이 조약에 따라 부산, 원산, 인천의 항구가 차례로 개항되며 문호 개방의 계기가 되었다.

① **한성 조약** : 갑신정변 이후 일본의 강요로 맺은 조약이다. 이 조약에 따라 조선이 일본에 배상금을 지불하고 공사관 신축비를 부담하였다.
③ **제물포 조약** : 임오군란으로 발생한 일본 측의 피해 보상 문제를 다룬 조약으로 조선은 일본에게 배상금을 물고 일본 공사관의 경비병 주둔을 인정하였다.
④ **한 · 일 신협약** : 1907년 일본이 대한제국과 강제로 체결한 조약으로, 정미 7조약이라고도 한다. 이 조약으로 대한제국의 주권이 사실상 일본으로 넘어가게 되었다.

43 6 · 25 전쟁에 대한 설명으로 옳지 않은 것은?

① 북한군의 기습 남침으로 시작되었다.
② 국군과 유엔군은 인천 상륙 작전에 성공하였다.
③ 중국군과 소련군은 개입하지 않고 중립을 지켰다.
④ 수많은 사상자와 전쟁고아, 이산가족이 생겨났다.

정답 | ③　출제 가능성 | 70%

해 설

6 · 25 전쟁 시, 미국 · 영국 · 프랑스 등 16개국의 군대로 구성된 유엔군이 참전하였으며, 중공군의 개입으로 국군과 유엔군이 후퇴하며 38도선 부근에서 교전을 벌였다. 그 후, 소련의 유엔 대표가 휴전을 제의(1951. 6. 23.) 하였고, 우리 정부와 국민이 분단의 영구화를 우려하여 범국민적인 휴전 반대가 있었지만, 결국 1953년 7월 27일 유엔군과 공산군 사이에 휴전이 성립되었다.

44 〈보기〉의 사건을 일어난 순서대로 배열한 것은?

〈보기〉

ㄱ. 10월 유신
ㄴ. 4 · 19 혁명
ㄷ. 5 · 18 민주화 운동

① ㄱ – ㄴ – ㄷ
② ㄱ – ㄷ – ㄴ
③ ㄴ – ㄱ – ㄷ
④ ㄷ – ㄱ – ㄴ

정답 | ③ 출제 가능성 | 80%

해 설

이승만 대통령과 자유당의 부정부패에 시달리던 국민들은 3 · 15 부정 선거를 계기로 **4 · 19 혁명(1960)**을 일으켜 이승만과 자유당 정권을 무너뜨렸다. 이후 장면 내각이 수립되었으나 5 · 16 군사정변으로 장면 내각은 무너졌고, 군사 정권이 수립되었다. **10월 유신(1972)**으로 독재 정치를 강화한 박정희 대통령은 10 · 26 사태로 피살되었으며 전두환을 중심으로 하는 신군부가 12 · 12 사태를 일으켜 정권을 장악하였다. 이에 **5 · 18 민주화 운동(1980)**이 일어나 민주주의 헌정 체제의 회복을 요구하였으나 신군부는 5 · 18 민주화 운동을 무력으로 진압하였다. 그 후로도 군부 독재를 거부하는 민주화 운동은 끊임없이 계속되었고, 6월 민주항쟁(1987)의 결과 6 · 29 민주화 선언이 이루어졌다.

45 다음 설명에 해당하는 것은?

- 1972년 서울과 평양에서 동시에 발표
- 자주 · 평화 · 민족 대단결의 통일 원칙을 내세움
- 이후 통일 논의의 기본 원칙이 됨

① 7 · 4 남북 공동 성명
② 6 · 15 남북 공동 선언
③ 한반도의 비핵화에 관한 공동 선언
④ 화해와 불가침 및 교류 · 협력에 관한 합의서

정답 | ① 출제 가능성 | 60%

해 설

7 · 4 남북 공동 성명 : 분단 이후 최초의 남북한 합의 문서이다. 통일의 3대 원칙으로 '자주 · 평화 · 민족 대단결'을 합의하였다. 이 밖에도 중상 · 비방 · 무력 도발 · 군사적 충돌 방지, 남북적십자 회담 성사, 서울과 평양 간의 직통 전화 개설, 남북 조절 위원회 구성 등이 언급되었다.

② **6 · 15 남북 공동 선언** : 1국가 2체제 통일 방안 수용, 이산가족 상봉, 경의선 복구 사업, 개성 공단 설치 등 남북 교류의 활성화 마련

PART 7

도덕

STEP1. 핵심 이론.ZIP

STEP2. 시험에 반드시 출제되는 문제

> 개념UP
> **윤리의 의미**
> - **동양에서의 윤리(倫理)** : 사람과 사람 사이의 관계, 즉 인간관계의 이치와 도리
> - **서양에서의 윤리(ethics)** : 그리스어 '에토스(ethos)'에서 유래했으며, 사회의 풍습이나 관습, 개인의 품성

❶ 현대의 삶과 실천 윤리

(1) 현대 생활과 실천 윤리

① 현대인의 삶과 다양한 윤리적 쟁점

㉠ 새로운 윤리 문제의 등장

- 현대 사회는 과학 기술의 급속한 발달과 더불어 사회 구조가 복잡해지고 다양해짐
- 과거에는 나타나지 않았던 새로운 윤리 문제에 직면

㉡ 새로운 윤리 문제의 특징

- 파급 효과의 광범위성 : 전 지구적으로 영향을 끼칠 수 있고, 현세대는 물론 미래 세대까지 위협할 수 있음
- 책임 소재의 불분명성 : 책임 소재를 가리기가 쉽지 않음, 누구하나를 지목하여 책임을 묻기도 쉽지 않음
- 전통적인 윤리 규범만으로는 해결하기 어려움

㉢ 현대 사회의 다양한 윤리 문제

생명 윤리	인공 임신 중절, 자살, 안락사, 뇌사, 생명 복제, 동물 실험과 동물의 권리 등 삶과 죽음 및 생명의 존엄성에 관한 문제가 발생
사회 윤리	직업 윤리 문제, 공정한 분배 및 처벌과 관련된 문제, 시민 참여와 시민 불복종 문제 등이 발생
과학 윤리	가치 중립성과 사회적 책임 문제, 정보 기술과 매체의 발달에 따른 문제, 환경 문제 등이 발생
문화 윤리	예술 및 대중문화와 관련된 문제, 의식주 및 소비와 관련된 문제, 다문화 관련 문제, 종교 문제 등이 발생
평화 윤리	사회 갈등 문제, 통일 문제, 국제 사회의 분쟁과 국가 간의 빈부 격차 문제 등이 발생
성과 가족 윤리	성차별과 양성평등, 성의 자기 결정권, 성 상품화 문제, 부부 윤리, 가족 해체 현상 등이 발생
환경 윤리	인간과 자연의 관계, 기후 변화 문제 등이 발생

② 윤리학의 의미와 특징

㉠ 윤리학의 의미

- 윤리학 : 윤리학은 인간이 살아가면서 지켜야 할 도덕적인 행동의 기준이나 규범을 탐구하는 학문으로, 규범 윤리학,

메타 윤리학, 기술 윤리학으로 구분할 수 있음

㉡ 윤리학의 분류

규범 윤리학	도덕적 행위의 근거가 되는 도덕 원리나 인간의 성품에 관해 탐구하고, 이를 바탕으로 도덕적 문제의 해결과 실천 방법을 제시 → 이론 윤리학과 실천 윤리학으로 구분
메타 윤리학	메타 윤리학은 윤리학의 학문적 성립 가능성을 모색하기 위해 도덕적 언어의 의미 분석과 도덕적 추론의 정당성을 검증하기 위한 논리를 분석함
기술 윤리학	기술 윤리학은 도덕 현상과 문제를 명확하게 기술하고, 기술된 현상들 간의 인과 관계를 설명함

㉢ 이론 윤리학과 실천 윤리학

구분	의미	예
이론 윤리학	윤리적 판단과 행위 원리를 탐구하고 이에 대한 정당화에 초점을 두는 학문	의무론, 공리주의, 덕 윤리 등
실천 윤리학	이론 윤리학에서 제공하는 도덕 원리를 토대로 구체적인 윤리 문제를 해결하는 데 초점을 두는 학문	생명 윤리, 정보 윤리 등

③ 실천 윤리학의 등장 배경과 특징

㉠ 등장 배경 : 구체적인 행위에 대한 지침을 제공하지 못하는 이론 윤리학의 한계와 도시화, 세계화, 정보화 등의 사회 · 문화적 변화 등

㉡ 특징

- 윤리 문제의 해결과 도덕적 실천을 지향함
- 우리가 추구해야 할 바람직한 삶과 이상적인 사회의 모습을 안내
- 이론 윤리학과 유기적인 관계 : 이론 윤리학의 연구 성과들을 적극적으로 활용, 윤리 이론의 타당성을 밝히는 데 관심을 가짐
- 윤리 문제에 학제적 접근을 강조 : 현실적인 도덕 문제를 해결하기 위해서 의학, 법학, 과학, 종교 등 다양한 학문 분야의 전문적 지식과 기술을 활용

> 개념UP
> **학제적(學際的)**
> 둘 이상의 학문 분야와 관계된 것을 뜻함

(2) 현대 윤리 문제에 대한 접근

① 동양 윤리의 접근 중요

㉠ 유교 윤리적 접근

유교 윤리가 추구하는 목적	• 유교 윤리의 특징 : 수양을 통한 도덕적 인격 완성과 도덕적 이상 사회의 실현에 있음 • 공자 : 인(仁)을 타고난 내면적 도덕성으로 보았음 • 맹자 : 사단(四端)이라는 선한 마음이 누구에게나 주어져 있다고 보았음 • 유교 윤리에서는 도덕성을 바탕으로 지속적으로 수양하면 누구나 도덕적으로 완성된 인간이 될 수 있다고 보았음 → 성인(聖人), 군자(君子)
도덕적 공동체의 실현	• 충서(忠恕)와 같은 덕목을 통해 타인에 대한 존중과 배려를 강조 • 수기이안인(修己而安人) : 수신이나 수양을 바탕으로 다른 사람을 편안하게 해야 함 • 유교 윤리의 핵심 규범 '오륜(五倫)' – 부자유친(父子有親) : 어버이와 자식 사이에는 친함이 있어야 한다. – 군신유의(君臣有義) : 임금과 신하 사이에는 의로움이 있어야 한다. – 부부유별(夫婦有別) : 부부 사이에는 구별이 있어야 한다. – 장유유서(長幼有序) : 어른과 아이 사이에는 차례와 질서가 있어야 한다. – 붕우유신(朋友有信) : 친구 사이에는 믿음이 있어야 한다. • 모두가 더불어 잘 사는 대동 사회(大同社會)를 이상 사회로 제시함

ⓛ 유교 윤리의 시사점

• 도덕적 해이(解弛) 현상을 극복하는 데 기여할 수 있음
• 인간성 상실 문제를 해결하는 데 도움을 줄 수 있음
• 개인주의 문제를 해결하는 데 도움을 줄 수 있음

ⓒ 불교 윤리적 접근

• 연기적 세계관 : 연기(緣起)란 모든 존재와 현상은 다양한 원인과 조건에 의해 생겨난다는 것을 의미함, 모든 것이 상호 관계 속에서만 존재한다는 연기의 법칙을 깨닫게 되면 모든 것에 대하여 자비(慈悲)의 마음이 저절로 생길뿐만 아니라 고통의 근본적인 원인인 탐욕에서 벗어날 수 있다고 봄
• 평등적 세계관 : 계급을 따지지 않고 누구나 불교 공동체의 일원이 되어 수행을 통해 깨달음을 얻을 수 있도록 함
• 주체적 인간관 : 인간의 삶에서 나타나는 모든 현상은 인간 스스로 행한 업의 결과로 보고, 도덕적 행동인 선업을 행하도록 강조함

개념UP

맹자의 민본주의적 혁명 사상

맹자는 민본주의에 기반을 둔 혁명론을 제시하였고, 그에 따르면 인의를 해쳐 나라를 위태롭게 하고 백성을 고통스럽게 만든 폭군을 제거하는 것은 정당한 일이다.

개념UP

맹자의 사단(四端)과 사덕(四德)

• 사단(四端)
– 측은지심(惻隱之心) : 불쌍하고 가엾게 여기는 마음
– 수오지심(羞惡之心) : 불의를 부끄러워하고 미워하는 마음
– 사양지심(辭讓之心) : 양보하고 공경하는 마음
– 시비지심(是非之心) : 옳고 그름을 분별하는 마음
• 사덕(四德) : 인(仁), 의(義), 예(禮), 지(智)

개념UP

불국토(佛國土) 사상

부처가 있는 또는 부처가 교화하는 나라라는 의미로, 이상주의적 성격을 담고 있음

개념UP

서양인들의 불교에 대한 인식

• 관용과 개방 정신으로 타인을 배려하여 안정감 제공
• 민족 간의 대립과 반목을 지양할 수 있는 보편적 인류애 지향
• 내면의 성찰을 통한 정신문화의 새로운 대안

- 진리에 대한 깨달음을 얻어 고통에서 벗어나면 열반 혹은 해탈이라는 이상적 경지에 도달할 수 있다고 봄
- 불교 윤리의 시사점 : 인간의 내면을 성찰하고 정신 수양을 하는데 기여할 수 있음, 생명 경시 풍조나 생태계 문제 해결에 기여할 수 있음, 보편적인 인류애의 중요성을 되새기게 할 수 있음

㉣ 도가 윤리적 접근

- 자연의 순리에 따르는 삶을 강조
  - 노자는 천지 만물의 근원인 도의 특성이 인위적으로 강제하지 않고 자연스러움을 따르는 무위자연(無爲自然)이라고 주장함
  - 무위의 다스림이 이루어지는 소국 과민을 이상 사회로 봄
- 평등적 세계관 강조
  - 장자는 세상 만물은 평등한 가치를 지닌다고 주장함 → 제물(齊物)
  - 도가 윤리는 제물의 경지에 이르기 위한 방법으로 좌망과 심재를 제시
  - 모든 차별이 소멸된 정신적 자유의 경지에 오른 이상적 인간을 지인(至人), 진인(眞人), 신인(神人), 천인(天人)이라고 부름
- 도가 윤리의 시사점 : 내면의 자유로움을 추구함으로써 세속적 가치에 대한 지나친 욕망에서 벗어나게 하는 데 기여할 수 있음, 인간을 자연의 일부로 보고 자연의 질서에 순응할 것을 강조함으로써 환경 문제를 해결하는데 도움을 줄 수 있음

② 서양 윤리의 접근 중요

㉠ 의무론적 접근

- 의무론 : 언제 어디서나 우리가 따라야 할 보편타당한 법칙이 존재하며, 우리의 행위가 이 법칙을 따르면 옳고 따르지 않으면 그르다고 판단함, 의무론의 대표적인 윤리 사상으로는 칸트 윤리와 자연법 윤리가 있음
- 칸트 윤리와 자연법 윤리

개념UP

사성제(四聖諦)와 팔정도(八正道)

- 사성제(四聖諦)
  - 고제(苦諦) : 우리의 현상적 삶은 고통임
  - 집제(集諦) : 고통의 원인은 무명과 애욕임
  - 멸제(滅諦) : 무명과 애욕을 없애면 더 이상 고통이 없는 열반에 이르게 됨
  - 도제(道諦) : 무명과 애욕을 없애기 위해서는 중도(中道)를 닦아야 함
- **팔정도(八正道)** : 바른 말, 바른 행동, 바른 생활, 바른 노력, 바른 관찰, 바른 명상, 바른 견해, 바른 생각

개념UP

좌망(坐忘), 심재(心齋)

- **좌망(坐忘)** : 조용히 앉아서 자신을 구속하는 일체의 것들을 잊어버리는 것
- **심재(心齋)** : 마음을 비워서 깨끗이 하는 것

> 개념UP
> **칸트 윤리**
> - 결과적으로 옳은 행동을 했더라도 사익 추구나 사회적 비난을 피하려는 의도 등에서 비롯한 행위는 옳지 않음
> - 도덕 법칙은 정언 명령의 형식을 띠고 있음
> - **정언 명령** : 행위의 결과와 상관없이 행위 자체가 선(善)이기 때문에 무조건 수행해야 하는 도덕적 명령

> 개념UP
> **공리주의**
> - 옳은 행위를 결정하는 기준이 유용성의 원리라고 보는 이론
> - **유용성의 원리** : 행위의 결과가 모든 사람의 쾌락이나 행복을 증가 또는 감소시키는 정도에 따라 어떤 행위를 승인하거나 부인하는 원리

칸트 윤리	• 도덕성을 판단할 때 행위의 결과보다 동기를 중시하면서 오로지 의무 의식에서 나온 행위만이 도덕적 가치를 지닌다고 봄 • 이성적이고 자율적인 인간은 보편적인 도덕 법칙을 의식할 수 있음 • 윤리적 의사 결정 과정에서 보편화 가능성과 인간 존엄성을 중시 • 칸트 윤리의 시사점 : 보편적인 윤리를 확립하여 도덕적 판단의 확고한 근거를 제시할 수 있고, 인간 존엄성의 정신을 강조하여 인권 보호에 기여할 수 있음
자연법 윤리	• 모든 인간에게 자연적으로 주어져 있는 보편적인 법, 자연의 질서를 따르는 행위는 옳지만 그것을 어기는 행위는 그르다고 봄 • 윤리적 의사 결정에서 자연법 윤리는 '선을 행하고 악을 피하라.'라는 핵심 명제를 강조함 • 아퀴나스는 인간이 본성적으로 지니는 자연적 성향으로 자기 보존, 종족 보존, 신과 사회에 대한 진리 파악을 제시 • 자연적 성향으로부터 생명의 불가침성 및 존엄성, 인간 양심의 자유, 만민 평등 등의 자연법적 권리를 도출함 • 자연법 윤리의 시사점 : 자연법 윤리가 현대의 윤리 문제를 해결하는 데 줄 수 있는 시사점은 인간의 자연적 생명권 및 신체의 완전성을 해치는 행위를 반대하는 입장의 이론적 근거를 제공할 수 있음

ⓛ 공리주의적 접근

- 공리주의적 접근 : 쾌락과 행복을 가져다주는 행위는 옳은 행위이며, 고통과 불행을 가져다주는 행위는 그릇된 행위임
- 벤담의 공리주의
  - 개인적 차원의 행복주의를 사회적 차원으로 확대시킴
  - '최대 다수의 최대 행복'을 도덕과 입법의 원리로 제시함
  - 양적 공리주의 : 모든 쾌락은 질적으로 같다고 전제하여 양적인 차이를 중시함
- 밀의 공리주의
  - 질적 공리주의 : 쾌락의 양만이 아니라 그 질적인 차이도 고려해야 함
  - 정상적인 인간이라면 누구나 질적으로 높고 고상한 쾌락을 추구할 것이라고 봄
- 행위 공리주의 : 유용성의 원리를 '개별적 행위'에 적용하여 개별적 행위가 가져오는 쾌락이나 행복에 따라 행위의 옳고 그름을 결정함

- 규칙 공리주의 : 어떤 규칙이 최대의 유용성을 산출하는지 판단한 후, 그 규칙에 부합하는 행위를 옳은 행위로 봄
- 유용성 계산의 구체적인 방법 : 비용 대비 혜택 분석
- 공리주의의 시사점 : 사익과 공익의 조화에 대한 하나의 해법을 제시할 수 있음, 변화하는 세계에 탄력적으로 대처할 수 있는 융통성과 가장 좋은 결과를 가져오는 대안을 도출할 수 있음

㉢ 덕 윤리적 접근

덕 윤리의 특성	• 윤리적으로 옳고 선한 결정을 하려면 유덕한 품성을 길러야 한다고 주장 • 더불어 사는 공동체 구성원의 삶을 강조 • 특정 상황에서 유덕한 행위자가 할 법한 것을 행하라고 요구함
덕 윤리의 시사점	• 윤리학의 논의 범위를 확장하는데 기여함 • 개인의 실천 가능성을 강조하기 때문에 도덕적 실천력을 높이는데 기여함

㉣ 도덕 과학적 접근

- 의미 : 인간의 도덕성과 윤리적 문제를 과학에 근거하여 탐구하는 방식
- 신경 윤리학과 진화 윤리학

신경 윤리학	• 과학적 측정 방법을 통해 이성과 정서의 역할이 무엇인지 등을 입증함 • 도덕적 판단과 행위에 대해 정서가 필수적으로 요구됨을 밝혀냄으로써 이성 중심의 전통적인 견해를 재검토할 필요성이 제기됨
진화 윤리학	• 이타적 행동 및 성품과 관련된 도덕성은 자연 선택을 통해 진화한 결과라고 주장함 • 인간의 이타적 행위를 추상적인 도덕 원리가 아닌 생물학적 적응의 산물로 봄

- 도덕 과학적 접근의 시사성 : 도덕적 판단과 행동의 과정, 도덕성의 형성 요인 등에 대한 과학적 해명에 도움을 줌

(3) 윤리 문제에 대한 탐구와 성찰

① 도덕적 탐구의 의미와 특징 중요

㉠ 도덕적 탐구의 의미

- 의미 : 도덕적 사고를 통해 도덕적 의미를 새롭게 구성하는 지적 활동

개념UP

덕 윤리의 한계

구체적인 상황에 따른 도덕적 판단과 행위를 강조하는 덕 윤리는 윤리적 상대주의로 흐를 위험성이 있다.

㉡ 도덕적 탐구의 특징

- 현실 문제를 해결할 때 당위적 차원에 주목함 → 탐구 대상의 옳고 그름 혹은 선과 악을 밝혀 행위를 정당화하고 도덕적 실천을 하는 데 중점을 둠
- 대체로 윤리적 딜레마를 활용한 도덕적 추론으로 이루어짐 → 도덕적 추론이란 도덕 원리와 사실 판단을 근거로 도덕 판단을 내리는 과정
- 정서적 측면을 고려함 → 이성적 사고의 과정을 중시하지만, 정서적인 측면도 중시

② 도덕적 탐구의 중요성과 방법

㉠ 중요성

- 다양한 윤리 문제를 해결함
- 도덕적으로 살아가는 데 필요한 윤리적 가치관을 세움
- 타인을 배려하는 역지사지(易地思之)의 마음을 키울 수 있음

㉡ 방법

단계	내용
윤리적 쟁점 또는 딜레마 확인	'문제의 핵심은 무엇인지?', '관련된 사람은 누구이며 어떤 관계인지?' 등을 파악
자료 수집 및 분석	윤리적 쟁점 또는 딜레마 해결에 필요한 각종 자료를 수집하고 분석
입장 채택 및 정당화 근거 제시	윤리적 쟁점 또는 딜레마에 관한 자신의 입장을 채택하고 대안을 설정하며, 이에 관한 정당화 근거를 제시
최선의 대안도출	토론을 통해 최선의 대안을 마련할 수 있음
반성적 성찰 및 입장 정리	'탐구 과정에서 나의 참여 태도는 적절했는가? 탐구 활동을 통하여 배운 점은 무엇인가? 처음의 나의 생각에서 바뀐 것은 무엇인가? 왜 그렇게 바뀌었는가?' 등을 검토

③ 윤리적 성찰의 의미와 중요성

㉠ 윤리적 성찰의 의미 : 생활 속에서 자신의 마음가짐, 행동 또는 그 속에 담긴 자신의 정체성과 가치관에 관하여 윤리적 관점에서 깊이 있게 반성하고 살피는 태도

㉡ 윤리적 성찰의 중요성

- 윤리적 성찰을 통해 자신의 존재를 자각함으로써 도덕적 삶을 살 수 있게 됨

> 개념UP
> **도덕적 추론**
> - **도덕 원리(대전제)** : 도덕 원리가 다른 사람들의 경우에도 받아들여질 수 있는지, 규범적 차원에서 보편화가 가능한지 검토
> - **사실 판단(소전제)** : 개념과 사실관계를 명확하게 판단
> - **도덕 판단(결론)** : 도덕 판단을 객관적 입장에서 검토하고, 규범적 차원에서 보편화가 가능한지 점검

> 개념UP
> **탐구를 위한 사고 유형**
> - **논리적 사고** : 어떤 주장에 논리적 모순 혹은 오류가 있는지 따지는 것
> - **합리적 사고** : 자신의 사고와 행위가 참된 근거와 원칙에 따르고 있는지 사고하는 것
> - **배려적 사고** : 다른 사람의 욕구와 감정을 존중해 주는 것
> - **비판적 사고** : 주장의 근거와 그 적절성을 따져 보는 것

- 인격을 함양하는 데 도움을 줄 수 있음
- 지속적인 성찰을 통해 올바른 자아 정체성을 형성할 수 있음

④ 윤리적 성찰의 방법

㉠ 윤리적 성찰 : 어떻게 살아야 할 것인지를 고민하고 자신을 도덕적인 관점에서 반성적으로 검토하는 것

㉡ 윤리적 성찰의 과정 : 과거의 도덕적 경험을 회상 → 과거에 적용했던 도덕 원리가 타당했는지를 살펴봄 → 성찰을 통해 앞으로 어떤 도덕적 실천을 해야 할지를 설정

㉢ 동서양의 윤리적 성찰의 방법

- 유교 : 증자가 제시한 일일삼성(一日三省)이나 거경(居敬)의 방법
- 불교 : 참선(參禪)을 성찰의 방법으로 제시
- 소크라테스의 산파술 : 끊임없는 질문을 통해 자신의 무지를 자각할 수 있도록 돕는 방법

⑤ 윤리적 실천을 위한 도덕적 탐구와 윤리적 성찰

㉠ 도덕적 탐구와 윤리적 성찰의 조화

- 도덕적 탐구에만 치중하면 단순한 지식과 사고력만 향상
- 윤리적 성찰에만 치중하면 진정한 깨달음에 근거하여 행위하는 데 한계가 있음

㉡ 윤리적 실천으로 나아감

- 도덕적 탐구와 윤리적 성찰을 통해 윤리적 실천으로 나아가야 함
- 도덕적 행위를 실천으로 옮기는 일체의 활동 과정을 '윤리함'이라고 함

> 개념UP
>
> **증자의 일일삼성(一日三省)**
>
> '남을 위함에 최선을 다했는가?', '벗과 사귐에 있어 신용을 잃지는 않았는가?', '스승에게 배운 바를 실천으로 옮겼는가?', 이 세 가지를 되돌아보며 반성하였다.

> 개념UP
>
> **거경(居敬)**
>
> 무엇이 인간이 참된 삶인지를 성찰, 마음을 한곳으로 모아 흐트러짐이 없이 함, 몸가짐을 삼가고 덕성을 함양

❷ 생명과 윤리

(1) 삶과 죽음의 윤리

① 출생의 윤리적 의미

㉠ 생물학적 의미 : 태아가 모체로부터 분리되어 독립된 새로운 생명체가 되는 단계

㉡ 윤리적 의미

- 인간의 자연적 성향을 실현하는 과정 : 인간이 자신의 생명을 유지, 종족 보존을 실현하려는 과정을 의미
- 도덕적 주체로 사는 삶의 출발점 : 유교에서는 출생으로부터 시작한 삶은 도덕적 완성의 과정이라고 이해함
- 가족 및 사회 구성원으로 사는 삶의 시작 : 다양한 인간관계를 형성

② 죽음의 윤리적 의미와 삶의 가치

㉠ 죽음의 윤리적 의미

- 삶의 소중함을 깨닫게 하는 계기
- 인간관계의 소중함을 깨닫게 하는 계기

㉡ 동양 사상의 죽음에 대한 견해

유교	• 죽음을 자연의 과정으로 여기면서 애도하는 것을 마땅한 일로 여김 • 공자 : 죽음보다 도덕적으로 실천하는 삶에 더 충실할 것을 강조
도가	• 삶과 죽음을 기가 모이고 흩어지는 것으로 보면서, 자연적이고 필연적인 과정으로 이해함 • 장자 : 삶과 죽음은 차별이 없으므로 죽음 앞에서 슬퍼할 필요가 없고, 죽음에 초연해야 함
불교	죽음은 생, 노, 병과 더불어 대표적인 고통이며, 현실의 세계로부터 벗어나 또 다른 세계로 윤회하게 됨을 의미함

㉢ 서양 사상가들의 죽음에 대한 견해

플라톤	육체에 갇혀 있는 영혼이 죽음을 통해 영원불변한 이데아의 세계로 들어감
에피쿠로스	살아 있는 동안에는 죽음을 경험할 수 없으므로 죽음을 두려워할 필요가 없음
하이데거	죽음에 대한 자각을 통해 삶을 더욱 의미 있고 가치 있게 살 수 있음
야스퍼스	죽음은 인간이 피할 수 없는 한계 상황임

③ 인공 임신 중절의 윤리적 쟁점

찬성 (선택 옹호주의)	• 태아는 인간이 아님 • 여성은 자기 몸에 대한 소유권을 지니며 태아도 여성의 몸의 일부임 • 여성은 자신의 삶을 자율적으로 결정할 수 있음 • 여성은 자기방어와 정당방위의 권리를 지니기 때문에 일정 조건하에서는 낙태할 권리를 지님

개념UP

장자의 죽음에 대한 견해

장자는 삶과 죽음을 서로 연결된 순환 과정으로 보았다. 그러므로 장자는 죽음에 임하여 너무 슬퍼하지 말며, 삶에 지나치게 집착하지 말라고 하였다.

문제UP

다음 중 인공 임신 중절에 대해 찬성인 의견만 고른 것은?

ㄱ. 모든 인간의 생명은 존엄한 거야.
ㄴ. 삶은 본인이 자율적으로 선택할 수 있는 거야.
ㄷ. 자신의 몸에 관한 소유권은 본인에게 있는 거야.
ㄹ. 태아의 잠재력을 무시하는 행동이야.

① ㄱ, ㄴ　　② ㄱ, ㄹ
③ ㄴ, ㄷ　　④ ㄴ, ㄹ

해 ㄴ, ㄷ은 낙태에 대해 찬성의 입장이고, ㄱ, ㄹ은 낙태에 대해 반대의 입장이다.

정답 ③

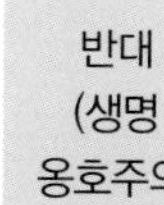

반대 (생명 옹호주의)	• 모든 인간 생명은 존엄하고, 태아 역시 인간이므로 보호해야 함 • 잘못이 없는 인간을 해치는 것은 도덕적으로 옳지 않은 일인데 태아는 잘못이 없는 인간임 • 태아는 인간으로 성장할 잠재성을 가지므로 인간으로서 지위를 갖고 있음

④ 자살의 윤리적 문제점

㉠ 자살의 윤리적 문제

• 사회에 부정적 영향을 끼침 : 가족이나 친구 등 주변 사람들에게 깊은 슬픔과 고통을 안겨주고, 사회 공동체의 결속을 약화시킴

• 유명인의 자살은 모방 자살로 이어지기도 함

㉡ 자살에 대한 각 사상의 입장

유교	부모로부터 받은 자신의 신체를 훼손하지 않는 것을 효의 시작이라고 봄
불교	'불살생'의 계율로 생명을 해치는 것을 금함
그리스도교	신으로부터 받은 생명을 스스로 끊어서는 안 된다고 가르침
아퀴나스	자기 보존을 거스르는 부당한 행위
칸트	인간의 인격을 한낱 수단으로 이용하는 것
쇼펜하우어	문제를 회피하는 것으로 문제를 해결하며 자신의 능력을 발휘할 가능성을 파괴하는 것

⑤ 안락사의 윤리적 쟁점

㉠ 안락사의 의미 : 불치병으로 극심한 고통을 겪고 있는 환자의 요구에 따라 의료진이 인위적으로 생명을 단축하는 행위

㉡ 안락사에 대한 찬성 · 반대 입장

찬성	• 환자의 자율성과 삶의 질을 중시함 • 공리주의적 관점 : 치유 불가능한 환자에게 과다한 경비를 사용하는 것은 환자와 가족에게 경제적으로 큰 부담이며, 환자 본인에게 심리적, 신체적 고통을 주는 것이기 때문에 사회 전체의 이익에 부합하지 않음
반대	• 모든 인간의 생명은 존엄, 인간은 자신의 죽음을 인위적으로 선택할 권리를 갖고 있지 않음 • 자연법 윤리와 의무론적 관점 : 인간의 죽음을 인위적으로 앞당기는 행위는 자연의 질서에 어긋날 뿐만 아니라 생명의 존엄성을 훼손하는 일임

⑥ 뇌사의 윤리적 쟁점

㉠ 뇌사의 의미 : 일반적으로 뇌 활동이 회복 불가능하게 정지된 상태로 뇌간의 생명 중추 기능도 상실하여 의식 능력과 뇌 기

개념UP

안락사의 구분

• **환자 동의 여부**
  - 자발적 : 환자가 안락사를 원하는 상황
  - 반자발적 : 환자가 안락사를 원하지 않는 상황
  - 비자발적 : 환자의 의사를 알 수 없을 때, 가족의 동의를 얻어 진행하는 상황

• **시술 행위의 적극성**
  - 적극적 안락사 : 약물 주입과 같이 구체적이고 적극적인 행위로 환자의 생명을 단축함
  - 소극적 안락사 : 회복 불가능한 연명 치료를 중단하고 자연스러운 죽음을 받아들이게 함

능의 소실 및 중단으로 죽음으로 판단하는 것

㉡ 뇌사 인정에 따른 논쟁

뇌사를 죽음으로 인정함	• 뇌 기능이 정지하면 가까운 시기에 심장과 폐의 기능도 정지하기 때문에 이미 죽음의 단계에 들어선 것 • 의료 자원의 효율적 이용에도 도움이 되며 뇌사자의 장기를 장기 이식에 활용할 수 있다고 주장
뇌사를 죽음으로 인정하지 않음	• 연명 의료 기기를 사용하면 짧은 시간이나마 호흡과 심장 박동이 유지 → 죽음에 이른 것이 아님 • 의료 자원의 효율적 이용과 장기 이식을 위해 뇌사 문제에 접근하는 것은 생명의 존엄성을 경시하는 것

문제UP

다음 중 뇌사를 죽음으로 인정하지 않는 반응은?

① 뇌만 멈춘 것이지 다른 장기들은 살아 있다.

② 남은 가족들의 생계를 생각해봐야 한다.

③ 현재 사용할 수 있는 의료 자원으로는 한계가 있다.

④ 장기이식을 통해 사람들에게 새 생명을 주는 것도 하나의 방법이라고 생각한다.

해 ①은 뇌사를 죽음으로 인정하지 않은 경우이고, ②, ③, ④는 뇌사를 죽음으로 인정한 경우의 반응들이다.

정답 ①

(2) 생명 윤리

① 생명의 존엄성에 관한 윤리적 관점 중요

㉠ 동양의 생명관

- 도가 : 자연스럽게 태어나고 자라는 것을 인위적으로 조작하는 일은 바람직하지 못함
- 불교 : 연기의 가르침으로 생명의 상호 의존 관계를 강조, 불살생의 가르침으로 생명의 보존 주장

㉡ 서양의 생명관

- 그리스도교 : 신의 피조물인 생명은 존엄, 일정한 위계를 가짐
- 그리스도교의 생명관은 아퀴나스와 슈바이처의 생명 사상 등으로 계승

② 생명 복제의 윤리적 쟁점

㉠ 동물 복제의 윤리적 쟁점

찬성	• 우수한 품종을 개발 · 유지할 수 있음 • 희귀 동물을 보존하고 멸종 동물을 복원할 수 있음
반대	• 자연의 질서를 위배 • 종의 다양성을 해치고, 동물의 생명을 수단으로 여기는 문제

㉡ 인간 복제의 윤리적 쟁점

- 배아 복제에 대한 입장

찬성	배아는 아직 완전한 인간이 아니고, 배아로부터 복제한 줄기세포를 이용해 난치병 등을 치료할 수 있다.
반대	• 배아는 인간의 초기 생명이므로 보호해야 한다. • 복제 과정에서 많은 수의 난자가 필요하고 이로 인해 여성의 인권과 건강권을 훼손시킬 수 있다.

• 개체 복제에 대한 입장

찬성	인간 복제를 통해 불임 부부의 고통을 덜어 줄 수 있다.
반대	• 인간의 존엄성을 훼손하는 것이다. • 자연스러운 출산 과정에 어긋난다. • 인간의 고유성을 위협하는 행위이다. • 가족 관계에 혼란을 준다.

③ 유전자 치료의 윤리적 쟁점

㉠ 체세포 유전자 치료 : 환자의 질병 치료를 위해 허용되고 있음

㉡ 생식 세포 유전자 치료의 윤리적 쟁점

찬성	• 병의 유전을 막아 다음 세대의 병을 예방 가능 • 의학적으로 유용(유전병 퇴치 등) • 유전 질환을 물려주지 않으려는 부모의 자율적 선택 존중 • 새로운 치료법 개발 → 경제적 효용 가치 산출
반대	• 미래 세대의 동의 여부 불확실 • 의학적으로 불확실, 임상적으로 위험 • 인간의 유전자를 조작하려는 우생학을 부추길 수 있음 • 고가의 치료비 → 그 혜택이 일부 사람에게 치중될 수 있음

개념UP

유전자 치료

질병을 치료하기 위해 체세포 또는 생식 세포 안에 정상 유전자를 넣어 유전자의 기능을 바로잡거나 이상 유전자 자체를 바꾸는 치료법

④ 동물 실험의 윤리적 쟁점

㉠ 동물 실험에 대한 찬성 · 반대 입장

찬성	• 인간이 동물과 근본적으로 다른 존재 지위를 갖고 있음 • 인간과 동물은 생물학적으로 유사 → 동물 실험의 결과를 인간에게 적용 가능
반대	• 인간과 동물은 존재 지위에 별 차이가 없음 • 인간과 동물은 생물학적으로 유사하지 않음 → 동물 실험의 결과를 그대로 인간에게 적용하는 데는 한계가 있음

㉡ 동물 권리 논쟁

데카르트	동물을 자동인형 또는 움직이는 기계에 불과하다고 주장
아퀴나스, 칸트	• 동물이 도덕적으로 고려받을 권리를 갖지는 않음 • 인간의 품성에 부정적인 영향을 끼치기 때문에 동물을 함부로 다루어서는 안 됨
벤담	동물도 고통을 느끼므로 도덕적으로 고려받을 권리를 가짐
싱어	• 동물이 즐거움과 고통을 느낄 수 있는 능력을 갖고 있으므로 동물의 이익도 평등하게 고려되어야 함 • 동물 실험이 동물에게 고통을 주기 때문에 기본적으로 반대
레건	• 동물은 인간과 마찬가지로 믿음, 욕구, 지각, 기억, 감정 등을 지니고 자신의 삶을 영위할 수 있는 능력을 지닌 삶의 주체이므로 인간처럼 내재적 가치를 지님

	• 동물 실험은 동물의 내재적 가치를 존중하지 않고, 단지 동물을 인간의 목적을 위한 수단으로 이용하는 것으므로 부당하다고 봄

(3) 사랑과 성 윤리

① 사랑과 성의 의미와 가치 중요

㉠ 사랑

• 인간의 근원적인 정서, 어떤 사람이나 존재를 아끼고 소중히 여기는 마음

• 인간이 지향하는 정서의 최고 단계로서 인간을 도덕적 생활로 이끌며 인격적 교감을 이루게 함

㉡ 프롬의 사랑의 요소

보호	사랑하는 사람을 보살피고 돌보는 것
책임	사랑하는 사람의 요구를 배려하면서 자신의 행동에 책임을 지는 것
존경	사랑하는 사람을 있는 그대로 받아들이며 존경하는 것
이해	사랑하는 사람을 올바로 이해하는 것

㉢ 성이 갖는 가치

• 생식적 가치 : 자연법 윤리에서 말하는 종족 보존의 자연적 성향과 관계가 있음

• 쾌락적 가치 : 인간의 감각적인 욕구를 충족시켜 줌, 성적 욕망과 관련이 있음

• 인격적 가치 : 사랑하는 사람과 상호 간의 존중과 배려를 실현하게 해 줌

㉣ 사랑과 성의 관계

보수주의 입장	• 결혼과 출산 중심의 성 윤리를 제시 • 부부간의 신뢰와 사랑을 전제로 할 때만 도덕적이라고 주장 • 혼전 또는 혼외 성관계는 부도덕함
중도주의 입장	• 사랑 중심의 성 윤리를 제시 • 사랑을 동반한 성적 관계는 허용될 수 있다고 주장 • 사랑이 결부된 성적 관계는 남녀가 육체적 · 정서적으로 교감할 수 있음
자유주의 입장	• 자발적인 동의 중심의 성 윤리를 제시 • 성에 관한 개인의 자유로운 선택을 중시

② 성에 관련된 윤리 문제

㉠ 성차별

개념UP

유리 천장 지수

임금 격차, 고등 교육 참여율, 여성 국회의원 비율, 기업의 여성 임원 비율 등을 종합하여 만든 것으로 한 나라의 남녀 성 평등정도를 가늠할 수 있는 지표이다. 지수가 낮을수록 성차별이 심하다는 것을 보여 준다.

- 의미 : 남녀 간의 차이를 잘못 이해하여 발생하는 차별
- 문제점 : 여성과 남성 모두의 자아실현을 방해, 인간으로서의 평등성과 존엄성을 훼손, 남녀 각 개인의 잠재력을 충분히 발휘할 수 없도록 하여 국가차원에서 인적 자원의 낭비 초래

ⓛ 성의 자기 결정권

- 의미 : 인간이 자신의 성적 행동을 스스로 결정할 수 있는 권리
- 성의 자기 결정권을 남용할 때 문제점 : 타인이 갖는 성의 자기 결정권을 침해할 수 있음, 생명을 훼손하는 부도덕한 결과 초래할 수 있음(원치 않는 임신으로 인공 임신 중절 등)

ⓒ 성 상품화

- 의미 : 성 자체를 상품처럼 사고팔거나 다른 상품을 팔기 위한 수단으로 성을 이용하는 행위
- 찬성 입장 : 성의 자기 결정권과 표현의 자유를 강조, 이윤 극대화를 추구하는 자본주의 경제 논리 부합할 수 있음
- 반대 입장 : 성 상품화가 인격적 가치를 지니는 성을 상품으로 대상화하여 성의 가치와 의미를 훼손함, 성 상품화는 외모 지상주의를 조장함

③ 결혼의 윤리적 의미와 부부 윤리

㉠ 결혼의 윤리적 의미

- 부부가 서로에 대한 사랑을 지키겠다는 약속
- 남녀가 서로의 차이를 존중하겠다는 의지의 표현

ⓛ 부부 윤리

- 서로 동등한 존재임을 인식해야 함
- 서로 존중하고 협력해야 함(음양론, 부부유별(夫婦有別), 부부상경(夫婦相敬))

④ 가족의 가치와 가족 윤리

㉠ 가족의 가치

- 정서적 안정을 줌
- 사회생활에 필요한 규칙과 예절을 가르쳐 주어 바람직한 인격을 형성할 수 있도록 도와줌
- 건강한 가족은 건강한 사회의 토대가 됨

개념UP

성적 소수자의 인권 침해의 문제

- 성적 취향 또는 행동이 다수와 다르다는 이유로 언어적, 신체적 폭력에 노출됨
- 동성애자 결혼이 법적으로 인정받지 못해 사회 제도적인 보호를 받지 못하는 경우 발생
- 치료를 받아야 하는 정신 질환자나 범죄자로 취급받기도 함

개념UP

음양론

우주나 인간 사회의 모든 현상을 음양의 변화로 설명하는 이론. 음양은 상호 의존적이고 보완적인 관계이다.

개념UP

부부유별(夫婦有別)

오륜(五倫)의 하나로 남편과 아내의 역할에는 구별이 있음

개념UP

부부상경(夫婦相敬)

부부는 서로 공경해야 한다는 의미

㉡ 가족 해체 현상
- 의미 : 가족 구성원 각자의 역할이나 가족 전체의 기능이 제대로 수행되지 못하는 상태
- 가족 해체 현상이 심화되면 가족 공동체가 와해되고, 이는 결과적으로 사회 전체에 부정적인 영향을 끼치게 됨

㉢ 가족 간에 지켜야 할 윤리
- 부모와 자녀는 서로 배려하면서 자애와 효도를 실천 : 부자유친(父子有親)과 부자자효(父慈子孝)
- 형제자매는 서로 우애 있게 지내야 함 : 형우제공(兄友弟恭)

개념UP
부자유친(父子有親)
부모와 자녀 사이에는 친애가 있어야 함

개념UP
부자자효(父慈子孝)
부모는 자녀를 사랑하고 자녀는 부모에게 효도해야 함

개념UP
형우제공(兄友弟恭)
형은 아우를 사랑하고 아우는 형을 공경해야 함

❸ 사회와 윤리

(1) 직업과 청렴의 윤리

① 직업의 의미와 가치

㉠ 직업의 의미
- 인간이 사회 구성원으로 살아가면서 자신의 능력이나 재능에 따라 일정 기간 일에 종사하며 경제적 재화를 받는 지속적인 활동
- 경제적 기반의 토대, 사회와의 연결 고리

㉡ 직업의 가치
- 경제적 기반을 마련 : 행복한 삶을 위한 물질적 토대 마련
- 사회적 역할을 분담할 수 있게 함 : 인간은 직업을 통해 사회 구성원으로서의 역할을 수행하고 사회 발전에 기여
- 자아실현에 이바지 함 : 직업 생활을 하는 가운데 자신의 잠재적인 소질과 능력을 발견하고 그것을 발휘

② 직업 윤리의 의미와 특성 중요

㉠ 직업 윤리 : 직업 생활을 하는 사람들이 따라야 하는 가치와 행동 규범

㉡ 동양의 직업 윤리
- 공자 : 자신이 맡은 직분에 충실해야 한다는 정명(正名)을 강조함
- 전통적으로 장인(匠人) 정신을 중요하게 여겨옴

개념UP
연대 의식
사회 구성원 상호 간 또는 구성원과 사회 간의 상호 의존을 지탱하는 의식 또는 같은 사회의 구성원으로서 공통적으로 나누어 가지는 귀속의식

㉢ 서양의 직업 윤리

- 칼뱅 : 직업은 신의 거룩한 부르심, 즉 소명(召命)이며, 직업의 소명을 실천하기 위해 검소하고 금욕적인 태도를 지녀야 함

③ 다양한 직업 윤리

㉠ 기업가의 윤리

- 법적 테두리 내에서 건전하게 이윤을 추구해야 함
- 공익을 추구하는 등 사회적 책임을 다해야 함

㉡ 근로자의 윤리

- 자신의 책임과 역할을 다해야 함
- 노동 생산성을 높이기 위해 자신이 맡은 분야에서 전문가가 되어야 함

㉢ 전문직의 윤리

- 전문직 : 고도의 전문적 교육과 훈련을 거쳐야만 종사할 수 있는 직업, 전문성 · 독점성 · 자율성을 특징으로 하므로 전문직 종사자의 사회적 영향력은 매우 큼
- 자신의 직업에 필요한 전문 지식과 기술을 축적해야 할 뿐만 아니라 사회에 대한 책임감을 지닐 수 있도록 노력

㉣ 공직자의 윤리

- 공직자 : 국가 기관이나 공공 단체의 일을 보는 직책이나 직무를 맡은 사람, 국민 삶의 질 향상 · 국가 유지 및 발전에 중요한 역할을 담당
- 국민을 위해 봉사하는 자세를 가져야 함
- 공익을 실현하기 위해 노력해야 함

④ 청렴한 자세의 필요성

㉠ 청렴의 의미

- 성품과 품행이 맑고 깨끗하며 탐욕을 부리지 않는 것을 말함
- 청렴을 강조하는 전통 윤리인 청백리 정신 : 청빈한 생활 태도를 유지하면서 국가의 일에 충심을 다하려는 정신

㉡ 청렴이 필요한 까닭

- 공동체의 발전을 도모할 수 있게 해줌
- 개인의 청렴 의식도 중요하지만, 사회 윤리적 차원의 노력도 중요함

개념UP

기업가와 근로자 간의 상생적 관계

기업가와 근로자가 서로 소통하고 협력할 때 근로자의 권리도 보장되고 기업도 성장할 수 있다. 이를 위해 기업가는 회사 경영 상태의 투명한 공개와 근로자는 불필요한 대립 의식을 지양해야 한다.

문제UP

다음 중 빈칸에 들어갈 말로 가장 옳은 것은?

공직자는 국민의 의사를 반영하여 ______(으)로 업무를 수행해야 한다.

① 독단적 ② 민주적
③ 소극적 ④ 지시적

해 공직자는 효율적으로 직무 수행 뿐 아니라 국민의 의사를 반영하여 민주적으로 직무를 수행해야 하므로 빈칸에는 민주적이 가장 적절하다.

정답 ②

개념UP

정약용의 청렴의 중요성 강조

"수령 노릇을 잘하려는 자는 반드시 자애로워야 하고, 자애로워지려는 자는 반드시 청렴해야 한다."라고 하여 청렴의 중요성을 주장함

(2) 사회 정의와 윤리

① 사회 정의의 의미

㉠ 정의

- 개인 간의 올바른 도리 또는 사회를 구성하고 유지하는 공정한 도리로서 사회가 추구해야 할 가장 핵심적이고 기본적인 덕목 중 하나
- 두 사람 이상의 사회적 관계에서 구현되는 가치라는 점에서 공정함 또는 올바름이라는 정의의 개념은 사회 정의라고도 말할 수 있음

㉡ 개인 윤리

- 의미 : 개인의 도덕성 회복을 통한 윤리 문제 해결
- 현대 사회에서는 개인 윤리만으로는 해결하기 어려운 윤리 문제가 발생(사회 계층 간의 갈등, 빈부 격차 등)

㉢ 사회 윤리

- 의미 : 사회의 구조와 제도의 개선을 통한 윤리 문제 해결
- 사회 윤리를 강조한 니부어는 도덕적인 개인이라도 비도덕적인 사회에서는 비도덕적인 행동을 하기 쉽다고 보고, 정의를 사회의 도덕적 이상으로 제시함

> 개념UP
>
> **니부어의 사회 윤리**
>
> 미국의 신학자 니부어에 따르면 개인이 아무리 도덕적으로 살려고 해도 그가 사는 사회의 도덕성이 바르지 않다면 개인의 노력은 소용이 없다. 그는 사회의 구조가 잘못되어 있는데 개인에게만 올바르게 살아가라고 요구할 수 없기 때문에 우선적으로 해야 할 일은 잘못된 사회적 관행이나 제도의 개선이라고 주장하였다.

② 분배적 정의의 의미와 기준

㉠ 분배적 정의 : 각자가 자신의 몫을 누릴 수 있게 하는 것으로 사회 구성원에게 여러 가지 사회적 · 경제적 가치를 공정하게 분배함으로써 실현됨

㉡ 분배적 정의의 기준 중요

구분	의미	장점	문제점
절대적 평등	모든 사람에게 동일하게 분배하는 것	기회와 혜택이 균등하게 보장	생산 의욕과 효율성 저하
업적	기여한 정도에 따라 분배하는 것	생산성 향상, 객관적 평가의 용이함	서로 다른 종류의 업적에 대한 양과 질의 평가가 어려움, 사회적 약자를 배려하기 어려움
능력	능력이 뛰어난 사람에게 더 많이 분배하는 것	능력이 뛰어난 사람에게 적절한 보상 가능	선천적 영향 배제 어려움, 능력 평가 기준 모호
필요	사람들의 필요에 따라 분배하는 것	사회적 약자를 보호 가능	경제적 효율성 저하

③ 절차적 정의

㉠ 의미 : 합당한 몫을 결정하는 공정한 절차

㉡ 롤스의 입장

- 원초적 입장으로부터 도출된 정의의 원칙을 따를 때 공정한 분배가 실현될 수 있다고 봄
- 원초적 입장 : 롤스가 주장한 자유롭게 평등한 개인이 공정한 조건에서 정의의 원칙을 선택하는 가상적인 상황

㉢ 노직의 입장

- 재화의 취득과 이전의 절차나 과정이 정당하면 그 과정을 통해 얻은 소유물에 관해서는 개인이 절대적 소유 권리를 가짐
- 국가가 강압, 절도, 사기, 강제 계약의 발생을 막는 일 이상의 역할을 해서는 안 되며, 재화의 분배에 적극적으로 관여하기보다 최대한 개인의 자유에 맡겨야 한다고 주장

④ 분배적 정의와 윤리적 쟁점

㉠ 우대 정책의 윤리적 쟁점

우대 정책 찬성	• 보상의 논리 : 과거의 차별로 고통받아 온 사회적 약자는 그 고통에 관해 보상을 받을 권리를 가져야 함 • 재분배의 논리 : 사회적 약자는 경제적 부나 사회적 지위를 얻을 유리한 기회를 부여받아야 함 • 공리주의 논리 : 사회적 긴장을 완화, 사회 전체의 평화와 행복을 증진
우대 정책 반대	• 다른 집단에 대한 또 다른 차별 • 과거의 차별에 관해 잘못이 없는 현세대에게 보상의 책임을 지우는 것은 부당함 • 개인의 재능과 노력으로 얻은 사회적 지위를 중요시하는 입장을 침해

⑤ 교정적 정의의 의미와 관점

㉠ 교정적 정의의 의미

- 의미 : 부당한 피해 행위에 대한 불균형과 부정의를 바로잡는 것
- 시민권의 보장, 공공의 안전 확보, 배상과 처벌의 정당화

㉡ 교정적 정의의 관점

- 응보주의 관점 : 처벌의 본질을 범죄 행위에 상응하는 해악을 가하는 것
- 공리주의 관점 : 처벌의 본질을 사회적 이익을 증진하기 위

문제UP

정의로운 사회 실현을 위해 롤스(Rawls, J.)가 제시한 원칙에 해당되지 않는 것은?

① 최소한의 정부를 지향한다.
② 사회적 약자를 우선적으로 배려한다.
③ 평등한 기본적 자유를 최대한 보장한다.
④ 사회적 지위가 공정하게 개방되어야 한다.

해 최소한의 정부는 근대 야경국가의 원리로 시장에 대한 개입을 최소화하고 국가의 임무를 최소한의 활동으로 한정하는 자유주의 국가관이다. 국민의 인간다운 최저생활의 보장을 국가의 의무로 수용한 현대 복지국가가 이전의 국가 형태를 가리키기도 하므로 롤스의 정의로운 사회 실현을 위한 원칙에는 해당되지 않는다.

정답 ①

한 수단으로 봄, 처벌은 범죄 예방과 사회 안전을 위한 효과적 수단

⑥ 교정적 정의의 윤리적 쟁점

㉠ 처벌의 근거와 정도

구분	응보주의 관점	공리주의 관점
처벌의 근거	타인에게 해악을 준 사실만을 처벌의 근거로 봄	사회 전체의 이익을 처벌의 근거로 삼음
처벌의 정도	처벌의 경중을 범죄의 해악 정도에 비례하여 정해야 한다고 주장	범죄의 해악 정도보다는 사회의 이익에 따라 처벌의 경중을 정해야 한다고 주장

㉡ 사형 제도의 윤리적 쟁점

사형 제도 찬성	• 흉악 범죄자의 사형은 정당 • 극형인 사형은 범죄 예방 효과가 큼
사형 제도 반대	• 범죄 예방 효과에 대한 확실한 증거 없음 • 범죄자의 교화의 기회 박탈, 오판의 가능성 • 인도적 차원에서 잔혹한 형벌임

개념UP

사형 제도의 관점

- **칸트** : 동등성의 원칙에 근거하여 인간 존엄성을 훼손한 범죄는 사형을 통해 응보적으로 처벌하는 것이 정당하다고 보았다.
- **루소** : 사회 계약론의 관점에서 사형 제도를 찬성하였다. 살인으로부터 보호받기 위해 살인자를 사형에 처하는 것에 동의했으며, 사람을 살해한 자는 정당한 사회 구성원이 아니므로 그 생명권을 박탈하더라도 이것이 동의에 의한 사회 계약에 위반되는 것은 아니라고 주장하였다.
- **베카리아** : 공리주의적 관점에서 사형보다 종신 노역형이 범죄 예방과 사회 전체 이익 증진에 부합하므로 사형 제도는 폐지되어야 한다고 주장하였다.

(3) 국가와 시민의 윤리

① 국가의 권위

㉠ 국가의 권위 : 시민들이 국가의 뜻을 따르게 하는 힘, 명령을 내릴 수 있는 권리 혹은 통치를 할 수 있는 권리를 의미

㉡ 국가의 권위의 정당성에 대한 관점

인간 본성의 관점	아리스토텔레스 : 인간은 본성적으로 정치적 존재이며, 정치 공동체 속에서만 최선의 삶이 가능
동의의 관점	사회 계약론 : 국가가 자신의 생명, 자유, 재산에 관한 권리를 보호해 준다는 조건으로 각 개인은 국가의 명령에 복종
천명(天命)의 관점	동양의 유교 사상 : 군주의 통치권을 하늘로부터 주어진 것으로 봄

② 시민에 대한 국가의 의무

㉠ 국가가 시민을 위해 해야 할 일

로크	• 모든 시민은 주권자로서 동등한 자유와 평등한 권리를 가지는 존재 • 국가는 이러한 시민의 기본권을 보장하기 위한 노력해야 함
맹자	• 기본적인 생활 기반이 형성되어 있지 않은 국가의 시민은 부도덕한 일을 하기 쉬움 • 국가는 시민에게 기본적인 생활 수준이 보장될 수 있도록 노력해야 함

밀	시민이 타인에게 해악을 끼칠 경우 제외하고 국가는 시민의 자유와 기본권을 보장해야 함
롤스	• 국가는 개인의 평등한 자유를 보장 • 사회의 가장 불리한 위치에 있는 사람에게 최대 이익이 돌아가게 함 • 기회를 평등하게 부여하는 질서 정연한 정의 사회를 실현해야 함
홉스	국가는 만인의 만인에 대한 투쟁 상태에 놓인 사람들의 생명과 재산을 보호하고 사회의 질서를 형성해야 함
루소	국가는 사유 재산이 증가하면서 발생한 사회적 불평등을 해결하고 시민들의 생명을 보존하고 번영하도록 해야 함

③ 시민 참여의 필요성

㉠ 시민 참여가 필요한 이유

- 민주주의 사회에서는 시민이 주인이기 때문임
- 개인의 권리를 보장 : 참여는 시민의 의사를 실질적으로 반영할 수 있는 기회를 제공
- 공동체의 발전 : 국가 권력의 남용을 견제할 수 있고, 공동체의 문제를 협력적으로 해결함으로써 국가 발전을 도모

㉡ 시민의 참여 방법

- 시민 참여 분야 : 정책의 입안, 결정, 집행, 평가 과정 등
- 시민 참여 방법 : 공청회, 자문회, 주민 투표제, 주민 소환제 등

④ 시민 불복종의 정당성

㉠ 시민 불복종 : 부정의한 법과 정책에 대한 시민들의 의도적 위법 행위

㉡ 시민 불복종의 관점

소로	• 법보다 정의에 대한 존경심이 더 중요 • 악법에 대한 불복종은 도덕적이며 정의로운 행동, 양심에 따라 부정의에 적극적으로 저항
마틴 루서 킹	인간의 존엄성과 인격을 무시하거나 부정하는 법에 대한 불복종
롤스	거의 정의로운 사회에서 사회적 다수가 공유하는 정의관에 위배되는 법과 정책의 변화를 위해 시민들이 전개하는 의도적 위법행위

㉢ 시민 불복종의 정당화 조건

- 행위 목적의 정당성 : 사회 구성원의 권리를 침해하여 사회

개념UP

시민 참여

자유 민주주의 사회에서 정부의 정책 및 행정 과정에 일반 시민이 참여해 정책 결정, 진행, 평가 등에 영향을 미치는 것

개념UP

시민 불복종 사례

여성 참정권 운동, 베트남전 반대 운동, 간디의 비폭력 불복종 운동, 흑인 인권 운동 등

정의를 훼손한 법이나 정책에 저항하는 것

- 비폭력적 : 평화적인 방법을 사용해야함
- 최후의 수단 : 여러 가지 정상적인 방식으로 호소했지만 소용이 없을 때 시도
- 처벌 감수 : 처벌을 받는 등의 불이익을 감수하고서라도 잘못된 법이나 정책을 바로잡음

❹ 과학과 윤리

(1) 과학 기술과 윤리

① 과학 기술의 혜택과 문제점

㉠ 과학 기술의 혜택

- 물질적 풍요와 안락한 삶을 누리게 해 주었음(기계 공학의 발달 및 신소재의 개발 등)
- 시공간적 제약에서 벗어날 수 있게 해 주었음(정보의 발달, 교통수단의 발달)
- 인간의 건강을 증진하고 생명을 연장해 주었음(생명 공학 기술의 발달로 치료법, 신약 등이 개발)

㉡ 과학 기술의 문제점

- 환경 문제를 발생시키기도 함(기술의 발달에 따른 대량 생산 · 대량 소비로 발생하는 쓰레기의 증가는 환경을 심각하게 훼손)
- 인간의 주체성을 약화시키고 비인간화 현상을 초래
- 인권 및 사생활 침해 문제를 일으키기도 함
- 생명의 존엄성을 훼손하기도 함

② 과학 기술과 가치 중립성

㉠ 과학 기술의 가치 중립성 인정

- 과학 기술 그 자체는 좋은 것도 나쁜 것도 아니므로 윤리적 평가의 대상이 아님
- 과학 기술을 연구 · 발전시키는 데 윤리가 개입해서는 안 된다고 봄

㉡ 과학 기술의 가치 중립성 부정

> **개념UP**
>
> **과학 기술의 어원**
>
> - 과학(science)은 지식을 뜻하는 라틴어 '스키엔티아(scientia)'에서 유래한 용어
> - 기술(technology)은 고대 그리스에서 사용된 '테크네(techne)'라는 말에서 유래한 용어

> **문제UP**
>
> 다음 중 빈칸에 들어갈 말로 옳은 것은?
>
> 과학 기술 사회적 책임으로부터 자유로워야 한다는 입장은 과학 기술의 _______ 을/를 인정하는 입장이다.
>
> ① 가치중립성
> ② 윤리적 문제
> ③ 문제점
> ④ 한계점
>
> 해 주어진 글은 과학 기술의 가치중립성을 강조하는 입장이다. 따라서 빈칸에는 가치중립성이 가장 적절하다.
>
> 정답 ①

- 연구의 목적을 설정하거나 결과를 현실에 적용할 때 가치 판단이 개입
- 과학 기술에 대한 윤리적 성찰이 필요하다고 봄

③ 과학 기술의 두 가지 과정에 대한 가치 평가

㉠ 과학기술의 정당화 과정 : 과학 기술이 객관적 타당성을 갖춘 지식이나 원리로 인정받는 과정으로 가치 중립성이 요구됨, 이론 자체의 객관성을 확보할 수 없으므로 연구자의 주관적 가치가 개입되서는 안 됨

㉡ 연구 대상의 선정 및 연구 결과의 활용 과정 : 과학자가 연구 대상을 선정하고 연구 결과를 활용할 때에는 가치가 개입됨

④ 과학 기술 연구 윤리

㉠ 의미 : 과학 기술 연구 과정에서 나타날 수 있는 비윤리적 문제를 해결하고자 하는 규범, 과학 기술 연구자가 정직하고 성실한 태도로 책임 있는 연구를 수행하기 위해 지켜야 할 윤리적 원칙과 행동 양식

㉡ 과학 기술 연구자의 태도

- 비윤리적인 행위를 하지 말아야 함
- 실험 대상을 윤리적으로 대우해야 하고 연구 결과를 완전하게 공표해야 함
- 실질적으로 기여한 정도에 따라 연구 공로를 공정하게 배분해야 함

㉢ 과학 기술자의 사회적 책임

- 과학 기술의 결과물의 부정적 영향 등을 검토하여 예방적 조치를 해야 함
- 기아나 환경 문제 등 전 지구적인 과제를 해결할 수 있는 과학 기술을 개발해야 함
- 사회적 책임을 실현하기 위한 제도적인 장치를 마련해야 함

개념UP

과학 기술과 윤리의 관계

윤리는 과학 기술이 추구해야 할 가치나 목적을 설정하는 데 도움을 주고, 과학 기술이 그 활용의 결과에 대해 윤리적 책임을 다할 수 있도록 안내해야 함

개념UP

과학 기술의 바람직한 활용을 위한 노력

- 과학 기술자는 자연 환경과 미래 세대가 존속할 수 있는 범위 내에서 과학 기술의 발전을 추구해야 함
- 시민들은 과학 기술이 인간의 존엄성에 공헌하고 있는지 관심을 갖고 과학 기술의 사용 방향에 대한 선택과 결정에 적극적으로 참여해야 함

(2) 정보 사회와 윤리

① 정보 기술의 발달에 따른 변화 중요

㉠ 긍정적 변화

- 생활의 편리성이 크게 향상 : 인터넷에서 교육, 업무, 금융 거래 등 일상적인 활동을 하거나 업무를 처리할 수 있게 됨

- 의사 결정 과정에 참여할 기회가 확대 : 사이버 공간의 등장으로 신분의 노출 없이 자신의 의견을 자유롭게 표현 가능
- 전문적인 지식의 습득 가능 : 블로그나 텔레비전 전문 프로그램 등을 통해 일반인들도 전문적인 정보를 쉽게 습득할 수 있음
- 다양한 이해의 폭이 넓어짐 : 전 세계의 정치, 예술 등과 관련된 정보들이 인터넷이나 사회 관계망 서비스(SNS)를 통해 실시간으로 전달됨에 따라 다양한 문화를 경험 · 이해

ⓛ 윤리적 문제

- 사이버 폭력 : 사이버 공간에서 상대방이 원하지 않는 언어, 이미지 등을 이용하여 정신적 · 심리적 피해를 주는 행위
- 사생활 침해 : 정보 기술의 발달로 개인 정보를 쉽게 얻을 수 있게 되면서 사생활이 침해되는 일이 발생함
- 저작권 침해 : 저작권법에 의해 배타적으로 보호되는 저작물을 무단으로 이용하여 저작권자의 권리를 침해하는 행위(소프트웨어 무단 복제, 인터넷의 각종 자료를 무단으로 내려받는 행위)

② 정보 사회의 정보 윤리

㉠ 지켜야할 정보 윤리

- 인간 존중의 원칙 : 사이버 공간 내 타인도 인간으로서 존엄성을 가지므로 타인의 인격, 지적 재산권 등을 존중해야 함
- 책임의 원칙 : 익명성으로 인해 나타나는 비윤리적인 행동을 막기 위해 책임 의식을 지녀야 함
- 정의의 원칙 : 다른 사람의 기본적 자유와 권리를 침해하지 않고, 정보의 진실성과 공정성을 추구하는 것
- 해악 금지의 원칙 : 언어폭력, 사이버 성폭력, 개인 정보 유출, 유언비어, 해킹 등으로 타인에게 피해를 끼쳐서는 안 됨

③ 뉴 미디어의 등장과 특징

㉠ 뉴 미디어의 의미 : 기존의 매체들이 제공하던 정보를 인터넷을 통해 가공, 전달, 소비하는 포괄적 융합 매체

ⓛ 뉴 미디어의 특징

- 상호 작용화 : 송수신자 간 쌍방향 정보 교환을 가능하게 함
- 비동시화 : 정보 교환에서 송수신자가 공시에 참여하지 않고

개념UP

사이버 폭력의 문제

- 사이버 공간의 특성상 광범위하고 빠르게 확산되므로 피해자는 심각한 정신적 충격을 받을 수 있음
- 가해자들이 피해자들의 고통을 직접 목격하기 어려우므로 폭력의 심각성을 인식하지 못할 수 있음

개념UP

정보 공유 권리(copyleft)의 주장

- 모든 저작물이 인류가 생산한 정보와 지식을 활용하여 구성된 공공재
- 저작물에 관한 과도한 권리 행사는 새로운 창작을 방해할 수 있으며 정보 격차에 따른 불평등을 발생시킴
- 정보를 공유할 때 정보의 질적인 발전이 가능하다고 주장

문제UP

다음 중 사이버 공간에서 한 행동으로 옳지 않은 것은?

① 댓글을 쓰더라도 책임질 수 있는 말만 써야한다.
② 다른 사람의 사생활은 침해해선 안 된다.
③ 익명성이 보장되니 내가 들은 소문은 적어도 된다.
④ 다른 사람들의 의견에 휩쓸리지 말아야 한다.

해 익명성은 보장되어도 책임의식을 갖고 글과 댓글을 작성해야 한다.

정답 ③

도 수신자가 원하는 시간에 정보를 볼 수 있게 함
- 탈대중화 : 특정 대상과 특정 정보를 상호 교환할 수 있게 함
- 능동화 : 이용자가 더욱 능동적으로 활동할 수 있게 함

④ 뉴 미디어 시대의 매체 윤리

㉠ 매체윤리

- 개인 정보의 신중한 처리 : 개인 정보의 공개는 사람들의 알 권리를 충족시킬 수 있지만, 인격권의 침해로 이어질 수도 있음
- 표현의 자유에 관한 한계 인식 : 타인의 권리를 침해하지 않고, 사회 질서 및 공공복리를 침해하지 않는 범위에서 허용되어야 함
- 표절 금지 : 작성자의 권리와 소중한 재산에 대한 침해임
- 매체 이해력 습득 : 비판적 사고를 바탕으로 정보를 올바르게 이해하고 표현할 수 있어야 함

(3) 자연과 윤리

① 동서양의 자연관

㉠ 동양의 자연관 : 자연을 상의(相依)와 화해(和諧)의 대상으로 여김

유교	자연의 생명력을 도덕적으로 해석, 인간이 자연을 본받아 타인에게 인(仁)을 실천해야 한다고 보았음
불교	연기설(緣起說)에 근거, 인간과 자연의 상호 의존성을 자각하고 모든 생명에 자비를 베풀 것을 강조
도가	천지 만물을 무위(無爲)의 체계로 봄, 인간도 인위적 욕망을 버리고 자연의 순리에 따라 살아야 한다고 봄

㉡ 서양의 자연관 : 자연과 인간을 구분하고, 자연은 인간의 목적을 달성하기 위한 수단

아리스토텔레스	식물은 동물을 위해, 동물은 인간을 위해 만들어진 것이라고 주장
그리스도교	자연은 신에 의해 창조된 것, 인간은 신의 명령에 따라 관리해야 할 대상 · 신의 섭리를 발견할 수 있는 대상으로 봄

② 인간 중심주의

㉠ 의미

- 인간만이 도덕적 지위를 지닌다고 보고, 인간 이외의 모든

개념UP

인격권

인간의 존엄성에 바탕을 둔 사적 권리로 인격적 이익을 기본 내용으로 하며 그 주체만이 행사할 수 있는 권리

개념UP

인격권의 종류

- **성명권** : 자신의 성명을 사용하는 것에 관한 권리
- **초상권** : 자신의 초상에 관한 독점적인 권리
- **저작 인격권** : 저작자가 자신의 저작에 관해 갖는 권리
- **사생활권** : 자신의 사적 생활이 공개되거나 침해당하지 않을 권리

개념UP

상의와 화해

- **상의(相依)** : 개개의 사물이 서로 의존해서 존재한다는 것
- **화해(和諧)** : 개개의 존재가 서로간의 균형과 협동을 통해 조화를 이루는 것

개념UP

온건한 인간 중심주의

- 자연을 존중하면서 신중하고 분별력 있게 사용해야 한다고 봄
- 인간이 장기적으로 생존하고 복지를 누리기 위해 환경 친화적인 삶을 강조함

존재는 인간의 목적을 이루기 위한 수단으로 여김

• 인간만이 직접적인 도덕적 고려의 대상이며 동물이나 식물 등 인간이 아닌 존재는 도덕적 고려의 대상이 아님

㉡ 대표적인 사상가

베이컨	자연을 인류의 복지를 위한 수단으로 봄, 자연에 관한 지식의 활용을 강조
데카르트	이분법적 세계관에 입각하여 인간과 자연의 관계를 인식 주체와 인식 대상으로 설정, 자연을 단순한 물질 또는 기계로 파악함으로써 도덕적 고려의 대상에서 제외함
칸트	이성적 존재만이 자율적으로 행동하는 도덕적 주체가 될 수 있다고 강조하면서 자연의 도덕적 지위를 부정함

㉢ 특징 및 한계

• 특징 : 인류가 자연을 적극적으로 이용하고 물질적 풍요를 가능하게 함

• 한계 : 자연에 대한 인간의 지배와 착취를 정당화하여 오늘날 발생한 환경 문제의 원인이 되기도 함

③ 동물 중심주의

㉠ 의미

• 도덕적 고려의 범위를 동물까지 확대해야 한다고 봄

• 동물을 인간을 위한 수단으로 여기는 것에 반대하고 동물의 복지와 권리의 향상을 강조함

개념UP

이익 평등 고려의 원칙

쾌락과 고통을 느끼는 모든 존재의 이익을 동등하게 고려해야 한다는 원칙

㉡ 대표적인 사상가

싱어	공리주의에 기초하여 쾌락과 고통을 느끼는 능력을 도덕적 고려 기준으로 삼음, 이익 평등 고려의 원칙에 근거하여 동물의 고통을 저급하게 여기거나 무시하는 행위는 일종의 종(種) 차별주의라고 비판함
레건	의무론에 기초하여 내재적 가치를 갖는 대상은 수단이 아니라 목적으로 대우해야 한다고 보았음, 동물이 도덕적으로 무능할지라도 자기의 삶을 영위할 수 있는 삶의 주체로서 내재적 가치를 지니기 때문에 도덕적으로 존중받을 권리가 있다고 주장함

㉢ 특징 및 한계

• 특징 : 동물에 대한 비도덕적 관행을 반성하는 계기를 마련해 줌

• 한계 : 인간과 동물의 이익이 충돌할 때 현실적인 대안을 제공하기 어려움, 고통을 느끼지 못하는 동물이외의 식물, 더

나아가 생태계 전체에 대한 고려가 미흡함

④ 생명 중심주의

㉠ 의미

- 모든 생명체는 그 자체로서 가치를 지니므로 도덕적 고려의 범위를 모든 생명체로 확대해야 한다고 봄
- 도덕적 지위를 갖는 기준을 생명으로 봄, 모든 생명체에 대한 도덕적 고려를 강조함

㉡ 대표적인 사상가

슈바이처	모든 생명은 살고자 하는 의지를 지니고 있으며, 그 자체로 신성하다는 생명 외경을 강조함, 생명을 함부로 죽여서는 안 되며 그에 대한 도덕적 책임을 자각해야 한다고 주장
테일러	모든 생명체를 '목표 지향적인 삶의 중심'이라고 규정한 생명 중심주의 이론을 확립함, 모든 생명체는 생존 · 성장 · 발전 · 번식이라는 목적을 추구하는 목표지향적 존재이므로 도덕적으로 고려하고 존중해야 한다고 봄

㉢ 특징 및 한계

- 특징 : 도덕적 고려의 범위를 생명체에까지 확대하여 모든 생명의 소중함을 일깨워 주었음
- 한계 : 생태계 전체를 고려한 것은 아니므로 오늘날의 환경 문제를 극복하는 데 한계를 지니고 있음

⑤ 생태 중심주의

㉠ 의미

- 무생물을 포함한 생태계 전체를 도덕적 고려의 대상으로 여김
- 생명 개체에만 초점을 맞추는 개체 중심적인 환경 윤리를 비판

㉡ 대표적인 사상가

레오폴드	대지는 자연의 모든 존재가 서로 그물망처럼 얽혀 있는 생명 공동체라고 하며 대지 윤리를 주장
네스	세계관과 생활 양식 자체를 생태 중심적으로 바꾸는 심층적 생태주의를 주장

㉢ 특징 및 한계

- 특징 : 환경 문제를 해결하기 위해 생태계 전체에 대한 포괄적 시각이 필요함을 일깨워 줌

개념UP

생명 외경

생명의 신비를 두려워하고 존경하는 마음으로 생명을 소중히 하는 태도

개념UP

대지 윤리

인간이 대지의 한 구성원일 뿐이며 자연은 인간의 이해와 상관없이 내재적 가치를 지니므로 흙과 물, 동식물과 인간까지 포괄하는 자연 전체가 도덕적 고려의 대상이 되어야 한다고 보는 입장

개념UP

네스의 주장

- **큰 자아실현** : 자신을 자연과의 상호 연관 속에서 존재하는 것으로 이해함
- **생명 중심적 평등** : 모든 생명체를 상호 연결된 전체의 평등한 구성원으로 봄

- 한계 : 생태계 전체의 이익을 위한다는 명분으로 개별 생명체를 희생시킬 수 있음, 생태계의 가치를 실현하는 데 인간의 개입을 허용하지 않기 때문에 환경 보존을 위한 구체적 방안을 제시하기 어려움

⑥ 환경 문제에 대한 윤리적 쟁점

㉠ 환경 문제의 원인과 특징

- 원인 : 자연을 오직 인간을 위한 수단으로 여기는 도구적 자연관
- 특징 : 환경 문제는 국경을 초월하는 전 지구적인 문제, 인간의 생존과 직결, 현세대에만 국한되는 것이 아니라 미래 세대까지 연결됨

㉡ 환경적으로 지속 가능한 발전

- 인간과 자연이 공존해야 한다는 전제로 경제 성장과 환경 보존의 조화 균형 추구
- 자연이 가진 자정 능력의 한계를 고려, 미래 세대의 권리를 존중하여 개발과 성장의 건전한 지속성을 추구

> 개념UP
> **교토 의정서**
> 온실가스 감축을 위해 회원국들이 자유롭게 배출권을 사고 팔 수 있는 탄소 배출권 거래 제도를 도입함

> 개념UP
> **기후 정의**
> 기후 변화로 고통받는 나라에 지원을 확대하고, 사회 취약 계층이 받는 기후 변화의 영향을 최소화하기 위한 국제적 노력이 필요함

❺ 문화와 윤리

(1) 예술과 대중문화 윤리

① 예술과 윤리의 관계

㉠ 예술 지상주의

- 예술이 미적 가치를 추구하는 것이라고 강조, 윤리적 가치를 기준으로 예술을 판단하려는 태도는 잘못임
- 예술의 자율성을 옹호하는 '순수 예술론' 지지 : 예술가가 윤리적 기준과 관습에 상관없이 예술 표현을 할 수 있도록 자율성과 독창성을 지녀야 함

㉡ 도덕 주의

- 미적 가치와 윤리적 가치의 관련성을 강조
- 예술이 올바른 품성을 기르고 도덕적 교훈이나 모범을 제공하는 것이라고 봄
- 예술의 사회성을 강조하는 '참여 예술론' 지지 : 예술가도 사

회 구성원이고 예술 활동도 하나의 사회 활동이므로, 예술은 사회의 모순을 지적하고 사회의 도덕적 성숙에 기여해야 한다고 주장

② 예술의 상업화

㉠ 긍정적으로 보는 입장

- 주로 부유한 일부 계층이 누리던 예술을 대중들도 누릴 수 있게 됨
- 예술가에게 경제적 이익은 물론 예술 활동을 할 수 있는 기반을 마련해 줌으로써 창작 의욕을 북돋우고, 예술 활동에 전념할 수 있게 하였다고 주장함

㉡ 부정적으로 보는 입장

- 예술의 상업화가 예술 작품을 단지 하나의 상품이자 부의 축적 수단으로 바라보도록 한다는 점을 강조함
- 예술의 상업화가 예술 작품의 경제적 가치만을 중시한 나머지 예술 작품의 미적 가치와 윤리적 가치를 간과하고 있다고 봄

③ 대중문화의 윤리적 문제

㉠ 대중문화가 중요한 이유

- 개인의 가치관이나 행동 양식에 많은 영향 : 우리의 삶은 대중문화에 일상적으로 노출되어 있으므로 대중문화 속에 내포된 생각이나 가치의 영향을 받음
- 사회 변화에 많은 영향 : 대중문화는 현실의 문제를 비판하고 풍자함으로써 사회 변화를 이끌어 내거나 정치적 목적을 달성하기 위한 수단으로 이용됨

㉡ 대중문화와 관련된 윤리적 문제

- 선정성과 폭력성 : 대중문화가 흥행이나 수익성만을 지나치게 추구한 나머지 소비자들의 이목을 끌기 위해 과도하게 선정적이고 폭력적인 요소를 포함하게 됨
- 자본 종속 문제 : 투자자나 자금력을 갖춘 일부 문화 기획사가 대중문화를 주도하게 됨, 획일화된 문화 상품만 양상되어 문화의 다양성이 위축

㉢ 대중문화와 관련된 윤리적 규제

- 찬성하는 입장 : 성의 상품화 예방, 대중의 정서에 미칠 부정

> 개념UP
> **아도르노의 입장**
> 상업화된 예술에 관해 '문화 산업'이라고 비판, 현대 예술은 자본에 종속되어 문화 산업으로 획일화 되었다고 주장함

> 개념UP
> **대중문화**
> 텔레비전, 라디오, 영화, 신문 등을 통해 많은 사람들이 쉽게 접할 수 있는 통속적이고 가벼운 오락물과 같은 생활 예술

> 개념UP
> **대중문화에 대한 바람직한 태도**
> - **소비자의 측면** : 대중문화를 주체적이고 비판적으로 수용
> - **생산자의 측면** : 건전한 대중문화를 보급하기 위해 노력
> - **법적 · 제도적 측면** : 방송법 등을 통해 대중문화의 생산과 소비에 대한 공적 책임을 부여하고, 여러 계층이 참여하는 사회적 기구를 만들어 대중문화에 대한 자율적인 자정 노력 또한 필요

적 영향 방지

- 반대하는 입장 : 자율성 및 표현의 자유의 중요성, 대중의 다양한 문화를 누릴 권리 보장의 필요성

(2) 의식주 윤리와 윤리적 소비

① 의복과 관련된 윤리적 문제

㉠ 의복의 윤리적 의미

- 자아 및 가치관의 형성에 영향을 미침
- 예의에 의한 사회적 기준을 반영함 → 때와 장소에 맞는 의복 착용을 근거로 사람됨을 판단함

㉡ 의복과 관련된 윤리 문제

구분	긍정	부정
유행 추구 현상	개성과 가치관의 표현	무분별한 동조 소비와 선택의 자유 상실 초래, 최신 유행을 반영하는 패스트패션은 자원 낭비 · 환경 문제 · 노동 착취 초래
명품 선호 현상	우수한 품질과 희소성은 만족감과 더불어 품위를 높임	사회적 위화감 형성, 경제력을 벗어난 그릇된 소비 풍조 조장

개념UP

패스트패션

최신 유행을 반영하여 짧은 주기로 대량 생산하여 판매하는 의류

② 음식과 관련된 윤리적 문제

㉠ 음식의 윤리적 의미

- 생명권과 밀접한 관련 → 음식 섭취를 통해 생명과 건강이 유지
- 믿을 수 있는 음식의 생산과 유통은 사회의 도덕성을 구현
- 올바른 방법으로 음식 재료를 획득하고 가공할 때 생태계가 건강하게 보존될 수 있음

㉡ 음식과 관련된 윤리 문제

- 독성 성분에 오염된 음식 재료나 인체에 유해한 각종 식품 첨가물이 인간의 건강과 생명을 위협할 수 있음
- 지나친 육식은 동물에 대한 비윤리적 대우로 이어질 수 있음
- 무분별한 식량 생산 및 소비 과정은 환경을 오염시킬 수 있음

㉢ 바람직한 음식 문화 형성을 위한 노력

- 타인은 물론 생태계를 고려하는 음식 문화의 형성에 적극적으로 동참해야 함(쓰레기 줄이기, 로컬푸드 운동, 슬로푸드 운동, 육류 소비 절제하기 등)

개념UP

절제의 덕

아리스토텔레스는 절제의 덕을 강조하면서 지나칠 정도로 먹고 마시는 사람은 노예와 다름없는 사람이라고 하였다.

• 사회적으로 제도적 기반 마련 : 안전한 먹거리 인증, 성분 표시 등을 의무화, 육류를 소비하고 유통하는 과정에서 동물의 고통 최소화

③ 주거와 관련된 윤리적 문제

㉠ 주거의 윤리적 의미

• 신체 안전과 마음의 안정을 도모, 행복한 삶을 위한 기본 터전이 됨
• 공동체의 유대감을 형성하고 관계성을 회복함

㉡ 주거와 관련된 윤리 문제

• 공동 주택의 폐쇄성 때문에 소통 단절
• 도시에 주거가 밀집하면서 환경 오염, 교통 혼잡, 녹지 공간 부족 등의 문제가 발생하여 생활의 질이 떨어짐
• 집을 오로지 경제적 가치의 관점에서 인식하여 집이 가지는 윤리적의 의미를 깨닫지 못하기도 함

㉢ 바람직한 주거 문화 형성을 위한 노력

• 공동체를 고려하는 주거 문화를 형성 : 이웃에 관심을 갖고 지역 사회의 일에 적극적으로 참여하여 유대감과 소속감을 형성해야 함
• 집을 부의 축적 수단으로만 여기지 말고 인간 삶의 기본 바탕이자 정신적 평화와 안정을 제공하는 공간으로 인식해야 함

④ 윤리적 소비의 의미와 특징

㉠ 윤리적 소비의 의미

• 합리적 소비만을 중시함으로써 발생할 수 있는 문제를 보완하기 위해 등장한 것이 윤리적 소비임
• 윤리적 가치 판단에 따라 상품이나 서비스를 구매하고 사용하는 것을 중시하는 소비
• 소비 행위가 타인과 사회, 생태계 전체에 어떤 결과를 가져올지 고려하는 특성을 지님

㉡ 윤리적 소비의 특징

• 환경, 인권, 경제, 정의 문제를 해결하기 위한 방법으로 소비 활동의 변화의 필요성을 인식함
• 원료의 재배 및 제품의 생산과 유통에 이르는 전 과정이 윤리적인지에 관심을 가짐

개념UP

합리적 소비

• 자신의 경제력 내에서 가장 큰 만족을 추구하는 소비
• 소비자 개인의 경제적 이익이나 만족감을 중시하는 특성을 지님
• 저임금으로 인한 인권 침해, 불공정한 분배, 자원 개발로 인한 환경 문제 등을 일으킬 수 있음

⑤ 윤리적 소비 실천

㉠ 윤리적 소비 실천의 필요성

- 개발 도상국 노동자들의 인권 향상 : 공정 무역을 통해서 개발 도상국의 소규모 생산자들은 노동에 대한 정당한 대가를 받을 수 있음
- 사회 정의를 구현하는 데 기여 : 사회적 기업의 제품을 구매하면 사회적 불평등 완화 등
- 환경 오염 방지, 건강한 생태계를 유지 : 고효율 전자 제품이나 농약 · 화학 비료 등을 억제한 농산물 구입 등

㉡ 윤리적 소비 실천을 위한 노력

- 개인적 차원 : 일상생활에서 윤리적 소비를 실천하려는 의지를 지녀야 함(공정 무역 제품, 친환경 농산물 등을 구매, 재사용 · 재활용 적극적으로 실천)
- 사회적 차원 : 윤리적 소비 확산을 위한 제도적 장치 마련이 필요함(친환경 제품 인증과 환경 마크, 사회적 기업의 활동을 지원하는 법률 제정 등)

(3) 다문화 사회의 윤리

① 다문화를 바라보는 태도 중요

㉠ 동화주의

- 의미 : 이주민의 문화와 같은 소수 문화를 주류 문화에 적응시키고 통합하려는 입장. 대표적으로 '용광로 이론'이 있음
- 장점 : 문화적 충돌에 따른 사회 혼란과 갈등을 방지하고, 사회적 연대감이나 결속력을 강화할 수 있음
- 한계 : 다양한 문화가 사라져 문화적 역동성이 파괴되고, 이주민들은 자신의 문화적 정체성을 유지하며 살아가기 어려움

㉡ 다문화주의

- 의미 : 이주민의 고유한 문화와 자율성을 존중하여 문화 다양성을 실현하려는 입장. 대표적으로 '샐러드 볼 이론'과 '국수 대접 이론'이 있음
- 샐러드 볼 이론 : 한 국가 또는 사회 안에 있는 다양한 문화를 평등하게 인정함. 사회적 연대감이나 결속력이 부족하여 사회적 통합을 이루기 어렵다는 한계가 있음

개념UP

용광로 이론

다양한 물질들이 용광로에서 용해되어 하나로 만들어지듯이, 다양한 문화를 섞어 하나의 문화로 탄생시킴

개념UP

다문화를 받아들이는 자세

- 문화적 역동성을 증진하여 문화 발전을 도모함
- 문화적 배경이 다른 사람들이 차별 없이 그들의 문화적 정체성을 유지하며 살아갈 수 있도록 해야 함
- 다문화에 대한 존중과 관용의 자세가 필요

- 국수 대접 이론 : 문화의 다양성을 인정하면서 주류 문화의 역할을 강조함. 주류 문화는 국수와 국물처럼 중심 역할을 하며, 이주민의 문화는 고명이 되어 자신의 문화적 정체성을 유지함. 비주류 문화를 주류 문화와 동등하게 취급하지 않음

㉢ 다문화에 대한 관용의 한계
- 타인의 인권과 자유를 침해하지 않는 범위에서 관용
- 사회 질서를 훼손하지 않는 범위에서 관용

② 종교와 윤리와의 상관성

㉠ 종교가 발생한 원인 : 인간이 유한하고 불완전한 존재이기 때문임. 인간은 종교를 통해 유한성을 극복하고 이상적인 경지에 이르고자 함

㉡ 종교의 본질
- 내용적 측면 : 성스럽고 거룩한 것에 관한 체험과 믿음을 포함해야 함
- 형식적 측면 : 경전과 교리, 의례와 형식, 교단 등을 포함

㉢ 종교와 윤리의 공통점과 차이점

구분	공통점	차이점
종교	도덕성을 중시함 → 인간의 존엄성을 실현하는 윤리적인 계율과 덕목을 중시	초월적 세계 · 궁극적 존재에 근거한 종교적 신념과 교리 제시
윤리		인간의 이성, 상식, 양심에 근거한 규범 제시

③ 종교 간 갈등 원인과 극복 방안

㉠ 종교 간 갈등 원인
- 타 종교에 대한 배타적인 태도 : 자신이 믿는 종교만을 맹신, 타 종교의 존재를 인정하지 않으면 갈등이 발생
- 타 종교에 대한 무지와 편견 : 자신의 종교적 지식에만 근거해 타 종교를 판단

㉡ 종교 간 갈등 극복 방안
- 종교의 자유를 인정하고 타 종교에 대해 관용의 태도를 가져야 함
- 종교 간에 적극적으로 대화하고 협력해야 함

개념UP

윤리 상대주의 관점에서 문화 이해의 문제점
- 보편 윤리를 위배하는 문화도 무조건 인정해야 함. 노예제도나 인종 차별도 하나의 문화로 인정하고 존중해야 하는 모순이 생김
- 자문화와 타문화를 비판적으로 성찰할 수 없음
- 윤리 상대주의는 보편 윤리를 부정하여 문화에 대한 비판적 성찰을 방해

개념UP

종교와 윤리의 바람직한 관계

종교는 윤리적 삶을 고양하는 데 도움을 줄 수 있으며, 윤리는 종교가 올바른 방향으로 나아가는 데 도움을 줄 수 있음

개념UP

종교의 자유

인간이 지닌 기본적인 권리 중 하나로 종교를 선택할 수 있는 권리, 종교에 대한 신앙을 강요받지 않을 권리, 종교를 가지지 않아도 되는 권리 등을 포함

> 개념UP
> **갈등의 어원**
> 갈등은 갈(葛, 칡)과 등(藤, 등나무)이 합쳐진 말로 칡이나 등나무가 복잡하게 얽혀 있는 모습에서 유래하였다.

❻ 평화와 공존의 윤리

(1) 갈등 해결과 소통의 윤리

① 현대 사회와 다양한 갈등

㉠ 지역 갈등 : 철도, 공항, 산업 시설 등 지역 발전을 위한 시설이나 투자를 자신의 지역에 유치하려는 경쟁의 과정이나 다른 지역에 대한 편견이나 좋지 않은 감정에서 비롯됨

㉡ 세대 갈등 : 어느 사회에나 존재하는 일반적인 현상, 오늘날에는 일자리 · 노인 부양 문제 등 사회적 쟁점을 둘러싼 세대 갈등이 발생

㉢ 이념 갈등 : 이상적인 것으로 여기는 생각이나 견해의 차이에 따른 갈등으로, 이념의 차이를 흑백 논리의 이분법적 사고로 구분할 경우 더욱 심화되는 경향을 보임, 진보와 보수의 갈등이 있음

② 사회 갈등의 원인

㉠ 생각이나 가치관의 차이 : 자신의 생각이나 가치관만을 절대시한 나머지 다른 사람의 생각이나 가치관을 무시한다면 갈등으로 이어짐

㉡ 이해관계의 대립 : 한정된 사회적 자원을 놓고 집단 간에 이해관계가 충돌할 때 갈등이 발생할 수 있음

㉢ 원활한 소통의 부재 : 의견이 대립하는 주제를 두고 소통이 부족하거나 한쪽에게만 유리하게 결론이 나면 갈등이 생겨날 수 있음

③ 사회 통합의 필요성 및 실현 방안

㉠ 사회 통합의 의미 : 사회 내 개인이나 집단이 상호 작용을 통해 하나로 통합되는 과정

㉡ 사회 통합의 필요성 : 개인의 행복한 삶과 사회 발전과 국가 경쟁력의 강화를 위해 필요함

㉢ 사회 통합의 실현 방안

- 상호 존중과 신뢰에 바탕을 둔 소통 : 서로를 존중하는 관용과 역지사지의 자세로 소통하려고 노력할 때 서로 간에 신뢰가 쌓여 사회 통합이 이루어질 수 있음
- 개인의 이익이 공동선과 조화 : 자신의 이익과 권리만을 우

선시하면 개인의 도덕적 해이와 사회적 갈등을 초래하여 자신은 물론 공동체 전체에 커다란 피해를 가져올 수 있음

- 사회 통합을 위한 제도와 정책 마련 : 공청회, 설명회 등을 법제화, 지방 분권 · 지역 균형 발전 · 복지 정책 등을 확대

④ 소통과 담론 중 요

㉠ 소통과 담론의 필요성

- 사회 구성원의 자발적이고 적극적 참여를 이끌어낼 수 있음, 사회 구성원의 참여를 바탕으로 사회 통합을 이룰 수 있게 함
- 소통과 담론을 통해 도덕적 권위를 갖춘 합의를 도출할 수 있음, 소통을 통해 이루어진 합의는 도덕적 정당성과 설득력을 가짐

㉡ 바람직한 소통과 담론 윤리

- 소통과 담론에 참여할 수 있는 사람들의 권리를 인정해야 함
- 대화의 상대방을 존중하는 태도를 지녀야 함
- 진실에 근거하여 거짓 없는 소통을 해야 하고 대화에 힘써야 함
- 자신의 오류 가능성을 인정하는 겸허한 태도를 지녀야 함
- 공적 의사 결정 과정에 적극적으로 참여해야 함

(2) 민족 통합의 윤리

① 통일에 관한 찬성과 반대

㉠ 통일에 대한 찬반 문제

통일 찬성	• 인도주의적 차원에서 남북한 주민의 자유, 인권 등을 보장 • 남북이 민족의 동질성을 회복하고 민족 공동체를 실현할 수 있음 • 한반도와 동북아시아, 지구촌 평화에 이바지
통일 반대	• 오랜 분단으로 약화된 민족 동질성 • 군사 도발 등으로 인한 북한에 대한 부정적 인식 • 통일 과정에서 발생할 정치적 혼란과 경제적 부담

㉡ 통일 비용과 분단 비용 문제

- 통일 비용 : 통일 과정과 통일 이후 남북한 간 격차를 해소하고 이질적인 요소를 통합하는 데 필요한 비용. 통일 과정 및 통일 이후에 한시적으로 발생하는 비용이며, 통일 한국의 번영을 위한 투자적인 성격의 비용으로 다양한 통일 편익으

개념UP

담론

갈등이나 문제를 해결하기 위한 이성적 의사소통 행위로 주로 토론의 형태로 이루어짐

개념UP

동양의 소통과 담론 윤리

- **원효** : 포용과 존중의 중요성을 강조. '모든 종파와 사상을 분리시켜 고집하지 말고, 더 높은 차원에서 하나로 종합해야 한다.'라는 화쟁(和諍) 사상 주장
- **공자** : 화이부동(和而不同)(남과 사이 좋게 지내되 무턱대고 한데 어울리지 않음)으로 조화 강조. 군자는 자신의 도덕 원칙을 지키면서 주변과 조화를 추구하지만, 소인은 원칙을 버리고 남과 같아지는 데만 급급해 함

개념UP

하버마스의 이상적 담화 조건

- **이해 가능성** : 서로 이해할 수 있어야 함
- **정당성** : 사회적으로 정당한 규범에 근거해야 함
- **진리성** : 참이며, 진리에 바탕을 두어야 함
- **진실성** : 자신이 말한 의도를 믿을 수 있도록 진실하게 표현해야 함

개념UP

통일 편익

- 분단에 따른 남북한 주민의 고통과 불편을 해소
- 국토 면적의 확장 및 인구 증가에 따라 내수 시장의 확대를 가져올 수 있음
- 해양과 대륙의 요충지에 있는 통일 한국은 동북아시아의 교통 · 물류 중심지의 역할을 할 수 있음
- 평화의 실현에 이바지할 수 있음

로 이어질 수 있음

- 분단 비용 : 분단으로 인해 남북한이 부담하는 유무형의 모든 비용을 말하는데, 대표적으로 군사비를 들 수 있음. 분단이 계속되는 한 지속적으로 발생하며, 민족 구성원 모두의 손해로 이어지는 소모적인 성격의 비용

② 통일 한국이 지향해야 할 가치 중요

㉠ **평화** : 전쟁의 공포가 사라진 평화로운 국가를 지향해야 함

㉡ **자유** : 자신의 신념과 선택에 따른 자유로운 삶이 보장되는 국가를 지향해야 함

㉢ **인권** : 모든 사람의 존엄과 가치가 존중되는 인권 국가를 지향해야 함

㉣ **정의** : 모두가 합당한 대우를 받는 정의로운 국가를 지향해야 함

> 개념UP
> **통일 한국의 미래 모습**
> 선진 민주 국가, 창조적 문화 국가, 경제적으로 풍요로운 국가, 평화 번영 국가

③ 남북한의 화해와 통일을 위한 노력

㉠ 개인적 차원의 노력

- 열린 마음으로 소통하고 배려를 실천
- 북한을 올바로 인식 → 북한 당국은 경계의 대상, 북한 주민은 화해와 협력의 대상임
- 통일에 관하여 관심을 가져야 함

㉡ 국가적 차원의 노력

- 안보 기반의 구축과 신뢰 형성을 위한 노력을 병행해야 함
- 평화적 통일을 위한 체계적인 준비 : 통합 과정의 어려움과 혼란에 대비한 장기적이고 계획적인 준비를 통해 통일에 따른 충격을 완화해야 함
- 국제적인 통일 기반을 구축하기 위해서는 국제 사회와의 협력을 강화해야 함

> 개념UP
> **흡수 통일**
> 서로 다른 체제를 지닌 두 나라가 통일을 할 때 어느 한쪽의 체제에 다른 쪽의 체제가 완전히 흡수되어 통일을 이루는 방식

(3) 지구촌 평화의 윤리

① 국제 분쟁의 원인과 윤리적 문제

㉠ 국제 분쟁의 원인

- 영역과 자원을 둘러싼 갈등 : 영토, 영해, 영공을 포함하는 국가의 영역은 국가의 주권이 미치는 범위이자 국민 생활의 터전이며, 자국의 영역에서 획득할 수 있는 다양한 자원은 국가 경쟁력의 토대가 되기 때문임

> 개념UP
> **국가 간 빈부 격차의 윤리적 문제**
> - 인간다운 삶을 어렵게 만듦
> - 지구촌 분배 정의의 실현을 가로막음

- 문화적 차이에 따른 갈등 : 종교 등을 포괄하는 문화는 자율적인 타협이나 제삼자의 중재가 어려워 갈등이 발생하면 쉽게 분쟁으로 이어짐

㉡ 국제 분쟁의 윤리적 문제

- 지구촌 평화 위협 : 국제 분쟁은 국제 사회의 분열과 갈등 초래, 지구촌 전체의 불안을 가중하고 평화를 위협함
- 인간 존엄성과 정의 훼손 : 국제 분쟁은 종교나 민족 갈등과 결부되면 상호 간 적대감을 증폭하여 반인도적 범죄가 자행되기도 함

② 국제 분쟁의 해결과 평화

㉠ 개인적 차원 : 상호 존중과 관용의 자세는 분쟁의 예방과 평화의 실현을 위한 출발점임

㉡ 국제적 차원

- 반인도적 범죄에 대한 처벌 강화 : 국제 사회는 국제형사재판소 등의 기능을 더욱 강화하여 반인도적 범죄를 저지른 가해자를 엄정하게 처벌해야 함
- 분쟁의 중재 노력 : 국제 사회는 화해와 중재를 실천하고 갈등 당사국은 판정 결과를 겸허히 수용
- 분쟁의 적극적 개입과 해결 : 국제 사회는 사태를 방관하지 말고 분쟁의 빠른 해결을 위해 힘써야 함

③ 해외 원조의 윤리적 근거

㉠ 의무의 관점

- 싱어 : 공리주의적 관점에서 모든 사람의 고통을 감소시키고 쾌락을 증진시키는 것이 인류의 의무임
- 롤스 : 불리한 여건으로 인해 고통 받는 사회를 질서 정연한 사회가 되도록 돕는 것이 인류의 의무임

㉡ 자선의 관점

- 노직 : 자신의 부를 어떻게 이용할 것인지는 전적으로 개인의 자유이기 때문에 해외 원조나 기부를 실천해야 할 윤리적 의무는 존재하지 않음
- 원조는 의무가 아니라 선의를 베푸는 자유로운 선택의 문제이므로 부유한 나라가 약소국에 원조하지 않는다고 해서 비난할 수는 없음

개념UP

세계화와 지역화의 특징

- 세계화
  - 지구촌의 실현을 목표로 함
  - 세계의 통합과 인류 공동 번영을 지향
- 지역화
  - 지역 중심적 사고를 토대로 지역의 이익과 발전을 추구함
  - 지역의 고유한 문화가 세계화의 흐름 속에서 지역 경쟁력의 바탕이 됨

개념UP

질서 정연한 사회

사회의 기본 제도가 공정으로서의 정의의 원칙에 따라 편성 · 운영되며 이러한 사실을 사회 구성원이 알고 있는 사회

개념UP

평화로운 지구촌을 실현하기 위한 노력

- **개인적** : 후원과 기부에 관심, 지구촌 이웃들의 자존감과 존엄성을 배려하는 태도
- **국가적 · 국제적** : 해외 원조를 확대, 공적 개발 원조(ODA) 등과 같은 제도를 더욱 확충

도덕 | 시험에 반드시 출제되는 문제

01 다음 중 도가 윤리에 해당하지 않는 것은?

① 자연의 순리를 따르는 무위자연의 삶을 추구한다.
② 소국 과민을 이상 사회로 본다.
③ 연기(緣起)에 대한 깨달음을 강조한다.
④ 내면의 자유로움을 추구하고 세속적 가치에서 벗어난다.

정답 | ③ 출제 가능성 | 60%

해 설
모든 존재와 현상에는 일정한 원인과 조건이 있다는 연기(緣起)에 대한 깨달음을 강조하는 것은 불교 윤리이다.

02 다음에서 설명하는 윤리적 접근 방법은?

> • 최대 다수의 최대 행복
> • 쾌락을 산출하고 고통을 피하는 결과를 낳는 행위가 선(善)

① 공리주의적 접근
② 덕 윤리적 접근
③ 도덕 과학적 접근
④ 의무론적 접근

정답 | ① 출제 가능성 | 80%

해 설
최대 다수의 최대 행복을 통해 쾌락을 산출하고 사회 전체의 행복을 증진해야 한다는 벤담의 주장은 공리주의적 접근에 의한 주장이다.

03 다음을 주장한 학자는?

> • 네 의지의 준칙이 언제나 동시에 보편적 입법의 원리가 되도록 행위하라.
> • 너 자신이나 다른 사람의 인격을 언제나 동시에 목적으로 대우하고 수단으로 대하지 마라.

① 칸트 ② 소크라테스
③ 아리스토텔레스 ④ 밀

정답 | ① 출제 가능성 | 70%

해 설
칸트는 도덕성을 판단할 때 보편화 가능성과 인간 존엄성을 강조하며 정언 명령의 형식으로 제시하였다.

04 다음 중 정보 윤리적 측면에 해당하는 윤리적 문제는?

① 생명 복제와 유전자 조작
② 국가 간의 빈부 격차
③ 자원 고갈과 기상 이변
④ 신상 털기와 저작권 침해

정답 | ④ 출제 가능성 | 70%

해 설

정보 기술의 발달로 CCTV나 SNS 등을 통해 사생활 침해 문제가 일어나고 있다. 또한 인터넷으로 쉽게 정보를 얻을 수 있게 되면서 저작권을 침해하는 행위가 빈번하게 발생한다.

① 생명 윤리적 측면
② 평화 윤리적 측면
③ 환경 윤리적 측면

05 안락사에 반대하는 입장의 근거를 〈보기〉에서 모두 고른 것은?

〈보기〉

ㄱ. 자연의 질서에 부합하지 않는다.
ㄴ. 환자의 자율성과 삶의 질을 중시한다.
ㄷ. 의료 자원을 효율적으로 사용해야 한다.
ㄹ. 인간의 존엄성을 훼손하는 일이다.

① ㄱ, ㄷ　② ㄱ, ㄹ
③ ㄴ, ㄷ　④ ㄴ, ㄹ

정답 | ② 출제 가능성 | 70%

해 설

안락사 반대 근거 : 모든 인간의 생명은 소중하다. 인위적으로 삶을 끝내는 행위는 자연의 질서에 위배된다. 인간의 존엄성을 훼손하는 일이다. 의료인의 기본 의무는 생명을 살리는 일이다.

06 다음 글의 밑줄 친 부분과 비슷한 입장을 가진 사상가만을 바르게 묶은 것은?

유럽연합에서는 2013년 3월, <u>화장품 동물 실험 금지법</u>을 발효하였다. 이 금지법을 통해 동물 실험을 거친 화장품의 수입, 유통, 판매를 금지하고 있는데 이는 외국에서 수입하는 화장품에도 적용된다.

① 데카르트, 싱어　② 레건, 싱어
③ 아퀴나스, 레건　④ 데카르트, 아퀴나스

정답 | ② 출제 가능성 | 70%

해 설

싱어는 동물의 이익도 평등하게 고려해야 한다 하였고, 레건은 동물을 단지 인간의 목적을 위한 수단으로 이용해서는 안된다고 하였다. 두 사상가 모두 동물 실험을 반대하였다.

07 성에 대한 설명으로 옳지 않은 것은?

① 성폭력은 성의 자기 결정권을 남용하는 사례이다.
② 성 상품화에 대해서 찬반의 입장이 존재한다.
③ 성은 생식적 가치 · 쾌락적 가치 · 인격적 가치를 가진다.
④ 유리 천장 지수가 높을수록 성차별이 심하다는 뜻이다.

정답 | ④ 출제 가능성 | 70%

해 설
유리 천장 지수가 낮을수록 성차별이 심하다는 것을 보여 준다.

08 다음 설명에 해당하는 가치는?

- 경제적 기반을 마련해줌
- 사회적 역할을 분담함
- 자아실현에 이바지함

① 직업의 가치 ② 평화의 가치
③ 나눔의 가치 ④ 기술의 가치

정답 | ① 출제 가능성 | 80%

해 설
직업을 통해 경제적 기반을 마련하고 사회 구성원으로서의 역할을 수행하며 자아실현을 하여 삶의 보람과 성취감을 느낄 수 있다.

09 근로자의 윤리를 〈보기〉에서 모두 고른 것은?

〈보기〉

ㄱ. 건전한 이윤 추구
ㄴ. 공익적 가치 실현을 위한 사회적 책임 완수
ㄷ. 노동 생산성 향상에 노력
ㄹ. 근로 계약에 따른 책임과 업무 수행

① ㄱ, ㄴ ② ㄱ, ㄷ
③ ㄴ, ㄷ ④ ㄷ, ㄹ

정답 | ④ 출제 가능성 | 80%

해 설
- **근로자의 윤리** : 노동 생산성 향상을 위해 노력, 근로 계약에 따른 책임과 업무 수행, 동료 근로자와 유대감 및 연대 의식 형성
- **기업가의 윤리** : 건전한 이윤 추구, 사회적 책임을 다하여 공익 가치 실현, 소비자에게 양질의 제품 제공, 노동자의 권리 보장

10 ㉠에 들어갈 덕목은?

(㉠)이란 성품과 행실이 올바르고 탐욕이 없는 상태로, 정약용은 『목민심서』에서 "수령 노릇을 잘하려는 자는 반드시 자애로워야 하고, 자애로워지려는 자는 반드시 (㉠)해야 한다."라고 하였다.

① 관용　② 평등
③ 청렴　④ 배려

정답 | ③　출제 가능성 | 70%

해 설
청렴은 마음이 고결하고 재물에 대한 욕심이 없음을 의미하며 공직자가 갖추어야 할 덕목이다.

11 다음에 해당하는 분배적 정의의 기준은?

- 장점 : 사회적 약자를 보호할 수 있음
- 단점 : 모든 사람을 충족시킬 수는 없으며 경제적 효율성이 저하됨

① 노력　② 필요
③ 능력　④ 업적

정답 | ②　출제 가능성 | 80%

해 설
사람들의 필요에 따라 분배하게 되면 사회적 약자를 보호할 수는 있지만, 일에 대한 동기를 약화시켜 경제적 효율성이 저하된다.

12 ㉠에 들어갈 반대 입장의 근거로 알맞지 않은 것은?

주제 : 우대 정책 찬반 토론

1. 찬성 입장
   - 과거의 부당한 차별에 대한 보상
   - 재분배의 논리
2. 반대 입장
   - 역차별 초래
   - (㉠)

① 보상 책임의 부당성　② 피해와 보상 불일치
③ 공리주의의 논리　④ 업적 주의의 위배

정답 | ③　출제 가능성 | 80%

해 설
우대 정책은 차별받아 온 사람들에게 차별과 불평등을 바로잡기 위해 직 · 간접적인 혜택을 제공하는 정책으로, 장애인 의무 고용 제도, 여성 할당제 등이 있다. 공리주의의 논리는 찬성 입장의 근거이다.

13 다음 중 교정적 정의에 대한 설명으로 옳지 <u>않은</u> 것은?

① 응보주의는 타인에게 해학을 준 사실 자체가 처벌의 근거이다.
② 공리주의는 사회 전체의 이익이 처벌의 근거이다.
③ 응보주의 관점에서는 작은 죄를 저질렀더라도 큰 처벌을 내려야 한다.
④ 공리주의 관점에서 처벌 목적은 사회적 효과를 통한 범죄의 예방에 있다.

정답 | ③ 출제 가능성 | 70%

해 설
응보주의 관점에서는 처벌의 경중을 범죄 행위의 정도에 비례해서 정한다. 그러므로 작은 죄면 작은 벌을, 큰 죄면 큰 벌을 내리는 것이 응보주의의 관점이다.

14 다음 중 동양에서의 국가 권위의 정당화 관점은?

① 인간 본성의 관점
② 동의의 관점
③ 공공재와 관행의 혜택
④ 천명의 관점

정답 | ④ 출제 가능성 | 60%

해 설
동양에서는 국가의 권위를 민의에 기초한 천명(天命)의 관점에서 정당화한다. 특히 유교에서는 군주의 통치권은 하늘로부터 부여받았다고 본다.
①, ②, ③은 서양에서의 관점이다.

15 다음 중 시민의 참여가 필요한 이유에 해당하지 <u>않는</u> 것은?

① 민주주의 사회에서는 시민이 주인이기 때문에
② 개인의 권리를 보장받기 위해서
③ 공동체의 발전을 위해서
④ 참여하지 않으면 처벌받기 때문에

정답 | ④ 출제 가능성 | 60%

해 설
국가는 시민의 자유와 권리를 보장하기 위해 노력해야 하고 개인은 권리 보호를 요구하면서 시민의 의무 역시 다해야 한다. 시민의 의무 중 대표적인 것이 공적인 활동에 참여하는 것인데 이는 시민이 주인 의식을 가지고서 개인의 권리 보장을 요구하고, 나아가 공동체의 발전을 도모하기 위해서이다.

16 다음과 같은 문제점을 발생시키는 원인은?

- 환경 문제의 발생
- 비인간화 현상 초래
- 인권 및 사생활 침해
- 생명의 존엄성 훼손

① 과학 기술의 발달　② 문화 예술의 발달
③ 교통 수단의 발달　④ 소비 매체의 발달

정답 | ①　출제 가능성 | 70%

해 설
과학 기술이 발달하면서 다양한 환경 문제를 야기하고, 비인간화 현상을 초래하기도 하며 정보 통신의 발달로 인해 인권 및 사생활 침해가 일어나고 생명 복제와 유전자 조작 등의 실험이 등장하면서 생명의 존엄성을 훼손하기도 한다.

17 다음 중 서양의 자연관만을 〈보기〉에서 모두 고른 것은?

〈보기〉

ㄱ. 자연은 인간의 목적을 달성하기 위한 수단
ㄴ. 자연은 상의와 화해의 대상
ㄷ. 인간은 자연에 인위적인 통제를 가하면 안 됨
ㄹ. 인간은 자연을 관리하고 지배 · 정복해야 함

① ㄱ, ㄴ　② ㄱ, ㄹ
③ ㄴ, ㄷ　④ ㄴ, ㄹ

정답 | ②　출제 가능성 | 70%

해 설
동양에서는 자연을 상의와 화해의 대상으로 여겨 인간은 인위적 욕망을 버리고 자연의 순리에 따라 살아야 한다고 보았다. 반면 서양에서는 자연을 인간의 목적을 달성하기 위한 수단으로 여기고, 인간은 신의 명령에 따라 자연을 관리하고 다스려야 한다고 보았다.

18 다음 글과 관련 있는 자연을 바라보는 관점은?

대지 윤리는 인간을 대지 공동체의 정복자에서 그 구성원으로 변화시키는 것이다. 공동체의 구성원은 동료나 전체 공동체에 대해 존경심을 가져야 한다. 대지 윤리는 인간에게 자원들(흙, 물, 식물, 동물 등)의 사용, 권리, 혹은 변화를 금지하지 않는다. 그러나 그들이 비록 일부 지역에 국한되더라도 자연 상태 그대로 생존할 권리는 보장되어야 한다.

– 레오폴드, 『모래 군의 열두 달』–

① 인간 중심주의　② 동물 중심주의
③ 생태 중심주의　④ 생명 중심주의

정답 | ③　출제 가능성 | 80%

해 설
레오폴드는 대표적인 생태 중심주의를 주장한 사상가이다. 레오폴드는 대지 윤리를 주장하며 도덕 공동체의 범위를 생태계 전체로 확장하였다.

19 다음 내용에 해당하는 용어는?

> 기존의 매체들이 제공하던 정보를 인터넷을 통해 가공, 전달, 소비하는 포괄적 융합 매체로, 상호 작용화 · 비동시화 · 탈대중화 · 능동화라는 특징들을 갖는다.

① 뉴 미디어　　② 주류 문화
③ 판옵티콘　　④ 인공지능

정답 | ①　출제 가능성 | 60%

해 설
뉴 미디어에 대한 설명이다.

20 다음 내용에 해당하는 개념은?

> • 통일 과정과 통일 이후 남북한 격차를 해소하는데 필요한 비용
> • 제도 통합 · 위기관리 · 경제적 투자 비용 등을 포함함

① 통일비용　　② 분단비용
③ 평화비용　　④ 통일편익

정답 | ①　출제 가능성 | 80%

해 설
남북한 체제가 통합하는데 소요되는 모든 비용을 말하며 정치 · 사회 · 문화적 통합 등을 추진하며 발생하는 갈등을 해소하는 데 드는 비용도 포함된다.
② **분단비용** : 남북한의 대립과 갈등으로 발생하는 비용
③ **평화비용** : 한반도 전쟁 위기 및 불안 해소를 위해 지불되는 비용
④ **통일편익** : 통일을 하여 얻을 수 있는 경제적 · 비경제적 측면의 이익

21 (가), (나)에 들어갈 용어로 알맞은 것은?

> (가) : 동화주의의 대표적인 이론으로, 다양한 이주민의 문화를 주류 사회에 융합하여 새로운 또 하나의 문화를 창출해냄
> (나) : 문화 다원주의 이론으로, 주류 문화와 비주류 문화의 조화로운 공존을 강조하지만 주류 문화를 타 문화보다 우위에 둠

	(가)	(나)
①	용광로 이론	샐러드 볼 이론
②	국수 대접 이론	용광로 이론
③	샐러드 볼 이론	국수 대접 이론
④	용광로 이론	국수 대접 이론

정답 | ④　출제 가능성 | 60%

해 설
샐러드 볼 이론 : 한 사회 안에 있는 다양한 문화를 평등하게 인정하여 다양한 문화가 각각의 정체성을 유지하며 조화를 이룰 수 있음

22 사이버 공간에서 실천해야 할 바람직한 행위는?

① 타인의 인권 침해하지 않기

② 책임 의식 회피하기

③ 부정확한 정보 올리기

④ 익명성을 이용해 악성 댓글 달기

정답 | ① 출제 가능성 | 60%

해 설

사이버 공간에서의 표현의 자유는 인정되지만 현실과 마찬가지로 타인에 대한 인권 존중, 예의와 규칙, 책임을 질 수 있는 한에서 누려야 한다.

23 ㉠에 들어갈 내용으로 가장 적절하지 않은 것은?

> A : 뇌사의 경우 장기적인 치료 연장으로 남은 가족들은 경제적 고통을 받게 돼. 따라서 나는 뇌사를 죽음으로 인정해야 한다고 생각해.
>
> B : 난 달라. 아무리 힘들어도 뇌사를 죽음으로 인정하면 안 돼. 왜냐면 [㉠]

① 한정된 의료 자원을 회복 불가능한 환자에게 사용하는 건 비효율적이기 때문이야.

② 심장을 비롯해 다양한 장기의 상호 작용으로 생명을 유지하는데 뇌 기능의 정지를 죽음으로 보기 힘들기 때문이야.

③ 뇌사 판정 과정에서의 오류 존재성도 존재하기 때문이야.

④ 장기 적출 또는 기증을 위해 남용될 수도 있기 때문이야.

정답 | ① 출제 가능성 | 70%

해 설

A는 뇌사 상태를 죽음으로 인정하는 경우이고, B는 뇌사 상태를 죽음으로 인정하지 않는 경우이다. ①은 뇌사 상태를 죽음으로 인정하는 경우이고, ②, ③ ,④는 뇌사 상태를 죽음으로 인정하지 않는 경우이다.

24 다음 중 인공 임신 중절의 견해로 옳은 것은?

① 찬성 : 태아 역시 인간이므로 보호해야할 존재이다.

② 반대 : 여성은 자신의 몸에 대한 소유권을 갖고 있고, 태아 또한 여성의 소유이다.

③ 찬성 : 여성은 자신의 삶을 자율적으로 결정할 수 있다.

④ 반대 : 남녀는 동등한 권리를 누려야 하므로 결정을 자유롭게 해야 한다.

정답 | ③ 출제 가능성 | 70%

해 설

인공 임신 중절에 대한 찬성의견은 ②, ③, ④이고, 반대의견은 ①이다. 따라서 이중에 올바르게 짝지어진 견해는 ③이다.

25 다음 설명하는 것은?

> • 의미 : 성 자체를 상품처럼 사고팔거나 다른 상품을 팔기 위한 수단으로 성을 이용하는 행위
> • 찬성 입장 : 성의 자기 결정권과 표현의 자유를 인정해야 함
> • 반대 입장 : 인간의 성이 지닌 본래의 가치와 의미를 변질시킬 수 있음

① 성적 소수자 ② 성의 자기 결정권
③ 성 상품화 ④ 성차별

정답 | ③ 출제 가능성 | 70%

해 설
성 상품화는 성 자체를 상품처럼 사고팔거나 다른 상품을 팔기 위한 수단으로 성을 이용하는 행위이다.

26 다음 중 다문화 사회의 대응 방안으로 옳지 않은 것은?

① 이주민을 인정하고 문화적 차이를 존중해야 한다.
② 필요한 지식과 가치 등을 전하는 다문화 교육이 필요하다.
③ 다문화 가족 자녀의 학교 교육을 지원한다.
④ 이주 여성의 정착 생활 지원을 제한한다.

정답 | ④ 출제 가능성 | 60%

해 설
우리나라가 다문화 사회로 진입하면서 다문화 가정의 학생 수도 매년 증가 추세를 보이고 있으므로 이주 여성의 정착 생활을 지원을 꾸준히 해줘야 한다.

27 다음 중 정당한 시민 불복종의 조건으로 옳지 않은 것은?

① 비폭력적인 행위여야 한다.
② 불복종으로 인한 불이익이나 처벌은 감수해야 한다.
③ 공동선을 위해 소수에게 사적으로 호소하는 행위여야 한다.
④ 합법적인 모든 노력을 한 이후에 행해지는 최후의 수단이어야 한다.

정답 | ③ 출제 가능성 | 70%

해 설
정당한 시민 불복종의 조건은 공동선을 위해 다수에게 공공적으로 호소하는 행위여야 한다. ①, ②, ④는 정당한 시민 불복종의 조건이다.

28 프롬이 제시한 사랑의 요소가 아닌 것은?

① 보호 ② 책임
③ 존경 ④ 자유

정답 | ④ 출제 가능성 | 60%

해 설
프롬이 제시한 사랑의 요소는 보호, 책임, 존경, 이해이므로 ④는 적절하지 않다.

29 ㉠에 들어갈 알맞은 것은?

(㉠) 입장에서는 성이 부부간의 신뢰와 사랑을 전제로 할 때만 도덕적이라고 본다.

① 보수주의 ② 중도주의
③ 자유주의 ④ 도덕주의

정답 | ① 출제 가능성 | 60%

해 설
보수주의 관점에서는 결혼과 출산 중심의 성 윤리를 제시하여 결혼을 통해 이루어지는 성적 관계만이 정당하다고 본다.

30 다음을 주장한 사람은?

- 직업은 신의 부르심, 즉 소명(召命)이라고 봄
- 근면 성실하고 검소한 생활을 통한 직업적 성공을 긍정함

① 공자 ② 맹자
③ 칼뱅 ④ 마르크스

정답 | ③ 출제 가능성 | 60%

해 설
칼뱅은 직업은 신의 거룩한 부르심, 즉 소명(召命)이며, 직업의 소명을 실천하기 위해 검소하고 금욕적인 태도를 지녀야 한다고 주장했다.